Chinese Family Business Report on Corporate Social Responsibility

中国家族企业社会责任报告

2013

中国民（私）营经济研究会家族企业委员会 编著

中信出版社 · CHINACITICPRESS · 北京 ·

图书在版编目（CIP）数据

中国家族企业社会责任报告／中国民（私）营经济研究会家族企业委员会编著．—北京：中信出版社，2013.11

ISBN 978－7－5086－4283－3

Ⅰ．①中…　Ⅱ．①中…　Ⅲ．①私营企业—企业责任—社会责任—研究报告—中国　Ⅳ．①F279.245

中国版本图书馆 CIP 数据核字（2013）第 244202 号

中国家族企业社会责任报告

编　　著：中国民（私）营经济研究会家族企业委员会

策划推广：中信出版社（China CITIC Press）

出版发行：中信出版集团股份有限公司

（北京市朝阳区惠新东街甲 4 号富盛大厦 2 座　邮编　100029）

（CITIC Publishing Group）

承 印 者：三河市西华印务有限公司

开　　本：787mm×1092mm　1/16

印　　张：34.5　　字　　数：560 千字

版　　次：2013 年 11 月第 1 版　　印　　次：2014 年 10 月第 2 次印刷

广告经营许可证：京朝工商广字第 8087 号

书　　号：ISBN 978－7－5086－4283－3/F·3034

定　　价：78.00 元

服务热线：010－84849555　　服务传真：010－84849000

投稿邮箱：author@citicpub.com

课题组名单

总 指 导：庄聪生

指　　导：王忠明

组　　长：林泽炎　李惠森

执行组长：赵　兹

成　　员：（按姓氏笔画排序）

王均豪　刘显广　江　伟　许景南　麦兴桥　李　文
李淑芳　李新春　杨国晋　杨　薇　吴　昊　张之君
陈展生　茅理翔　林蔚然　高阅青　黄富强　戚建美

学术指导：陈　凌

报告撰写人：（按姓氏笔画排序）

区玉辉　叶　敏　朱　沆　何顺文　宋丽红　陈世哲
陈华丽　陈晓云　郑泽匡　钟喜梅　韩　剑　傅文韬
詹淑婷

点评撰写人：（按姓氏笔画排序）

于志宏　王　昊　朱建安　李　文　李建慧　杨在军
杨宗岳　张大平　陈士慧　陈华丽　陈聚春　林泽炎
钱小军　徐茂魁　黄文夫　黄德海　康荣平　彭　倩
裴　蓉　廖　骏

序言

企业社会责任的理念诞生于20世纪初的一些发达国家，到20世纪80年代和90年代，这一思想逐步影响到全球主要经济体，并得到各国政府、政府间组织及相关非政府组织的广泛关注。

改革开放以后，我国企业社会责任开始得到重视。随着我国社会主义市场经济体制的建立完善以及外向型经济水平的不断提高，越来越多的中国企业参与国际市场竞争，逐步与国际惯例接轨。在这过程中，它们意识到企业在创造价值、追求利润、对股东负责的同时，还要遵守商业道德、注重安全生产、维护职工权益、保护自然环境、支持慈善事业、捐助社会公益、保护弱势群体，承担对员工、对消费者、对社区和环境的社会责任。同时，它们更加意识到履行社会责任不仅有利于树立企业良好形象，也有助于增强潜在的竞争优势。

家族企业是我国企业群体中的重要成员，是我国经济体系中一股不可忽视的力量。据调查统计，目前在占我国企业绝大多数的民营企业中，家族企业的比重约为80%左右。从世界范围看，家族企业的比重超过65%，其中不乏耳熟能详的企业巨擘，在各国的经济发展中占据着举足轻重的地位。鉴于家族企业的重要性，学术界和企业界越来越关注研究家族企业的传承与发展问题。2011年，中央统战部、全国工商联、中国民（私）营经济研究会联合发布了首份《中国家族企业发展报告》，引起了社会广泛关注。2012年，上述单位会同国家工商总局在全国范围内进行了私营企业抽样调查，以这一调查为基础，全国工商联研究室和李锦记家族合作，联合中山大学中国家族企业研究中心、浙江大学（城市学院）家族企业研究所，撰写《中国家族企业社会责任报告》，对当前我国家族企业在履行社会责任方面的状况、特点、影响因素等进行分析研究，探索发展途径，为进一步推广企业社会责任，促进非公有制经济健康发展和非公有制人士健康成长，提供借鉴与依据。

本报告的创新之处在于，除了对中国内地家族企业社会责任状况进行调查研究外，还特别邀请了香港中文大学、澳门大学以及台湾义守大学的专家学者，分别对香港特区、澳门特区和台湾地区的家族企业社会责任状况进行了分析与研究，形成了两岸四地大中华地区家族企业在社会责任领域总的状况描述，使全社会对于整个华人家族企业群体在履行社会责任方面有了更为全面的了解；同时还可以相互比较，借鉴学习，为研究家族企业社会责任打开了更为广阔的视角。

从整体上看，目前中国家族企业在社会责任领域还处于起步阶段，特别是内地的家族企业，由于发展时间较短，一些家族企业尚处于资本积累和传承阶段；同时，我国又正处于社会转型的特殊时期，社会上对于家族企业承担社会责任的评价、监督和引导不够，使得内地家族企业在履行企业社会责任方面表现出诸多不足。这既与我们所处的社会发展阶段有关，又与我国家族企业整体发展水平以及整体经济社会环境相关。

企业社会责任这一概念虽然是舶来品，然而纵观历史可以发现，企业社会责任所涉及的理论和实践却与中国传统文化蕴含的伦理思想息息相关。在中国传统文化影响下，所形成的古代商人社会责任观对我国家族企业社会责任的演进有深远影响，并且成为导致我国家族企业社会责任不同于西方国家的一个重要因素。中国的企业家自古就有深植于本土，以财富回报社会的传统。在中国的企业家中，从来都不乏“富且仁”、全心回馈社会之人，致力于公益事业一直是中华商道崇尚之风。

放眼当今，随着中国家族企业传承换代和创二代的崛起，越来越多的家族企业以全球的视野审视自身价值，不仅把履行社会责任作为企业持续健康发展的重要任务，更在企业社会责任方面不断寻求创新与突破。在这份报告中，我们欣喜地看到，在中国已经涌现出如李锦记、匹克、方太、均瑶、百强等一批具有社会责任感的家族企业。家族企业承担社会责任可以向企业的利益相关者传递包含企业价值观在内的多重信号，有利于解决员工与企业、市场与企业的信息不对称问题，减少企业与利益相关者之间的潜在风险因素，能吸引到更多认同企业价值观的投资者、优秀人才和消费者，这些都将提升企业的声誉，形成潜在竞争优势，最终增强企业生命力。家族企业群体的努力，无疑会赢得社会的尊重，加强家族企业的稳定性和延续性，也将对中国的经济健康发展起到推动作用。

实现中华民族伟大复兴的中国梦，对于家族企业的发展提出了新的要求。保护生态环境，坚持可持续发展；文明守法经商，以诚信立足社会；做到以人为本，促进劳动关系和谐；积极回报社会，增强社会责任感，这些已越来越多地为中国内地家族企业所接受。积极的企业价值观可以铸造企业之魂、凝聚员工之心，使企业上下获得共同的价值取向和行为准则。建设和谐社会，需要大量的富有社会责任感的企业。希望《中国家族企业社会责任报告》的出版和发布，能为此做出应有的贡献。

全国工商联副主席

中国民（私）营经济研究会会长

庄聪生

目录

上篇 调研与报告

下篇 实例与点评

Contents

Chapter I Research and Report

上篇：调研与报告

2013

中国家族企业社会责任报告概述

企业是当今社会的重要组成部分，推动社会进步不仅是政府的责任，普通公民的责任，也是企业自身的责任。一方面，企业通过开展经营活动联系社会，企业的各种资源整合、成本降低和利润获取都与社会息息相关，理应承担相应社会责任进行回馈；另一方面，企业承担社会责任并不仅仅是付出和奉献，对自身而言，也是提高企业形象、获取竞争优势的重要途径。实践社会责任能够：提高决策质量，促进风险识别和控制；获得公众信任和良好声誉；平衡利益相关者关系；激发创新意识；提升员工的安全感、忠诚度和道德水平；加强交易的可靠性与公平性，遏制腐败；倡导可持续的自然资源和环境服务；加大公共产品的提供，形成文明社会和文明制度。

过去的中国民营企业和家族企业往往被认为是“缺乏企业公民意识”、“为富不仁”的。目前，由政府、社会机构和媒体出台的各种企业社会责任报告中，从排名上看，仍然较少关注民营企业和家族企业，或者反得出其在社会责任表现上弱于国有企业和外资企业的结论。甚至有观点认为，家族企业是高度利己主义导向的，追求的是家族的狭隘利益，不会主动为社会贡献力量和资源，更多通过寻租、政治参与等活动破坏公共信心、公共制度来保护家族财产。虽然在中国家族企业发展过程中也确实出现过唯利是图、见利忘义、以欺诈手段牟取不义之财的奸商，但是从其社会责任的历史演进来看，中国家族企业原本不是缺乏社会责任感的组织。中国古代商人在商业活动中形成基于儒家思想的商业伦理思想，就蕴含着对社会责任的关注，自古就有着讲求诚信、博施济众、经世济民的传统。大量的文献表明，家族企业具有长期发展和传承导向，趋向采用关系导向和集体主义认同导向的逻辑，更加关心利益相关者的利益，表现出更多的社会责任行为；同时，由于家族与企业荣辱相关，失去声誉往往伴随着企业经济活动的巨大损失，因此家族企业主更加关心其企业形象和声誉，更愿意将资源投资于企业社会责任领域，帮助建立和保持良好的企业形象和家族声誉。

作为社会、经济发展的重要组成部分，民营企业、家族企业是履行社会责任的一支重要力量。我国的家族企业在履行社会责任过程中，根据自身文化、发展阶段、所在领域等不同因素，选择适合自身的领域作为履行的重点。为了能够更清晰和全面地了解当前我国民营企业，尤其是民营企业的中坚力量——家族企业的社会责任履行状况，我们撰写了《中国家族企业社会责任报告》。本报告分为上、下两部分，上部分根据中央统战部、全国工商联、国家工商总局和中国民（私）营经济研究会联合组织的第十次私营企业调查数据，从横向截面对家族企业的整体社会责任履行状况、特点和影响因素进行深入的分析和研究，力图回答以下 3 个问题：一是中国的家族企业履行社会责任吗？二是他们履行社会责任的状况和基本特征是怎样的？三是有哪些因素影响家族企业社会责任的履行？本报告的下半部分运用历史学长时段的纵向分析方法，将家族企业社会责任作为一个历史范畴对其演化过程进行探讨，寻找中国家族企业对企业社会责任认知和履行的变迁轨迹，并基于 2008 年、2010 年以及 2012 年 3 次全国私营企业抽样调查数据，从 6 类指标对家族企业的社会责任履行情况进行纵向考察，试图揭示出新形势下中国家族企业社会责任履行的变化趋势和未来走向。

中国家族企业社会责任报告（上）

一、报告说明

（一）报告的数据来源

本调查数据来自2012年进行的两年一次的全国私营企业抽样调查。该项调查由中央统战部和全国工商联领导，中国民（私）营经济研究会牵头，联合国家工商行政管理总局进行。调研依托各省（区）市工商联组成调研组，在全国范围内按0.55%的比例，对私营企业进行多阶段抽样，即按经济发展水平，抽取县和县级市，再按城乡与行业分布，随机抽取被调查企业并访问企业主。本次抽样调研共发放问卷5 500份，由全国工商联和国家工商行政总局分别进行。工商联系统发放问卷3 100份，收回2 916份，回收率为94.1%；工商总局发放问卷2 400份，收回2 157份，回收率为89.9%。总计收回问卷5 073份，总收回率为92.2%。本次抽样调查的考察时间区间是2010年至2011年底，时间跨度为两年。

（二）家族企业的定义与子样本

国内外对家族企业的认定缺乏统一标准，但均将家族对企业所有权的控制作为必需条件。对于股权相对分散的上市公司，国际上常采用的标准是自然人或家族掌握三分之一以上的投票权；对于股权非常分散的大型上市公司，10%以上的投票权为自然人或家族控制就被视为家族企业；而对于未上市的中小企业，则要求个人及其家族拥有50%及以上的股权（绝对控股）。由于本次调查未区分上市公司和非上市公司，而样本总体又以未上市企业为主，因此我们采用了较为严格的绝对控股标准。①

在本报告中，我们将自然人或自然人与其家族绝对控制的企业界定为家族企业，即个人及其家族成员在企业股权总额所占比例在50%及以上的企业，我们根据这一标准，从此次抽样调查数据中提取出符合条件的子样本进行报告分析，如无特别说明，本报告中提供的家族企业数据均基于这一子样本得出。实际提取出的子样本包括家族企业3 436家，剔除未披露个人及家族持股比例信息的企业，家族企业占私营企业有效样本的比重为82.7%。其中业主个人控制和管理的企业为1 995家，在家族企业的有效样本中占58.1%，在私营企业有效样本中占48.0%。虽然该子样本是一个分布较广的大样本，但在统计意义上仍不能作为家族企业总体的无偏估计，因此根据报告数据估计中国家族企业的总体情况时，要注意可能存在而无法估计的偏误。

二、企业社会责任的概念和发展背景

（一）企业社会责任的源起与内容

企业社会责任（corporate social responsibility），又称为企业公民（corporate citizenship），是1924年由奥利弗·谢尔顿（Oliver Sheldon）在其著作《管理的哲学》一书中首先提出的。他认为企业并非仅为股东的利益而存在，其责任更在于提高其他利益相关者的利益，包括雇员、消费者、社会弱势群体甚至整个社会。20世纪30年代，美国法学界爆发了一场著名的论战：多德－贝利论战。论战双方主要围绕“企业应当对谁负责”、“社会责任是否属于企业的责任”这两大问题展开。1974年，管理学大师德鲁克在其著作《管理学》中详细论述了企业社会责任，在谢尔顿的基础上，他还提出履行企业社会责任有利于构建公司战略、提高公司信誉、树立良好的公司形象。经过激烈的争论，到20世纪90年代，学术界与实务界在企业社会责任问题上逐渐形成共识，认为承担企业社会责任既是企业作为社会重要成员的义务，也是企业自身健康发展、维持良好形象和保持相对竞争优势的重要手段。

1991年，著名的企业社会责任专家卡罗尔（Archie B. Carroll）提出了企业社

① 虽然采用这个定义可能将样本中未识别出的一部分大型上市公司排除在家族企业之外，一定程度上低估家族企业群体的地位和影响，也可能将一部分排斥家族对企业的涉入的中小业主制企业纳入家族企业群体，但针对本次调查的样本，这一标准最为适合。

会责任的金字塔模型，指出企业在实现为股东创造价值的基础上，还要承担相应法律的、伦理的以及慈善的社会责任。金字塔底部到顶部依次是经济责任、法律责任、伦理责任和慈善责任，对应着社会责任从基本要求到高标准的不同层次。经济责任，即完善企业经营，提高盈利能力，是其他责任的基础；法律责任，即遵照法律要求处理企业与主要利益相关者的关系，是企业公民所必需；伦理责任是指社会期望企业所执行的价值观和规范，是高于法律责任的要求；慈善责任是指企业为了达到社会对优秀企业公民的期望，而自主决定并自愿承担的责任，是社会责任的最高要求。

（二）企业社会责任发展的国际背景

随着经济全球化发展和跨国公司的扩张，全球性企业社会责任运动也在不断发展，对中国企业产生了深远的影响。一些在国际上影响范围较广、认可度较高的企业社会责任标准，如 SA8000 和 ISO26000，为当前我国的企业社会责任实践提供了参照标准和指导方向。2010 年 11 月 1 日，国际标准化组织（ISO）在瑞士日内瓦举行了“共担责任，实现可持续发展”的 ISO26000《社会责任指南》发布仪式，统一了社会责任的定义，明确了社会责任的原则，确定了社会责任的核心主题，以可持续发展为目标，倡导将社会责任融入组织政策、文化、战略和运营的各个方面。ISO 强调，实践社会责任是一项复杂的活动，由于组织文化、竞争优势、经营业务各不相同，其实践社会责任的方式、内容不尽相同，ISO 为社会责任的不同实践提出了 7 个原则（见表 1－1），为组织社会责任的履行提供了一个指导性的方向。

表 1－1　社会责任的 7 个原则

问责原则	对受组织活动和决策影响的个体和环境负责
道德行为	组织应当及时披露其政策、决策和活动，包括已知和可能的影响
透明原则	组织的行为应当基于诚实、伦理和正直
尊重利益相关者利益	组织应当考虑利益相关者的权利、诉求和利益
尊重法律	组织须尊重及遵守法规要求
尊重国际行为准则原则	尊重法律的同时，组织须尊重国际行为标准
尊重人权原则	组织应当尊重《国际人权宪章》中规定的人权

同时，ISO 将社会责任归纳为 7 个核心方面，为社会责任划分了基本的范围，

即：组织治理、人权、劳工、环境、公平运营、消费者问题以及社会参与和发展。

1. 组织治理。指组织在追求其目标过程中，所采用的制定、执行决策的一套管理系统。将社会责任框架与组织的发展机会、提议方案及日常运营相结合，履行社会责任。

2. 人权。主要包括两类，第一类是指公民与政治权利，比如生存权、法律面前人人平等、言论自由等；第二类是指经济、社会和文化权利，比如劳动权、社会安全、教育权等。组织在保障人权方面的实践，能够对一些领域起到重要的作用，包括挑选供销商、招聘员工以及减少企业行为对个人健康生活的影响等。

3. 劳工。劳工实践包括就业和劳动关系、工作条件和社会保障、社会对话、职业安全、卫生以及人力资源开发等。

4. 环境。组织与环境的关系可能与组织使用的资源、活动的区位、产生的废弃物等相联系。组织在实践环境方面的社会责任时，应当在项目启动前，充分探究其环境影响、在执行计划和运营过程中影响最小化、采用新型高效能源、通过技术减少碳排放等。

5. 公平运营。公平运营主要是指在与其他组织和个人交易过程中，组织保持其公平，在整个价值链的各个环节应当保证其正直经营。

6. 消费者问题。包括公平营销、信息和合同实践、保障消费者健康和安全、促进有益环境和社会的产品和服务、消费者服务、支持和争议处理、消费者信息和隐私保护、接受基本产品和服务、可持续消费、促进教育和意识等。

7. 社会参与和发展。社区参与是组织积极将社会责任范围扩展到社区，旨在预防、解决问题，与当地社区、利益相关者形成合作。ISO 认为，组织是社区的一部分，有责任支持、参与社区发展。企业应使利益相关者的诉求得到回应，并将其纳入组织的决策之中。

这些全球性的社会责任标准设立后，对我国企业参与国际竞争和加入跨国公司生产链提出了更大的挑战。对很多中国企业而言，不降低成本，可能失去订单；降低成本不当，同样可能失去订单。因此，企业社会责任就像企业全球化、企业核心竞争力一样，正式成为国际上企业经营的全新理念，成为企业竞争优势的一种来源。对我国企业来说，要想在市场求得生存，就应当满足利益相关方对企业社会责任的期望，采取积极措施履行社会责任标准是很好的途径。尽管短期内企业会面临生产成本增加、经济利润降低的困难，但从长远来看，对企业的战略发展和持续经营是有利的。

（三）当前中国企业的社会责任实践

我国的企业社会责任实践引入较晚，总体尚处于起步阶段。随着市场经济体制的建立和我国加入世界贸易组织之后经济上更大程度的开放，社会责任的实践也逐渐兴起。根据《WTO 经济导刊》统计的数据，我国最早的企业社会责任报告出现于 2001 年，当时只有两份，而到 2012 年内地企业共发布了企业社会责任报告 1 708 份，相对于 2011 年的 1 043 份，增长率为 63. 76% ，充分表明我国企业的社会责任意识在不断增强。更多企业主动地披露社会责任履行状况，与利益相关方进行更多的交流沟通，使相关利益方从社会责任的高度理解企业行为。2011 年中国社会科学院发布的《中国企业社会责任研究报告》中，选择了国有企业 100 强、民营企业 100 强和外资企业 100 强为对象分析了我国企业社会责任的实践状况，并构建了一套企业社会责任管理现状和责任信息披露水平的综合评价体系。该报告显示，国有企业在履行社会责任方面的表现优于民营企业和外资企业，共有 22 家国有企业具有较为完善的社会责任管理体系，信息披露较为完整，是我国企业履行社会责任的领头羊。民营企业是履行企业社会责任中的重要力量，其影响在不断增大，100 强民企中的大部分正在推动社会责任管理的工作，着手披露社会责任信息。但由于该报告仅选择 3 种不同企业性质的前 100 强作为调研对象，并且其评价指标的选择也具有很大的倾向性，因此并不能完全反映当前我国企业社会责任实践的全貌，尤其在民营企业履行社会责任问题上，有许多差异性调查反映了不同的状况。例如，由民政部指导、公益时报社编制的 2012 年中国慈善排行榜显示，在进入慈善企业排行榜的 605 家企业中，民营企业达 392 家，占比最大，捐赠金额达 54. 48 亿元，这说明，随着民营经济在我国经济社会发展中承担着越来越重要的角色，民营企业在社会责任履行中所发挥的作用也越来越大。

（四）报告的目的与社会责任测量

为了能够更加清晰、全面地反映当前我国民营企业的主体——家族企业的社会责任履行状况，我们借助中央统战部、全国工商联、国家工商总局和中国民（私）营经济研究会联合组织的第十次私营企业调查数据，对家族企业的整体社会责任履行状况、特点和影响因素进行了考察，力求借助这个较为权威的调查样本，全面展示中国家族企业履行社会责任的整体状况。

根据卡罗尔的社会责任金字塔模型和中国家族企业的发展现状，本报告将企业社会责任的考察重点放在高层次的企业社会责任，即法律责任、伦理责任和慈善责任3个维度，具体包括劳工关系、环保治污、慈善捐赠和公益行动4个方面；同时，为了体现中国家族企业承担社会责任的主动性，报告还同时考察了企业家承担社会责任的意识。

三、家族企业社会责任的履行状况与特点

如今家族企业承担越来越多的社会责任，支持慈善、扶贫和环保等公益事业，在发展企业、传承家族事业和履行社会业责任上做出了杰出贡献。本次抽样调查结果显示，家族企业在2010年和2011年为扶贫、救灾、环保、慈善等公益事业平均捐助额达到17万元人民币以上，比2008年和2009年的平均捐助增加了48%。本次调查着重从社会责任意识、劳动关系、环保投入、慈善捐赠和公益行动五个方面考察家族企业承担社会责任的情况。

（一）家族企业家普遍具有社会责任意识

家族企业能否做出实际的社会责任行动，与企业家的社会责任意识和态度密切相关。在此次调查中，我们抽样调查了3 436家家族企业对参与社会管理的态度，其中有2 581家企业（占总数的76.76%）认为“应当参与社会管理，这是企业应负的社会责任”；有319家企业（占9.46%）“不清楚社会管理的具体内容”；只有148家企业（占4.39%）认为“社会管理主要是党和政府的事，企业在商言商，不应参与”；有317家企业（9.40%）选择了说不好和其他；另有71家企业的数据缺失。总的来看，大多数家族企业家具有承担社会责任的意识，对于社会管理表现出积极态度。

对于社会责任主要体现在哪些方面，有2 677家企业（占79.65%）选择了“提供稳定的就业岗位”；2 081家企业（占61.92%）选择了“抓好对员工的科学化管理和人性化服务”；2 215家企业（占65.90%）选择了“尊重和维护员工的各项合法权益”；2 062家企业（占61.35%）选择了“积极参与社会公共事业和公益事业”；1 279家企业（占38.05%）选择了“参与维护社会治安”；另有646家企业（占19.22%）选择了“参与调处同业间的民商事纠纷”，如图1－1所示。

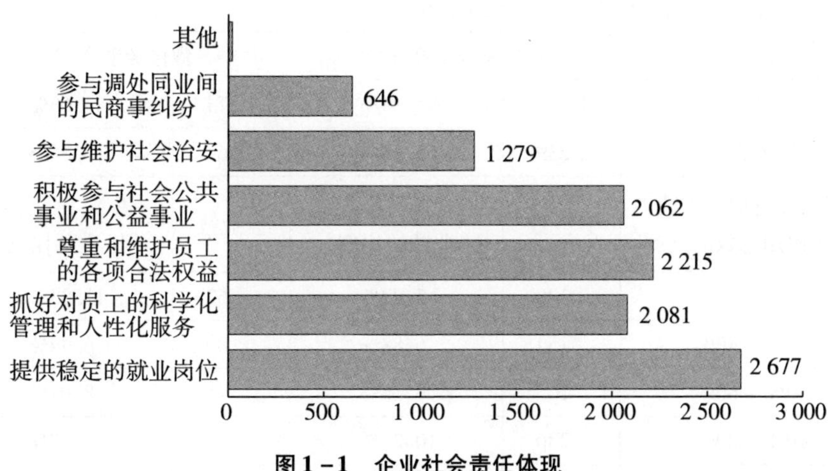

图 1－1　企业社会责任体现

由此可以看出，多数家族企业主认为企业在创造利润的同时，应承担起对劳动者、环境、社区等利益相关方的责任，其中占比最高的 3 个方面均涉及员工权益，可见许多家族企业主认为企业在履行社会责任方面的核心是，为劳动者提供稳定的就业岗位，维护劳动者的各项合法权益。

（二）家族企业劳动关系的现状

企业是一种劳动关系的治理结构，劳动者作为企业主要的利益相关者，与资本共同承担着企业的风险。因此，企业在追求经济利润的同时，必须承担起保护劳动者合法权益的社会责任，这对建立相互认可的劳动关系，降低企业内部交易成本，提高经济效率具有重要作用。

本次调查显示，2011 年家族企业用于员工工资和奖金支出的平均值为 432. 34 万元，占其销售收入的 3. 62%；有 385 家企业（占总数的 11. 20%）的员工参与分红，全年员工分红的平均值为 88. 04 万元。在签订劳动合同方面，有 2 239 家企业（占 65. 16%）与员工签订了个人劳动合同，562 家与员工签订了集体劳动合同，表明相对集体劳动合同，企业更倾向于与员工个人签订劳动合同，只有 619 家（占 18. 02%）企业没有与员工签订任何形式的合同。可见，家族企业主普遍比较重视维护员工的合法权益，超过 80% 的企业能与员工签订合法的劳动合同。同时，在与员工签订合同的企业中，有 1 450 家企业（占签订合同企业的 64%）与全部员工签订了个人或集体合同，其余三分之一的企业仍需要提高劳动合同的签订比例。具体见表 1－2。

表1-2 家族企业与劳动者签订劳动合同情况

	个人劳动合同		集体劳动合同	
不签订	1 197	34.84%	2 874	83.65%
签订	2 239	65.16%	562	16.35%
签订劳动合同员工数占员工雇用总数的比例	企业数	占签订合同企业数的比例	企业数	占签订合同企业数的比例
20%以下	128	5.72%	62	11.03%
20%～40%	154	6.88%	39	6.94%
40%～60%	205	9.16%	45	8.01%
60%～80%	230	10.27%	62	11.03%
80%以上	1 522	67.98%	354	62.99%

员工保险是保护劳动者合法权益的重要部分。数据显示，在养老保险、医疗保险、事业保险、工伤保险、生育保险中，更受企业和员工重视的是养老保险和医疗保险，超过50%的企业会为员工购买这两种保险，而生育保险相对较少。当要求提高到“为一半以上的员工购买保险”时，只有不足三分之一的企业表示能达到该标准（见表1-3）。可见，在员工保险方面，家族企业的重视度还有待加强，尤其是生育保险、失业保险和工伤保险，同时医疗和养老保险的覆盖面仍需进一步扩大。

表1-3 企业为员工购买保险情况

	为员工购买保险的企业数		为一半以上的员工购买保险的企业数	
养老保险	1 820	52.97%	1 133	32.97%
医疗保险	1 707	49.68%	1 133	32.97%
失业保险	1 387	40.37%	906	26.37%
工伤保险	1 500	43.66%	1 038	30.21%
生育保险	1 189	34.60%	—	—

另外，在对员工的培训方面，一半的家族企业会对员工进行培训。2011年家族企业培训员工的总投入约为3.2亿元（平均每家企业投入10万元），培训人次共计

20.78万。从培训员工占企业员工总人数的比例分布来看，18.44%的企业会对员工进行集体培训，其余企业大多数有选择地对少数员工进行培训（见表1－4）。

表1－4　培训员工占企业员工总人数的比例分布

企业培训人数占总员工数的比例	企业数（个）	企业比例	企业培训人数占总员工数的比例	企业数（个）	企业比例
低于10%	287	16.85%	50%～60%	94	5.52%
10%～20%	293	17.20%	60%～70%	98	5.75%
20%～30%	180	10.57%	70%～80%	67	3.93%
30%～40%	178	10.45%	80%～90%	56	3.29%
40%～50%	136	7.99%	90%～100%	314	18.44%

（三）企业环保投入

环境污染是当今社会所面临的非常严峻的挑战，企业投入资金治理污染、减少自身生产经营活动产生的负外部性是其承担社会责任的重要表现之一。调查数据显示，2011年进行治污投入的家族企业有1 092家（约占提供该数据的家族企业的31.78%），缴纳治污费的企业有1 107家（约占提供该数据的家族企业的32.22%）。2011年家族企业污染治理投入综合高达99 870万元，平均投入为30.94万元，相比2009年均值14.41万元高出16.53万元，增加114.71%；缴纳环保治污费达10 289万元，平均缴纳为3.23万元，相比2009年均值2.09万元高1.14万元，增加54.55%。从百分位数来看，2011年虽然过半数的企业仍未在环保上有所投入，但75%位数的企业治污投入为2万元，高于2009年的0.46万元，增加334.78%；环保治污费为1万元，高于2009年的0.20万元，增加400%（具体见表1－5）。以上各指标均显示，两年间企业的环保投入已有大幅度增加，说明越来越多的家族企业开始重视环境问题，并且加大了环保投入力度。

表1－5　家族企业环保投入情况　（单位：万元）

	企业数（个）	投入总计	平均投入	百分位数		
				25	50	75
治理污染投入	1 092（31.78%）	99 870	30.94	0	0	2
环保治污费	1 107（32.22%）	10 289	3.23	0	0	1

（四）慈善捐赠

作为先富阶层，家族企业的慈善捐赠和公益行动是其回报社会、履行社会责任的另一个重要方面。总体看来，大多数家族企业在2010年和2011年都为扶贫、救灾、环保慈善等公益事业进行过捐助。2010年，有2 112家企业有过捐助行为，约占提供该数据的家族企业的62.84%；2011年，有2083家企业有过捐助行为，约占提供该数据的家族企业的61.98%。2010年，家族企业用于社会捐赠的总额为64 219.54万元，2011年略低于前一年，为53 190.19万元，其中每家企业年平均捐助分别为19.54万元和16.18万元（见图1－2）。虽然2011年较2010年捐赠有所减少，但是与2008与2009年比较发现，家族企业近两年的平均捐赠明显增多。可见，家族企业越来越重视回报社会，越来越多地关注扶贫、救灾、环保慈善等活动，致力于树立良好的家族形象，提升品牌高度，对社会贡献越来越大，社会公民意识也不断提高。

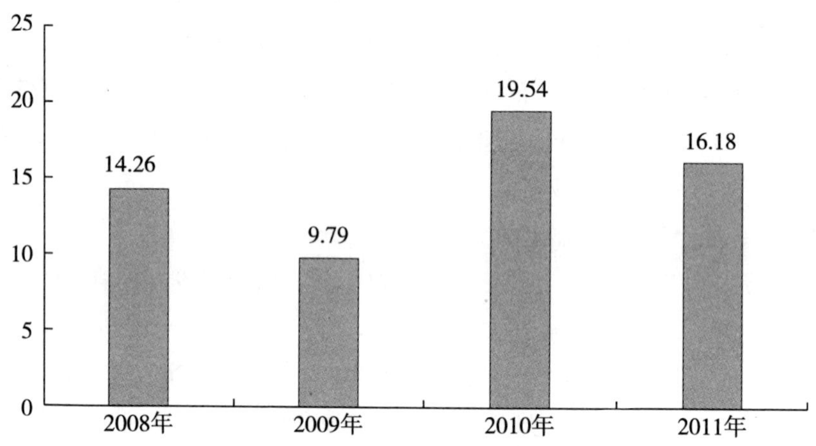

图1－2　2008～2011年家族企业平均慈善捐助（万元）

（五）公益行动

公益活动方面，2011年有1 062个家族企业与政府主办的公益组织（如扶贫基金会、红十字会等）有过合作，约占本次调查总数据的31.60%；有793家企业与民间公益组织有过合作，约占本次调查总数据的23.59%。说明家族企业认识到作为社会公民参与公益行动的重要性。另外一组数据显示，仅有147家企业（约占本次调查总数据的4.37%）（见表1－6）发布过社会责任报告，说明家族企业的社会责任意识和社会行动还没有转化为正规的企业社会责任制度和机制，大多数企业的社会责任行动仍停留在偶然和随意性阶段，不能将企业的社会责任履行与企业自身战略相结合。

表1－6　家族企业参与公益行动情况

	与政府公益组织合作	与民间公益组织合作	发布社会责任公告
合作企业数（个）	1 062	793	147
所占比例（%）	31.60	23.59	4.37

四、家族企业社会责任履行的影响因素

（一）企业家个人情况

1. 企业家个人情况

（1）性别的影响

在此次调查的3 436家企业中，男性企业主有2 879人，占全部比例的83.8%；女性家族企业主为545人，占15.9%；另外还有12份问卷此项缺失，占0.3%。由此可见，当前的家族企业多由男性主导。具体到性别对企业社会责任履行的影响可见表1－7。

表1－7　性别对企业社会责任履行的影响

<table>
<tr><th rowspan="2">性别</th><th rowspan="2">社会责任意识</th><th colspan="2">治理污染投入</th><th colspan="2">平均缴纳环保治污费</th><th colspan="2">公益行动</th><th colspan="2">平均慈善捐赠（万元）</th></tr>
<tr><th>人数（人）</th><th>占销售平均比（%）</th><th>人数（人）</th><th>占销售平均比（%）</th><th>与公益组织有过合作</th><th>发布企业社会责任</th><th>2010年</th><th>2011年</th></tr>
<tr><td>男</td><td>2 218（78.3%）</td><td>947（27.6%）</td><td>1.23</td><td>944（27.5%）</td><td>0.07</td><td>43.6%</td><td>134（5.4%）</td><td>18.21</td><td>16.73</td></tr>
<tr><td>女</td><td>363（68.5%）</td><td>118（3.4%）</td><td>0.62</td><td>137（4.0%）</td><td>0.04</td><td>6.14%</td><td>13（2.7）</td><td>26.61</td><td>13.31</td></tr>
<tr><td>相关性（P）</td><td>0.074***（0）</td><td colspan="2">0.03**（0.045）</td><td colspan="2">0.03**（0.045）</td><td colspan="2">0.047***（0.002）</td><td colspan="2">－0.024（0.102）</td></tr>
</table>

注：*、**、***分别代表10%、5%、1%的显著率。

从表1－7显示，性别与社会责任意识、环保投入和公益行动有一定的相关性，但相关系数较小。具体来看，78.3%的男性具有社会责任意识，认为企业应当参与社会管理，这一比例在女性企业家中为68.5%。在环保方面，有27.6%的男性企业家有环保投入，27.5%缴纳了环保治污费用；相比之下，女性企业家的环保投入较少，只有3.4%的女性企业家有治污投入，4.0%缴纳了环保治污费。同时，男性企业家平均治理污染投入32.74万元，缴纳环保治污费3.64万元，占销售收入的1.23%和0.62%；女性企业家的平均投入分别只有17.77万元和1.08万元，占销售收入的比例不足0.1%。在公益行动方面，43.60%的男性企业家与政府或民间公益组织有过合作，并且有134位（占5.4%）的男性企业家发布过社会责任报告；在女性企业家中有6.14%与公益组织有过合作，只有13位（占2.7%）发布过社会责任报告。可见，男性企业家在社会责任意识、环保投入和公益行动方面的表现优于女性企业家。但在慈善捐助方面，性别的影响不大，之间差异不明显。

从劳动关系来看，分析显示，男性企业家2011年平均支付员工工资和奖金437.71万元，明显高于女性企业家。同时，男性企业家建立了公积金制度的比例（14.5%）显著高于女性企业家（9.9%）。而在签订合同、购买保险及员工培训方面，二者并没有显著的差异（见表1－8）。

表1－8　企业主性别对劳动关系方面的影响

性别	支付员工工资、奖金（万元）		是否建立公积金制度	签订合同的员工占比（%）		购买医疗保险的员工占比（%）	培训人数占全体员工比例（%）
	均值	中位数		个人合同	集体合同		
男	437.71	108.00	314（14.5%）	81.22	24.41	62.00	43.95
女	256.12	35.00	39（9.9%）	61.15	14.42	40.05	31.07
F值（P）	12.02***（0.001）		6.03**（0.014）	1.10（0.294）	0.75（0.388）	2.38（0.123）	0.94（0.332）

注：*、**、***分别代表10%、5%、1%的显著率。

（2）年龄的影响

本次抽样调查显示，家族企业主年龄结构呈正态分布，集中在30～60岁之间，这一阶段的家族企业主数量占到总体的91%。从社会责任意识方面来看，家族企业主的年龄与社会责任意识显著相关，处于40~60岁之间的企业主具有社会责任意识的比例最高，达到78%以上；30岁以下的企业主责任意识相对较低，只有67.9%的人认为应当承担社会责任。

同样在公益行动方面，不同年龄分组之间也表现出显著差异。年龄越高的企业主越倾向于同政府主办的组织合作进行公益活动，可能是因为年龄大的管理者更愿意参与程序化和正式化的决策过程，较难接受新事物①。与民间公益组织合作的企业家主要集中于40~50岁之间。同时，在近两年发布社会责任报告方面，随着企业主年龄的增长也有明显增加的趋势，60岁以上的企业主近两年发布社会责任报告的比例最高，达到9%（见表1-9）。

表1-9　年龄对企业社会责任履行的影响

年龄分组	社会责任意识	治理污染投入		平均缴纳环保治污费		2011年平均慈善捐赠（万元）	公益行动		
		人数（人）	占销售收入的平均比（%）	人数（人）	占销售收入的平均比（%）		与政府组织合作（%）	与民间组织合作（%）	发布社会责任报告（%）
30岁以下	67.9%	24（0.7%）	0.47	28（0.8%）	0.37	0.00	9.4	14.2	1.6
30~40岁	72.5%	186（5.4%）	0.66	171（4.0%）	0.29	0.10	25.9	22.4	3.4
40~50岁	78.6%	526（15.3%）	1.36	535（15.6%）	0.22	1.00	36.4	29.1	5.6
50~60岁	78.3%	261（7.6%）	1.40	272（7.9%）	2.02	1.10	36.2	24.0	5.0
60岁以上	76.6%	65（1.9%）	1.06	73（2.1%）	0.26	1.35	40.5	20.9	9.0
卡方值（P）	35.65***（0.003）	580.23（0.956）	437.64（0.917）	1 013.37（0.999）	62.33***（0.000）	24.42***（0.000）	12.69**（0.013）		

注：*、**、***分别代表10%、5%、1%的显著率。

① 资料来源：Daboub A J, Rasheed A. M. A., Priem R. L., et al. Top Management Team Characteristics and Corporate Illegal Activity [J]. *Academy of Management Review*, 1995, 20 (1): 138~170.

本次调研显示，年龄越大的企业主越重视建立良好的劳动关系。对比不同年龄段的企业家，2011 年对员工工资和奖金的支付有显著差异，平均支付的员工工资随着企业主年龄段的增大而明显增加；60 岁以上年龄的企业主中，有近 20% 的企业建立了公积金制度，是 30 岁以下分组的近 4 倍；在签订劳动合同、医疗保险和员工培训这三方面，组间差异不显著，不过从数据比较来看，30 岁以下的企业主对此重视不够（见表 1－10）。

表 1－10　企业家年龄对劳动关系方面的影响

年龄分组	支付员工工资、奖金（万元）		是否建立公积金制度（%）	签订合同的员工占比（%）		购买医疗保险的员工占比（%）	培训人数占全体员工的比例（%）
	均值	中位数		个人合同	集体合同		
30 岁以下	88.65	24.00	5.3	51.37	11.91	34.04	21.56
30～40 岁	230.14	40.00	10.8	66.30	14.41	45.09	41.41
40～50 岁	444.52	120.00	13.8	78.64	18.93	56.47	44.66
50～60 岁	532.82	150.00	16.5	76.80	22.69	55.91	31.64
60 岁以上	553.38	97.50	19.7	65.84	19.55	82.47	29.02
F 值（P）	6.59***（0.000）		4.44***（0.001）	0.52（0.720）	3.41***（0.009）	1.00（0.404）	0.48（0.748）

注：*、**、***分别代表 10%、5%、1% 的显著率。

综合来看，年龄大的家族企业主在履行社会责任方面表现得越积极，越乐于担当社会责任，可能与年龄较大的企业主的经济需求已经基本得到满足而追求更高层次的价值有关。而且年龄大的管理者经营经验相对较丰富，更能认识到参与社会管理会给企业带来长期利益，从而承担更多的社会责任。

（3）文化程度的影响

个人的文化程度及教育背景会对其价值观的形成产生很大影响，本次调查表明，不同文化程度的家族企业主在履行社会责任方面有显著的差异（见表

1－11）。本次抽样调查中，90%的企业主是高中或中专以上学历，有22.4%是大学本科毕业，另外7.31%属于研究生。

表1－11　企业家文化程度对企业社会责任的影响

文化程度	具有社会责任意识的比例（%）	治理污染投入		平均缴纳环保治污费		2011年平均慈善捐赠（万元）	公益行动		
		人数（人）	占销售收入的平均比（%）	人数（人）	占销售收入的平均比（%）		与政府组织合作（%）	与民间组织合作（%）	发布社会责任报告（%）
小学及以下	75.6	9（0.26%）	0.68	11（0.32%）	0.73	0.00	21.1	27.5	7.9
初中	68.0	85（2.47%）	0.45	83（2.42%）	0.27	0.10	21.6	18.9	2.2
高中、中专	70.1	291（8.47%）	2.09	302（8.79%）	1.77	0.30	27.0	19.6	4.6
大专	77.1	349（10.16%）	0.84	366（10.7%）	0.19	1.00	36.3	26.2	4.8
大学	83.2	245（7.13%）	0.83	238（6.93%）	0.26	1.00	34.3	29.5	4.5
研究生	89.7	76（2.21%）	0.73	70（2.04%）	0.07	5.00	55.0	38.0	4.9
卡方值（P）	84.62***（0）	752 93（0.882）		610.49（0.374）		1895.24***（0）	88.17***（0）	45.60***（0）	18.47***（0.002）

注：＊、＊＊、＊＊＊分别代表10%、5%、1%的显著率。

数据表明，文化程度越高，具有社会责任意识比例越高。约90%的研究生学历的企业主认为，参与社会管理是企业的责任；同样，2011年慈善捐助额的平均值也表明，文化程度越高的企业家，慈善捐赠额度越大，研究生组在该表现中尤为突出；

公益行动方面也有同样的相关关系，不过值得注意的是，小学以下学历的家族企业主在发布社会责任报告方面表现最好，有7.9%的企业主近两年来发布过社会责任报告，可能因为这些企业的上游厂商是较正规的大型企业，为通过上游厂商认证的需要，在发布社会责任报告方面表现十分积极。

环保投入方面，各组间差异并不显著。研究生以上学历的企业家相对较低，我们考虑到可能与高学历企业家所从事的行业有关，进一步分析显示，研究生组的企业家较多从事信息服务、房地产、科研技术、居民服务和卫生行业，这些行业相对污染较小，所以环保投入也比较少。

从劳动关系看，文化程度对各指标均有显著影响（见表1－12）。均值和中位数都显示，文化程度越高的企业主，在员工工资和奖金方面的支出越多，越重视建立公积金制度。

表1－12　企业家文化程度在劳动关系方面的影响

文化程度	支付员工工资、奖金（万元）		是否建立公积金制度（%）	签订合同的员工占比（%）		购买医疗保险的员工占比（%）	培训人数占全体员工的比例（%）
	均值	中位数		个人合同	集体合同		
小学及以下	201.68	42.50	3.4	34.3	90.3	54.8	57.1
初中	217.47	51.50	7.9	35.1	86.8	49.0	53.4
高中、中专	261.61	50.00	7.1	27.7	83.1	47.9	48.7
大专	506.74	104	13.8	18.8	76.1	35.8	33.7
大学	447.77	110.65	18.1	19.0	74.2	30.4	31.0
研究生	986.46	360.00	33.9	9.3	69.5	11.0	10.8
F值（P）	10.42***（0）		8.74***（0）	5.39***（0）	6.36***（0）	10.42***（0）	22.06***（0）

注：＊、＊＊、＊＊＊分别代表10%、5%、1%的显著率。

（4）个人经历的影响

企业家以往的职业经历构成了其感情、偏好和认知的一部分，所以个人经历对企业家履行社会责任有较大的影响（见表1－13）。有党政机关工作经历的企业家具有社会责任意识的比例最高，达到86.1%；具有国企工作经历的次之，约为83.2%；具有外企或港澳台企业工作经历的再次；剩下具有私企工作经历或曾在农村待过的最低，约为78%。分析显示，国企背景对社会责任意识有显著影响（$P<0.01$）。

同时，在具有党政机关工作经历的企业家中，曾任高职位的企业家社会责任意识也比较高，曾任县处级或以上职位的企业家具有社会责任意识的比例为100%。在企业工作的人员中，主要负责人要比中层管理人员的社会责任意识高。可见，在个人职业生涯有过高层经历的管理者，其社会责任意识更强。

表1-13　不同个人经历中具有社会责任意识的企业家的比例

个人经历	具有社会责任意识（%）			
	总计	县处级及以上干部/主要负责人	一般干部/科级干部/中层管理人员/村干部	技术人员/销售人员/教师/其他职员工人/农民
党政机关	86.1	100	84.7	97.2
国有、集体企业	83.2	93.1	83.0	73.3
外资、港澳台企业	80.7	87.21	78.3	81.0
其他私企	77.5	86.6	75.2	59.1
农村工作	80.5	—	82.9	65.4

在环保投入方面，有政府经历的企业家在环保投入和缴纳治污费上都明显高于有其他经历的企业家。曾任职位级别对环保投入也有较大影响（见表1-14）。其中，担任过县处级以上干部的家族企业家表现尤为突出，年平均环保投入高达134.21万元。可能由于担任过较高职位的企业主，社会关注度较高，从而被要求承担更多的社会责任。而曾任教师、技术人员和其他志愿工人等职位的企业家相对投入较少。同时，在国企、外企和私企中担任过主要负责人，以及在农村担任过村干部的企业家环保投入和缴纳治污费也相对较高。

慈善捐助和公益行动方面有着相似的结论（见表1-15）：有党政机关经历的企业家在2010年和2011年的慈善捐助额度最高，积极参与公益活动；担任过国企、外企、港澳台企业的主要负责人，私企的一般负责人，担任过村干部的企业家，慈善捐赠额度相对较高。

表1－14　企业家个人经历对环保投入的影响　（单位：万元）

个人经历	环保投入（治污费用）							
	总体均值		县处级及以上干部/主要负责人平均		一般干部/科级干部/中层管理人员/村干部平均		技术人员/销售人员/教师/其他职员工人/农民平均	
	环保投入	治污费用	环保投入	治污费用	环保投入	治污费用	环保投入	治污费用
党政机关	31.52	3.27	134.21	5.33	30.85	3.99	6.85	1.24
国有、集体企业	36.91	3.09	53.47	6.16	41.54	2.65	24.51	1.80
外资、港澳台企业	22.57	3.48	49.79	4.91	13.98	4.62	2.32	0.97
其他私企	29.18	2.86	39.03	3.71	20.00	1.66	21.83	2.66
农村工作	22.52	5.55	－	－	36.50	13.18	17.78	2.81

表1－15　企业主个人经历对企业慈善捐助的影响　（单位：万元）

慈善援助	总体均值		一般干部/科级干部/中层管理人员/村干部平均		县处级及以上干部/主要负责人平均		技术人员/销售人员/教师/其他职员工人/农民平均	
	2010年	2011年	2010年	2011年	2010年	2011年	2010年	2011年
党政机关	27.12	24.76	31.05	26.20	25.71	19.75	19.37	23.00
国有、集体企业	16.10	15.09	10.36	12.19	33.18	26.71	11.70	11.30
外资、港澳台企业	13.54	7.36	15.77	23.52	31.75	15.12	1.94	2.42
其他私企	12.18	12.35	32.61	11.09	19.96	20.12	13.87	11.55
农村工作	14.67	13.81	19.26	20.38	－	－	13.02	11.62

（5）企业家年薪和家庭收入的影响

在对企业家家庭收入和年薪的调查中显示，较高的家庭收入及企业家年薪对其履行社会责任有积极的影响。其中，有企业社会责任意识的企业家平均年薪和家庭收入分别为27.56万元和56万元，高于该意识较薄弱的其他人群（见表1－16）。

对于环保投入和慈善捐赠两方面，从相关分析中可以看出，环保投入和慈善捐赠与企业家年薪和家庭总收入相关性很弱（相关性 <0.3）。

表 1－16　企业家平均年薪和家庭收入对企业社会责任的影响

		企业家平均年薪（万元）		平均家庭收入（万元）	
		均值	中值	均值	中值
社会责任意识（认为企业应当参与社会管理）	是	27.46	10.00	56.35	20.00
	否定或不确定	15.14	10.00	36.55	15.00
公益行动	与政府公益组织合作	38.32	14.00	82.12	30.00
	与民间公益组织合作	35.78	12.00	86.50	28.00
	无公益合作	17.59	10.00	34.47	16.00

（6）社会地位的影响

本次调查发现，家族企业主认为自身的经济地位、社会地位和政治地位处于社会中层（在 10 级阶梯中处于 5、6 两级阶梯）的比例最高，分别为 45.2%、44.1% 和 36.2%。家族企业主对自身经济地位和社会地位的评价趋于一致，但可能认为政治地位不如经济地位和社会地位。对地位自评的均值分析证实了这一判断，政治地位自评为 5.9，经济地位自评为 5.3，而社会地位自评为 5.3（数值小表示地位高）①，具体见图 1－3。

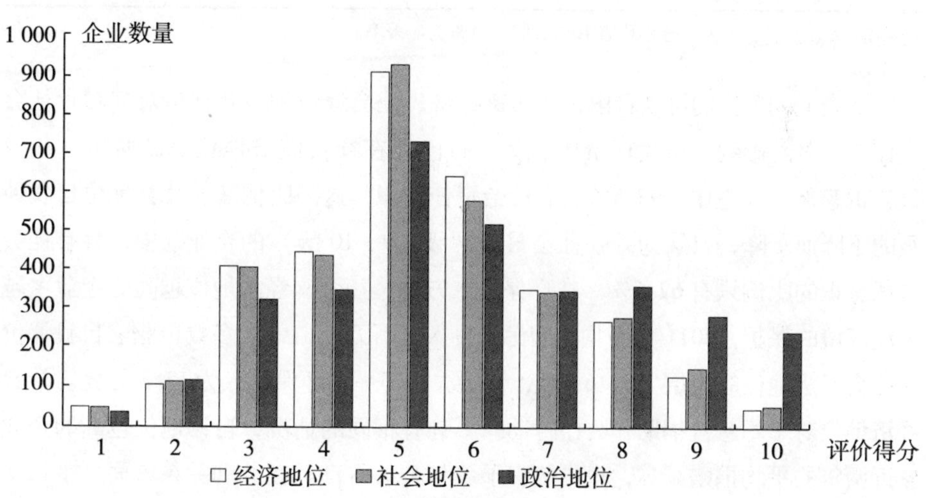

图 1－3　企业家社会阶梯自评情况

① 由于家族企业主对自身经济地位和社会地位的评价趋于一致，所以我们将社会经济地位放在一起分析。

表 1－17　企业家社会地位自评对企业社会责任的影响

社会地位	具有社会责任意识的比例（%）	环保投入（万元）		平均慈善捐赠（万元）		公益行动			支付员工工资、奖金（万元）
		平均治理污染投入	平均缴纳环保治污费	2010 年	2011 年	与政府组织合作（%）	与民间组织合作（%）	发布社会责任报告（%）	
位于 1～2 级	92.5	98.31	13.53	38.45	81.92	65.6	50.5	11.2	1825.34
位于 3～4 级	84.7	51.47	4.55	27.15	24.38	47.3	33.8	7.0	632.21
位于 5～6 级	76.8	17.80	4.48	10.35	9.59	31.5	24.1	4.6	317.07
位于 7～8 级	64.2	9.51	1.04	4.95	4.74	15.5	14.9	2.2	132.49
位于 9～10 级	62.5	3.21	0.34	0.59	0.78	12.3	9.4	3.0	62.11
卡方值（P）	174.3***（0）	1 571.5***（0.001）	1 222.9***（0）	3 047.8***（0）	3 106.6***（0）	261.4***（0）	137.2***（0）	35.87***（0.002）	22.36***（0）

注：＊、＊＊、＊＊＊分别代表 10%、5%、1% 的显著率。

从表 1－17 我们可以看出，企业家经济、社会地位的自我评价对其履行社会责任有显著的影响。自我评价中认为，自己处在社会经济地位最高两级（1、2 级）的家族企业主中，92.5% 具有社会责任意识，这一比例随着社会地位自我评级的下降而下降，自认为处在社会最后两级（9、10 级）的企业家中，具有社会责任意识的比例只有 62.5%。在环保投入方面，社会、经济地位越高的企业主越关注环境的保护，2011 年平均治理污染投入近百万元，绝大多数企业家自我评价在社会经济地位的中层（5、6 级），该层次的年平均环保投入为 17.8 万元。社会经济地位对平均慈善捐助和公益行动的影响有相同的情况，自评地位越高的企业家近两年的平均捐赠越高，也更热衷于参与公益行动。在劳动关系方面，平均支付工资的数额随着企业主社会、经济地位的升高而大幅上升。这种社会责任履行与经济社会地位评级的正相关关系可以由马斯洛的需求层次理论来解释，自评位于较高社会经济地位的企业家，低层次的需求已经得到基本满足，所以对更高层次的追求相对变得紧迫，希望实现个人的社会价值，承担起更多的社会责任。

2. 企业家的政治参与

政府对产业政策、市场准入、市场结构等具有决定性影响。企业要想达到自己的目的，争取政府支持，必然要响应政府的号召。如果家族企业主具有某种政治身份，其角色意识也会促进其承担一些社会责任。

从家族企业主的政治面貌来看，在提供数据的2 501家企业中，有党员889人，占总人数的35.5%；民主党派人士160人，占6%。共产党员或民主党派的身份对于企业主的社会责任意识、慈善援助、公益活动、发布社会责任报告以及劳动关系方面均有显著的影响。如表1－18显示，加入共产党或民主党派的企业主约有85%具有社会责任意识；而未参加任何政党的企业主，这一比例只有70%。

从家族企业主政治参与的情况来看，家族企业主要通过参与人大和政协来参与政治，约19%的家族企业主担任人大代表，约30%的家族企业主任乡级以上政协委员，而较少家族企业主在政府部门或城镇居委会任职（不足6%）。这些有政治参与的企业家在社会责任意识及社会责任履行的表现均优于其他未参与的企业家，如表1－18所示。

表1－18　企业家政治参与对企业社会责任影响

		社会责任意识（%）	污染治理投入（万元）	2011年慈善捐赠（万元）	公益行动（%）	发布过社会责任报告（%）	劳动关系		
							支付员工工资、奖金（万元）	住房公积金制度（%）	员工培训费用（万元）
参与党派	共产党	84.3	46.88	20.61	41.0	7.0	631.67	17.7	12.86
	民主党派	84.7	30.24	43.60	44.4	5.7	547.09	22.0	13.13
	未参加	70.1	23.71	11.68	24.5	3.8	333.39	10.8	7.17
卡方值（P）	－	47.69*** (0.000)	2.66* (0.070)	11.27*** (0.000)	56.56*** (0.000)	6.97*** (0.001)	11.94*** (0.000)	15.21*** (0.000)	2.31* (0.099)
政协人大	人大代表	85.5	102.10	43.80	50.6	9.4	987.35	20.3	19.18
	政协委员	87.1	26.22	21.70	45.7	5.6	568.89	14.6	12.79
	都不是	67.6	13.43	6.17	19.0	3.5	216.78	11.2	4.76
卡方值（P）	－	88.32*** (0.000)	24.11*** (0.000)	34.97*** (0.000)	184.11*** (0.000)	13.46*** (0.001)	54.40*** (0.000)	11.81*** (0.000)	15.31*** (0.000)

注：*、**、***分别代表10%、5%、1%的显著率。

综上所述，家族企业的政治参与程度对其履行社会责任具有显著的正面影响，这可能是由于企业的政治参与度越高，越能了解政府在社会责任方面的态度，越希望在政府敏感的问题上表现突出，以增强自身的合法性，赢得政府的政策支持。另外，具有人大代表、政协委员身份的家族企业主具有“政治光环”受到社会更多的关注，社会可见性更高，受到舆论的压力也越大，所以这些企业主在社会责任履行方面表现得更好。

（二）企业特性

1. 区域分布

本次调查发现，样本分布总体呈现以下特点：大多数家族企业集中在东部沿海省份，共有2 080家，占总数的60.5%；然后是中部地区（占23.1%）和西部地区（占16.3%）。各地区的企业家具有社会责任意识的比例差别并不显著，相比之下，中部地区略低，约为74.8%，东西部分别为77.6%和76.2%。在环保投入方面东西部差异较明显，东部地区的治理污染投入和环保治污费分别占销售收入的0.5%和0.2%，西部地区分别为2.6%和2.7%。西部地区的环保投入远高于中东部，这可能是由于西部地区的企业从事的活动污染较高，而且西部环境较为脆弱，政府在环保方面政策力度较大的原因。

对于2011年的慈善捐助以及公益行动，地区分布所导致的影响并不显著，各组间差异不明显（见表1－19）。

表1－19　企业区域分布对企业社会责任的影响

区域分布	样本分布	具有社会责任意识的比例（%）	环保投入占销售收入的比重（%）		2011年平均慈善捐赠（万元）	公益行动		
			治理污染投入	环保治污费		与政府组织合作	与民间组织合作	发布社会责任报告
东部	2 080（60.5）	77.6	0.5	0.2	15.9	35.0%	24.9%	4.7%
中部	795（23.1）	74.8	1.7	0.3	12.8	31.9%	25.7%	5.6%
西部	561（16.3）	76.2	2.6	2.7	21.84	33.2%	26.3%	4.9%
F值（P）	—	1.02（0.359）	4.67***（0.009）	2.82*（0.060）	1.47（0.230）	3.87**（0.021）	0.25（0.776）	0.48（0.620）

注：*、**、***分别代表10%、5%、1%的显著率。

在劳动关系方面，对于“是否建立公积金制度”，中部及东西部地区差异显著，东部地区的家族企业对此最重视，有18.5%的企业建立了住房公积金制度，而中部和西部地区相对较少，只有5.9%和6.8%。这可能是由于东部沿海地区人口密度较大，住房已经成为企业员工关注的重要问题，而住房公积金作为一项重要的社会保障制度，对于员工筹集资金购买商品房有着重要作用。

在劳动关系的其他表现方面，区域分组之间的差异并不显著。比较表1－20的统计数据可以看出，在签订合同、购买医疗保险以及员工培训等方面，东西部家族企业的表现略优于中部地区。

表1－20　企业区域分布对企业劳动关系方面的影响

区域分布	是否建立公积金制度（%）	签订合同的员工占比（%）		购买医疗保险的员工占比（%）	培训人数占全体员工的比例（%）
		个人合同	集体合同		
东部	18.5	81.6	29.2	66.4	40.2
中部	5.9	58.5	11.0	33.0	29.7
西部	6.8	91.0	13.2	53.5	61.1
F值（P）	40.01*** （0）	1.01（0.364）	1.92（0.146）	1.76（0.172）	2.27（0.103）

注：*、**、***分别代表10%、5%、1%的显著率。

2. 企业年限

从样本家族企业的开业年份分布特征来看，家族企业经营年限平均为9.2年，三分之二以上的企业（占67%）成立于2001年之后，处于早期创建和发展阶段。在社会责任意识方面，企业的经营年限越长，具有社会责任意识的比例越高，尤其在1990年以前成立的企业中，近95%的企业主认为，应当参与社会管理，这是企业应负的责任。同样，平均环保治污费的投入也与企业年限有显著的正相关关系，说明随着企业经营年限的增长，企业主意识到履行社会责任对企业的长远影响。

在参与公益行动方面有同样的趋势。企业经营年限越长，越积极参与公益行动，其中1990年之前成立的公司，一半以上与政府或民间公益组织有过合作。而2005年之后成立的企业由于仍处于新创阶段，参与的公益活动相对较少（见表1－21）。

表 1－21　企业年限对企业社会责任的影响

企业开业年份分组	样本分布	具有社会责任意识的比例（%）	平均环保治污费（万元）	与公益组织有过合作（%）	2011 年平均慈善捐赠（万元）	平均支付员工工资、奖金（万元）	建立公积金制度（%）
1990 年以前	20（0.61%）	94.4	11.4	53.3	27.19	493.8	8.3
1990～1995 年	338（10.24%）	85.1	8.2	49.8	29.14	774.2	22.2
1996～2000 年	734（22.24%）	78.6	3.96	40.8	22.64	532.7	19.9
2001～2005 年	1 047（31.72%）	78.0	3.31	35.9	9.24	380.9	12.9
2005 年以后	1 162（35.20%）	69.7	1.18	19.5	8.95	143.9	6.6
卡方值（P）	－	58 ***（0）	791 ***（0）	151 ***（0）	2 085 ***（0）	3 588 ***（0）	69 ***（0）

注：*、**、***分别代表 10%、5%、1% 的显著率。

在慈善捐助、支付员工工资及建立公积金制度方面，1990 年之后成立的家族企业，随着企业的成长，企业社会责任行为表现持续上升；而 1990 年之前成立的企业，虽然具有较强的社会责任意识，但其社会责任行为表现突然下降，这一反常现象可能与企业的成长阶段有关。有学者指出，企业可以根据其企业年龄、员工人数和销售额为聚类变量，把企业成长阶段分为创建阶段、增长阶段、成熟阶段和衰转阶段。衰转期的企业由于开始衰退或正在转型，其企业社会责任行为表现会发生急剧滑坡。本次调查中，1990 年以前成立的家族企业由于成立时间较长可能有些正处于衰转期。

3. 企业类型

本次调查显示，家族企业更倾向于成立有限责任公司，在提供数据的 3176 个家族企业中，有 2 530 家是有限责任公司，占总数的 74.1%；独资企业占 15.7%，股份有限公司和合伙企业比较少，都不足 6%。

在企业社会责任意识方面，各注册类型的企业组间差异不显著，但在企业社会责任的履行方面各组间差异显著。数据显示，在治理污染投入方面，股份有限公司2011年的平均投入最高为115.23万元，合伙企业及有限责任公司治污费年投入小于30万元，而独资企业最少（9.21万元）；股份有限公司2010年和2011年的慈善捐助额分别达到107.2万元和54.5万元，远远高于其他三类企业。股份有限公司也比较倾向于同政府公益组织合作，有一半以上（55.7%）的企业有过合作。数据还表明，在劳动关系方面，股份有限公司在2011年平均支付员工工资、奖金高达1 232.43万元，而其他三类企业均在600万元以下；约四分之一（25.3%）的股份有限公司建立了公积金制度，而这一比例在独资企业中只有8.8%（见表1－22）。

表1－22 企业类型对企业社会责任的影响

企业类型	样本分布	具有社会责任意识的比例（%）	平均治理污染投入（万元）	慈善捐赠（均值/万元）		与公益组织有过合作（%）		建立公积金制度（%）	支付员工工资、奖金（万元）
				2010年	2011年	政府组织	民间组织		
独资企业	547（15.9%）	73.0	9.21	11.9	6.2	29.0	26.0	8.8	186.6
合伙企业	139（4.0%）	74.5	29.38	33.4	25.7	23.0	21.8	14.7	566.0
有限责任公司	2 530（74.1%）	77.5	28.39	13.6	14.8	32.9	24.6	13.8	416.6
股份有限公司	198（5.8%）	78.5	115.23	107.2	54.5	55.7	36.5	25.3	1232.43
F值（P）	–	2.6** (0.049)	7.78*** (0.000)	17.2*** (0.000)	13.5*** (0.000)	17.6*** (0.000)	4.5*** (0.000)	8.7*** (0.000)	22.9*** (0.000)

注：*、**、***分别代表10%、5%、1%的显著率。

总体而言，在独资企业、合伙企业、有限责任公司和股份有限公司中，股份有限公司最为注重企业社会责任的履行，而独资企业的表现相对较差。可能由于股份有限公司股份的发行和转让具有公开性、自由性，为提高融资能力和吸引投资，股份有限公司比其他类型的企业更愿意承担社会责任，提高企业形象，从而获得更多投资者的认可。

4. 企业规模

从企业规模来看，本次调查数据显示，小微型企业有 2 779 家，占总数的 80.9%，大中型企业占 19.1%，其中 67.7% 的企业所有者权益在 1 000 万元以下，79.4% 的企业雇用人数在 200 人以下，可见我国家族企业仍以小微企业为主。分析表明，企业规模对社会责任的履行有着显著的正相关关系，如表1－23所示。大中型企业的环保投入和慈善捐助要远高于小微企业，2011 年的平均治理污染投入高达 113.49 万元，占其平均销售收入的 0.9%。同时，大中型企业也比小微企业更具有社会责任意识，88.9% 的大中型企业主认为参与社会管理是企业的责任，并且热衷于参加公益活动，近 60% 的企业有过与政府或民间组织合作的经历。而且，比起小微企业，更多的大中型企业（约占十分之一）在近两年发布过社会责任报告，这可能因为企业规模越大，决策者在制定战略时就会越关心企业的长期生存，期待通过履行更多的社会责任，为企业塑造良好形象，从而提高长期竞争优势。

从劳动关系方面看，所有的大中型企业都与员工签订了劳动合同，而小微企业中这一比例只有 70% 左右，可见大中型企业能更好地维护员工的合法权益。大中型企业还为近 90% 的员工购买医保，而在小微企业中只有一半左右的员工有医疗保险。同时，大中型企业更加注重员工的培训，平均有 70% 的员工要经过专业培训才能上岗，在小微企业中只有三分之一的人会接受培训。家族企业在公积金制度方面体现出整体不足，大中型企业中有 23.4% 建立了公积金制度，小微企业中只有 11.3%。

综上来看，大中型企业能够对员工进行更科学的管理和人性化的服务，并且更加注重保护员工的合法权益，这可能由于企业规模越大，企业的社会可见性越高，受舆论的影响也越大，导致企业需要承担更多的社会责任，并进行更规范的管理。

表 1－23　企业规模对企业社会责任的影响

企业类型	样本分布	平均环保投入（万元）		慈善捐赠（均值/万元）		与公益组织有过合作的企业比例（%）	
		治理污染投入	环保治污费	2010 年	2011 年	政府组织	民间组织
大中型企业	657（19.1%）	113.49	9.65	74.06	59.53	57.8	42.1
小微型企业	2 779（80.9%）	11.02	1.74	6.69	5.90	27.4	21.6
卡方值（p）	—	626.33***（0）	459.34***（0）	183.3***（0）	130.63***（0）	205.12***（0）	103.59***（0）

企业类型	具有社会责任意识的比例（%）	近两年发布过社会责任报告	劳动关系				
			签订个人劳动合同的员工占比（%）	签订集体劳动合同的员工占比（%）	培训人数比例（%）	购买医保的员工占比（%）	建立公积金制度的企业比例（%）
大中型企业	88.9	51（9.51%）	100	29.42	69.92	87.75	23.4
小微型企业	72.1	96（3.94%）	71.14	20.87	34.56	50.48	11.3
卡方值（P）	78.93***（0）	28.98***（0）	943.23***（0）	407.16***（0）	1 281.62***（0）	1 127.736***（0）	51.62***（0）

注：*、**、***分别代表10%、5%、1%的显著率。

5. 资金来源

从企业成立的资金来源来看，家族企业多数由企业主个体经营积累成立（占76.5%）；通过民间借贷和亲友捐赠的分别占16.28%和11.82%；比较少的企业选择银行贷款，仅占6.53%；另外还有2.2%的企业资金主要来源于遗产继承。

在社会责任意识方面，由个人积累和银行贷款获得资金的企业比例较高，分别有76.5%和79.1%的企业主认为，参与社会管理是企业的责任。与此相比，通过继承遗产创业的企业主，其社会责任意识的比例较低。

在环保投入方面，通过银行贷款获得资金的企业最为突出，治理污染投入和环保治污费分别占企业销售收入的1.7%和2.2%，通过个人积累创办企业的企业主也相对投入较多，分别为1.2%和0.7%。在与公益组织合作方面，通过银行贷款的企业最为积极，且更倾向于同政府组织合作。这表明通过银行贷款获得资金的家族企业比较注重企业形象，并积极承担社会责任，通过树立良好的形象提高自身的融资能力。

而在慈善捐赠方面，资金来源于遗产继承的企业主平均捐赠额最高，达到50.55万元，资金来源于亲友捐助的捐赠额第二，约47.45万元（见表1－24）。

表1－24 资金来源对企业社会责任的影响

所有者权益	样本分布	具有社会责任意识的比例（%）	环保投入占销售收入的比重（%）		慈善捐赠（均值/万元）	与公益组织有过合作（%）	
			治理污染投入	环保治污费	2010年和2011年平均值	政府组织	民间组织
个体经营积累	2748（63.2%）	76.5	1.2	0.7	38.64	34.2	26.1
继承遗产	94（2.2%）	55.7	1.0	0.3	50.55	26.4	23.6
亲友捐赠	284（11.82%）	69.6	0.6	0.1	47.45	23.0	21.6
银行贷款	708（6.53%）	79.1	1.7	2.2	40.72	41.6	33.0
民间借贷	514（16.28%）	71.2	0.6	0.4	33.51	35.5	28.5

6. 改制的影响

在提供数据的3 348家企业中，只有138家是通过改制成立的，只占4.1%，其余3 210家均是通过所有者创立而成立的。

调查显示，在治污投入、与政府组织合作进行公益行动、支付员工工资奖金及建立公积金制度等方面，经过改制成立的企业与非改制企业组间差异显著；而在社会责任意识和慈善捐助方面，差异并不显著。

通过国有、集体企业改制成立的企业2011年平均治理污染投入121.46万元，约为未经改制企业的5倍。在公益行动方面，经过国有、集体改制的企业更愿意同政府主办的组织合作进行公益活动，约有一半以上（55.6%）的企业有过合作，而未经改制的企业中这一数字只有不足三分之一。在劳动关系方面，经改制的企业平均支付员工工资远高于其他企业，2011年平均支付约为947.05万元。可见，经国有、集体改制成立的企业，在承担社会责任方面表现更好（见表1－25）。

表1－25　改制对企业社会责任的影响

改制	样本分布	具有社会责任意识的比例（%）	平均治理污染投入（万元）	2011年平均慈善捐赠（万元）	与政府组织合作公益行动的比例（%）	平均支付员工工资、奖金（万元）	建立公积金制度（%）
是	138	82.3	121.46	21.69	55.6	947.05	28.8
否	3 210	75.0	24.53	15.16	32.5	369.27	13.1
F值（P）	—	3.7* (0.053)	11.8*** (0.001)	0.89 (0.346)	29.2*** (0.000)	73.4*** (0.000)	21.1*** (0.000)

注：*、**、***分别代表10%、5%、1%的显著率。

7. 行业影响

本次抽样调查显示，家族企业所从事的主营业务主要集中在制造业、批发零售业以及农林牧渔、建筑业、住宿餐饮、房地产和租赁商业服务业。涉足制造业和批发零售业的企业分别占30.5%和20.5%，同时从事两个行业的企业有577家，同时涉足3个行业的企业有355家。在跨3个行业的企业中，涉足房地产的企业比重明显多于单一业务的企业和双业务企业，可见近年来房地产业的高利润率已吸引了各个行业的民间实业资本。此外，跨3个行业的企业中，涉足批发零售和租赁、商业服务的企业也明显高于其他企业。

企业对环保的投入与行业性质有很大的关系。从行业分布特征可以看出，卫生、教育、采矿业的企业在治理污染方面投入力度较高，且从事卫生、教育、建筑和采矿业的企业交纳的环保治污费用比其他行业也要多。

从社会责任意识来看，水电煤气、卫生、公共设施行业的企业家具有社会责任意识的比例最高，均有接近90%的家族企业主认为，参加社会管理是企业的责任；比例相对较低的行业是信息服务和交通运输，分别为65.0%和68.8%，这两个行业中约有三分之一的企业主选择了不清楚什么是社会责任或者说不好。在慈善捐赠方面，采矿、金融、房地产和教育行业的家族企业在2010年和2011年的慈善捐赠均较多，其中金融行业连续两年捐赠额度分别以85.59万元和58.97万元居于首位。从公益行动方面来看，各行业的企业都更倾向于同政府组织合作进行公益活动，其中采矿业、煤气水电、房地产、卫生、文化体育行业的家族企业一半以上都曾与政府组织合作过（见表1-26）。

表1-26　行业分布对企业社会责任的影响

	样本分布		环保投入占销售收入比例(%)	治污费占销售收入比例(%)	社会责任意识(%)	2010年捐赠(万元)	2011年捐赠(万元)	参与公益行动比例(%)	
	企业数量	比例(%)	均值	均值		均值	均值	政府组织	民间组织
农林牧渔	240	5.6	1.0	0.3	83.8	19.98	19.21	41.4	29.1
采矿业	67	1.6	12.5	1.6	80.6	69.01	54.30	56.7	40.7
制造业	1 305	30.5	0.8	0.2	79.0	23.78	17.31	26.5	37.4
电力煤气水	41	1.0	1.2	0.1	90.2	32.30	37.43	54.1	37.8
建筑业	280	6.5	3.7	4.9	80.4	27.00	22.63	42.5	34.4
交通运输	128	3.0	0.6	0.6	68.8	11.25	11.36	21.5	30.6
信息服务	160	3.7	0.4	0.3	65.0	4.38	4.62	21.5	17.9
批发零售	876	20.5	0.3	0.2	70.2	17.29	9.90	25.9	20.3
住宿餐饮	226	5.3	1.3	0.6	77.8	24.76	29.07	34.5	39.9
金融	56	1.3	0.2	0.2	81.5	85.59	58.97	46.9	44.2
房地产	260	6.1	0.3	0.1	82.9	64.77	56.02	50.2	43.2

续表

	样本分布		环保投入占销售收入比例（%）	治污费占销售收入比例（%）	社会责任意识（%）	2010年捐赠（万元）	2011年捐赠（万元）	参与公益行动比例（%）	
	企业数量	比例（%）	均值	均值		均值	均值	政府组织	民间组织
租赁、商业服务	231	5.4	0.5	0.2	80.5	17.27	18.24	41.6	28.6
科研技术	139	3.2	0.7	0.1	82.4	15.80	17.74	40.6	28.6
公共设施	27	0.6	0.2	0.2	88.5	16.89	13.70	30.4	40.9
居民服务	93	2.2	1.4	0.8	77.2	4.63	6.04	34.9	28.7
教育	43	1.0	16.3	32.0	74.4	51.04	51.14	33.3	30.8
卫生	28	0.7	27.0	52.0	89.3	21.76	23.36	55.6	40.7
文化体育	83	1.9	0.8	1.0	78.0	27.46	20.67	56.4	44.0

8. 公司治理模式

完善的公司治理结构是影响企业行为的重要因素之一，目前我国家族企业的公司治理结构仍在形成过程中，已有不少家族企业建立了股东会、董事会等正式治理结构。数据显示，建立这两项组织的家族企业分别占到了59.0%和55.0%，均超过半数，而设立监事会的家族企业比例较少，只有29.1%，另外有27.8%的企业没有正式治理结构。

本次调查显示，有正式治理结构的家族企业，在社会责任履行方面表现较好，如表1－27所示。在环保投入方面，无正式治理结构的企业2011年平均治污投入仅占销售收入的0.3%，远低于具有正式治理结构的企业。在慈善捐助、公益活动、劳动关系等方面，正式的公司治理结构对企业社会责任的履行均有显著的正面影响。可见，完善的公司治理结构能够使企业很好地克服短期行为，有利于良好市场环境的形成及保障员工的利益。

9. 行业协会的影响

引导民营企业自觉承担社会责任、积极参与社会公益事业是工商联和商会组织的一大职能。在本次调查的家族企业中，属于工商联会员的企业共有2 049家，占全部家族企业的61%；非工商联会员的企业共有1 311家，占39%。

表1－27　公司治理模式对企业社会责任的影响

公司治理机构	样本分布（%）	具有社会责任意识（%）	治理污染投入占销售收入的比重（%）	2011年平均慈善捐赠（万元）	参与公益行动的比例（%）		发布社会责任报告（%）	劳动关系	
					政府组织	民间组织		支付员工薪酬、奖金（万元）	建立公积金制度（%）
股东会	59.0	75.4	1.5	18.17	31.1	24.0	4.6	495.11	13.4
董事会	55.0	81.4	1.9	25.56	42.1	31.6	6.7	668.88	17.7
监事会	29.1	79.5	1.9	28.02	40.3	30.4	7.0	788.72	19.9
无正式治理结构	27.8	71.4	0.3	9.57	27.0	19.8	6.2	507.61	14.0
F值（P）	—	39.20***（0.000）	12.15***（0.000）	22.29***（0.000）	65.61***（0.000）	37.44***（0.000）	8.99***（0.003）	61.45***（0.000）	21.07***（0.000）

注：*、**、***分别代表10%、5%、1%的显著率。

数据表明，工商联会员企业中具有社会责任意识的比例为83.6%，远高于非会员企业。在环保投入方面，会员企业的平均治理污染投入和环保治污费用分别占销售收入的1.5%和0.9%，高于非会员企业的0.7%和0.3%。慈善捐赠方面，工商联会员企业2011年的慈善捐助也比较高，达到23.56万元。接近一半的工商联会员企业与政府主办的公益组织有过合作。工商联会员企业中有6.3%近两年来发布过社会责任报告，这一比例比非工商联会员企业高出近一倍（见表1－28）。

综合来看，企业社会责任履行的表现在工商联会员企业和非会员企业中有着显著差异，工商联会员企业履行社会责任的表现普遍优于其他非会员企业。可见工商联对企业社会责任的宣传和培训取得良好成效，在推动家族企业承担社会责任、维护员工权益方面起到重要作用。

表 1－28　行业协会对企业社会责任的影响

	样本分布	具有社会责任意识的比例	环保投入占销售收入的比重（%）		2011 年平均慈善捐赠（万元）
			治理污染投入	环保治污费	
工商联会员	2 049（61.0%）	83.6	1.5	0.9	23.56
非工商联会员	1 311（39.0%）	63.5	0.7	0.3	3.39
F 值（P）	－	199.7***（0）	14.7***（0）	20.2***（0）	42.5***（0）
	2011 年支付员工工资（万元）	住房公积金制度（%）	参与公益活动的比例（%）		发布企业社会责任报告的比例（%）
			政府组织	民间组织	
工商联会员	597.78	17.5	47.2	35.3	6.3
非工商联会员	151.36	7.2	12.1	11.0	3.1
F 值（P）	77.43***（0）	56.47***（0）	473.7***（0）	246.7***（0）	15.38***（0）

注：*、**、***分别代表 10%、5%、1% 的显著率。

五、家族企业社会责任履行模式对企业经营的影响

有观点认为，企业社会责任增加了成本费用，这势必会影响企业的财务绩效。但本次对家族企业的抽样调查数据显示，家族企业社会责任的履行对企业的销售收入与净利润有着正向的影响。

在公益行动方面，参与过政府或民间组织的公益行动的家族企业中，平均销售收入和平均净利润都远高于未参与过任何公益行动的企业，组间差异显著。近两年发布过社会责任报告的家族企业，平均销售收入和净利润分别为 20 420.11 万元和 1 193.80 万元，是未发布社会责任报告企业的 2.2 倍和 2.6 倍（见表 1－29）。同时，在慈善捐助方面，2011 年的平均捐助额也与销售收入和净利润成显著的正相关关系。

以上 3 方面的企业社会责任对企业声誉具有极重要的影响，这种良好的声誉是不可交易的，是很难被竞争对手复制的无形资产，可以为企业构建起一种强有力的资源壁垒，以提高核心竞争力。

表1－29　企业社会责任履行模式对企业绩效的影响

声誉责任		平均销售收入（万元）	F值（P）	平均净利润（万元）	F值（P）
参与政府公益行动	是	21 536.66	73.16*** （0.000）	1 036.98	77.08*** （0.000）
	否	4 874.73		263.62	
参与民间公益行动	是	2 4130.39	63.21*** （0.000）	1 210.76	85.59*** （0.000）
	否	5618.75		283.46	
发布社会责任报告	是	20 420.11	8.89*** （0.003）	1 193.80	25.00*** （0.000）
	否	9 082.20		448.65	
慈善捐助	相关性（P）	0.417***（0.000）	—	0.427***（0.000）	—

注：*、**、***分别代表10%、5%、1%的显著率。

在环境和劳动关系方面，企业的社会责任履行同样会对企业绩效产生影响。企业必须在一定的社会经济环境中运作，依赖于外界环境，与其存在广泛联系，包括获取资源以及雇用人员等。企业的环保投入对企业取得长期竞争优势有着重大影响，只有建立这种可持续发展战略，才能规避法律或政策壁垒，突破成长瓶颈，获得长期稳步的发展。本次调查也显示，企业的环保投入对于销售收入和净利润有着显著的正向影响。

在员工劳动关系方面，员工是企业竞争优势的直接来源，构建和谐的劳动关系，维护员工的合法权益，有利于激发员工的积极性、主动性和创造性，可以提高人力资源质量，优化人力资源配置，而且和谐的劳动关系也是竞争对手难以模仿的竞争优势。调研结果显示，与员工签订合同、购买医疗和养老保险、加强员工培训等对企业的销售收入和净利润都有显著的正向影响（见表1－30）。

此外，家族企业如果想做大做强、长久地经营下去，离不开政府的政策扶持和技术、资金等支持。那些遵守法律法规，依法履行纳税义务，具有良好社会责任意识的企业常常能获得更多的支持和保护。可见，家族企业积极履行社会责任可以赢得政府的信任，为企业争取优惠的政策或减少有关限制，从而为企业营造良好的外部环境，使企业的经营活动得以顺利开展。

表1-30　企业环境责任和劳动关系责任的履行与企业绩效的相关性分析

环境责任		
相关性（P）	销售收入	净利润
治理污染投入	0.159*** （0.000）	0.212*** （0.000）
缴纳环保治污费	0.124*** （0.000）	0.150*** （0.000）
劳动关系责任		
相关性（P）	销售收入	净利润
与员工签订合同	0.482*** （0.000）	0.403*** （0.000）
支付医疗保险费用	0.040** （0.030）	0.044** （0.016）
支付养老保险费用	0.219*** （0.000）	0.225*** （0.000）
全年员工培训费用	0.220*** （0.000）	0.250*** （0.000）

注：*、**、***分别代表10%、5%、1%的显著率。

六、结语

近年来，随着我国经济的快速发展，社会契约正在发生深刻的变化。作为独立的利益主体，企业追求利润最大化；作为市场主体，企业面临着激烈的市场竞争。在内部驱动力和外部压力的双轮推动下，企业焕发出前所未有的活力，社会影响力也在不断增大。作为私营企业的主体，家族企业在企业社会责任的履行中发挥着重要的作用。借助这次全国性的大型调研活动，我们对家族企业的整体社会责任履行状况、特点和影响因素进行了深入的分析和研究，得出以下几方面结论：

（一）家族企业社会责任履行正朝着良性方向发展，与以往相比有较大的进步

随着家族企业在私营经济中主体地位的日益凸显，当前家族企业主已普遍具有社会责任意识，对于参与社会管理表现出积极态度。在建立和谐的劳动关系、维护员工合法权益、治理污染、重视环境保护、参与公益行动、热心慈善捐助等方面较以往都有较大的进步，在构建和谐社会、实现企业的可持续发展中，扮演着重要的角色。

（二）家族企业社会责任履行仍存在不足之处

尽管家族企业主已普遍认识到履行社会责任的重要性，但社会责任意识还没有转化为正规的社会责任制度和机制建设，大多数社会行动还停留在偶然和随意

性阶段，不能将企业的社会责任履行与自身战略相整合。在社会保险问题方面，企业对生育、失业及工伤保险的重视度不够，且仍有少数企业没有与员工签订合法的劳动合同，员工的合法权益很难得到保障。

（三）家族企业社会责任履行模式受企业主个人及企业状况的影响

本次调查分析显示，家族企业主的性别、年龄、文化程度、个人经历、家庭收入、社会地位意识和企业家的政治参与对企业社会责任都有显著的影响，可见家族企业的行为主要由企业主控制，企业主的社会责任态度对社会责任的履行有深刻的影响。另外，从组织层面来看，企业的区域分布、年限、类型、规模、资金来源、所处行业和治理模式等对企业社会责任的履行也有显著的影响。

（四）积极履行社会责任对家族企业自身经营能带来好处，是企业长期发展的必然选择

随着全球性企业社会责任运动不断发展，越来越多的调查和实证发现，企业履行社会责任对企业的正面形象有很好的加分作用。消费者和客户对社会形象积极健康的企业更加信任，这对企业保持业务稳定和企业价值的增加有巨大的作用。建立和谐的劳动关系有利于激发员工的积极性、主动性和创造性，有利于提高企业人力资源质量。此外，良好的社会责任履行还会为企业赢得更优惠的税收政策、政府的资金和技术支持等。因此，积极履行社会责任是企业实现可持续发展的必然选择。

执笔人：

中山大学管理学院讲师、博士

叶　敏

中山大学管理学院副教授、博士

朱　沆

中山大学管理学院博士研究生

韩　剑

中山大学管理学院硕士研究生

傅文韬

中山大学管理学院本科生

郑泽匡

中国家族企业社会责任报告（下）

在漫长的历史演进过程中，家族企业不断地发生着变迁，从过去、现在和未来三个阶段加以分析，可以更好地厘清家族企业所扮演的社会角色及其所属的定位，帮助理解家、家族、家族企业不断融入社会，并促进社会进步的过程。实际上，超越家族本身，承担社会责任也是家族企业延续发展的应尽之义，中国家族制度在宋代后就逐步确立而并未有太多变化，以累世共居同财的大家庭或分家以后形成的个体小家庭为主，家族所拥有的企业往往以家族合作经营为主，维系老字号的整体性，更为关注对家族生意的兴衰和家族关系的紧密程度；近代家族企业处于颠沛的战争时代和巨大社会变革中，企业的生存保全和捐资救国是诸多近代家族企业的第一要务；改革开放后，家族企业主自身定位与社会改革进程密切相关，他们的政治意识逐渐觉醒，视野获得进一步的开放，国外家族企业的优秀做法和领导者的远见性行为对中国家族企业主形成冲击。中国家族企业在社会角色的自我认知和勇于承担社会责任方面已经迈出了重要的一步，家族企业所有者从最早只重视对家族的责任，以利润和生存为导向，逐步进化勇于承担对社会的责任，与社会环境协调发展。在现实生活中，通过合法途径创造巨大财富的企业家群体作为家族和社会的英雄，获得公众的敬仰和关注，赢得良好的声誉和相对友好的经营环境，理应承担相应的社会责任，反哺社会，通过慈善和公益等活动，为公众树立榜样，并宣传良好的价值取向和行为准则。

“企业社会责任观念是逐步演进的，唯有置身于一定的历史背景中，才能真正领会企业社会责任的完整意义”。因此，本报告前半部分运用历史学长时段的分析方法，将家族企业社会责任作为一个历史范畴对其演化过程进行探讨，寻找中国家族企业对企业社会责任认知和履行的变迁轨迹。后半部分基于2008年、2010年以及2012年3次全国私营企业抽样调查数据，从六大指标对家族企业的社会责任履行情况进行纵向考察，以揭示新形势下中国家族企业社会责任履行的变化趋势。

一、中国家族企业社会责任的历史演进

企业社会责任这一概念虽然是舶来品，然而纵观中国历史，可以发现，企业社会责任所涉及的理论和实践与中国传统文化内蕴的伦理思想息息相关。中国传统文化向来强调社会而非个人的重要性，同时，佛教、道教等宗教和儒家哲学传统也鼓励慈善、捐赠等社会责任行为。企业产生以前，人类的商业活动早已展开，中国古代商人在商业活动中形成的基于儒家思想的商业伦理思想就已蕴含对社会责任的关注，尤其是对商人及商业的社会角色定位，表现出较为明确的社会责任意识，形成了较为丰富的古代商人社会责任观。而这种基于儒家伦理的古代商人社会责任观对我国家族企业社会责任的演进产生了深远影响，并且成为导致我国家族企业社会责任不同于西方国家的一个重要因素。近代我国家族企业的社会责任形式受该时期历史环境的影响，具有这个时期的特定内容，同时又根源于中国传统伦理思想。直到当代，受经济发展阶段、西方管理思想以及国家政策导向的共同影响，企业社会责任作为一种新的企业经营伦理才得以提出，而家族企业对企业社会责任的关注和履行也渐成热潮。

（一）古代商人的社会责任

历史早期没有企业，如果把商人视为最小型的家族企业，那么早期家族企业社会责任理念就是商人的社会责任观。中国古代商人受到以儒家为代表的中国传统伦理思想的影响，形成了具有浓厚儒家伦理色彩的社会责任观。

1. 古代商人社会责任观的思想渊源：以儒家为代表的中国传统伦理思想

中国古代伦理学在长期的历史发展中，形成了以儒家伦理为主流，法、道、墨、兵等诸家思想为支流的传统伦理思想源流。儒家思想形成于春秋战国时期，其核心价值如孟子所指的四端——仁、义、礼、智，以及汉代发展出的五常——仁、义、礼、智、信。以儒家为代表的中国传统伦理思想中蕴含的“仁爱思想”、“义利观”、“诚信观”成为中国古代商人社会责任的理论渊源，并对家族企业社

会责任的历史演进产生了深远影响。

（1）仁爱思想

在儒家经典著作中，“仁”与“人”相通。《论语·颜渊》云：“樊迟问‘仁’。子曰：‘爱人’。”孔子将“仁”解释为“爱人”，提出“仁者爱人”之说，将其作为人的本性，这可视作原始古朴的人道主义观念的阐释。而“仁爱”的基本道德行为准则是“忠恕之道”，“忠”是伦理自觉，“己欲立而立人，己欲达而达人”（《论语·雍也》）；“恕”是“能近取譬”，“己所不欲，勿施于人”（《论语·卫灵公》），“博施于民而能济众”（《论语·雍也》）。儒家的“仁爱”是一种差序的爱，儒家的一个基本预设是把社会理解为一个同心圆，从个人到家庭、家族、社会、国家、人类社群一直到生命共同体。这样，仁就需要推己及人，从内向外，从私到公。

亚圣孟子对仁爱思想进一步发扬，他认为“恻隐之心，仁之端也”，而且“仁，人心也”，即所有仁爱之行、慈善之举都发自人们内心深处。孟子的“仁”也就由恻隐之心的道德感情直接发展成道德行为，并且他把仁与礼各自建立在“恻隐之心”和“辞让之心”的道德基础上，使之成为一种趋善的道德价值。孟子所提倡的“仁”与“爱人”向更宽广的层面推衍，“君子之于物也，爱之而弗仁；于民也，仁之而弗亲。亲亲而仁民，仁民而爱物”。“老吾老以及人之老，幼吾幼以及人之幼”，要求人们以仁爱的心胸去爱世间一切，“爱屋及乌”，实现从“仁民”向“爱物”的扩展。而这种道德价值在人际关系中也是相互的，即所谓：“仁者爱人，有礼者敬人。爱人者，人常爱之；敬人者，人常敬之。”这种观念在很大程度上影响了后世的士子儒生，他们多以此相劝勉，竭力承担慈善责任。

墨子的“兼即仁”，其“兼爱”思想要求我们对任何人甚至陌生人的爱与对自己父母的爱是相同的。主张人与人之间“爱无差等”、普遍的爱、平等的爱、无差别的爱，墨子认为社会上出现“强执弱”、“富侮贫”、“贵傲贱”的现象，是因为天下人不相爱所致，“当察乱何自起，起不相爱”，主张君臣、父子、兄弟都要在平等的基础上相互友爱，爱别人就像爱自己一样。

（2）义利观

义利观是儒家伦理思想的核心。在处理“义”与“利”的关系时，儒家主张“见利思义”、“利以义制”、“先义而后利”。当利与义之间出现矛盾时，先秦儒家提出“见利思义”（《论语·宪问》），“见得思义”（《论语·季氏》），这可看作义利观的基本要求。在承认人们逐利正当性的基础上，这一基本要求为人们合法、合理地逐利提供了相应的标准。孟子沿袭了孔子“见利思义”的价值判断标准，主张“非义勿取”。荀子主张：“以义制利”（《荀子·正论》），可使义利两全。孔子从君子修身的角度，倡导“君子义以为上”（《论语·阳货》），“君子义以为质”（《论语·卫灵公》），并进而提出“君子喻于义，小人喻于利”（《论语·里仁》）的论断。孔子将义看作是人们行为的最高准则，当义与利出现根本性的冲突时，强调舍生求义，“志士仁人，无求生以害仁，有杀身以成仁”（《论语·卫灵公》），这种“义以为上”的思想可以看作是先秦儒家义利观的最高要求。孟子继承了孔子“义以为上”的义利观，提出“舍生取义”之说。荀子也提倡“先义而后利者荣，先利而后义者辱”（《荀子·荣辱》）。

由此可看出，古人把“义”作为人们商业行为的基本道德准则，认为违礼背义去牟取富贵利达的经济行为是不道德的，唯有遵礼循义去牟取财富才具有道德合理性。这种“义利观”成为中国古代商人经商生涯所追求的一种崇高境界，即所谓“服贾而仁义存”。

（3）诚信观

儒家学说一直强调诚与信，认为这是人们应该追求的一种崇高道德境界。孟子说：“诚者，天之道也；思诚者，人之道也。”（《孟子·离娄上》）。也就是说，诚实是天道，而追求诚实是为人所必须具备的准则。在儒家经典著作《中庸》、《大学》里都竭力肯定诚的价值，《大学章句》里朱熹对“诚”的解释是：“诚，实也。”；“诚者，真实无妄之谓，天理之本然也。”（《中庸》）。戴震对“诚”的释义也基本如此：“诚，实也。……善之端不可胜数，举仁义礼三者而善备矣；德性之美不可胜数，举智仁勇三者而德备矣。曰善，曰德，尽其实之谓诚。”（《诚》）。可以看出，在儒家看来，“诚”不仅是宇宙的本体，也是人的本性，所以诚是天之道，也是人之道。从伦理的角度看，“诚”作为一个道德范畴，主要是指真实无妄、诚实不欺，它既是一项做人的道德准则，也是道德修养的重要内容。《礼记·大学》中将“诚”列为“八条目”之一，指出：“物格而后知至，知至而后意诚，意诚而后心正，心正而后身修，身修而后家齐，家齐而后国治，国治而后天下平。”（《大学》）。

儒家不仅强调诚，而且也非常重视信。“信”字最初是指祭祀上天和先祖时诚实不欺、不敢妄言，后来逐渐摆脱其宗教色彩，特别是经过春秋时期儒家学者的倡导，“信”成为一项重要的道德规范，其基本内涵是诚实不欺，守言行诺，亦即“言必信，行必果。”（《论语·子路》）。孔子说：“信近于义，言可复也。”（《论语学而》），即信与道义相近，说过的话要能践行和兑现。孔子说“人而无信，不知其可也”（《论语·为政》）；“信则民任焉”（《论语·尧日》），在孔子看来，信之重要甚至超过“足食”与“足乐”。孟子也提出“朋友有信”（《孟子·滕文公章句上》），并将“信”作为处理五种人伦关系的重要规范之一。荀子也指出“言无常信，行无常贞，唯利所在，无所不倾，若是则可谓小人矣。”（《荀子·荣辱》）。董仲舒在总结孔孟思想的基础上，进一步丰富了“信”的思想内容，并将其与仁义礼智并列为“五常”，使其成为在广泛的社会生活中具有普遍指导意义的道德准则。

2. 古代商人社会责任的表现

深受以儒家为代表的中国传统伦理思想的影响，古代商人的社会责任体现在以下几个方面：

（1）诚信不欺，重视商品质量

商人以制售假冒伪劣商品、缺斤短两等行为来欺骗消费者的现象，在现代社会中屡见不鲜，然而中国古代商人有讲求诚信的传统，《孔子家语·鲁相》载有“贾羊豚者不加饰”的话，即是指贩卖猪羊等的经商人员，在买卖活动中不能造假售假、以次充好，而应诚实无欺，公平买卖。荀子曾说：“商贾敦悫无诈，则商旅安，货财通，而国求给矣。”（《荀子王霸》），这充分肯定了诚信之道对经济繁荣、商业兴旺和国家富足的促进作用。

商人对消费者诚信不欺的事例散见于各类史籍中。如《大泌山房集》六十八卷《胡仁之家传》中记载，胡仁之按“天理”行事，“贾嘉禾，年饥，斗米千钱，同人请杂以苦恶，持不可”。又如道光《休宁县志》卷一五《人物·乡善》记载：清代休宁商人吴鹏翔在一宗胡椒贸易业务中，购进了八百斛胡椒，在得知这批胡椒有毒、原卖主请求中止合同原价退货的情况下，为防卖主将之“他售而害人”，他宁愿自己承担巨额损失而拒绝退货，“卒与以直（同值）而焚之”。再如光绪《婺源县志》卷三十一《人物·义行》中记载：朱文炽在珠江经营茶叶，每当茶叶过期，他不听牙侩的力劝，而是“交易文契炽必书陈茶，以示不欺。”这样坚持了二十多年，“亏耗数万金，卒无怨悔”。再如汪道昆在其文学作品中描绘明代徽商汪通保在上海开典当铺，生意越做越大，但并未忘“诚信”二字，“处士

（汪通保）与诸弟子约：居他县毋操利权，出母钱毋以苦杂良，毋短少；收子钱毋入奇羡，毋以日计取盈”（（明）汪道昆：《太函副墨》卷四《汪处士传》）。

历史上也出现过许多著名的廉贾义商。徽州商人注重“信义服人”，他们“以忠诚立质，长厚摄心，以礼接人，以义应事，故人乐与之游，而业日隆隆起”，明代即有了“商贾之称雄者，江南则称徽州”的说法，至清代前期，其活动范围远涉海外。明代徽商许宪以诚经商，深得民心，他在总结自己的经验时说：“惟诚待人，人自怀服，任术御物，物终不亲”。明清时期的晋商赋予其赖以治生的计量工具——秤以强烈的道德含义：十六进制的准星、刻度镀以金色，代表心中有准，光明磊落；十六颗星分别代表北斗七星、南斗六星和福、禄、寿三星；北斗、南斗之星表明在商业买卖中要品行端正，志向坚定；福、禄、寿三星则提醒商人买卖公平，不可缺斤短两，如缺一两就会“损福”，缺二两就会“伤禄”，缺三两就会“折寿”。晋商对秤杆所赋予的道德含义，使商人一拿起秤就想起职业道德戒律。诚信不欺也是晋商教育子弟必须遵循的信条之一，明代晋商樊现曾告诫其子侄曰“我南至江淮，北尽边塞，做生意时，人以欺诈为计，我以不欺为计，因此，我日兴而彼日损”。这道出了商人诚信不欺可以带来卓著信誉，以保生意经久不衰。

（2）博施济众，热衷慈善公益

中国古代商人用财富于孝悌父母兄长，推而广之用于族人和邻里，在经商致富之后，博施济众，热衷慈善公益。中国的宗族慈善可以追溯到战国时期，当时分散在各个家族中的祭田、族田、贡士庄等已经成为中国古代社会保障体系中的重要组成部分。到了宋代，许多大家族发展出了多种宗族慈善的形式，如义庄、义田、义塾等。通过此类义举，在“睦族敬宗”的旗号下，对族内成员在生养、学业、贫病和婚丧嫁娶等方面遭遇困难时加以救济。而明清时期，著名的徽商、晋商等商帮，都不乏好善而尚义，自觉投入到社会慈善活动中，舍财捐资创办会馆、行会，为贫病同乡进行慈善救济，积极参与灾荒赈济，报效社会，大大地推动了民间慈善事业的发展。

在传统伦理道德的哺育下，中国古代乐善好施、扶困济危、仗义疏财的商人不胜枚举，商人们的善举在史志中比比皆是，如《史记·货殖列传》记载，春秋时期范蠡“十九年之中，三年千金，再分散于贫交疏昆弟，此所谓富好行其德者也”。《祁门县志》四卷称明祁门商人李秀“性好义，少操奇赢术，为贾真州，货致大千，往往以济人为事。邑学宫圮，议修复，秀捐金佐用，言义之，至今春秋祭扫胙肉。宋祠未建，秀独立创成。助祭田，祀祖先。其他为善于乡，济贫乏、服岁饥、修造桥梁道路，善迹可纪者甚多，细不胜书”。清代婺源商人余源开“支祠毁坏，捐金营葺。文社废弛，输田振兴。里东石岭欹仄难行，独力修平，并置租煮茗济渴。他如创义祭，建石桥及考棚、城垣，均输助襄成”（光绪《婺源县志》卷三十五《人物·义行》）。更有一些商人关心国家社稷，忧国忧民，当外敌入侵时积极捐财捐物，支持国家抗击侵略者，表现了强烈的爱国热情，如春秋时期的商人弦高“犒师救国”，汉代商人卜式屡次捐金抗击匈奴，明清时期的晋商、徽商在国家抗击外敌中也多有义举。这种深明大义、尽其所能抗击外侮的爱国主义精神，是古代商人社会责任的最高表现形式，它使传统伦理思想在国家利益和民族利益中得到了升华，并对后世商人产生了重要和积极的影响。

（二）近代家族企业的社会责任

第一次鸦片战争后，传统商业逐渐向现代商业转变，随之而来的是部分传统商人逐渐向近代商业家的转变。近代中国工业领域的家族企业起源于晚清公有企业的失败，终结于共和国公有企业的再兴起，有着官僚的家族化的治理结构。这个时期产生起来的家族企业不仅在公共设施建设、济贫、教育等方面充当着主要角色，而且面临着迫在眉睫的救国压力，肩负着巨大的社会责任。正如费正清在《剑桥晚清史》中所指出的，近代中国商人虽然在日常生活方式、价值观、社会和政治倾向上变得与众不同，但他们对传统的乡土、宗族关系、国家承担着强烈的义务。具体而言，近代家族企业社会责任表现在以下几个方面：

1. 实业救国，履行对国家的社会责任

近代中国深受列强压迫，当时的有识之士深刻认识到实业对挽救中国命运的重要性。为改变受欺凌的局面、发展民族经济、增强国力，在“设厂自救”、“实业救国”的爱国主义思潮推动下，纷纷创办中国人自己的企业，发展民族经济，这种爱国情结在近代家族企业中普遍存在。如白手起家的荣宗敬和荣德生兄弟明确地阐述了他们的办厂宗旨，即“为国塞漏卮，为民添衣食”。南洋兄弟烟草公司的创始人简玉阶在解释南洋兄弟烟草公司的创办动机时，表示：在“国人纷纷集资创烟厂”的热潮中，他和简照南本着强烈的“实业救国”愿望，“决心创办烟厂”。1919 年 5 月，南洋兄弟公司在《上海新闻报》连续刊登《南洋兄弟烟草公司敬告国人》，指出：“窃维香烟一物，已成为日用所必需。舶来吸我利权，岁

计七八千万。递年增广，尤未可量。若大漏卮，莫此为甚!”，据此提出“外烟在吾国势力甚大非敝公司一家所能尽挽其利，必须多数如敝公司者继起共进，方冀外烟消灭”。而创办德大、厚生等重要纱厂企业的穆藕初指出：“振兴棉业，不但于平民生计上，有密切关系，而于全国经济上，亦生莫大影响。故振兴棉业，既所以救贫，亦所以救国。”

正是在这种爱国热情的驱使下，近代家族企业生产了品种繁多、物美价廉的国货，以满足社会消费的需求，并在与外商的竞争中不断扩大国货的市场占有率，取得了国民的信任，也因此获利丰厚。

2. 热心公益事业，经世济民

近代家族企业热衷于公益事业已经不限于简单地造桥修路、捐款助教，而是具有以教育改造国民、以工业化带动城市化的深刻内涵。而他们之所以承担起公益事业的社会责任，是出于对社会开放和国家现代化的强烈愿望。

以荣氏家族企业为例，他们不仅投身基础设施建设、开设义庄，而且大力支持教育，以图富民强国。据记载，荣氏及其族人在无锡当地捐资修建的桥梁多达88座，还修建了一些交通要道，比如无锡的开源路、通惠路等。这些基础设施建设大大改善了当地的商业环境，同时也方便了百姓的生活。荣德生在《农乐自订行年记事中》记载，荣氏兄弟以茂新、振新的企业为依托，捐资设立义庄基金，用义庄开办义学—私立荣氏公益小学堂，同时义庄还兼顾养老扶幼、救济鳏寡孤独之责。在经营企业过程中，还重视地方自然环境保护和改善，曾在无锡建成了梅园、锦园等风景名胜，对当地百姓开放。荣氏家族不仅通过义庄资助族人接受教育，还大力投资兴校。荣德生一生建立了5个中高等技术培训机构、11所大中小学，一个藏书近20万册的图书馆——大公图书馆，它是抗战前无锡地区最大的私立图书馆。荣氏家族企业的一个经营理念就是将经商和教育结合起来，认为教育一定要和实业结合起来，唯有如此，才能将教育转变为实业救国的实际行动。

为了实践社会理念，荣氏兄弟还尝试在工厂里搞“劳工自治区”，该自治区社会功能齐全，宛若独立公社。自治区设在荣氏的老家无锡，社区内建有职工单身宿舍和职工家属宿舍，分为区、村、室三级，由工人自己推选各级负责人员进行管理；还兴办了食堂、夜校、图书馆、电影厂、储蓄所、医院、公墓、功德祠，使员工从衣食住行、教育、文化娱乐、劳动保险到生老病死等诸多方面都得到了一定的保障。后来，“自治区”内还设了一个工人自治法庭以处理各种纠纷事宜。

荣氏兄弟的公益活动颇能说明，中国传统社会的普世价值仍植根于近代家族企业家的血液之中。

南洋兄弟烟草公司也积极参与公益事业，1915 年，简氏兄弟故乡广东发生水灾，简家兄弟“独力组织救灾机构，购置小火轮携带粮食到各处救济，船头上大书‘南洋兄弟烟草公司放赈’，获得社会上的好评及受惠灾民的感激，救灾的规模颇大。”南洋被视为“ 一重大慈善团体”。1920 年，北方各省旱灾，南洋宣布“自本年 10 月 1 日起 5 个月内，每销出香烟 1 箱，捐洋 5 元，暂以 10 万元为率，香烟价目并不加增”。

除了捐款赈灾，南洋兄弟还热衷于捐助教育事业，比如在香港设立义学 5 间，每月每校经费 100 元，以教育各烟贩子弟。在 1919 年的改组章程中，提出拨款 20 万支持教育，此项款额多捐助给国内各大学，如天津南开大学 1 万元、上海复旦大学建筑校舍 49 2841. 29 元、上海暨南大学 1 万元、派遣赴美留学生共 10 万元。这些大学的校史上，永远记载着南洋公司的功德。此外，简氏兄弟还在香港、上海开设职工子弟学校、残疾人收养院和孤儿教养院等。由于这些公益事业，他们赢得了社会各界人士的尊敬和爱戴。人们甚至把他们称为“商界师表，南洋菩萨”。

华人家族企业家陈嘉庚“倾家兴学”的壮举，更可彪炳千古。自 1894 年在故乡集美创办设立“惕斋学塾”起，终生办学不止，兴办教育时间长达 67 年之久，创办和资助的学校多达百所以上。陈嘉庚的慈善行为一方面是深受中国传统儒家文化思想影响，对于如何处理即利与义的关系，陈嘉庚的处理原则是“见利思义、义而后取”；另一方面是受西方文明公益观念发展的影响。陈嘉庚说：“尝观欧美各国教育之所以发达，国家之所以富强，非由于政府，乃由于全体人民。中国欲发达，欲教育发达，何独不然。”因此能突破中国古代慈善文化源上的乐善好施、赈灾救民、扶贫济困等偏狭范围，将教育作为民族复兴的希望，从而将慈善事业与整个中华民族的存亡、富强和发展紧密联系起来，达到一个新的历史高度。

3. 共生共赢、劳资两利

近代中国劳工阶层工资水平低，生活贫困，失业率高，劳资关系紧张。然而近代中国有些家族企业对待员工的态度却值得称赞，他们对工人的福利及生活投入了很多关注，对工人生活条件的改善投入颇多。他们逐渐意识到重视企业的劳工事业，对社会的安定和整个民族工业的发展至关重要。正如荣德生所言：“我国工人之生活状态及知识程度，不及他国，苟厂方再无相当之设施……（工厂）欲其出数增加，成本减低，将安可得？故从我国民族工业方面着想，不得不从事于劳工事业之设施者一也。环视我国同胞，饥寒贫苦，类多失业，虽一厂之力，不克全数拯救，惟为工厂职责计，更何忍其继续以前之腐败生活，而不与以种种之援助。此为我国社会着想，又不得不从事于劳工事业之设施者二也。”鉴于此，荣氏企业于20世纪30年代在无锡申新三厂开始试点办理惠工设施，设立“劳工自治区”。

荣氏企业还自办职工学校，根据企业发展需要，开展职工职业教育。1919～1932年，先后办有公益工商中学和申新职员养成所，在1919年公益工商中学的开学典礼上，荣德生讲道：“吾国工商不振，瞠乎居欧美各国之后……闻欧美各国有工商专门学校培植专才，故其术精，其力宏，执世界之牛耳。吾国人士，素轻工商业之以为耻，是以工商之教育全无，奈之何其不蚕食于外人乎！古人有言曰，天下兴亡，匹夫有责。是用建立此校，以尽吾责”。学校面向社会招生，不仅为荣氏各厂培养了重要技术骨干和管理人才，还为社会输送了一批专业人才。

而“企业大王”刘鸿生则是坚持在经济困难时期不裁员。“一·二八”事变发生后，他的许多企业被迫停产，但他表示不能因时局困难而裁遣工人。他还在企业里办了职工夜校、补习班、技术培训班、会计学习班等，甚至把职工送往国外培训，或请外国专家来厂里传授技术。抗战时，他的厂里有职工被军统特工抓走，他亲自出面，向戴笠要人，不放人，他就在戴笠办公室坐等。穆藕初在1919年9月发表的《纱厂组织法》里也强调要善待工人，切勿克扣工人血汗所得的金钱，随时奖励勤能，周济工人疾苦等，还主张企业实施职业教育。他自编工人读本，亲自在工人夜校上课，教其识字，授其技术知识，还开办职业学校，为纱厂的实习生传授纺织技术知识。

（三）当代家族企业的社会责任

当代中国家族企业起步于改革开放初期，这个时期的家族企业对社会责任的认知和实践受到经济发展阶段、西方管理思想以及国家政策导向的影响，经历了从社会责任意识淡薄、仅履行经济责任到重视企业社会责任、主动履行最高层次社会责任的过程。

1. 社会责任意识淡薄，仅履行经济责任阶段

改革开放初期，家族企业尚处于孕育初创期，经济实力弱，社会责任淡薄，企业为求生存，考虑的是如何赢利，仅仅履行经济责任。究其原因，除了家族企业自身经济实力有限，不可能承担很高的社会责任外，还有整个社会环境的影响，主要有以下3个方面：一是中国传统商业伦理的消失。1956年以后，企业家作为一个阶层消失了，“文化大革命”摧毁了中国的传统文化，使得中国传统商业伦理没有得到很好地传承；二是与国家“经济增长优先”为主导的经济政策导向“不完全相容”。这个时期中国企业的首要社会责任就是如何创造良好的经济效益，为社会进步提供强大的发展动力；三是法制的缺失。这一时期的《公司法》、《乡镇企业法》、《个人独资企业法》等没有对企业社会责任进行明确的规定。

2. 社会责任意识唤醒，履行部分社会责任阶段

20世纪90年代中后期，随着国家政策环境的日趋宽松，国内市场经济秩序的日趋完善，家族企业获得了迅猛发展，积蓄了较好的经济基础，具备履行部分社会责任的条件。随着企业的发展，不少家族企业家在实践中发现，企业只追求利润是走不远的，需要借助外部资源，通过与员工、客户、政府、社区等建立良好的关系，获得更多的社会资本。因此企业更加关注员工的利益、工作场所的安全性、增加产品多样性、提高产品质量、依法纳税等社会责任。

另一方面，西方国家企业社会责任观念进入中国，并得到迅速发展。随着中国经济逐步与世界接轨，国际社会开始关注中国劳动者权益保障问题。跨国采购商要求中国生产商需满足其提出的工作条件和工人待遇；还通过与政府部门接触以推动企业社会责任活动在中国的开展，例如迪士尼和耐克公司就曾向我国政府部门提出推广企业社会责任标准的要求。出于国际社会压力、可持续发展、构建和谐社会等的考虑，企业开始关注劳工、消费者、社区、环境等利益相关者的诉求。

3. 重视企业社会责任、主动履行最高层次的社会责任阶段

随着企业社会责任运动在中国的扩展，政府部门介入企业社会责任建设，2003年3月第十届全国人民代表大会第一次会议召开后，企业社会责任开始受到政府部门的重视，并被写入相关文件中，可以将2003年作为国内对企业社会责任问题做出反应的分界点。从2003年开始，作为国际贸易标准的SA8000标

准认证在中国推行，2005年第十届全国人民代表大会第十八次会议通过，并于2006年1月1日施行的新《公司法》在中国立法史上第一次提及“企业的社会责任”，在该法的第1章第5条规定：公司从事经营活动必须遵守法律、行政法规，遵守社会公德、商业道德，诚实守信，接受政府和社会公众的监督，承担社会责任。这里“企业的社会责任”的范围涉及法律法规和社会道德规范的遵守、环境保护、雇用的维持和提供更多的就业岗位，以及交纳税金等义务。此外，在各类立法主体颁布的法律文件中，都有涉及企业社会责任内容的相关法律规范。其中，消费者权益保护、安全生产、环境保护等方面的法律条文最为完善。

2003年之后，家族企业对企业社会责任的关注开始形成热潮，一方面是对上述国家政策法规的积极响应和遵守；另一方面，在不断洗牌和蜕变中发展起来的家族企业已经站稳脚跟，有些家族企业成了拥有多家子公司并开展跨国经营的家族企业集团，有的却因为经营不善而退出市场，一场惊心动魄的商海沉浮悄然演绎。为了能在日趋白热化的市场竞争中谋得一席之地，家族企业家开始将企业社会责任视为一种必须履行的责任和义务，在企业社会责任的履行方面较前一阶段有了巨大进步，不仅增加企业社会责任的投入，履行的层次也更高。

除了在社会公益、教育和环保等领域进行捐赠，有些家族企业甚至成立慈善基金会。以福耀玻璃为例，自1983年第一次捐款至今，曹德旺（家族）累计捐款超过50亿元，慈善捐赠总额已占到其财富的67%。自2007年最初申请设立“河仁慈善基金会”，曹德旺家族历时3年，通过锲而不舍地与各政府部门沟通、磋商，并请各领域专家进行论证和指导，在多方力量支持下，终于实现了突破性的公益之举。2011年5月5日，曹德旺（家族）终于得偿所愿向“河仁慈善基金会”捐出自持的3亿股福耀玻璃股票，市值35.49亿元人民币，占福耀玻璃公司总股本的14.98%。此外，2011年，曹德旺（家族）还在社会公益、文化和环保等领域累计捐赠了9 000多万元。曹德旺（家族）和福耀玻璃不仅以股票捐赠的形式开创了中国基金会资金注入方式、运作模式、管理规则等领域的先河，更是成功树立了中国家族企业承担社会责任的成功榜样。

而有些家族企业已经做到将企业社会责任体系化，成为配合企业发展的全面、系统、长期的战略。以方太集团为例，方太集团在学习国际先进的社会责任理念的同时，结合中国实际，逐渐总结形成了自己的社会责任观。方太认为企业社会责任包括法律责任、发展责任和道义责任三大方面。法律责任包括产品责任、员工责任、环境责任、纳税责任以及其他跟企业相关的各种法律法规的遵守，也是企业社会责任中的首要责任；道义责任包括商业道德、共赢理念、慈善公益、文化传播等，是高级的社会责任，是企业应当努力追求的；发展责任作为企业的核心责任，包括产品创新、员工发展、和谐发展和可持续发展。企业不发展或者破产倒闭，会给社会带来负担，阻碍社会进步。所以，企业必须发展，同时要和谐发展、永续经营，也是极其重要的企业社会责任。方太集团自2006年起推出了业界第一个社会责任报告，并坚持至今，因其在经济发展、节能环保、践行社会责任等方面的突出表现，荣获“2012中国社会责任优秀企业奖”。

当代家族企业履行社会责任行为也受到了中国传统文化的影响，例如曹氏家族三代信佛，包括现在的董事长曹德旺，进入他办公室，首先映入眼帘的就是一尊佛像。“好人有好报”是信佛之人经常提到的，在这种信仰的影响下，曹德旺家族用自己的方式回报社会。父亲曹河仁曾对曹德旺说：“做人要有心，人必须有自尊心、良心、诚心、自信心……有多少心就做多少事。”方太集团则是继承发扬中华传统文化“仁、义、礼、智、信”的精髓，探索并提出现代儒家管理模式。

家族企业承担社会责任可以向企业的利益相关者传递包含企业价值观在内的多重信号，有利于解决员工与企业、市场与企业的信息不对称问题，减少企业与利益相关者之间的潜在风险因素，吸引更多认同企业价值观的投资者、优秀人才和消费者，提升企业的声誉，形成潜在竞争优势，最终增强企业生命力。

二、当前中国家族企业社会责任履行变化趋势

从上述家族企业的历史演进来看，中国家族企业原本不是一个缺乏社会责任感的组织，其社会责任的意识和行为受到中国传统文化的影响。近年来，世界和中国的经济形势都发生了重大变化，特别是2008年金融危机以来，全球实体经济受到较大影响，并深刻改变着企业生存和发展的环境，可持续发展面临前所未有的挑战。在此背景下，国内外企业社会责任的环境、特点及趋势出现了新的变化。那么，作为代表新兴经济体最活跃的因子之一，中国家族企业在履行社会责

任方面发生了哪些变化？接下来我们利用由中央统战部和全国工商联领导，中国民（私）营经济研究会牵头，国家工商行政管理总局承办的两年一次的全国私营企业抽样调查数据，从六大指标对家族企业的社会责任履行情况进行纵向考察，以揭示新形势下中国家族企业社会责任履行的变化趋势。

（一）社会责任指标的选取

对于家族企业社会责任的测量，现有研究基本上是采用一般企业社会责任的量化方法。比如加洛（Gallo，2004）将家族企业社会责任分为企业的内部社会责任和外部社会责任，内部社会责任包括向社会提供人类需要的或者对人类发展有益的产品和服务、创造经济财富、企业员工的发展、努力实现企业的自我连续性；外部社会责任包括环境保护和对教育的支持等。戴尔（Dyer）和惠腾（Whetten，2006）采用 KLD 社会责任指数，将家族企业社会责任分成社区、多样性、员工关系、环境、非美国经营、产品质量和其他。

国内学者对于家族企业社会责任的研究相对较少，大多强调国有企业社会责任或者不加分类地研究一般企业的社会责任，学者采用的社会责任指标大多是建立在西方学术研究发现的基础上，例如由北京大学民营经济研究院于 2006 年完成的《中国企业社会责任调查评价体系与标准》，将社会责任指标划分为：股东权益责任、社会经济责任、员工权益责任、法律责任、诚信经营责任、公益责任、环境保护责任。金碚等（2006）通过调查得出，目前公众认为企业社会责任的内涵主要表现在：生产性环保支出、劳工社会保障投入和纳税额 3 个方面。徐尚昆和杨汝岱（2007）通过归纳性分析，考察了中国企业社会责任的概念范围，对来自 12 个省区市 630 位企业总经理（或企业所有者）进行开放式调查，收集了 2811 个关于企业社会责任的事件描述。从得到的数据中，发现了中国企业社会责任的 9 个维度，并归纳出关于中西方企业社会责任维度的对比，得出中西方企业社会责任共有的维度包括：经济责任、法律责任、环境保护、顾客、员工、公益事业。

我们借鉴中外企业社会责任研究文献，并结合 2008 年、2010 年以及 2012 年 3 次全国私营企业抽样调查数据，选取以下 6 个社会责任指标，考察中国家族企业履行社会责任的变化趋势：经济责任、法律责任、环境责任、顾客责任、就业与员工责任、公益事业（详见表 1－31）。

表1－31　家族企业社会责任指标

一级指标	二级指标
经济责任	销售收入 净利润 研发投入
法律责任	依法纳税
环境责任	治理污染投入 环保治污费 环境污染罚款
顾客责任	企业质量认证
就业与员工责任	雇用员工 社会保险 员工工资 员工培训 工会
公益事业	为扶贫、救灾、环保、慈善等公益事业的捐助

（二）样本选取

家族企业的样本选取标准采用《中国家族企业发展报告2011》对家族企业的定义，即：个人及其家族成员在企业股权总额所占比例在50%及以上的企业。由于2008年和2012年的抽样调查没有家族成员在企业股权总额所占比例这一项，所以这两次调查选取个人在企业股权总额所占比例在50%及以上的企业。根据这个标准，剔除未披露持股信息企业后提取出的家族企业样本数分别为：2008年2 760家，占私营企业有效样本的比重为78.2%；2010年3 286家，占私营企业有效样本的比重为85.4%；2012年为3 436家，占私营企业有效样本的比重为82.7%。

（三）家族企业社会责任履行各项指标变化趋势

1. 经济责任

（1）总体变化趋势

企业应该承担经济责任，这一点几乎得到所有学者以及企业界人士的认同。3

次抽样调查显示，在过去的5年里，虽然受到全球金融危机的影响，但家族企业经济责任的各项指标均值都出现了显著增长。从销售收入来看，2007年，销售收入均值为5 412.98万元，2011年增长到了11 940.45万元，年均增幅达到22%；在净利润方面，均值从2007年的281.42万元增长到2011年的582.51万元，年均增幅近20%；在研发投入方面表现更为突出，2007年平均研发投入为35.04万元，2009年增加到76.45万元，2011年又进一步增长到184.96万元，年均增幅高达52%，实现了每两年翻一番（见表1－32和图1－4）。

表1－32 2007～2011年经济责任各项指标均值变化（单位：万元）

	2007年	2009年	2011年
销售收入	5 412.98	8 077.55	11 940.45
净利润	281.42	462.79	582.51
研发投入	35.04	76.45	184.96

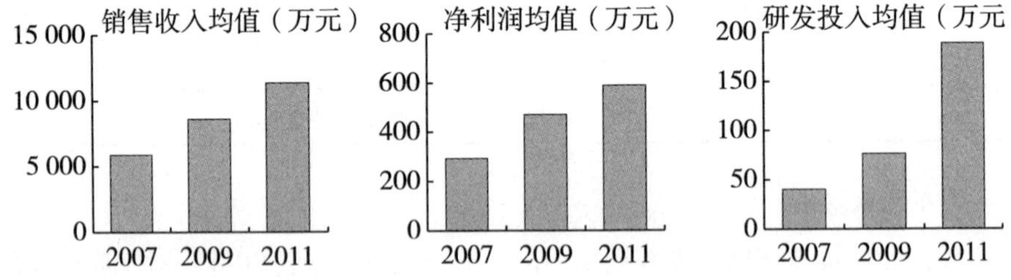

图1－4 2007～2011年经济责任各项指标均值变化趋势图

（2）分区域变化趋势

从东中西3个不同的区域来看，东部地区家族企业经济责任各项指标均值最高，在大多数年份里，中部地区家族企业在经济责任各项指标均值上低于西部地区（见表1－33）；但是在各项指标的增长速度上，中部地区家族企业年均增长率最高，其次是东部地区，西部地区增长速度最慢（见表1－34）。

（3）分行业变化趋势

分行业来看，大部分行业的家族企业经济责任各项指标呈现增长趋势，只有个别行业的企业业绩下滑。具体而言，以往销售收入遥遥领先的两个行业——采矿业和房地产行业的企业销售收入呈现下降趋势，特别是房地产企业在2009年大幅度增长之后，2011年急剧下降，这与近年来这两个行业产品价格下跌或政策调整的情况相符；交通运输与信息服务行业的企业销售收入比较平稳；其余行业的销售收入都呈现较快的增长趋势，特别是金融、租赁、科研技术、公共设施、居民服务、教育、文化体育、公共管理行业的销售收入在2011年出现了大幅增加。在净利润方面，房地产、电力煤气水、卫生行业的企业盈利减少，2011年，全国主要河流来水偏枯较多，水电发电量减少，因此盈利下降；采矿业、交通运输、信息服务行业的企业盈利变化不大；金融、公共设施、教育、公共管理行业的净利润大幅增长。大部分行业的家族企业都在加大研发投入，金融、文化体育、公共管理行业的企业在盈利大幅增加的同时，也大力投入研发，而电力煤气水、采矿业虽然盈利、销售收入减少，但还是加大了研发投入，房地产在销售业绩低迷、净利润下降的情况下减少了研发投入（见表1-35）。

表1-33　不同区域家族企业经济责任各项指标均值　（单位：万元）

区域分组	销售收入			净利润			研发投入		
	2007年	2009年	2011年	2007年	2009年	2011年	2007年	2009年	2011年
东部	6 639.00	10 369.69	13 921.41	334.45	612.46	678.35	48.61	96.19	210.60
中部	4 124.97	5 108.24	9 302.73	166.46	206.69	409.78	15.24	38.10	194.65
西部	4 041.43	5 224.24	8 168.41	266.89	352.32	470.58	17.69	66.54	71.93

注：区域分类时，剔除了根据省份或者区域代码数据无法归类的企业，下同。

表1-34　不同区域家族企业经济责任各项指标年均增长率

区域分组	年均增长率		
	销售收入	净利润	研发投入
东部	20%	19%	44%
中部	23%	25%	89%
西部	19%	15%	42%

表1－35　不同行业家族企业经济责任各项指标变化　（单位：万元，个）

行业		销售收入			净利润			研发投入		
		2007年	2009年	2011年	2007年	2009年	2011年	2007年	2009年	2011年
农林牧渔	均值	4 832.22	6 314.41	9 169.10	271.20	392.25	593.64	38.50	48.67	141.40
	企业数量	248	261	227	240	253	224	149	243	219
采矿业	均值	14 787.99	22 147.14	11 517.53	1 497.66	1 689.65	1 578.06	15.40	93.85	155.89
	企业数量	69	80	58	71	82	57	48	74	56
制造业	均值	7 535.09	9 795.33	17 110.20	336.87	567.79	852.04	62.96	160.33	381.67
	企业数量	1 130	1 208	1 223	1 085	1 166	1 221	1 012	1 145	1 148
电力煤气水	均值	2 861.49	5 571.06	10 595.37	437.41	711.05	238.97	8.75	27.21	1 544.31
	企业数量	34	35	27	32	34	28	24	33	26
建筑业	均值	6 354.87	10 230.07	16 421.16	253.42	429.46	938.36	9.93	17.49	68.75
	企业数量	188	196	204	193	204	203	129	186	192
交通运输	均值	4 339.43	6 664.66	4 599.15	136.77	240.96	182.51	3.18	16.13	15.61
	企业数量	96	103	99	97	105	94	49	96	99
信息服务	均值	1 148.25	1 415.98	1 269.29	115.79	144.12	107.52	38.41	51.68	36.03
	企业数量	136	155	131	135	151	127	128	153	120
批发零售	均值	1 911.78	2 144.75	8 761.33	43.12	47.87	255.73	1.76	1.41	6.10
	企业数量	527	570	596	492	539	596	439	526	582
住宿餐饮	均值	1 205.41	2 077.32	6 373.00	139.45	273.63	334.31	3.11	15.45	8.14
	企业数量	143	146	139	138	145	137	102	131	123
金融	均值	740.58	924.16	32 612.84	52.11	58.39	2 484.63	0.33	16.83	150.40
	企业数量	10	11	18	10	10	18	6	12	15

续表

行业		销售收入			净利润			研发投入		
		2007 年	2009 年	2011 年	2007 年	2009 年	2011 年	2007 年	2009 年	2011 年
房地产	均值	18 357.45	63 391.61	9 841.10	1 652.10	3 774.95	649.23	19.76	31.84	2.37
	企业数量	68	73	89	65	69	93	54	74	91
租赁	均值	338.30	680.24	19 508.02	22.90	56.93	96.73	6.78	0.37	15.77
	企业数量	30	30	95	29	30	97	18	27	92
科研技术	均值	629.25	562.11	3 735.08	58.49	47.08	117.55	239.50	23.00	324.90
	企业数量	16	20	25	18	19	25	26	18	25
公共设施	均值	556.11	928.09	57 699.29	115.80	188.08	4 189.44	11.43	58.57	47.50
	企业数量	6	6	8	7	7	7	7	7	7
居民服务	均值	335.52	598.21	1 263.55	21.84	34.77	94.75	0.44	1.06	15.62
	企业数量	75	79	37	71	78	36	57	79	34
教育	均值	220.45	969.26	1 404.21	25.29	28.42	275.59	8.10	0.63	1.05
	企业数量	11	14	11	12	14	10	10	12	11
卫生	均值	1 110.79	1 535.50	2 106.17	10.85	30.12	-304.78	19.17	6.40	21.46
	企业数量	19	20	12	17	20	11	12	21	13
文化体育	均值	238.59	355.46	4 818.73	17.97	28.54	81.474	2.61	0.48	103.26
	企业数量	32	35	33	33	35	35	23	31	35
公共管理	均值	19.33	18.67	3 473.76	4.00	2.50	160.64	0.00	0.00	89.18
	企业数量	3	3	211	3	3	201	1	2	208

（4）家族企业与非家族私营企业经济责任各项指标变化趋势比较

从家族企业与非家族私营企业经济责任变化比较来看，家族企业在经济责任方面增长速度快于非家族私营企业，2007 年和 2009 年家族企业销售收入均值都低于非家族私营企业，但是到了2011年，家族企业的销售收入均值超过非家族私营企业；在净利润和研发投入上，家族企业与非家族私营企业的差距也在缩小（见表1－36和图1－5）。

表1－36　家族企业与非家族私营企业经济责任比较变化　（单位：万元）

		2007年	2009年	2011年
销售收入均值	家族企业	5 412.98	8 077.55	11 940.45
	非家族私营企业	8 759.38	10 488.67	9 594.43
净利润均值	家族企业	281.42	462.79	582.51
	非家族私营企业	783.75	977.85	752.34
研发投入均值	家族企业	35.04	76.45	184.96
	非家族私营企业	70.54	159.44	249.78

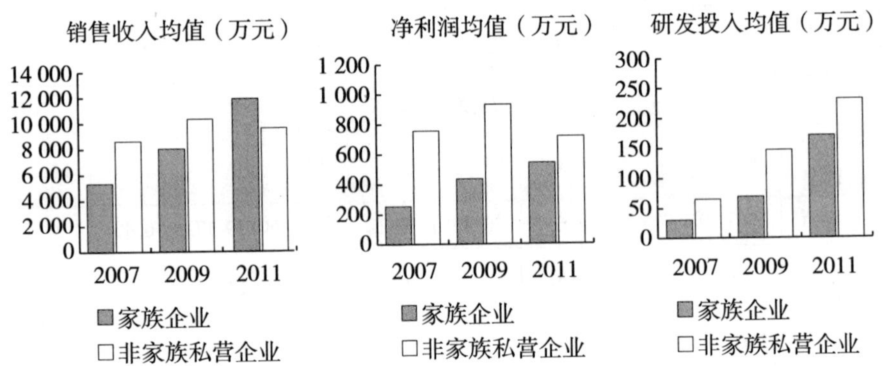

图1－5　家族企业与非家族私营企业经济责任各项指标变化趋势比较

2. 法律责任

（1）总体变化趋势

依法纳税是企业应尽的义务，也是企业承担社会责任的具体表现。3次抽样调查显示，家族企业在收入增长的同时，纳税额也稳步增长，2007～2009年以及2011年纳税额均值依次为246.76万元、309.98万元、366.09万元和456.68万元（见表1－37）。

表 1-37　家族企业纳税额变化

（单位：万元）

纳税额	2007 年	2008 年	2009 年	2011 年
均值	246.76	309.98	366.09	456.68
最大值	80 146.85	104 774.35	226 907.32	113 621.0
标准差	1 948.75	2 723.86	4 502.91	2 734.54

（2）分区域变化趋势

分区域来看，不同区域家族企业纳税额的差异正在缩小，东部地区家族企业在纳税额的均值上高于中西部地区，西部地区的企业纳税额略高于中部地区。但是在增长速度上，中部家族企业纳税额年均增长率高于东西部地区，表现出与经济责任相类似的特征（见表 1-38）。

表 1-38　不同区域家族企业纳税额均值比较

（单位：万元）

	2007 年	2008 年	2009 年	2011 年
东部	265.24	351.62	426.36	465.17
中部	196.92	239.49	254.34	436.95
西部	221.29	242.04	316.29	454.30

（3）分行业变化趋势

大部分行业的家族企业纳税额呈现增长趋势，金融业、科研技术、公共设施、文化体育、公共管理行业的企业盈利水平大幅度提高，带动了纳税额相应地创新高；而受房市低迷的影响，房地产行业的家族企业纳税额大幅度下降；电力煤气水的盈利水平虽然下降，但是纳税额却有很大的提高（见表 1-39）。

表 1-39　不同行业家族企业纳税额变化

（单位：万元）

行业		2007 年	2008 年	2009 年	2011 年
农林牧渔	均值	152.01	147.68	185.57	404.77
	企业数量	232	238	242	222
采矿业	均值	1 366.24	1 775.90	1 992.72	1 292.27
	企业数量	69	81	82	62

续表

行业		2007 年	2008 年	2009 年	2011 年
制造业	均值	269.35	347.39	342.63	594.516
	企业数量	1 115	1 162	1 195	1 227
电力煤气水	均值	158.08	293.46	298.73	1 094.37
	企业数量	34	35	35	27
建筑业	均值	237.32	264.26	387.82	775.12
	企业数量	195	202	204	207
交通运输	均值	266.04	350.77	355.29	186.16
	企业数量	96	98	106	101
信息服务	均值	81.11	84.56	95.58	42.160
	企业数量	139	149	157	128
批发零售	均值	38.31	42.21	47.70	214.25
	企业数量	507	537	552	610
住宿餐饮	均值	79.18	114.85	146.43	424.23
	企业数量	147	151	152	140
金融	均值	23.19	24.04	32.46	2 618.73
	企业数量	9	10	10	18
房地产	均值	1 672.72	2 034.10	3 825.21	857.06
	企业数量	70	74	75	96
租赁	均值	14.00	21.59	30.43	81.43
	企业数量	28	29	30	97
科研技术	均值	13.51	18.91	19.50	252.9
	企业数量	18	19	20	26
公共设施	均值	207.64	236.33	213.36	774.07
	企业数量	7	7	7	7
居民服务	均值	13.09	19.56	76.45	81.99
	企业数量	74	78	80	33

续表

行业		2007 年	2008 年	2009 年	2011 年
教育	均值	10.78	12.44	11.93	8.52
	企业数量	10	10	12	11
卫生	均值	16.02	29.87	32.15	44.14
	企业数量	19	20	21	12
文化体育	均值	53.16	58.16	42.93	282.92
	企业数量	34	33	35	34
公共管理	均值	3.10	2.55	2.05	97.61
	企业数量	2	2	2	211

3. 环境责任

（1）总体变化趋势

随着环境问题的日益凸显，企业对于环境的责任不容漠视。3 次抽样调查数据显示，2011 年，有 1 030 家企业报告有治理污染投入，占提供此项数据家族企业数（3 228 家）的 31.91%，投入总金额达 99 870 万元；923 家企业报告交纳了环保治污费，占提供此项数据家族企业数（3 181 家）的 29.02%，交纳总金额达 10 289 万元。2009 年，33.07% 的企业报告有治理污染投入，投入总金额为36 441.2万元，36.87% 的企业报告交纳了环保治污费，交纳总金额为 4 959.81 万元。2007 年，30.85% 的企业报告有治理污染投入，投入总金额为 26 632.678 万元，38.27% 的企业报告交纳了环保治污费，交纳总金额为 6 520.798 万元。

因此，从投入金额来看，在过去的 5 年里，家族企业在环境责任方面有明显提升，特别是 2011 年治理污染投入和交纳的环保治污费都比 2009 年有大幅度增加，治理污染投入均值从 12.01 万元增长到 30.94 万元，交纳的环保治污费均值从 1.65 万元增长到 3.23 万元；从有支出的企业数量比例来看，报告有治理污染投入的企业比例变化不大，而报告交纳了环保治污费的家族企业比重却呈现下降趋势（见表 1 – 40）。因环境污染被罚的家族企业很少，2008 年和 2010 年抽样调查数据显示，在 2007 年和 2009 年，分别有 34 家和 49 家企业报告曾交环境污染罚款，占提供此项信息家族企业总数的 1.35% 和 1.74%，被罚金额平均为 19 826.88 元和 20 934 元。

表 1-40　家族企业环境责任各项指标总体变化趋势

		2007 年	2009 年	2011 年
治理污染投入	企业数目比重	30.85%	33.07%	31.91%
	总金额（万元）	26 632.68	3 6441.2	99 870
	均值（万元）	10.44	12.01	30.94
环保治污费	企业数目比重	38.27%	36.87%	29.02%
	总金额（万元）	6 520.80	4 959.81	10 289
	均值（万元）	2.54	1.65	3.23

（2）分区域变化趋势

分区域来看，3 个区域的家族企业在环保上的投入总金额都显著增长。其中，中部地区增长幅度最大，在治理污染投入上，均值从 2007 年的 4.79 万元增长到 2011 年的 25.17 万元，年均增长率高达 51.40%；交纳的环保治污费 2011 年相比 2009 年也有显著增长。在有治理污染投入支出的企业比重上，东部和中部地区变化不大，西部地区有所增长；交纳环保治污费的企业比重 3 个区域均出现下降趋势（见表 1-41）

表 1-41　不同区域家族企业环境责任指标变化

		东部			中部			西部		
		2007 年	2009 年	2011 年	2007 年	2009 年	2011 年	2007 年	2009 年	2011 年
治理污染投入	均值（万元）	11.25	11.23	27.87	4.79	14.61	25.17	15.70	11.02	50.57
	企业比重（%）	32.02	35.43	32.34	28.62	28.98	28.99	28.76	31.47	34.35
环保治污费	均值（万元）	2.49	1.36	3.40	1.62	1.87	2.52	3.91	2.19	3.65
	企业比重（%）	37.76	37.43	29.47	38.84	35.60	27.58	38.02	36.96	29.29

（3）分行业变化趋势

企业在环保上的投入与行业性质相关。分行业来看，在过去 5 年里，农林牧渔、采矿业、制造业、电力煤气水、交通运输、公共设施、文化体育、公共管理行业的企业在治理污染投入上力度加大，制造业和交通运输行业的企业交纳环保治污费有所增加。2011 年，交通运输、公共设施、文化体育、公共管理行业的企业在治理污染投入上的增加现象是往年没有的（见表 1－42），这些行业原本不属于高污染行业，说明随着企业的发展和社会的进步，家族企业对环保也越来越重视。

表 1－42　不同行业家族企业环境责任变化（单位：万元）

行业		治理污染投入			环保治污费		
		2007 年	2009 年	2011 年	2007 年	2009 年	2011 年
农林牧渔	均值	2. 94	20. 83	32. 82	3. 54	1. 40	2. 28
	企业数量	145	257	227	147	260	220
采矿业	均值	14. 65	75. 63	179. 88	7. 77	20. 42	13. 82
	企业数量	47	79	61	46	77	57
制造业	均值	21. 67	19. 05	54. 13	3. 18	1. 53	5. 08
	企业数量	966	1 142	1 190	966	1 126	1 163
电力煤气水	均值	11. 88	4. 84	22. 23	11. 35	2. 27	4. 81
	企业数量	23	37	26	24	36	25
建筑业	均值	5. 07	2. 44	5. 97	2. 44	4. 18	3. 39
	企业数量	125	199	203	125	195	201
交通运输	均值	1. 95	2. 56	19. 18	0. 09	0. 16	4. 07
	企业数量	48	102	99	49	100	97
信息服务	均值	0. 00	0. 69	0. 34	0. 05	0. 08	0. 41
	企业数量	126	149	127	126	149	124
批发零售	均值	0. 29	0. 59	1. 16	0. 38	0. 18	0. 50
	企业数量	429	553	586	431	547	586
住宿餐饮	均值	1. 70	2. 43	7. 33	1. 76	0. 94	2. 34
	企业数量	93	141	132	97	142	134
金融	均值	0. 00	0. 02	3. 75	0. 60	0. 02	4. 58
	企业数量	6	12	16	5	12	17

续表

行业		治理污染投入			环保治污费		
		2007 年	2009 年	2011 年	2007 年	2009 年	2011 年
房地产	均值	1.15	7.73	1.33	7.72	0.82	2.66
	企业数量	51	75	94	52	75	93
租赁	均值	11.94	3.50	0.88	3.75	0.06	0.49
	企业数量	18	27	94	19	28	94
科研技术	均值	6.05	3.14	4.56	0.81	0.50	0.33
	企业数量	26	21	25	26	21	25
公共设施	均值	0.68	3.14	74.29	0.34	3.88	0.00
	企业数量	6	7	7	6	7	7
居民服务	均值	0.74	0.36	3.77	0.15	0.08	1.44
	企业数量	55	84	34	55	84	34
教育	均值	0.00	0.03	0.33	0.06	0.02	0.28
	企业数量	9	17	12	9	17	12
卫生	均值	2.70	1.45	3.97	0.44	0.66	2.48
	企业数量	13	21	12	12	21	12
文化体育	均值	0.70	0.03	12.29	0.30	0.04	1.02
	企业数量	22	34	35	22	33	35
公共管理	均值	3.10	0.00	29.57	1.00	0.21	1.10
	企业数量	1	4	214	1	4	211

（4）家族企业与非家族私营企业环境责任变化比较

从家族企业与非家族私营企业环境责任比较来看，随着时间的推移，家族企业在环保投入上增长幅度比非家族私营企业大，2007 年和 2009 年家族企业在治理污染投入上比非家族企业少，在均值、具有治理污染投入的企业比重上都少于非家族私营企业；但是到了 2011 年，家族企业在环保上的投入多于非家族私营企业，在均值、最大治理污染投入上都高于非家族私营企业，而且具有治理污染投入的企业比重与非家族私营企业的差距也在缩小（见表 1－43）。

表 1-43　家族企业与非家族私营企业环保投入变化比较

		2007 年	2009 年	2011 年
均值（万元）	家族企业	10.44	12.01	30.94
	非家族私营企业	27.12	28.40	27.35
最大值（万元）	家族企业	3 600	3 800	8 000
	非家族私营企业	3 000	5 500	2 100
具有治理污染投入的企业比重	家族企业	30.85%	33.07%	31.91%
	非家族私营企业	33.87%	50.52%	37.15%

4. 顾客责任

产品的质量保证是企业应向顾客承担的责任。2008 年的抽样调查数据显示，1 128 家家族企业报告经过了质量认证，占提供此项信息家族企业总数的 100%。其中，有 965 家企业经过了 ISO9000 系列认证，比重达到 85.55%（见表 1-44）。质量认证这有助于强化企业的品质管理，提升企业的产品质量和服务质量，提高顾客对企业产品和服务的满意度，进而增强企业的竞争力。

表 1-44　家族企业质量认证情况

	ISO9000 系列认证	UL 系列认证	长城系列认证	CE 系列认证	食品安全 QS 系列认证
企业数量	965	33	26	41	231
有效样本数	1 128				

5. 就业与员工责任

（1）总体变化趋势

解决就业是中国企业共同的一项社会责任，家族企业是私营经济中创造就业的重要力量，2011 年家族企业户均全年雇用人数增加了 31 人，户均临时雇用人数明显降低。随着全年雇用人数的增加，签订劳动合同的员工数也在增长（见表 1-45）。

表 1－45　家族企业雇用员工情况变化　　（单位：个）

		2007 年	2009 年	2011 年
全年雇用员工人数	平均数	155	156	187
	中位数	40	40	40
雇用半年以上不足一年人数	平均数	26	65	26
	中位数	3	10	0
雇用半年以下员工人数	平均数	14	41	22
	中位数	1	10	0
签订个人劳动合同员工	平均数	118	120	136
	中位数	30	20	20
签订集体劳动合同员工	平均数	58	36	48
	中位数	0	0	0

对员工负责是企业重要的社会责任，企业只有承担起保护员工人身安全、健康，确保员工薪资待遇，关注员工发展等责任，才能提高他们对企业的忠诚度，激发他们的工作潜力，进而促进企业自身的持续健康发展。

抽样调查数据显示，员工责任各项指标均值总体上呈现增长的趋势。家族企业在 2009 年全年支付劳保费用的平均值为 15.09 万元，用于改善企业安全生产设备、场地，加强劳动保护的费用为 33.32 万元，比 2007 年有较大提高。企业为员工缴纳的社会保险费也大幅度提高，2011 年社保费用平均值是 2009 年的 2～8 倍（见表 1－46）。2011 年和 2009 年，家族企业参保率、参保员工在全年雇用员工中的比例比 2007 年都有提高；2011 年，除了生育险，其他保险的参保率都超过了 50%；3 次抽样调查都显示，企业在养老保险参保率最高，医疗保险参保率次之，接着依次是工伤保险和失业保险，生育保险参保率最低（见表 1－47），生育保险参保率低是因为这是向生育女职工提供生育津贴、产假以及医疗服务等方面的待遇，该群体人数相对有限。

2011 年家族企业的员工工资水平大幅度提高，增幅达到了 31.89%；而 2009 年的工资水平较 2007 年有所下降，下降幅度为 4.91%，主要是受 2008 年金融危机的影响，根据《2010 年第九次全国私营企业抽样调查数据分析综合报告》，2009 年全国私营企业员工年平均工资比 2007 年下降 1 767 元，降幅达 9.60%。由

表 1－46　家族企业员工责任各项指标均值变化

	2007 年	2009 年	2011 年
劳保费用（万元）	8.37	15.09	—
用于改善企业安全生产设备、场地，加强劳动保护的费用（万元）	19.58	33.32	—
医疗保险费用（万元）	6.15	7.62	58.53
养老保险费用（万元）	13.73	18.79	44.23
失业保险费用（万元）	2.12	2.40	6.53
工伤保险费用（万元）	2.61	1.28	4.07
生育保险费用（万元）	0.45	0.48	2.21
年平均工资（元）	17 013.06	16 177.87	23 752.04
员工培训费用（万元）	6.69	6.02	10.00

注：2012 年全国私营企业抽样调查没有调查劳保费用和用于改善企业安全生产设备、场地，加强劳动保护的费用，因此 2011 年这两项数据缺失。

此可以看出，在金融危机时，家族企业在员工责任方面比非家族私营企业做得更好。家族企业关注员工的发展，不断加强对员工的职业培训，抽样调查数据显示，2011 年在员工培训方面平均投入 10 万元，比 2009 年和 2007 年明显增加。

工会具有代表和维护职工合法权益的职能，然而 3 次抽样调查数据显示，成立工会的家族企业比例有略微减少的趋势。2007 年，过半的家族企业成立了工会；2009 年，一半的企业成立了工会，到了 2011 年成立工会的企业比例降至 50% 以下（见图 1－6）。

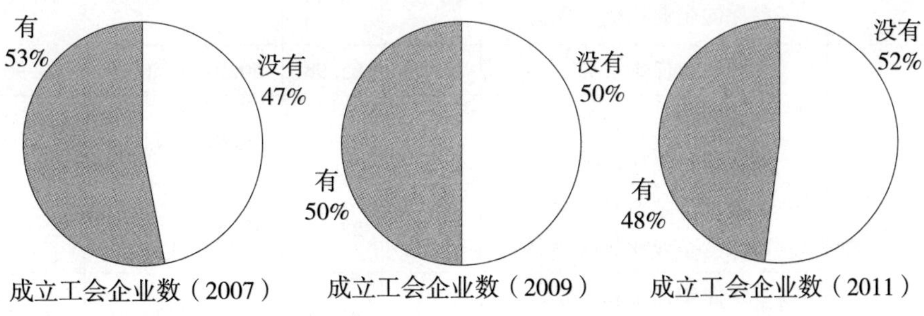

图 1－6　成立工会企业数变化

（2）分区域变化趋势

分区域来看，过去5年里，东部地区用工人数有所减少，中西部地区用工人数增加，特别是中部地区，2011年户均全年雇用员工人数达到了207人，5年间增长了一倍多。雇用的临时工人数相比2009年都有减少，中部地区减少幅度最大。签订的劳动合同员工数西部地区略有减少，东部地区基本稳定，西部地区有较多增加，与全年用工人数变化趋势一致（见表1－48）。

表1－47　3次抽样调查企业员工参加社会保险情况比较

参保险种		医疗	养老	失业	工伤	生育
2007年	企业参保率（%）	50.65	62.43	38.51	48.06	25.78
	全年雇用员工全员参保的企业比例（%）	19.11	18.30	11.27	17.33	5.59
	全年雇用员工50%～100%参保的企业比例（%）	13.68	16.85	11.09	14.08	6.78
	全年雇用员工0～50%参保的企业比例（%）	22.86	27.28	16.15	16.65	13.41
2009年	企业参保率（%）	65.18	70.53	49.60	57.93	41.92
	全年雇用员工全员参保的企业比例（%）	22.91	21.63	16.88	23.42	2.08
	全年雇用员工50%～100%参保的企业比例（%）	18.92	20.47	15.05	16.71	11.96
	全年雇用员工0～50%参保的企业比例（%）	23.35	28.43	17.67	17.80	27.88
2011年	企业参保率（%）	62.58	65.98	50.94	56.29	43.96
	全年雇用员工全员参保的企业比例（%）	23.85	21.92	17.82	21.66	2.36
	全年雇用员工50%～100%参保的企业比例（%）	21.03	22.85	17.57	20.08	25.50
	全年雇用员工0～50%参保的企业比例（%）	17.70	21.20	15.55	14.55	16.10

表1－48　不同区域家族企业雇用员工人数情况变化　（单位：个）

	东部			中部			西部		
	2007年	2009年	2011年	2007年	2009年	2011年	2007年	2009年	2011年
全年雇用员工人数	188	147	179	93	157	207	130	179	191
雇用半年以上不足一年人数	24	48	26	17	86	14	45	81	43
雇用半年以下员工人数	15	37	20	7	35	14	21	57	39
签订个人劳动合同员工	140	120	127	77	118	168	101	125	122
签订集体劳动合同员工	73	41	56	30	28	43	46	31	28

在过去的5年里，中部地区家族企业员工责任各项指标增长最快。抽样调查数据显示，2007年，中部地区企业为员工缴纳的社会保险费、员工年均工资以及员工职业培训支出均低于东西部地区，到了2011年，中部地区企业社保支出均值超过东西部地区，员工年平均工资与西部地区差不多，只略低于东部地区，员工培训费用均值超过了东部地区（见表1－49）。

表1－49　不同区域家族企业员工责任各项指标均值变化　（单位：万元）

	东部			中部			西部		
	2007年	2009年	2011年	2007年	2009年	2011年	2007年	2009年	2011年
医疗保险费用	8.16	9.37	58.14	2.78	5.55	70.20	4.06	5.46	43.10
养老保险费用	17.08	20.23	42.27	6.86	19.24	61.98	12.51	14.42	25.65
失业保险费用	2.38	2.79	7.20	0.75	1.88	6.98	3.17	2.05	3.23
工伤保险费用	2.88	1.13	4.17	1.46	1.37	4.27	3.24	1.57	3.38
生育保险费用	0.64	0.60	2.42	0.14	0.22	2.12	0.26	0.48	1.56
年平均工资	1.97	1.73	2.58	1.27	1.42	2.02	1.39	1.53	2.09
员工培训费用	7.77	6.24	8.88	4.07	5.18	11.49	6.70	6.44	12.15

（3）分行业变化趋势

大部分行业的家族企业户均全年雇用员工人数都有增加，而临时雇工人数有减少。其中金融、公共设施、教育、文化体育行业的企业，雇用员工人数增加幅度大，从前面分行业经济责任变化分析我们得知，这几个行业也是近几年业绩增长较快的行业，说明行业的就业贡献增加与其业绩增长有关；也有部分行业的家族企业雇用员工人数下降，如采矿业、建筑业、交通运输和房地产行业的企业，全年雇用员工人数有所下降；而电力煤气水行业在2011年虽然盈利减少，但是雇用的员工人数却有所增加（见表1－50）。随着雇工人数的增加，签订的合同员工数也在相应增加。其中电力煤气水、批发零售、金融、公共设施、教育、卫生、文化体育行业的企业签订合同员工数增加较多（见表1－51）。

表1－50　不同行业家族企业雇用员工变化

行业	全年雇用员工人数			雇用半年以上不足一年人数			雇用半年以下员工人数		
	2007年	2009年	2011年	2007年	2009年	2011年	2007年	2009年	2011年
农林牧渔	200	184	238	46	71	35	21	59	56
采矿业	392	496	301	156	68	28	25	70	91
制造业	194	179	226	24	52	26	14	36 \	11
电力煤气水	116	82	266	35	31	56	20	24	105
建筑业	386	346	244	67	289	98	40	97	111
交通运输	133	179	120	31	35	15	22	15	3
信息服务	55	104	101	8	25	22	4	21	23
批发零售	45	56	183	11	17	13	5	15	6
住宿餐饮	179	135	217	30	68	33	25	66	17
金融	42	26	293	4	21	19	3	4	8
房地产	138	125	78	15	90	9	14	64	13
租赁	43	25	62	24	11	8	12	12	4
科研技术	90	40	54	31	12	5	18	15	3
公共设施	47	57	473	5	23	10	1	14	24

续表

行业	全年雇用员工人数			雇用半年以上不足一年人数			雇用半年以下员工人数		
	2007年	2009年	2011年	2007年	2009年	2011年	2007年	2009年	2011年
居民服务	56	58	35	8	52	7	4	21	3
教育	18	44	130	5	7	8	3	4	2
卫生	67	72	139	2	10	16	5	9	12
文化体育	39	19	115	3	7	31	2	12	9
公共管理	35	31	58	10	5	8	3	2	6

表1－51　不同行业家族企业签订劳动合同员工变化

行业	签订个人劳动合同员工			签订集体劳动合同员工		
	2007年	2009年	2011年	2007年	2009年	2011年
农林牧渔	122	127	112	62	46	37
采矿业	372	410	238	94	17	47
制造业	159	146	175	81	49	75
电力煤气水	95	49	141	7	10	108
建筑业	169	229	117	59	75	59
交通运输	147	159	90	16	21	34
信息服务	43	91	19	15	66	10
批发零售	34	41	163	14	9	40
住宿餐饮	89	114	162	15	17	39
金融	9	21	272	0	11	137
房地产	124	72	72	32	31	13
租赁	44	17	32	2	0	3
科研技术	88	27	55	22	9	15
公共设施	36	42	651	0	0	28
居民服务	35	46	31	23	10	16
教育	10	41	37	0	3	16
卫生	50	53	57	2	3	29
文化体育	41	16	35	3	1	7
公共管理	20	6	38		0	4

2011年，所有行业的家族企业年平均工资都有较多增长，并且行业间的工资差异在缩小，大部分行业的企业在职工培训上的支出增加。其中电力煤气水、批发零售、教育、文化体育、公共管理行业的企业员工培训支出增加较多（见表1－52）。

表1－52　不同行业家族企业员工责任指标均值变化　（单位：万元）

行业	年平均工资			员工培训费用		
	2007年	2009年	2011年	2007年	2009年	2011年
农林牧渔	1.31	1.44	1.78	12.44	7.03	10.18
采矿业	1.43	1.46	2.43	17.14	11.66	16.01
制造业	1.56	1.64	2.51	8.16	7.72	10.14
电力煤气水	1.39	1.47	2.26	5.58	3.41	28.35
建筑业	2.18	1.77	2.49	10.09	10.26	14.18
交通运输	1.18	1.86	2.71	4.02	5.59	6.90
信息服务	2.59	1.78	2.73	3.63	4.67	2.50
批发零售	2.03	1.56	2.21	2.37	1.86	13.29
住宿餐饮	0.98	1.36	1.78	3.45	5.79	7.02
金融	3.18	2.44	2.96	3.50	8.58	5.91
房地产	2.37	2.12	2.91	10.41	6.79	6.43
租赁	1.40	1.49	2.40	2.45	0.92	3.00
科研技术	1.53	1.80	2.96	9.83	4.38	10.61
公共设施	1.14	2.06	1.81	1.71	14.21	14.01
居民服务	1.35	1.44	2.23	1.33	1.76	3.58
教育	1.54	1.68	1.99	1.57	2.21	16.10
卫生	3.60	1.40	1.90	6.50	1.44	3.88
文化体育	2.64	1.75	2.21	2.02	0.87	7.73
公共管理	1.05	1.39	2.34	0.80	0.00	5.48

6. 公益事业

（1）总体变化趋势

从3次抽样调查结果可以看出，家族企业积极参与公益事业，家族企业在公益事业方面的捐助额均值呈现波动性上升趋势。2012年的抽样调查数据显示，被调查的家族企业主在 2011 年平均为扶贫、救灾、环保、慈善等公益事业捐助过 16.18 万元；2010 年平均捐助 19.54 万元，相比 2007 年 12.71 万元的捐助额有所提高（见图 1－7）。从捐赠企业数量来看，为公益事业进行捐助的企业比例呈现下降的趋势，2011 年有 2 080 家（约占提供该数据家族企业数的 63.28%）为公益事业进行过捐助，而 2007～2010 年为公益事业进行捐助的企业比例依次为：79.40%，88.06%，78.04%，64.21%。

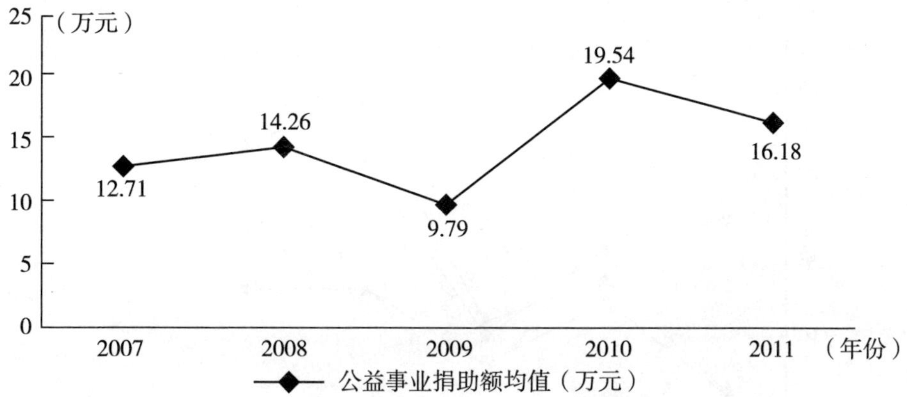

图 1－7　2007～2011 年家族企业主为公益事业捐助额均值变化趋势

（2）分区域变化趋势

分区域来看，3 个区域家族企业在公益事业方面的捐助额均值都呈现波动性上升趋势，中部地区家族企业捐助额均值波动性最小，其次是东部地区，西部地区捐助额均值波动性最大，增长的幅度也最大。在捐助企业比重上，3 个区域都呈现下降趋势，东部地区捐助的企业比重一直最高（见表 1－53 和图 1－8）。

表 1－53　不同区域家族企业公益事业指标变化

		2007 年	2008 年	2009 年	2010 年	2011 年
东部	捐助额均值（万元）	17.23	15.41	10.1	20.88	16.04
	捐助企业数	989	1 517	1 361	1 334	1 304
	捐助企业比例（%）	83.32	88.82	80.68	66.93	65.56
中部	捐助额均值（万元）	6.23	12.07	8.26	12.88	12.79
	捐助企业数	358	635	548	439	436
	捐助企业比例（%）	72.76	86.28	76.64	57.47	56.62

续表

		2007 年	2008 年	2009 年	2010 年	2011 年
西部	捐助额均值（万元）	6.56	13.70	10.73	24.17	21.7
	捐助企业数	261	532	429	336	339
	捐助企业比例（%）	75	88.08	72.22	63.64	64.33

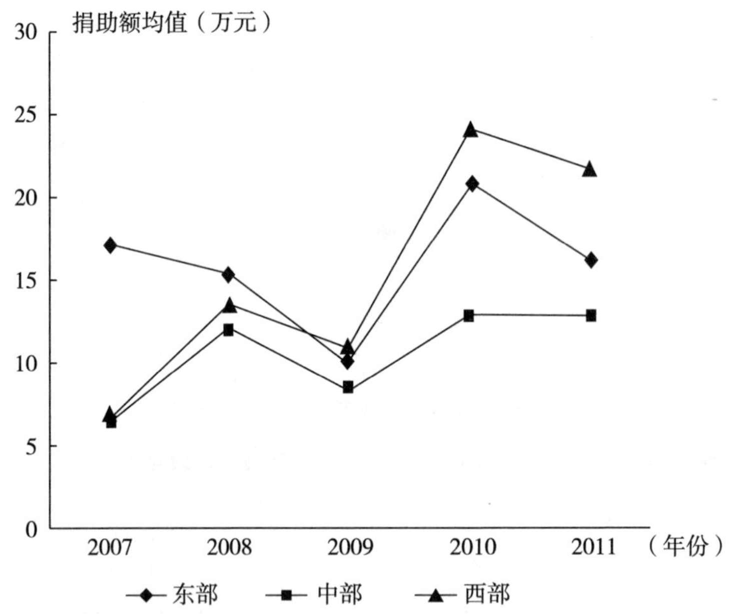

图 1－8　2007～2011 年不同区域家族企业捐赠额均值变化趋势

（3）分行业变化趋势

调查显示，大多数行业的家族企业为扶贫、救灾、环保、慈善等公益事业进行捐助的金额呈现波动性上升趋势，其中金融行业的企业捐助额度增加显著，从 2007 年的 0.55 万元增长到 2011 年的 87.76 万元，这与前述分析的金融行业这几年业绩快速增长有关；采矿业的家族企业捐助金额一直较高，这与采矿业的所有者权益规模大有关。房地产行业的企业在 2007 年捐助额均值达到了 84.44 万元，是所有行业中捐助额最大的，但是在 2008 年出现急剧下降，之后一直没有多大变化（见表 1－54）。

表 1－54　不同行业家族企业捐助额均值变化　（单位：万元）

行业	2007 年	2008 年	2009 年	2010 年	2011 年
农林牧渔	10.18	9.52	12.66	20.10	19.27
采矿业	34.66	66.39	48.12	73.08	56.17
制造业	16.06	11.47	8.22	24.17	17.38
电力煤气水	5.65	3.57	5.25	25.98	31.31
建筑业	14.08	19.67	17.84	22.52	17.82
交通运输	5.34	82.29	27.98	7.45	6.86
信息服务	3.97	13.04	7.34	4.57	4.82
批发零售	4.27	3.40	2.35	9.38	8.97
住宿餐饮	4.29	23.53	7.76	18.96	22.13
金融	0.55	10.80	8.49	41.91	87.76
房地产	84.44	21.30	25.87	23.47	23.54
租赁	3.35	4.67	3.95	3.58	4.65
科研技术	20.23	1.47	1.07	23.46	21.60
公共设施	2.10	16.54	20.21	15.53	3.15
居民服务	0.88	1.30	1.27	3.97	5.92
教育	1.67	1.35	1.30	1.45	1.64
卫生	11.10	2.93	11.67	3.35	5.85
文化体育	0.93	1.28	0.89	23.14	26.23
公共管理	1.40	20.00	33.33	14.29	9.03

（4）家族企业与非家族私营企业参与公益事业变化比较

从家族企业与非家族私营企业参与公益事业的比较来看，在大多数年份里，家族企业为扶贫、救灾、环保、慈善等公益事业捐助的金额高于非家族私营企业。2008～2010 年家族企业的捐助额均值、最高捐助额都高于非家族私营企业，虽然 2007 年和 2011 年捐助额均值低于非家族私营企业，但是捐助额占销售收入比重以及捐助企业数目比重却比非家族私营企业高。3 次抽样调查数据亦显示，2007～2011 年，为公益事业进行捐助的企业比重都高于非家族私营企业（见表 1－55和图 1－9）。

表 1 –55　家族企业与非家族私营企业参与公益事业比较

		2007 年	2008 年	2009 年	2010 年	2011 年
捐助额均值（万元）	家族企业	12.71	14.26	9.79	19.54	16.18
	非家族私营企业	13.44	11.50	7.82	18.97	27.98
捐助额最大值（万元）	家族企业	5 000	6 500	1 200	7 203	2 000
	非家族私营企业	380	512	300	1 802.48	3 200
捐助额占销售收入比重（%）	家族企业	0.89	1.41	0.88	—	1.27
	非家族私营企业	0.47	1.08	0.71	—	0.53
捐助企业比例（%）	家族企业	79.40	88.06	78.04	64.21	63.28
	非家族私营企业	73.26	87.71	74.16	61.60	60.83

注：因为 2012 抽样调查数据没有调查 2010 年的销售收入，所以 2010 年捐助额占销售收入比重数据缺失。

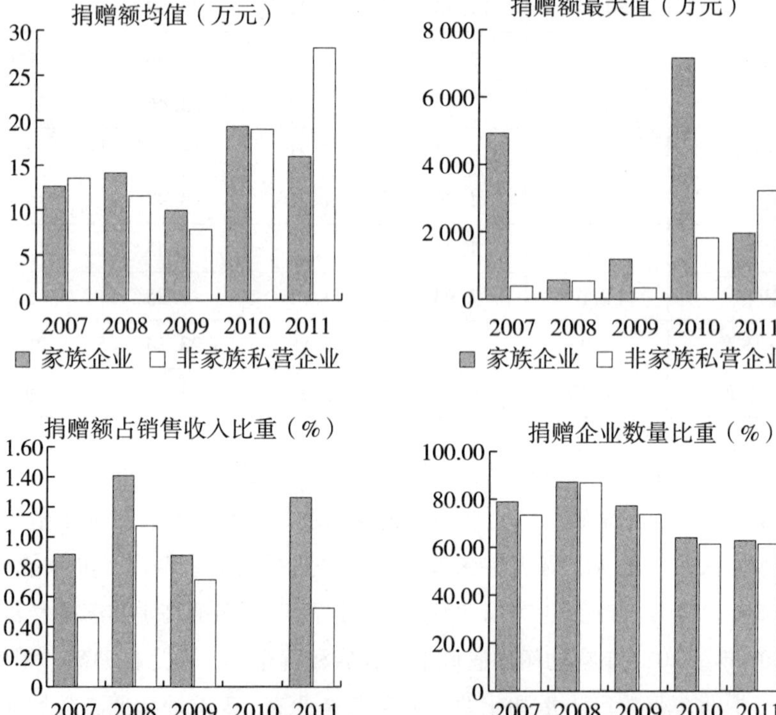

图 1 –9　家族企业与非家族私营企业参与公益事业变化趋势比较

三、结语

过去，以家族控股为特征的中国民营企业往往被认为“缺乏社会责任感”，“为富不仁”，在中国家族企业发展过程中也确实存在唯利是图、见利忘义、以欺诈手段牟取不义之财的奸商。然而，这种现象在任何国家和任何时候都难以完全避免，如果不是一种普遍现象，就不能将其视为某种性质企业或某个历史时期商业发展的特点，更不应看作是整个中国家族企业群体具有代表性的特征。

从家族企业社会责任历史演进来看，中国家族企业原本不是一个低社会责任感的组织，中国古代商人在商业活动中形成的基于儒家思想的商业伦理思想就蕴含着对社会责任的关注。中国商人自古就有着讲诚信，博施济众、经世济民的传统，而现阶段有一部分家族企业已经将社会责任与自身经营发展联系在一起，将如何履行社会责任提升到了企业战略的层面。

从纵向数据分析来看，新形势下中国家族企业社会责任履行整体向好。家族企业在经济责任、法律责任、环境责任等多项指标的履行上呈现出显著增长的趋势；各个地区家族企业在社会责任多指标上的差异正在逐渐缩小，原本社会责任履行处于落后状态的中西部地区已经得到了很大改善；一些过去在社会责任多项指标的表现上较为落后的行业也有很大进步，而且大多数指标的增长速度快于非家族私营企业，一些在2007年和2009年低于非家族私营企业的指标在2011年实现了超越。

我们有理由相信，随着中国家族企业的不断发展壮大，在中国传统文化的影响下，在政府和社会各界的共同支持和努力下，中国家族企业将会主动承担起更多的社会责任，促进中国经济持续健康发展与社会和谐稳定。

执笔人：
浙江大学经济学院博士研究生
陈华丽

参考文献

[1] Bowen, H. R. *Social Responsibilities of the Businessman Social Responsibilities of the Bus-*

inessman [M]. New York: Harper and Borthers, 1953.

[2] Carroll, A. B. A Three – Dimensional Conceptual Model of Corporate Performance [J]. Academy of Management Review. 1979, 4 (4) .

[3] Carroll, A. B. The Pyramid of Corporate Social Responsibility: Toward the Moral Management of Organizational Stakeholder [J]. Business Horizons, 1991, 34 (4) .

[4] Dyer, W. G. and Whetten, DA. Family firms and social responsibility: preliminary evidence from the S&P 500 [J]. Entrepreneurship Theory and Practice. 2006, 30 (6) .

[5] Eberstadt, N. , What History Tells Us about CorporateSocial Responsibilities [J]. Business and Society Review, 1978.

[6] Gallo, M. A. The Family Business and Its Social Responsibilities [J]. Family Business Review, 2004, 17 (2) .

[7] 北京日报．中国传统宗族慈善的局限 [EB/OL]. http://theory. people. com. cn/GB/40551/3293150. html

[8] 陈凌，李新春，储小平．中国家族企业的社会角色：过去、现在和未来 [M]. 杭州：浙江大学出版社，2011。

[9] 陈凌，王河森．中国家族企业的历史发展与现代转型 [J]. 管理世界，2012 (4)。

[10] 陈凌，张文冉．福耀玻璃：家族企业与社会责任 [J]. 浙江大学管理学院案例中心．2012。

[11] 杜维明．儒家传统的现代转化 [J]. 浙江大学学报（人文社会科学版）．2004 (3)。

[12] 杜振吉．儒家的诚信思想及其现代价值 [J]. 山东社会科学，2003 (6)。

[13] 段鸿．中国企业家对企业社会责任认知的变迁——1870 年以来的考察 [J]. 经济管理，2011 (1)。

[14] 傅国涌．大商人 [M]. 北京：中信出版社，2008。

[15] 方太集团 2011 年企业社会责任报告 [R]。

[16] 龚汝富．中国古代商人的善德观与慈善事业 [J]. 江西财经大学学报．2001 (4)。

[17] 黄晓鹏．企业社会责任：理论与中国实践 [M]. 北京：社会科学文献出版社，2010。

[18] [日] 酒井正三郎，高纹（译）．中国企业的社会责任评析：理论和现实 [J]. 审计与经济研究，2009 (5)。

［19］彭正穗．儒家经济伦理与中国古代商人精神［J］．江汉论坛，1996（4）。

［20］荣敬本，荣勉韧．梁溪荣氏家族史［M］．北京：中央编译出版社，1995。

［21］单忠东．中国企业社会责任调查报告（2006）［M］．北京：经济科学出版社，2007。

［22］徐尚昆，杨汝岱．企业社会责任概念范畴的归纳性分析［J］．中国工业经济，2007（5）。

［23］于保平．从家族责任到家族企业的社会责任［J］．价值中国，2007，http：//www. chinavalue. net/media/article. aspx？articleid = 18291

［24］中国科学院上海经济研究所等编．南洋兄弟烟草公司史料［M］．上海：上海人民出版社，1958。

［25］张海鹏，张海派．中国十大商帮［M］．安徽：黄山书社，1993。

［26］朱英．中国商人诚信观的发展演变［J］．贵州社会科学．1999（4）。

［27］周秋光，曾桂林．中国慈善思想渊源探析［J］．湖南师范大学社会科学学报．2007（3）。

中国家族企业社会责任报告（香港特区）

作为中西交汇的结合体，香港拥有独特的文化、法律和经济体制，不断影响着家族企业的社会责任履行过程。本部分报告基于制度视角分析了香港家族企业履行社会责任的驱动因素及独特行为表现，再以李锦记、华亨集团和艺美达3个典型案例展现直观图景，并归纳相应启示。

一、 香港家族企业及社会责任概览

（一）香港家族企业概况

香港素以经济自由、国际化而著称，也是家族企业最为普遍的地区之一。根据瑞信（Credit Suisse）2011年对中国内地、香港、马来西亚、新加坡、韩国等7个亚洲国家或地区家族企业的调查报告，香港上市公司中约62%为家族企业，但因市场上充斥着大型国企及国际企业，家族企业的市值仅占总市值的26%。

整体而言，香港上市家族企业具有卓越的绩效表现，2010～2011年复合增长率达到10.9%，虽低于整个亚洲区内13.7%的平均水平，却超过恒生指数成分股7.5%的增长水平。另一方面，相比于欧美很多家族企业都已步入第四、五代，香港的家族企业多以第一、二代为主，仍处于初级阶段，很多第一代家族企业主早已临近退休年龄，已淡出或逐渐淡出，交由第二代及第三代接手。

与第一代企业家白手创业不同，如今许多控制家族企业的家族已积累了大量财富，赚钱已不再是唯一的目标。香港人有所谓“发财立品”的观念，对于那些接班家族事业的后代，因环境、志向不同，即使具有树立自身威信的意愿，也不一定能够或愿意在赚钱方面超越父辈。此时，提升家族声誉、践行社会责任可能成为接班人为企业及家族注入自身特色的途径之一。而相较香港大部分家族企业第一代教育的程度可能不高，家族后代多会在高等学府深造，海外的尤其多，这使得他们更易将西方现代的观念及做法带入企业与原有的传统文化结合，形成具有香港特色的中西企业社会责任模式。

（二）香港家族企业社会责任概览

香港企业近年来越来越重视社会责任，不是迫于外界压力的响应式的社会责任行为，而是日渐转向自发式的社会责任实践，并不断努力、创新企业社会责任模式。家族企业在社会责任方面更是不遗余力，家族基金会、慈善捐赠、社会企业各个领域均得到家族企业的日益重视。方树福堂基金会主席方润华曾指出，香港企业应当履行社会责任原因之一即在于，本港所得税只约16.5%，投资所收股息不用付税，较内地及大部分国家都低，因此企业所有者及富豪应考虑将部分利润捐出用作慈善。

香港诸多社会组织和政府机构也推进了香港企业的社会责任。乐施会2009年对恒生指数成分股公司开展了企业社会责任问卷调查，涉及企业社会责任的策略及报告、与利益相关者的关系、工作环境、环境保护、供应链及社区投资等6个方面。结果显示，各企业在利益相关者关系及社会责任策略和报告中表现较好，而在供应链中的社会责任与监管、环境保护方面需要提升。除上市公司外，香港生产力促进局与香港理工大学2012年年初对40家被公认为在企业社会责任方面有优秀表现的中小企业进行问卷调查，并初步形成了香港中小企业可持续发展指数。调查结果显示，40家企业的平均分为58.3（百分制），处于较低水平，很多中小企业负责人表示，企业并未形成正式的企业社会责任策略或计划。不过，一些家族企业积极投身企业社会责任，已走在同行的前列。《镜报》在2012年年初举办的“第一届杰出企业社会责任奖获奖企业及企业家”评选，基于社会联系、领导能力、环境保护、股东承担、员工关爱和顾客承诺6个方面，分别为4位杰出企业家、12家杰出企业及5家杰出中小企业颁发了社会责任奖。其中，获奖的4位杰出企业家分别是震雄集团主席蒋震、李锦记集团主席李文达、以内地为生意基地的春保森拉天时钨钢集团总裁廖万隆、浙江横店集团始创人徐文荣，无一例外均是典型的家族企业，而杰出企业与中小企业社会责任奖中超半数以上均是家族企业。

二、香港家族企业社会责任的要素

（一）驱动因素

1. 制度环境

（1）国际视野的行为规范

香港曾受英国殖民管治160余年，形成了崇尚法治精神的传统，各项法律制度均较完备。西方文化的个体主义、功利主义和理性主义、法治和专业精神也使香港形成了相对独立自主自治的环境。与此同时，香港作为亚太区的地区总部中心，跨国公司云集，企业行为深受国际视野的影响。完善的法律制度和法治精神是保证香港企业履行社会责任的基石，而高度国际化也是众多公司提升社会责任，实现国际协作的必然要求。

（2）政府搭台的企业表现

香港政府一贯实行自由放任的政策方针，尽可能少地干预企业决策。然而企业社会责任不再是一个简单的商业问题，而是与整个社会密切关联。单靠市场经济，难以满足公众的社会和道德需要，经济和社会发展不对等，导致贫富差距、环境恶化、道德败坏等社会问题仍会存在。因此，政府通过制定相关的政策和指引鼓励企业践行企业社会责任，并号召社会公众及媒体加以监督，众多非政府组织也应运而生。政府负责规划，制定政策，提供经费，实施监督，而民间公益慈善组织则坚持非营利性、非政府性，专责进行社会服务。慈善机构如东华三院、保良局、乐善堂，还有红十字会、博爱医院等其善举广为人知。保良局就是在许许多多慈善家（多有企业家及专业人士）的辛勤努力下诞生和发展起来的，起初主要致力于保护妇孺孤寡等弱势群体，并协助香港华民政务司调解婚姻家庭纠纷，如今已成为提供多元化服务的社会服务机构。

（3）家族控制的长期导向

相对于内地，香港和台湾地区的传统文化保留得更好，对孔孟之道和国学的钻研学习似乎更为热忱。不同于内地计划生育政策的束缚，香港家族成员较多，养分更为浓厚。创始人多将一手创办的企业视为自己的延伸，甚至是另一个儿子，对其带有感情，将其作为家族传承的重要部分，承载着家族的梦想和声誉。与股权分散的无主企业不同，如果家族企业做出不负责任的行为，其家族将难以逃避，家族声誉与事业可能毁于一旦，这可能是很多家族企业对社会责任颇为关注的原因所在。

2. 文化规范

（1）个人主义下的道德教育

香港作为中西文化交汇之地，西方的文化渗入颇为明显。相较于中国传统观念及集体主义，个人主义思潮在香港有更多的体现。《大公报》曾撰文评论“个人主义下的道德教育”，指出香港本地的通识课程都是从个人成长讲起，谈如何建立个人身份、个人有何诉求、怎样成就自我等话题。反观中国传统儒家的“五常”涵盖的仁义礼智信，只有智是个人的德行，其余的仁义礼信都与他人有关，孝悌、忠恕、诚敬、温良恭俭让也都是与人相处有关。个人主义教育及自由民主思想的弥漫在提升民主程度的同时，可能带来缺乏考虑他人及社会、过分自我的风险。

（2）贫富悬殊下的仇商情绪

香港自由开放的政策为其赢得了“全球最自由的经济体系”的美誉，但同时也引起了诸多社会问题。如2009年联合国开发计划署发布的《人类发展报告》中，香港的基尼系数（反映贫富差距的程度）在全世界是最高的，濒临国际警戒线，社会矛盾和仇商情绪凸显。“贫者愈贫，富者愈富”已成为一种社会现象。香港经济可谓是富豪经济，不少评论批评数个富裕家族通过垄断地产、港口、贸易等产业，形成对这座国际大都市的实际控制力。跨行业企业财团“透过把持没有竞争的各种经济命脉，有效操控全港市民需要的商品及服务的供应及价格”。香港富豪和商人的声誉形象受到质疑，官商勾结、商人敛财、地产霸权等抗议社会不公之声频现。近来香港的“占领中环”运动即是对官商勾结、漠视大众利益、社会不公的抗争。[①] 香港商人及富豪家族似乎对各个利益相关者的诉求考虑不够，凡事“赚到尽”，单纯依靠“发财立品”的以金钱行善只能是“治标不治本”之举，在行商过程中，树立社会责任理念，顾及各利益相关者利益应该是根本考虑。恒隆集团的陈启宗先生曾在《明报》撰文指出，企业要有社会良知，赚钱要做好本业，不要做毒奶之类的恶行；同时也要尊重员工，尽可能不破坏环境。这些都是商界起码应该做的事。假如企业没有树立正面的社会形象，而社会又不和谐，充满怨气，商人便会成为公敌，当社会出现对立，企业也难以发展下去。

---

① 资料来源：潘慧娴著．《地产霸权》．北京：中国人民大学出版社，2011年。

（3）儒家文化下的取之有道

香港除了受英式法律、教育和经济思想的影响外，其实还有儒家文化这种民族基因。很多学者都认为东亚地区（包括香港、台湾、新加坡、韩国等四小龙）的经济发展和经营管理，深受儒家文化的影响，甚至标签为“儒家文化圈”。儒家强调正义经商，“君子爱财，取之有道；君子散财，行之有道。”在商不唯商，在利不唯利的营商理念早已有之。和黄主席李嘉诚也曾表示，“有许多生意，法律上允许，而可赚钱的，但如我觉得不好，我都不做。我勤力赚钱，注重股东利益，但同样勤力花钱，（李嘉诚）基金会许多项目都是由同事很努力地设计出来的，君子爱财，取之有道，用之有道”。

（4）宗教信仰下的因果轮回

香港奉行信仰及宗教自由，信教人口约占香港总人数的一半以上，目前主要有天主教、基督教、佛教、道教、伊斯兰教及儒教六大宗教。香港宗教多具有从事公益事业的良好传统，主要聚焦于教育、医疗、救灾及扶助弱势群体等方面，并形成了一系列行之有效的制度。如今看来，一些早期的宗教伦理也是现代企业社会责任理念的基础，有的教派要求信教者不能染指军火、色情、赌博、酒精、烟草等行业。香港圣公会大主教邝保罗也呼吁商人在赚取利润时，不要“算到尽、食到底”。当然，不同宗教的责任理念及行为重点可能有所差异，基于中国传统的宗教信仰的企业家更关注乡土、地缘血缘的责任实践，而有些宗教信仰相对更强调博爱、平等。基督教励行会为本港失业者、外佣、新居港人士提供就业、培训和辅导；道教机构提供护理、安老服务等。宗教团体广结善缘，广泛开展多种慈善服务，社会效果明显。

（二）特征表现

1. 多方共促

香港是小政府、大市场的社会，社会各界包括消费者、非政府组织、政府机构、合作伙伴的相互监督与支持也是香港企业努力践行社会责任的重要力量，如上文提到的香港生产力促进局发布的“香港中小企业社会责任指数”，香港质量保证局及香港上海汇丰银行于2008年携手推出的“HKQAA－HSBC企业社会责任指数”，消费者委员会制定的“良好企业社会责任指引”及港交所公布的“上市公司社会责任指引”，既对香港企业履行社会责任指明了方向，也为社会公众监督企业社会责任行为提供了可资参考的信息。

2. 家族基金会

瑞银（UBS）对中国大陆、中国香港、中国台湾、日本、印度尼西亚、新加坡等地区超过200位家族慈善活动的相关人士进行了定量调研，发布了《亚洲家族慈善调研报告》，对亚洲家族慈善的主要激励因素、不同世代家族成员对慈善活动的定位、家族慈善事业管理的制度化现状进行了全面分析。结果显示，亚太地区不少慈善事业是以家族为本，香港地区的很多慈善基金也是以家族或家族企业命名的。有些家族企业创始人，更是将家族大部分资产注入家族慈善基金，期望子孙在承继财富的同时回馈社会。对福布斯排行前40的香港富豪及其家族基金会的初步统计发现，过半数的家族成立并注册了家族基金会，甚至同一家族具有多个基金会，并有明确的家族支持慈善活动的方向。家族基金会是香港家族企业践行社会责任和开展家族慈善事业的最普遍形式。慈善事业是延续家族同一代人及与跨代成员紧密联系的关键，也是代与代之间建立长期沟通的有力基础。

3. 慈善创投

投资以前总被视为是“钱生钱”的工具，而最近慈善创投或创效投资①等概念的出现，使得投资不再是单纯的金钱游戏，而赋予了其更多的道德和仁义内涵。单纯的捐赠只能解燃眉之急，而非可持续发展之路，甚至因有作秀嫌疑而为人所诟病。近年来，香港及国外越来越多的家族企业采用专业化方式管理家族财富，企业履行社会责任的形式也不仅限于捐赠，而有更多可以利用企业优势的方式，积极以创效投资的观念投资于那些致力以创新方法解决实质社会问题的社会企业。② 社会企业将所得盈余用于扶助弱势社群、促进小区发展及社会企业本身的投资，重视贡献社会多于追求企业盈利的最大化。社企执行“双重底线”，兼顾社会使命与商业目标，以盈利来支持社会服务。香港现在大约有300～400个社企项目，其中至少七成是由志愿团体通过接受政府资助而成立的。③ 而目前香港比较出色的社会企业，绝大部分都是由私人创业者创办，并未接受政府资助。社企这一形式也吸引了越来越多的具有商界或其他背景的专业人士，也有许多家族背景的人士参与其中，以自身的资源和知识支持社企发展，相比于单纯的

---

① 创效投资指的是投资追求财务回报的同时，亦有意识地应对社会和环境的挑战（Investments that pursue financial returns while also internationally addressing social and environmental challenges）。

② 香港社会服务联合会将社会企业定义为通过商业手法运作，赚取利润用以贡献社会的企业。

③ 参考谢家驹，“香港社企成功之道”，载于《香港商报》2011年2月15日。

慈善捐赠，慈善创投间接实现了“变输血功能为造血功能”，以曲线方式践行社会责任。

三、 香港家族企业社会责任之实践

下面以3家具有香港特色的家族企业的社会责任实践为例，对香港家族企业之社会责任作进一步阐释：李锦记是少有的百年老店的代表，其所秉持的家族治理方略和“思利及人”责任理念正是西方专业化模式和中国传统文化的结合；华亨集团所践行的“慈善创投”模式，正是将前沿的家族治理实践应用到香港文化下的表现；而艺美达集团作为一家规模较小的家族企业，亦将社会责任做得有声有色，将自身的知识和资源与他人分享，共同进步。

（一）李锦记

李锦记是国际知名的中式酱料品牌。1888年，李锦裳先生在中国广东省南水镇发明了蚝油，创办了李锦记。经过多年的发展，李锦记已有蚝油、酱油、辣椒酱、方便酱及XO酱等220多款产品，远销100多个国家和地区。如今，李锦记已经由第三代传人李文达先生传至第四代李惠民、李惠雄、李惠中及李惠森四兄弟。作为一个具有120多年历史的家族企业，李锦记制定的一系列家族治理方略正逐渐为家族企业同行所熟悉。同时，李锦记在《镜报》主办的第一届杰出企业社会责任奖评选中荣获“杰出企业社会责任奖”，李锦记家族一贯坚持的责任理念值得深入剖析。

李锦记践行企业社会责任的特征之一，是将“思利及人”的文化理念作为社会责任行动的根基。思利及人，出自古人对联“修身岂为名传世，作事惟思利及人”。李锦记一贯秉承“思利及人”的核心价值观，坚持以务实诚信、永远创业的精神。思利及人的核心价值观包括：务实诚信，思利及人；以人为本，诚信高效；客企一体，追求梦想；造福社会，共享成果。“思利及人”源自中华民族文化的传承，是李锦记坚持百年不懈的理念精髓，非常鲜明地体现了主动承担社会责任，回报和造福社会的使命。李锦记集团主席李文达说：“造福社会，就是思利及人的结果。”近年来，李锦记提出“发展源于责任、责任引领发展”的社会责任观，自觉、主动地履行社会责任。李锦记认为，企业的社会责任是对企业永远创业和永续经营的一份信心，更是对社会持续和谐发展的一份承诺。①

李锦记践行社会责任的特征之二，是将质量责任作为企业社会责任的基础，质量乃立业之本。李锦记履行质量责任的理念由创始人创立公司时提出，能够做成百年老店的原因之一即是在质量上的永不妥协。李锦记将质量责任概括为“安全为首，高质为重，构筑平台，优化流程”的十六字箴言。李锦记酱料公司主席李惠民曾总结道：“做100件事，有1件做错，便等于0”，即“100－1＝0”的责任公式。可见李锦记对质量的不容有失使得李锦记收获了卓越的品牌声誉和国际市场。

李锦记践行企业社会责任的特征之三，是将自身专业优势融入社会责任行动中。李锦记集团肩负其两大使命：“弘扬中华优秀饮食文化”与“弘扬中华优秀养生文化”，把业务发展成为行业的翘首，实现了全世界有华人的地方就有李锦记产品的目标。两大使命可谓是李锦记履行社会责任的最终目标，而其企业社会责任实践也正是使命的切实体现。

2004年，南方李锦记与中华中医药学会连手成立了“无限极中华中医药发展基金”，并在2007年李锦记创业119周年庆典暨养生文化主题系列活动中，通过参观养生文化体验中心、养生文化博览会等向业务伙伴和社会大众展示中国传统养生文化。此外，李锦记2011年9月启动的“希望厨师”项目，旨在通过“授人以渔”的模式，支持贫困地区青年职业技能教育，鼓励贫穷年轻人用双手创造希望，带领家庭脱贫致富，弘扬中华优秀饮食文化。② 这一模式还被《环球慈善》杂志社评选为“2011中国企业十大典范公益项目奖”。

（二）**华亨集团**（Wahum Group Holdings）

华亨集团是以香港及尼日利亚为基地的大型生产企业，最初是陈禹嘉（James Chen）的祖父创立的搪瓷厂，现已发展为包括消费品、建材和纸箱的多元化企业集团。陈禹嘉是华亨集团家族的第三代成员，他在业务上没有太多的参与，认为家族应将埋首创富的驱动力适当调整到维富方面，他于1995年加入家族业务，成立家族办公室（family office），以专业方式管理家族财富。陈禹嘉不但改变了家族

① 参见《民族企业品牌之路：李锦记集团发展历程分析》，郑广文主编，经济日报出版社，2010年。

② 参见李锦记内部数据，企业新里程，2012年第4期第48页，http://hk-kitchen.lkk.com/sites/hk/Corplink54_FINAL.pdf

的财富管理方式，而且以创新的模式践行企业社会责任。2003年，见家族做出的传统捐献效果不彰，陈禹嘉促成了陈氏家族的策略性慈善基金——陈一心（Robert Chen）[①] 家族基金会的成立，已在中国内地、香港及非洲资助了近100个项目。陈禹嘉亦大力支持多家社会企业，包括创立书伴我行（香港）基金会，在香港推动鼓励幼童阅读的工作，以及支持可变度数注液镜片的研究发展工作，帮助发展中国家的视障人士重拾光明。

华亨集团通过慈善创投[②]的方式创新企业社会责任模式。慈善创投是近些年兴起的投资模式，致力于将商业行为与社会责任相统合，在追求财务回报的同时，有意识地应对社会和环境的挑战。对于家族企业，这一模式既可以保护家族财富，还能以倍数计的效果回馈社会。陈禹嘉曾指出，这种慈善创投的模式也是“把价值观传给下一代的最有力方法”。他带子女参加社企“书伴我行”的活动，后来儿子去英国读书，把零用钱省下来捐给“书伴我行”。陈禹嘉也曾公开谈论过对家族财富和教育的观点，“钱是家族传下来，不是我的，我只是管家，我想让孩子知道，他们也是管家，钱不是给他们用来买游艇、买车的，这（有社会使命的投资）是教育他们的最好方法。”

陈禹嘉父亲陈一心，20世纪80年代退休后，便投入到家乡江苏省启东的慈善事业中，“爸爸不只捐钱，还写信给校长、院长，勉励他们要为乡下培育人才。”但陈一心慈善基金会不是只会开支票，而是先研究项目是否有需要、是否行得通。以卢旺达为例，全国一千多万人口只有10个视光师，近视或远视的人都很难找到视光师检查和配眼镜。当知道有转动两块胶片、就能调校度数的眼镜技术后，他便投资，拟以1美元一副卖给卢旺达人。当眼镜推出，刚巧日本地震，慌乱间找不着眼镜的灾民，便以此暂时应付。

说起慈善创投的回报，陈禹嘉认为关键是看是否值得。“对社会有贡献的投资，风险可能较传统投资高，但一元若能博十元，我觉得值得。”他投资时也要看项目的营运模式能否持续，例如“书伴我行”，第一年依靠100%的资助，跟着每年减二成，5年后便要自立生存。

---

① 陈一心为陈禹嘉之父。

② 参考香港经济日报新闻特写“富三代投资重社会使命，生产可校度数眼镜，平售非洲穷人”，2011年12月22日。

（三）艺美达集团

艺美达集团（Automatic MFG Limited，AML）创立于1976年，总部设在香港，在内地开设了多家工厂，如今员工总人数超过3 000人。企业主要业务包括产品设计、生产及外销医疗电子、电信器材、文仪电子、智能家居系统、工业控制器等高科技产品。产品远销欧美市场，年销售额超过2亿美元。艺美达创始人兼主席莫建邻及其家族依托AML平台不断培育家族成员再创业，拓展了家族企业版图。数十年来艺美达一直坚持以人为本的经营理念，重视员工个人与公司的共同提高与发展，为造福人类而奋斗。艺美达集团亦因其卓越的社会责任理念和实践而赢得《镜报》所评选的“杰出中小企业社会责任奖”。

艺美达集团通过助人自助①模式履行企业社会责任。2008年，全球金融危机使许多企业陷入危机，而艺美达凭借其设计研发的“NovaPod”干细胞培植仪器荣获“2008香港工商业奖——机器及机械工具设计大奖”。不少企业家把生产医疗器材视为赚快钱的工具，而艺美达将研发干细胞培植仪器作为履行企业社会责任的一个重要项目，并不仅仅是为求短暂的获利。莫建邻及其家族将“造福人类健康”作为艺美达的一个重大使命，也是对社会长远发展的一种承担。他介绍，除了医疗领域，艺美达还研发出不同的能源使用监控系统，加强环境保护。

艺美达关注利益相关者的利益，坚持与员工、社会共发展。在公司渐上轨道后，艺美达率先开办“艺美达培训大学”，定期派送员工在外培训学习，员工将汲取的新知识转化为适合公司应用的技能，然后再传授给团队。为避免一些对社会有价值的、有创新性的技术或想法流失，数年前艺美达便开始加入“天使投资者”行列，为那些拥有独特技术，但欠缺市场经验的企业提供经验指导及资金支持，协助它们成长。

在莫建邻看来，企业社会责任不仅仅只是一种理想、使命与信念，更重要的是把其理念付诸实践。他认为，一个履行社会责任的企业应由管理层带头，敦促员工、客户及供货商减少浪费人力、物力等资源。艺美达集团的社会责任实践可谓是莫建邻家族责任理念的由衷体现，“作为一位中小企的掌舵者，我以推动科研、贡献社会、造福人类而自豪”。

---

① 参见《镜报》2012年4月第417期，“他以创新科技造福人类——专访艺美达集团有限公司主席莫建邻”。

四、香港家族企业社会责任之启示

（一）可资借鉴之处

香港家族企业的社会责任行为方式有两方面值得内地和其他企业借鉴参考：一是将家族治理作为企业社会责任的推动力。香港家族企业充分重视家族治理，通过引入家族委员会、家族宪法等制度规范家族成员行为，或成立家族办公室或家族基金会专业化管理家族财富，使家族成员各展所长、践行责任，甚至形成企业家族。二是创新企业社会责任实践模式。香港家族企业已突破一般的撒钱慈善，更强调“以小博大”，提升企业社会责任的效率和效果。如慈善创投的兴起，家族企业积极投资社会企业，使企业社会责任以乘数效应放大，惠及更多人。

（二）有待改善之处

香港家族企业在社会责任方面虽表现优秀，但也有不尽如人意之处。其一，企业社会责任行动应贯穿始终，贯穿于家族企业发展的全过程，不能秉持“发财立品”而在创业早期弃责任于不顾。其二，企业社会责任范畴应延伸链条，与供应链企业形成责任共同体，协力推进企业社会责任。其三，企业社会责任实践应内外兼修，不是仅迫于外界压力或工具主义的社会责任行为，更要践行自发式的、真心的、实质的企业社会责任。

执笔人：

香港中文大学管理系副教授、工商管理硕士课程及中文大学创业研究中心副主任

区玉辉

汕头大学商学院讲师、博士

宋丽红

参考文献

[1] Jr. W. Gibb Dyer and D. A. Whetten, Family Firms and Social Responsibility: Preliminary Evidence from the S&P 500. *Entrepreneurship Theory and Practice*, 2006. 30: 785 – 802.

[2] Matten, D. and J. Moon, “Implicit” and “Explicit” CSR: A Conceptual Framework for a Comparative Understanding of Corporate Social Responsibility. *Academy of Management Review*, 2008. 33 (2): 404 – 424.

[3] Tsoi, J. , Stakeholders´Perceptions and Future Scenarios to Improve Corporate Social Responsibility in Hong Kong andChina. *Journal of Business Ethics*, 2010. 91: 391 – 404.

[4] UBS – INSEAD Study on Family Philanthropy inAsia, 2011.

[5] Credit Suisse. Asian Family Business Report, 2011.

[6] 莫国和主编.《企业社会责任在香港》，香港：青森文化，香港质量保证局，2011 年。

[7] 潘慧娴.《地产霸权》，北京：中国人民大学出版社，2011 年。

[8] 郑广文主编.《民族企业品牌之路：李锦记集团发展历程分析》，经济日报出版社，2010 年。

附：福布斯排行前40香港富豪中的家族基金会

排名	姓　名	总资产（亿美元）	所处行业	核心企业	家族基金会
1	李嘉诚	220	多元经营	和记黄埔、长江实业	李嘉诚基金会有限公司
2	李兆基	170	多元经营	恒基兆业	李兆基基金有限公司 李兆基上善若水基金
3	郭得胜家族	154	房地产	新鸿基	新鸿基地产郭氏基金有限公司；郭得胜基金有限公司
4	郑裕彤	150	多元经营	新世界、周大福	郑裕彤慈善基金有限公司
5	刘銮雄	65	房地产	华人置业	刘銮雄慈善基金
6	米高·嘉道理	64	多元经营	中电集团、香港上海大酒店	嘉道理慈善基金会
7	冯国经、冯国纶兄弟	62	采购	利丰	利丰慈善基金有限公司 经纶慈善基金有限公司
8	吕志和	46	博彩	嘉华集团	吕志和基金有限公司
10	董建成	39	航运业	东方海外	董氏慈善基金会
13	陈启宗、陈乐宗兄弟	30	房地产	恒隆集团	晨兴亚洲基金
14	陈廷骅	26	房地产	南丰集团	陈廷骅基金会
15	邢李源	25	零售业	思捷环球	香港言爱基金会
17	伍步刚、伍步高兄弟	22	银行业	永隆银行	伍絜宜慈善基金会
18	利氏家族	18	房地产	希慎兴业	利希慎基金
24	罗伯特·米勒	15	零售业	富昌电子	阿尔科生命延续基金
27	许世勋	14. 2	房地产	中建企业	许氏信托基金
28	苏海文	14	航运业	BW Group	苏海文慈善基金会

续表

排名	姓　名	总资产（亿美元）	所处行业	核心企业	家族基金会
33	李泽楷	12	电信业	电讯盈科	电讯盈科基金
38	方润华	9.9	房地产	协成行集团	方润华基金 方树福堂基金 方氏基金会
39	杨受成	9.6	多元经营	英皇集团	杨受成慈善基金
40	陈泽富	9.5	酒店业	柏宁酒店	正爱慈善基金

注：根据公司网站和香港特别行政区政府税务局“获豁免缴税的慈善团体名单”整理而成。

中国家族企业社会责任报告（澳门特区）

澳门是亚洲最发达，最富裕的地区之一，活跃着诸多家族企业。本报告首先概述澳门发展现状，何为家族企业，其背景、特征、管治与传承，并结合澳门家族的独特历史及概况，帮助读者理解澳门的家族企业；讨论企业社会责任的起源、基本理念及两种不同性质的企业社会责任活动；结合澳门发展简史，概述澳门家族企业的社会责任，分析澳门家族企业从事企业社会责任的内外在驱动因素，包括：制度环境、文化环境、产业结构、传承需求，并剖析其社会责任活动的现状特点，包括：政府督导、社团文化、地区认同感、社会责任重点几个方面；之后，通过两个代表性的案例，从不同角度分析了澳门家族企业是如何实践其企业社会责任的；最后，分析指出澳门家族企业社会责任的建议和未来发展方向。

一、澳门概况

澳门（葡萄牙语：Macau），简称澳，全称中华人民共和国澳门特别行政区。根据2012年的统计，澳门总面积为32.8平方公里，约为香港的三十四分之一。总人口有58.6万人，人口密度在世界国家和地区中排名前列。全区居民平均寿命为84.33岁，在世界国家和地区中排名第二。

自1999年回归后特别是近年来，作为一个自由经济体与免税港，奉行低税制，澳门的经济取得飞速发展，其在国际上的地位有了很大的提高，人均GDP达到74 228.5美元（2012年），世界排名第4，亚洲排名首位。澳门的人类发展指数（综合指标，包含预期寿命、教育水准和生活质量）是0.944，在世界国家和地区中排名第25位，在中国省级行政区中排名仅次于香港，领先于台湾、上海和北京。在中科院2012年中国城市综合竞争力中排名第10位，可持续竞争力中排名第6位。总的来说，虽然经济规模受到市场、资源、结构等诸方面的限制，但澳门的娱乐场、酒店、旅游、会展、美食、贸易零售和轻工业的繁荣使其成为亚洲地区最发达，最富裕的地区之一。①

澳门历史文化内涵非常丰富，近年被中央定位为世界旅游休闲中心，政府计划逐步使博彩中心转型为享受休闲旅游城市，由1999年回归时的700多万旅客人次增加到2012年的2 800万人次，旅客年总消费额近500亿美元，亚太地区排名第二。作为世界四大赌城之一，澳门的博彩业对其经济发展有着举足轻重的作用。以2006年为例，博彩业为澳门带来558.84亿澳门币（相当于69.5亿美元）的收入，占政府财政总收入的73%，首次超过了美国的拉斯韦加斯成为世界上最大的博彩中心。② 2012年，澳门博彩业的收入达到380亿美元，已是拉斯韦加斯的6倍。

一方面，旅游博彩业的飞速增长带动了当地房地产业、建筑业、服务业、餐饮业和保险业的发展，创造了大量就业机会，提高了居民的收入水平，也帮助政府积极进行一系列财富再分配计划（例如现金分享、敬老金、电费补贴等），建立一个包括15年免费教育、公共医疗机构的免费医疗服务和社会保障金在内的相对完善的社会福利体系。另一方面，过度依赖博彩旅游业而取得的经济繁荣也带来贫富分化悬殊，高端人才短缺，外部劳动力激增，物价飞涨、旅游承载力不足及拜金价值观等一系列潜在社会问题，引起当地一些人的不满。所以，在强调博彩旅游业经济效益的同时，除了落实经济多元化、教育兴澳、地区融合等政策外，企业也应当承担起其肩负的社会责任，有利于社会和企业的共同可持续发展。

除了博彩旅游业的一枝独秀，澳门经济的另一个显著特点就是企业的家族化经营。在这块面积仅30平方公里的小海岛上，涌现了包括全国政协副主席马万祺为代表的马家，首任澳门特首何厚铧为代表的何家，现任澳门特首崔世安为代表的崔家，以及赌王何鸿燊为代表的四大家族。这四大家族渊源深厚，来往密切，互相影响，很大程度上决定了澳门的经济发展和政治稳定。此外，除了这些叱咤风云的豪门旺族，澳门灵活的政治经济政策和特殊的历史发展轨迹也带动了许许

---

① 摘自百度百科，“澳门”，http：//baike. baidu. cn/view/2816. htm.

② 摘自博彩业是澳门的龙头产业，http：//216. 218. 246. 50/a/huangguanxianjinwang/2012/0428/531. html.

多多中小企业的发展，产生了如钜记饼家的梁灿光、澳门葡挞创始人安德鲁和玛嘉烈等许多富有传奇色彩的人物。这些大大小小的家族企业以各种方式投身造福社会的公益活动，承担起自己的企业社会责任。

二、家族企业

（一）定义

作为世界上最普遍的企业组织形态之一，家族企业无论在成熟市场还是新兴市场都起着举足轻重的作用。根据麦肯锡一项关于家族企业的报告，三分之一在标普500指数所涉及的企业是家族式的经营。美国学者克林·盖尔西克认为“即使最保守的估计，家庭所有或经营的企业在全世界企业中仍占65%～80%，全世界500强企业中有40%由家庭所有或经营”。在亚洲经济体中，家族企业在上市公司占七成，而且比例有增无减。①

受中国传统文化的影响，家族企业向来是大中华地区最主要的经营方式之一。澳门地区的企业更是大多以家族控股模式展开经营，由家族成员主导董事会及管理层。这些家族企业创造了大量就业机会，提高了本地人民的福利水平，对澳门的发展有着极其重要的现实意义。因此，对澳门家族企业进行研究是一个非常有意义的课题。

如何准确定义家族企业是讨论这个论题的首要任务。根据何顺文与李元莎的观点（2009a），一般来说，家族企业是指企业的所有权（最终控股权）及控制权（管理决策权）归属于一个或以上个家族成员（包括直系和近亲）所有的企业组织形态。在更严格的界定下，家族企业还包括两个附加条件：一是最少包括两名家族成员出任公司董事；二是企业至少已做出一次传承（succession，又称继承或承继）或已进入第二代。另外，家族企业的一个重要特性是强调所有权及控制权尽量希望能传递给下一代。② 由于其他的企业组织形式并不具备这种特性，这也是家族企业区别于其他类型企业的根本之处。

（二）存在背景

众多研究表明，一个国家或者地区是否有足够的股东保障及完善的法律系统

① 摘自百度百科，“家族企业”，http://baike.baidu.com/view/166857.htm.

② 何顺文，李元莎．家族企业成世界主流管治形式．信报，2009－06－11。

很大程度上决定了家族企业的存在。在发展中国家和地区，法制和产权保障比较落后，资产价值容易被低估，交易合同的执行成本高。为降低代理与交易成本，企业常常靠家族多年积累的信誉与他人进行合作，诚信很大程度代替了部分法律执行机制。因此，在产权法律保障较弱、法制系统不健全的市场中，家族企业往往比较多见。

另外，受中国传统文化以及家族观念的影响，以家族为单位运营的倾向在大中华地区包括内地、香港、台湾和澳门更为明显，大部分上市公司的股权被控制在家族手里，这些家族的成员同时也担任公司董事和许多高级行政职位。据美国哈佛学者 La Porta、Lopez - De - Sillenes 及 Shleifer（简称 LSS）的调查报告，香港只有不到 10% 的上市公司股权分散，澳门的比例只会更低，与美国的 80% 和英国的 99% 相距甚远。

相对于股权高度集中的家族企业，股权与管理权分离、大众持股或者股权分散的公司，大多出现在一些对小股东有足够保障的普通法国家和市场内，所以又称为“普通法”或“股东价值”模式（香港是一个例外）。股权分散型的企业，股份由大众投资持有，也包括机构投资者如退休基金、互惠基金和保险公司。由于股权分散于大量小股东手中，企业管理层的行为一般不受制于股东，其利益也可能与股东利益发生分歧。代理人理论认为，在此经营模式下，主要的问题集中在如何协调管理层和股东的利益冲突，利用各种监控和激励措施来引导管理层的行为，减少代理人成本，保障管理层对股东负责。①

根据其他研究文献的分析，家族企业的普遍存在可能还有其他成因，其中一个较有共识的就是要保存和优化家族资产（特别是无形资产）的价值，并方便有关产权的执行。这些无形资产包括如信用、声誉、人脉网络、与政府关系等，一般由家族成员共同享有。但由于很难定价转让和容易造成折价或有价无市，因此大多家族都不愿意将家族生意或控股权转卖给非家族成员，而坚持由家族成员继承大部分无形资产。

事实上，绝大部分家族企业创办人希望将自己创业经营的理念、价值观和满足感由自己一手培育的家族成员来分享与承接，继续内部化和将其发扬光大，股权集中也可减少外人的影响或搭便车行为。

---

① 何顺文，李元莎．家族企业的优势与隐忧．信报，2009 - 06 - 20。

（三）家族企业的特征、优势及缺点

相对股权分散的公司，传统华人家族企业的特征包括：股权及控制权高度集中结合、家族成员出任公司董事及高层行政人员、以儒家教条与家规庭训为管理原则、创办人信念与操守塑造企业文化与核心价值、较依赖家族及友好圈子内的资金发展、充分利用人脉关系网络、企业透明度较低、注重家族利益和声望、企业决策受资深家族成员控制、重视营运成本节省、倾向由创始人后代继承企业。

家族企业的优势包括强势团结的家族领导，较低代理与合约执行成本，着眼追求长远目标与策略，家族成员的积极投入与热忱，决策较具效率和灵活性、规避风险或抵御不景气的意识较高以及家族的信誉和政经网络有利其经营发展。

同时，传统的家族企业往往会存在一些缺点或隐忧，如家长式中央集权决策机制、任人唯亲、人治管理、创始人事必躬亲、缺乏外来的专业管理人员、过分依赖人脉关系网络、家族利益和公司利益不分、管理监控制度落后、较低企业管治透明度、轻视承继计划甚至激烈的家族内部斗争等潜在问题，因此家族企业应尽力避免这些问题带来的负面影响，发挥其应有的优势。

（四）家族企业的管治[①]

家族企业成败的关键因素之一，就是企业的管治结构与成效，即机构内拥有权与管理权的分配及用以降低代理人成本的有关监控与激励机制。良好家族企业管治的目标就是确保企业决策的自由畅顺、家族团结、有效解决纷争和利益冲突问题以及实现平和的传承。这对保持健康家族及健康企业的发展都十分重要。

一些华人家族企业的管治模式如再加改进，可能是世界上最佳的企业模式，值得西方市场仿效。相反，很多家族企业领导人忽视了劣质管治（即股权与控制权的分配及其他管治机制失效）的后果，例如家族股东间的争端与分离、家族成员与专业经理人的冲突、家族成员与外部小股东的对立，及家族与企业间的相互损害等。事实上，这类问题可通过有效的管治方法来预防或解决，以降低对企业的损害。

与西方管理体制注重独立性与透明度不同，东方家族企业倾向于集体性与保密，保障企业决策效率和家族的利益。大多大股东家族喜欢委任其家族成员为公司董事，即使非执行或独立董事也往往是通过关系找自己信得过的人。在此背景

---

① 何顺文，李元莎．富过三代——家族企业的有效管治．信报，2012－11－17。

下，作为企业代表股东的、企业决策和监控机制的董事局或董事会，常常形成所谓“闭门一家亲”的局面。这种“同声同气”虽然大大提高了企业决策的效率与和谐，但因为董事会缺乏独立性，当公司、小股东或其他持股者与家族大股东之间出现利益冲突时，往往不能平衡各方的利益，特别是保障企业和小股东的权益。

近年来，越来越多的家族企业特别是接受英美管理教育的新一代成员，已经意识到这一问题，当家族内未有合适人选时，逐步开始接受从外部聘用专业人士出任总裁或董事，将主要管理权交托给外部的专业人士，平衡不同持股者的利益，改善企业形象，更好地管理企业。这种趋势也与不少下一代不愿意放弃自己的理想兴趣，顺从家族意愿勉强“接棒”，未能全心全意投入家族事业有关。

上市家族企业有潜在的自利行为，有些企业大股东为了保障自己的资产（包括有形和无形）或利益，可能会做出损害公司或公共利益的行为。特别是大股东有强烈诱因利用关联交易滥权（connected transactions）、“挖隧道”（tunneling）、金字塔式持股（pyramid）等操控来剥削公司与小股东的利益，如利用高度流通的上市子公司或联营公司投资高风险项目，将自己全资拥有的公司集中在低风险项目领域内，甚至有时还会出现官商勾结，导致企业失去创新和改革的动力，造成所谓的“裙带资本主义”，产生贪污腐败，影响区域经济的发展。所以此时谈企业社会责任首先是要通过加强监管，确保大股东家族合法遵德，不会牺牲小股东的利益。

与非家族企业相比，家族企业的管治复杂得多。根据美国家族企业顾问专家的分析，除股东与董事会/管理层外，家族企业在管治上多了一个部分：就是家族本身。良好的家族企业管治就是指建立与平衡两个不同的管治核心：一个是家族，另一个是企业。

家族管治的核心就是找出家族股东最关注的共同问题，及提供家族成员超越个人利益的共享使命和荣耀。良好的家族管治可保存及发扬家族的正面元素：家族传统、价值、荣誉、团结、和互助精神。这意味着要注重家族成员共同关心的问题，包括如指导家族成员行为与决策的家族政策或规则、家族组织、家族成员的培训及沟通、家族的企管哲学与价值观、家族的营运目标、家族的小区与捐献方针以及家族联谊关系等。达到这个目的之最佳途径之一就是定期举行家族会议，或在较大的家族内设立一个正式家族议会。

良好的企业管治应满足和平衡股东与其他持股者的既定目标（由股东与董事

会/管理层设立）。最重要的机制之一就是设立一个动机有效的董事会，并尽量加入有才能有经验的外部（非家族）董事。除一般已知的功能外，称职的董事能支持家族股东、协助培训家族成员，必要时为其排难解纷、监察家族政策，从而提升家族股东对企业营运的信任和信心。

家族与董事会亦要管理相互关联或共同关注的事情，例如股息政策、股份回购政策、委任及评核董事、企业目标、企业社会责任、家族成员的聘用政策、主席及 CEO 传承等。其中的一些事项，可先由家族商议提出，然后由董事会审议确定。而另外一些决策（如物色董事及评核 CEO 表现），则可由董事会先建议再咨询家族的意见。有需要时，也可举行家族代表与董事的联席会议。

虽然每个家族企业都是独特的，但不同的企业也可有共通的良好管治机制与过程。直接模仿或引入西方管治标准并不一定有效。我们要了解地区华人家族企业的独特性质及其文化环境，并研究如何修订西方管治模式以配合这些地区内的家族企业。

（五）家族企业的传承

家族企业的传承是其存续的主要形式。家族企业的创始人认为后代比外人更能把上一代的特质与无形资产（如创业精神、理念、价值观、视野、信誉、人脉和政府关系等）有效地承接，所以大多希望把辛苦创办的基业传给下一代，使自己的事业薪火相传，家族的名声和财富长盛不衰。这种传承不只要传股份、职位和权利，更要传创业的精神、价值观与风范。而在传统儒家思想的影响下，后代将上一辈传承的基业继承并发扬光大也是被认为是一种责任。家族企业在大中华地区的普遍存在也就不足为奇了。有关家族企业的传承问题、类型与策略，可参考何顺文与李元莎。

已有不少研究证明家族企业的业绩比非家族企业更为出色。家族企业在东南亚地区取得了很大的成功，但部分也逃不过民间流传的“富不过三代”的命运，难以在创始人过世后保持原有的成就。据统计，家族企业能传承到第二代的只有不到三成，能传承到第三代的只占一成多，能传承到第四代或更远的就仅占百分之一。曾有香港学者对东南亚国家上市家族企业的经验传承和业绩转变进行研究，发现传承后的企业财务表现（主要为股价）皆走下坡路。这一方面是因为在继承过程中，不同的家族成员容易出现意见分歧，导致各自为政的局面。但将第三代的业绩直接与创办人年代的业绩比较是困难和不太公平的，因经营环境、行业成熟阶段及主管人的目标可能已不一样。

事实上，不同家族企业有不同的文化、制度、优势和局限，这些差异可造成不同家族企业有不同业绩，与家族企业的本质无关。因此，从表面上直接比较家族企业与非家族企业，或比较不同年代家族企业的业绩意义不大，反而更重要的是了解不同家族企业的具体特征差异与其业绩的关系。但很可惜至今仍未有足够的学术研究，探讨在什么条件或情况下家族企业会有较佳的业绩表现。

（六）澳门家族企业的历史及概况

在深入探讨澳门家族企业所承担的社会责任之前，有必要回顾澳门家族企业是如何产生、发展并壮大的。自从晚清以来，由于葡萄牙人占澳门总人口比重极低，因此澳葡政府在保障政府的基本运行上一直较为吃力，并且未能建立较为民主的政治制度。在19世纪中叶，澳门取消关税，税收的减少，造成财政状况吃紧。于是，政府于1847年批准白鸽票赌博承充专营，同年对华人运营的番摊赌博征税，以增加并获得稳定的财政收入。自从实施赌博等承充专营制度后，1859～1860年澳门博彩专营收入显著增加，占到了澳葡政府总收入的45%，博彩业逐渐成为澳门的经济支柱。① 继博彩业最早实行专营后，政府于1849年开始逐渐对各个行业开始实行专营，并一直持续到20世纪，专营行业从猪肉贩卖、鸦片、盐业，到垃圾和粪便处理等都不例外。而绝大多数的专营权为华商竞得，从而形成各种经济实力强大的家族企业。

在澳门的家族企业中，以何贤家族、崔德祺家族、马万祺家族和何鸿燊家族为代表的四大家族最为出名。例如崔德祺在1949年联同业内知名人士创建澳门建筑置业商会，使建筑业成为澳门四大经济支柱之一。何贤家族则靠金融起步，控股大丰银行，何厚铧父亲何贤先后开办过印染厂、纸厂、火柴厂、石粉厂、酒店、地产公司、公共汽车公司、自来水公司、石油公司等，形成了颇具规模的企业集团。马万祺先后组建以经销中国轻工业品、粮油产品为主的新中行，经销中国建筑材料、水泥、工艺品、抽纱刺绣及农副畜产品的大华商行、中国国华公司等，涉足产业非常多元化。赌王何鸿燊家族从创办澳门火水（煤油）公司起步，现在业务涉及多个领域，包括旅游博彩、船务、酒店、地产、基建、金融及航空业等。这些家族企业不只在商业领域叱咤风云，也在政治方

① 洪奕宜．行业专营制催生澳门家族现象，华商横跨政商两界．南方日报，2009－12－21。

面影响深远。何贤家族的何厚铧曾担任澳门第一、二任行政长官。现在崔家的崔世安担任第三任行政长官，崔家的兄弟崔世昌、崔世平都活跃在政界。马家的马万祺为全国政协副主席，儿子马有礼现为澳门中华总商会会长。而何鸿燊也担任第九届全国政协常委、澳门特别行政区筹委会副主任委员、澳门合作及发展基金会信托委员等职务。

除了这些大型的家族企业，澳门也同时存在大量的中小微企业，主要从事出入口、运输、零售、餐饮、地产中介、制造业及商业服务等业务，以本地居民和内地游客为主要客源。这些中小微企业结构比较单一，很多是属于家庭式经营的传统企业。在近年来旅游博彩业独大的背景下，这类企业由于资源缺乏，融资困难，发展受到很大限制，同时还面临人力资源短缺、租金急剧上涨、成本大幅提升的危机，生存倍感艰难。这类企业在自身生存空间狭小的情况下，急需政府业界做出政策倾斜和支持，帮助他们渡过难关。①

近年来，在澳门回归开放博彩业后，以及 2004 年内地实行“自由行”的政策带动下，澳门的经济发展一日千里，尤其以旅游博彩业为龙头核心。2012 年，澳门博彩业收入增长 13.5%，从 2011 年的大约 330 亿美元增至 2012 年的 380 亿美元②。博彩业的快速发展，不断提升澳门企业的整体运营成本，这就给制造与零售业等传统行业的家族企业带来较大冲击。尽管旅游、餐饮等行业获得一定营业业绩的提升，但这些家族企业同样需要克服人力资源缺乏、房租成本不断攀升等困难。目前大型的澳门家族企业主要从事博彩、金融、房地产、建筑、旅游、进出口贸易等行业，而大多数中小型家族企业仍活跃在制造、餐饮、零售与服务等行业。总之，家族企业在现今澳门经济发展中占据重要地位，并普遍存在于博彩业、房地产业、建筑业、制造业、饮食业等各个行业之中。

也有研究者认为，澳门家族现象会越来越模糊。澳门理工学院“一国两制研究中心”主任杨允中曾说，家族或财团与政治联系紧密，不是发达国家或一个成熟社会的标志。随着现代政治和经济的发展，这样的状况会慢慢改变，热心社会工作的新生一代会有更多机会一展所长。澳门经济学会会长刘本立也指出，随着

① 澳门大学工商管理学院、澳门中小企业协进会. 2012，澳门中小微企白皮书。

② 摘自财新网. http://economy.caijing.com.cn/2013-01-02/112405428.html.

公民素质的提高，大量外来资本的涌入，以及现代企业所需要的专业人才的引进，经济领域的传统家族色彩在澳门会慢慢减弱，继而影响至政治领域，靠个人威望治理、重视人情关系的社会模式也会逐渐式微，取而代之的是以法律为中心的法治观念。

三、企业社会责任

（一）起源争议

18 世纪中期第一次工业革命后，现代意义上的企业虽然有了飞速的发展，但所谓的企业社会责任的概念还没有出现，人们普遍将其等同于企业主的个人道德行为。20 世纪初，由于当时企业大部分为个人拥有和控制，因此较多用“商人社会责任”一词。当然在今天大多企业已注册为股份制法人组织，股东与企业各自有其不同的法律与社会责任。1924 年，“企业社会责任”（corporate social responsibility，简称 CSR）被奥利弗·谢尔顿第一次明确指出，企业应当对社会承担一定的责任。自此之后，关于企业社会责任的定义以及内涵范畴的辩论一直没有停止。①

自由经济学派认为企业的管理人只对股东有受托人的责任，企业存在的唯一目的就是为股东营利。他们认为，一个企业凭合法手段做生意赚钱的同时，也为别人创造赚钱的机会（如供货商）或带来其他的方便好处（如顾客），是双赢而非零和的价值创造活动。从这个角度来看，企业本来就有“公益”的性质，这与一些人认为传统企业为剥削者或只懂赚钱的看法很不同。如果要求企业对股东以外的其他对象负责，期望企业可以积极解决困扰社会的诸多问题（例如社会财富再分配或提升社会公义），那么这种期望只能沦为不切实际的奢望，甚至会干扰市场的高效率及自由竞争。他们认为，社会财富再分配和提升社会正义等责任应是政府、民间组织或个人的职责，而企业为股东赚钱的同时，已经为社会做出了诸如纳税、创造就业、为消费者提供所需产品服务等贡献。

芝加哥学派的佛利民从持股人理论，认同经商要守法遵德来赚钱（即是我们所讲的企业最基本的经济、法律与道德的社会责任），但他反对诸如压抑通

① Sheldon, O. 1924. The social responsibility of management. *The philosophy of management*, 70 – 99.

胀、额外改善环境、文教捐献以及扶贫等“额外”或较高层次的社会责任。他不赞成作为股东代理人的管理者为额外的社会目标而慷股东之慨，认为这类社会责任使企业分心难以做好其本分职责，同时也难以追究经济责任。换句话说，企业的主要社会责任是合法合情为公司谋取最大长远回报，而非追求理想社会价值。股东个人赚钱后作捐献或从事社会公益活动，是其个人而非企业的意愿。

而社会经济学派的“利益相关者理论”则认为，自由经济学派关于市场高效率和自由竞争的假设与如今的实际经营环境并不相符。在市场机制有待完善、企业经营缺乏有效监管的情况下，利润不一定是考核企业的最佳指标。企业在合法合情赚钱的同时仍然可能产生一定的社会损耗，以利润最大化为目标的资本主义并不合理。当今企业在给社会带来经济快速发展的同时，往往也带来诸如环境污染、贫富差距加大、社会矛盾尖锐等问题，制约经济的可持续发展，对社会利益一定的损害。所以除了承担基本社会责任（即守法遵德）以及履行对股东的法定义务外，作为补偿，企业对雇员、消费者和公众也负有一定的社会责任。

考虑到企业给社会带来的负面影响和处理与社会各关系应当遵循的伦理准则，除了在法律允许的范围内盈利以外，企业有义务自愿从事公益活动做出补偿，承担额外的社会责任。正如《经济与社会：环境与责任》一书中提出的，“社会责任是指决策者在促进自身利益的同时，采取措施保护和增进社会整体的利益”。① 一般来说，人们今天所谈的“企业社会责任”，就是指额外的公益责任。

综合来看，企业到底应不应该承担额外社会责任的讨论可以用表1－56具体归纳出来。② 但正如何顺文指出，正反双方并不一定有矛盾或对立，而是一个定义、程度及策略的问题；企业应在不损害公司盈利能力的前提下，考虑如何做出平衡与制造双赢。

---

① Davis K, & Blomstrom RL. 1975. Business and society: *Environment and responsibility*. New York: McGraw-Hill.

② Robbins SP, DeCenzo DA, & Coulter MK. 2011. *Fundamentals of management: essential concepts and applications*. Pearson.

表 1－56　企业是否应该承担额外的社会责任

企业是否应承担额外社会责任	
支持原因	**反对原因**
• 舆论和民意认为企业需同时追求经济和社会目标 • 承担社会责任确保企业有长期的利润 • 从道德规范来看，对社会负责是正确的事情 • 追求社会目标能提升企业的社会公众形象 • 有助于解决棘手的社会问题 • 减少政府过多的干预控制 • 更好地平衡企业的权利和责任 • 长远看能提升企业的股价 • 公众慈善项目常常需要控制资源的企业的协助 • 不承担额外社会责任可能造成严重的、代价高昂的后果	• 违背自由市场经济利润最大化的原则 • 淡化了企业的主要目标——经济生产率 • 承担额外企业社会责任的行为成本高昂 • 企业领导者在解决社会问题上缺乏必要的技能 • 企业对社会活动没有直接的责任 • 企业主要股东的私人责任，而非受雇管理者应介入决策 • 分散了政府及志愿团体应有的公益责任

（二）基本与额外的企业社会责任

1999 年，阿奇・卡罗尔（Archie B. Carroll）提出金字塔结构模型，依下而上将企业社会责任划分为经济、法律、伦理道德和慈善（公益）4 个层次。[①] 其中经济责任作为最主要的社会责任，是企业的基础并占最大比重，其他的法律、伦理道德和慈善的社会责任对企业的重要性依次向上递减。对企业而言，实现经济责任是其积极参与其他社会责任的前提；企业应当在实现经济责任的基础上，承担法律责任及伦理责任，并且自愿选择其对社会的慈善责任。何顺文进一步把社会责任划分为 6 个层次，其中经济、法律、道德（包括环保）统称为“基本社会责任”，是任何企业都起码应该做的事情。而环境改善、公益/慈善、社会制度/政策改良则是较高层次的“额外社会责任”，社会不应该对企业抱有过高的期望。现在商界常讲的 CSR 一般就是指额外社会责任，特别是慈善公益性质。

---

① Carroll AB. 1999, Corporate social responsibility evolution of a definitional construct. *Business & society*, 38 (3): 268 ~295.

现今企业社会责任的概念主要建立在弗里曼（Freeman）和麦克（McVea）（2001）利益相关者理论之上，强调企业的运营和决策通常会影响包括股东在内的多个个体或者群体。[①] 这些受影响的个体或者群体的利益相关者又称利害关系人或利益相关方，包括但不限于员工、消费者、供应商、社区团体、母公司或附属公司、合作伙伴、股东以及公众。因此企业不能只着眼于股东的利益，也要兼顾和平衡其他不同利益相关者的权益，并且有义务积极维护增强社区的共同利益。联合国“全球契约”（Global Compact）的 10 项原则正是企业社会责任的基础。

在利益相关者理论基础上，目前较为广泛接受的企业社会责任的定义是：企业在对股东承担其法定责任、追逐利润的同时，还应该对社会其他利益相关方包括员工、消费者、公众和环境承担一定的责任。其核心观点在于不再把利润最大化作为企业发展的唯一目标，要求企业在生产营运中除了考虑自身的财政经营状况外，也要加入对当地经济、公众社会和自然环境的造成影响的考量，[②] 关注公益，强调其社会贡献。企业积极履行社会责任，一方面，不但能给其带来合理的利润，帮助其更好地实现可持续发展，同时符合大众对企业的期望，因此能够更好地提高企业的竞争力和美誉度；另一方面，企业还能弥补政府解决一些社会问题，及“政府之手”与“市场功能”在社会资源再分配中的不足，对社会的繁荣稳定有着重要的意义。

（三）慈善性及战略性企业社会责任

企业所从事的与其社会责任相关的活动，通常有两种不同的性质，一种是公益或慈善性的，另一种是战略性的，两者可以相辅相成。慈善性的企业社会责任是指企业捐赠金钱、投入时间、人力、物力等资源在对企业没有直接利益的各种公益活动（如慈善、人道主义或者教育）中。例如澳博控股赞助第七届澳门美食节的活动，就是旨在丰富澳门当地的文化，其捐款 500 万澳门元支持青海玉树地震灾民的重建，也是本着人道主义的精神关怀同胞，对公司发展并没有直接的经济利益。

而战略性的企业社会责任活动，是指考虑企业的总体战略方向，和企业发展利益一致的社会活动。这类社会活动对企业和社会同时都有好处。再以澳博控股

---

① Freeman R, & McVea J. 2001, A stakeholder approach to strategic management.

② Crane A, & Matten D. 2004. Questioning the domain of the business ethics curriculum. *Journal of Business Ethics*, 54 (4): 357 ~ 369.

为例，其2005年成立“澳博奖学金”用以资助旗下员工的子女，旨在奖励员工的子女升读高等教育课程。“澳博奖学金”名额每年有10个，申请者必须是公司员工的子女，获得资助的申请者每年可获得两万澳门元直至其完成所修读的高等教育课程（评审委员会将根据得奖学生的成绩，逐年决定是否继续向其发放新学年的奖学金）。这种做法，一方面为澳门社会培育了人才，另一方面增强了员工对公司的忠诚度，在人才流失高的博彩业，尤其符合企业的战略发展。此外，澳博还全费资助员工在中西创新学院进修，鼓励员工自我增值。① 其旗下的新葡京本身就有舍友语言学习班，包括娱乐场基础英语、ABC英语入门课程、普通话培训班等，并提供化妆美容等课程，旨在提高员工的业务技能。现今的观点是，由于其带来的直接利益，战略性的企业社会责任更容易调动企业的积极性，是更加应该鼓励的可持续发展的模型。所以企业社会责任活动不一定与公司盈利目标矛盾，也并非越多越好。企业应当按自己的目标策略找出一个可接受的平衡点，并做出优先次序的判断。

值得一提的是，学者专家们的研究发现，在一些特别有争议的行业里（例如博彩业和烟酒行业），慈善性企业社会责任更是起到了举足轻重的作用。舆论大众往往对这类企业的社会责任抱有更高期待，认为它们应当更加积极地从事有益社会的活动，用以抵消它们带给社区的负面影响。

这种现象在以博彩业为经济支柱的澳门更为显著。作为澳门博彩业收入三分之二的贡献者，那些来自中国内地的游客常常有过度赌博的行为，致使中央政府不得不采取一定程度上限制入境澳门的旅游政策，很大程度上影响了澳门的经济发展。旅游博彩业是否可以取得可持续性的发展，取决于澳门是否可以建立一个可靠可信的社会责任体系来减轻或削弱过度赌博引起的例如犯罪、家庭关系、教育等社会问题。②

总之，企业应尽量从事对企业及社会皆有利的企业社会责任活动。至于对社会有利而对企业无利或不利的活动，表面看来很伟大，但企业要小心考虑，究竟这类纯公益活动是否将对企业长期回报产生不利效果。从这个策略模式来看，企

---

① 摘自澳博网页，传媒中心的新闻稿。详见网址：http：//www. sjmholdings. com/zh - hant - mc - pressreleases.

② Barthe, E. , & Stitt, B. 2009. Temporal distributions of crime and disorder in casino and non - casino zones. *Journal of Gambling Studies*, 25 (2), 139 ~152.

业社会责任活动不一定与公司盈利目标有抵触，也不是越多越好，企业要按自身的目标和策略，找出一个自己可以接受的平衡点，并做出优先次序判断。

四、澳门家族企业与企业社会责任

（一）澳门家族企业从事社会责任活动的概况

过去20年亚洲经济的起飞，带动了亚洲区包括澳门在内的家族企业慈善事业的迅速发展。作为亚洲社会的重要组成部分，家族对子孙后代的福祉有强烈的责任感，越来越多的通过正式和非正式的平台，从事各种社会公益事业。由瑞银与欧洲工商管理学院（INSEAD）联合发布的研究报告显示，亚洲第一代家族创始人较关注社区发展，将慈善重点放在教育、健康和扶贫，以延续家族核心价值为本。而第二、三代则更有国际视野，比较支持艺术、公民权利和环境方面的慈善活动。另外，亚洲家族企业的捐款主要集中在其服务的社区和国家。

报告还发现，亚洲家族企业从事慈善活动的主要激励因素按其重要性依次有：（1）确保家族价值观的延续/家族传承；（2）教育下一代/鼓励下一代参与；（3）个人家族事业；（4）家族传统；（5）强化家族联系；（6）家族管理或税收考虑因素。① 由此可以看出，企业的公益活动可以增加家族成员的凝聚力，加强成员的联系，从而帮助家族价值观文化得到更好的传承。

作为亚洲地区一个重要的城市，澳门家族企业对其慈善事业的发展发挥了重要的作用。很多家族企业从第一代创始人开始就积极投身公益事业，在发生、发展的初期就自发地重视其社会责任，并持续实践其社会责任，为当地扶贫、文化生活、教育、多元化经济发展不断努力。如马家马万祺曾与何家何贤联合旅港南海商会捐资350万港元创办南海中学，独资捐建南海医院门诊大楼，以及捐资380万港元建造佛山市文化中心。而何鸿燊也身体力行参与了很多公益事业，他以企业或个人的名义，每年捐助社会基建、慈善福利、文康体育、医疗教育等机构，包括澳门明爱、澳门街坊会联合总会、澳门大学、澳门天主教福利会、澳门特殊奥运会、澳门镜湖医院、澳门母亲会、同善堂等。

随着经济的发展，澳门家族企业在家族基金会、慈善捐助、文化教育等方面

① Kassinis, G., & Vafeas, N. 2006. Stakeholder pressures and environmental performance. *Academy of Management Journal*, 49 (1), 145 ~ 159.

的投入逐渐增多。然而大部分此类公益活动都是个别零碎的（即所谓的散件式），例如向非营利组织捐钱，捐助灾区或贫困地区等，没有形成一套整合的公益策略，也缺乏监督公益活动实施执行的机制。近年来，大多数家族企业正在由第一、二代开始向下一代过渡，而下一代家族成员多数接受过良好的中西方文化的洗礼，更具有国际视野，也更愿意以更专业的方式从事慈善事业。例如新濠国际从2008年开始每年发布企业社会责任报告，清晰列出集团在青少年发展、环保及教育三方面的进展，成为亚太区少数主动向外界公开企业社会责任报告的企业之一。①

那些涉足博彩旅游业的资金充沛的大型家族企业，在整个行业的影响下，投入大量资源在社会公益慈善事业中，积极改善澳门经济发展环境，将部分企业盈利回馈社会。另一方面，澳门中小家族企业，由于面临人力短缺、租金高企等重重危机，往往自顾不暇。这类家族企业的社会责任一般停留在经济、法律、道德这三个基本社会责任范畴，较少涉及较高层次的额外企业社会责任。

（二）澳门家族企业从事社会责任活动的驱动因素

1. 制度环境

在澳门回归之前，澳葡政府一直未能建立较为民主的政治制度，尽管其经济活动的国际化程度较高，但对比香港，其社会形态仍缺乏相应成熟、完备的法律、法规制度。在实行“专营制”后，澳门家族企业逐渐形成，并开始争取其相应的社会政治地位，这就造成了澳门较为独特的社团文化。澳门华商通过社团进行参政议政，而社团需要有实力的家族来扶持发展，这样逐渐形成了如澳门商会（中华总商会）等政商性组织。这些与家族企业有机结合的社团组织已经成为澳门政治生活形态的一个重要组成部分，如崔氏家族领袖人物就曾出任著名慈善机构同善堂主席长达半个世纪。主动承担社会责任也就成为这些社团能够参政议政的良好基础。澳门特首崔世安在社团工作期间，曾将一所慈善学校，打造成澳门名校，由此可见，社团在承担社会责任上所起到的良好作用。

政府组织亦在承担社会责任上扮演重要角色。近年来，由于博彩业的迅猛发展，澳门众多中小型家族企业非但未能从中获益，反而深受人力成本、地租上升

① Papineau, E. 2005. Pathological gambling in Montreal's Chinese community: An anthropological perspective. *Journal of Gambling Studies*, 21 (2), 157 ~ 178.

之苦，甚至激化部分社会矛盾。澳门政府不遗余力地协调各层面经济活动，制定相应法律法规，通过博彩专营合约，要求博彩业主着力发展澳门文化事业发展，使澳门人民能够切实享受生活水平的提高。社会各界亦在敦促政府制定更加具有高度责任感的博彩政策，来促使博彩业重视应有的社会责任。

澳门慈善机构等民间组织亦长期为社会提供多元化服务。澳门仁慈堂已经具有400多年历史；妈阁庙慈善会和莲峰庙慈善会主要服务于澳门当地的渔民和农民；镜湖医院慈善会则是第一代华商成立的慈善组织，孙中山先生亦曾服务于其所属的镜湖医院，至今仍为澳门重要的医院之一。此外还有同善堂、明爱、宣明会、红十字会、街总以及众多家族式慈善机构。澳门每年最具规模的上街募捐活动当属在社会多方支持下的“公益金百万行”。在社会福利方面，澳门也逐渐形成了政府主导与非政府组织相结合的补缺型社保模式，并在金融海啸后不断加大社保力度。在政府有针对性地督导下，或积极参与组建非政府公益性的慈善组织，或长期参与社团组织，这些构成了澳门家族企业特有的社会责任实现模式。

2. 文化环境

澳门统计暨普查局2008年调查报告显示，澳门有居住人口55.7万，华人占97%，葡萄牙和其他外国人（主要包括印尼、菲律宾和越南人）占3%。基于历史原因，澳门文化长期受到以葡萄牙文化为首的西方文化的影响，发展至今，澳门文化已成为一种以传统的中华文化为主、兼容葡萄牙文化的多元共融性文化。无论是传统的中式文明，还是葡式文化，均侧重以家庭为基本的社会活动单位。因此本地人往往有强烈的家庭责任感，愿意通过分享和保障社会资源，为子孙后代谋求福利。此外，老一代土生葡人或华商普遍具有温良、敦厚的品质，对澳门地区有深厚的感情和主人翁意识，这些会使得其所拥有的家族企业积极主动承担一定的社会责任。如澳门西南饭店的董事长汤福荣，曾发誓“赚一分，捐一分”，并身体力行30多年，他不但在澳门，还在内地捐建100多所学校、卫生所。这种交融文化下的善良本性，是澳门家族企业注重企业的社会责任，并热衷慈善捐赠的深厚基础。

昔日澳门人口稀少，澳门本地居民之间的联结纽带较强，任意两个陌生人之间都有可能找到共同的相熟朋友，这一点尤其影响为数众多的中小型家族企业。一方面，企业会注意善待雇员，建立良好的雇主形象；另一方面，企业在承担社会责任时，也在兼顾其朋友式基本社交礼仪的需求。由于澳门社会文化对道德认同度较高，这同样要求企业无法片面追求其经济利益，必须同时建立良好的企业口碑。这些特性造成了澳门家族企业承担社会责任的较强主动性和多样性。

在宗教文化上，由于数百年来，内地居民不断迁入澳门，其带入的传统中国文化也逐渐形成了澳门华人的主体文化，如妈祖文化、佛教、道教等。历史上，澳门曾经是宗教文化中心，不但有儒、释、道等古老的中国宗教，也有西式的天主教、基督教、伊斯兰教等宗教，这种宗教文化的多样性、包容性造成了现今澳门本地居民的多元化信仰。全区人口中佛教信徒占50%，天主教信徒占15%，无宗教信仰者及其他教信徒占35%。[①] 无论中式信仰，抑或是西式宗教，都要求信徒虔诚、向善。这些宗教信仰，客观上造成了澳门企业尊重员工、注重商业道德、主动服务社会的意识。而这些宗教本身也积极从事公益性慈善事业，如仁慈堂，为天主教信众提供教育、医疗及恤养援助；妈阁庙慈善会定期举行派米等慈善活动；同善堂施粥长达40年；明德慈善会坚持资助内地多达1 420名先心病患儿。宗教团体的慈善活动具有长期性、广泛性，并取得较好的社会效果。

总的来说，澳门社会具有中西文化交汇和传统的熟人社会两大特征，因此也形成澳门独有的社会文化性格：怜悯慈善的道德精神与和谐容忍的社会风气，崇尚人文关怀的公益活动契合社会文化发展的趋势。这种文化环境对家族企业的社会责任感产生了一定的影响。

3. 产业结构

澳门以博彩业为龙头，以旅游业为主体，经济结构比较单一。尽管最近几年整体经济已经摆脱国际金融危机的冲击开始复苏，但仍然在很大程度上受外围不确定因素的影响，经济发展比较脆弱，通货膨胀压力加剧，高素质人力资源缺乏，中小企业竞争和压力增大，房地产价格飙升，产生了许多社会问题。这些社会问题单靠政府和非营利组织远远不够，需要业界积极承担起自己的企业社会责任。而博彩业，作为导致这些社会问题的原因之一，同时也是这种特殊的行业结构的最大受益者，应该对社会承担更大的责任。有研究发现，公众对那些给社会带来负面影响的行业如博彩业、烟酒行业有更高的公益活动期望，社会责任感的概念在此类行业中也尤为显著。除此而外，外资企业积极从事各种慈善活动也是博彩旅游业的家族企业投身公益的另一个主要动因。博彩旅游业是澳门的经济动

① Zeng, Z., & Forrest, D. 2009. High rollers from Mainland China: A profile based on 99 cases. *UNLV Gaming Research & Review Journal*, 13 (1), 29 ~ 43.

脉，在重视其经济效益的同时，更应该强调其所肩负的社会责任，这才符合澳门的长远利益。

4. 传承需求

家族企业的传承是一个企业生存发展的基本问题。正是因为代代薪火相传，企业才有了持久的生命力。通常，只有优秀的传统、文化和制度才具有传承价值，而传承从来不是一件容易的事。研究发现，开展企业社会责任活动有助于延续家族的价值观，增强家族的凝聚力，更好地实现家族企业的传承。根据瑞银对亚洲十个国家和地区的家族企业的调查显示，42%的受访者认为他们做慈善的主要推动力是想要确保家族观的延续和家族的传承；有39%的受访者觉得教育并鼓励下一代参与是很重要的；有34%的受访者认为家族对某一个领域很感兴趣；有26%是想传承家族传统；还有13%的受访者是因为想强化家族的联系；最后只有5%的受访者是与家族管理或税收考虑有关。

家族企业不仅控制企业管理决策权，也对其生意经营有着非常强烈的感情投入。他们一般更容易对其他利益相关者有道德责任感，常常视其生意为贡献社会、反馈社会的一个途径，积极实践公益活动。再者，家族成员由于将其生意视为上一代留下的社会成果，更珍视其企业的声誉，更有将其发扬光大的愿景。通过老一辈树立乐善好施的楷模，使得下一代形成崇尚同情心、责任感和传统的价值观，从而提高家族成员之间的凝聚力，提升家族的声誉，更好地实现两代人之间的传承，这种情形在澳门乃至亚洲地区都十分普遍。正如新加坡一位慈善家所说，从事慈善活动可以将家庭成员团结在一起，使他们在追求共同目标的同时，能够意识到他们将家族财富用于一项值得付出的、更有意义的事业。

（三）澳门家族企业从事社会责任活动的现状特点

1. 政府督导

对比内地、香港的现状，澳门政府在企业履行其社会责任时，起到了不可或缺的重要作用。目前，澳门经济结构为旅游博彩业一枝独秀的格局，为避免社会矛盾冲突，使澳门实现可持续发展，澳门政府针对博彩业制定有针对性的专营合约，来要求其必须履行一定的社会责任。如早在20世纪60年代制定的幸运博彩专营合约便明确规定，该专营公司必须确保最低数量的往返香港与澳门的水上航班数目。在相关政策的不断推动下，港澳水上喷射航线已经成为世界上最密集的客运航线。这种全天候的客运服务，不仅给澳门博彩业带来可观的收益，更直接推动了20世纪80年代澳门制造业的蓬勃发展。由此可见，政府指引性作用，不但可以促使企业回报社会，还将带动其他行业的发展，使得澳门社会长久获益，而有效的督导性政策的产生，亦要求政府能够与时俱进，高度负责地去履行特区政府应尽的社会责任。

2. 社团文化①

澳门的民间社团数量众多，并且因为葡治时代公共物品供给的“政府缺位”而发展出“去政府化”的功能，所以民间社团成为当时华人家族企业参政议政的重要组织形式。这些社团组织有多年的公益实践，积累了丰富的经验，至今仍在教育、医疗、社会服务等诸多领域发挥着积极的作用。他们在获得企业对其进行良好的经济支持后，积极响应各种呼声，努力解决澳门居民疾苦，或主动进行非营利性社会建设，如医院、图书馆等。这种社团组织，在企业与社会之间起到了很好的桥梁作用。一方面，家族企业并无专业人士、资源来对社会民生进行需求分析、整理；另一方面，社团熟悉其所在领域，了解真正的社会需求。家族企业对社团的积极参与及资助，可以让社团有效地协调企业的力量来服务、解决社会性问题，间接帮助澳门企业履行其社会责任。同其他地区相比，澳门的社团组织是一种独特的企业社会责任的实现渠道。

3. 地区认同感

澳门地域狭小，人口集中，在中葡文化的共同作用下，受“澳人治澳”的政策影响，澳门人及澳门企业形成了极强的地区认同感。如信德集团董事主席何超琼女士在公开回答“最希望达成的心愿是什么”这个问题时，给出了一个意料之外情理之中的答案，“我希望能成为家族的骄傲、地区的骄傲”。这个回答反映了家族认同和地区认同是她最在意的成就。在大多家族企业对澳门地区有较高认同感的情况下，企业常常通过慈善事业来提高其知名度和声望，更加关心员工福利发展，积极参与公益活动，希望造福澳门社会而不计较经济回报。与周边地区相比，澳门家族企业从事社会公益活动的程度较高。这种较强的地区认同感，具有传承性、持久性，因此成为澳门家族企业实现企业社会责任的重要内在推动力。

4. 社会责任重点不同

与非家族企业相比，澳门家族企业在从事社会责任活动方面的重点不同，特

① 瑞银集团（UBS）、欧洲工商管理学院（INSEAD），《亚洲家族慈善调研报告》，2011。

别是在博彩旅游业的家族企业。这点在澳门旅游学院的黄竹君和黄业坚2013年的研究成果中可以体现出来（见本报告后附表）。[①] 他们的研究旨在了解澳门的公众怎样看待博彩业六大企业（包括澳门博彩控股、银河娱乐、美高梅中国、新濠博亚、永利澳门和金沙中国）的社会责任表现。通过对796份问卷（包括547名16～22岁的学生和249位25～34岁的老师）的分析发现，很大一部分受访人并没有意识到企业（包括在澳的外资企业和家族企业）从事的各项社会责任活动，说明大多数企业对其从事各项社会活动的宣传远远不够。大部分受访者认为本地家族企业澳博控股和跨国公司金沙中国（威尼斯人）对澳门社会发展做出了最大的贡献，但其社会责任活动的重点又有所不同。

具体以澳博控股来看，受访者认为其积极投身慈善活动（77.1%），致力于为本地员工提供培训机会（73.9%），努力发展本地人才（67.1%），推广负责任的博彩行为（45.4%），以及为本地人提供奖学金（44.7%）。而对以威尼斯人为代表的金沙中国来讲，其企业社会责任活动按其重要性在受访者心目中依次为：为本地企业创造商业机会（75.1%），宣传澳门形象（71.4%），引入新科技（69.7%），引入先进管理经验（67.9），给本地员工提供良好的薪酬（50.6%），以及为本地员工提供良好的职业发展（49.0%）。整体数据还反映出，在受访者心中，大部分企业着重点是从事战略性的企业社会责任，例如，为本地企业创造商业机会以及重视本地员工的培训和发展，忽略对环境的保护以及推广负责任的博彩行为。相对而言，澳博控股作为澳门最重要的家族企业之一，更积极地从事和企业利益没有直接关系的博爱型企业社会责任，例如教育和慈善事业。研究还发现，公众更加愿意为承担社会责任的企业工作，而企业的社会贡献也与其业绩例如营业额、市场份额和企业的总体表现有着直接的关系。

五、案例分析

（一）澳博控股[②]

博彩业是澳门最大的支柱性行业，也是澳门政府最大的经济来源。作为澳门六大持牌博彩公司之一及最大的家族企业，澳博控股几十年来对澳门社会的贡献

① 摘自GALAXY企业社会责任年报，详见网址：www.melco－group.com.

② 摘自澳门文化网，详见：http：//www.chinaculture.org/focus/2009－12/11/content_ 362563_2.htm.

最为典型，也是想要了解澳门家族企业的读者所重点关心的对象。

何鸿燊生于香港，被澳门人称作“无冕都督”和“米饭班主”，是澳门博彩史上权势最大、名气最响的赌王。其家族业务遍及中国内地、港澳及世界各地，涉及旅游博彩、船务、酒店、地产、基建、金融及航空业等多个领域。他是两家香港主板上市公司的行政主席，包括信德集团有限公司集团及澳门博彩控股有限公司。

澳门博彩股份有限公司（葡文：Sociedade de Jogos de Macau，S. A，简称澳博控股，SJM）是一家在澳门经营博彩业的公司。澳博控股是何鸿燊创建，于2002年获得澳门博彩专营权，并于澳门经营包括葡京、新葡京在内的19间赌场及6间独立角子机场。2012年，澳博控股在澳门娱乐场博彩市场之占有率达26.7%，整体博彩收益788.8亿元。2012年8月30日澳博控股以4.8亿港元收购了澳门渔人码头。

澳博控股作为最大的华人博彩业经营公司，已有50多年历史。从业半个世纪以来，何鸿燊一直坚持“取诸社会、用诸社会”的态度，坚持引导旗下博彩公司承担关注澳门民生及澳门社会发展的企业责任，并积极捐资民生基建、文教慈善等事业。2008年，由于何鸿燊为慈善事业所做出的突出贡献，国家民政部为其颁发“个人最具爱心慈善捐赠奖”。目前，澳门有近三分之一居民直接或间接受益于他的公司。多年来，何鸿燊家族及其澳博控股所实践的企业社会责任可归纳为以下几个主要方面。

1. 负责任博彩

众所周知，即使再严格的法律也会存在或多或少的法律真空地带，因此，如果没有良好的企业自我约束，博彩业往往会滋生出种种不良的社会问题，并给社会治安带来一定的负面影响。而要加强公司行为约束，去做一个负责任的博彩公司将不可避免地降低公司的潜在竞争力，甚至影响公司盈利能力。澳博控股在承担企业社会责任方面，其首要任务就是勇于做负责任的博彩公司。近年来，澳博控股作为协办单位之一，连续参加了由澳门社会工作局、博彩监察协调局及澳门大学联合举办的“负责任博彩推广系列活动”。澳博控股旗下的新葡京也曾举办多场预防问题赌博讲座，并为保障其顾客及员工而制定并推行“负责任博彩”计划。此外，为避免滋生“问题博彩”，澳博控股作为主要发起人，与其他五家持牌博彩业公司，进行多轮协商，商定部分行业规范，如限定贵宾厅中间人佣金上限等，并坚持执行，用以规避行业间的恶性无度竞争。2008 年，澳博控股在金融海啸中受到严重冲击，与其他公司纷纷裁员所不同的是，一向重视员工的何鸿燊表示，会与所有员工共同渡过难关。海啸期间，澳博控股仍继续开展新的发展项目，一方面，努力保持员工队伍的连续稳定性；另一方面，间接帮助稳定澳门雇用市场，为澳门经济的恢复做出贡献。可见，澳博控股所做到的负责任博彩，不仅仅是对顾客，更是对员工、对社会的一种自我负责的态度。

家族控制的博彩公司在负责任博彩方面可做出更多贡献，以进一步保护其正当性和合法性。他们要在 6 个不同层次的社会责任之间做出更有效的平衡。

2. 取诸社会、用诸社会

“取诸社会、用诸社会”不但是何鸿燊的个人态度，更是澳博控股一直贯彻的企业态度。在上缴约 39% 的博彩税后，澳博控股仍积极支持本地文化艺术、社会活动、体育、教育、慈善等公益性活动。据统计，自 2002 年起，澳博控股曾经赞助最少 504 项不同的文化及艺术活动，如澳门政府及社团所举办的曲艺晚会活动、书画作品展等。澳博控股亦积极促进中国及海外的文化交流，多次邀请著名的文化艺术团体，如中国国家芭蕾舞团、加拿大多伦多嗣萍舞蹈团赴澳做精彩演出，丰富澳门文化生活，促进提升澳门文化水准。另外，澳博控股亦积极承办庆祝国庆及澳门回归系列活动，如庆祝国庆曲艺联欢晚会及庆祝国庆六十周年澳门回归祖国十周年曲艺晚会。新葡京还曾举办“樽樽乐道、国庆浓情”艺术品展览，庆祝国庆同时更借此宣扬环保。

澳博控股眼中的社会不仅仅局限于澳门本地，更积极投身于回报内地的各项公益事业。1990 年，澳博控股积极响应祖国的“科教兴国”战略，成立了“何鸿燊航天科技人才培训基金会”，并在河北廊坊市创建航天科技人才培训基地。为支持北京申办奥运会，何鸿燊不但出任申办委员会顾问，更于 2004 年捐资兴建中国国家跳水馆——水立方。2008 年的汶川大地震，何鸿燊不但个人捐款 1 000 万元，还带领澳娱和澳博旗下的企业和员工合共捐出 800 万元，帮助汶川灾后重建。同年的奥运会上，澳博控股大力捐助北京奥运马术比赛香港基金。

何鸿燊热爱中华文化，热心保护民族文化遗产，积极赞助和举办各项文化活动，宣扬爱国爱民族的意识。他于 1987 年给国家捐献 147 件中国古代文物。此外，为抢救流失海外的文物国宝，何鸿燊斥巨资抢拍下猪首铜像和马首铜像，并捐赠国家。

3. 热心文教

在众多的公益慈善项目中，何鸿燊带领澳博控股尤其热心投入文教事业，希望能为“澳人治澳”而培育更多本地人才。少年时代家道中落，世态炎凉激发了他的奋发图强，并以优秀成绩考入香港大学。事业获取巨大成功后，何鸿燊常常告诫后辈：“富贵聚散无常，唯学问终生受用”。他旗下的澳博控股，积极支持澳门大学成立中西创新学院，并设立奖学金，为员工子弟提供教育福利，包括全资赞助员工在中西创新学院进修学位及非学位课程，鼓励自我增值，并资助员工子女完成大学课程。此外，澳博控股依托中西创新学院，为员工开办实务培训课程，如普通话班、娱乐场基础英语及电脑技术课程等，并提供职业美容化妆课程及督导员提升培训等课程 。

2005 年，澳博控股针对员工子女所设立的“澳博奖学金”，旨在奖励优秀员工子女升读高等教育课程，同时为澳门社会培育人才。该奖学金每年资助 10 名子女，每名学生将获资助两万澳门元，直至其完成 5 年以内的高等教育课程。除了“澳博奖学金”外，澳博控股也为澳门多所院校提供面向全体学生的奖学金或其他教育经费。同年在香港，何鸿燊于母校香港大学创立为期 5 年的“何鸿燊校友挑战计划”，年捐助一亿港元，用以支持香港大学进行长期发展规划，并鼓励全体校友形成良好的捐献教育的传统。在内地，澳博控股亦积极投身内地教育发展。如汶川地震后，澳博控股将第二次赈灾筹得的善款用于灾区学校重建，最后捐建“澳门博彩股份有限公司员工（石桥）小学”。澳博控股董事梁安琪女士亦捐建“梁安琪（八一）小学”，并成立“梁安琪奖学金”，为品学兼优或贫困学生发放教育资助。

（二）钜记饼家①

作为澳门中小家族企业的杰出代表，钜记饼家是一个发展的奇迹，短短十几年由街边摊档发展成为澳门十大品牌的手信王国，并牢牢占据手信市场七成份额。作为新兴的中小企业代表，他们又是如何做到企业社会责任的呢？

作为澳门最出名的手信店，钜记饼家如今已经成为澳门文化代表的一部分，是当地手信业的一个奇迹。钜记手信的创办人梁灿光 10 岁起随父亲移民澳门，1997 年，28 岁的梁光灿在清平直街开设第一间店铺，将父亲的推车仔生意正式继

① 陈彬彬，2010，澳门“社团政治”问题研究，论文。

承。到2002年，钜记仅用了短短的5年时间成为澳门手信食品销量冠军，并连续7年保持这样的地位。钜记从街头巷尾推车仔卖花生糖和姜糖开始，经过16年的努力，已经发展到拥有十家连锁分店，生产销售包括杏仁饼、蛋卷、花生糖、肉干在内的300多种产品，雇用员工超过320名的知名品牌。

现今钜记占澳门手信食品总销量的比重超过七成。“原料好、重品质、勇于创新、加上用心和无止境的精益求精”是钜记成功的根本原因。同时，钜记也强调引进现代管理模式，积极培训员工。近些年来加强了广告投入，聘请香港美食家蔡澜为其“代言人”，使其在中国内地和港澳地区声名鹊起。2010年，钜记正式进入香港市场，在铜锣湾开了首家香港店。钜记作为澳门中小企业的杰出代表，分别荣获“旅游功绩勋章”，“我至喜爱澳门十大品牌”，“中国澳门手信行业十大影响力品牌”，“最受内地游客欢迎港澳卓越品牌——金爵奖”以及“杰出企业策略大奖”。

钜记在实现快速发展的同时，也积极投身社会公益活动，这些表现非常值得深入分析。依据利益相关者理论，我们将从产品、顾客、员工、股东、社区几个方面，来了解这个中小型家族企业是如何承担其企业社会责任的。

1. *产品*

无论哪种产品，其赢得顾客的最重要因素就是品质。远在钜记还是推车仔的时代，梁灿光就用心制作所有产品，使得其摊档小有名气，因而被香港媒体称作澳门的“花生糖大王”。但是，他身边的人则称他为“倒糖大王”，这是因为梁灿光醉心于改进口味，不断试制，宁可将做得不好的花生糖倒掉，也不会卖给顾客，因此父亲常常责骂他“败家”。可就是因为他有这样一种坚持品质至上的精神，才使得钜记能够在短短的十几年内，从摊档生意变成首屈一指的澳门手信王国，并成为澳门目前为止唯一一间拿到ISO 9001及ISO 22000食品认证的饼家。

发展至今，梁灿光仍坚持“品质行头、慢工出细活”，而这几乎成了企业的口头禅。钜记的杏仁饼是其拳头产品，有一次，梁灿光发现美国杏仁味道远远超过一直使用的国内杏仁，于是他坚持要用价格贵很多的美国杏仁来生产杏仁饼。虽然控制并不断降低成本是大多数企业家的目标，梁灿光却不这样认为。他主张慢工出细活，近乎偏执的强调品质的重要性。他坚持不能因为客人多了或出了名，就降低对货品质素的要求。这种坚持品质，为提高品质不惜增加成本的做法，是钜记对产品、对顾客的一种认真负责的态度。正是这种态度，是钜记能够长期占澳门手信市场七成份额的重要原因之一。

除了追求产品品质，钜记同时也不断推陈出新，这大概是源于梁灿光“喜新厌旧”的性格。说到产品创新，梁灿光说：“我从来都很怕闷，就算对食物也一样，所以我一直改良钜记的食品。特别是花生糖，我一开始就想改变那种硬到不堪的花生糖制法。研究了多次后，最终让我研究成功又软又不黏牙的花生糖。”为了开发更多的新产品，钜记在澳门自设厂房生产，控制品质的同时，成立产品开发部门，勇于突破传统，销售包括杏仁饼、蛋卷、花生糖、猪牛肉干在内的超过300多种产品。为专心产品创新，梁灿光婉辞各类社团的任职邀请，减少社会活动，一门心思钻研如何提升自家手信的味道。他亲身参与各类新产品的改良和开发，平均每年推出七八种新口味，如雪花杏仁酥、腰果脆糖等。

除了大力保障产品质量以外，钜记亦十分重视产品包装。梁灿光常常亲自设计产品包装，同时请专业人士不断改进其设计。虽然改进包装会不断增加运营成本，但各种新颖的、精美的商品包装的确吸引了顾客的注意。新包装的推出，往往带来产品销量的成倍增长。钜记在创新产品的同时，也首创了现场即制、即试、即卖杏仁饼和蛋卷的新型销售模式。这种创新的销售模式，现在已经被几乎所有其他手信店所采用。这不仅为整个行业带来活力，同时也给顾客带去更好的消费体验。

2. 员工、 股东

钜记聘请员工有个“三不用”的不成文规则，即“熟人不用、朋友不用、靓女不用”。公司聘请员工时，还会尽量选择28岁以上的员工；而对暑期工及兼职员工，则会尽量选择学业较轻闲的学生。因此，钜记店员的年纪一般偏大，大多学历不高。这一方面是出于员工队伍的稳定性要求，年纪大的员工一般对企业的忠诚度较高，服务态度也比较耐心；另一方面，这些员工本身就业也存在一定困难，因此钜记也解决了部分澳门当地居民的就业问题，可以说是一个双赢的策略。

此外，钜记并未因为自己是中小型家族企业，就忽视现代化的企业管理建设。公司注重员工培训，并引入现代管理模式。为更好建立品牌形象，钜记推行员工培训班，用系统规范的学习模式，教导员工说话和销售的艺术，以及如何更好地服务顾客，满足顾客需要。其培训的最终目的就是以诚待客，而这也是中华传统文化中的待客之道。

在管理上，梁灿光崇尚“简单、公平”的管理理念，依靠自身稳健的财务来进行滚动式发展。除了一个合伙人持有公司少量股份外，他是唯一的大股东。虽然他的家族成员包括哥哥和弟弟都在公司工作，但他不容许家族成员进入管理层，就是为了避免传统家族企业所常常面临的公司人际关系复杂化的问题。钜记还特别举办一些联谊活动，广泛征求员工对公司的意见和建议，梁灿光有一句名言，“对伙计差的老板是最笨的老板”。钜记致力于建设极具亲和力的企业文化，因此，员工很有主人翁的态度，把企业当成是自己的生意，推销起来格外卖力。此外，钜记还不断加强广告攻势，聘请香港美食家蔡澜作“形象代言人”，这深深强化了钜记在中国内地、香港居民心中的企业地位与形象。

3. 顾客

作为服务性行业，以客为尊是不变的定律，钜记最重要的运营理念就是“让顾客带笑离开”。为此，钜记要求每个员工必须带笑服务，并设立了一个奖罚制度，只要在一定时间内没有客人投诉，员工便能获得一定的奖金。更进一步，钜记关心顾客的消费体验并尽量提供舒适优雅的购物环境。各个店铺除了装修怀旧复古之外，还做到店堂整洁明亮。由于钜记顾客很多是来澳门观光的游客，开始时，店员体贴地为他们倒水解渴，后来钜记在各店铺专门设置饮水机，使有需要的客户进得门来都能喝上一杯清凉的水，从小事做起，使顾客真的有宾至如归的感觉，自然购物的意欲也会增加。

钜记除了有良好的服务态度，对顾客负责还体现在对销售产品质量的把关上。钜记的花生糖销量占澳门市场九成，他们曾经因为内地花生原料欠佳，停产花生糖达半个月之久。还有一次，店员发现一批花生糖有一点变味，他们立刻将整批200多箱花生糖全部扔掉，由此可见钜记对顾客的责任心。这样的事情，容易口口相传，得以帮助钜记产生良好的用户口碑。

4. 社区

钜记在获得商业上的成功后，积极回馈本地社区。为大力支持手信这种澳门所特有的重要文化形式，2012 年 3 月，钜记饼家成立“钜记慈善会”，致力推动手信文化及帮助有需要人士。慈善会成立伊始，就先后捐助过百万金额给“四川雅安”，“奥比斯”，“云南地震灾区”，“青海玉树”，“海地地震”，“澳门同善堂”等多个慈善项目。慈善会除了金钱捐助，还捐助产品支持港澳以及内地不同机构或单位举办的活动。

作为一名事业有成的企业家，梁灿光始终怀有感恩之心，以回馈大众为使命，并具有高度的社会责任感。为保有及宣扬澳门的手信文化，钜记饼家成立全球首家手信博物馆，馆内珍藏着澳门手信文化相关的历史展品，使用增强实景技术制作馆内之互动体验，增加参观人士之趣味性。这个手信博物馆记录了澳门一个多世纪以来的沧桑变迁，不但是澳门同胞的集体回忆，还可向世界各地的游客宣传历史悠久的澳门手信文化。为此，梁灿光强调说："我必须声明这里绝不是钜记手信博物馆，而是真真正正属于全澳门的手信博物馆，馆内珍藏着富有历史价值及澳门手信文化特质的展品，展品集合了澳门古今多个手信品牌，希望能在保留澳门手信文化上尽一份绵力。"

钜记不但身体力行保有澳门手信文化，还积极参加大学讲座座谈，向青年学生倾囊传授公司的创业经验，并鼓励、给予本澳学生较多的社会实践机会。

六、澳门家族企业履行社会责任的建议和发展方向

如今全球人类都面临着贫富分化、气候变化、环境保护、公众健康等一系列重大问题，依靠政府和非营利组织远远不能解决问题。虽然不少企业和创业者积极投身为社会谋取福祉的公益活动中，但社会上很多问题仍未能有效解决。长期依赖企业个人捐助，并不是社会可持续发展的慈善模式。对于澳门家族企业未来投身慈善或公益事业，回馈社会的发展方向，有以下几个方面需要注意。

（一）力度与策略的把握

一些企业或富商除努力履行其基本社会责任外，还会通过从事公益活动做出补偿，负担额外的社会责任，以弥补"政府之手"与"市场功能"在资源再分配中的不足。较早前一些巨富倡议商界捐款成立扶贫基金，除出于慈善心外，也算是一种补偿性的社会责任。

但企业与企业家为两个不同的法律个体，其公益捐献角色和责任也不相同，企业管理层不应随便慷上市公司或股东之慨，除非捐款金额不大或家族全资拥有企业，否则大股东可考虑以私人财富而非企业名义做出巨额公益捐献。

富商个人承担社会伦理道德教化的责任外，还通过公益捐献回馈社会，当然是多多益善。虽然富商取得的是正义之财，由于市场机制未能充分发挥，仍会出现社会财富不均的情况，需要社会公益来调节和体现公平与正义。人天生有同情心，商人乐善好施，多多作慈善扶贫及救急扶危，是令人敬佩的行为。多年前港澳地区一些富豪已捐出逾半身家为慈善基金济世，行善心比得上美国首富。

事实上，华人一直有优良的捐献传统，港澳人均捐献额更是全球之首。但直接派钱扶贫不是捐献精神或文化的全旨，难以确保资源善用，也未必是长久治本良方。除扶贫与救济的慈善外，也可按家族理想自由选择其他公益捐赠项目，如小区建设、医疗、教育、科研、文化、艺术、体育和推动一些核心价值的活动，以提高人类福祉，促进社会进步和谐。例如助学捐献是要解决跨代贫穷，使所有人都能有机会通过个人知识技能与勤奋，逐步取得经济独立自主。

社会公益活动往往需要企业投入大量的时间、金钱、人力、物力等资源，如何把握好一个度的问题对家族企业来讲至关重要。澳门的家族企业特别是中小型家族企业，在从事公益活动时要量力而行。家族企业可先推行和公司利益一致的战略性公益活动，然后在能力范围内，进一步投身于与自己理念相符或行业相关的公益赞助。①

在这个过程中，企业应尽量把公益活动植入到自己的业务活动和策略规划中，而不是开展脱离自己现有模式或能力范围以外的公益活动。由于资源有限，企业也应集中在较具优势或效益的一些公益项目上，而不要过分分散。当然，公益事业也可具创新性，不必墨守成规。②

相比与企业利益没有直接关系的慈善事业，战略性企业社会责任活动更能调动中小家族企业的积极性。而对于资金比较丰富的大家族企业，可以鼓励他们在完成基本企业社会责任活动的前提下，更多的从事较高层次的、“额外的”公益活动，树立榜样。此外，家族企业还可以通过转移技术和经验，向弱势群体提供就业学校机会，做出非金钱的但却更有意义的贡献。为有效利用资源，建议家族企业在实践社会责任时最好善用自己的专长和核心业务。例如从事玩具生产行业的企业，可参与或组织能提升儿童学习能力或改善亲子关系的公益活动，更能发挥特长。

另外，虽然不少企业和创业者积极投身为社会谋取福祉的公益活动，但社会上很多问题仍未能有有效解决。非营利性公益机构长期依赖企业个人捐赠及政府资助，并非可持续发展的模式。不同于上一代人，受过西方教育洗礼的年轻一代家族成员认为捐赠并不是慈善的终点，他们更加重视慈善事业对社会带来的长远

---

① 何顺文，李元莎．企业的公益捐献策略．信报，2010－12－18。

② 何顺文，李元莎．企业家的公益捐献责任．信报，2010－12－4。

影响。同样，本文提倡社会公益精神，但企业不是慈善机构，未能履行基本社会责任之前就做出纯公益或捐献活动，虽然伟大，但却常常不能持久。

近年，另一趋势为把“慈善捐献”逐渐提升为“公益事业”，用私人财富来支持社会企业家及所属机构，以期能改变这个世界。例如美国 e – bay 拍卖网站创办人杰夫·斯科（Jeff Skoll）在 1999 年创立 Skoll Foundation 基金，每年资助具重大社会影响力的创新公益企业项目，在牛津大学举办“公益企业世界论坛”，并投资拍摄有关改善人权和环保的电影。斯科已捐出超过一半的身家以改善人类生活，并期望最终捐出全部财富。这些例子证明私人捐献可以移风易俗，激励更多人参与改变世界的行列，而不一定只是作一般慈善扶贫捐款。今天公益捐献需要的不单是慷慨善心，更需要想象力、热诚及参与投入。

目前的一些社会问题主要是体制不健全欠公正造成的。一方面，政府有责任改良政策，确保自由公平竞争及合理再分配财富；另一方面，企业也应量力履行其最高层次的社会责任，通过支持和参与改革，消除制度性的不公。因此慈善捐赠值得赞扬，而支持最低工资、控烟法、公平竞争与保护消费者的立法等完善公共制度的社会活动更加让人敬重。

（二）制度化和专业化

在家族企业中，一般人治多于专业化或制度化管理，其文化通常强调辈分、权威、亲情与和谐，与现代企业注重民主、法治、公平与专业并不完全一致。同时，鉴于现在越来越多的假冒慈善机构诈骗，基金管理超高行政费，或者善款被滥用的丑闻爆出，对慈善事业进行制度化和专业化，提高其实践过程的透明度，才能提升公众的信任，也是家族企业需要特别注意的一点。

为更好、更专业地为社会做贡献，澳门的家族企业在从事公益活动时，应该有更敏锐的战略重点，采取更多合作性和专业性的实施方法。一方面，可以考虑聘请职业经理人等专业人士协助管理，建立一套透明、公平、正规的机制，从而更好地将家族文化利益与企业现代化管理相融合，使家族企业保持长久的竞争力，同时推动社会的持续繁荣发展；另一方面，设立家族基金也是一个不错的选择。通过基金会这种专业平台，家族各成员都可以继续为家族的名誉和价值做贡献，同时也使家族成员之间的团结和谐得到巩固与壮大。目前，已有一些家族企业设立了各种慈善基金会，强调捐赠只是救一时之急，授人以鱼不如授人以渔，要教人自力更生，实现可持续的公益。但由于此类正式的慈善架构在亚洲特别是澳门起步较晚，家族慈善基金会的模式仍有较大的制度化、专业化的提升空间。

（三）创立社会企业①

近年来，国际上一个新的趋势就是成立“社会企业”（social enterprises）或“公益创业”，设法把社会需求以及社会现实问题转化为商机，结合社会目标与商业创业精神，将“慈善捐赠”提升为“公益事业”。② 期冀以企业或私人财富支持社会创业者来协助弱势社会群体，增加新的社会价值，以实现慈善事业的可持续发展。这类“社会企业”（简称社企）是在能达成某一社会目标（如扶助弱势群体、为伤残人士提供就业、维权、环境保护等）的同时，又能够实现自负盈亏甚至盈利的公益事业。

社企强调商业经营和社会贡献并重，既不同于非营利的慈善机构，也不像商业企业那样过分计较盈利。社企在政府及社会的资助下进行商业活动，强调为弱势群体提供就业机会，经营产生的盈余也用于扶助弱势群体、促进社区发展及社企本身的壮大，注重社会价值多过企业盈利。这种模式可以激励更多的人和企业投身公益活动，比一般的慈善更需要想象力、热忱投入和可持续营运的能力，能更好地弥补政府及非营利组织在解决社会问题上的不足。

在西方，社企被视为界乎私有和公有之间的经济体系，又称为第三产业或社会经济。也有人称之为“第三部门”，以填补政府/非营利组织与商业机构在解决社会问题上之不足。社企也是传统企业与商人履行社会公益责任的另一有效途径。

虽然澳门的社企成长并不理想，政府也未有专门的部门及相关法律对其进行支持，但近年来还是取得一定的发展。立法议员荣永恩建议澳门政府加强政策支援，优先考虑使用社企产品，并加强宣传，让更多的企业和个人了解认识社企价值，并积极参加到支援社企发展的事业中，反哺社会。澳门前行政长官何厚铧也在2009年政府工作总结中提到：“本地社会人士以成立社会企业，拓宽了支援失业人士的渠道”。

受全球金融危机对经济发展和社会民生的影响，澳门政府于2009年推出了“社会企业”的计划来应对经济衰退引发的严峻就业形势。尽管澳门人力资源总

① 杨小帆，林扬东．澳门著名实业家何贤的经营策略，湘潭师范学院学报，2003。

② 何顺文，李元莎．社会企业能补救CSR不足．信报，2012-08-11。

量不足，但受限于劳动力素质，结构性失业在澳门一直存在，并成为困扰政府的社会问题。澳门近年来所进行的尝试之一就是2012年成立的“心悦洗衣”。它在雇用残疾人士进行商业运作的同时，也致力于提高他们的职业竞争力和社交活动能力，以利将来投身社会各行各业。

现今澳门家族企业的股东多以个人名义积极投身到社企发展中。例如“澳门社会企业有限公司”，是澳门30位建造业工商界人士自发设立，希望通过就业培训和中介来解决受金融危机冲击比较大的本地建造业。30名股东如何超凤、何荣标、马有礼、崔世平等大多来自澳门有影响力的家族，从成立开始就得到政府（劳工局、工务局、地籍局、建筑发展办公室、民政总署等）、业界和社团（包括澳门中华总商会、澳门建筑置业商会、澳门建造商会就澳门建筑机械工程商会）的大力协助。未来澳门家族企业可以考虑以企业合作及股东投资的形式继续大力支援社企的发展。

（四）企业社会责任的国际标准与指数

澳门可以借鉴香港的经验鼓励企业通过“企业社会责任指数”、“企业社会责任先导者指数”、“中小企业—企业社会责任指数”、“可持续发展企业指数”等相关指数来客观度量澳门家族企业及其他企业实践社会责任的情况和趋势，指导改善它们承担社会责任的表现，同时加强相关资料的披露和与股东的沟通。这类指数涵盖“ISO/DIS 26000社会责任指引”（国际标准草案）或ISO/DIS 26000的七大核心主题，包括企业管治、人权、劳动实务、环境、公平营运实务、顾客事宜以及社区参与和发展。通过详细的审核过程收集及量化资料，通常可以准确地反映参与企业在社会责任方面的成熟度及系统表现，从而帮助澳门企业特别是家族企业发现需要加强改善的方面，更系统、更持之以恒地履行企业社会责任，提升企业形象，增强企业竞争力。同时对澳门政府、投资者、社会大众以及其他持股者也是非常有用的基准指数和参考工具。

可持续发展企业指数可以在某种程度上反映个别地区的企业对社会责任的投入情况，同时也可帮助企业度量其实践社会责任的水平。企业在善用这类评估工具之前，要对企业社会责任进行合情、合理评估，并邀请专业人士进行多方商讨，一起制定符合企业长期发展规划的“可持续发展企业指数”的计算模式。

最后，家族企业的社会责任不应只限于推行公益及慈善计划，而是应积极地参与改革和优化公共政策，从而确保市场更高效、自由和公正。随着社会制度获得改善，很多社会问题都会相应减少。

执笔人：

澳门大学副校长、教授

何顺文

澳门大学工商管理学院管理与市场学系助理教授

陈晓云

附　澳门博彩业企业社会责任的现状

	澳门博彩控股	银河娱乐	美高梅中国	新濠博亚	永利澳门	金沙中国（威尼斯人）	无企业	不知道
为本地人提供奖学金	44.7	3.2	2.1	2.1	7.4	24.7	33.7	75.7
推广负责任的博彩行为	45.4	12.0	12.4	10.5	13.4	17.7	42.6	73.1
对赌博问题投入研究	39.7	6.8	7.5	4.1	9.6	17.8	41.8	81.1
资助致力于解决赌博问题的机构和活动	39.7	6.1	9.2	9.9	13.7	19.1	42.0	82.9
发展本地人才	67.1	16.7	22.2	15.7	29.9	40.1	12.2	48.0
推广澳门形象	37.0	10.8	21.6	11.5	33.5	71.4	14.3	40.8
投身慈善事业	77.1	18.9	15.7	13.1	26.4	39.5	6.1	45.0
引入新科技	28.4	15.1	27.3	18.5	35.1	69.7	112.9	65.1
为本地企业创造商业机会	50.8	36.6	41.4	38.7	47.5	75.1	10.4	45.9
保护环境	21.1	3.0	7.2	4.9	8.0	14.4	69.7	65.9
投入美化城市的活动	21.1	5.6	11.3	6.7	21.8	38.0	45.1	63.1
给本地员工提供良好的酬金	41.9	26.9	36.4	27.6	50.0	50.6	20.2	49.7
为本地员工提供良好的职业发展	48.7	26.3	30.3	29.7	41.9	49.0	23.8	54.4
为本地员工提供培训机会	73.9	31.3	35.5	30.5	45.2	52.5	6.2	38.0
公平对待本地员工	31.4	8.6	12.9	8.9	19.8	14.5	49.5	61.2
创造和谐的工作环境	22.6	10.2	18.3	10.6	27.2	28.5	38.3	69.8
引入先进管理经验	23.9	16.7	35.2	15.7	46.4	67.9	14.0	62.1

注：受访者可以选择多个企业。

资料来源：Vong & Wong，2013。

参考文献

[1] 赵荣芳．何贤生平，中山文史，1990（19）。

[2] 吴楠．何厚铧家族传，广州出版社，1999 年。

[3] 钟蕴晴．何鸿燊——建基港澳　贡献国家，大公报，2008－12－31。

[4] 李洁颖、林婉琪．钜记饼家，文汇报，2011－12－20。

[5] 娄胜华．社会企业的概念、实践与发展策略．行政，2009 年第 22 卷，第 83 期。

[6] 叶桂平．"社会企业"与"食物银行"：澳门特区的社会管理创新刍议．中国社会科学院研究生院学报，第 3 期（总 189 期）。

[7] 何顺文．企业社会责任：谬误与真实，信报月刊，2012－7。

[8] 何顺文，李元莎．华人家族企业传承的谬误与困局，信报，2011－2－19。

[9] 何顺文，李元莎．子承父业的传承策略与要诀，信报，2011－3－19。

[10] 何顺文，李元莎．家族企业传承策略的另类选择，信报，2011－4－2。

[11] Ho, Simon S. M. Ho, 2012, What is Company's Corporate Social Responsibility?, *Momentum*, Hong Kong Chamber of Listed Companies, Spring 2012, pp. 18 ~ 20.

中国家族企业社会责任报告（台湾地区）

一、缘起与动机

企业社会责任简称CSR的理念缘起于20世纪工业发展极盛之后的反思，而于近年来蓬勃发展。自2000年联合国在世界经济论坛（World Economic Forum，WEF）提出全球盟约（Global Compact）后，关于企业社会责任的各种定义及规范陆续面世。目前国际上最具影响力、被普遍使用的定义，为国际标准组织ISO26000社会责任指引，它将企业社会责任定义为“组织（包含企业）对于其决策和活动带给社会及环境影响所承担的责任，通过公平、公正、公开及道德行为等方式，兼顾利害关系人的需求，并遵守法律及国际规范，将社会责任的精神融入组织中，以期贯彻社会的永续发展”。

尔后，琼斯（Jones，1995）将组织与经济学带入CSR理论，为企业社会责任成为企业策略一环之起始，有关于企业社会责任可以作为企业核心策略之一等理论，日趋蓬勃发展。管理大师迈克尔·波特（Michael Porter）亦认为，企业社会责任应该是公司的核心策略之一，若只注重企业形象是非常危险的（Porter & Kramer, 2011），企业应思考将社会责任融入企业的核心策略，作为永续经营的重要磐石。目前，对于企业社会责任的历程，著名的观点为Nidumolu et al.（2009）提出的企业永续经营的历程，包括：（1）守法见商机；（2）建立永续价值链；（3）设计永续产品与服务；（4）开发新商业模式；（5）打造下一代实务平台。由此发现，企业推动企业社会责任的工作始于对法令的遵从，进而将其导入公司的日常营运，以增进经营效能；之后整合内部的资源，洞悉自身优势与价值链，并纳入经营策略，使之成为企业永续经营的重要平台。

鉴于企业社会责任议题近年备受瞩目，不仅代表社会大众对企业的期待，更攸关企业形象的建立。企业社会责任的推行，不仅对专业经理人制的公司至为重要，对家族企业而言，亦攸关家族企业与社会之间的连结与形象建立。家族企业一般相当重视维护家族名誉，同时在企业经营上看重长远发展，家族重视内部凝聚力与长期经营的观点，均与企业重视与社会连结相吻合，将社会责任纳入企业运作范畴。此外，在利害关系人论述上，该论述主张，企业的发展离不开各种利害关系人的投入和参与，比如股东、债权人、员工、消费者、供货商等（弗里曼，1984）；企业理所当然地要为所有利害关系人服务，股东只是其中之一，且不能凌驾于其他利害关系人之上，企业的经营者应该思考，是站在谁的立场，符合谁的利益在发展（弗里曼，2001）。对家族企业与非家族企业而言，尽管股东以外的利害关系人，如员工、供货商、债权人、顾客、小区等均相同，但在家族企业当中，由于家族股东是主要持股人，因此，有别于非家族企业在股东对象上并非一定具备大股东特征，家族企业必须对大股东（家族成员）、小股东（非家族成员的股东）均有经营责任。学者主张，相较于非家族企业，家族成员长期经营与维护家族声誉的想法，会为各类型利害关系人有更好的负责；但是，由于家族成员相较于其他股东持有相对有利的持股比重，因此如果家族成员仅关心自己的权益，不顾其他股东与利害关系人的权益，那么在家族企业当中，也会很容易发生大股东侵吞小股东权益的问题，这自然也违背必须对各种利害关系人负责的论述。因此，下面将根据利害关系人的论点，进一步阐述家族企业与非家族企业的企业社会责任实践。

在台湾上市公司中，有高达八成是家族企业（李宗荣，2007），家族集团更是常见的企业运作形式（钟喜梅、林佳慧，2009），但是究竟台湾的家族企业与非家族企业，在企业社会责任履行与内容实践上有何差异，仍然是一个在理论上与实务上需要解答的问题。因此，本报告将以台湾《天下杂志》2012 年所披露的 2011 年台湾“企业公民责任”为资料，分析这些获得“企业公民”奖项的企业在各获奖内容上的差异，进而比较其中家族企业与非家族企业在实践企业社会责任上的相同点与相异点，以作为台湾家族企业未来推动企业社会责任的参考与依据。

诚如前述，企业社会责任缘起于欧美企业，对亚洲企业而言，欧美大型企业在实践企业社会责任的做法，以及国际组织所制定的规范（如前述 OECD 多国企业指导纲领），自然是亚洲企业可以参考的对象。但是，对于亚洲企业来说，亚洲经济发展的轨迹与企业组成形态相较欧美企业不大相同，我们除了思考亚洲企业特殊的网络运作，对于企业竞争力与国际化发展的意义外，也可以进一步思考，亚洲常见的家族式经营与人情网络运作，对于企业与社会连结之间的意义与价值。所有企业的发展，均存在于特殊的社会脉络当中，因此，讨论企业社会责任，自然也需要了解企业在其所处环境当中获取哪些资源、如何获取资源，以及如何通过制度性方式，回馈资源给社会。对于华人家族企业而言，比较其与非家族企业在企业社会责任实践方式上的异同，自然是了解华人家族企业社会责任议题的起始点。

在报告中，我们将首先简单回顾家族企业与企业社会责任的相关文献，然后再以《天下杂志》2012 年所公布的台湾“天下企业公民”数据为分析对象，比较获取此殊荣的家族企业与非家族企业的特征，以及其注重企业社会责任项目之间的异同；同时，以利害关系人为论点，讨论家族企业与非家族企业在实践企业社会责任上的差异，以及对主要利害关系人的意义。最后将针对台湾家族企业与非家族企业实践企业社会责任的现状比较与发现，提出对于华人家族企业实践企业社会责任的建议。

二、文献回顾

（一）家族企业与企业社会责任

家族企业并非华人商业社会独有的特征，家族经营普遍存在于美洲、欧洲、亚太各国的企业治理机制中。在美国，约有三分之一强的大型企业仍掌握在家族手中；在东亚九国，超过半数企业的所有权结构为家族控制形态，且有超过三分之二以上的企业为控股股东所掌握。同时，在华人企业研究当中，家族经营亦是研究者与实务者不可忽视的一项重要特质。

家族企业是台湾企业的主要形式（李宗荣，2007）。在台湾，家族经营不仅是中小型企业运作的关键因素，对大型企业（如集团）来说，亦是影响其决策，乃至于策略转折的重要影响因素之一（钟喜梅、叶家豪，2009）。根据台湾经济部门中小企业处 2008 年的统计，台湾有将近六成的中小企业以独资的方式经营，并创造了 538 万个就业机会。另外，根据台湾中华征信所出版的《2011 台湾地区大型集团企业研究》一书披露，在台湾前百大集团企业中，超过50个集团企业的核心股权仍掌控于个人或所属家族，包括台塑、新光、国泰、远东等。虽然不少的家族企业因无法适应市场变化而逐渐衰落，却仍有些家族企业不但未如西方家族企业出现凋敝，反而在社会与文化的长期影响下不断创新，发展出一种结合经济制度与社会组织的体制，并获得了掌握经营权与管理权合二为一的优势，得以延续甚至茁壮发展，例如基隆颜家等五大家族，或是台塑王家等新五大家族（司马啸青，2000，2005）。由于家族企业经营有别于一般企业，具有跨世代、长期经营的特色，从家族企业延续来看，德国家族企业中约有20%处于第三代，10%处于第四代或以上；英国家族企业则有19%处于第三代，14%在第四代或第四代以上；而台湾中小企业经营5年和10年以上的比率分别为63.64%与43.54%，若以集团企业方式经营，历经三四十年后，能否顺利接班、传承，与家族企业的发展有密切的关系。事实上，台湾地区家族企业第二代也普遍认识到，必须通过更积极的创新活动与社会参与活动，达到延续家族成员永续经营企业的目的。

根据“瑞银—欧洲工商管理学院亚洲家族慈善调研报告”（2011）指出，越来越多的慈善家采取企业运作方式经营慈善事业，同时会替慈善事业确定明确目标与方向；在发达国家，如欧洲各国或美国、日本等国，策略性慈善事业是驱使社会变革或改变的重要驱动力；在新兴市场国家，有越来越多地方性慈善家出现，同时当地政府也发现慈善家对于社会的价值，而跨国慈善事业的兴起，将有助于新兴市场慈善事业的发展，从而可以发挥更好的效益与价值。该份报告认为，亚洲家族在慈善事业发展过程中有着举足轻重的作用，慈善事业也为家族建立世代间的凝聚力，但是由于家族慈善的专业化与体制化起步较晚，因此在弹性、效率与专业化管理上面临一些挑战。该报告提出，如果新兴国家的家族企业，在推动慈善事业时，可以采用类似“影响价值链”（impact value chain）的概念，检查资源投入后（inputs），会产生哪些慈善活动（activities）、有哪些具体产出可以衡量（outputs），以及这些具体产出会改变哪些社会系统或产生哪些影响（outcomes to drive social change and impacts），则家族企业将可有效运用慈善事业，为该家族企业投入创新动能，并且具体为社会产生价值与影响。

家族企业重视家族价值的维持以及家族情感的凝聚，但是家族企业重视家族价值的倾向，是否会使其比较愿意有企业社会责任，却有不同论述。有些学者指出，家族价值的维系，会为家族带来长期发展的想法，以及对于家族延续之使命，所以从风险管理角度，家族企业会较重视企业社会责任的执行，以避免非系统性风险的产生，威胁到家族长期经营的目标；但是，也有学者指出，由于家族企业持有相对有利的持股比例，所以会以保障家族成员掌控经营权与管理权为优先目标，因此在相关决策上，会以家族目标为优先考虑因素，而非社会的观感。这表示，家族稳定持股，并不一定带来决定性重视社会责任与否的结果，还需考虑其他可能变量。以美国 S&P 500 公司的初步实证指出，家族企业相较于非家族企业，在执行相关决策时，会比较考虑社会观感与顾虑，这表示家族企业是比较重视企业社会责任的。但是，该份研究仅是初步说明，在美国，家族企业相较于非家族企业是比较在意负面社会观感，并没有进一步指出家族与非家族企业究竟在履行社会责任内容上有何差异，因此更细致地分析家族与非家族企业在不同社会责任内容上的差异，有助于了解家族与非家族企业在何种企业社会责任构面上的异同与意涵。此外，从利害关系人论点，该份研究也没有指出，家族与非家族企业所执行之企业社会责任，对于不同利害关系人的意义与影响。因此，接下来我们将介绍利害关系人理论，以及该论点如何解释企业社会责任议题，并且运用此论点分析台湾家族与非家族企业在体现企业社会责任构面上的差异，与对主要利害关系人的意义。

虽然家族企业都会遇到相同的问题，例如人才培训与接班、创新动能的延续、公司治理与控制等，但是不同体制环境下的家族企业，其发展过程必须思考其与体制规范如何互动。在大中华地区，包括中国内地、香港与台湾，虽然都具有相似的儒家文化背景，但是却有相当不同的政治与体制化发展过程，因此台湾的家族企业相较于非家族企业，究竟如何执行企业社会责任，以及如何通过企业社会责任达到对于利害关系人负责的目的，进而通过企业社会责任之执行，提高本身竞争优势，也就成为具有价值的研究分析对象。

（二）家族企业企业社会责任——利害关系人观点

有别于“股东利益优先理论”认为股东拥有企业，“利害关系人理论”则认为真正拥有企业的是其利害关系人。诚如前述，利害关系人理论的核心问题是企业究竟以谁的立场，符合谁的利益在经营企业。虽然反对利害关系人理论的学者不在少数，但利害关系人理论确实受到越来越多的人认可，同时也有人认为通过利害关系人的分析，可以具体考虑企业实际决策会影响到哪些人，同时可以思考企业决策应对利害关系人的需要做出哪些策略性响应。

弗里曼（1984）是将“利害关系人理论”带入现代管理领域的第一人，他定义的利害关系人是在一个组织中会影响组织目标或被组织影响的团体或个人，同时通过所有权、经济依赖性和社会利益三个方面，对利害关系人进行分类。迈特弗（1983）则提出包括关键途径、地位途径、声望途径、社会参与途径、意见领袖途径、人口统计途径及组织途径等7种认定利害关系人的分析方式。而米切尔等则提出以正当性、权力大小和紧迫程度对利害关系人进行动态分析。简言之，企业对于各种利害关系人的要求与响应，可考虑企业所认为的某一利害关系人对某种权益要求的正当性和适切性，例如股东、消费者和员工对企业有着明确、正式和直接的关系，所以也就意味着他们的要求比较具有正当性；或是某一群体是否拥有影响企业决策的地位、能力和相应的手段，例如股东、消费者和员工三者对于企业决策有相对较大的权力；再者则是思考利害关系人需要企业对他们的要求给予急切关注或响应的程度，例如股东、消费者和员工三者之需求，对于企业决策与营运有相对较高的迫切性，企业需要有较快与明确的策略性响应。

从权力的角度，企业的生存有赖于外部环境资源，因此，应从什么样的资源和活动是企业不可或缺的，又有哪些个人或团体现在或未来可能提供或影响这些资源，来界定组织的利害关系团体。虽然利害关系人分析获得重视，且被越来越多的企业作为策略分析工具，这是利害关系人理论的重大成就，但是由于利害关系人范围极广，目前企业在鉴别会对企业营运造成重大影响或受企业营运影响较大的利害关系人的工作上，仍未建立一套完整的评估方式，常见的做法大抵不偏离英国企业社会责任倡议组织所推出的AA1000利害关系人参与标准（AA1000SES；Stakeholder Engagement Standard），此一准则主张包容性、重大性及响应性等三种准则（郑宗雄，2010）。下面就此三项原则及实践中利害关系人的参与流程做一简介。

1. 包容性基本原则。通过组织对利害关系人负责任与策略性的响应的参与来发展并实现永续性，是重大性原则的起点。其内容包含：（1）明确利害关系人的参与流程，以负责任的方式来处理、响应议题；并提供利害关系人可全面且客观的参与，而达成策略、计划、行动及绩效。（2）宜充分了解并找出哪些是利害关系人，全面且平衡地了解他们的需求、关注重点及具体参与方式。（3）利害关系人参与的具体方式依组织与利害关系人的影响力及既有关系的成熟程度来决定。

2. 重大性原则。组织应有效鉴别能影响利害关系人决策、行动及绩效的重大性议题。包括：(1) 通过搜集全面且平衡的信息进行分析的重大性决定流程，输入来自利害关系人短、中、长期的财务与非财务信息、永续性因子及对利害关系人的影响。(2) 将组织及其利害关系人的需求、关注重点及期望纳入考虑范围，最终由组织决定符合组织决策与策略发展的重大性议题。(3) 除充分了解与自身相关之永续性议题，组织亦需针对非重大性的问题做出响应，平衡并全面理解这些内容对谁是重大的及原因为何。

3. 响应性原则。组织应响应利害关系人关注的议题。包括：(1) 通过制定政策及目标与标的、治理架构、管理系统及流程、行动计划、利害关系人参与绩效量测与监督等方式做出响应。(2) 做出响应必定占据组织的资源，因此需先列出响应的优先级；响应的优先级须与组织的其他策略、营运及利害关系人的诉求一致，并与利害关系人沟通。

AA1000 利害关系人参与标准也进一步提出一系列利害关系人的识别流程，供企业在决策制定时参考。

虽然“企业社会责任”的定义以及其所涉及的利害关系人有多种主张，但是其论述的核心即在于，公司不能仅以追求股东最大利益作为其经营的唯一目的，还应关怀并增进股东以外的其他利害关系人的利益。从权力论点，组织必须了解依赖环境资源对组织生存不确定性的影响，因此企业进行商业活动与决策时，必须考虑到各种利害关系人的正当性、权力大小与迫切性，并遵循道德与法律规范。简言之，从利害关系人理论讨论企业社会责任，主要是主张企业应成为符合道德责任的“社会人”，意即，除向股东负责、追求利润最大化外，同时也要兼顾提升员工满意度、尽力维护客户及当地居民的权益，并做到对环境永续的保护。

在简单回顾企业社会责任，以及如何从利害关系人角度论述企业社会责任后，下面将进一步说明，台湾家族企业与非家族企业实践企业社会责任的具体作为，以及如何实践“社会人”的承诺和对主要利害关系人的策略性回应。

三、样本说明

根据天下杂志网站所示，《天下杂志》2012 年“企业公民奖”，系参考联合国“全球盟约”（The UN Global Compact）、OECD 多国企业指导纲领、美国道琼永续指数（DJSI）等国际指标与评量方法，以四大指标——“公司治理”、“企业承诺”、“社会参与”及“环境保护”，评选台湾最佳企业公民。其中，“公司治理”主要衡量董事会的独立性及公司的透明度；“企业承诺”包含对消费者的承诺，对员工的培育照顾，和对创新研发的投入；“社会参与”衡量企业是否长期投入特定议题，并发挥积极影响力；而“环境保护”则调查企业在环保及节能上是否具有具体目标与做法。因此，借由这四大指标与分数的评比，可以具体呈现获奖企业在实践企业社会责任上的着力之处与所重视内涵。

在2012年评选流程当中，评选对象共分3组，以企业年营业收入100亿为点，大于100亿为“大型企业”，小于100亿为“中型企业”，其他一类为“外商企业”，调查时间自2012年5月18日至2012年7月17日止，分4阶段进行。第1阶段初选，从受金管会监督的公开发行公司（含上市、上柜、兴柜公司）中，筛选连续3年获利的公司，以及由《天下杂志》“1000大调查”与专家学者推荐的在台外商参与调查。第2阶段复选，根据各企业回复资料，筛选出84家企业（含46家大型企业，19家中坚企业，19家外商企业）为入围企业。第3阶段决选，由具有公信力与社会声望的各界专家，根“公司治理”、“企业承诺”、“社会参与”、“环境保护”等四大指标表现，分别进行评分、讨论。第四阶段总评，由评审长林信义先生，召集12位评审委员，根据企业整体表现，选出“天下企业公民Top 50”。因此，由评选流程来看，获选为“天下企业公民”奖项的企业，不仅在日常经营上有好的表现，同时在实践企业社会责任时亦获得高度肯定。由于2012年的调查主要是评选企业在2011年的表现，因此，通过2011年度台湾上市柜公司当中，家族企业与非家族企业在企业社会责任表现上的异同，可以具体说明台湾大型企业在实践“社会人”的程度，而这一评选准则不仅具有样本上的代表性，同时也可作为台湾企业在企业社会责任实践上的标杆。

四、结果分析

（一）整体分析与说明

从表1－57当中可以发现，在2012年台湾《天下杂志》“企业社会公民奖”获奖的30家企业当中，18家为家族企业，而在其他非家族企业的12家企业当中，有2家具有官股参与和涉入经营的特征（中华电信与中国钢铁）。18家家族企业的平均成立年限为33.28年，而12家非家族企业的平均成立年限为22.58

年。在资本额部分，家族企业的平均资本额显著高于非家族企业，这主要是因为2000年之后，许多金融公司纷纷成立控股公司，而控股公司的规模又往往比其他制造业公司或非金融服务业公司大，这当中如中国信托金融控股公司、国泰金融控股公司、台北富邦金融控股公司等，均是具有家族治理特征的公司，因此我们可以发现，由于有数家金融业家族企业的入榜，使得该年度上榜的家族企业，规模显著比非家族企业大。

观察家族与非家族获奖企业的平均成立年限与规模后，我们进一步分析家族企业与非家族企业在获奖的项目评比的差异。依据表1-58显示，平均而言，家族企业在相关评比项目上，平均分数均比非家族企业低，但是若进行单因子的检定，则检定结果均为不显著，结果显示，2011年，台湾家族企业与非家族企业，在各项企业公民的项目评比上并无显著差异，这说明，获奖的企业并不因为其具有家族治理的特征，而影响到特定企业社会责任的表现。而若进一步分析家族企业与非家族企业在企业社会责任方面的表现差异，平均而言，对家族企业来说，在“公司治理”、“企业承诺”、“社会参与”、“环境保护”等项目当中，“社会参与”的分数比其他项目高，说明获奖的家族企业均长期投入特定议题，并且对于整体社会产生了积极影响，但是在这些指标当中，家族企业的“公司治理”平均分数是较低的，说明家族企业在公司治理项目上，对于如何平衡主要家族股东与其他非家族股东的权益还有改善空间。至于在非家族企业部分，获奖的非家族企业，在“社会参与”、“公司治理”与“环境保护”的分数均相当高且相当接近，说明非家族企业不仅会通过特定议题的长期耕耘，对整体社会产生影响力，同时在平衡不同股东权益以及环境保护上，也有相当不错的表现。而非家族企业整体来说，各项指标的表现均相当接近，说明获奖的非家族企业在平衡各种利害关系人的利益上，有较为一致的作为。

若我们进一步分析还有哪些因素会影响到企业对于企业社会责任的重视，则简单的回归分析结果说明，如果企业聘请越多的独立董监事，则企业会越重视企业社会责任。在这30家企业当中，家族企业的平均独立董监事数目比非家族企业平均值低（家族企业平均为1.50位，非家族企业平均为2.42位），因此，这说明如果家族企业愿意聘用独立董监事，强化对公司治理的表现与对公司的监督，则该企业会比较重视企业社会责任。

表1－57　2012年台湾《天下杂志》“企业社会公民奖”获选与评比一览

2011排名	企业名称	资本额（千元台币）	成立年	家族企业	社会公民总分	公司治理	企业承诺	社会参与	环境保护
1	台湾集成电路	761 407 874	24	0	8.68	9.1	7.9	8.9	8.9
2	光宝科技	113 485 357	22	0	8.59	9.3	8.1	8.2	8.8
3	台达电子	119 788 567	36	1	8.44	7.9	8.3	8.9	8.7
4	中华电信	433 297 870	15	0	8.39	8.4	8.8	8.8	7.7
5	信义房屋	9 614 435	23	1	8.18	9	7.4	9.3	7.1
6	台湾大哥大	84 727 704	14	1	7.87	9.2	6.8	8.3	7.3
7	旺宏电子	67 876 913	22	0	7.73	7.5	7.7	7.8	8
8	纬创资通	201 309 287	10	0	7.71	8.6	7.4	7.5	7.5
9	富邦金融控股	3 618 135 216	10	1	7.64	8.2	6.7	9.3	6.4
10	中国信托金融控股	2 019 622 075	9	1	7.61	8.3	7.2	8.2	6.7
11	中国钢铁	421 934 840	40	0	7.53	6.6	8.1	7.3	8.2
12	日月光半导体	171 078 607	27	1	7.28	7.3	7.3	7	7.6
13	玉山金融控股	1 155 491 362	9	0	7.2	8.4	6.9	7.5	6
14	中鼎工程	34 525 101	32	0	7.04	7	6.8	7.6	6.8
15	裕隆汽车	75 669 116	58	1	7.01	5.5	8.3	6.7	7.6

续表

2011排名	企业名称	资本额（千元台币）	成立年	家族企业	社会公民总分	公司治理	企业承诺	社会参与	环境保护
16	仁宝计算机工业	236 957 611	27	1	6.94	6.1	6.9	6.9	7.9
17	华硕计算机	182 737 912	21	0	6.88	6.9	5.9	7.2	7.6
18	茂迪	30 917 895	30	0	6.86	6.1	6.6	7.6	7.1
19	国泰金融控股	5 005 402 780	10	1	6.86	7.4	7.5	7.6	4.9
20	统一超商	52 278 568	24	1	6.74	6.2	6.7	7.2	6.9
21	中国人寿保险	730 326 462	48	1	6.74	7.2	6.5	7.3	6.1
22	微星科技	38 946 429	25	0	6.56	5.2	6.9	6.5	7.7
23	士林电机	28 464 877	56	1	6.45	4.9	7.5	6.9	6.6
24	和泰汽车	34 601 445	56	1	6.34	5.3	7	6.2	7
25	远东新世纪	181 218 074	57	1	6.22	4.7	6.2	6.8	7.2
26	正隆	36 982 854	52	1	6.22	3.9	5.8	7.3	7.9
27	丰泰企业	14 553 947	40	1	6.21	5.5	6.9	5.9	6.6
28	远传电信	89 832 171	14	1	5.97	6.1	6.1	6	5.7
29	聚阳实业	6 990 619	21	0	5.96	6	7	6.2	4.7
30	台橡	22 636 053	38	1	5.91	6.2	6.9	3.9	6.7

资料来源：《天下杂志》2012 年“企业公民奖”

表1－58　2012年台湾《天下杂志》“企业社会公民奖”家族企业与非家族企业的比较

	家族企业	非家族企业	单一变数检定
平均企业社会公民总分	6.92	7.42	不显著
平均公司治理分数	6.61	7.43	不显著
平均企业承诺分数	7.00	7.34	不显著
平均社会参与分数	7.21	7.59	不显著
平均环境保护分数	6.94	7.42	不显著

资料来源：本研究整理

（二）利害关系人的分析与说明

以上分析与说明，比较了台湾2012年（实际年为2011年）企业社会公民的获奖企业概况，而如果从利害关系人的角度，我们可以观察到，这四项指标，其实代表着对不同利害关系人的重视。其中，“公司治理”主要衡量董事会的独立性及公司的透明度，因此在利害关系人上，主要关注“股东”的权益；“企业承诺”由于包含对消费者的承诺，对员工的培育照顾，以及对创新研发的投入，因此我们可以说，“企业承诺”的分数较高，代表对消费者与员工等两类利害关系人的权益较为重视；至于“社会参与”指标，由于衡量企业是否长期投入特定议题，并发挥积极影响力，因此，我们可以说这是对“社区”或是“整体社会”等利害关系人较为重视；最后，“环境保护”主要关注企业在环保及节能上是否具有具体目标与做法，因此，这也可以说是对于“社区”或是“整体社会”等利害关系人权益较为重视。

若从利害关系人角度，我们可以发现，平均而言，家族企业对主要利害关系人（股东、员工、消费者）的重视并没有高于对其他利害关系人的重视，尤其在“公司治理”层面上，偏低的分数更反映家族企业可能有难以平衡家族主要股东与其他非家族股东权益的疑虑。而非家族企业由于在“社会参与”、“公司治理”与“环境保护”等指标上有相当接近的分数，说明非家族企业对于各种利害关系人权益与利益的平衡，有较好的作为与策略。由于此调查数据当中，并没有将“员工”与“消费者”这两种“股东”以外的主要利害关系人加以区分，因此我们难以了解，获奖企业在重视员工权益与重视消费者权益上的差异。

总体而言，根据《天下杂志》2012年的数据，台湾获得“企业社会公民奖”

的家族企业与非家族企业，在各种利害关系人权益的维护与回应上，均有相近的表现。但是，家族企业需要更注意如何平衡家族控制股东与其他非控制股东之间利益的潜在冲突与问题，而这一问题，显然在非家族企业所可能引起的矛盾与冲突较低，但是，家族企业与非家族企业，均需要对于“股东”以外的主要利害关系人，如“员工”或“消费者”等的权益，有更具体的作为与积极性策略。但是，不管如何，这一份数据显示，台湾的家族企业并没有比非家族企业，在实践企业社会责任上表现较差，而获奖的家族企业数量高于非家族企业数量，也说明台湾家族企业在参与社会事务的积极与热忱。因此，比较前述以美国 S&P 500 公司的初步实证指出，家族企业相较于非家族企业，在执行相关决策时，会比较考虑社会观感与顾虑，在台湾，并没有出现家族企业比非家族企业更重视企业社会责任的差异现象，但是，由于台湾的数据显示，如果企业聘用越多的独立董监事，将会有助于实践企业社会责任，因此也说明，有越多非控制股东的声音与参与，会越有助于企业重视企业社会责任，以及实践对于各种利害关系人权益的响应与维护。

五、结语与讨论

企业推行企业社会责任，不仅代表企业与社会之间的连结与形象建立，同时也代表对于不同利害关系人权益的响应与维护。在西方或在东方社会，家族企业重视家族名誉之维持与重视长期观点，究竟是否会使家族企业比较重视企业社会责任之实践，目前的证据与论述均相当有限。以美国 S&P 500 公司的初步分析显示，家族企业比非家族企业较为在意负面观感，从而比较重视企业社会责任实践（Dyer & Whetten, 2006）。而台湾 2012 年的天下社会公民数据则显示，家族企业比非家族企业更重视企业社会责任的差异并不存在，但是，由于台湾的数据显示，如果企业聘用越多独立董监事，将会有助于实践企业社会责任，因此也说明，有越多非控制股东的声音与参与，会越有助于企业重视企业社会责任，以及实践对于各种利害关系人权益之响应与维护。

家族治理是亚洲企业普遍采用的治理模式，而家族企业如何能通过履行社会责任成为社会公民的一分子，也是亚洲各国和地区的家族企业需要学习与重视之处。虽然台湾的数据显示，在台湾，家族企业与非家族企业一样重视各种企业社会责任的参与和实践，但是，家族企业在“公司治理”分数上偏低，说明家族企业需更为重视如何平衡家族控制股东与非控制股东之间的权益关系。此外，从利害关系人角度，家族企业也相较于非家族企业，需更为注意对“员工”与“消费者”等主要利害关系人的权益回应。但整体而言，台湾的数据显示，入榜的家族企业数目比非家族企业多，同时两者之间并无在统计上的显著差异，说明台湾家族企业对于企业社会责任的实践与相关做法，可以供其他地区家族企业参考。

通过天下社会公民资料的初步分析，让我们了解了台湾家族企业与非家族企业，在实践企业社会责任的具体做法与评比。但是，实践企业社会责任有多种方式，许多企业会通过设立专责单位方式，推动与力行企业社会责任，例如，企业设立基金会，就是很常见的一种推动企业社会责任的方法。以上这份报告，我们比较了台湾家族企业与非家族企业实践企业社会责任的内涵与差异，但是由于该份报告并没有提供究竟家族企业是如何实践企业社会责任，尤其是在“社会参与”的层面上。由于台湾家族企业在各种企业公民评比项目中，在“社会参与”层面上有很好的评比与表现，因此，接下来我们提供“元大文教基金会”的具体案例，说明家族企业所设立的基金会，其转型与积极参与社会事务的历程。希望这一份报告与案例的提供，可以收抛砖引玉之效，为华人家族企业实践企业社会责任的做法，提供参考。

六、元大文教基金会的案例

（一）引言

随着社会的快速变迁，政府部门的有限资源往往无法有效应对多方涌现的问题与需求，政府所提供的服务，越来越需要国际的、区域的和地方的其他行动者参与，来满足社会各方问题解决的需要（徐小波等，2001）。因此，我们可以看到近年来世界各国，各式各样民间自主的非营利组织，积极参与各种公共问题的解决。这些组织通常具有较低的营运成本，且更具灵活性、创新性与响应能力，其一方面提供信息，保护弱势团体，改善社会风气，扶正伦理价值，进行政策倡导；另一方面也与国际组织进行交流，对国际人道救助提供支持（官有垣，2003）。在所有非营利组织中，基金会是最常见的一种类型。在台湾，许多企业均成立“企业基金会”，作为企业对于实践企业社会责任的载体（冯燕，2006），而由于台湾多数企业均是家族企业，甚至有许多企业属于家族企业集团运作的网络当中，因此，值得关注的是，家族企业当中的基金会，是否可以同时扮演实践家族发展与企业社会责任的双重角色（钟喜梅，2012）。我们希望透过台湾知名基金会——元大文教基金会案例的分析，讨论家族企业中的基金会，以及其对于企业可能达成的积极性目的。

1997年出版的《台湾基金会现况概述》定义基金会为通过基金的结合，引导社会财富运用于公益慈善的非营利机构，除了社会救济、奖助助学以外，学术研究、科技发展、医疗保健、环境保护，以及艺术、音乐、体育水平的提升，均是基金会推动的公益项目。台湾的基金会类型繁多，各类型基金会的主管机关又因其类型及区域性的特征分属行政部门许多不同层级单位。台湾各行政部门颁布的规章，就性质而言，属于行政命令，法律等级较低，而在行政程序法实施之后，依行政程序法第一百五十条第二项之规定："法规命令之内容应明列其法律授权之依据，并不得逾越法律授权之范围与立法精神。"故主管机关所制定的关于财团法人组织与管理的行政准则，显然缺乏法律的正式授权，然而，目前财团法人条例草案正在讨论及研拟中，迄今仍尚未正式通过一致性的财团法人法律条例来取代原有的准则，而相关准则前些年，改以"财团法人设立许可及监督要点"称之，但有关财团法人相关法规的重要内容大致上并没有大幅更动，相关的法律规范尚显不足（江明修、王俊元，2003）。

在台湾，企业成立基金会，在财务来源上通常都是由企业税前盈余或是股票等方式捐赠而成，而捐赠者往往是该企业的创办人或是家族领导人，将其手中对企业的持股捐赠成立基金会，因此其在财务来源上相对单纯（钟喜梅，2011）。由于基金会的设立与运作均采报备制，主管机关仅被动监督，并无主动检核基金会运作的规定，同时对于基金会基金或孳息的处分，也无强制性的规定，因此虽然会产生在负责对象与监督单位之间"课责"对象不明等问题（郑惠文，彭文贤，2007），但是企业成立基金会，的确可以利用其成立与解散较为宽松的法规，以及资金运用方向的弹性，拟定基金会资金运用的长期性与一致性。

由于家族企业基金会的资金捐赠者通常为企业目前负责人，或是家族企业创办人，因此，家族企业负责人或是创办人，常见身兼基金会董事长一职，主导基金会的运作（钟喜梅，2012）。从捐赠目的来看，家族企业成立基金会，往往具有实践社会福利公益、发展策略性慈善，或是实践企业社会责任等不同目的，这些都与建立、提升并强调企业本身及企业负责人的企业社会责任形象有关；此外，由于财团法人主管法规及税法提供的诱因，企业本身或是企业负责人还可以透过基金会达到避税或节税目的（王仕图，2003；冯燕，2006）。但是，如果家族企业负责人当初成立基金会，仅是为了避税或节税目的，其实可以通过捐赠其他已成立基金会的方式达到此目的，根本不用自己企业成立基金会，所以，如果家族企业有基金会，握有决定基金会资金运用方向的家族董事长或是董事，可以通过更积极的监督，让家族企业基金会的运作更能符合实践企业社会责任之目标。过去研究指出，企业成立基金会后，如果要能符合社会大众的期待，基金会的董事会，应该从以下四项指标检视基金会资金的运用，包括：（1）组织的钱是否用对地方？（2）组织是否实践“跨代公平”的理念？（3）资金的来源和用途是否一致？（4）组织是否能永续经营？

就这四项指标而言，企业主可以通过选择理念相符的基金会执行长，拟定基金会与企业所处产业之间的关联，或是就企业主自己所关心的方向，拟定基金会资金运用的长期方向。例如，在台湾，元大金控所属的元大文教基金会，不仅以公益为核心，帮助弱势学童学习成长，同时也获得教育主管部门文教基金会绩优评鉴优等肯定。该基金会透过授权专业执行长的方式，实践董事会对于“公益关怀、奖助学术以及推广艺术”的目标；同时，在年度预算编列、年度目标达成度检核，以及年度规划上，积极让元大文教基金会成为配置各种可能资源的平台。因此，就上述四项指标来说，元大基金会的案例，可谓是家族企业成立基金会，在实践企业对于社会责任目标上的可能例证。

在本案例中，笔者将以元大文教基金会为分析对象，说明该基金会在履行企业社会责任的方式与历程变化。

（二）元大文教基金会的公益历程

元大文教基金会于 2002 年 11 月成立“财团法人复华文教基金会”，并于 2007 年 6 月配合金控集团之管理，更名为“财团法人元大文教基金会”。元大文教基金会的成立宗旨包括推动学术交流、培育优秀人才、举办专题讲座、参与艺文活动，以及赞助教育或公益活动。在赞助学术人才培育方面，赞助海内外学术研究机构进行开发企业个案新模块、校际个案分析比赛与学术研讨会议等；在公益关怀社会教育方面，成立偏乡课辅班、开办课辅老师培训营、关怀受刑人与更生人、从事儿童教育计划等；在推广艺术文化教育方面，赞助音乐会、音乐专辑出版、舞台剧等活动（元大基金会，2013）。取名为“文教”基金会，目的在于让孩子们“让梦想起飞”，通过机构的援助，让偏远地区弱势的小朋友不要输在起跑线上。教育是解决社会问题一个比较直接且有效的手段，其他的援助通常只是救急，很难改变结构性的贫穷，但是教育却有机会让贫困的孩子们改变他人生的社会阶级，或是改变谋生的条件，效果不一定百分之百，但至少机会比较大一点。所以元大文教基金会决定将资源尽量集中在教育，特别是小孩子的教育上。由于长期关注弱势儿童教育，元大文教基金会于2012年获台湾教育部门颁发的绩优基金会评鉴优等奖（元大基金会，2013）。

在从事社会公益的最初阶段，许多企业或家族最普遍的做法不外乎通过征信、捐款给一个或数个具有公信力的公益机构，元大马家也是如此，为回馈社会，每年除了集团旗下子公司以企业身份捐赠，更以个人捐赠方式向公益机构捐赠大笔金额，然而，一方面由于无法实际衡量受捐赠机构的执行效率；另一方面，由于企业慢慢习惯每年捐赠后，就会开始注意到要如何分配的问题，同样的捐赠总额如何分配给数个公益机构，分配的对象如何决定？分配的标准为何？当这些问题慢慢浮现，加上企业对于资金运用效率的重视，就会在执行社会公益的同时，慢慢找出方向与目标，从而找到企业认同的对象长期投入，甚至设立基金会，找到一批专职的人力投入，建立一套制度。

然而，元大文教基金会的运作模式也不是一蹴而就，也需要不断地摸索，慢慢调整而成。过去基金会的运作模式，比较像是拥有资金的资源分配者，其他公益性的团体，如家扶中心或社福机构需要资金援助，基金会审查后就予以补助，但是后来家族逐渐觉得仅是捐钱的效益太小，每年要投入这么多钱，为什么不能把效用再提高一点；另一方面，许多计划都具有长期性，如果补助了第一年，以后是不是还要继续补助，此外，成效要如何衡量也是一个问题，于是马家开始意识到，凡此种种的问题。与新的执行团队沟通后，决定试着把基金会变成一个平台，汇集横向资源，唤起更多的力量参与进来。元大文教基金会目前将自己定位为这样的一个平台，整合社会不同的资源，让执行公益发挥更大效益。

元大文教基金会成立于复华金控时代，当时由复华金控捐赠6 000万现金成为基金会的原始资金，其后每年除了接受马家个人捐赠外，元大证券金融、元大证券、元大商业银行等集团子公司每年也会捐赠，加上转投资与定存的收益，每年约有五六千万收入，50%用于一般公益性活动，30%用在金融学术方面，如元大杯、研讨会与奖学金，剩下的留作盈余，以备不时之需。元大文教基金会的资金也投注于股市，透过操盘获得更多的盈余。然而，近年来，由于金管会的要求，为避免关系人持有关联企业股票，于是将手上持有的集团内公司股票分 3 年全部处置。大部分企业基金会都是由家族担任董事长与执行长，以确保基金会的执行方向与基金会在集团中所扮演的角色。在资金运用方面，基金会的执行团队必须将未来一年的预算在前一个年度进行讨论规划，由执行长向董事会提出预算报告，董事会再进行审核，对外捐款或是活动费用在50万元以下的，由董事长授权先执行，然后再备查，50 万元以上的项目需向董事会报告。由于元大文教基金会为金融单位出身，所以对资金运用稽核有很高的要求，基金会的稽核、会计、出纳都是由子公司相关部门的人兼任，财务运作和会计账目的行政作业标准与金融业是一体的，不仅比一般的非营利组织严谨，甚至比一般的企业都严谨。

观察元大文教基金会创立发展过程，马家为董事会的重要成员，掌握董事长一职，可以主导基金会的运作，因此，对于基金会的制度发展与健全性具有举足轻重的影响，家族对于基金会的态度与角色定位，不但决定了基金会的执行权是否交由专业经理人、专业经理人的职权范围为何、与专业经理人之间的互动，也影响了基金会的财务透明度与业务发展范畴。由于家族本身立点在监督角色，并且充分授权，借由经理人的专业建立基金会的管理、审查与资金运用制度，达到健全基金会的财务目标与追求永续发展的目标。

执笔人：

台湾义守大学企业管理学系副教授、台湾中山大学商务研究中心兼任副研究员

钟喜梅

台湾中山大学企业管理学系博士班候选人

詹淑婷

台湾中山大学人力资源管理研究所教授

陈世哲

参考文献

[1] 王仕图. 企业赞助型基金会的公益慈善角色及其对社会的影响，收录于官有垣编，2003，台湾的基金会在社会变迁下之发展. 台北：洪建全基金会，2003 年。

[2] 元大基金会. 2013 年 1 月 29 日，http：//www. yuanta. com/Chinese/AboutYuanta/

A11/ 。

［3］江明修，王俊元．台湾企业基金会之公共服务功能，收录于官有垣编，2003，台湾的基金会在社会变迁下之发展．台北：洪建全基金会，2003 年。

［4］徐小波，江明修，冯燕，许崇源，官有垣，刘静淳，梅高文．国内非营利组织管理法规之研究。行政院研究发展考核委员会，2001。

［5］司马啸青．台湾五大家族．台北：玉山社，2000 年。

［6］司马啸青，台湾新五大家族。台北：玉山社，2005。

［7］李宗荣．在国家权力与家族主义之间：企业控制与台湾大型企业间网络再探．台湾社会学，2007（13）．173～242。

［8］冯燕．台湾的企业基金会，收录于萧新煌、江明修、官有垣编，基金会在台湾：结构与类型．台北：巨流出版，2006 年。

［9］钟喜梅．台湾金融家族集团的控股链分析：金融控股公司的角色思考．产业管理论坛，2011（13）。

［10］钟喜梅．2012，家族企业的基金会：连结企业社会责任与家族发展的可能选择，董事会评论，2012（1）：42～45。

［11］钟喜梅，林佳慧．家族集团接班资源与角色镶嵌关系：网络观点之初探．组织与管理（创业与家族企业）专刊，2009（2）：155～195。

［12］钟喜梅，叶家豪．2010，家族连结、政商关系与多角化扩张：台湾家族集团的跨时分析．组织与管理，2010（3）：67～106。

［13］郑惠文，彭文贤．2007，非营利组织财务信息的公开报导：美国经验与其意涵．行政暨政策学报，2007（44）：1～42。

［14］郑宗雄．2010，企业社会责任之利害关系人参与之评估与识别流程方法介绍．CSR 企业社会责任专题文章．英国标准协会，2010 年。

［15］Anderson，R. C.，& Reeb，D. M. 2003. Founding－family ownership and firm performance：Evidence from the S&P 500. *Journal of Finance*，58（3）：1301～1329.

［16］Au，K.，Craig，J. B.，& Ramachandran，K. 2011. Introduction. A book chapter in K. Au，J. Craig，M. Morris，& K. Ramachandran（Eds.），*Family Enterprising in Asia*：*Where East meets West*：1－20. U. K.：Edward Elgar Publishing.

［17］Carney，M. 2005. Globalization and the renewal of Asian business networks. *Asia Pacific Journal of Management*，22（4）：337～354.

［18］Chung，H.－M. In press. The role of family management and family ownership in diversification：The cases of family business groups. *Asia Pacific Journal of Management*，in press.

[19] Claessens, S., Djankov, S. & Lang, L. H. P. 2000. The separation of ownership and control in East Asian corporations. *Journal of Financial Economics*, 58 (1-2): 81~112.

[20] Credit Suisse, 2011. *Strategic Philanthropy: Unlocking Entrepreneurial Potential.* Zurich: Credit Suisse.

[21] Dyer, Jr., W. G., & Whetten, D. A. 2006. Family firms and social responsibility: Preliminary evidence from the S&P 500. *Entrepreneurship Theory & Practices*, 30 (6): 785~802.

[22] Freeman, R. E. 1984. *Strategic management: A stakeholder approach.* Boston, MA.: Pitman Publishing.

[23] Freeman, R. E. 2001. A stakeholder theory of the modern corporation. In T. L. Beauchamp & N. E. Bowie (Eds.). *Ethical Theory and Business*: 56~65. Upper Saddle River, NJ: Prentic Hall.

[24] Godfrey, P. C. 2005. The relationship between corporate philanthropy and shareholder wealth: A risk management perspective. *Academy of Management Review*, 30 (4): 777~798.

[25] Gómez-Mejía, L. R., Haynes, K. T., Núñez-Nickel, M., Jacobson, K. J. L., & Moyano-Fuentes, J. 2007. Socioemotional wealth and business risks in family-controlled firms: Evidence from Spanish olive oil mills. *Administrative Science Quarterly*, 52 (1): 106~137.

[26] Granovetter, M. 1985. Economic action and social structure: The problem of embeddedness. *American Journal of Sociology*, 91 (3): 481~510.

[27] Granovetter, M. 1995. Coase revisited: Business groups in a modern economy. *Industrial and Corporate Change*, 4 (1): 93~140.

[28] Herzlinger, R. E. 1994. Effective oversight: A guild for nonprofit directors. *Harvard Business Review*, 72 (4): 52~60.

[29] James, H. 2006. *Family Capitalism: Wendels, Haniels, Falcks, and the Continental European Model.* Cambridge: The Belknap Press of Harvard University Press.

[30] Miller, D., & Le-Breton-Miller, I. 2006. Family governance and firm performance: Agency, stewardship, and capabilities. *Family Business Review*, 19 (1): 73~87.

[31] Miller, D., Le Breton-Miller, I., & Scholnick, B. 2008. Stewardship vs. stagnation: An empirical comparison of small family and non-family businesses. *Journal of Management Studies*, 45 (1): 51~78.

[32] Mitchell, R. K., Agle, B. R. & Wood, D. J. 1997. Toward a theory of stakeholder identification and salience: Defining the principle of who and what really counts. *Academy of Management Review*, 22 (4): 853~886.

［33］ Mitroff, I. I. 1983. *Stakeholders of the Organizational Mind*, San Francisco: Jossey – Bass.

［34］ Morck, R. & Yeung, B. 2004. Family control and the rent – seeking society. *Entrepreneurship Theory and Practice*, 28 (4): 391 ~ 409.

［35］ Nidumolu R. , Prahalad C. K. . , Rangaswami M. R. 2009. Why sustainability is now the key driver of innovation. *Harvard Business Review*, 87 (9): 56 ~ 64.

［36］ Pfeffer, J. , & Salancik, G. R. 2003. *The External Control of Organizations: A Resource Dependence Perspective.* 2nd Ed. Stanford, California: Stanford University Press.

［37］ Porter, M. E. , & Kramer, M. R. 2011. Creating shared value. *Harvard Business Review*, 89 (1/2): 62 ~ 77.

［38］ Quinn, D. P. & Jones, T. M. 1995. An agent morality view of business policy. *Academy of Management Review*, 20 (1): 22 ~ 40.

［39］ Walker, S. F. & Marr, J. W. 2002. *Stakeholder Power: A Winning Strategy for Building Stakeholder Commitment and Driving Corporate Growth.* Perseus Books Group.

［40］ Young, M. N. , Peng, M. W. , Ahlstrom, D. , Bruton, G. D. and Jiang, Y. 2008. Corporate governance in emerging economies: A review for the principal – principal perspective. *Journal of Management Studies*, 45 (1): 196 ~ 220.

下篇：实例与点评

2013

实例1：万向钱潮股份有限公司2012年度社会责任报告

一、综述

万向钱潮股份有限公司于1994年1月在深圳证券交易所上市。上市以来，公司已由上市之初的单一的万向节产品逐步发展成为传动系统、制动系统、底盘悬架系统、轴承系统等系列化产品，实现专业产品从零件到部件到系统集成模块化供货的发展升级，公司广泛为国内外的汽车主机厂配套供货，已成为国内最大的独立汽车零部件独立供应商之一。公司连续多年入选“深证100”及“沪深300”指数样本股，在证券市场上树立了业绩优良、经营稳健、运作规范、成长性良好的形象。

公司始终围绕“建设成为一流汽车系统零部件供应商”的长远发展愿景目标和“管理信息化、发展品牌化、服务网络化、资本市场化、合作全球化”的经营方针，采取了联合一切可以联合的力量，利用一切可以利用的资源，调动一切可以调动的积极因素的策略，集中力量向国内外主流市场开拓发展。在追求经济效益、保护股东利益的同时，积极履行“为顾客创造价值，为股东创造利益，为员工创造前途，为社会创造繁荣”的企业宗旨与使命。

2012年，公司认真落实科学发展观和构建和谐社会，严格落实安全生产，提高产品质量和服务效率，推进环境保护、资源节约建设，参与社会公益事业，以自身发展影响和带动地方经济的振兴，实现了公司发展与社会整体发展相和谐，并以良好的业绩回报股东，回馈社会。报告期内，公司积极履行社会责任，先后获全国质量标杆企业；2012年度浙江省机械工业群众性质量管理活动杰出企业；

浙江省企业技能人才评价标准化体系建设基地；浙江省标准创新型企业；浙江省优秀企业技术中心等荣誉。本报告全面、系统地总结了2012年公司在保护股东和债权人权益、保护职工权益、保护供应商、客户和消费者权益、环境保护与可持续发展、公共关系和社会公益事业等方面所履行的社会责任，同时通过不断分析比较找出差距与不足，制订了相应的整改计划。

本报告是根据《深圳证券交易所上市公司社会责任指引》等相关规定，结合公司在履行社会责任方面的具体情况编制的。

二、社会责任履行情况

（一）股东和债权人权益保护

1. 股东大会召开情况

公司建立了较为完善的公司治理结构，形成了具有企业特色的完备的内控制度，建立了与投资者的互动平台，保证了对所有股东的公平、公开、公正，使所有投资者充分享有法律、法规及公司章程规定的各项合法权益。

报告期内，公司按照信息披露的有关规定通知股东大会召开的时间、地点和方式，重大事项采取网络投票的方式，确保股东充分行使各项权利。报告期内，公司召开年度股东大会1次，临时股东大会3次，股东大会的召集和召开程序符合《公司法》、《证券法》及《公司章程》的规定，在涉及关联交易表决时，关联股东均回避了表决。

2. 认真履行信息披露义务

报告期内，公司根据《公司法》、《证券法》、《上市公司治理准则》等有关法律法规，修订并不断完善了公司章程，对公司利润分配政策等重大事项进行了详细规定，在制度层面上有效保障了全体股东的权益。

报告期内，公司根据《上市公司信息披露管理办法》严格履行了信息披露义务，及时、真实、准确、完整地披露公司各类信息，包括公司业绩预告公告、关联交易公告、对外投资公告、担保公告等重大事项。在信息披露过程中，公司既重视结果披露，也重视过程披露，保证了股东对公司重大事项和经营业绩的知情权。报告期内，公司没有出现过选择性信息披露等不公平信息披露的情况。

3. 利润分配方案执行情况

2012年3月16日召开的公司第六届董事会第十三次会议审议通过了公司

2011年度利润分配预案，以总股本1 593 263 574股为基数，向全体股东每10股派发3.00元现金（含税）。2012年4月11日召开的公司2011年度股东大会审议通过了公司2011年度利润分配方案；2012年5月30日，公司在《上海证券报》、《证券时报》及巨潮网上刊登了《2011年度利润分配实施公告》，2012年6月6日，分红款派送至全体股东。

4. 董事会换届情况

2012年12月7日召开的第六届董事会2012年第四次临时会议审议通过了董事会换届选举的议案，提名鲁冠球先生、于建财先生、周建群先生、沈华川先生、潘文标先生、顾福祥先生为公司第七届董事会非独立董事，提名骆家駹先生、李磊先生、王晶晶先生为独立董事，并经公司临时股东大会审议通过。新一届董事会的构成将继续保证股东、公司、管理层利益的一致性，使公司持续稳健经营取得组织保障。

5. 投资者关系管理

2012年公司严格执行《投资者关系管理制度》、《接待和推广工作制度》，通过及时披露定期报告和临时报告、接待投资者现场参观、回答投资者关系互动平台的提问、通过电话沟通等方式，回答投资者的咨询，及时向管理层反馈相关信息。认真接待现场调研的投资者，介绍公司基本情况、发展战略、经营现状、行业地位和未来发展，听取投资者的建议和意见，与投资者进行了较好的良性沟通互动。

（二）职工权益保护

1. 劳动合同法执行情况

报告期内，公司认真执行《劳动合同法》，明确了公司与职工共同发展的要求，充分发挥公司劳动争议调解委员会的作用，及时调解劳动纠纷，切实保障公司和员工的合法权益。

2. 员工福利保障及参与公司经营管理活动的情况

报告期内，公司根据《万向钱潮股份有限公司人事管理制度》、《万向钱潮股份有限公司带薪休假管理办法》等相关制度，安排员工带薪休假。为全体员工足额缴纳了养老、工伤、失业、基本医疗、大病医疗、生育保险等各项社会保险。

报告期内，通过召开定期的公司人力资源会议、员工例会以及员工信箱等多种形式与广大员工交流沟通，开展了“优秀员工”、“十佳师傅”等评比，以及以

“我的提案”的形式发动员工开展合理化建议，累计为员工办理实事1 300余件。对于职工反映的住宿、交通、薪资待遇等合理诉求全部予以解决，2012 年度公司满年员工人均收入达到了 5. 98 万元。同时针对公司外地员工多的特点，提供公寓式的职工生活区，使员工住得舒适，住得安心。

3. 员工招聘与职业培训情况

报告期内，公司培养高级工 151 人，技师 85 人，技术工人占公司人员比例达到 51. 58% 以上，进一步大幅度优化了人力资源结构。

公司积极加强内部培训师资队伍建设，做好技术质量工程师、营销管理、高技能技工队伍培训、二级培训管理和规范工作，全年共完成一级培训40 期，二级培训300 余期，员工培训覆盖率达到 100%，人均培训课时达 34. 63 时。

（三）安全生产情况

1. 安全管理情况

报告期内，公司根据安全管理制度，完善了公司质量、环境、职业健康安全管理体系，积极推进安全文化建设，将抓安全就是做善事，抓安全就能出效益的理念融入到日常的安全管理活动中。报告期内，公司以推进班组建设为抓手，以强化应知应会知识的培训为基础，以反“三违”为重点，加强了基层单位巡回检查制度，规范操作规程，有效遏制了违章指挥和违章操作。对查找出的安全隐患下达整改通知单，限期整改并进行验收。达到安全标准化区级企业，极大提升了公司的安全管理水平。报告期内，公司未发生重大人身伤害事故、设备事故、有害气体泄漏事故和火灾事故，各项指标均在控制范围之内。

2. 安全培训情况

报告期内，落实从上到下各级人员的安全生产责任制，实行安全生产目标管理，组织各类安全生产检查 52 次，组织开展了全员安全生产知识培训，全年共组织开展安全生产一、二级培训 100 余期，培训 1 706 人次。2012 年特殊工种新培训取证人员 62 人，对 76 名特殊工种人员进行了复审注册培训，高压电工、安装维修电工、电梯工、叉车工、安全管理人员等特殊工种持证上岗率为 100%。

报告期内，公司举行了 2012 年“安康杯”安全知识竞赛，有效地提高了职工安全责任意识。

3. 开展事故应急救援演练

报告期内，公司开展应急救援活动，举行了空气呼吸器、氧气呼吸器的使用比赛，通过比赛，进一步提高了员工使用气防、消防用品、器材的能力，正确掌握了应急器材的使用方法。

4. 危险化学品标准化规范的自查情况

报告期内，公司根据区安监部门《危险化学品从业单位安全标准化通用规范》的要求，成立了公司危险化学品安全标准化规范内部自查小组，制订了自查工作计划，对危险化学品安全标准化规范进行了自查。从自查结果看，公司的安全标准化工作运行正常，安全管理方法和措施符合危险化学品安全标准化规范的要求。

5. 安全投入情况

报告期内，公司投入安全资金 130 余万元，完善安全基础设施、强化安全教育培训、改善职工安全作业条件、保障职工身体健康。

（四）供应商、客户和消费者权益保护

报告期内，公司加强了资金预算管理，按照合同及时支付供应商货款，使公司的美誉度进一步提高，全年没有发生供应商投诉情况。公司不定期派专人对供应商进行走访沟通，协调解决问题，与供应商建立了良好的互信关系；公司实行以顾客关系为基础的“三位一体”服务政策，发挥双向沟通机制，并充分利用公司的配送网络资源进行备货和储运，满足配套主机厂零库存的管理模式和提高公司产品交付的及时性。继续发挥对内代表顾客的职能，加强内部质量监督，以此来促进产品质量的提高，同时为顾客提供更满意的产品。深入了解顾客需求及其差异性，了解客户及潜在客户的需求，进行新市场开拓或制定差异性销售及服务政策，提升业务及顾客关系。报告期内，公司没有发生重大产品质量事故。

（五）环境保护与可持续发展

报告期内，公司通过优化生产区域布局，投入 1.3 亿元提升工艺装备、污染防治和清洁生产水平，加强污染防治，尤其是对下属电镀车间生产工艺、布局进行了重点改造，严格对照省环保厅 56 条验收标进行了逐条落实，经监测，公司污染物均能达标排放，固体废弃物收集处置规范，建立了环保长效管理制度。公司按 ISO14001 环境管理体系运行的要求，在不同场地设置分类垃圾桶，实行废弃物分类处理，处理率达到 100%。污水处理站采用清污分流方法将不同水质采取不同工艺处理，定期监测、修理、疏通管网，确保废水纳入污水管网，同时做好污水管网的线路标识工作，并对污水处理站的部分老化管网进行了更换及改造。

公司持续开展环境知识两级培训、环境法律法规的宣传和学习以及每季度的环境体系运行检查，对影响环境的行为提出改进意见，实行奖罚制度，提高了员工的环境保护意识。报告期内，公司未发生一般环境污染事故、较大环境污染事故、重大环境污染事故及特大污染事故，“三废”全部实现达标排放，取得了良好的环境效益、经济效益和社会效益。

（六）公共关系和社会公益事业

报告期内，公司组织义务献血190人次，累计献血达56 000cc；公司还组织员工积极开展“春风行动”活动，向困难地区捐款。同时，公司还积极推广“伸出我的手，温暖您的心”2012年春运志愿者及“四个一万”工程，并得到了社会各界的好评。

三、履行社会责任方面存在的问题及整改计划

报告期内，公司按照国家相关法律法规的要求，自觉地维护股东、公司及员工的合法权益，主动承担维护社会稳定的责任。

公司将进一步引进节能降耗、高性能的新设备、新工艺和新技术，淘汰落后工艺、落后设备。继续调整优化传统产业结构，集中优势资源，致力于掌握清洁能源技术，走科技含量高、经济效益好、资源消耗低、环境污染少、人力资源优势得到充分发挥的新型工业化道路，使公司产品档次和市场层次进一步向主流市场、主导产品、主导地位方向发展，并以更好地业绩回报股东、回馈社会。

点评：

《万向钱潮股份有限公司2012年度社会责任报告》体现了该公司在“建设成为一流汽车系统零部件供应商”的愿景目标指引下，“为顾客创造价值，为股东创造利益，为员工创造前途，为社会创造繁荣”的努力与实践。报告从“股东和债权人权益保护”、“职工权益保护”、“安全生产”、“供应商、客户和消费者权益保护”、“环境保护与可持续发展”以及“公共关系和社会公益事业”等6个方面，全面报告了企业在2012年报告年中实际履行企业社会责任的情况。

报告简洁明快、全面客观、务实具体。在公司治理的规范性、各利益相关群体权益保护机制的执行落实、环境保护与安全生产以及社会公益等方面都有十分

突出的表现和值得自豪的成绩。尤其是利益相关群体沟通透明度和及时性、员工培训的覆盖程度和人均课时量、员工权益保护与落实以及“三废”处理等方面的具体实践，特别值得称赞和学习。

最后，报告虽指出了公司在履行社会责任方面存在的问题，但改进指标与时间计划还不够具体。具体指标和时间计划是对自己的挑战，更是对社会的承诺，有利于自我鞭策和社会监督，也更容易检查和度量实际进步。

点评人：

清华大学经管学院教授、院长助理，清华大学经管学院领导力研究中心研究员

钱小军

实例2：万达集团2011年企业社会责任报告

董事长致辞

不管党和国家是否对万达提出要求，也不管人民群众是不是对万达提出要求，我们对自己的要求，就是要做中国民营企业的代表和典范。万达就是应该做既有规模、又有品牌、又有良好社会责任形象的企业，让世界看到，中国的民营企业就是这样的。

——大连万达集团股份有限公司董事长

王健林

一、企业简介

大连万达集团创立于1988年，已形成商业地产、高级酒店、旅游投资、文化产业、连锁百货五大产业，企业资产2 200亿元，年收入1 051亿元，年纳税163亿元。已在全国开业49座万达广场、26家五星级酒店、730块电影银幕、40家百货店、45家量贩KTV。2015年目标：资产3 000亿元，年收入2 000亿元，年纳税300亿元，成为世界一流企业。

二、万达核心理念/价值观/使命

万达核心理念：国际万达，百年企业。

万达核心价值理念：人的价值高于物的价值，企业价值高于员工个人价值，社会价值高于企业价值。

万达企业使命：共创财富，公益社会。

三、报告概况

（一）报告简介

本报告回顾了万达集团 2011 年承担企业社会责任的做法及绩效，搭建起与各利益相关方沟通的平台。

（二）编制原则

报告在编制中参考了全球报告倡议组织（GRI）《可持续发展报告指南》（2006 版）。根据《可持续发展报告指南》中的报告内容界定原则，万达集团进行利益相关方识别，关注利益相关方的要求与期望，理解、分析行业、社会、全球环境下的机遇与挑战，充分考虑公司的五大产业及整体运营情况，确定报告内容所应包含的实质性议题，从而形成本报告。

（三）时间范围

本报告为年度报告，报告期为 2011 年 1 月 1 日至 2011 年 12 月 31 日。

（四）报告范围

以集团公司为主体，同时涉及部分子公司。

（五）数据来源

报告中所使用数据均来自万达集团正式文件和统计报告。

（六）指代说明

为便于表述，“大连万达集团股份有限公司”在报告中也以“万达集团”、“万达”、“集团”或“公司”表示。

四、万达集团的企业社会责任管理体系

（一）大连万达集团股份有限公司组织架构

大连万达集团股份有限公司组织架构见图 2－1。

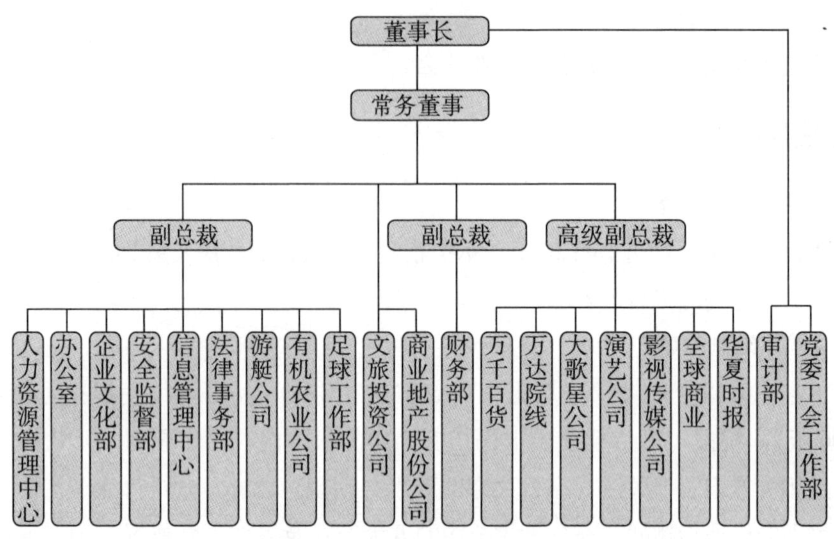

图2－1　大连万达集团股份有限公司的组织架构

（二）企业社会责任观

万达集团认为，企业分三种：第一种企业只顾赚钱，甚至为赚钱不择手段。第二种企业守法赚钱，有社会责任感，肯做善事。第三种企业为社会而存在、发展，发展的终极目标是为社会服务、为社会做贡献，这种企业称为社会企业。万达集团把做社会企业作为企业追求的最高目标。

企业社会责任包括两个层面的内容：一是基础层面，企业必须承担法律规定的责任，包括守法经营、依法纳税、生产合格产品等；二是道德层面，企业要履行社会道德要求的责任，包括关爱员工、慈善捐助、保护环境等。企业社会责任的重点会随着企业自身发展和外部环境的变化而变化，企业应对社会当下的诉求做出积极回应。

（三）企业社会责任管理机构

万达集团总裁办公会负责研究、制定万达集团的企业社会责任战略、目标及发展规划，策划重大企业社会责任活动，发布年度企业社会责任报告。

万达集团企业文化部负责万达集团企业社会责任工作的组织协调和规划的具体落实，指导各子公司开展企业社会责任相关工作。

万达集团先后组织编写了企业文化手册、道德修养手册、企业社会责任报告，每年还出版万达故事集，发行企业内刊（月刊），传播万达的责任理念，展示优秀责任实践，提高员工责任意识。

（四）企业社会责任管理制度

万达集团建立了企业履行社会责任的制度体系，包括《慈善捐赠管理规定》、《扶贫、义工活动管理规定》等。

（五）利益相关方管理

万达集团是跨区域经营的大型企业集团，拥有 47 万员工，超过 5 000 家的合作商家，在全国 70 多个城市拥有经营项目，2011 年有近 7 亿人次的顾客进入万达广场购物消费。万达集团的经营管理对众多利益相关方产生持续影响，通过与各利益相关方进行沟通和交流，万达集团明确利益相关方的要求与期望，并做出积极同应。

五、万达集团 2011 年企业社会责任实践

万达集团把“共创财富，公益社会”作为企业使命。24 年来，万达集团奉献于社会慈善事业的现金累计超过 28 亿元人民币，是中国民营企业中慈善捐赠额最大的企业之一。万达集团 6 次荣获中华慈善奖，是全国所有企业中唯一一家 6 次荣获该奖的企业。

万达追求成为社会企业，主动承担社会责任。经过 24 年的努力，万达集团已走在中国民营企业的前列，代表中国民营企业的发展方向。

（一）积极诚实纳税

万达集团将诚实纳税作为企业承担社会责任的重要内容。2011 年，全集团纳税 163 亿元，比 2010 年增长 72%，纳税额在全国民营企业中排名第一。

万达集团在全国工商联发布的 2011 年中国民营企业 500 强中，销售排名为第五，纳税排名为第一。

万达集团将合法足额纳税列入下属子公司的考核指标，由于积极缴税，万达集团多个地方公司被所在城市政府评为纳税先进。

（二）新增大量就业

2011 年万达集团开业 16 座万达广场、12 家五星级酒店、14 家百货店等，创造城市服务业就业岗位 8. 9 万人，其中大学生 1. 68 万人。2011 年全国新增就业岗位约 1 200 万个。万达一家企业创造的就业岗位就占全国新增就业岗位的 0. 74%。

（三）努力关爱员工

万达集团视人才为企业的核心资本。发展成果首先惠及员工。员工在万达不但物质待遇好，同时增长本事、增长幸福指数。

1. 收入普遍增长

2011 年万达集团历史上第一次全员涨薪，高管平均涨 16.7%，普通员工平均涨 12%（不包括工龄工资）。所有高管薪酬升级，万达历史上是首次：员工除了工龄工资涨之外，还有超过 40% 的人涨薪，也创造万达历史。

万达产业中很多是服务行业，例如，酒店、百货、商管、院线等，这些行业的普通员工的工资水平比较低，为了稳定基层员工，几年前万达推出工龄工资制度，在万达每工作一年，工龄工资就多拿 1 200 元，干满 5 年，每年可多拿 6 000 元工龄工资，相当于年年涨工资，工龄工资制度推行之后，万达基层员工的稳定性明显增强。

2. 培训层次提升

万达集团投资 7 亿元在河北省廊坊市建设万达学院，学院占地 200 亩，总建筑面积 128 万平方米，全部建成后可同时容纳 3 000 名学员，每年安排万达集团高、中层管理人员进行系统培训。万达学院配备了国内一流的教学服务设施，是中国最好的企业学院之一。万达学院开学后，将促进万达的人才培训提升到更高层次。

2011 年，万达集团共安排培训 29 147 次，参加培训人员达 66.6 万人次，同比增长 41%。

2011 年，万达在北京延庆投资 2 亿元开办有机农场，专为北京地区总部员工提供绿色有机食品。

3. 幸福指数高涨

2010 年万达提出要求，所有公司必须开办员工食堂，2011 年全部落实。万达员工食堂免费向员工提供一日三餐，而且不准外包，保证食品安全和质量。

为了让员工享受到企业的发展成果，万达集团推出优秀高管、员工休假制度，每年评出上百名优秀高管、员工，给予他们及其家人报销两人往返机票及住宿费，任选各地万达酒店度假。万达的优秀高管、员工奖励度假制度，2011 年人数翻倍，从 100 人增加到 200 人。

（四）主动节能减排

万达集团积极倡导“绿色建筑”理念，采用先进技术和科学管理进行建筑节能，是中国最早开展住宅建筑节能的企业之一。最近几年，万达把商业地产的低碳节能作为重点来抓，成为中国商业建筑节能的领先企业。

1. 制订五年节能规划

2011年，万达集团编制完成《万达集团节能工作规划纲要（2011~2015）》，明确万达集团节能工作的阶段目标及实施步骤。

（1）商业建筑

2011年及以后开业的项目均取得绿色建筑1星设计标识；2011~2015年间新开业项目逐年降低运行能耗2%~3%，2013年取得2个项目绿色建筑1星运营标识认证，2015年实现运营管理水平均达到绿色建筑1星运营标准。

（2）酒店建筑

2011~2015年间新开业项目逐年降低运行能耗2%~3%，2013年以前取得2个绿色饭店金叶级运营标识认证，2015年实现运营管理水平均达到绿色饭店金叶级运营标准；2015年以前取得5个绿色建筑1星设计标识。

（3）居住建筑

2012年及以后所有居住建筑均取得绿色建筑1星设计标识，2013年及以后的住宅产品均为精装修交付。

2011年3月，万达集团参加在北京举行的第七届国际绿色建筑与建筑节能大会，并主办“大型商业建筑的节能与监管”分论坛，出版绿建节能特刊，展示了万达在绿色建筑与建筑节能领域的最新成果。

2. 建筑节能全国领先

2011年，万达集团共有13个万达广场通过国家住房和城乡建设部“绿色建筑”设计认证，使获得绿色建筑设计认证的项目总共达到16个。住建部绿色建筑设计认证办法自2009年颁布以来，全国一共只有16个商业建筑通过认证，面这16个全部是万达广场，万达在节能减排方面的成绩遥遥领先于全国其他企业。

万达学院的建设从节地、节能、节水、节材和环境保护等方面综合考量，运用多项绿色建筑节能技术，包括建筑整体节能、排风热回收系统、非传统水资源利用、可再循环材料使用等，使节能效果十分显著。已经开业的万达学院获得国家绿建三星设计认证，是全国唯一获得绿建三星设计认证的学校。

2011年，万达集团有8个住宅项目通过绿色建筑一星设计认证。

3. 运营节能成效显著

万达酒店管理公司旗下成都万达索菲特大饭店、重庆万达艾美酒店获得绿色旅游饭店金叶级评级。

万达商管公司在2011年完成4个项目的能源管理平台建设试点工作，极大提高能源使用效率，运行一年节电150万度。大力推进合同能源管理试点工作，先后完成成都、沈阳和无锡等地万达广场项目的半导体绿色照明改造；开展北京石景山万达广场、宁波鄞州万达广场的节能改造工作。

（五）巨额慈善捐助

2011年，万达集团慈善公益事业捐赠现金2.57亿元；成立24年来，累计现金捐款28亿元，是中国民营企业捐款额最多的企业。万达6次获得中华慈善奖，是全国企业中唯一一家6次获奖的企业。

1. 捐建成都七中

2011年，由万达集团捐款2亿元（分3年支付，其中2011年支付1亿元）的“成都七中万达学校”正式开学，这是迄今为止国内最大一笔中学教育捐款。成都七中万达学校总建筑面积7.6万平方米，配备72个班，可容纳3 600名学生。成都七中万达学校是一所园林式寄宿制学校，软硬件水平达到国内一流标准，配备的信息化教室可实现网络同步教学。学校还拥有室内体育馆和400米跑道标准室外运动场。

2. 支持中国足球振兴

2011年7月，万达决定3年出资6亿元，支持中国足球振兴，当年捐款8 500万元。

3. 帮助青年创业

2011年3月，由共青团中央发起地瀛公益基金会在北京成立，基金会主要是与扶持青年创业，万达集团捐款2 000万元。

4. 帮扶困难群众

万达集团每到一个地区开发项目，都要捐款支持当地教育和扶贫事业，成为企业的一项优秀传统。2011年，万达集团各地的公司累计捐款达1 157.9万元。

5. 传承中华文明

大连万达集团一直非常注重支持文化事业，把传播民族优秀文化作品、推介当代最优秀的艺术家作为企业的文化担当和社会责任，多年来，万达系统收藏了百余位中国近现代中国画名家的近千幅作品，先后推出吴冠中、杨延文、石齐等著名画家作品展。2011 年 4 月，由万达集团承办的“山水家园——龙瑞作品展”在北京中国美术馆开幕。画展由国家文化部、中国美术家协会、中国国家画院、中国美术馆联合主办。

6. 义工善行天下

2011 年，万达集团共组织义工活动 726 次，48 053 人次参加。万达集团制度规定，每个员工必须每年做一次义工，这项制度自 2006 年实施以来，万达员工累计做义工超过 15 万人次。万达义工志愿服务活动随着万达的发展，遍布全国 70 多个城市，成为中国慈善事业的一道独特风景。

2011 年 11 月，万达集团北京总部 130 多名义工来到河北省三河市小柳店小学，开展爱心捐赠和义务劳动。

2011 年 11 月，万达绵阳项目公司组织全体员工赴绵阳市万达学校开展“关爱留守儿童”义工活动，义工们与留守儿童组成“1 + 1”帮扶对子。

2011 年 4 月，万达集团大连各公司组织义工到大连金州新区进行植树活动。

2011 年 3 月，宜昌万达国际电影城的义工们组织献血活动。

（六）获得社会认可

2011 年 7 月，在国家民政部主办的 2010 年中华慈善奖评选中，万达获得“最具爱心企业奖”。

2011 年 7 月，万达集团获得由中华英才网颁发的第九届“中国大学生最佳雇主”称号，连续两年获奖。

2011 年 7 月，中国企业家联合会颁给万达集团“全国企业文化优秀成果奖”。

2011 年 9 月，万达集团党委被中组部评为“双强（党建强、发展强）百佳党组织”。

2011 年 11 月，中央统战部、全国工商联、人力资源与社会保障部等部委授予万达集团董事长王健林先生“为全面建设小康社会作贡献先进个人”称号。

点评 1：

读《万达集团 2011 年企业社会责任报告》，给人最深刻的体会就是，企业履行社会责任也是一个“系统工程”。

首先，企业定位和承诺是履行社会责任的动力。万达集团把自己定位为社会企业，是为社会而存在、发展的企业，企业发展的终极目标是为社会服务、为社会做贡献，明确提出“社会价值高于企业价值”、“做既有规模、又有品牌、又有良好社会责任形象的企业”的经营理念。正是万达集团的经营理念对企业履行社会责任做出了必要的承诺，作为企业有效履行社会责任的潜在动力，在企业长期发展过程中，势必会作为企业决策层、经营管理层和员工普遍认同的一种行为规范、文化理念而自觉地履行企业社会责任，确保履行社会责任的长期性和有效性。

其次，企业履行社会责任应关涉更广对象。企业是复杂社会中的一个有机组织单元。它的存在，为促进一个社会的有序运行、和谐稳定，应该承担与其利益相关者的必要责任。也就是说，企业履行社会责任的对象是多元的，也是与企业利益相关的。一般而言，把企业经营管理好是企业的首要社会责任，也是企业履行社会责任的基础和前提。但是，仅此是远远不够的，更为重要的是要把企业相关利益者服务好，乃至把企业与社会的关系也要经营好。作为定位为社会企业的万达集团正是如此实践的，在识别利益相关者的基础上，关注利益相关者的要求与期望，分析行业、社会、全球环境下的机遇与挑战，充分考虑公司的五大产业及整体运营情况，为股东、员工、消费者、社区、社会组织等利益相关者履行相应的社会责任。如果把企业本身作为履行社会责任的出发点和基础，可以肯定，企业目标追求、战略定位越高远，履行社会责任的能力就越强，那企业履行社会责任的辐射半径就会越大，社会影响力就会越强，社会美誉度就会越高。

再次，企业社会责任包含丰富内涵。企业社会责任多种多样，并且会随着社会发展出现许多新的社会责任内涵。一般而言，把一个企业做好，解决员工的基本就业和发展问题，维护社会稳定，就是一种十分典型的企业社会责任。但是，如果仅仅把一个企业经营好而不顾及其他，那企业履行的社会责任就是有欠缺的。万达集团尝试将企业社会责任概括为基础层面和道德层面，是值得商榷的。不过可喜的是，公司履行的社会责任内涵是较为丰富的。他们认为，企业在基础层面必须承担法律规定的责任，包括守法经营、依法纳税、生产合格产品等；在道德层面要履行社会道德责任，包括慈善捐助、节能减排、保护环境等。更难能可贵的是，万达集团把员工作为发展的“第一资源”，努力关爱员工，通过逐年增长员工收入、提升员工培训层次和幸福指数等，让员工分享企业发展成果，与员工一道成长。

最后，企业履行社会责任需要制度保障。没有专门机构和管理制度作为企业履行社会责任的保障，良好的社会责任理念也就只能成为一种美好的愿望和空洞的宣传口号，如此做法于社会、于企业只会有百害而无一益。在万达集团，履行社会责任不是一种随意的行为，而是有组织、有管理的一种常规企业行为。集团总裁办公会负责研究、制定企业社会责任战略、目标及发展规划，策划重大企业社会责任活动，发布年度企业社会责任报告。集团企业文化部负责企业社会责任工作的组织协调和规划的具体落实，指导各子公司开展企业社会责任相关工作。在设置专门机构推动企业履行社会责任的同时，集团还建立了企业履行社会责任的制度体系，主要有《慈善捐赠管理规定》、《扶贫、义工活动管理规定》等。

点评人：

中国民（私）营经济研究会副会长，研究员、博士

林泽炎

点评2：

本评论仅以《万达集团2011年企业社会责任报告》的文本信息为依据。

从该报告中，我们可以看出，在企业社会责任方面，万达集团堪称中国民营企业的楷模，是中国企业的卓越践行者。

首先，万达集团建立了高标准的企业社会责任观。万达集团认为，企业分3种：第一种企业只顾赚钱，甚至为赚钱不择手段。第二种企业守法赚钱，有社会责任感，肯做善事。第三种企业为社会而存在、发展，发展的终极目标是为社会服务、为社会做贡献，这种企业称为社会企业。万达集团把做社会企业作为企业追求的最高目标。为此，万达提出了企业文化建设目标：（1）敢于创新；（2）坚守诚信；（3）带头环保；（4）关爱员工；（5）注重慈善；（6）做到最好；（7）执行力强；（8）弘扬传统。

其次，万达集团已经建立起比较完善的社会责任管理体系，包括企业社会责任管理机构和管理制度，以及利益相关方的管理。

有了优良的制度建设，万达集团的社会责任实践才能有卓越的表现（2011年）：

（一）积极诚实纳税。2011年，全集团纳税163亿元，比2010年增长72%，

纳税额在全国民营企业中排名第一。

（二）增加就业。万达集团 2011 年新增加就业岗位 8.9 万人，其中大学生 1.68 万人。2011 年全国新增就业岗位约 1 200 万个。万达集团创造的就业岗位就占全国新增就业岗位的 0.74%。

（三）关爱员工。2011 年万达历史上第一次全员涨薪；2011 年万达集团共安排培训 29 147 次，参加培训人员达 66.6 万人次，同比增长 41%。万达集团 2011 年做到所有公司都开办员工食堂，免费向员工提供一日三餐，而且不准外包，保证食品安全和质量。

（四）节能减排先锋。万达集团是中国最早开展住宅建筑节能的企业之一。最近几年，万达把商业地产的低碳节能作为重点来抓，成为中国商业建筑节能的领先企业。2011 年及以后开业的项目均取得绿色建筑一星设计标识；住建部绿色建筑设计认证办法自 2009 年颁布以来，全国一共只有 16 个商业建筑通过认证，全部被万达广场获得。

（五）慈善捐助。2011 年，万达集团慈善公益事业捐赠现金 2.57 亿元；成立 24 年来，累计现金捐款 28 亿元，是中国民营企业捐款额最多的企业。万达 6 次获得中华慈善奖，是全国企业中唯一一家 6 次获奖的企业。

当然，万达集团 2011 年企业社会责任报告也存在一些不足之处，对此提出一些建议。

（一）《社会责任报告》中，关于"义工善行天下"写道："2011 年，万达集团共组织义工活动 726 次，48 053 人次参加。万达集团制度规定，每个员工必须每年做一次义工，这项制度自 2006 年实施以来，万达员工累计做义工超过 15 万人次。"

报告曾提到，万达集团"拥有 47 万员工"。显然，目前离"每个员工必须每年做一次义工"的目标相差很远。

（二）《社会责任报告》文本中有小错误：报告提到，"2011 年，全集团纳税 1 634 亿元，比 2010 年增长 72%"。对比前面的表述，应该是 163 亿元。

（三）建议尽快建立反商业贿赂制度。

点评人：

中国社会科学院世界经济与政治所　研究员

康荣平

实例3：方太集团2011年度企业社会责任报告

总裁致辞

现代企业作为社会的一分子，应当承担相应的社会责任。企业的首要责任是盈利，但除此之外，企业还要为社会承担更多的责任，在发展自身的同时，推动社会发展和进步。那么企业社会责任到底包含哪些方面呢？方太在学习国际上先进的社会责任理念的同时，结合中国实际，逐渐总结形成了自己的社会责任观。总体上，方太认为企业社会责任包括法律责任、发展责任和道义责任三大方面。法律责任是必须做到的责任，法律与道德的关系是：法律是最基本的道德，是道德的底线。道义是高级道德，如果说法律责任是60分标准，那么60分以上至100分部分为道义责任。法律责任包括产品责任、员工责任、环境责任、纳税责任以及其他跟企业相关的各种法律法规的遵守。这些责任都有相应的法律法规赋予企业最低的要求，是企业必须做到的，也是企业社会责任中的首要责任。道义责任包括商业道德、共赢理念、慈善公益、文化传播等，是高级的社会责任，是企业应当努力追求的。还有一个是发展责任，是企业作为企业的核心责任，包括产品创新、员工发展、和谐发展和可持续发展。企业不发展或者破产倒闭，就会给社会带来负担，阻碍社会进步。所以，企业必须发展，同时要和谐发展、永续经营，这也是极其重要的企业社会责任。方太一贯重视企业社会责任，并积极承担社会责任，2006年推出了第一份社会责任报告，并坚持至今。展望未来，方太的目标是把社会责任做到体系化、常态化，并与公司发展战略相结合，成为一家真正承担责任的受人尊敬的世界一流企业。

一、关于方太

（一）方太简介

方太集团创建于1996年，16年来，方太始终专注于高端厨电领域，坚持“专业、高端、负责”的战略性定位，朝着成为一家受人尊敬的世界一流企业的愿景迈进。公司不断致力于为追求高品质生活的人们，提供领先设计和卓越品质的高端嵌入式厨电、集成厨房产品，提供高品质的厨房及家用产品，倡导健康环保和有品位的生活方式，让千万家庭享受更加幸福的居家生活。经过16年的发展，方太已成为中国高端厨电专家与领导者。

目前方太在全国已有员工9 000余人，除雄厚的本土设计实力，方太还拥有来自美、德、日、意等地的设计力量和最先进的高端厨房生产设备及国际工业制造先进技术。方太坚持每年将不少于收入的5%投入研发，拥有200余人的研发人才团队，2个国家级实验室，行业内唯一的国家级企业技术中心，拥有占地6 000平方米的世界上规模最大、设施最先进的厨电实验室。方太已拥有了400多项专利，其中有42项发明专利。

（二）方太业务

方太业务涉及厨房电器、集成厨房以及海外事业三大领域，其中FOTILE方太品牌专注于嵌入式厨房电器业务，现拥有吸油烟机、嵌入式灶具、嵌入式消毒柜、嵌入式微波炉、嵌入式烤箱、嵌入式蒸箱、热水器七大产品线，已成为中国高端厨电第一品牌。

方太在全国设立了56个销售机构，销售网络覆盖除港、澳、台之外的所有省市。到2011年，方太建立了包括家电连锁、建材超市、传统百货、橱柜商、工程、专卖店、电子商务、网络团购等完备的销售通路系统。

（三）方太品牌

方太品牌即代表着高端厨电、卓越的品质、创新的厨房科技和负责任的态度，它已成功在中国确立了“高端厨电专家与领导者”的地位，其成功之处在于，始终坚持对锻造顶级厨房电器的孜孜追求。

作为厨房电器嵌入式成套化的倡导者，方太每推出一款新的产品，其背后是想向人们展现厨房生活各种新的可能。方太希望自己的产品被用户选择不仅仅是作为功能性的用具，更希望看到产品背后的各种美好：孩子满足的笑容、朋友羡慕的眼光、家人赞赏的眼神、人们悠然自得的心满意足……

因方太之名而来的人们，有着不同的背景、年龄、文化、喜好，这其中不乏美食家、商人、学者、医生、律师、艺术家等等，但他们对生活有着极高的品质要求，都是完美主义者、热爱生活的人、有独立见解的世界人。他们对于生活的只言片语，往往可以影响别人的世界观。

方太与这些人士一样，推崇“烹小鲜如治大国”的工匠精神与态度，哪怕很小很小的细节，也会全心专注，全力以赴；方太与这些人士一样，认为真正的成功者善于在事业和生活之间取得平衡，她/他是叱咤风云的领导者，也是懂得欣赏厨艺、关爱家人的生活家。

方太希望和我们的用户一起，做一个对社会有积极担当的人。方太积极承担社会责任，尝试儒家传统文化的传承和推广，根植于社区，为社区的健康发展尽绵薄之力。所有努力，当可归结为一点，即“成为受人尊敬的世界一流企业”。

（四）方太文化

企业文化就是一家企业及其员工的思维和行为的习惯。一个人的习惯决定这个人的命运，一家企业的习惯决定这家企业的命运。

——茅忠群

文化是企业的灵魂，企业文化中的核心理念是企业文化的灵魂。企业文化中三大理念铸就了方太灵魂。

方太的使命：“让家的感觉更好”

提供高品质的厨房及家用产品，倡导健康环保和有品位的生活方式，让千万家庭享受更加幸福的居家生活。同时，追求全体方太人物质和精神两方面的幸福，让方太这个“大家庭”更加美好。

方太愿景：“成为受人尊敬的世界一流企业”

这里有四层涵义，即，立志成为高端品牌的典范、卓越管理的典范、优秀雇主的典范和承担责任的典范（简称“四个典范”）。

方太核心价值观：“人品、企品、产品，三品合一”

方太坚信：作为一家追求卓越的企业，不仅仅要为顾客提供世界一流的产品和服务，还要积极承担社会责任，做一个优秀的企业公民。同时，方太也要求员工成为德才兼备的有用之才，与企业共同成长，这三者相辅相成，缺一不可。在“三品”中，“人品”放在首位，而“人品”又包括传统美德（仁 义 礼 智 信）、职业道德、方太精神和职业能力等四个方面。

方太，作为一家以使命、愿景和核心价值观驱动的公司，所有的工作都紧紧围绕着使命、愿景和核心价值观而展开。方太的文化，是全体方太人在16年的奋斗中凝聚而成的，反过来又对方太的发展产生了积极的促进作用。方太过去的成功靠的就是企业文化的引领，方太未来的成功仍需要更好地加强企业文化建设，充分发挥企业文化的作用。

二、方太与企业社会责任

方太的企业社会责任方针为：遵守法纪 、弘扬道义、诚信经营、和谐发展。

方太认为，一个企业的社会责任包含3个层面的内容，首先是法律责任，其次是发展责任和道义责任。

法律规定的都要做到，这是企业生存的基础、底线；企业要做到和谐、可持续发展，同时要让员工得到很好的发展，既包括职业的发展，也包括为人修身方面的发展，这是发展责任；道义的责任，包括慈善公益事业与文化传播，其中传统美德的传播不仅对内面向员工，而且还要对外向消费者以及相关方进行传播。

方太社会责任观经过以下几个历程：

2006年开始，方太公司每年发布“社会责任报告”，涵盖员工权益、产品责任、员工责任、环境责任、纳税等11个方面。

2009年，作为浙江省6家企业之一，方太参与了“中德贸易可持续发展与企业行为规范”项目，与德国技术合作公司合作开展CSR（企业社会责任）项目，制定了“遵守法纪、弘扬道义、诚信经营、和谐发展”的CSR方针，完善了包括固废管理在内的CSR体系，同时形成了方太的3个方面（法律、发展和道义）12项内容的社会责任观。

2011年，结合公司整体运营情况以及内外环境的变化，方太对社会责任体系的3个方面和12项内容进行了修订（见图2-2）：

在方太新社会责任观中，明确了组织产品创新的要求，强调与所有相关方的和谐发展与共赢，强化全体员工的培养与健康成长，以追求企业的可持续发展。

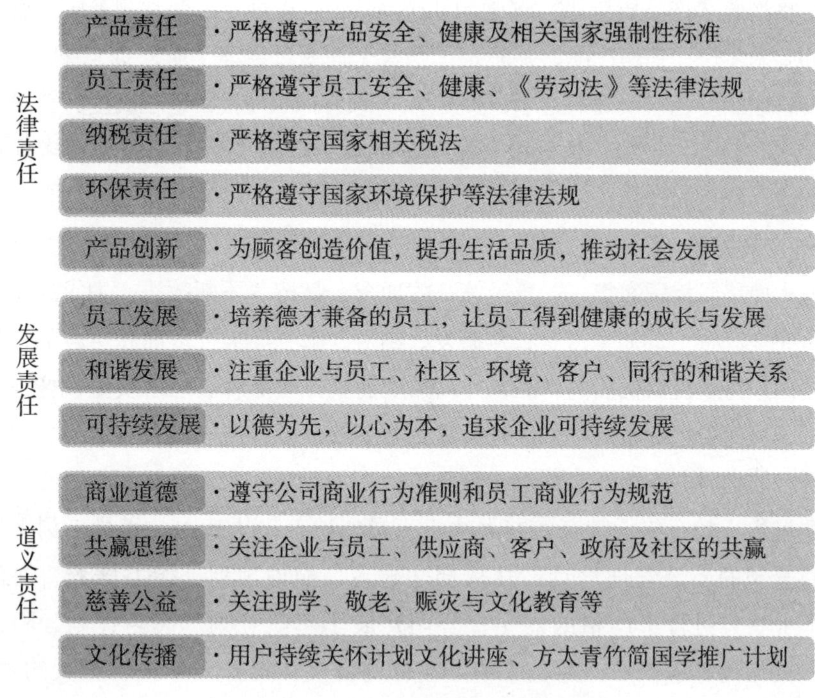

图 2-2 方太集团社会责任体系

方太是一家以创新驱动组织发展和成长的企业，并逐步建立文化、管理和产品三大创新领域。文化创新，方太致力于打造中西合璧的企业文化，融合民企、日企、美企、德企等优秀的管理文化，同时又继承发扬中华传统文化“仁、义、礼、智、信”的精髓，探索并提出现代儒家管理模式，其核心思想是“中学明道，西学优术，中西合璧，以道御术”。管理创新，2001 年方太导入卓越绩效模式提升整体经营管理成熟度，并陆续导入和建立集成产品开发（IPD）流程、全员绩效管理系统、ISC 管理、OA 财务预算管理系统等一系列职能管理系统来支撑组织整体管理水平的不断提升；在引入管理系统的同时，将理论与实践相结合创新出一套适合组织发展的管理方法。产品创新，以突破技术瓶颈、追求产品精致度和原创知识产权为主要着力点，通过设计和技术的全面领先引领中国厨电行业的发展方向。

（一）法律责任

1. 产品责任

方太始终将品质作为企业的立业之本。为此，方太建立了严格的质量保证体系，严格按照《产品质量法》、《强制性产品认证管理规定》等法规及国家强制性标准的要求生产、销售产品，并制定了以《全面质量管理手册》为总纲，《供应商开发管理制度》、《认证标志管理规定》、《顾客抱怨与投诉管理制度》为分支的涵盖采购、制造、销售、售后服务全过程的质量管理文件，确保为顾客提供安全、健康、舒适的产品。

- **产品质量**

方太始终坚持顾客第一、质量第一的理念，坚持“不断改进、力求完美，追求顾客完全满意”的质量方针；从研发、制造、服务等实行全面和卓越的质量管理，向用户持续提供优质的产品，并以品质铸就方太品牌。经营质量就像建造一座房子，首先要把地基打牢，这是关键。方太就是要打造一家百年老店，并成为受人尊敬的世界一流企业，关键在于质量。

质量始于教育终于教育。方太注重人员的培养，从基层一线员工到上层领导实行全员的质量管理培训；并从梯队建设、能力规划、能力培养、岗前确认、职业晋升进行了严格的规定；公司开展了起航计划、飞翔计划、阳光计划、六西格玛等培训班，为员工职业生涯的发展和培养人才做了很大的贡献；并积极鼓励员工参加国家职称和职业资格考试和认证，公司提供相关资源，11年报考质量工程师考试通过度高达63%，远远高于全国平均水平30%～40%。

方太建立健全质量信息系统，CRM、MES、计量、Insight四大系统，为市场质量管理、质量管理追溯、计量管理和质量分析提供了保证。同时方太引入国内一流的质量检测设备，如三坐标、安全综合性能测试仪、智能泄漏电流测量仪等，提供了高精度、高精准的质量检测能力。

质量的好坏是由顾客评判的，为此方太注重并积极主动收集顾客的反馈（VOC），并把顾客提出的任何质量问题作为内部改进的方向；每年成立市场质量小组，负责收集市场质量信息、改进市场质量，近几年市场质量问题和维修率连续大幅度下降。

质量是设计和生产出来的，要想杜绝质量隐患，关键在于设计。方太从2003年导入IPD流程，实行严密、严谨的产品设计流程。在产品设计阶段，供应商和各部门参与到产品设计中，并经过TR1－TR7严格的评审后才能批量生产，最终向顾客交货。生产过程中，对产品进行严格的审查，确保交付给顾客每一件产品都是合格品。开展5S、群众性质量、品质年等全员质量活动，方太每个员工通过自主提案改善工作中的问题，全员踊跃监督、改善产品质量。

方太一直追求持续改进，力求让顾客完全满意。开展了六西格玛、可靠性等项目，持续提升产品质量，提高产品的可靠性，降低产品终端不良和维修率。

- **产品设计**

方太以世界级的品质理念，对产品的精致度和可靠性提出苛刻要求，一直沿着安全、可靠、舒适、健康、节能、环保的方向，贡献领先设计、独特技术，卓越品质的厨房（电）产品。高质量的产品与服务是提升产品力的保证，方太在“不断改进，力求完美，追求顾客完全满意”的质量方针指导下，对每一件产品的外观设计、性能、制作工艺及可靠性力求精益求精。产品不仅通过“CCC”、“CQC”“卫生许可证”、“节能环保”等多项国内权威认证，并且多项产品指标达到行业领先水平。

在海外，方太将国内的技术与产品经验与当地消费者的使用习惯相结合，提供更优的厨房电器解决方案，让用户体验到高质量的产品与服务。产品不仅获得了GS、UL等安全认证，并且在东盟等一些市场，达到高端前三的市场地位。

方太一直参与燃气灶、消毒柜等产品国家标准的起草工作，近3年参与了20多项行业、国家标准、国际标准制修订工作。标准制定也从国内走向国际：继2010年方太承担油烟机标准化工作组组长单位后，2011年10月方太作为第一主笔起草单位的GB/T17713－2011《吸油烟机》国家标准发布实施；同年，由方太公司组织牵头的IEC60335－2－31——“家电和类似用途电器的安全，吸油机的特殊要求”的国际标准修订提案，成立由中国任组长，美、德、意、澳作为组员参加的工作组，继续深入开展工作。

方太拥有一个国家认定企业技术中心、两个国家级实验室（电器实验室和燃气实验室）、一个技术研究院、一个创新研究院。正是凭借强大的技术研发能力以及科学的质量管理体系，才铸就了方太在厨电行业中国第一品牌的坚实堡垒。

2. 客户责任

方太营销专注于“专业化、高端化、精品化”。无论市场环境如何变化，坚持只争价值，不拼价格；只打价值战，不打价格战。坚持为客户提供优质高端的服务，持续创新服务模式，打造专享服务平台。

- **专享服务，独特体验**

方太打造了为顾客提供精神愉悦的完美厨房体验——FOTILESTYLE 方太顶级

厨电馆

坐落在上海桃江路8号的顶级厨电馆“FOTILESTYLE”，总面积将近3 000平方米。“FOTILESTYLE”的设计紧密围绕着家庭与自然和谐共存的主题，将方太所倡导的环保自然的厨房生活理念具象化展现。其中方太对“未来厨房”的构想，完美体现了未来厨房科技将人类从重复疲累的厨房劳作中解放出来，使烹饪成为一种富有情趣与科技感的品质享受。

方太营销人积极开拓二、三级市场，着力推进电子商务，为不同类型的消费者提供便捷的选择渠道。让钟爱方太的消费者，更好更方便地享受方太优质的产品与服务，是方太营销人不懈的努力。

- **超出满意直至感动的服务**

为了更好地服务、关怀顾客，在2010年，方太公司建立了业内最大的基于互联网的分布式呼叫中心。在顾客满意的基础上提出了“让顾客感动”的服务理念，制定并完善了一整套科学规范的售后服务体系。设计开发出集电话、计算机和互联网等先进技术为一体的综合服务系统，使用户享受到全天候、全方位、高质量、高效率、标准化的一站式服务。方太呼叫中心定期监测顾客感动率和NPS（顾客净推荐值）。针对客户的每个疑难问题及意见建议，进行PDCA闭环持续改善，协助提高整体服务质量，获得了良好的社会反响和认同，连续三年荣获“全国售后服务行业十佳”称号。2011年，成立仅一年的呼叫中心获得了“中国最佳呼叫中心”的称号。

安装和售后服务方面，方太在全国设立56个服务中心和862个特约服务网点，为用户提供高质量的服务。服务中心所在地做到1天内上门服务，其他区域两天内上门服务。

方太的油烟机、灶具、消毒柜、微波炉、烤箱及蒸箱5年质保，热水器3年质保并提供每年免费安检的售后服务，真正为消费者解决实际问题。油烟机两年内提供一次免费清洗（指定区域），上门服务的技术人员不仅会自带专用的清洗剂，提供最专业的清洗服务，还会手把手地指导用户今后如何自行清洗。

方太在厨电行业率先实施CRM信息系统（见表2－1），并对用户服务实行回访，引导服务员工为用户提供满意乃至感动的服务。

预埋烟管服务是方太的首创——烟管的不畅会极大影响吸油烟机的工作效果，而且装修后很难改装，因此方太会在装修期间就提供一次免费的预埋烟管服务，用最好的材料和最科学的排布来保证管道的密封和拉直状态，使吸油烟机达到最佳的使用状态。

表2－1 方太客户服务CRM系统功能

序号	内容	系统应用
1	客户信息管理	建立购买用户的信息档案，如姓名、电话、住址、生日、兴趣爱好、职业、厨房面积等信息，为后续的用户满意度调查、顾客关怀等提供基础数据
2	服务信息管理	记录每一次上门服务（包括投诉处理）的信息，如上门时间、项目、服务技师姓名、故障原因、所使用配件、服务收费等信息；同时对每一次上门服务做好回访并记录，为改进产品质量、服务质量提供信息
3	产品故障统计系统	为产品改善、质量改进提供数据支持，如：以月为单位，统计产品百台维修率与一次服务成功率；实时统计不同产品线、不同型号、不同故障、不同时段的产品故障信息
4	客户关怀系统	通过系统支持，主动给用户发送节假日问候短信、免费清洗提醒、热水器防冻提醒、厨柜服务到期自动提醒等

方太服务人员配备的工具全部都是世界名牌的顶级装备：美国的史丹利全套工具箱，德国的麦太保和BOSCH的无尘电钻及为用户产品拍照的数码相机。一个工人身上的装备价值可谓上万，在业内称得上绝无仅有。这些装备是为了给方太的产品提供最完美的安装和维修，为用户提供更好的服务体验。以无尘电钻为例，在用来墙上打孔时，几乎不会在地板上留下灰尘，更好地保护用户家的环境。

3. 员工责任

方太视员工为企业生存和发展最宝贵的资源，始终坚持“以人为本”的管理理念，努力为员工提供优越的工作环境，构建和谐的人文环境。方太严格遵守《劳动法》、《劳动合同法》、《社会保险法》、《职工带薪年休假条例》、《安全生产法》等法律法规的要求，并通过制定、完善包括《员工劳动合同管理制度》、《员工社保管理制度》、《公司薪酬福利管理制度》、《员工带薪年休假管理制度》等在内的各项劳动人事制度保证法律法规的贯彻实施，切实保障员工的合法权益。

- **员工权益、薪酬福利**

方太严格按照《劳动法》等其他与员工权益息息相关的法律条文规定开展工作。

- **保障员工权益**

方太依照《劳动法》与每一位员工履行劳动合同的订立、变更、解除、终止（经济补偿金）等责任；按照统一标准执行工时制度，作息时间和各种假期福利。

- **完善薪酬系统**

方太始终坚持在公司核心价值观及文化引领下，导向业绩、兼具市场竞争力与内部公平性的全面薪酬管理，持续完善员工的薪酬福利，并创新性地导入员工身股激励，让员工“家的感觉更好”。

（1）方太薪酬三策略

- 坚持以业绩为导向，坚持“三品合一”的核心价值观和文化。
- 吸引、保留和激励方太“成为受人尊敬的世界一流企业”所需的优秀人才。
- 提供具备市场竞争力、兼顾内部公平性的全面薪酬。

（2）方太薪酬福利体系

在公司薪酬三策略的指引下，公司薪酬福利体系由环境和发展、薪资、福利三方面构成，从全面薪酬的角度综合考虑员工的物质获得及心理感受，并从生活和援助、健康和安全、娱乐和关怀、学习和休假等方面不断给予员工更加全面的福利保障。

（3）方太福利三特色

- 类全面广。至今，员工福利项目已达到33项。且自2010年以来，包括各办事处人员在内，公司在福利方面实现了四项“全覆盖”，即全员参加社会保险（五险）、全员导入住房公积金、全员享有身股激励、全员享有带薪年休假。
- 推崇个性。公司不断满足员工的个性化需求，比如员工首次购买住房借款、租房补贴、年功工资、高层购车借款等等。
- 既关怀也激励。比如，在员工关怀方面，有娱乐中心、员工座谈、生日关怀、高温慰问、助困基金等等。同时，公司也在积极探索中长期激励的方案，完善员工长期服务纪念方式的同时推出员工身股激励。

● **保障员工健康安全**

“健康为根、安全为本、关爱生命、永续经营”是方太的职业健康安全方针，方太致力于达到高标准生产安全的同时，也将为员工提供健康安全的工作环境视为创建和谐企业的重要内容。

（1）建立职业健康安全管理体系

2003 年方太在同行业中自主率先实施并通过 OHSAS18001 职业健康安全管理体系认证，推动职业健康安全法规和制度的贯彻执行，不断提高职业健康安全管理水平，为社会树立企业良好的品质和形象。

（2）保障员工健康安全，创造安全工作环境

方太紧密结合自身整体的职业健康安全方针，根据生产运营中产生的职业危害，制定完善的管理制度、设计规范的安全操作规程/作业标准书、配备安全保护装置和相应措施消除或减少作业场所存在的危险有毒因素，保障员工的安全和健康，创造良好的工作环境。

2010 年初电器工厂喷涂使用的油漆含有苯系物。为减少油漆中有害物质，立即更换为无苯油漆。虽然成本有所提高，但是能够减少员工接触的危化品含量，有效防止职业病的产生。

2010 年公司投入 130 多万元，通过改善工艺流程、湿式作业、增加抽风装置、加强个体防护和个人卫生管理，大大降低了粉尘对员工的伤害。

2011 年为加强对能耗的规范管理，公司请第三方对清洁生产、能源审计、电平衡等方面进行全面的诊断，并对提出的改进项进行持续改进。

每年定期组织全体员工参加体检，针对产生职业危害的岗位依照国家要求进行岗前、岗中、离岗体检，针对体检情况及时对员工工作岗位进行调整，杜绝职业病的产生。

针对公司冲制车间存在的划伤、割伤情况，方太与其他公司一样，采用传统市场上比较常见的由高强高模聚乙稀纤维包覆玻纤或钢丝材料制成的防割手套。但长期使用过程中，员工反映使用时原始的防割手套相对较硬，佩带不舒适且操作不便。公司高度重视，决定引进新型防割手套替代原始的防割手套。经多方寻访和实际验证，在 2009 年 12 月终于找到了新替代产品——防弹衣材料。新手套可防止割、划伤，佩带舒适且操作方便，但价格与原始防割手套相比较贵。“健康为根、安全为本、关爱生命、永续经营”是方太职业健康安全管理的方针，为

使员工作业安全得到保障，能够佩带舒适的、便于操作的劳保用品，公司毅然决定不惜重金联系防弹衣制作的供应商专门为员工订制新手套。

为减少作业过程中各种危险化学品对员工产生的职业伤害，保障员工职业健康安全。公司自主邀请浙江安全生产研究所开展危化品安全评价，并定期进行环境监测，为组织员工进行职业健康检查等一系列措施，不断加强危化品管理、改善作业环境。例如，生产工艺中使用的清洁剂白电油，公司已经制定安全操作规程和作业标准书等完整的行之有效管理办法。但正乙烷对作业员工造成伤害而引起轰动的时候，公司还是惴惴不安。为了让员工放心，让公司安心，公司安排安全部门不仅重新对白电油使用岗位的作业危害、劳保佩戴、作业环境等重新进行了全方位评估。同时，重新组织对公司所有危险化学品使用场所及岗位的全方位评估，确保减少作业过程中危化品对员工产生的职业伤害和对环境的影响。

（3）以人为本，关爱生命

过去常讲“为人民服务”现在常说“以人为本”，其精神实质是恒定不变的，在安全管理中就是把员工利益作为一切工作的出发点和落脚点。生命健康权属于基本人权，没有生命健康，人的生存发展、人的价值体现和生活的幸福美满就是一句空话。通过安全教育与培训的实施来实现“以人为本，尊重生命，安全生产”的目的。

三级安全教育是新员工接受的第一次正规的安全教育。因此应以对职工生命负责的高度责任感，严把关口、扎扎实实地开展三级安全教育，使他们从入厂就树立起正确的安全观，积极投入到安全生产中去。

方太严格教育程序，保证培训时间，不断创新教育内容和形式。采取“逢进必培训，考核合格，再到岗”（不管是一人还是多人均逐级完成，并考核合格，再进入下一环节）的培训原则，保证员工安全培训达标率100%。对于车间级、班组级安全培训公司采用“安全行为观察法”和“一对一，师徒帮教”方式，保障员工具备良好的安全操作能力和安全意识。

（4）坚持强化现场管理为基础，不断改善作业条件

一个企业是否安全，首先表现在生产现场，现场管理是安全管理的出发点和落脚点。方太严格按照安全生产标准化作业环境安全条件的标准推行6S，对工作现场严格实行定置管理和安全标识，改善作业条件、保证安全生产，使生产和工

厂内整洁、美观、安全。

（5）坚持不断提高员工整体素质，关爱员工并消除不良情绪

企业发生的各类安全事故，多数是员工处于侥幸、盲目、习惯性违章等人为的不安全行为造成的。所以应该从思想上、心态上去宣传、教育、引导，使员工树立正确的安全价值观。这是一个缓慢的转变过程，需要做艰苦细致的工作。方太建孔子堂推行儒家文化，每天晨会讲授《弟子规》、《三字经》等儒家经典，同时对员工进行安全提示熏陶员工。开展“工厂开放日”，让员工家属参观公司及生产车间，观察亲人的工作环境感化员工，消除员工的抵触情绪；开展技能比武，调动员工主动提高安全技能的积极性，提高员工整体的素质。

（6）不断创新安全培育手段和方式，营造安全文化氛围

方太在坚持行之有效的管理制度和措施的同时，还要根据公司的发展和生产情况，根据员工的思想状况，及时地创新工作方法和机制，吸收先进的管理观念，吸收职业健康安全管理体系思想，有针对性地加强对员工安全意识、安全知识和安全技能的培训。开展多形式、多渠道、丰富多彩的安全文化活动，增强员工凝聚力，提升员工安全意识。公司开展高层领导为员工过生日、安全咨询台、无雨走廊宣传窗、“安全月”活动、安康杯、安全提案改善、安全知识竞赛、安全知识考试、安全有奖问答等活动向员工宣贯安全知识、树立安全观。

4. 纳税责任

方太自成立以来，严格遵守《中华人民共和国企业所得税法》、《中华人民共和国税收征收管理法》等国家各项税收法律法规，并制定了公司各类费用申报、审批、报销等相关财务制度及流程，不断规范纳税管理工作，提高财务管理水平。依法按章纳税，及时足额缴纳税款。并对纳税工作进行专人专门管理，对财务人员进行培训，提升纳税意识、业务素质和管理水平，确保纳税工作依法、有序开展。

近年来，方太税收连年增长，充分履行了企业的“社会责任”。公司依法纳税，每月按时足额申报和缴纳各项税款，从未受到税务部门的处罚。表2－2为2007～2010年方太获得的纳税奖项及信用评级。

表 2－2　2007～2010 年方太获得的纳税奖项及信用评级

时间	获得奖项	纳税信用评级
2007 年	宁波市工业企业“纳税 50 强”	宁波市纳税信用 A 级
2008 年	宁波市工业企业“纳税 50 强”	宁波市纳税信用 A 级
2009 年	宁波市工业企业“纳税 50 强”	宁波市纳税信用 A 级
2010 年	宁波市工业企业“纳税 50 强”	宁波市纳税信用 A 级

方太严格按照税法规定的税种、税率，按时、足额缴纳各项税款，近 5 年上交各项税款情况如图 2－3 所示。

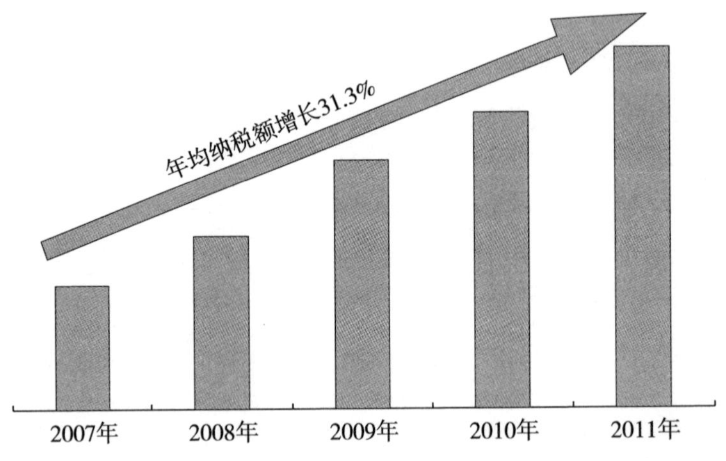

图 2－3　2007～2011 年方太纳税金额情况

5. 环保责任

“节约资源，奉献绿色产品；预防污染，创造美好家园”是方太的环境方针。方太不仅遵守《中华人民共和国环保法》、《固体废弃物污染环境防治法》等各项国家相关法律法规，还积极响应国家“节能减排”相关要求及倡议，设立了更为严格的企业标准。从产品设计、生产能耗低、排污少的角度获得经济效益和环境保护的双丰收；同时，以自身技术优势，改进产品工艺，建设“健康厨房”，实现节能减排，践行环保责任。

- **产品设计的环保理念**

在产品设计中充分考虑用户的需求与体验，同时不断发挥和加强技术、设计及其整合能力，使每条产品线持续拥有满足顾客和社会发展需求的核心技术，并实现通用化、系列化、组合化设计，打造节能、环保、友好的绿色产品，减少对资源的消耗，降低环境负荷。

承载着“高效静吸”技术的油烟机，凭借引射增速双劲风机、新一代圆弧导流易清洁净畅网、有源消声畅吸风道、高效拢烟集烟腔等技术，寻找高效与低噪的契合点，有效提升吸油烟效果的前提下，噪音低至48dB，为客户营造清新而宁静的烹饪空间。

高效低排放的燃气灶采用多射流燃烧技术，燃烧效率全面提升至60%以上，烟气（CO）排放低于200ppm。

2010年首次推出平板微波炉，首创的独立风道技术完美解决嵌入式散热问题，与烤箱全系产品均达到一级能效。在2011年6月，中国消费者协会公布的20款微波炉产品比较试验结果中，方太嵌入式微波炉的微波泄漏、加热均匀性等各项综合指标均处于领先水平。

- **建立环境管理体系**

方太于2003年在行业中率先通过了ISO14001环境管理体系认证，把环境保护工作纳入日常的生产管理体系中，加强生产全过程的污染控制，确保各项环境保护管理制度、污染防治措施顺利实施。降低能耗，节约成本，减少污染，提高企业管理水平，增强企业竞争力，改善企业形象，增加社会对企业的信任感和亲和力。

- **节能降耗　减排增效**

（1）推行清洁生产，实现污染预防

不断采取改进设计，使用清洁的能源和原料，采用先进的工艺技术与设备，改善管理、综合利用，从源头消减污染，提高资源利用效率。减少或者避免生产、服务和产品使用过程中污染物的产生和排放，以减轻或者消除对员工、相关方健康和环境的危害。

（2）节能降耗，降低成本

“节能降耗，降低成本”是企业健康、文明、和谐发展的需要，是体现和落实科学发展观的实际行动。面对严峻资源紧张的挑战，方太回收利用运营中生成的部分废料，通过改进日常工作流程，寻找最大限度回收利用和减少废料的机会。

2008～2011年，方太万元产值能耗低于宁波市家用厨房电器制造行业平均能耗47.68%，万元工业增加值能耗低于行业平均能耗61.09%。

(3) 加强危废管理，减少污染物排放

2009 年参与中德贸易可持续发展与企业行为规范项目，改善公司危废管理。制定《废物管理实施计划》，编制覆盖所有岗位的《有害物质安全指南》、制定实施废物分类操作流程（SOP）和完整的标识系统。

对于不能循环利用的生产废水，方太通过具有在线监测的污水处理系统，达到国家规定的安全标准后，再经污水处理管网排入污水处理厂。同时建立固废处理制度，严格遵守国家法律法规，对生产运营过程产生的废弃物都要依照规定及时进行分类收集、妥善存放，并由具有国家认可资质的公司进行处理。

(4) 落实节能降耗责任，加强节能减排宣传

方太公司与地方政府签订节能减排目标责任状，公司内部签订节能减排目标责任状。公司成立以总裁为组长，环境管理体系管理者代表为副组长，各副总裁、事业部总经理等人为组员的节能降耗领导小组。设立专职能源管理员、能源统计人员，建立覆盖公司车间、办公室、宿舍、食堂、实验室的月度能源分析报表。每月监测能耗，跟进节能措施落实情况，持续改进。

方太通过开展“无电梯日”倡导走楼梯，绿色低碳、设立环境看板，车间张贴海报、节能提案征集等活动，加强对节能减排的宣传。每年持续开展各种以“节能环保”为主题的宣传活动，培养全员节能意识。

方太不仅注重对自身节能减排的宣传和节能意识的培养，同时加强与相关方沟通。制定相关方企业社会承诺书并下发签订，对相关方节能降耗进行管控，每月收集相关方管控报告分析通报，进行日常绩效考核。

一同沐浴阳光的温暖，一同分享雨露的甘甜，一同品味鲜花的醇香，方太与您一同缔造绿色的明天！

（二）发展责任

1. 产品创新

在“中国高端厨电专家与领导者”的品牌定位和“领先、高档、独特”的产品研发方针指引下，每年将不低于销售额5%的费用投入到厨电技术的研发之中，并设立了最高达100万元的研发激励奖和全方位的创新激励制度。不断加强与高校、科研机构、境外组织的合作交流，为新技术的研发与应用，新产品的开发、工艺的突破和产品性能、质量的提升构建了有力的保障。同时，方太拥有总面积达6 000平方米、获得CNAS认证的国家级电器实验室、燃气实验室。2008 年10

月，国家发改委、科技部、财政部、海关总署、税务总局正式公布方太技术中心为国家认定企业技术中心。

为加快产品技术研发速度，增强开发应变能力，公司于2003年导入IPD产品开发流程，从过去主要依靠少数领导和个人推动产品创新，转变为依靠机制、系统和组织能力推动产品创新。随后，为应对客户日益增长的使用需求和日趋激烈的市场竞争，公司组织研发流程优化小组，在实施固化落实的同时，对IPD流程不断优化和创新，先后导入了QFD、DFMEA并嵌入IPD流程之中。全面启动提升设计可靠性和产品可靠性项目，开展FSI可靠性验证，有效提高产品质量和用户满意度。经过几年的持续推动，形成了一套具有方太特色的集成化产品研发流程，从而大大提高了新产品研发的成功率和新品上市速度。

- **产品发展历程**

方太始终保持着产品在同行业中的领先地位，这和公司高层的重视密不可分。公司把每条产品线都持续拥有满足消费者需求的1项关键核心技术和3项以上先进技术作为战略目标之一。每条产品线都确定了领先的产品主张，以引导正在研发和将要研发的技术保持先进性，并且每年审视战略，开展产品线规划、研究课题规划。方太在功能开发、性能突破、新材料运用、新工艺开发等方面都敢为人先，自公司成立以来，取得了无数个行业第一，引领了行业技术发展（如表2-3所示）。

表2-3　2008~2011年方太产品创新大事记

序号	年份	方太重大产品及技术成果
1	2011	• 3月15日承载着“高效静吸”技术的油烟机EQ01首发，盛销全国，成为名副其实的高端油烟机畅销机王 • 方太与美国设计界翘楚IDEO公司共同研发，历时三年打造出的世界级设计品质厨电产品——“总厨六系”，定义为行政总厨级家庭烹饪中心，以其独立双烹饪中心理念等创新设计成功夺得了2011年德国红点设计大奖 • 节能高效低碳排放型燃气灶具，燃烧效率全面提升至60%以上，烟气（CO）排放低于200ppm

续表

序号	年份	方太重大产品及技术成果
2	2010	• 方太O－Touch光影6系打造时尚未来厨房，引领行业进入touch技术时代，并荣获德国“红点”设计大奖 • 银睿六系携国内首款嵌入式电蒸箱震撼上市，将中国人带入“健康饮食”新时代 • “十一五”国家科技支撑计划“厨房卫生间污染控制与环境功能改善技术研究”课题顺利通过验收
3	2009	• 方太ZTD100F－04C消毒柜，整合U形灯管360度环形杀菌技术、温湿度自动感应杀毒功能，连续10个月销售额排名第一，并荣获中国厨电行业内的第一个德国“红点”奖 • 中国第一台导烟吸附技术吸油烟机“风魔方”，引领中国近吸式油烟机新时代
4	2008	• 推出中国第一个嵌入式成套设计五件套“银睿五系”，标志着高品质厨房由“成套搭配”式向“整体嵌入”式转型，功能则从“三系”时代向“五系”时代跃进，引领了未来厨房电器市场的主旋律

• **技术创新，获奖历程**

方太近年来主要科技创新成果获奖情况见表2－4。

表2－4　方太近年来主要科技创新成果获奖情况

奖项类别	获奖成果	获奖等级
中国轻工业联合会科技进步奖	智能型厨房系列吸油烟机的研发及产业化	一等奖
	高效节能“W”宽频燃烧技术及在燃气热水器上的应用	二等奖
	“负离子三面风幕”环保技术在厨房电器产品上的产业化应用	三等奖
科技进步奖	“科恩达”环保等新技术在吸油烟机上的应用	浙江省三等奖 宁波市二等奖
	节能高效低碳排放型燃气灶具的研发及产业化	宁波市一等奖
	智能型厨房系列吸油烟机的研发及产业化	宁波市二等奖
	CXW－150－SY01智能型无级调速数字控制吸油烟机	宁波市三等奖

续表

<table>
<tr><th>奖项类别</th><th colspan="2">获奖成果</th><th>获奖等级</th></tr>
<tr><td rowspan="16">工业设计国际奖项</td><td rowspan="12">2007～2010 年 3 年间获得 12 次 IF CHINA 和德国 IF 设计奖</td><td>JZY/T/R. 2 – HL3E 德国 IF 设计奖</td><td rowspan="12">IF 设计大奖</td></tr>
<tr><td>JZY/T/R. 2 – HL3E IF CHINA 设计奖</td></tr>
<tr><td>CXW – 200 – EH06 IF CHINA 设计奖</td></tr>
<tr><td>JZY/T/R. 2 – HL3E IF CHINA 设计奖</td></tr>
<tr><td>CXW – 200 – EY01 IF CHINA 设计奖</td></tr>
<tr><td>JZY/T/R – HL02 IF CHINA 设计奖</td></tr>
<tr><td>ZTD110F – 02 IF CHINA 设计奖</td></tr>
<tr><td>KQD50F – 02 IF CHINA 设计奖</td></tr>
<tr><td>CXW – 189 – JX05 IF CHINA 设计奖</td></tr>
<tr><td>JZY/T/R. 2 – HL19 IF CHINA 设计奖</td></tr>
<tr><td>ZTD100F – 09A IF CHINA 设计奖</td></tr>
<tr><td>消毒柜 ZTD100F – C2 IF CHINA 设计奖</td></tr>
<tr><td rowspan="4">德国红点奖 4 次</td><td>消毒柜 ZTD100F – 04C</td><td rowspan="4">德国“红点”工业设计大奖</td></tr>
<tr><td>光影六系灶具 JZY/T – HLCB</td></tr>
<tr><td>光影六系消毒柜 ZTD100F – C2</td></tr>
<tr><td>总厨六系灶具 JZY/T/R – HLCG. A/B</td></tr>
</table>

- **发明/实用专利**

截至 2011 年底，方太拥有各项专利数量突破 400 项，其中发明专利 42 项，在行业内遥遥领先，被评为“全国企事业知识产权示范创建单位”，成为中国厨电领域技术领航企业。

2. 员工发展

“企业必须通过员工的成长创造企业的成长”（摘自《方太管理原则》）。

从社会的角度看，企业是人们进行社会活动，履行社会责任和实现社会角色的重要场所。方太认为，员工的发展是企业发展的基石，不仅要帮助员工实现职业的发展，更要帮助员工提升个人修为和综合素养，让员工成为德才兼备，身心更健康的社会成员。

- **职业发展**

方太已经建立并不断完善以“专业能力和管理能力双通道发展，发展分层级管理”为特色的员工职业发展体系。员工的发展不仅可以从专业逐步走向管理，同样还可以沿着专业路径不断精深，并获得和管理岗位相对应的福利待遇，既避免了“千军万马挤管理独木桥”的局面，也使得企业内的专业人才能有充分施展和发展的空间。同时，方太根据胜任力模型理论相应建立了针对中高层管理者的“方太中高层个人领导力内涵”和针对全员的“方太员工核心能力素质要求”，对方太人的潜在素质进行了科学的规范。

与发展理念相配套的是，方太建立了一整套完备的管理制度体系，以保证其发展理念得以有效实施。它们包括：《职位设置和管理制度》、《员工升职管理制度》、《员工轮岗管理制度》、《工程类专业技术职务评聘管理制度》，《工程任职资格制度》、《生产员工技术等级评定制度》、《培训管理制度》等等。

在搭建起完整的发展框架的同时，我们也大量地投入人、才、物积极地构建了科学完备的教育与培训体系来帮助和推动员工的成长与进步（见图2－4）。我们为员工制定个人发展规划（IDP），建立丰富的内/外训课程体系，同时积极培养内部讲师，并开展针对不同群体的能力发展项目。这些项目包括针对应届毕业生的“阳光计划”，针对生产一线基层管理者的“起航计划”，针对中层管理者的“飞翔计划”，针对分公司管理者的“办事处经理一级后备人才计划”，针对专业技术人员的“在职工程硕士”项目。

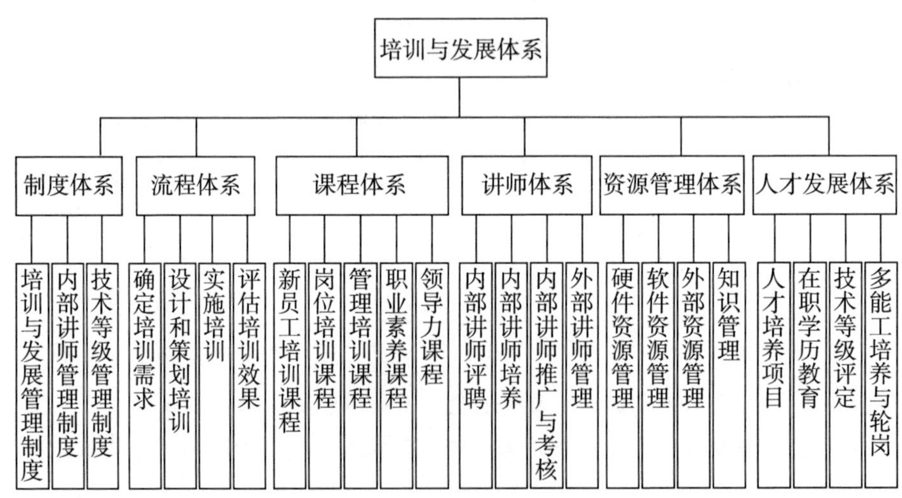

图2－4　方太培训与发展体系

- **个人修为和综合素养**

在方太核心价值观中，我们对人品诠释为：合格的方太人要有突出的职业能力，更要具备“仁、义、礼、智、信”的传统美德、“廉、耻、勇”的职业道德以及“负责、协作、极致、创新”的方太精神。对于这些要求，我们不光是写在方太价值观的文字中，更是在多种场合、用多种方式去践行。

方太建立了国内企业首家孔子堂，以作为宣扬、教育和交流的场所。方太人每天上班的第一件事就是诵读学习中国传统文化，特别是儒家的经典——《论语》、《弟子规》等。在企业内刊《方太人报》上，我们也开设了诸如“总裁儒吧”等栏目供大家学习。

3. 和谐发展

- **与员工的和谐关系**

方太公司始终坚持“以人为本”的用人理念，关注员工的合理需求，保障员工参与企业民主管理，正确处理企业内部矛盾，营造和谐发展的企业氛围。方太公司建立了以党委为核心的群众组织，包括党委、工会、人民武装部、团委、关工委、慈善会、计生协会、职工助困基金会等。

公司党委与工会于2011年创建了方太驶舰网和《方太人》党群专版，加之以前存在的工会信箱、宣传窗、座谈会等有效途径，保障员工参与管理的渠道已经达到13个，充分保障员工知情权、民主权和参与权。2011年11月，公司工会召开2011年度职工代表大会，向全体员工通报公司年度运行状况，劳资双方共同签署了《集体工资协议》，明确规定了员工社会保险、住房公积金、年度工资涨幅等关系到员工切身利益的各事项。

公司工会建立了女职工委员会、劳动保护监督检查委员会、劳动法律监督委员会、劳动争议调解委员会等二级机构，督促公司依法保障员工的各项权益，加强职工工作安全保护，保障女职工特殊权益，依照法律法规和公司规章制度正确处理员工与公司间发生的各种纠纷。据统计，公司2011年的劳动纠纷都通过调解的方式，得到圆满解决，员工满意率达到100%。

公司设置了生活后勤管理委员会、宿舍自主管理委员会等机构，通过定期例会、满意度调查、投诉反馈、增加市内通勤车、改善住宿条件、提高餐饮质量等方式有效提升公司后勤的服务水平，不断提升员工的满意度。2011年公司工会积极开展员工帮扶活动，通过公司补助、员工捐款等途径帮助贫困职工脱离困境。

据统计，2010 年和 2011 年，公司职工互助帮困执委会为 29 名困难职工发放补助金 56 027 元，用于暂时困难职工借款 171 000 元，捐助特困职工 208 814. 7 元（其中员工募捐 136 814. 7 元，慈善会补助 72 000 元），有效营造了方太“互助和谐”的良好氛围。

方太每年邀请专门的咨询公司进行全员的满意度测评和调查，持续关注和改善员工的满意度，员工对公司的满意度逐年提升（见图 2 – 5）。

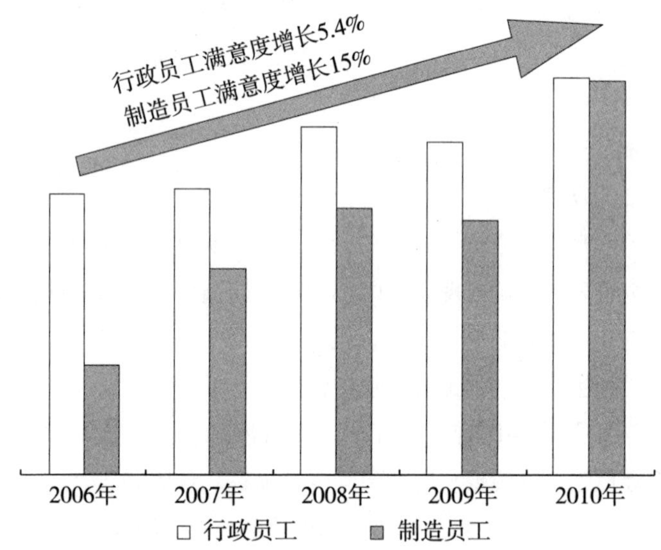

图 2 – 5　方太 2006 ~ 2010 年员工满意度调查结果

- **与社区的和谐关系**

方太公司积极关注社区成员的各种需求，努力做到企业内外同等重视，积极促进社区的和谐健康发展。

方太公司充分发挥自身的条件优势，大力支持社区各项事业的发展。一方面，方太利用慈善基金等资源先后设置了马潭路村“村企结对”、长河养老院慰问、甘肃高台县助学计划等公益项目，利用资金优势支持社区公益事业的发展；另一方面，公司团委于 2011 年建立了以公司青年员工为主体、以开展志愿服务活动为宗旨的方太“绿丝带”志愿者协会，现会员达到 400 余名，部分骨干成员全年服务时长达 80 小时，为社会公益活动的开展提供充足的人力资源。2011 年 7 月，“绿丝带”协会与杭州湾交警中队共同举办了“交通安全志愿服务日”活动，当天共发放交通安全宣传册5 000余份，制止违规行为100余起，得到慈溪市和杭州湾新区相关媒体的报道。2011年9～11月，“绿丝带”职员在全公司掀起了“做文明员工、创和谐方太”大型宣导活动，2 000多名员工参与，活动效果十分明显。此外，志愿者协会还组织开展了养老院慰问、无偿献血、贫困助学等各类公益活动。

- **与客户的和谐关系**

方太以“视顾客抱怨为礼物”为管理理念，确立了投诉处理三原则：一是以顾客满意为导向，先解决客户端问题；二是明确责任人，对失职人员给予相应处理；三是触类旁通，分析问题根源，改善流程与制度。各部门在处理投诉时沟通畅通、协调一致，确保顾客投诉得到有效、迅速的解决。

公司通过CRM系统、公司网站等收集顾客抱怨及投诉数据，进行系统性分析并采取改进措施，所采取的产品和服务改进措施输入到技术中心的insight产品故障库，以及制造、服务等部门的作业规范及标准、供应商产品标准及工艺规范，防止类似问题的再次发生。

公司通过多年的不懈努力，赢得了广大消费者和政府、行业协会的许多荣誉(见表2－5)。

表2－5　方太在服务方面获得的荣誉

年度	证书名称
2007	售后服务先进单位
	全国售后服务行业十佳
2008	优质服务先进单位
2009	全国售后服务行业十佳单位
2010	全国顾客最佳满意十大品牌
2011	全国售后服务行业十佳

4. 可持续发展

方太在公司战略层面上高度重视企业的社会责任，并将以可持续发展为核心的社会责任观写入了公司发展战略，即：

- **坚持专业化多品牌战略，并在以下三方面体现社会责任观：**

法律责任：产品责任　员工责任　纳税责任　环保责任

发展责任：产品创新　员工发展　和谐发展　可持续发展

道义责任：商业道德　共赢思维　慈善公益　文化传播

- **坚持与品牌推广相结合的社会责任推广体系：**

将方太品牌推广与社会责任推广体系相结合，传播企业儒家管理思想

通过以上战略的开展，方太目前已经逐步形成以厨房电器为核心，以集成厨房和海外事业为两翼的业务格局；公司以每年20%～30%的增长速度持续、健康、稳定地发展。

- **组织管理以德为先，以人为本**

在组织管理上，方太改变了过去组织管理中对员工的静态管理，从战略高度上将员工当成公司最重要的资源来进行动态管理，推行以德为先、以人为本的理念，并创新地将儒家文化融入到每个组织成员的血液当中，通过儒家文化的传承，开发员工潜能，激发活力，进而提高人的知识、水平、能力、技能，人尽其才，实现组织目标和效能最大化。

方太的管理层在这方面以身作则，争当表率，不断地通过传统道德修养来影响组织的效能和成员的行为，进而通过这种良性的影响来达到推动成员认同组织的最佳状态；而在涉及组织管理的日常活动中，方太将顾客的需求始终放在第一位，将对客户的关怀和对客户需求的理解和满足作为组织管理的根本。

- **科学发展，追求卓越，打造“百年企业”**

从1996年的零起步开始，方太凭借独特的品牌战略在同行中脱颖而出，而如何才能让方太的优势成为可持续发展的动力，打造企业成为受人尊敬的百年企业，这样一个宏伟目标要实现任重而道远。

正是怀着这样的宏伟目标，方太走过了16年，过去的16年不是一个简单的时间段落，而是一场生生不息的创业革命，追求卓越绩效则贯穿其中，图2－6为2003～2011年方太卓越绩效自评得分情况。

2001年，方太开始导入全面质量管理体系，2003年开始导入卓越绩效模式，至今已经在中国质量协会卓越绩效专家的指导下进行了每年一次，共8次全面、系统的自我评价和改进，通过自评找出企业的强项、弱项，明晰自身的优势与不足。同时，针对弱项制订详细的整改行动计划，不断改进，扎扎实实地提高了公司经营管理的成熟度，完善了公司的自评机制。

2002年，方太制定了三步走的卓越管理实施战略：导入卓越绩效模式→获得

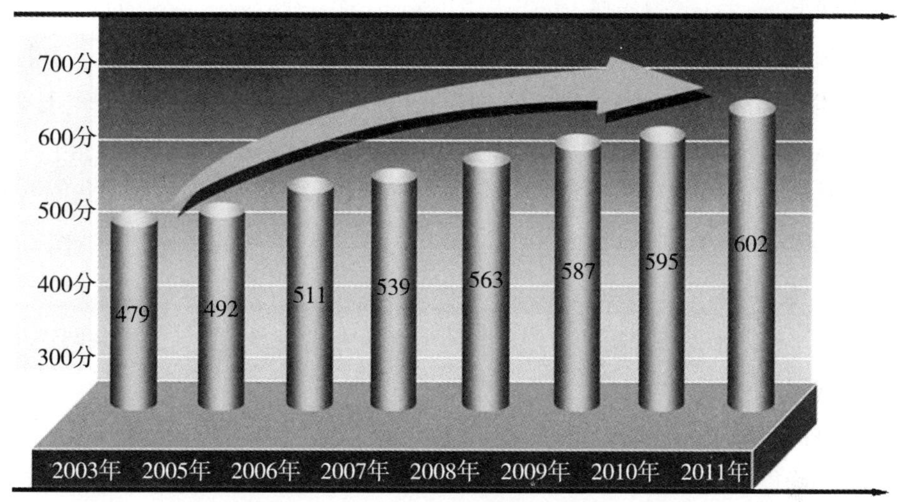

图2－6　2003～2011年方太卓越绩效自评得分

“浙江省质量奖”→获得“全国质量奖”。

2003年，公司开始推行卓越绩效模式并开始建立了完善的卓越绩效自评机制，每年3～4月份进行卓越绩效自评并驱动改进。公司年度自评得分稳步提高，2011年，卓越绩效自评分已从2003年的不足500分进步至突破600分，公司整体管理体系越发成熟。

2005年，公司获得“浙江省质量奖”以及《中外管理》杂志颁发的“中国企业管理特殊贡献奖”，标志着公司管理体系达到了较高的成熟度。

2008年，公司获得首届“宁波市市长质量奖”并再次荣获“浙江省质量奖”。

2010年，在第三方进行的“中国消费者理想品牌大调查”中，方太继2008年后再次蝉联“2010中国消费者第一理想品牌”称号，品牌知名度、忠诚度、预购率等多项指标均稳居行业第一。

十年磨一剑，2011年方太获得全国质量奖和浙江省政府质量奖，书写了方太追求卓越道路上又一座崭新的里程碑。在追求卓越的道路上，方太继续秉持卓越绩效模式持续改进的核心理念，不断努力持续提升管理水平，将创造一个又一个的辉煌。

（三）道义责任

1. 商业道德

公司倡导诚信和遵纪守法，积极承担应该承担的社会责任。自2006年开始，公司每年从员工权益、产品责任、员工责任、环境责任、纳税等十一个方面发布“社会责任报告”。强调“不弄虚作假、不贪污受贿、不滥用职权”三大纪律，强化商业行为准则、日常行为规范实施情况的检查，对于违反道德规范的事例严格处理、决不姑息。向供应商和渠道商发送反腐公函并要求反馈，在合作协议中增加了诚信廉洁交易条款；与采购、品质、营销等岗位员工签订廉洁承诺书；建立了月度员工商业行为规范和日常行为规范的违纪统计、内部审计发现问题等监测方法和指标。

2. 共赢思维

方太坚持以相关方共赢为原则，均衡考虑所有相关方利益，追求共同进步，互利共赢。

• **与员工共赢**

公司为员工提供每月两天的带薪学习假及报销学费等福利，鼓励员工参加各类自考、MBA、EMBA 学习以及工程师、会计师等职业资格考试。通过会议、网络、宣传栏、内部刊物、图书室等搭建了交流学习、知识共享平台。公司设有标杆学习会，倡导各部门学习各自业务领域的标杆企业。各部门也有自己的读书会、经验分享会，实现知识交流和经验共享。公司还安排技术、管理人员外出考察，学习国内外先进的管理经验和技术。员工进步的同时，企业组织也在不断向前发展，互惠互利。

在方太良好的学习平台和学习氛围中，员工们发挥自己的长处，涌现了一大批爱岗敬业、勤恳无私的方太人。他们在工作中创造了骄人的成绩，获得了荣誉。2007～2011 年，共有 16 人获得“宁波首席工人”等称号（见表 2－6）。方太人不仅为公司创造了价值，自身工作也得到了社会的肯定和尊敬。

表 2－6　2007～2011 年方太人获奖情况

获奖时间	获奖称号	获奖人数
2007 年	宁波首席工人	1 人
	慈溪首席工人	1 人
2008 年	宁波首席工人	1 人
	慈溪首席工人	1 人
	慈溪创新博士	1 人
	慈溪市优秀安全监督员	1 人

续表

获奖时间	获奖称号	获奖人数
2010年	宁波首席工人	1人
	新区首席工人	2人
	长河镇十佳蓝领	1人
	长河镇创新能手	2人
	长河镇五一文明职工	1人
2011年	方太首席工人	3人

- **与供应商共赢**

公司注重相关方的关系，特别是与供方和合作伙伴的长期战略合作伙伴关系，以满足公司战略的需要。

供应商开发：由采购、品质、技术三方职能团队进行供应商实地考察和评价，根据考察评价结果以及交样（样品、小批量）情况，审批合格供应商。邀请供应商共同参与新产品开发、改进产品设计、提高安全可靠性。

沟通与帮扶：通过年度供应商大会、双方品质联席会议、市场质量改善会议、供应商采购信息查询平台，进行技术、管理上的双向沟通。同时每年开展供应商满意度调查，针对供应商不满意项进行专题改善，以求达成业务合作的双赢。启动“黑土地项目”，督促和协助供应商建立质量、环境和安全管理体系，向供应商提供技术质量培训、现场指导、第二方审核等，帮助供应商提升质量水平和经营能力。在“黑土地项目”开展时，向供应商员工宣导方太先进的企业文化，输出企业文化管理的经验。与一些外部咨询公司合作，方太出资请咨询公司给战略供应商做现场精益的改善项目，提高供应商伙伴的整体管理水平。

供应商企业社会责任：方太给出供应商CSR原则，并且与供应商签署企业社会责任承诺书，每月定期对供应商进行不同形式的风险管控审核，对ISO14001、ISO18001要求的条款进行重点关注，对于有隐形风险的及时给予提出并进行管控。

考核与激励：方太采用“供应商绩效平衡计分卡”（见图2－7），每月考核并奖惩（见表2－7），引导供应商推行平衡计分卡，按方太的要求发展。

方太每年年初召开供应商大会，对供应商上一年的表现进行评价并奖励，设置了8大奖项（见表2－8），鼓励供应商与方太共同发展。如“方太·居里奖”引导供应商发挥研发、设计能力，参与方太新产品的研发，提升产品性能、质量。

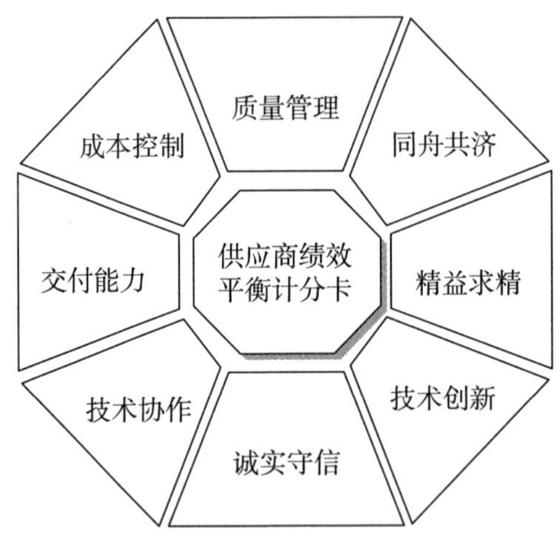

图 2－7 方太的供应商绩效平衡计分卡

表 2－7 方太对供应商的激励/处罚措施

激励	处罚（后三名）
1. 减少承兑汇票的比例等 2. 订单分配的政策倾斜 3. 新产品开发或者集约供应商所留物料的承制优先权 4. 优先申请方太培训资源	1. 淘汰 2. 减少订单 3. 取消原有激励

表 2－8 方太为供应商设置的八大奖项

序号	奖项	引导方向	具体涵义
1	方太·戴明奖	质量管理	提升供应商各个制程段的质量，从产品制造的过程中管理质量，不作成品后的产品技术参数符合的被动筛选
2	方太·泰勒奖	成本控制	鼓励供应商自我完善成本控制能力，以低廉的成本和稳定的质量提升产品竞争能力
3	方太·罗恩奖	交付能力	鼓励供应商全面施展自我能力，以快、稳、准的交货标准要求自我，同时提升自己的企业竞争能力

续表

序号	奖项	引导方向	具体涵义
4	方太·居里奖	技术协作	发挥供应商自我的技术、模具能力，协助方太产品更新、工艺提升等
5	方太·曾子奖	诚实守信	鼓励供应商在与方太合作的全过程，在日常的点滴细节中遵守诚信的原则，建立经济共同体
6	方太·鲁班奖	技术创新	通过他们的专业领域所做出的卓越贡献，帮助方太解决终端市场上的难点问题，发觉新的产品创意
7	方太·庖丁奖	精益求精	不满足于管理现状，不断追求更高层次的能力、状态和水准
8	方太·方舟奖	同舟共济	鼓励厂商与方太共同成长，共同分担新产品开发的不确定项目以及由此而产生的成本投资风险

- **与客户共赢**

方太在国美、苏宁、五星、百安居和东方家园等 KA 渠道销售总规模上，持续全面领先。方太着力于专卖店渠道的布局与深耕细作，提高加盟商的行商与服务能力，加大对专卖店渠道的政策支持力度。同时，方太与万科、金地、合生、雅居乐、珠江等全国知名地产达成战略合作，产品质量与服务价值得到了高度的认可，坚持为客户提供优质高端的服务，始终关注与合作伙伴的共赢，为行业的健康发展承担责任。

- **与地方政府共赢**

方太公司在加快发展的同时，不断加强企业品牌建设，尤其是在卓越管理、党团建设、企业文化建设、满意服务等领域成绩卓著。在有效支撑自身发展的同时，也成为社会各领域的知名“品牌”，有效提升了区域内各级政府的知名度。表 2－9 为方太 2011 年所获重大奖项情况。

表 2 –9　方太 2011 年所获重大奖项

<table>
<tr><th>序号</th><th>类型</th><th>奖项</th><th>贡献</th></tr>
<tr><td>1</td><td rowspan="2">卓越管理</td><td>全国质量奖</td><td rowspan="2">卓越管理模式取得重大成效，为省内其他企业在卓越管理方面起到借鉴作用</td></tr>
<tr><td>2</td><td>浙江省政府质量奖</td></tr>
<tr><td>3</td><td>企业文化</td><td>浙江省企业文化建设示范基地</td><td>企业文化成为浙江、全国典范，值得借鉴</td></tr>
<tr><td>4</td><td rowspan="5">党工团建设</td><td>全国非公有制“双强百佳”党组织</td><td rowspan="5">党工团建设富有成效，成为宁波地区非公企业“名片”，在地区内的民营企业中成为带头承担社会责任的表率</td></tr>
<tr><td>5</td><td>浙江省五一劳动奖状</td></tr>
<tr><td>6</td><td>全国模范劳动关系和谐企业</td></tr>
<tr><td>8</td><td>全国就业和社会保障先进民营企业</td></tr>
<tr><td>9</td><td>全国模范员工之家</td></tr>
<tr><td>10</td><td rowspan="2">领导来访</td><td>中共中央政治局委员，十一届全国人大常委会副委员长、党组副书记，中华全国总工会主席王兆国</td><td rowspan="2">领导的关怀与肯定，坚定了社会责任工作的方向</td></tr>
<tr><td>11</td><td>全国人大常委会原副委员长、全国关心下一代工作委员会主任顾秀莲</td></tr>
</table>

- **与社区共赢**

融入社区，和谐共赢是方太承担社会责任的重要表现之一。

方太公司依托“绿丝带”志愿者协会的平台，坚持“互助共建”的基本原则，积极实施具体的公益活动，支持社区的活力发展。2011 年 6 月，方太党委、工会和团委共同组织了“六一儿童节蓝天小学慰问”计划，为长河镇农民工小学送去书包和书籍等慰问品；7 月，“绿丝带”志愿者和杭州湾交警中队共同举办了“交通安全宣导”活动，取得了较好的社会效果；8 月，方太党委组织志愿者实施了“八一拥军”活动，为当地驻军和消防官兵送去了演出节目和慰问金；9 ~ 11 月，在公司内举行了大型的“做文明员工、创和谐方太”宣导活动，有效激发了全体员工共建文明和谐氛围的积极性；12 月，如期进行了长河镇养老院慰问活动，为孤寡老人送去了节目演出和慰问品。这一系列的社会公益项目，取得了良好的社会效果，得到了社区各组织和民众的一致认可，有效促进了企业和社区的共同发展。

3. 慈善公益

方太自成立以来，为慈善公益事业捐款已突破2 000万元，并于2010年7月建立宁波方太慈善分会，当年便投入200万元建立了方太慈善基金。2011年，方太慈善分会再次向慈善基金投入300万元，并进一步完善了组织架构，制定并规范了《方太慈善分会章程》，规定了慈善基金的来源、用途和使用流程，形成了“以支持社会公益为主，帮扶内部员工为辅”的捐助机制。表2－10为方太2011年重大慈善活动捐款情况。

表2－10 2011年方太重大慈善活动捐款情况

类型	项目	进行日期	活动内容	捐赠金额（元）
社区关怀	老年关爱项目	2011－1－24	组织青工27人去长河敬老院向70余位老人春节慰问，赠送慰问品，为老人们文艺演唱，祝老人春节快乐	4 068
		2011－6－22	问长河镇158位老党员（党龄满50年）发放慰问金	158 000
	村企结对项目	2011－5－12	村企结对，赠马潭路村新农村建设费	50 000
	社区共建项目	2011－7－28	“八·一”拥军慰问：慈溪消防大队5万，新区消防中队1万，胜山驻军1万；拥军联欢活动小礼品1 726.4元	71 726
		2011－3－24	向宁波协合预防肿瘤基金会捐助款	20 000
		2011－5－20	长河镇绿色基金	100 000
		2011－7－18	捐助长河镇和谐促进会	50 000
	青年志愿者项目	2011－8－4	向杭湾新区交警中队高温慰问；绿色志愿者开展“文明出行，绿色交通”活动	2 474
	员工关爱项目	2011－5－10	为公司800名生产员工参加住院医疗互助保险	40 000

续表

类型	项目	进行日期	活动内容	捐赠金额（元）
教育关怀	方太助学基金	2011－5－11	方太助学金捐款慈溪慈善总会	100 000
	农民工小学慰问计划	2011－6－1	赠兰天小学书包人均一只共计1 200只	24 000
		2011－6－1	赠兰天小学书籍437册	6 024
	高台县助学计划	2011－9－22	为甘肃省高台县黑泉乡中心小学赠送价值4万余元的教学器具	40 000

- **敬老**

方太于2003年投资200万元兴建了长河镇养老院，实施老年关怀项目便成为方太实施社区关怀的固定项目之一。2011年，公司向长河镇党龄超过50年的老党员提供了超过15万元的慰问基金，并先后组织了30人次青年志愿者到长河镇养老院进行慰问，为孤寡老人带去文艺演出和慰问品。

- **助学**

教育是社会进步的重要推力，关注贫困学生，促进教育发展，向全社会积极推广儒家文化精髓，构建文明健康乐学的社会环境，是方太实施教育关怀的直接目的。自方太成立以来，便设置了多个教育关怀项目，并取得了良好的社会效果。

“方太助学基金”项目

方太捐款建立了“慈溪市方太扶困助学基金”和“宁波市贫困大学生助学计划”，在北京师范大学设立了“方太专项奖学金”。2011年5月，向慈溪市慈善总会“方太助学基金”捐助专项资金100万元，支持失学、贫困儿童和贫困大学生顺利完成学业。2011年6月，公司连续第5年开展长河镇农民工小学慰问计划，向该校学生赠送了价值4万余元的书包、书籍等学习物品。

“甘肃高台县助学计划”

2009年，公司工会与甘肃省高台县达成教育援助协议，并制订了10年长期公益计划。依照计划安排，方太每年将拿出4万元人民币对甘肃高台县不同的小学进行捐助，用于改善当地学校教育设施落后、教学硬件不足的状况，为西部教育事业的发展贡献自己的力量。2011年，公司连续第三年向甘肃省张掖市高台县黑泉乡中心小学捐助了笔记本电脑、体育活动器材等教学设备，有效改善了该小学基础设施差、教学条件落后的状况。

- **救灾**

灾难无情，人间有爱，对灾区伸出援助之手是我们义不容辞的道义责任。

公司分别为云、贵干旱地区捐款99 960.00元、67 980.00元，直接送米、送水到灾区。

公司和员工个人分别为青海玉树地震灾区捐款16万元和202 103.95元，为杭州湾新区员工个人捐款人数最多、捐款额最高的企业。

公司慈善分会作为杭州湾新区第一家为甘肃舟曲灾区捐款的企业捐款20万元。

- **扶贫**

自2008年开始，公司与杭州湾新区马潭路村共同实施了“村企结对”共建项目。截至2012年，公司共向马潭路村提供了超过30万元的专项基金，其中2011年捐助5万元，2012年捐助8万元，支持马潭路村村务公开、村内公益、贫困助学等事业的发展。自2011年开始，方太集团将逐渐在果蔬供应、人才培养、新农村建设等领域与马潭路村开展更加深入的合作，打造“村企结对、和谐共赢”新典范。

4. 文化传播

- **用户持续关怀计划文化讲座**

2006年起，方太集团为感谢用户长期以来的信任与支持，正式启动了系统性、持续性的“用户持续关怀计划”（见表2－11）。相对其他企业以免费检测、更换零件、送油网或延长保修期等为主的单一售后服务形式而言，方太的用户关怀更多体现在生活品质的全面提升之上，其中“幸福加油站主题讲座”是“方太用户持续关怀计划”的重要组成部分。

表2－11　方太2007～2011年用户持续关怀计划行动表

时间	城市	城市讲座主题	讲座老师
2007.04	杭州	留出你过冬的粮食	陈作新，畅销书《留出你过冬的粮食》的作者
2007.05	南京	做自己身体的营养师	西木博士，健康管理专家
2007.11	宁波	转变教子观，让孩子赢在重点	曹高举博士，国际家庭教育指导师培训专家

续表

时间	城市	城市讲座主题	讲座老师
2008.03	郑州	求医不如求己	中里巴人，北京中医协会理事、健康保健专家
2008.08	杭州	家庭教育的原则和技巧	王云，国际注册高级教育咨询师
2009.04	大连	让孩子成为学习的志愿军	大山，家庭教育及学生心理研究专家
2009.07	重庆	关注亚健康——营养健康新理念	梅家勤教授，央视“健康之路”栏目医学专家
2009.11	哈尔滨	家庭教育的原则与技巧	王云
2010.11	大连	家庭营养与健康管理	林海峰，新加坡阳光森林健康管理咨询有限公司董事长，中国整体自然疗法创始人
2010.12	长沙	一日三餐吃出健康	熊苗，高级营养保健师，国家公共营养师
	上海	家庭营养与健康管理	林海峰，新加坡阳光森林健康管理咨询有限公司董事长，中国整体自然疗法创始人
	广州	家庭营养与健康管理	林海峰，新加坡阳光森林健康管理咨询有限公司董事长，中国整体自然疗法创始人
	杭州	家庭营养与健康管理	林海峰，新加坡阳光森林健康管理咨询有限公司董事长，中国整体自然疗法创始人
2011.01	宁波	“冬令进补，中医调理”专家讲座	周建杨，宁波市知名中医
2011.06	重庆	遇见更幸福的自己	张怡筠，著名心理学家，情商研究专家

作为中国高端厨电专家与领导者，方太自始至终以“让家的感觉更好”为崇高的企业使命。因此，我们将发自内心关心消费者生活的方方面面视为企业应尽的社会责任。在2011年的“用户持续关怀”计划实施过程中，方太邀请著名心理学博士张怡筠女士，分别在重庆、上海、北京、济南4座城市，以“幸福加油站”为主题开展巡回讲座。2012年，在“方太用户持续关怀计划”迎来六岁生日

之际，方太再次踏上征程，计划将在上海、北京、杭州、天津、重庆、郑州、广州、济南等8座城市陆续开讲，将“幸福人生”诠释始终。

- **青竹简国学计划**

方太高度重视道德规范，将人品列为核心价值观“人品、企品、产品，三品合一”之首，结合《员工手册》、《方太价值观》的发布，通过发布会、论坛等形式对广大员工进行教育。在开展儒家文化教育的过程中，尽可能地去发现和唤起员工良善的本性，减少强迫或强制的因素，激发员工的主动学习和参与的意识，达到“润物细无声”的效果。

方太的儒家文化建设，对于9 000多名员工家庭的和谐与稳定也发挥了积极的促进作用。很多员工在家庭中组织家庭成员集体观看《和谐拯救危机》，开展《弟子规》、《三字经》的学习。同时，公司企业文化中心也定期组织“家属开放日”，邀请员工到公司参观，更好地感受公司文化及氛围，反过来也促进了方太员工的稳定和发展。此外，还通过方太“青竹简”国学推广计划，加强儒家文化在社会（重点是高校）的传播。

“方太青竹简国学计划”（见表2－12）是由宁波方太集团和南方周末报社联合发起主办的公益性国学推广活动。从2010年发轫，旨在未来的几年中逐步打造成为中国具有影响力的国学自修项目——云集国内外知名的中国语言文学、中国哲学、中国历史学、中国社会学（汉学）等方面的名师、对国民教育体系有一定的补充作用、对国学的高等教育和研究有一定促进作用、每年能引起公众反思和话语的社会行动。“青竹简”推崇的是“分层次、全系统”的国学普及方式，希望能通过多种手段来让中国民众找到自己喜闻乐见而又力所能及的国学自修渠道。

表2－12　方太青竹简国学计划

序号	活动名称	主要内容
1	高校国学周	通过在武汉大学和南京师范大学进行为期一周的国学教授讲座，给学生提供一个学习国学和接触国学的机会
2	微说国学	通过定期微博话题讨论的方式，让大家针对不同的国学主题发表自己的一些感悟，并通过微博这个平台，与更多的人分享

续表

序号	活动名称	主要内容
3	孔子堂教室	邀请优秀的国学专家和教授为全国小学和幼教教师进行免费的中国传统文化授课
4	我陪孩子读经典	邀请孩子和他们的父母一起诵读经典，将国学自修变成一种亲子沟通的纽带，让国学真正进入普通人的家庭生活
5	相约论语 100	面向大学生的一个暑期夏令营活动，但其中也会有一些小学和中学老师。在为期一个月的夏令营中，大家会在一起生活、学习，反复诵读国学经典《论语》。通过这样一个过程，帮助营员用古人的智慧来挺立自我、畅明笃志、激发志气、砥定人格
6	年度国学论坛	邀请国学大师和专家到中国人民大学国学院，一起探讨 2011 年度的国学热点话题“国人公共性的发展”

三、展望未来

在过去的 16 年中，方太在自身发展与成长的同时，用实际行动履行企业社会责任；同时方太也深刻地感受到，社会责任对于一个企业持续成长的重要性。通过内部修炼和外部合作，方太不断完善社会责任观和理念，同时将这种理念与公司战略有效结合起来并付诸实施。2012 年，方太将继续积极承担社会责任，兑现责任承诺，继续扮演技术创新者、值得信赖的合作伙伴以及优秀企业公民的角色。

继续严格遵守国家各项法律法规要求，包括产品安全、员工安全、劳动保障、环境保护等各项国家法律法规和产品标准。在产品部分，将进行新一轮的技术攻关与技术储备，不断强化产品竞争力和技术领先优势。

员工是方太最宝贵的财富。2012 年公司将继续优化员工发展系统，从员工晋升体系、员工绩效考核、岗位资格认证、系统性培训等方面提升员工整体综合素质，拓展员工发展通道，让“方太人”伴随着公司一起成长；同时通过身股制度的持续推行，实现企业与员工的利益分享。

重视与各相关方的和谐发展和共同成长，追求企业可持续发展。公司以战略目标为导向，实现企业的全面发展。通过战略目标的全面覆盖与层层分解，监测、跟进和达成各项目标。同时，通过内外信息的整合与分析，来提高自身与外部环境和所有相关方的和谐发展。以战略采购、绩效考核、风险管控和社会责任推广等方式来实现公司与供应商的共同进步与社会责任。

持续以助学、敬老、赈灾和文化教育为主要形式开展慈善公益。在组织内部持续推行儒家文化，通过文化宣传、活动组织、培训普及和领导垂范为主要手段，强化公司文化的落地。对外继续推行青竹简国学计划，传播企业儒家管理思想，将企业文化与品牌推广有效结合。

导入和建立社会责任评价体系，全方位评价公司践行社会责任的成效与成熟度，依托系统化的管理运作来提升公司在社会责任各方面的表现。

方太是一家使命、愿景和核心价值观驱动的独特企业，立志成为受人尊敬的世界一流企业，也将成为承担责任的典范。履行社会责任没有终点，我们将不断努力完善自我，让“家”的感觉更好！

点评：

学术界对社会责任的定义还有争议。公众评价一个企业的社会责任时也有自己的价值标准。如果要将个人的标准强加于他人，可能最终会演变为一种道德暴力。裸捐值得尊敬，在中国当下，那些生产安全食品的制造企业不也值得尊敬吗？

一、企业要主动构建和谐的商业生态圈

企业主动承担社会责任，就是要让企业的各个利益相关者随着企业的成长和发展能够互利共赢，实现一种和谐的商业生态圈。如果需要，还要将这种商业文明，作为一种正的外部性、一种正能量、一种表率，影响到业界或他周围的其他企业和企业家。众多利益相关者的利益协调何其困难！家族、股东、管理者、员工、社区、供应商、消费者、政府等等与企业密切相关的群体，有不同的诉求。对于在达尔文生物进化论视域中充满竞争的商业社会里，要让每个利益群体都满意，唯有理性与克制，否则“阳光、沙滩、海浪、仙人掌、还有一位老船长”的和谐美景更像是恍如隔世一般，不那么真实。香港那位谦逊而又勤奋的耄耋老人，顶着华人首富的光环，85岁的高龄仍在纵横捭阖打理业务，但近期香港集装箱码头工人在公司门口要求加薪的罢工，会让自信的他陷入了思考，到底在哪一个环节又出问题了。

二、基于法律、发展和道义责任的方太公司

每个企业、或者企业的每个阶段都有它自己不同的社会责任，满足法律责任是最基本的要求。在企业创办之初，能够在竞争的丛林生存，生产适销对路的产品是企业的立足之本。站稳脚跟后，希望能够持续盈利，不得不考虑消费者的权益以及关注更多的员工利益。那些小有成就的企业家们很快会意识到自己对其他人的影响力和对社会的责任，热心于社会的公共利益。

企业创始人和接班人的价值取向影响着企业的社会责任。方太董事长兼总裁茅忠群与父亲茅理翔在20世纪90年代中期共同创业的时候，就明确了不走低端和仿制的路线，而是要走创新和高附加值、创民族品牌和世界一流企业的目标。人品、企品和产品三品合一为什么能够成为公司的文化和方太人的习惯？正如方太公司办公大楼前矗立的“捍卫”雕塑，展示出了那种不服输的精神和对民族的责任。

如今的方太，以高端嵌入式厨房电器为核心，以集成厨房和海外事业为两翼的行业领军品牌，每年近30%的持续增长。作为行业领袖和2012年中国社会责任优秀企业，方太更是向我们展示了社会责任与企业绩效不相矛盾的视界。社会有对企业、特别是标杆企业，确实有超乎盈利和遵守法规之外的、在社会伦理和自愿方面能够率先成为企业公民的期待。方太一贯重视企业社会责任，并积极承担社会责任，2006年推出了第一份社会责任报告，并坚持至今。他们认为企业首先要盈利和发展，实现产品创新、员工发展、和谐发展和可持续发展。但除此之外，企业还要推动社会发展和进步。法律责任是必须做到的责任，是最基本的道德，是底线，实现产品责任、员工责任、环境责任、纳税责任以及其他跟企业相关的各种法律法规的遵守。道义责任包括商业道德、共赢理念、慈善公益、文化传播等，是高级的社会责任，是企业应当努力追求的。方太逐步做到了社会责任的体系化、常态化，并与公司发展战略相结合，努力成为一家真正承担责任的受人尊敬的世界一流企业。

三、企业的社会责任与家族企业的社会责任

目前，我们看到更多的是企业的社会责任报告。准确地说，还不是家族企业的社会责任报告。比如，在协调各利益相关者的努力中，似乎还缺少了家族群体的利益协调，还没有看到家族成员所承担的社会责任。当然，这些信息本不应该是企业社会责任报告所需要披露的。

家族企业甚至比普通企业更重视维护声誉和社会责任。因为真正的家族企业希望世代延续，持续发展离不开责任感。家族企业创始人特别重视家族价值观的传承和延续。家族慈善，如今已经成为很多名门望族联系家族情感和培养道德准则的纽带。对于开枝散叶的大家族来说，家族成员的兴趣爱好不一样、岗位责任与社会分工不同，没有什么能够比家族慈善更能成为大家团结的共同利益和纽带。

方太的第一代创业者茅理翔夫妇对社会的关怀及民胞物与的精神，不仅体现在对社会福利和社会公益事业的支持，还惠教泽学慷慨捐资建立了浙江大学方太家族企业研究基金，推动民企经济和家族企业研究事业的繁荣；茅老仍然笔耕不辍，出版《飞翔的轨迹》、《飞翔的管理》、《飞翔岁月》、《管理千千结》等著作，将自己的经营管理心得与大家分享，特别是《家业长青》这一著作被认为是当代中国民营企业接班高峰期家族的必读之书。茅夫人张招娣数年前被浙江省妇联和省文明办表彰为全省十佳“爱心父母”时，颁奖词是：贤淑温婉，孝敬老人、照顾儿女，帮助丈夫管理企业。事业成功后，不忘回馈社会，长年捐资10多位家庭贫困生，让母爱从小家庭升华到大社会。如今茅老夫妇仍然为中国现代家族企业的正名而奔走，为实现民企顺利接班献计献策。值得推崇的还有茅氏家族的学习能力，他们从海内外其他成功家族学习家族治理的方略，已经在实施的每周家庭聚会以及每季度的家族理事会制度，不断完善家族宪法凝聚家族力量，并且无私地向其他家族分享和传播。这些都体现了这个家族主动承担的道义责任。

点评人：

浙江大学城市学院家族企业研究所副所长、副教授

浙江大学经济学院博士研究生

朱建安

实例4：匹克体育用品有限公司2012年企业社会责任报告

主席致辞

在匹克走过24年峥嵘岁月之际，我们再次以企业社会责任报告的形式，与您一起回顾和分享匹克在2012年的发展历程，为您还原一个心怀国际化梦想的企业在奋斗历程中付出的点滴努力，并以此彰显梦想与责任的力量。

已经过去的2012年对匹克而言充满了挑战与机遇，面对严峻复杂的经济形势，全体匹克人紧密围绕着“品牌国际化、品牌专业化、产品系列化”的经营策略，积极应对，迎难而上，使匹克保持健康发展。

《匹克2012年企业社会责任报告》是本公司连续第5份年度企业社会责任报告。在过去的一年中，我们更加清晰地认识到企业社会责任对企业可持续发展的价值，同时也更加深刻地体会到企业要承担起对环境、社会和经济的责任，要对各利益相关方关注的议题进行认真、积极、有效的回应，就要积极地将环境、社会、经济等方面的议题科学地融入到自身的业务运营中。

为了实现这个目标，我们以企业应该履行的社会责任为准则，不断加强自身的能力建设，其中包括：

加强管理平台和团队建设，提升企业社会责任建设的专业性；

持续完善公司治理结构，促进公司高效、可持续、健康发展，使股东实现资产增值、稳定回报；

坚持以客户需求为核心，践行对客户“服务保障、诚信至上”的承诺；

悉心关怀每一位员工，努力实现公司与员工共同发展的双赢局面；

将“回馈社会、建设国家”的抱负，化为对教育、环境、社区、灾难救助等公益事业的关注；

……

展望2013年，我们在体育用品行业还未消散的寒风中已经看到了未来投射出的曙光，我们将继续努力，通过持续提升竞争力，实现有效益、可持续的增长；通过更加高效、更有品质的服务，提升客户满意度；通过加大对员工的投入及加强培训，更好地促进员工的成长；通过加强节能、降耗、减排等措施，更好的履行环境保护的责任；继续加大公益及社区投资，特别是更加专注教育公益，为社会做出贡献。

匹克体育用品有限公司主席

许景南

一、公司概况

（一）公司简介

匹克体育用品有限公司是中国领先的体育用品品牌企业，于2009年9月29日在香港联合交易所主板上市，主要从事设计、开发、制造、分销及推广匹克品牌的体育用品，包括鞋类、服装及配饰。目前，“匹克”品牌已在全球170多个国家和地区注册并拥有商标权。匹克拥有一个庞大而有效的分销网络。2012年，由于整个体育用品行业的库存调整及疲弱的经济状况对体育用品的需求造成的负面影响，匹克全年营业额为29亿元人民币，其中海外市场营业额占总营业额的13.4%。

上市时间：2009年9月29日

2012年匹克营业额：29.0亿元

海外市场营业额占总营业额：13.4%

企业宗旨：创国际品牌

社会责任理念：为顾客创造价值，为社会创造价值

核心价值观：团结、求实、高效、创牌，团队成就梦想

经营策略：品牌国际化、品牌专业化、产品系列化

企业愿景：成为国际知名体育用品品牌，打造百年卓越企业

企业使命：积极促进全球体育事业发展，为人类健康生活提供优质的体育用品及服务

（二）治理结构

匹克按照现代企业制度要求，健全法人治理结构，建立了依法决策、科学决策和民主决策的决策机制。公司健全完善利益相关方参与机制，经营决策充分考虑利益相关方的期望和要求，广泛听取利益相关方的意见与建议。为确保决策的科学性和民主性，公司董事会下设执行、审核、薪酬及提名四个委员会，同时积极发挥独立董事的监督作用，不断提高管理水平。图2－8为匹克的法人治理结构图。

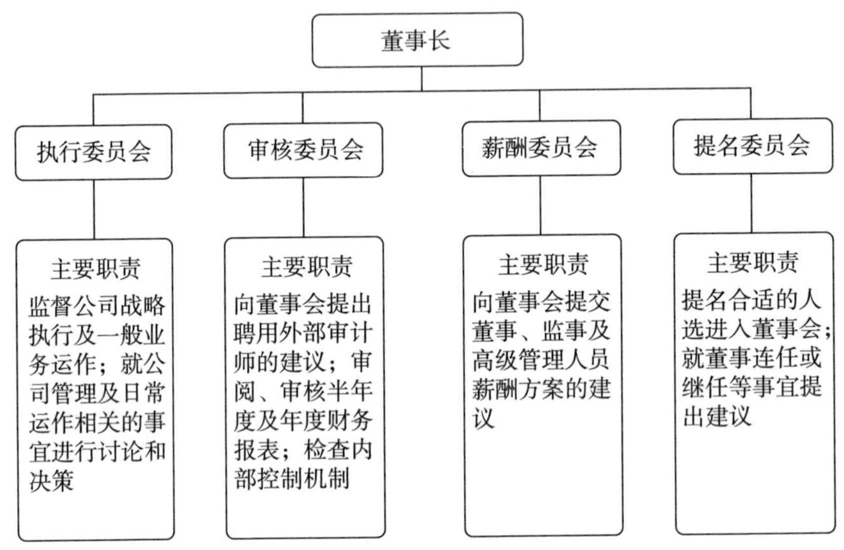

图2－8　匹克法人治理结构

（三）组织结构

匹克总部位于福建泉州，共有7家子公司。除厦门匹克体育用品有限公司和美国匹克用品有限公司（Peak Sports Products USA，Inc.）只承担销售职能以外，其余子公司的主要业务均包括生产与销售匹克品牌体育用品。图2－9为匹克组织结构。

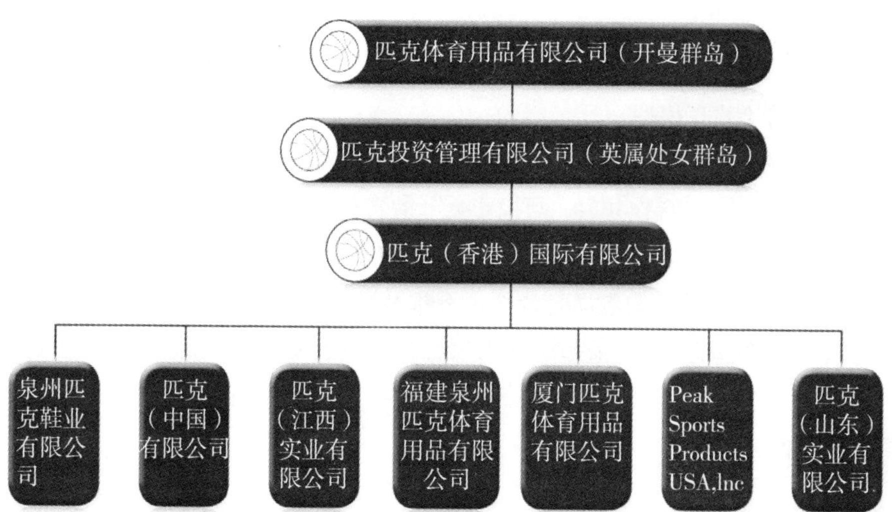

图2－9　匹克组织结构

（三）销售网络

匹克在中国拥有一个有效及广泛的销售网络，其授权经营零售网点遍布全国。这些零售网点由其分销商或零售网点营运商拥有及经营。截至2012年12月31日，匹克在中国的授权经营零售网点数目为6 483个，其产品已出口至70多个国家和地区。

（四）业务构成

匹克主营业务为鞋类、服装及配饰三大匹克品牌产品的制造与分销。

按产品类别分析，2012年，匹克鞋类营业额为13.5亿元人民币，占营业额的46.4%；服装营业额为14.8亿元人民币，占营业额的51.0%；配饰营业额为0.7亿元人民币，占营业额的2.6%。

按地理位置分析，2012年全年，匹克来自中国市场及海外市场的营业额分别约占当年营业总额的86.6%和13.4%。

近几年来，我司海外市场占总营业额的比例逐年上升，2012年海外市场营业额已经占到匹克全年总销售收入总营业额的13.4%，成为国内海外销售占比最大的体育品牌。除中国外的亚洲地区市场的营业额占营业总额的4.5%，其余依次为非洲、欧洲、南美洲、北美洲和大洋洲。

二、匹克的社会责任模型

（一）社会责任模型

匹克始终秉持“为顾客创造价值，为社会创造价值”的责任理念，制定“高效经营、员工成长、合作共赢、回报社会”的责任战略。我们遵守法律法规和国际行为准则，采取透明和合乎道德的行为，将社会责任全面融入公司的日常经营，加强与利益相关方的沟通与合作，不断满足利益相关方的合理期望和要求，为社会创造最大的价值，赢得社会的信任，促进自身和社会共同可持续发展。2012 年，我们在以下几个方面做了大量的工作，构建了匹克体育的企业社会责任模型（见图 2 – 10）。

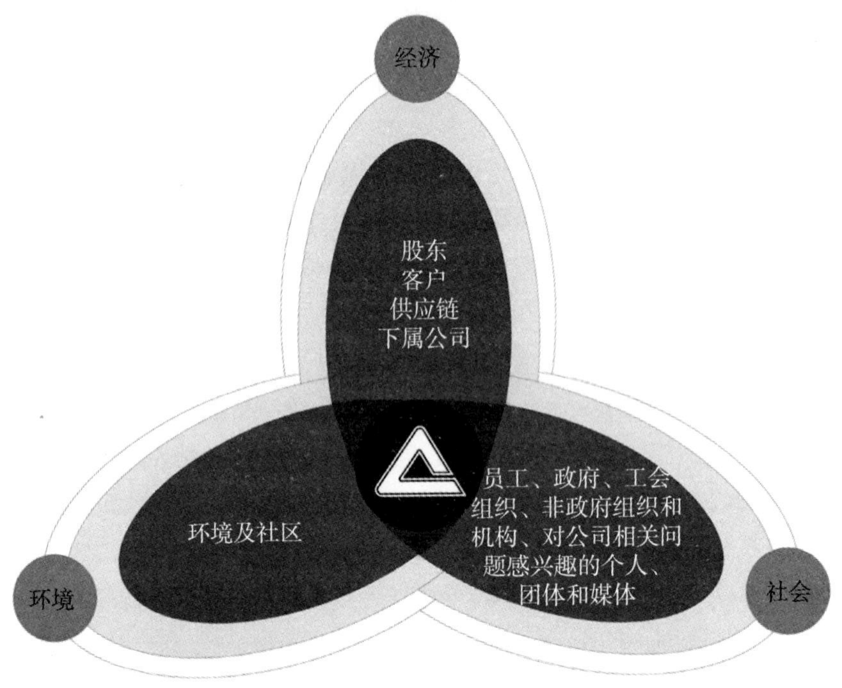

图 2 – 10　匹克体育公司的企业社会责任模型

（二）组织架构

匹克的企业社会责任（CSR）工作是在董事会指导、高管层领导下，由集团人力资源行政中心统筹规划，公关部和 PLAY 杂志社及集团其他部门高度参与下开展的。其中人力资源行政中心负责规划企业社会责任报告相关工作和搜集整理公司社会责任信息，PLAY 杂志社负责编排年度社会责任报告，公关部负责对外公布报告内容，公司其他各部门共同参与社会责任实践。

2013 年，我们将进一步完善公司企业社会责任管理团队的工作职责，规范集团各部门企业社会责任的工作细项，将企业社会责任的制定贯穿至各级活动，为公司高层管理者在面临不确定性因素时能够识别、评估各种风险发生的可能性，提供风险应对的对策，捕捉机遇或者使企业资本得到合理化的运用，发挥创造并保持企业价值增长的作用。

（三）内部宣传教育

内部员工的认同和参与是企业社会责任建设得以有效落实的前提和基础。在企业社会责任报告撰写的过程中，我们在不同层级的员工中开展研讨和培训，进行企业社会责任基本理念知识的普及。

未来我们会将企业员工 CSR 认知度调查作为一项长期的内部沟通机制开展下去，以不断地改善和提高员工对企业社会责任的认识和理解，从而更加主动和积极地参与企业社会责任建设。

（四）利益相关方沟通

我们充分考虑自身运营和管理对利益相关方的影响，不断完善沟通机制，加强与利益相关方交流，并将利益相关方的期望融入公司治理及日常业务经营发展中，实现与利益相关方的全面可持续发展。表 2－13 为匹克公司与利益相关方的沟通情况。

表 2－13　匹克与利益相关方的沟通

利益相关方	沟通机制与形式	沟通内容
股东	公开信息披露 股东大会 业绩发布会 投资者关系（IR）网站、邮箱	• 各项业务是否有稳定、持续增长的业绩表现 • 公司治理是否清晰、健全 • 内控体系是否完善 • 是否能及时、准确地向投资者披露信息

续表

利益相关方	沟通机制与形式	沟通内容
客户	客户满意度调查 内刊资讯沟通 官网	• 是否拥有便捷、通畅、有效的产品渠道 • 服务是否高效、便捷 • 产品宣传信息是否与实际相符，功能是否完善，产品内涵是否明晰、易懂 • 信息是否安全、有保障
员工	员工服务满意度调查 网络及面授培训 内刊、内网、内部邮箱 绩效管理机制	• 能否提供丰富的培训机会 • 是否提供舒适的工作环境、畅通的沟通平台 • 能否提供广阔的职业发展空间和合理有效的晋升机制 • 能否提供灵活、有竞争力的薪酬体系
环境	公司官网 媒体平台 相关议题通报	• 是否注重自身运营过程的减排，降低企业运营的环境影响 • 是否将环境议题有机地融入到业务中，降低产品与服务的环境影响
社会	开展各项社区服务活动 内刊资讯沟通 志愿者组织 各参与方日常交流	• 社区项目是否帮助社会解决相关议题 • 是否能持续投入公益事业，共建和谐社会氛围
合作伙伴	满意度调查 综合评估	• 是否具有长期发展的、信赖的合作关系 • 是否能够共担风险、共享利益 • 是否能够整合优势资源，提升价值增长点 • 是否能够共同开发，用专业的产品、服务创造商业价值和社会价值

三、对民族工业负责：创国际品牌，为中国争光

“匹克不能仅仅只出口产品，更要输出品牌。我深知，罗马城不是一天建成的，创国际品牌是一个长期而艰巨的过程，不可能一蹴而就。要实现这个目标，

需要全体匹克人的共同努力。就我个人而言，我宁可死在奔向国际化的路上，也不愿躺在国内市场的功劳簿上晒太阳。”

——匹克主席　许景南

“匹克开拓国际市场，打造国际品牌之路虽历尽艰辛，但却非常成功。对福建民营企业发展具有重要的导向作用，具有里程碑的意义。”

——福建省省长　苏树林

“匹克现在的成绩让我们一直都对它寄予厚望，今后希望匹克可以继续加大打造国际品牌的推动力，促进工作力度，争取再出亮点，再创佳绩。”

——福建省泉州市副市长　陈荣洲

（一）他们的关注

1. 关注企业是否在努力提升品牌的核心竞争力，通过技术创新等手段参与国际竞争。

2. 关注企业是否有明确的品牌定位和适应国际化发展的品牌推广策略。

3. 关注企业的规章制度和发展规划是否符合国际化发展的进一步要求。

（二）我们的关注

1. 勇于承担行业和民族产业的历史使命，积极参与国际竞争。

2. 通过与国际级机构和运动项目进行深度合作，提高品牌在国际上的知名度和影响力。

3. 树立全球性战略意识，通过多元化的方式提高品牌的国际竞争力。

（三）我们的行动

创国际品牌是中国企业家义不容辞的责任，也是中国企业最大的荣光。匹克在成立之初就树立下了“创国际品牌”的目标。20多年来，匹克一直坚持以“创国际品牌”为企业发展宗旨，并有计划、有战略、分步骤地去践行这个宗旨。

1. 国际化发展六步走战略

（1）名称国际化

一个响亮的国际品牌，它的名字，应该是能被全球不同语言、不同文化的消费者快速接受和记忆的。

匹克在建厂之初，曾称为“丰登”牌，在一年之后，“创国际化品牌”的发展目标确立，“丰登”也正式更名“匹克”，即英文单词“PEAK”的谐音，寓意不断攀越高峰、努力进取的精神。这样一个蕴含了奥林匹克体育精神、国际语言辨识度高的名字，使得它在未来国际化的20多年中避免了国际注册的名称障碍。另外，匹克商标的三角形LOGO，也象征着公司稳中求进的风格。

（2）商标国际化

公司自1991年创立“匹克”品牌起，即开启了国际商标注册。1992年，匹克在马德里注册了第一个国际商标，为驰骋海外市场进行布局。匹克每年都在商标注册和维护上保持一定投入。到目前为止，匹克已经在全球170多个国家完成了商标注册，为进入全球市场做足了准备。

匹克将商标注册作为一项长期、持久的策略去执行，匹克商标在美国的注册就用了整整15年的时间，现在已顺利完成注册。

（3）管理体系国际化

公司先后通过了ISO9001国际质量管理体系和产品质量保证体系的认证，通过了ISO14001环保认证和OHSAS18001职业健康安全认证。此外泉州匹克鞋业有限公司还荣获国家质检总局颁发的“出口免验”证书。

（4）品牌国际化

要获得国际消费者的认可，不仅要名称响亮、产品过硬，还需要有被消费者广泛承认的公众领袖带给他们信任感。

多年来，我们借助NBA、国际篮联（FIBA）、国际女子网球协会（WTA）等合作伙伴、签约NBA球星代言人，携手迈阿密热火队、多伦多猛龙队、赞助海外多个顶级体育赛事和体育组织，设立海外代理机构、网点等措施，拓展形成了“品牌推广立体化战略”，这也被业界赞誉为“匹克模式”。

（5）资本国际化

2009年9月29日，匹克正式于香港联交所主板上市。尽管在国内上市可能会获得更高的市值，但考虑香港是国际金融大都市，在那里上市更有利于将匹克带到更多的世界投资者面前。

（6）市场国际化

截至2012年年底，匹克在中国已经拥有6 483家授权零售网点，海外代理销售网点也已初具规模，并接受大量来自海外的订单，我们的产品出口至欧洲、美洲、亚洲、非洲、澳洲五大洲的70多个国家和地区，2012年海外销售收入已经占到匹克全年总销售收入的13.4%，成为国内海外销售占比最大的体育品牌。

为进一步开拓国际市场，匹克于2010年在美国建立了子公司。2012年2月，福建省长苏树林亲自为匹克洛杉矶全球旗舰店剪彩，并对匹克的国际化战略给予了充分肯定。

2. 奥运发展计划

伦敦奥运盛会，匹克签约支持伊拉克、黎巴嫩、新西兰、斯洛文尼亚、阿尔及利亚、塞浦路斯及约旦七国奥运代表团，成为赞助奥运代表团最多的中国体育品牌，仅次于国际品牌耐克和阿迪达斯。在品牌的助力之下，匹克奥运军团在伦敦奥运会上斩获佳绩，共获得7枚金牌、5枚银牌和7枚铜牌。

在未来的两个奥运周期，匹克还将签约更多的奥运代表团、运动队和运动员，进一步提升品牌知名度和影响力，从而提升匹克在当地市场的占有率。

3. 提出“三个100”计划

创国际品牌是一个光荣而伟大的事业，是一个艰苦奋斗的过程。但匹克坚信国际市场具有无限的发展潜力，将给目前处于疲软状态的行业开辟突围之路，正是这种信念给予匹克力量，大胆地逆市提出了“三个100”的阶段性奋斗目标，即：

- 5年内匹克商标在100个以上国家注册，争取全球覆盖。
- 匹克产品5年内进入100个以上国家和地区。
- 力争在未来10年内海外销售收入达到100亿元人民币。

4. 专注篮球运动

在围绕国际化发展战略开展工作的同时，匹克赞助的各类篮球推广伙伴，例如联会、联盟、队伍、赛事及运动员等，这是本公司品牌推广及营销策略的核心部分，使我们有别于竞争对手，而专注策略亦向消费者展示出明确之品牌理念。我们与全球大部分顶尖知名的篮球推广伙伴已建立了伙伴关系，成功建立了一个于中国同业中最国际化的篮球品牌形象。我们要求我们的代言篮球运动员于所有赛事中都穿上我们的篮球鞋，证明我们的产品已通过功能及性能之最严格测试，从而进一步提升我们的专业品牌形象。

2013年年初，我们还与NBA超级球星圣安东尼奥马刺队的托尼·帕克签订了代言协议。

匹克旗下的十多位NBA球星代言人不仅把匹克的品牌和产品带向了全世界，还对中国的篮球事业传播起到了很大的推动作用。如“2012匹克之队中国行”活动的圆满举办，就在宣扬 NBA 精神、推动中国篮球运动方面起到了积极的作用。“篮球国度”（NBA Nation）则是另一项匹克参与赞助的篮球嘉年华活动，覆盖长沙、上海、广州等 20 个城市，使篮球文化深入人心。

5. 向网球等领域延伸

与 NBA、FIBA 等国际组织开展合作，加强在篮球领域专业地位的同时，匹克积极向网球、跑步、足球等领域延伸发展，以构筑全面的体育装备专业供应商的国际形象。

（1）网球

为了吸引更多女性顾客及推动女性体育用品之销售，从 2010 年开始，我们已逐步加强对网球领域的推广。

国际女子网球联合会（WTA）是本集团在网球领域最重要的推广合作伙伴之一，匹克作为其亚太区官方合作伙伴，并与其共同开发科技含量高、适合专业运动员和业余选手的网球服装和球鞋。

此外，我们继 2010 年与白俄罗斯网球选手 Olga Govortsova 签订代言合同后，2012 年分别与哈萨克斯坦网球选手 Galina Voskoboeva 及波兰网球选手 Klaudia Jans - Ignacik 等 15 名国际女子网球选手签署了代言协议，令匹克旗下网球代言人数目增加至 16 人，进一步增强匹克品牌在女子网球领域的影响力。

截至 2012 年年底，匹克签约的 16 位 WTA 网球球员代言人如下：

除了为签约球员提供顶级的专业网球装备，匹克还挖掘出了这些靓丽的女子网球运动员身上蕴藏的时尚和生活元素，并运用到匹克的运动生活产品当中，让更多的消费者体验到网球运动和明星带来的迷人魅力。

作为 WTA 的合作伙伴，匹克积极参与了网球嘉年华活动，通过丰富多彩的网球游戏、互动体验以及邀请知名球员参与，让不同年龄层的网球迷和体育爱好者体验到网球带来的乐趣。匹克为每次活动都提供了包括匹克网球装备和运动服装在内的丰富奖品。

（2）足球

在近几年的发展中，匹克坚持在足球事业上精心耕耘。从 2008 年赞助伊拉克足球队征战奥运会开始，到 2012 年，匹克已与伊拉克足球队相伴走过了 5 年时光。同时，匹克也十分关注中国足球事业的发展，匹克的运动产品研发中心为专业运动员特别设计了足球系列产品、并赞助了国内足球队，在青少年的足球水平培养方面，作出了很多的努力。

（3）其他运动项目

环青海湖国际公路自行车赛作为世界上最高海拔的国际公路自行车赛事，也是中国西部地区最为成熟的国际性赛事。匹克已经连续7年赞助了这项比赛。在过去的合作中，匹克充分吸取了经验财富，为加强品牌国际化、产品专业化提供了参考的依据，促进了匹克与环湖赛的双向发展。未来，匹克将与环湖赛继续共同探索国际化发展之路，共同打造国际化、专业化、市场化的赛事。

（四）2013年的计划

匹克在成立之初就立下了“创国际品牌”的目标。因为我们相信中国会成为一个超级大国，超级大国必定会产生国际品牌，我们希望匹克会是其中一个。为了早日实现这个目标，2013年，我们将重点做好以下工作：

- 开展国际化人才储备计划，通过吸收引进和自主培养等方式，扩大国际化水平人才在公司中所占的比重。
- 继续加大研发投入，提高产品的质量。
- 继续扩大和国际性运动组织的合作，实现双方共赢。
- 继续开展匹克球星中国行活动，把世界上最先进的篮球文化传播到中国。
- 继续统一思想，使“创国际品牌”的目标深入到每个匹克人的心中，使之成为匹克人的行为准则。

四、对股东负责：资产增值，回报稳定

“多年以来，我们始终认为要承担起稳定回报、资产增值的股东责任，就必须倚赖高水平的公司治理。清晰健全的公司治理架构和负责任的公司治理制度，不仅能够提升股东的信任度，还可以有效地防范金融风险，进一步提升管理的高效及可靠性，从而为我们可持续价值的提升奠定坚实的基础。”

——匹克主席　许景南

（一）他们的关注

1. 关注公司各项业务是否有稳定、持续增长的业绩表现。
2. 关注公司治理是否清晰，是否能为企业可持续发展夯实基础。
3. 关注内控体系是否完善，是否能为企业风险防范提供有力保障。

（二）我们的关注

1. 清晰健全的公司治理是承载公司稳定回报、资产增值的基础。

2. 可靠的风险管理和内控机制可以为公司持续的价值增长提供有力保障。

（三）我们的行动

2009年9月29日，匹克在香港联交所主板上市（股份代码：1968. HK）。2012年，面对复杂严峻的国内外经济形势，我们审时度势，积极应对，努力保持各项主营业务稳定、健康发展，为股东带来了持续的价值回报。

1. 信息公布与交流

匹克坚持透明经营，建立了一系列有效的信息披露和股东参与机制，为股东及其他利益相关方提供高度透明、及时的信息，并确保股东参与公司决策的权利，全面保障股东权益。

主要措施及途径如下：

（1）本公司设有公司网站（www. peaksport. com）及投资者关系网站（ir. peaksport. com），披露了有关本集团的详细资料，包括本集团所提供的产品及服务、财务报告、公告、通函及新闻。股东可通过本公司网站以电子方式取得公司信息。

（2）本公司设有并维持以不同渠道与股东及其他利益相关者通讯，包括业绩发布会、年报、中期报告及新闻稿。

（3）股东周年大会是股东与董事会交流的重要平台。董事会、审核委员会、薪酬委员会及提名委员会各自的主席（如有关的委员会主席未能出席大会，则由委员会的另一委员或主席妥为委任的代表）将尽可能出席大会回答股东的提问。

个别重大的事宜，包括个别董事的选举也于股东大会上提呈独立的决议案。

其投票表决结果将刊载于香港联交所网站（www. hkexnews. hk）及本公司网站。

此外，本公司已成立投资者关系部门，股东及其他利益相关者的咨询会得到详尽而及时的处理。并由专责的高级管理层与机构投资者和分析师保持定期交流，如安排管理层与机构投资者和分析师交流，邀请投资者来公司实地考察、参观订货会等，使其保持对本公司发展的了解。

本公司的股东沟通制度已刊载于本公司网站 www. peaksport. com 内“投资者关系/企业管治”部分。

2. 经营绩效

股东是企业的投资者和所有者。匹克深知，维护股东权益是现代企业最基本的责任之一。匹克专注于提高经营绩效，努力实现股东收益的最大化。

（1）业绩表现

我们深知，股东和广大投资者向公司投入资本，是对公司管理者及员工的信任与支持，我们承载的是股东资产增值的厚望。历年来，公司的盈利能力都获得了股东的认可，2012年由于受国内外经济大环境的影响，一定程度上拖累了公司的整体业绩。但我们在各项主营业务上，基本保持了稳健发展。2012年全年营业额较2011年下降37.5%至29.0亿元人民币，毛利率较2011年下降2.9个百分点至36.5%，股东应占盈利为3.1亿元人民币，每股基本及摊薄盈利均为人民币14.80分，为回报股东全年派息率较2011年的30.7%增加24.3个百分点至55.0%。

（2）股权结构

截至2012年12月31日，许氏家族持股比例为65.46%，其他投资者持股比例为34.54%（见图2－11）。

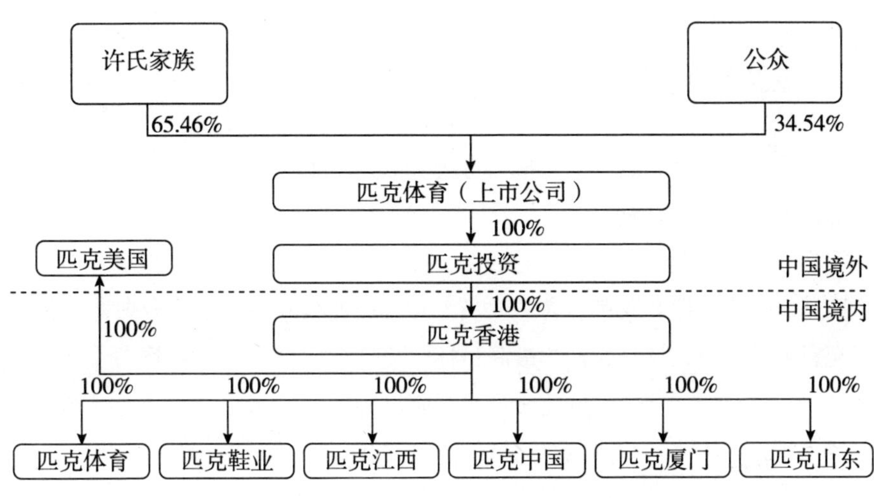

图2－11　匹克股权结构（截至2012年12月31日）

3. 优化、完善公司治理制度

匹克相信良好的公司治理对于维持投资者信心及自身的可持续发展是非常必要的。因此，匹克一直致力于提升公司治理水平，建立高效运行的董事会和内部监控系统，采取一系列措施保证内部监控系统的健全性和有效性，以确保公司资产安全和股东收益良好。

继2011年匹克聘请毕马威企业咨询（中国）有限公司（以下简称“毕马威”）对公司财务、经营及合规监控以及风险管理进行内控审核分析，并完成《匹克2011年高层次风险评价及COSO内部控制框架差距分析报告》之后，2012年，毕马威继续对公司的收入及经销管理流程、采购及供应商管理流程以及财务管理流程进行了高层次风险分析，完成了《匹克2012年高层次风险评价报告》。

匹克高度重视以信息化提升管理效率，自2010年起，匹克就与金蝶国际软件集团有限公司（以下简称“金蝶”）合作，引进金蝶企业应用套件（EAS）系统，构建了整合管理平台，实现了匹克“横向一体、纵向一体、财务业务一体”的三大目标，完成了同级部门中心信息系统的一体化，以及上至董事会，下至分销商、加盟商甚至店铺的信息系统一体化。2012年，匹克进一步加深与金碟的合作，逐步推出了网络商学院、帮助中心、匹克问问、岗位导航等知识管理方面的信息系统，沉淀企业知识，并就企业知识和员工知识进行转换提供有力支撑；引进“甲骨文”（ORACLE）的整套商业智能工具，就企业积累的数据进行整合，并在此基础上构建企业决策信息系统。

我们努力优化内部流程及制度建设，加强对资本市场分析报告及股东信息收集，针对投资者关注的每一个问题和建议进行专项研究，提出解决及改进的方案及措施，有针对性地、高效地为投资者提供更为便捷的服务。

（四）2013年的计划

我们意识到，确保各项业务的增长、提升公司治理透明度、有效管控风险是我们的基本职责，提升股东、客户、员工与社会的信赖，树立行业典范，促进公司乃至行业的健康发展是我们的最高目标。2013年，我们将继续致力于促进各项业务的增长、公司治理透明度建设，并在制度与标准、流程与机制上持续打造平安信赖工程，促进公司有效益、可持续健康发展。

五、对客户负责：卓越产品，服务至上

“作为一家生产型企业和上市公司，我们认识到在企业发展的过程中，积极承担对客户的责任，以客户需求为出发点，持续创新服务的方式、渠道和产品的种类与质量，是企业获得良好业绩及持续发展的动力，也是赢得客户长期信任，

打造百年企业的重要保障。”

——匹克主席　许景南

“现在很多运动品牌都在打着体育的旗号做着流行的产品，所以我特别庆幸当初选择了经销匹克。匹克专业的运动理念和装备更能激发穿着者对运动以及健康生活的热爱，这也是我最欣赏它的地方。”

——河北邯郸涉县经销商　常龙

“现在真的越来越喜欢匹克这个品牌了，不单单因为它签下了很多我喜爱的NBA球星，最主要的原因还是它的产品。从最初的三级缓震，到后来的内靴包裹，到现在的梯度动能科技，匹克的产品日益重视消费者的运动体验和保护，可以说越来越接地气了。”

——留美学生、匹克《PLAY》杂志特约民间测评人　刘俣

（一）他们的关注

1. 我们是否能够提供具备专业性、时效性、人性化的服务。

2. 我们是否能够以需求导向作为产品研发的出发点，满足他们多样化的需求。

3. 我们是否能够提供有效的沟通渠道，保证他们信息获取的准确性和问题反馈的畅通。

（二）我们的关注

1. 践行对客户的承诺，进一步提升客户满意度，拓展我们的服务能力，为我们的客户创造更高价值。

2. 积极开拓与客户沟通的多种渠道，让我们的客户充分感受到服务带来的快捷便利和安全可靠。

3. 根据我们客户群体的不同类别以及多种需求，开发具有创新性的产品，提供给客户全面完备高附加值的服务。

（三）我们的行动

为了能让客户产生“满足感”、“信赖感”和“安心感”，匹克始终坚持从客户出发，开展各种活动提高产品和服务的品质。

1. 提高产品质量

产品是匹克成功的关键。为增强产品质量及差异化，巩固匹克在市场上的行

业地位，我们持续投入资源以提升研发设计能力。

（1）科技研发

作为国内连续4年篮球鞋市场占有率第一的品牌，匹克素以优质可靠的专业运动产品见称，并借此建立产品差异化。随着2010年匹克位于美国洛杉矶的子公司落成，匹克现在已经建立了北京、广州、泉州和美国四个研发中心，并配以先进的科研设备以实现在产品功能性及舒适性的研发突破。

为了巩固匹克在专业体育用品市场的领先地位，我们致力强化鞋产品的科技开发，依托运动鞋的避震、反弹、透气、抓地力、耐用、防滑、稳定和舒适等基本要求，研发出多种的新科技，并运用于各种鞋类产品，以满足消费者的不同需要。

除了上述12大科技，2012年，匹克又全新研发出了梯度双能科技的高端篮球鞋技术，它主要结合生物力学的研究结果，按照运动中人体不同区域的受力分析进行设计，通过在前掌、后跟处不同受力区域内，置放不同密度的助弹、减震材质，从而使穿着者弹跳更高、着陆更稳，带给其独一无二的定制化运动体验。

除了大力研发鞋科技，我们还一直致力于用最新的科技及物料开发出适合不同季节及地区需要的服装，其中包括透气布料、轻便及弹性物料以及防水防污科技等，并与采用经过特别防护科技处理的布料，从而提高了服装的美观、舒适及耐用度。

我们同时加大了和外部研发机构的合作，并与北京体育大学、广东女子职业技术学院、广东工业大学、华南理工大学、华南农业大学等进行合作研究项目。

（2）产品设计

匹克力求提高产品的功能性、科技含量及设计之时尚性，从而增加消费者穿着时的满足感。设计中心由国内及海外专业设计师组成，多文化的背景促进多元化的思维，融合不同的意念和特长。2012年度，匹克于市面上推出超过591款新鞋、1 191款服装及451款配饰，以满足不同消费者的需求。

（3）质量监控

我们采用全方位的质量监控体系，质量管理人员早在产品企划阶段便进行质量监测，以确保整个生产过程均经过严格的质量监控管制。我们采用ISO等国际检测标准及国际性检测器材，并引入原材料同步抽样检验制度，以便及早发现质量问题。此外，我们还派专员到工厂对生产过程及制成品进行实地检验，以确保制成品均达到国家制定的质量标准。

此外，我们的鞋服产品均已通过“ISO 9001 质量管理体系认证”，我们的产品自 2010 年起获中国国家质量监督检验检疫总局评为“国家免检产品”。此外，我们亦积极参与多个全国性行业标准化技术委员会，促进整个行业技术的发展，协助提升中国体育用品达到国际水平。

（4）生产效能

2012 年度，为了更灵活有效地应对消费者及市场需求变化，我们加强了对生产环节的管理。到 2012 年年底，我们共建有福建泉州、福建惠安、江西上高 3 个生产基地。2012 年我们鞋类总产量约为 1 370 万双，其中约 64.2% 为我们自行生产；服装总产量约为 2 780 万件，其中约 36.7% 为自行生产。

2. 提升服务品质

客户（消费者、各级经销商）是企业成长的生命线，对企业的生存和发展有着重要的影响。匹克本着“用心做好每件事，为顾客创造更多价值”的理念，努力提升为客户服务的品质，满足客户不断增长的需求和期望。

（1）优化购物环境

匹克坚持服务为先，规范服务的流程，制定了严密的服务管理制度，做到全国服务统一标准。2012 年，匹克在全国各级终端店铺推广了最新的七代店铺形象标准，同时在终端店面的店员培训中下足工夫，为消费者营造舒适的购物环境。

（2）优化购物环境

我们充分利用互联网作为与客户沟通的有效手段。除了在网站上公布产品信息外，通过内部企业应用套件（EAS）系统、官网、论坛及微博等，对客户反映的常见问题进行总结。尤其是在 2012 年，公司对匹克官方网店（www.epeaksport.com）及论坛（bbs.epeaksport.com）进行了调整和改进，从关注如何促进销售增长转向关注顾客感受。

（3）建立客户反馈机制

匹克建立了良好的售后服务系统，可以迅速了解并准确掌握顾客所提出的意见与建议，并传达给产品策划部门和设计部门。这样，各个部门就能够联合起来，迅速采取行动，更快实现产品质量的改进与提高。

2012 年共计接收投诉 3 466 起，其中鞋类投诉 2 107 起、服装 1 139 起、配饰 220 起，各类产品的平均投诉率为 0.007%，投诉处理率为 100%。公司每季度都会通过店长对消费者进行综合满意度调查，根据店长反馈回来的数据资料显示，每季度的消费者满意度均达到97% 以上，比2011年，提高了一个百分点。

（4）加大对客户的培训力度

匹克在致力于提高产品质量的同时，还在客户培训方面采取了各种积极的应对措施。2012年，匹克利用各种机会在各地区举办培训活动，以提高终端导购和各级经销商的素质。为了更好地把公司的规范课程传达给广大的经销商和终端人员，终端商学院开设了各级网络培训课程，利用网络的力量，实现了知识经验的实时共享。

（四）2013年的计划

我们深知高质量的产品是我们发展的根本，客户的高满意度是我们发展的保障，2013年，我们将紧密围绕着客户的需求，加大产品研发力度，提高服务水平。

1. 我们将继续进行产品创新，优化产品结构，开发出更迎合市场需求的产品。

2. 我们将进一步对服务渠道进行优化，对客户进行细分，提供差异化服务，使客户在任何渠道上都能获得一致且具有连续性的服务支持。

3. 改善客户沟通渠道，提高沟通效率，建立快速反应机制，积极应对市场变化。

4. 加强对各级经销商的培训和服务，提高他们的服务水平和盈利能力。

5. 加强产品检测，保证流入市场的每一个产品都是合格、值得信赖的。

六、对员工负责：保障权益，安居乐业

“我们始终坚信员工是公司成长的基石，是企业发展的血脉。为员工提供安全舒适的工作环境和有利于职业发展的平台，这是匹克义不容辞的责任。匹克一直致力于从职工权益、职业健康与安全、教育培训等方面帮助员工健康工作，高效工作，快乐工作。

——匹克主席　许景南

“匹克强大的综合实力、出色的管理团队、优秀奋进的员工队伍、优越的工作环境……都让我不由自主地全身心投入其中。”

——匹克（江西）女针工　陈丽萍

“匹克就像是一支军队，有明确的目标，要所向披靡，完成任务；匹克又像是一所学校，可以让人不断成长，更新知识，学习技能；匹克还像是一个大家庭，兄弟姐妹们快乐地在一起工作，享受温馨的生活。”

——广州研发中心事务部经理　邓南国

“刚来公司的时候，对很多规章制度都感觉有些不适应。但经过几个月的时间，我就感受到，科学严格的制度管理对我的日常工作帮助非常大，有了这些机制，员工的主动性、积极性、效率都被很好地挖掘了出来。”

——匹克（中国）高频印刷车间组长　陈兰英

（一）他们的关注

1. 关注是否具备良好的工作环境，畅通的沟通平台，有效的压力舒缓渠道和健康的企业文化。

2. 关注能否提供合适的收入，既能体现个人价值，又能实现安居乐业。

3. 关注能否提供广阔的职业发展空间和合理有效的晋升机制。

4. 关注能否提供培养专业技能的机会以及科学、专业的培训体系，助力个人发展。

（二）我们的关注

1. 通过专项模块的满意度调查倾听员工心声、了解员工需求、关注员工成长发展。

2. 通过灵活、有竞争力的薪酬福利体系，保证员工拥有合适的收入。

3. 通过不断完善的晋升与考核制度，以及形式各样的推广活动为员工提供持续、广阔的发展空间。

4. 通过覆盖面广且有效的培训与教育，为员工提供开放、先进的学习环境。

5. 通过关注健康与安全和丰富多彩的文娱活动，为员工营造开心的工作氛围。

（三）我们的行动

我们注重提升员工的专业技能，着重培养专业的管理团队和销售队伍，力图通过提供良好的工作环境、合适的收入，广阔的职业发展空间和合理有效的晋升机制，科学、合理的培训体系，关怀每一位员工，真诚认可和奖励员工的付出及贡献，全力支持员工的职业成长和发展，为员工搭建起释放能量、改变世界的辽阔舞台。

1. 健全的法制管理

匹克对员工社会责任的基本方针是：努力创建健全的雇用与劳动环境，在严格遵守国家和地区法律法规的基础上，在为员工提供合理的福利待遇的同时，尊重并努力保障员工的合法权益和民主权利。

（1）员工雇用

匹克一直奉行国际化人才战略原则，严格遵守国际、国内相关法律法规，杜绝如种族、肤色、年龄、地域、形象、国籍（包括但不限于以上）等方面的就业歧视行为；杜绝雇用不满16岁的童工。与员工签订正式劳动协议，为员工提供具有竞争力的福利待遇。截至2012年年底，匹克员工总数为8 900余人。因行业特性，公司女员工人数占总员工数的69%。

（2）民主管理

在集团党委领导下，充分发挥党组织、工会、团委、妇联等主体作用，进一步健全工会制度，实施民主管理。通过组织“目标管理”和党员“亮岗履职”，设立党员责任区、党员先锋岗、工人先锋号、巾帼文明岗等，充分发挥企业党组织、党员队伍、工会、共青团、妇联等主体的积极作用，形成党群企“管理共抓、发展共谋、和谐共促、文化共建、人才共育”的浓厚创先争优氛围，实施民主管理，有力促进了企业的生产经营和健康发展。2012年，匹克获得了丰泽区“创先争优先进基层党组织”、“平安先行企业”等荣誉称号。党委书记许志华当选福建省第九次党代会、泉州市第十一次党代会、丰泽区第四次党代会代表。

2. 进一步健全工会制度

早在1995年匹克就成立了企业工会。匹克工会把维护员工合法权益，努力构建和谐劳动关系，不断促进企业发展作为工作主线。通过召开高级管理层与工会代表的定期会议、公司部门代表与员工代表的座谈会，建立双向沟通机制，与员工共商企业发展与员工福利事宜，并积极听取员工意见，充分实现员工民主参与和监督。

3. 慰问、帮扶困难员工

我们为有困难的员工及孕产员工送去慰问金表达我们的关怀，发起救困捐款，帮扶困难员工解决实际问题，关注员工的身心健康，全年慰问员工达120余人次。

4. 倡导并落实休假制度

为保障员工的休假权利，使员工劳逸结合保持身心健康，我们根据国家相关劳动法规的要求，及时调整相关休假制度。

5. 合适的经济收入

我们深知，合适的收入是员工安居乐业的物质基础。因此，我们的薪酬管理始终秉持公平、公正、公开、透明的原则，各项薪酬制度均依据民主程序进行审核。我们持续关注低收入员工，每年通过调整薪资，以缓解物价上涨过快造成的员工生活压力；我们鼓励能者多得，奖金结合个人绩效及贡献度差异化发放，我们的福利项目主要有：综合保障、过节费、年金、婚礼金、慰问金、满勤奖、伙食补贴等。2012 年，我们支付的员工成本达 3.5 亿元，占我们全年总销售收入的 12.1%。

（1）薪酬体系

匹克的薪酬奖励体系由固定工资 + 年度奖金 + 绩效奖金 + 专项奖励 + 股票期权组成。匹克每年都会进行员工满意度调查，由人力资源行政中心进行薪酬分析，保证匹克员工的薪酬奖励体系在市场中处于富有竞争力的水平。

- **固定工资**

我们根据员工岗位性质以及所负责任为员工提供业内富有竞争力的固定工资，并且每年我们均会对绩效表现优秀的员工进行薪酬调整。

- **绩效奖金**

年度结束后，匹克会根据员工绩效表现为员工提供年度绩效奖金。绩效奖金直接体现员工绩效和贡献，体现薪酬激励的绩效导向。

- **股票期权**

匹克为有志于在公司长期发展、绩效表现持续优秀的骨干员工提供公司股票期权，旨在让员工能分享公司业绩增长，使员工个人利益与公司发展的长远利益紧密结合在一起。

- **年度奖金**

年度结束后，匹克会为每一位在公司服务到年末的员工提供年度服务奖金。

- **专项奖励**

对于在年度内表现优秀的员工和工作团队，我们还提供“优秀员工”等公司级、管理中心和子公司分部级专项奖励，以体现对优秀员工、工作团队的即时认可和奖励。

（2）福利机制

- **员工保障计划**

我们为员工提供完善的保障计划，包括国家规定的养老保险、医疗保险、工伤保险、失业保险、生育保险，同时还为特殊专业的员工提供人身意外伤害保险、寿险，以及每年一度全面系统的健康体检。

- **其他福利计划**

我们为员工提供更多的福利计划旨在为员工创建舒适的工作环境，并实现工作生活的平衡。这些福利计划包括：免费班车、婚育礼金、丧礼慰问金、满勤奖、伙食补助、购车补贴以及员工救助计划等。

（3）保障特殊人群权益

在对员工激励的同时，明确对特殊人群的薪酬保护，如三期（哺乳期、孕期、产期）女员工、新入职员工等。

6. *有效的沟通平台*

我们认为有效的沟通要从切实关怀员工出发，找准切入点，建立交流的机制，再积极行动搭建沟通交流的平台，通过此平台，员工逐渐缓解了工作、生活压力，以积极的心态健康工作、快乐生活。

（1）建立平等、和谐、多元的内部沟通机制

公司针对不同级别员工的需求，通过多种渠道，与员工进行信息交流，展开业务讨论。

匹克为公司员工创造了便捷、丰富的内部沟通环境，员工可以通过 OA、TM、IM、局域网、官网、公司邮箱等网络即时工具顺畅的沟通。

此外，公司还为员工提供了以下几种杂志：

《新视野》——匹克内部员工咨询交流和分享的主要平台。

《PLAY》杂志——匹克内部及外部人员相互沟通了解企业咨询，企业文化建设的重要平台。

匹克的员工们能随时以面谈或者书信的形式与主管、人力资源行政中心甚至更高管理层进行直接沟通，直言不讳地表达自己对企业的关注和思考。匹克鼓励员工的这种主人翁意识。员工们也以能够为匹克的发展建言献策而自豪。

（2）“Open door”式上下级沟通文化

匹克公司提倡“open door”式的上下级沟通文化。各级领导在办公期间，除非有会议和接待，均保持房间门的敞开，任何人有任何问题和建议均可与任何级别的领导进行任何形式的沟通。

（3）开展员工满意度调查

为了让公司的发展更有活力，给员工营造愉快、融洽的工作气氛和机制，集团人力资源行政中心定期实施员工意见调查。内容上主要是对公司战略与文化、工作回报、工作环境（硬件 & 软件）、工作伙伴等的意见调查。

员工意见调查的结果在公司内进行讨论，并且针对调查中反映出的员工意见较为集中的问题，公司相关部门提出改善的议案，与公司管理高层进行充分的讨论，在听取各方的意见后，最终给出改善的方案。

通过员工意见调查这一沟通渠道，员工有了正式地表达自己对公司管理的意见和建议的途径，而公司的管理层也有机会直接倾听来自基层员工的各种声音。

7. 良好的学习环境

我们意识到人是企业生存的第一劳动生产力，是企业宝贵的财富。如何重视发掘员工更大的主动性和责任感呢？我们认为，培训是最好的方式之一。通过培训可以挖掘员工的潜力、提高员工的工作技能，帮助员工实现个人价值并助力其整个职业生涯发展。

（1）培训设施、运营投入不断增加

2012年，匹克人力资源行政中心共完成面向公司员工的培训超过30期，其中参训的员工约为2 000人次。

（2）完善课程培训体系

匹克人力资源行政中心为各类员工量身设计了全方位的培训体系：新入职的员工可以更清晰地了解匹克的发展历史、企业文化，掌握有效的工作方法，更快更好地融入到新的工作环境；新晋升的员工可以快速了解新工作岗位的内涵及领导技能，最快进入新岗位的角色；通过制度化和规范化的培训，员工可以迅速掌握工作中所需的职业技能，提升员工的职业素养，为其职业生涯的发展奠定了坚实的基础。

2012年，人力资源行政中心特别针对应届毕业生的特质，量身为其打造了专属的培养流程。

(3) 搭建远程教育平台

我们自主开发网上学习平台，逐步完善网络培训体系，丰富线上培训课程。成功实现线上学习、考试、评估、记录一体化，较大程度上满足了外埠员工的学习需求。

8. 广阔的发展空间

我们希望通过绩效管理及绩效文化推广，尤其是绩效诊断和绩效反馈及面谈，使员工与上级更加融洽、更加默契，工作热情和工作效率大幅提高，使员工了解并分析自身不足，寻找提升路径，最终实现整个团队的不断进步。

(1) 双通道的员工职业发展体系

公司为每个员工都规划了一条良性的职业发展道路（见图2－12）。公司员工可以根据自己的特长和兴趣，选择走管理的发展通道，也可以选择技术、设计、产品、市场等专业发展通道，在专业通道上发展可以获得和管理通道发展相同的认可和回报。公司针对不同专业类别员工在不同职业发展等级上，都设计有配套的能力要素，以及对各能力要素水平的明确描述，使员工清楚地知道自己应该努力和发展的方向；同时，公司还根据能力要素标准，设计了一系列的职业培训，帮助员工尽快达到能力要求，实现发展目标。

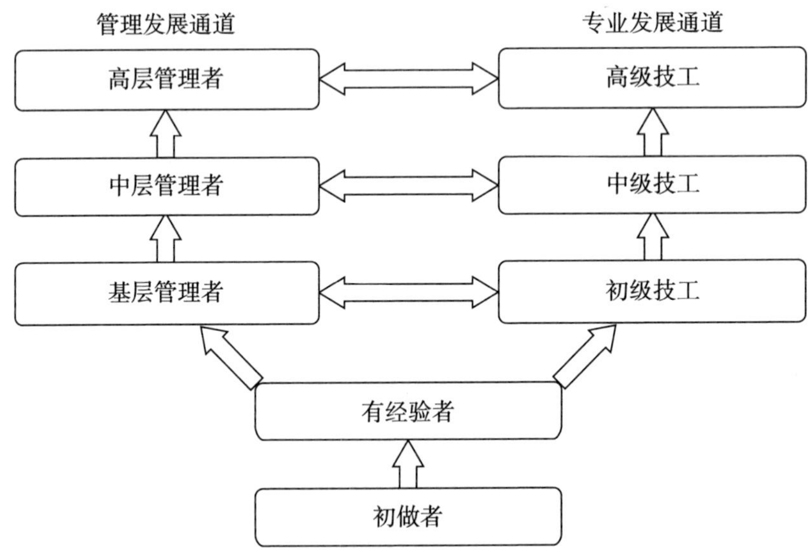

图2－12 匹克公司为员工制定的双通道职业发展体系

（2）优化绩效管理体系

匹克公司的绩效管理体系见图2－13。

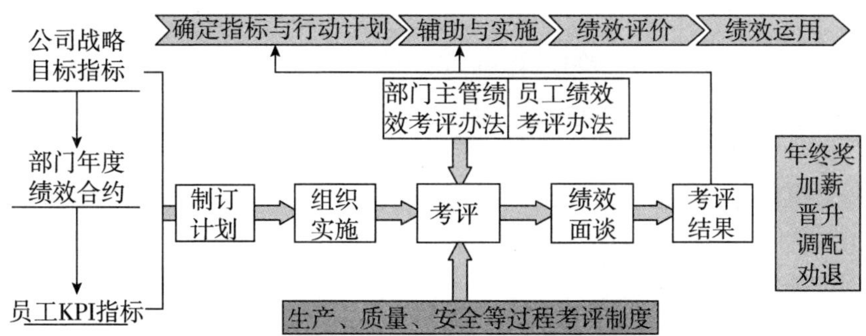

图2－13　匹克公司员工绩效管理体系

9. 和谐的工作氛围

人和，亦即良好的人际关系和工作氛围，包括人与人之间的关系、团队的配合、理念的融通、工作的氛围等，是被人才看重的工作条件之一。我们认为，良好的工作氛围，既是一种条件，也是一种待遇。“没有这个条件，人才不来；没有这种待遇，人才也不来。”

（1）舒适、安全的办公环境

匹克公司为员工创造了安全、健康、舒适的办公环境还专门购置了微波炉、咖啡机等设备方便员工加工饮食；另外，还有宽敞明亮的会议室，可以进行视频及多方会议。办公空间的安全与健康一直是重点关注的内容，公司行政办公部门会定期检查消防及安全隐患。

（2）丰富多彩的企业文化活动

在多年的发展历程中，公司形成了多种多样的内部文化形式，吸引员工主动参与各种企业文化活动。“年会”、“K歌大赛”、“匹克之歌合唱比赛”、“篮球赛”、“趣味运动会”、“拓展培训”等各种活动已成为匹克人的节日。

（3）职业健康与安全

匹克制定了“以人为本，安全第一，消除隐患，预防为主”的员工职业健康安全方针；健全生产管理制度和安全守则，形成了多层次的、完善的健康安全保障体系，确保员工能够在健康安全的生产环境中工作。

为了创建良好的工作环境，提升工作效率，减少浪费，保障安全生产及产品质量，匹克于2009年开始推行适用于全公司的《5S管理制度》，并逐步升级为《6S管理制度》和《7S管理制度》。

（4）业余活动

业余活动的组织和开展可以让员工在紧张的工作之余放松身心、舒缓压力、调节情绪、展示自我，同时也为员工熟悉同事、结交朋友、建立良好的人际关系提供了轻松愉悦的环境。公司鼓励各单位或员工自发组织团队活动，如篮球、乒乓球、羽毛球培训，开展关爱女性健康知识讲座、预防职业病讲座等。员工还自发组织了匹克登山队、匹克广场舞队、晚练队（晚上下班后一起跑步等锻炼身体）等，通过丰富多彩的活动，使员工真正感受到“健康生活、快乐工作”。

（5）爱心援助站

我们定期慰问困难、特殊员工及家属，全年各级工会、妇委会共慰问生病、困难、直系亲属去世或重病的员工约120人。

另外，我们还特别重视节日慰问，让员工在佳节时感受到来自公司的温暖和关爱。我们尤其关注对女性员工的关怀，组织茶话会、文艺晚会 、赠送鲜花、赠送书籍等国际三八妇女节慰问活动。

（四）2013年计划

我们始终认为建立完善的员工沟通机制非常重要。因此，我们建立了顺畅的员工信息渠道，倾听员工的意见和建议，尊重员工的权利，了解员工的真实需求，分析并解决员工难处或问题。开展员工满意度调查将是我们下一阶段的工作重点，这一调查将为我们日后众多工作的计划实施提供有利保证和重要依据。同时，我们还将开展以下工作：

1. 我们将体现对员工的激励，持续加强并完善薪酬管理，建立更具竞争力的薪酬体系。

2. 公司将继续为员工营造开放的、先进的学习环境，为社会培养出大量的优秀人才。

3. 我们将继续坚持“竞争、激励、淘汰”的用人机制，进一步完善相关制度，加大绩效管理。

4. 我们将寻找更多更有效的方式及途径与员工进行互动与沟通，全面深入了解员工需求，解决员工现实困难，实现顺畅有效沟通。

5. 我们将加强党工团妇联组织体系、帮扶体系、维权体系、活动体系四大体系建设，完善四大体系制度。

七、对合作伙伴负责：协同发展，产业共赢

“一个优秀的企业公民应该具有高瞻远瞩的战略眼光，主动肩负起繁荣壮大整个产业链的责任。匹克把产业链上的供应商和分销商同样视为“匹克人”，从管理和培训等方面为产业链上的商家提供一系列的帮助和服务，扶持整个产业链的发展壮大，实现互利共赢。”

——匹克主席　许景南

“从2002年开始代理匹克业务以来，我们之间的合作已经超过了10年时间。世冠能从最初的几家店铺一直做到如今包括广东、江西、海南三省的业务，这与匹克总公司的高瞻远瞩、政策扶持绝对是分不开的。”

——匹克华南分销商　占冠世

“开始做匹克时才了解体育用品行业的复杂。幸好，从最原始的协助招聘店员、陈列摆放，到根据卖场布局分析适合货品，再到订货会制定目标，匹克公司都会全程跟踪指导。这给了我很大的信心，也让我相信自己一定能将生意做好。”

——匹克深圳分销商　林彦

（一）他们的关注

1. 关注是否具有长期发展的、可信赖的合作关系。
2. 关注是否能够共担风险、共享利益。
3. 关注是否能够整合优势资源，提升价值增长点。
4. 关注整个供应链是否具有可持续性，是否存在风险。

（二）我们的关注

1. 合作伙伴是否有良好的风险管控能力，是否遵纪守法，是否能搭建起双方有效沟通的平台。

2. 合作伙伴是否规范经营、有良好的公司治理，是否能提供优质的产品和服务。

3. 是否能进一步优化分销渠道，扩大品牌的影响力。

4. 是否能优化并掌控供应链条的运营，实现合作双方互利共赢。

（三）我们的行动

我们实践企业社会责任的做法多样化并且覆盖范围广泛，努力用自己的行动

影响我们的合作伙伴，共同促进产业链的可持续发展。

1. 对消费者负责

为了对消费者负责，我们要求自营工厂和原设备制造商（OEM）及委托加工商贯彻执行严谨的质量管控措施。同时，我们致力于优化产品及服务的质量，透过进行各项定期的内部及外部的市场调查，促进与消费者的沟通，以便了解市场趋势及需求。同时，我们也非常重视消费者的意见，设立客户服务热线及电子邮箱。消费者的意见能及时反馈于研发部、销售部以及零售商，让我们更有效地分配资源以提升产品和服务质量，提高消费者的满意度。我们还在品牌网站中设立论坛，让消费者交流对产品的意见，并帮助他们获得有关于运动和产品的信息。

2. 优化供应链与营运管理

截至2012年12月31日，匹克共有36家合约制造商，分布在广东、厦门、晋江、石狮、莆田、泉州等地，其中服装22家，配饰11家，鞋类3家。

为有效地控制产品质量，我们积极协助外包商优化生产流程，加强其管理、营运及研发能力。还为其提供质量管理指引及技术指导。此外，我们还联同外包商一起订购原材料，以获得大批量订货的优惠价格。我们也将本集团的企业文化与供货商分享，致力于提升他们的责任感和凝聚力。以上措施有效优化了供货商的管理及营运质素，提升了其盈利能力。

同时，我们一直致力于提升内部管理水平以与国际接轨。我们透过强化内部管理、内控系统及评核制度，以确保营运的长远效益。我们通过优化讯息处理和分析系统，扩大讯息收集范围，从而加强对全国零售网络的监控，让总公司和零售商更及时了解市场趋势和消费者喜好，帮助我们快速做出反应。

3. 优化分销网络

（1）优化分销渠道

2012年度，我们加大了国内分销渠道优化的力度。在关停部分面积较小及效率欠佳的店铺的同时，主力拓展增长潜力较大及市场渗透率较低地区的网点，以确保分销网络的稳健发展。2012年共关停低效店铺1 642家，新增店铺319家。单店平均面积由2011年年底的79.2平方米，增加至2012年年底的86.7平方米。

（2）升级店铺形象

为进一步提升品牌美誉度与店铺形象，我们鼓励代理商及经销商积极开设新店或改造店铺以达到2012年8月份我们推出的第七代匹克店铺标准，更鲜明的产品陈列和布置对提升品牌形象有良好的帮助。

（3）加强对分销商和加盟商的管理

我们为分销商及加盟商提供了强大的支持，以确保零售网络的健康发展及高效运作。市场部设有3个大区管理中心，负责对各地分销商及加盟商进行管理及支持，并继续为他们提供培训及指引，分享最新市场信息，促进其产品及市场知识、存货管理、陈列技巧及客户服务质素，以提升其盈利水平及竞争能力。我们对分销商采取分级管理及激励制度，以鼓励分销商达成主要的营运指标。

终端商学院继续加大了对分销商提供培训有关匹克产品知识及销售技巧的培训，而卓有成效的培训增强了分销商的营销能力，实现了匹克和分销商的互利共赢。

（4）继续拓展海外渠道

2012年，我们继续有策略地发展海外市场，提高海外市场渗透率。我们通过海外分销商分别在70多个国家和地区开设匹克店及专柜。同时，我们还在海外市场投放电视广告、户外广告及举办公关宣传活动。

（四）2013年的计划

1. 进一步加强对供应商环保制度、执行等方面的评估。
2. 进一步加强对代理商团队的扶持力度，提高其应对风险和盈利的能力。
3. 进一步提高销售业绩，为地方经济发展和劳动力就业贡献力量。
4. 进一步优化分销渠道，扩大品牌的影响力。

八、对环境负责：节能减排，可持续发展

“在环境问题日益严峻的今天，作为一家业务涵盖产品设计、制造和分销的上市公司，我们要辨识环境、气候风险对业务发展带来的挑战，提高风险防范能力，在公司的运营和业务中，倡导和实践低碳理念，用实际行动加入到低碳经济的建设中。”

——匹克主席　许景南

“每一年NBA官方都会发起关于绿色环保的活动，我基本上都会参加，而我的球鞋赞助商匹克体育，也通过他们的方式在倡导减少能源污染、共同保卫地球的生活方式。2012年，匹克为我专门设计制作了绿色环保主题的概念战靴，其设

计理念与环保环环相扣，充分体现了匹克的环保意识。”

——匹克签约 NBA 球星　肖恩·巴蒂尔

“对于鞋企而言，节能环保已经不是简单的口号，而是体现在日常的生产行为中，融入到平时工作的每个细节里，我们企业在作业过程中首先注意到了污染控制，采取了以污染防范为主的污染控制战略，采用少污染的粘胶，引进新设备节约能源，开展原材料的循套用和回收利用，其次还强化工艺、设备、原材料储运营理和生产组织过程的管理，最大程度降低了污染的可能性。”

——泉州匹克鞋业有限公司成型车间主任　蔡朝源

（一）他们的关注

1. 关注是否适应创建节约型社会的需要，切实履行环境保护的企业基本责任。

2. 关注是否在注重自身环保行动的同时，将环境议题融入到业务中，在全企业推广普及环境保护理念。

3. 关注是否通过 ISO14001 环境管理体系认证，是否有效做好节能、降耗、减排相关工作。

（二）我们的关注

1. 减少自身对环境的负面影响，认真履行 ISO14001 环境管理体系标准要求。

2. 倡导绿色公益活动，支持可持续发展的商业实践模式。

（三）我们的行动

气候变化已成为全球关注的焦点问题，对我们的生存环境构成了巨大威胁，同时也给我们的业务带来了风险和挑战。我们越来越强烈地意识到，从战略高度看待环境问题，不仅要注重自身节能、降耗、减排，还需要把环境因素融入到我们的产品和服务中，推广绿色生活理念，为建设资源节约型、环境友好型社会做出自己的贡献。

1. 完善环境管理体系

匹克秉持“严格要求、规范程序，生产无毒化产品，创造环境友好型企业”的环境理念，遵循“增强环保意识，节能降耗减排，遵守法律法规，实现持续发展”的环境方针，贯彻“节能、无污染、科技创新”的环境战略，从治理结构和制度体系方面，不断完善环境管理体系。

(1) 治理结构

匹克建立了完善的绿色治理结构（如图2-14）。环境管理委员会负责整个公司环境的统筹管理，管理者代表进行监督，行政部门负责环境的综合管理，涵盖环境卫生管理、绿化管理、能源管理和固体废弃物管理；其他部门负责各自责任区块的环境治理和节能减排工作。此外，公司亦通过了认证机构对我司环境管理体系的年度审核。

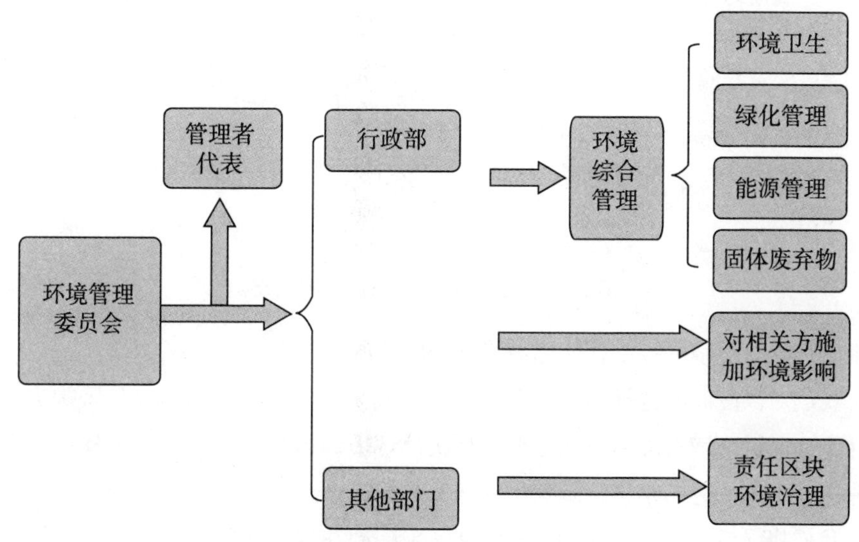

图2-14 匹克建立的绿色治理结构

(2) 管理体系

匹克实施ISO14001环境管理体系，《质量·环境·职业健康安全管理手册》是匹克的核心管理章程，公司运营的各个环节均制定相应的环境规范文件（见图2-15）。

2. 打造绿色生产链条

匹克致力于打造一条绿色的生产链条，以减少对环境的影响。经过长年的努力，匹克积累了丰富的环保和节能技术经验，通过贯彻绿色采购原则，探索绿色产品开发，形成清洁生产机制，逐渐形成了具有匹克特色的绿色生产链条，为保护环境、节约能源做出了新的贡献。

(1) 绿色采购

我们意识到，只有从原材料的采购环节减少有毒和对环境有害物质的使用，

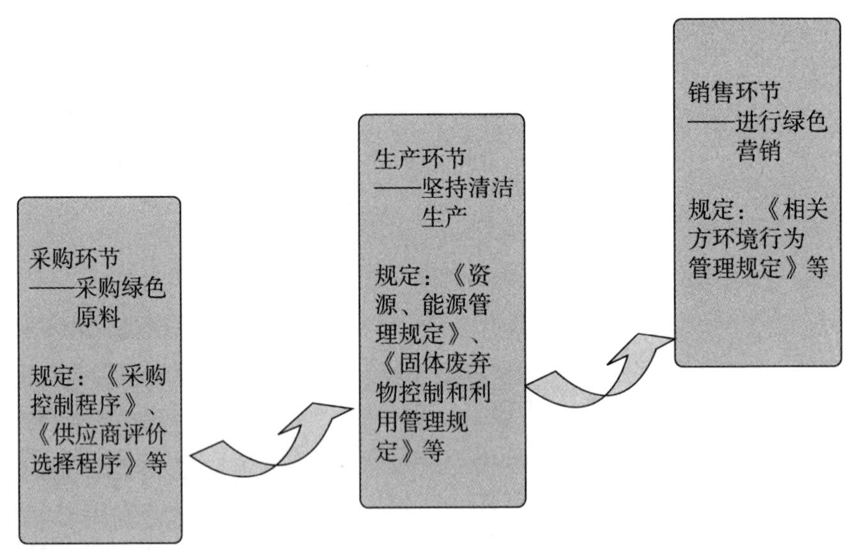

图 2－15　匹克在各环节制定的规定

从上游加强对环境的控制，才能最终打造出一条绿色的生产链条。

我们对供应商的选择需具有良好的环境表现，以实现公司的绿色采购。同等条件下，取得环境管理体系认证和产品获得环境标志的供应商优先选择；供应商入库的基本条件之一是符合国家相关环保法规要求。

我们将绿色采购作为采购优先原则，采购部在采购原材料时，向供应商索取相应的材料标准和测试报告；采购化学品时，向供应方索取化学品的 MSDS，下单前将对供应商进行分析评估。

（2）严格控制“三废”排放

匹克将化学物质管理纳入品质管理体系中，加大节能工艺开发，加强危险化学品管理，控制工业“三废”排放，认真执行每年一次的废气检测和每季度一次的废水检测。同时每个月对各车间环境管理体系进行审核，竭力减少生产过程对环境造成的危害。

为了推动资源的有效利用，匹克在业务运营过程中始终致力于提高资源利用率。匹克意识到：回收废旧产品并将其重新作为资源来加以利用，具有十分重要的意义，因此，匹克一直积极推动废旧产品的回收及循环利用。

3. 创建绿色营销体系

在把绿色产品推向市场的过程中，我们同时向消费者传播环保理念。

匹克从环保节能店铺和绿色配送体系两方面双管齐下，创建了一条绿色的营销体系。

（1）设计环保节能店铺

在店铺设计上，匹克目前使用的终端道具在用材上更加环保节能，如：货架使用环保材质、采用能耗低的模块LED光源。

在店面中，从2009年以来，匹克淘汰塑料制购物袋后，全面使用纸质购物袋。从2011年起，逐步加大无纺布购物袋的使用，既降低了对资源的耗费，也向消费者宣扬了环保理念。

（2）建立绿色配送体系

削减产品及运输环节的能耗及包装材料，是减轻产品生命周期内环境影响的一项重要措施。作为生产型企业，匹克采取各种措施，优化运输方式和载货效率，为有效削减CO_2排放量做出了积极的贡献。

4. 营造绿色办公环境

我们通过各种节能减排举措和技术，减少在日常办公、物业管理、后台作业等各运营环节的能源消耗，提高环境管理水平和整体运营绩效。

（1）绿色办公环境

按照国家“建设资源节约型社会”的要求，着力提高资源利用效率，以节约资源、能源，实现资源综合利用为重点，不断完善绿色办公相关制度，努力减少资源及能源的消耗。

公司引进和推广金蝶EAS系统，进行企业资源规划（ERP）信息化管理，实现收文、发文、签报、督办、档案管理电子化运转，既提高了工作效率，又节约了办公成本，有效减少了纸张等易耗办公用品的使用量。

（2）节能常态化

复印件、传真件等纸张的背面加以利用，作为草稿纸或电话记录纸等。

小贴士提醒洗手控制时间，保证水不空流，关紧不用的水龙头。

办公楼夏季空调温度控制在26°左右。

对垃圾桶进行醒目标识，实行垃圾分类。

积极倡议各单位各部门减少不必要的外地出差和会议机会，减少因搭乘飞机而产生的碳排放。

从身边的点滴小事做起，少开车、少坐电梯，多使用自然光源，及时关闭电器设备。

（3）会议视频化、业务网络化

加快公司视频会议系统建设，尽可能地采用视频会议方式召开各类日常工作会议，节省会议差旅费开销，切实提高办公效率。

我们大力发展电子商务，利用网络科技实现所有商务活动和业务流程的电子化，提前申请差旅成本，尽量乘坐公共交通工具往返等，在保证公司正常业务运行的同时，有效减少了商务活动对环境的影响。

5. 倡导全民绿色生活

匹克提倡全民运动，积极发起各项体育活动，吸引越来越多的人关注和加入到绿色生活的行列。

（1）“悦跑”装备助力健康生活新方式

匹克悦跑跑鞋，把代表速度的线条和跑道元素，采用前冲状态式的飞纹图案进行融合，焕发出动感潮流气息。并体现了将一直积极倡导的健康生活、“悦跑，悦轻松”的健康生活理念，在年轻人中引起巨大的反响。

（2）2012 年环湖赛携手匹克锻造“世界最高海拔的国际公路自行车赛”

自 2006 年起，匹克已连续 7 年赞助“环青海湖国际公路自行车赛”，正是因为对其倡导的“绿色、人文、和谐”的活动主题的认同与支持。我们也希望能够借此活动让更多人爱上运动，参与到绿色生活的行列中。2012 年，在匹克内部，已经刮起了骑自行车上下班的风潮，越来越多的匹克人身先士卒，宣传绿色生活的理念。

（四）2013 年的计划

我们已经认识到企业自身运营对环境的影响，并计划在未来着手进行低负荷营运环境的建设，以有效控制环境污染、节能降耗，提高营运效益：

1. 全系统全方位地倡导环保理念，开展低碳行动。

2. 倡导员工绿色办公：积极倡导并实践环保节约理念和低碳生活方式。

3. 实行绿色采购：采购部对供应商环保资质进行审查，增加绿色产品采购占比。

4. 推广绿色物业，对办公大楼进行环保改造，广泛采用节能照明、空调设备，提高运营过程中的能源使用效率，减少碳排放降低能耗，创建低碳大厦。

5. 发挥设计研发优势：研发绿色、可持续发展的产品。

九、对社会负责：回馈社会，建设国家

“企业越大，责任就越大，这是匹克在逐步发展过程中最深刻的感受。为此，公司在发展自身业务的同时，一直在致力于回报社会，热心公益事业，以实际行动回报社会各界对我们的关心和支持。”

——匹克主席　许景南

“从 2007 年开始，匹克就与我们展开了爱心合作，开展慈善助学、慈善助医、慈善助残、慈善助困等公益活动。随后的 5 年，匹克又 4 次追加善款，如今已累计认捐慈善基金超过 1 亿元人民币。这不仅代表了匹克的感恩之心，更体现了他们的发展之心，匹克的这两颗真心必将会引领全社会的共同进步与繁荣。”

——福建省泉州市慈善总会会长　薛祖亮

“身为北京市传统校篮球赛出身的球员，我十分荣幸地接受了匹克的邀请前去为师弟们的比赛加油助威。北京市传统校篮球赛拥有十分悠久的历史，甚至比咱们国家的职业联赛还要早很多年，但最近几年一直都缺乏支持。匹克能将这项比赛列为自己的青少年篮球发展计划项目之中，真正体现了一个体育品牌的公共事业心。”

——北京市首钢篮球队队员　方硕

（一）他们的关注

1. 关注作为一家体育用品公司，是否倡导并促进健康文化理念的普及与推广。

2. 关注企业是否关心国计民生，是否通过社会公益事业的投入，帮助落后地区逐步发展经济生活和社会生活。

3. 关注是否遵守国家法律法规，维护市场公平，促进劳动就业。

（二）我们的关注

1. 参与社会文明建设，回馈社会、建设国家。

2. 参与政策制定，推动行业持续发展。

3. 深化公益项目的开展，营造良好的社区投资环境。

（三）我们的行动

1. 传播先进体育文化

作为一家体育用品生产企业，匹克时刻都在注意通过赞助各项赛事等方式向

国人传播先进的体育文化，促进中国体育事业的不断发展。

（1）传播篮球文化

自1991年创牌以来，匹克一直坚持“创国际品牌”的企业宗旨和“中国篮球运动第一装备”的品牌定位。2012年，匹克牌篮球鞋已经连续4年获中国商业联合会和中华全国商业信息中心联合颁发的同类产品市场占有率第一位。为了把先进的篮球文化理念更好地传递给国内的篮球爱好者，匹克利用自己所拥有篮球资源，通过开展一系列的活动，将一直以来所倡导的“健康篮球”理念在中国推广开来。

通过与NBA、FIBA的合作以及NBA球员对匹克鞋的亲身穿着和倾情代言，匹克已经向世界证明了自己的产品无论是在质量上还是性能上都达到了国际专业水平。“匹克冠军定律”更是成为了全社会共同认知的“真理”。让中国球迷感受到国际篮球赛场“斗志改变未知”的体验，这是匹克品牌的责任和义务。

（2）创办《PLAY》杂志

《PLAY》杂志是由匹克在2011年5月份创立的一本以宣扬运动精神、运动理念为宗旨的文化刊物。《PLAY》杂志充分利用了匹克体育的NBA、FIBA和WTA平台，通过自己拥有的独家渠道，把先进的体育文化免费传播到了体育爱好者的手中。

（3）推广网球文化

随着网球在中国乃至全球的不断升温，匹克通过和竞技与时尚兼有的WTA以及明星球员的深入合作，研发和制造出更专业、更时尚、更加符合网球爱好者及时尚人士审美的女子产品，撬动了潜力无限的女子运动市场，加速了匹克品牌多元化的发展。

在和WTA合作的过程中，匹克通过赞助布里斯班国际赛、ASB精英赛、悉尼Apia国际赛、莫里拉霍巴特国际赛等赛事运动鞋和服装，以及匹克网球明星们的出色表现，使网球运动逐渐走入了普通老百姓的生活之中。

（4）其他与推广先进体育文化相关的活动

2012年9月23日，得到匹克品牌鼎力支持的“2012中国首席模特大赛”在三个月的角逐后落下了帷幕。匹克最新的女子系列产品也在这次闭幕会上隆重亮相，完美地结合了时尚与运动、力与美，让行业人士以及现场观众眼前一亮，受到各界的一致好评。

2. 支持国家体育事业

自成立之初，匹克就一直关注和支持国家体育运动事业的发展。2012年主要发起了以下赞助支持活动。

（1）鼎力支持篮球事业

支持NBA篮球国度（NBANation）、WCBA联赛、各大学及社会团体篮球赛、泉州百队千场篮球赛等。

（2）振兴中国足球事业

在经济稳定快速发展的中国，作为一个民族品牌，匹克有责任和义务充分发挥品牌在专业体育方面的优势，为青少年搭建一个交流、学习、提升的平台，特别是为中国足球后备力量储蓄，为中国足球事业重燃希望贡献力量。

（3）弘扬发展传统体育精神

匹克一直以来都承担着发展和繁荣传统体育文化的义务。泉州的匹克醒狮团是由匹克冠名赞助的泉州地区王牌狮王团，也得到过国家体育总局授予“北狮王”的美称。在匹克的鼎力支持下，匹克醒狮团不仅在诸多国内外大赛中获得过荣誉，同时也为匹克体育文化注入新的文化元素。

3. 创造企业社会价值

（1）带动地方经济发展

从一家本土民营企业发展成为一个国际化的知名品牌，匹克的成功依赖于当地的各类资源。通过积极履行纳税义务和提供就业机会，为推动地区社会经济发展承担应有的责任。

在生产经营过程中，匹克一直秉承“依法纳税、主动纳税、诚信纳税”的理念，以高度的社会责任感完成一个纳税人应履行的义务。近年来，匹克多次荣获泉州市丰泽区“纳税大户”的荣誉称号。

（2）分享企业发展经验得失

匹克在22年发展过程中，尤其是在国际化的过程中，积累了丰富的经验。这些宝贵的经验对其他相关行业具有一定的借鉴意义，匹克在发展过程中遇到过的问题和走过的弯路，也将给那些立志创国际品牌的企业提供可供参考的案例和模板。

(3) 参与政策制定，推动行业持续发展

政府行业政策应考虑政策的实施单位积极参与行业标准来制定，这样有利于整合行业资源，规范行业管理，提升行业地位，培育行业品牌，引导行业发展。2012 年，我们发挥资源优势，配合各级相关部门的调研和检查，积极就行业发展问题向相关部门提出我们的建议，并对政府的相关政策依据自身实际情况提出反馈意见，以推动行业的持续健康发展。

4. 热心公益慈善活动

企业参与社会文明建设的目的在于提供人类福利和增进公共利益，其中主要的表现形式是参与社会公益活动，包括提供有形的财物或无形的劳务，对他人表达善意，对社会做出有意义的贡献等。

多年来，公司秉承“回报社会，为社会创造价值”的原则，积极投身社会公益。自 2007 年起，匹克就在泉州市慈善总会设立了匹克慈善基金，截至 2012 年年底，匹克认捐的该基金金额已突破了 1 亿人民币。许景南先生于 2009 年当选由中国慈善排行榜办公室筹划的“影响中华公益的 60 位慈善家”之一。公司于 2011 年荣获“中国优秀企业公民奖”及“中国公益奖—集体奖”。

2012 年 3 月 17 日，由匹克赞助的“2012 年北京市体育传统项目学校篮球比赛”拉开帷幕，北京市 60 所中小学校的 702 名学生球员将参加男女小学组、初中组和高中组一共 6 个组别比赛。作为匹克青少年篮球发展计划的内容之一，匹克全力支持了这项自 1982 年开始、已经举办了 29 届的传统赛事。

2012 年 8 月，“2012 姚基金希望小学篮球季”在四川乐山结束了为期 4 个月的快乐篮球之旅，作为此次姚基金希望小学篮球季的合作赞助方，匹克坚持把篮球梦想带给每个拥有梦想的孩子们，让他们获得快乐与自信、展现个性与团队，创造着属于自己的天地。此次匹克携手姚基金，为希望小学篮球季提供孩子们穿的鞋、比赛服、志愿者装备等，总价值近 100 万元。

2012 年 12 月，赞助中华青少年儿童慈善救助基金会“给孩子一双运动鞋”公益项目，向该项目捐赠 3 000 双总价值近百万元的运动鞋，帮助孩子们在运动中成长。

5. 遵守国家法律法规

遵守政府各项规章制度，积极参与政策的制定与宣传，守法经营，按章纳税，维护行业公平竞争，都是匹克对政府责任的承诺。随着匹克国际化战略的逐步升级，匹克加入到了更开放的全球市场中，遵守国际公约与贸易准则，与国际社会共同解决人类社会所面临的环境和社会议题，匹克勇敢地担负起全球企业公民的责任。

（1）守法合规

匹克遵守并维护国家相关法律法规及行业规章，争做合规守法的企业公民。

匹克严格遵守国家和地方政府的政策法规，积极参与政策制定，注重提高员工的法律意识，主动接受政府部门和监管机构的监督和检查，与政府建立了良好的关系。

（2）维护市场公平

匹克反对任何形式的贪污、腐败、勒索和行贿受贿的行为，加强惩治和预防腐败的体系建设，并积极开展全员反腐倡廉教育；在市场交易中遵循自愿、平等、公平、诚实信用的原则，遵守公认的商业道德，反对一切不正当竞争，自觉维护业内公正平等的竞争环境。

（3）遵守贸易相关国际规则

作为一家以品牌国际化为目标的企业，匹克出口占总销量的比重日益增加，越来越多地参与到国际市场中。匹克提倡自由、平等、可持续的贸易政策，遵守中国政府签署或承认的国际公约、国际惯例，遵守所在国家的法律法规。

（四）2013年的计划

社会是企业赖以生存的土壤。从建厂伊始，我们就致力于在促进社会和谐、健康发展的基础上，追求企业的持续利润。2013年，我们将重点做好以下工作：

1. 扩大匹克球星中国行的影响力，让更多的篮球爱好者接受最先进的篮球理念的熏陶。

2. 加大对“匹克青少年篮球发展计划”等活动的扶持力度，促进全民健康生活理念的发展。

3. 承诺对社会的责任，在企业社会责任与商业运营模式相结合过程中，我们已迈出了非常有利的步伐，我们期望持续前进、永续经营。

4. 对公益项目进行持续优化，重点在满足受助人群的切实需要，解决切实的社会问题。

5. 加大力度配合当地政府解决就业等民生问题。

点评：

- **总体印象**

自1991年成立以来，匹克公司白手起家，经过多年打拼，历尽千辛万苦，凭借正确的发展战略和核心价值理念，以塑造民族品牌为己任，逐步推进企业发展由小到大，由弱到强，取得了瞩目的业绩。目前，该企业及其品牌产品已在国内外竞争激烈的体育用品领域占有一席之地，并取得一定的知名度。特别是2012年，在全球经济面临艰难复杂的局面，企业经营面临巨大挑战的情况下，在各方面依然取得了全面的提高，创造了优良的业绩，成功荣获了2012年度最佳中国品牌50强等多项荣誉称号，在经济效益、开拓国际市场、履行企业社会责任等方面，都上了一个新的台阶。

我们知道，任何企业都存在于一定的社会环境之中，其产生发展的过程，都是从社会中吸取各种养分，同时又不断将其发展成果反哺于社会，推动社会发展。唯此，方能同社会共生共存，和谐相处，同步发展。从这个意义上讲，企业履行社会责任是其产生发展壮大可持续的必要条件。

该报告比较全面地反映了匹克公司2012年在履行企业社会责任方面所做的工作，从报告中可以清晰看出，匹克公司对企业履行社会责任重要性的认识比较高，各方面的工作都比较到位，是一个负责任的企业。他们秉承“回馈社会，建设国家”的抱负，逐年加大对教育、环保、社区建设、灾难救助、支持国家体育事业发展等公益和社会事业的关注和投入，并不断扩大履行社会责任领域。在取得经济效益的同时，也取得了很好的社会效益。

- **几点建议**

经过20多年的发展，匹克公司虽然取得了不小成绩，但必须清醒看到，同国内外同类知名企业相比，还存在比较大的差距，赶上并超过这些企业，还需付出巨大努力，任重而道远。

1. 把创新作为发展的动力和关键，并贯穿企业发展的全过程。不仅在产品的款式上每年都要有所创新，在改造提升传统产业结构、转变发展方式、提高产品科技含量和附加值等方面都要有所创新。创新就是创牌；创牌，就必须创出有别于其他同类产品的特点和优势，这是增强企业活力，促进形成以技术、品牌、质量、服务为核心的竞争优势，推进企业可持续发展的重要保证。

2. 处理好专业领域和非专业领域的关系，不断扩大产品的消费群体。读完匹克的社会责任报告后，感觉报告对产品的专业性强调得多，离老百姓比较远，而后者是更大的市场。建议在坚持品牌专业化的经营策略的同时，面向整个社会，像耐克、阿迪达斯，不仅是专业体育项目的首选用品，也是普通百姓（老中青）户外活动的首选用品。

3. 处理好国内市场和国外市场的关系。开辟国内国际两个市场，是企业发展的必然要求，从当前国际经济形势低迷、出口受阻的情况看，特别从我国内需的实际看，我认为应当将进一步扩大国内市场，把销售的重点放在国内。尽管从近年的销售情况看，国内市场一直占有90%以上的份额，然而目前国内体育用品市场仍被国外名牌产品所占据，不仅专业球队运动员还没有选用“匹克”，为数众多的普通百姓户外运动穿的也多是“耐克”和“阿迪”。

4. 加强加大品牌的宣传力度。应该承认，该品牌虽然有一定的知名度，但国内老百姓中真正知道的并不多，更谈不上对该产品性能、特点的了解，真正选购的就更少。建议加大这方面的投入，通过多种方式加强宣传力度，努力做到家喻户晓，妇孺皆知。

总之，通观报告，比较全面地了解了匹克公司的发展过程及现状，对其前景充满信心并抱有很大期望。相信只要坚持不懈，拼搏进取，不断攀越新的高峰，就一定能够开拓更为广阔的市场，创造更多的价值，赢得更多荣誉，为社会做出更多回报，为国家做出更大贡献。

点评人：

国务院研究室社会司原司长

张大平

实例5：无限极2012年度企业社会责任报告

集团主席致辞　　跨越20年　责任谱新篇

2012年是无限极成立20周年，也是无限极企业社会责任发展历程中的一个节点，我们以企业社会责任的视角对企业发展的过程进行了认真的洞察与总结，对无限极承担企业社会责任的出发点和文化内涵进行了升华与明确。

社会责任是企业可持续发展的保障，社会责任是我们分内的义务和事情。这个分内的界限不仅有法律和道德的要求，还有我们内心价值观的要求。“思利及人”是无限极的核心价值观，也是无限极承担企业社会责任的源头。在对企业社会责任的探索与实践中，我们对“思利及人”有了更深入的解读——“做事先思考如何有利于我们大家”。“我们大家”指的就是企业和它的利益相关方。用“思利及人”来诠释企业社会责任的内容，就是要以人为本、以人性为重、以企业和利益相关方的要求和期望为出发点，努力为企业和利益相关方做实事、创价值，满足他们的需求。

有了“我们大家”的清晰认知，我们在2012年3月21日庄严发布了《无限极企业社会责任承诺》，把企业的责任意识从隐性层面提升至显性层面，成为无限极社会责任发展史上的里程碑事件。“承诺”要求我们从满足利益相关方的需求和期望出发，明确企业社会责任行动目标，做好落实工作。伴随“承诺”地发布，我们面向员工推出一系列促进“三平衡”的制度和活动；增加“无限极世界行走日”活动的城市，让更多的人重视健康、注重养成健康的生活方式；为了能够持续推动和实践造福社会，共享成果，我们搭建更广阔的公益慈善平台，捐资

2 000万元通过国务院侨务办公室向国家民政部成功申请成立了思利及人公益基金会，为社会传递更多正能量。

无限极的20年，让利益相关方对无限极有了更高的期待。这不仅加大了我们的责任，更增添了前进的动力。站在新起点，我们将坚守使命、梦想和真情，共同谱写“健康人生”的新篇章。

一、企业概况

李锦记健康产品集团隶属于香港百年民族企业李锦记集团，其以“无限极”为核心品牌，是一家从事中草药健康产品的大型企业，总部设在中国香港。

（一）公司理念

秉承百年李锦记“思利及人”的核心价值观，集团以“弘扬中华优秀养生文化，创造平衡、富足、和谐的健康人生”为使命，创造了独特的企业文化——“思利及人”核心价值观、“自动波领导模式”和“永远创业”精神，以及独特的健康理念——“养生固本，健康人生”，使文化理念成为企业的独特竞争力。

（二）发展规模

目前，集团旗下成员包括：无限极（中国）有限公司、无限极（香港）有限公司、无限极国际有限公司和无限极国际（马来西亚）有限公司，分别简称为无限极（中国）、无限极（香港）、无限极（台湾）和无限极（马来西亚）。成员总部分别位于中国广州、中国香港、中国台北及马来西亚吉隆坡。其中，无限极（中国）成立于1992年，经过20年的发展壮大，已在中国内地设立35家分公司，28家服务中心，4 000多家专卖店。集团首批海外市场的3个成员于2010年正式开业。

集团目前已成功研发生产出5大系列、6大品牌、86款产品，包括：无限极健康食品、维雅护肤品、萃雅护肤品、植雅个人护理品、帮得佳家居用品以及享优乐养生用品。

集团在广东新会累计投资超过30亿元人民币设立生产基地，包括1、2、3号生产大楼、无限极养生文化体验中心、无限极中草药园、无限极大学等建筑，占地面积20万平方米（约300亩），已通过ISO9001：2008（质量管理体系认证）、GB/T22000－2006/ISO 22000：2005（食品安全管理体系）、HACCP（国际上共同认可和接受的食品安全保证体系）、保健食品GMP四项认证，30款产品获得中国伊斯兰教协会颁发的清真认证，生产设备与技术均达到国内领先水平，整个生产基地的年生产能力超过100亿元人民币。公司的第二个生产基地——无限极营口生产基地位于辽宁省营口市，于2012年7月正式奠基，初步规划占地面积约500亩，第一阶段总投资15亿元人民币，预计全面投产后第五年产值将达180亿元人民币。双基地将促进无限极南北两地的平衡发展。

多年来，集团不断加大自主研发力度，并与广州中医药大学、香港科技大学、I&D公司（原法国戴尔玛研发有限公司）等国内外多家权威科研机构、知名学府紧密合作，目前已拥有多项自主科研技术及核心自主知识产权，在复合多糖技术领域处于领先地位，并于2012年5月全球首发无限极Polysac™复合多糖研究成果。

（三）品牌

无限极的品牌定位是“激发内在的力量”，包括诚信、温暖、爽活、超越和乐观的品牌特质。2005年无限极荣获“中国500最具价值品牌”，2011年再次获此殊荣，品牌价值195.58亿，品牌排行跃居至第49位。

2012年11月11日，正式发布了无限极品牌主张——“相信自己无限极”。意思是：每当我们确信自己能行，这个念头会使我们的内心滋生出一股力量，帮助我们战胜一切困难，坚持到底，直到成功。

在过去的20年里，无限极一直默默耕耘，每年都投入大量的人力物力进行国民健康习惯培养、健康教育和宣传。无限极相信改变健康、人生和未来的最大力量源自每个人。这是大自然的规律，也是最本质的智慧。无限极就是这样一个品牌，用务实诚信的行事态度，一直致力于推动养生事业的发展，用口碑代替宣传，用行动诠释出信念。通过“微电影”的创新方式进行传播，以真人真事来生动地诠释“相信自己无限极”，更贴近大众，唤起大众的共鸣。

2012年，李锦记健康产品集团主席李惠森先生获评“2012品牌中国十大年度人物”，该活动通过专业、严格、权威的评选过程，专家评审会选出当年为中国品牌事业作出卓越贡献的十位人物，成为“品牌中国年度人物”。

2012年3月20日，无限极（马来西亚）荣登由豪威企业集团（HWT Group）主办的“21世纪成功品牌精英榜”。本次活动旨在对21世纪能迅速抓紧商机、实现快速发展的企业进行特别褒奖。

（四）文化

无限极自诞生之日起就内含着“思利及人”的核心价值观，并以此形成了无限极独特的企业文化。2007年，李锦记健康产品集团主席李惠森先生的《思利及人的力量》出版，创下单日签售1.6万册的纪录。

2012年9月、11月，李惠森先生撰写的《思利及人的力量》（升级版）与《自动波领导模式》两本书先后出版上市，引起市场的热烈反响。《思利及人的力量》（升级版）将中华文化的智慧与现实生活相融合，深入浅出又清晰具体地回应了时代的需求，带给社会的是更加和谐，带给人们的是生活的意义和生命的价值。《自动波领导模式》将理论升级为系统化可分享的实务，为现代企业的管理和永续经营提供了宝贵的参考资料。

11月30日，无限极（中国）被评为“中国企业文化影响力十强”，并被授予“2012中国企业文化管理年会特别荣誉单位”称号。无限极企业文化的特色就是“融合”——从“我”到“我们大家”，实现了个人与集体的融合；从思利及人的传统价值观到现代生活的解读和运用，实现了传统与现代的融合；自动波领导模式的提出与实践，实现了理论与创新的融合。无限极以融合为基础使文化落地，用融合释放文化的无穷力量。

同时，李锦记健康产品集团主席李惠森先生获评“中国企业文化领军人物”。李惠森先生坚持践行“思利及人”的核心价值观，大力弘扬中华优秀养生文化，打造中草药健康产品标杆企业，著书立说，传播中华优秀核心价值观与管理理念。

（五）20年发展历程

2012年是“无限极”成立20周年。从1992年至2012年，历经20年的探索与跋涉，20年的奋斗与坚持，无限极从小到大，从广州走向全中国，从中国走向海外，走过了一条不平凡的道路，也是一条光辉灿烂的道路，成长为今天中草药健康产业和直销行业的引领者，开创了无限极壮丽的事业天地。无限极过去的20年，一件件令人难忘的事情，宛如一个个坚定有力的脚印，成就了无限极丰实的发展史。

1. 无限极正式成立

1992年，李锦记集团主席李文达先生和时任第一军医大学校长的赵云宏先生志同道合，立志于将中国中草药发扬光大。他们携手合作，于1992年12月8日，成立了无限极（中国）有限公司（原名：广东南方李锦记营养保健品有限公司），翻开了无限极历史的第一页。

2. 增健口服液上市

1994 年，无限极将第一款产品无限极增健口服液推向市场，让无限极事业有了实实在在的生命支撑。从只有一款产品、一个品牌，发展到今天，无限极已拥有无限极健康食品、维雅/萃雅护肤品、植雅个人护理品、帮得佳家居用品和享优乐养生用品 5 大系列、6 大品牌、86 款产品，并已拥有 Polysac™复合多糖、五味子乙素、植物甙、复合萃白因子等具有自主知识产权的核心技术及核心配方。

3. 成立 35 家分公司、28 家服务中心和 4 000 多家专卖店

1997 年，无限极第一家分公司湖南分公司在长沙成立；1998 年，无限极第一家专卖店成立；2005 年，无限极第一家服务中心在广州成立。如今，无限极已在全国开设了 35 家分公司、28 家服务中心和 4 000 多家专卖店，形成了服务一线市场和消费者的立体平台，打造了可信赖的企业形象窗口，推动无限极事业稳健发展。

4. 发出“转型不转理念”的一封信

1995 年开始，无限极将销售模式从传统方式逐步转变为直销与传统并存，开创了崭新的局面。1998 年，国家出台了行业相关管理政策，无限极面临巨大挑战。李惠森先生代表公司向全体业务伙伴发出《转型不转理念》的一封信，作出了“转型不转理念”的庄严承诺，得到了广大业务伙伴和消费者的理解、信任、支持和拥护，客企一体，共度时艰，保证了无限极事业平稳度过转型期。

5. “新世纪、新使命、新辉煌”销售年会

2000 年年初，为兑现承诺、重振市场信心，无限极在广东新会适时召开了“新世纪、新使命、新辉煌”销售年会。来自全国各地的 2 000 多名业务伙伴欢聚一堂，共襄未来。此次规模空前的年会，鼓舞了业务伙伴的士气、凝聚了人心，让无限极化危为机，成为公司发展历程中的一个重要转折。

6. 确立 3 个五年发展计划

从 2000 年开始，无限极运用“道、天、地、将、法”的策略思考平台，制定企业长远发展规划，为无限极稳健而快速发展提供保障。2001 年，无限极发布了第一个五年发展计划，明确未来发展战略，从此迈向了发展的新时期。随后，“二五”计划、“三五”计划相继发布并实施，指引着无限极朝着使命和梦想稳步

迈进，不断创造历史。

7. 建设新会生产基地

2002年，无限极第一个生产基地——新会生产基地举行开工典礼，2005年正式投入使用，二期工程和三期工程也分别于2009年和2012年竣工。至此，一个投资30亿元、占地300亩、年产值超100亿元的现代化生产基地屹立南方。2011年，无限极投资15亿元、占地500亩，预计建成后前五年产值达180亿元的第二个生产基地签约落户辽宁营口，无限极的生产规模和能力不断提升，实现南北均衡发展，为满足市场需求和未来发展提供坚实保障。

8. 确立“思利及人”的核心价值观

2004年，无限极明确了独特的企业文化——“思利及人”的核心价值观。经过不断的推广与实践，“思利及人”已成为无限极员工和业务伙伴的共同行为准则。2007年，李惠森先生出版了《思利及人的力量》一书（2012年9月推出升级版），系统而深入地阐述了这一核心价值观，使“思利及人”的传播有了统一文本，成为了无限极贡献给社会的宝贵精神财富。

9. 推行“自动波领导模式”

“自动波领导模式”源自于老子《道德经》里的“无形领袖”思想，是东方智慧与现代管理理论的绝妙融合，让企业领导者“隐形”，让员工发挥潜能，帮助企业实现永续经营。十多年来，“自动波领导模式”的推行在无限极的快速发展过程中发挥了重要的作用。2012年，李惠森先生推出的新版《自动波领导模式》，更是全面、深入地阐释了这一模式的精髓和奥妙。

10. 荣获“中国最佳雇主”、“亚洲最佳雇主”

2005年，无限极荣获由国际权威人力资源咨询机构翰威特颁发的“2005中国最佳雇主”和“2005亚洲最佳雇主”两项殊荣，2007年再次获此殊荣。无限极是行业内唯一一家蝉联此殊荣的企业，这是权威人力资源机构对无限极员工满意度、企业文化、经营理念和经济效益等整体实力的一次综合评价。

11. 荣获“中国质量鼎”、“中国用户满意鼎”

2006年，无限极同时获得由中国质量协会颁发的“中国质量鼎”和“中国用户满意鼎”，这是中国质量界的最高荣誉，无限极成为行业中第一家同时获得这两项荣誉的企业。它表明权威机构与广大消费者对无限极的企业文化、管理体系、运作流程、产品质量与服务水平等方面高度认可和肯定。

12. 确立独特的健康理念

2007 年，无限极提出“养生固本，健康人生”的独特健康理念，表达无限极关于健康和养生的主张，让无限极的产品也有了特殊的价值，市场有了显著的区隔，传播有了核心的灵魂。2012 年，系统阐述这一理念的书籍《养生固本　健康人生》正式出版上市。无限极多年来还通过在全国成功举办 2 000 多场“养生文化进万家”活动，向超过 100 万人次的群众普及了无限极独特的健康理念，让中华优秀养生文化走进千家万户，提升了大众的健康保健水平。

13. 获直销经营许可证

2007 年，无限极获得由国家商务部批准颁发的直销经营许可证，使无限极事业有了法律的保障，提升了无限极的企业形象，为业务伙伴和消费者提供了选择的标准，为无限极事业的跨越式发展奠定了坚实的基础。这是政府权威部门对无限极长期以来规范经营、严格自律、推动行业健康有序发展的努力的高度肯定。

14. 推出晋升表彰制度

针对行业变化，从市场发展的规律和业务伙伴的需求出发，无限极于 2007 年 10 月正式推出业务人员晋升表彰制度，开展分职级培训，并持续推动业务队伍开展晋升表彰活动，让业务伙伴的前进有了目标，成长有了标准。一批批无限极的业务伙伴经过努力，获得了不同职级的晋升，彰显了荣誉，鼓舞了士气，促进了业务队伍能力的提升、市场氛围的营造，对推动无限极事业快速成长发挥了重要作用。

15. 发布《企业社会责任报告》

2008 年，无限极在行业内首度发布《企业社会责任报告》，至 2012 年已连续 5 年发布报告，从品质、健康、员工、伙伴、环境和社区六个方面，系统梳理了无限极的社会责任理念和具体实践。20 年来，无限极持续在健康、教育和扶弱助残等公益慈善领域投入，累计捐款捐物价值超 1. 5 亿元人民币，在全国共有 21 所以“无限极”命名的小学，并先后成立“思利及人基金”和“思利及人公益基金会”作为慈善公益平台，在持续的实践中创造出一套“短期与长期平衡发展、硬件与软件平衡建设、输血与造血平衡慈善”的公益模式。

16. 获“国家高新技术企业”认定

自 1996 年与香港科技大学合作成立香港传统中药研究中心以来，无限极便开启了将中草药研究成果转化为生产力的自主研发新时代。至今，无限极已经拥有一个研发中心，与海内外权威科研机构强强联合，搭建无限极中草药多糖联合实验室、香港传统中药研究中心、萃雅国际护肤研究中心和无限极中草药免疫研究中心四大科研平台，在多个科技领域持续开展前沿研究，硕果累累。2008年，无限极获得“国家高新技术企业”认定，2012年通过复审，“产品检测中心”被正式评定为“国家认可实验室”，无限极的科研实力屡获权威认可。

17. 举办无限极世界行走日活动

2010年，无限极携手中华全国体育总会，首次将“世界行走日”这一全球的公益性活动正式引入中国，并在6个城市成功举办这一公益活动，掀起了健康行走的热潮。3年来，已在全国20个城市举办了38场次无限极世界行走日活动，并吸引了超过50万人次参与。2012年6月，无限极发布了行走日活动的主题曲《相信自己无限极》。

18. 开通400－800－1188全国客户服务热线

2010年，无限极全国客户服务热线400－800－1188正式启用，一站式接入、免费客服号、国际一流配置等软硬件支持，不断提升无限极的服务与竞争优势。2011年，全新规划建设的客服中心正式启用，通过延长服务时间、优化自助平台、新增健康顾问等，为消费者与业务伙伴提供便捷、优质、专业、经济的服务，为市场发展提供更强大的支持。

19. 使命升级暨品牌国际化

2009年，无限极启动使命升级暨品牌国际化战略。无限极的使命升级为“弘扬中华优秀养生文化，创造平衡、富足、和谐的健康人生”，公司、事业、产品的名称统一为“无限极”，并且开始进军无限极（马来西亚）、无限极（台湾）和无限极（香港）3个海外市场。此后，无限极会议中心、无限极中心和香港无限极广场相继投入使用。

20. 品牌价值“195.58亿”

2011年，在世界品牌实验室“中国500最具价值品牌”评选活动中，无限极品牌价值195.58亿元，品牌排行也跃居至第49位。这是无限极继2005年入选、品牌价值80.83亿元、排名第62位后再次入选。短短五年，无限极在打造世界品牌的道路上实现了跨越提升，体现了无限极品牌的实力和影响力，鼓舞和推动无限极事业继续向前发展。

二、无限极社会责任建设

从公司诞生之时，责任就与生俱来。无限极始终恪守“思利及人”的核心价值观，带动利益相关方一同追求健康事业、共同成长、共享成果。2008 年，公司发布了第一份企业社会责任报告，以“责任”的视角撬起全体员工的责任意识，推动公司社会责任管理与实践进程，推进企业迈入了履行社会责任的快车道，硕果累累。

（一）发布企业社会责任报告

自 2008 年发布首份企业社会责任报告以来，无限极坚持每年发布一本报告，披露无限极履行社会责任的实践与绩效，与利益相关方进行互信沟通，提升他们对企业社会责任的认知，带动他们共同履行责任。企业社会责任报告是责任的白皮书，责任的放大镜。

无限极企业社会责任报告多次获得专业认可。其中，3 次获得“金蜜蜂”的殊荣，从入围奖、社会专项奖、到成长型企业奖，再到外商及港澳台企业优秀报告奖，印证了无限极企业社会责任报告的成长。

（二）搭建组织架构

基于提升社会责任管理的需要，致力打造一个覆盖公司各个层级、各个部门，能够横向协调、纵向承接、同步工作的社会责任组织体系，保障社会责任工作顺利推进，取得预期成效。

2009 年，成立了社会责任领导小组，主要负责制定社会责任工作战略与目标，建立完善社会责任工作体制和制度，推进社会责任融入管理，评估部门社会责任绩效。

设置社会责任管理专职岗位，配置人员，组织开展社会责任活动，分享交流社会责任工作经验，定期编制和发布年度责任报告，为推进社会责任工作提供技术支持。各个部门结成社会责任工作网络，主要负责落实社会责任规划，开展社会责任活动，定期收集和报送社会责任绩效信息等。

（三）确立社会责任目标

2011 年，无限极确立了社会责任目标——“通过独特的健康理念，实现健康、家庭、事业三平衡，时间、财富、精神三富足，个人、集体、社会三和谐的健康人生”。创造这样一个定义下的“健康人生”成为无限极最大的企业社会责任，也是无限极存在的本质意义和奋斗的终极目标。

（四）确立六大责任

2011年，基于无限极的营运基础、经营特色以及主要利益相关方的分析，无限极确定通过致力于六大方面的社会责任——品质责任、健康责任、员工责任、伙伴责任、环境责任和社区责任，创造价值，共享成果。

（五）发布《无限极企业社会责任承诺》

2012年3月21日，无限极郑重地发布了《无限极企业社会责任承诺》。伴随着《承诺》的发布，无限极将首先面向员工推出一系列促进“三平衡”的制度和活动，并逐渐将《承诺》的落实延伸到各利益相关方。

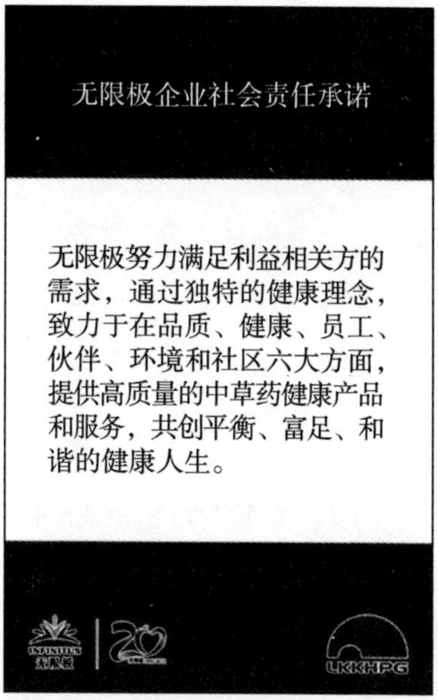

无限极企业社会责任承诺

无限极努力满足利益相关方的需求，通过独特的健康理念，致力于在品质、健康、员工、伙伴、环境和社区六大方面，提供高质量的中草药健康产品和服务，共创平衡、富足、和谐的健康人生。

图2－16　无限极企业社会责任承诺

《承诺》的发布把企业的责任意识从隐性层面提升至显性层面，为落实责任指明了方向，标志着无限极在社会责任的成长道路上进入一个新阶段。

（六）建立无限极社会责任管理体系

为了保障社会责任工作的有效落地，无限极从战略规划入手，围绕公司运营管理，结合六大责任，探索出“一线、两点、三层、四系统”的无限极社会责任模型。通过把整个公司所有人、所有部门的考核指标（KRA）跟社会责任相关联，规划建立了无限极社会责任评估指标体系；为了帮助指标体系在公司内部的推广落实，无限极还特别编写了《无限极企业社会责任ABC》。这个体系的建立将让企业履行社会责任的步伐有了丈量的标尺和管理指南。

（七）思利及人公益基金会

无限极成立20年来，积极投身社会各项公益慈善事业，累计捐款物价值超1.5亿元人民币。

2007年11月，无限极（中国）向中华慈善总会申请设立的专项基金——“思利及人基金”获得批准。成立“思利及人基金”旨在推动更多的人关注公益事业，共同推进和谐社会的可持续发展。所有捐款统一用于扶贫、助弱、赈灾方面的慈善公益项目。

为传承“思利及人”的核心价值观，搭建更广阔的公益平台，2011 年 11 月，无限极（中国）捐赠 2 000 万元人民币，通过国务院侨务办公室向国家民政部申请成立“思利及人公益基金会”，并于 2012 年 12 月正式成立。它以关注大众健康、凝聚社会爱心力量、推动社会和谐与进步为宗旨，将在健康、扶贫助教、助弱赈灾等领域开展公益活动。

从“思利及人基金”到“思利及人公益基金会”，体现了无限极坚守企业社会责任、用心践行“思利及人”的核心价值观。

（八）签订《直销企业履行社会责任承诺书》

2012 年 5 月 23 日 ~24 日，国家工商总局直销监督管理局在上海召开全国直销企业工作座谈会。无限极等 31 家获得直销经营牌照的直销企业在会上签订了《直销企业履行企业社会责任承诺书》，就守法经营、诚信经营、公平竞争、保护消费者权益等向社会作出了郑重承诺。

（九）举办社会责任报告专题研讨会

2012 年 5 月 26 日，针对近年来食品安全问题频发、企业自身的社会责任意识和担当急需提升的问题，由无限极携手《WTO 经济导刊》和腾讯财经共同举办的“责任沟通　创造价值——社会责任报告专题研讨会”在京举行。

行业专家、企业代表、清华、北大等高校专家和研究生，及媒体近百人共同参与，分享与研讨报告推动责任发展方面的经验。全国 102 家媒体对此次研讨会进行了报道，传播覆盖人群超 2 亿人次。

无限极携手权威第三方，邀请多家知名企业和公众共同进行社会责任报告的研讨，不仅有助于提高企业对报告本质作用的认知，并且帮助更多企业打开可持续发展之门。

（十）编制《无限极企业社会责任 ABC》

无限极编写的《无限极企业社会责任 ABC》手册（简称“手册”）。其目的在于以通俗易懂的表达方式，面向员工普及社会责任理念和基础知识，帮助员工了解无限极责任管理体系，清晰自身岗位工作与社会责任的关系，指导员工发掘本职工作的社会责任意义与价值。

（十一）社会认可

无限极20年用心、尽力的社会责任行动，赢得了社会各界的肯定和认可，获得由中国民政部颁发的“2006年度中华慈善奖——最具爱心外资企业”奖、中华慈善总会颁发的“中华慈善突出贡献单位（企业）奖”，以及一批权威机构颁发的重要奖项。表2－14为2007～2012年无限极公司获得的各种奖项。

表2－14　2007～2012年无限极公司获得的奖项

获奖时间	奖项名称
2007年	2006年度中华慈善奖・最具爱心外资企业奖
2009年	中华慈善突出贡献单位（企业）奖
2010年	金蜜蜂2010优秀企业社会责任报告社会专项奖
2011年	金蜜蜂2011优秀企业社会责任报告成长型企业奖
2011年	2010CSR（中国）领袖总评榜最佳践行企业奖
2011年	2011（第三届）中国企业社会责任榜 2011中国企业社会责任特别大奖
2011年	2011（第三届）中国企业社会责任榜 2011中国企业社会责任公益奖
2011年	2011（首届）中国公益节 2011中国公益奖・集体奖 2011中国公益奖・年度公益品牌形象奖
2011年	2010公益中国最佳企业形象大奖
2012年	香港镜报第一届杰出企业社会责任评选杰出企业社会责任奖
2012年	金蜜蜂2012优秀企业社会责任报告外资及港澳台企业奖
2012年	2011金蜜蜂企业社会责任・中国榜公平运营奖
2012年	2011～2012年江门十大最具社会责任企业奖
2012年	第九届中国最佳企业公民评选 2012年度中国最佳企业公民・最佳企业文化奖

三、责任竞争力

无限极认为，企业的社会责任是企业“永续经营、永远创业”的一份信心，更是对社会持续和谐发展的一份承诺。企业的社会责任不仅表现在对顾客、合作伙伴、员工、股东等利益相关方负有责任，更表现在对社会、环境、资源等方面的可持续发展负责任；不仅关注目前的责任承担，更要关注未来的持续创造；不仅考虑企业自身的发展，更要为全社会的和谐作出贡献。因为，只有大家都好，才会有企业生存和发展的空间；只有社会和环境的和谐共处，企业才能得以持续地发展和成长。

（一）责任态度

企业社会责任必须做！

（二）社会责任理论体系

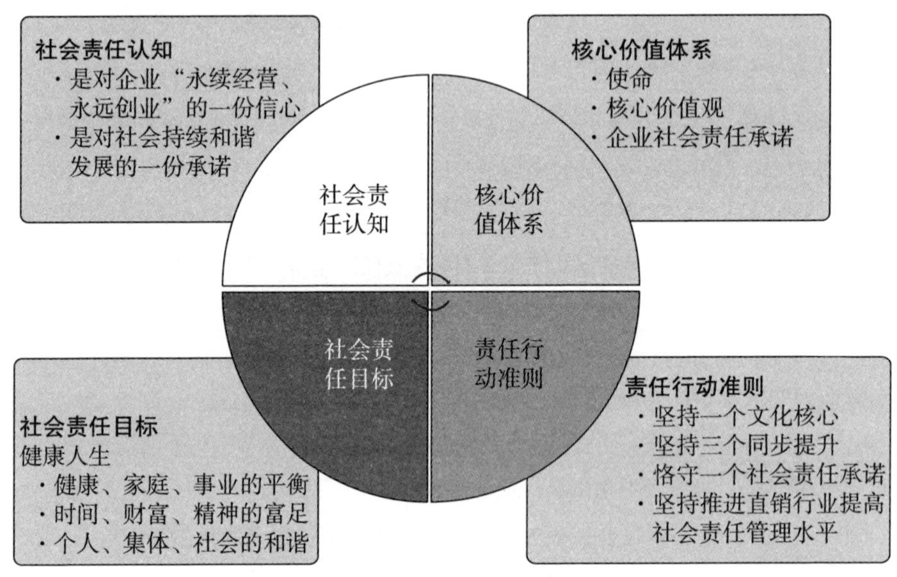

图2-17 无限极公司的社会责任理论体系

（三）核心价值体系

1. 使命。无限极以“弘扬中华优秀养生文化，创造平衡、富足、和谐的健康人生”为使命。

2. 核心价值观。“思利及人”是指做事先思考如何有利于我们大家，包括3个要素：直升机思维、换位思考和关注对方感受。它是无限极承担企业社会责任的出发点和文化内涵。

3. 企业社会责任承诺。无限极努力满足利益相关方的需求，通过独特的健康理念，致力于在品质、健康、员工、伙伴、环境和社区六大方面，提供高质量的中草药健康产品和服务，共创平衡、富足、和谐的健康人生。

（四）责任行动准则

在无限极的发展历程中，始终把“思利及人”的核心价值观贯穿于企业生产经营的全过程，凝聚社会的力量，不断突破创新，追求与利益相关方效益的共同提升与进步。为此，我们在社会责任方面制定了以下行为准则：

1. 坚持一个文化核心。“思利及人”，包含3个要素：直升机思维、换位思考和关注对方感受。

2. 坚持3个同步提升。“责任意识”与“履责能力”同步提升；“责任管理”与“责任实践”同步提升；“责任沟通”与“责任效能”同步提升。

3. 恪守一个社会责任承诺。

- 努力为消费者不间断地提供优质产品，使消费者安心消费；
- 不断完善健康产品品类，满足消费者不同的健康需求，努力提高公众的健康水平；
- 平衡员工工作与生活，帮助员工实现自我价值，与员工共享发展成果；
- 与伙伴共同应对新时期的新挑战，帮助伙伴延续健康事业，与伙伴创造共享价值；
- 最大限度减轻生产运营过程中对环境的影响，与供应商、公众一道共筑美丽中国；
- 参与社会公益事业、扶贫助困，推动社区经济文化发展，构建并维护和谐、稳定的社会大家庭。

4. 坚持推进直销行业提高社会责任管理水平。我们将以至诚之心与其他直销企业共同分享社会责任管理实践的成果，促进直销企业持续关注社会责任、提高社会责任管理水平，推进直销行业健康持续发展。

（五）社会责任目标

通过独特的健康理念，实现平衡、富足、和谐的健康人生。

1. 独特的健康理念——三调养，四合理

- 三调养：正气、阴阳、脏腑的调养。
- 四合理：饮食、起居、运动、情志的合理。

2. 平衡——健康、家庭、事业的平衡

- 健康是生命的支柱，没有健康，家庭和事业就变成无米之炊。
- 家庭是生命的归宿，没有家庭，健康和事业都难以为继。
- 事业是生命的价值，没有事业，健康和家庭就会苦涩无彩。

3. 富足——时间、财富、精神的富足

- 时间富足：有充足的时间做自己喜欢的事。
- 财富富足：拥有自主有余的财富，既可满足自己，又能帮助别人。
- 精神富足：有明确的价值观和目标，追求生命的意义和价值。

4. 和谐——个人、集体、社会的和谐

- 个人价值只有在集体中才能实现，集体只有顺应社会发展才能成长壮大，社会发展离不开个人和集体的贡献。
- 只有个人、集体、社会的和谐，才有共同的发展。
- 个人只有发扬集体合作精神，承担社会责任，才能成就健康人生。

（六）利益相关方及沟通体系

无限极公司的利益相关方及沟通体系见表2－15。

表2－15　无限极公司的利益相关方及沟通体系

利益相关方	责任定位	沟通方式与渠道
投资者	及时准确地披露经营状况和重大事项信息，提供合理投资回报	沟通会议
		企业社会责任报告
		通报
员工	保证员工实现其平等就业和择业的权力，获得劳动报酬的权力、休假权、劳动安全卫生保障权、社会保险福利保障权等法律权利，提供员工培训、发展的资源	满意度调查
		企业社会责任报告
		公告栏
		办公系统
顾客	提供高品质产品和优质服务，保障顾客监督权，获得有关知识权、安全权、公平交易权、知情权、自主选择权，保障客户求偿的权力等	服务热线
		企业社会责任报告
		网站
		满意度调查

续表

利益相关方	责任定位	沟通方式与渠道
政府与行业（包括竞争对手）	严守行业法规与政策，积极配合政府监管，以理性的态度开展竞争，共同营造健康、有序的竞争环境	拜访
		信息报送
		专题会议
		企业社会责任报告
		政策建议
伙伴	为业务人员提供“三平衡”的创业机会和事业保障，与供应商建立良好的合作关系，实现与伙伴共赢	服务热线
		月刊杂志、网站、网络信息平台
		满意度调查
		手机报、手机网
		沟通会议
		企业社会责任报告
		走访
社区与公众（包括媒体）	为当地居民提供就业机会，关注生产环境对居民的健康产生的影响，承担环境责任，推动全民健康，帮助社会弱势群体	志愿者服务
		企业社会责任报告
		沟通活动

四、2012年度企业社会责任实践

（一）品质责任

源于125年李锦记的优良品质基因，无限极严把质量关，认为品质是立业之本、经营之源、发展之基和长青之道，是企业最好的无形资产。

2012年，无限极继续推行“卓越供应链管理模式”，把产品安全贯穿到产品研发、原材料供应、生产制作、物流配送、市场反馈等整个供应环节，构建了科学严谨的整体供应链安全管理体系。注重产品质量的同时，无限极保持产品的创新，不断满足市场需求，共有53款产品被认定为“广东省高新技术产品”，连续第十年在中国食品安全年会上获得表彰。

1. 前瞻规划，制定品质策略

（1）制定质量策略五年规划

2012年9月19日~21日，李锦记健康产品集团召开质量策略研讨会，明确了2013~2017年公司质量策略发展的方向和质量管理的关键项目与重点项目。

公司三五计划，把品质保证作为关键项目，非常重视产品品质，几年来已取得很好的成绩。质量策略研讨会议的举行，前瞻思考未来质量的策略规划，最终实现策略引领、模式配合、体系确保、质量为基的品质保证体系。

（2）质量专家保驾护航

2012年11月24日上午，来自国家食品安全委员会等单位的多位专家共同出席了在广州举行的2012年无限极质量管理专家顾问委员会会议。专家们对无限极的全产业链质量管理理念和体系给予了高度评价和肯定，并鼓励公司总结提炼经验，扩大社会交流与合作，积极利用产业政策，持续提升企业影响力，做大做强。专家们也分享了质量管理的最新研究成果和发展趋势，提出了“零级预防”、“主动追求健康”等前沿理念。

无限极质量管理专家顾问委员会自2010年创建以来，已成功运作3年。邀请了行业、科研高校等多位专家顾问进行长期指导交流，并广泛开展项目合作，不断助力公司向专业化、国际化发展，实现了委员会的运作宗旨“创建平台、融汇智慧，为企业发展出谋划策，更好地履行企业社会责任”。专家们对企业管理提出了新思路、新观点，为质量安全指明了科学的方法和先进理念，为公司的品质保证注入了新活力。

2. 科研创新，成就品质优势

（1）顺利通过“国家高新技术企业”复审

2012年3月5日，广东省科学技术厅正式在网上公布，无限极（中国）顺利通过2011年广东省“国家高新技术企业”的复审。2008年，广东省共有1 436家企业通过高新技术企业认定，而通过复审的企业仅为1 108家。

2012年2月，无限极4款口服液被广东省科学技术厅认定为“2011年广东省高新技术产品”。至此，公司共有53款产品被认定为“广东省高新技术产品”。

多项认证是政府部门对公司科技创新、持续创新能力及管理水平的再一次肯定，彰显了公司自主研发的实力。

（2）产品检测中心被评定为国家认可实验室

2012 年 3 月 8 日，无限极（中国）产品检测中心正式被中国合格评定国家认可委员会（CNAS）评定为国家认可实验室。获得认可的检测范围包括中药材、食品及保健食品、日化产品 3 类共 25 项。

CNAS 是由国家认证认可监督管理委员会批准设立并授权的国家认可机构，统一负责对认证机构、实验室和检查机构等相关机构的认可工作。国家认可实验室在认可范围内出具的检测结果在国内和国际均具有独立性、可靠性和权威性，并具备国际互认资质，通行 61 个国家和地区。

（3）产品检测中心通过英国 FAPAS 水平能力测试

2012 年 10 月，无限极产品检测中心顺利通过了英国 FAPAS（英国分析实验能力验证公司）组织的重金属（铅、砷、汞、镉 4 项指标）水平能力测试。此次水平能力测试验证活动共有来自全球的 125 家实验室参加，其中有 54 家实验室通过以上 4 项重金属指标的水平测试。测试结果显示了无限极在食品安全领域相关方面的检测技术水平与欧盟检测水平相当，达到国际先进水平。

FAPAS 是目前全球最权威的实验室能力验证机构，从 2007 年开始与 CNAS（中国合格评定国家认可委员会）互认，已被全球食品链相关的分析实验室广泛采纳，与全球 100 多个国家的6 000多家实验室保持密切的联系，是食品分析领域全球第一的国际评价组织。

（4）公司科研项目获广东省科技计划立项

公司科研项目“海洋生物活性多肽高效制备关键技术与产业化示范”被列入第二批省战略性新兴产业核心技术攻关专项资金项目，获政府一次性无偿资助 800 万元用于项目的实施。“功能性食品配料与保健食品关键技术创新中心”获 2012 年省部产学研创新平台项目立项，获政府一次性无偿资助 100 万元用于项目的建设。

以上 2 个项目的评审，均经过严格的书面评审考察和竞争性选拔。获得广东省科技计划立项，是政府和专家学者对我公司强大的科研实力及持续创新能力的高度认可。公司将一如既往地推动健康食品行业不断提高技术水平，为消费者持续提供质量更高、功效更好的健康食品。

（5）无限极 Polysac™复合多糖研究成果发布

2012 年 5 月 7 日，无限极（中国）自主研发的专利技术全新 Polysac™复合多糖成果在广州举行全球首发会。

Polysac™复合多糖技术通过对不同种类的多糖进行科学的组合搭配，对调节人体免疫功能，扶助正气，改善不同体质人群的健康状况均有功效，是复合多糖研发领域的又一重大突破。

该技术已获得国家知识产权局的专利认证，成为国内首个获得专利保护的具有增强免疫力功能的复合多糖，同时该技术也申请了美国专利。基于该科研成果的产品“无限极元泰片”于2012年7月上市。

链接：

1994年，无限极（中国）与南方医科大学（原第一军医大学）合作推出了第一款复合多糖产品——无限极增健口服液。2007年，无限极先后与广州中医药大学、中国科学院上海药物研究所等国内权威机构展开多糖研究，独立拥有了复合多糖的自主核心知识产权，全面应用在含复合多糖的各类产品中。2009年，无限极开始了全新复合多糖技术的研究，并于2012年成功发布研究成果。

3. 硬件平台，保障品质建设

（1）无限极营口生产基地奠基

2012年7月27日，无限极营口生产基地奠基仪式在辽宁省营口市鲅鱼圈区隆重举行。作为公司北方布局的第二大生产基地，项目首阶段总投资15亿元人民币，初步规划占地面积将达到35万平方米（约500亩），主要用于生产中草药健康食品，预计于2014年底竣工。

营口生产基地全面投产后，5年内年产值将达到180亿元人民币，为当地提供超过1 000个就业岗位。基地将集生产、参观、会议于一体，可满足1 500人的大型会议和用餐，以及全年100万人次的参观需求。

企业的做大做强，将促进中草药行业实现更快更迅猛的发展，为繁荣地方经济、更好地满足人民群众对健康生活和健康人生的需求贡献力量。

（2）无限极新会生产基地三期工程竣工

2012年12月10日，“无限极新会生产基地三期工程竣工仪式”在新会生产基地隆重举行。新会生产基地三期工程投资超过1.5亿元人民币，历时18个月建成中草药多糖生产大楼，总建筑面积达到23 000平方米，主要用于满足公司核心专利技术——中草药复合多糖的生产。

4. 源头管理，共建卓越供应链

（1）全球供应链一体化项目正式启动

为加速信息的电子化，在供应链各部门和资讯科技部的共同努力下，全球供应链一体化项目于 2012 年 6 月 18 日正式启动，该项目完成后，公司整个供应链的所有关键业务（例如，生产计划、原材料管理、质量管理、成本核算等）都将获得系统支持。

（2）召开无限极中草药种植管理座谈会

2012 年 5 月 20 日，无限极（中国）在北京成功举办无限极中草药种植管理座谈会。中国中药协会中药材养殖种植委员会王卫权理事长，北京中医药大学王文全教授，中国医学科学院药用植物研究所、国家食品药品监督管理局 GAP 认证首席专家张本刚教授等专家教授和部分中草药供应商应邀参会。

座谈会上，专家们就中草药健康产品的质量安全控制、种植管理的现状与未来发展趋势、中草药供应合作方式以及国家对于中草药产业政策等方面进行了深入探讨。座谈会的召开，丰富了公司对种植模式的认识，通过优势互补，实现效益最大化，也体现公司对企业社会责任的具体践行。

（3）第二届无限极中草药种植管理论坛召开及无限极中草药产业发展专家顾问委员会成立

2012 年 7 月 5 日，继 2011 年首次举办“无限极中草药种植管理论坛”后，第二届“无限极中草药种植管理论坛”在浙江龙泉举行。近百位政府领导、行业专家以及中草药供应商出席活动并到实施基地进行了实地调研。

2012 年 7 月 6 日，无限极中草药产业发展专家顾问委员会正式成立。专家成员来自中国中药协会中药材养殖种植委员会、农业部规划设计研究院、北京中医药大学、中国医学科学院和中国农业大学等多家国内专业机构。专家顾问委员会的成立和战略合作伙伴的签约合作，进一步丰富了“无限极中草药种植管理模式”，提升了模式整体的专业性与有效性。

链接：

2011 年，无限极与中国农业大学和农业部规则设计研究院成立项目组，通过对原材料品种、产地等的充分调研，剖析中草药产业链的薄弱环节，前瞻性地提出了“中草药种植管理模式”，从源头保障了原材料的安全性和高品质。

龙泉科达灵芝种植管理模式实施基地的农户汪伯说："以前我们都是一家一户种植，有时彼此之间会相互竞争。但现在，我们好几户人一起合作，并且有了无限极与供应商在资金和技术上的支持，灌溉实施比起我们单独种植时更先进了，种植出来的灵芝也比以前更好了。"

5. 社会热点，时刻敲响品质警钟

（1）质量圆桌会议

2012 年 5 月 15 日 ~16 日，质量文化小组在广州、新会两地举办了质量圆桌会议，针对当时热议的"毒胶囊事件"，来自供应链各部门近 50 位同事畅谈质量话题，共同感悟无限极的质量观。

（2）唱响质量好声音

为了加强质量建设，2012 年 12 月 7 日，"质量好声音"活动唱响 2012 年第七届供应链知识竞赛总决赛和 20 周年迷你嘉年华现场，用通俗易懂的方式，普及质量的重要性。

6. 社会认可

（1）中国侨界贡献奖（创新团队奖）

2012 年 8 月 10 日，在第四届新侨创新成果交流会上，中国侨联授予无限极（中国）有限公司"中国侨界贡献奖（创新团队奖）"，以表彰无限极作为新侨归国创业的代表企业在科技上的创新成果和对社会经济建设上的卓越贡献。

（2）中国食品安全百家示范单位

2012 年 11 月 17 日，由国务院食品安全委员会办公室、国家卫生部、国家发改委共同支持，农业部、工信部、国家工商总局、国家质检总局、国家食品药品监督管理局、中国食品工业协会联合主办的第十届中国食品安全年会在人民大会堂隆重举行。会上，无限极（中国）有限公司被授予"中国食品安全百家示范单位"称号，这是公司连续第十年在中国食品安全年会上获得表彰。

品质责任解析

严把品质责任关，不仅仅是维护消费者的合法权益，更是对消费者生命的敬重，也是促进企业持续发展的有力保障。

（二）健康责任

健康是人类追求梦想、创造财富、享受生活的基础条件，是人生最重要的先决条件，是无限极履行社会责任中独具特色的亮点。

2012年，无限极继续发挥企业优势，编著科普书籍，普及大众的健康知识；助力专业院校，积极举办学界论坛等推动健康产业的发展；不断透过健康的公益活动，帮助人们树立起健康的生活方式；坚持研发高品质的健康产品，满足人们的健康需求。

1. 无限极的健康理念

无限极汲取中华千年养生文化的精髓，将无限极的健康理念——“养生固本，健康人生”进行了充实和完善，用“三调养、四合理”的健康要素，引导大家建立“三平衡、三富足、三和谐”的生活方式（见图2－18）。

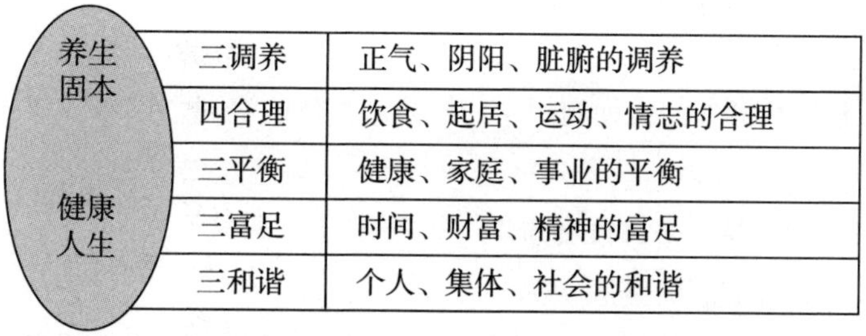

养生固本 健康人生		
	三调养	正气、阴阳、脏腑的调养
	四合理	饮食、起居、运动、情志的合理
	三平衡	健康、家庭、事业的平衡
	三富足	时间、财富、精神的富足
	三和谐	个人、集体、社会的和谐

图2－18　无限极的健康理念

2. 编著书籍，普及健康知识

（1）发布健康理念新书《养生固本　健康人生》

2012年1月6日，山东中医药大学名誉校长、中华中医药学会副会长及首席健康科普专家、山东中西医结合学会会长王新陆教授所编著的《养生固本　健康人生》在无限极（中国）领导人年会上隆重发布，自1月18日起公开发售。

该书以对话的方式深入浅出地对“养生固本，健康人生”的独特健康理念进行了深入的阐述和系统呈现，把无限极的健康理念与现实生活联系在一起，更好地普及了养生知识，成为一本畅销的健康知识普及读物。

（2）《解密多糖　健康人生》（第二版）出版上市及无限极多糖文集发表

2012年4月，由广州中医药大学教授、无限极中草药免疫研究中心首席研究员周联编写，上海科技出版社公开发行的多糖科普书籍《解密多糖　健康人生》（第二版）正式上市。

无限极在《现代食品科技》2012年第五期发表了多糖论文集专栏，发行对象主要为业内的专业人士。

多糖是公司的核心优势之一，无限极在该领域一直坚持并始终保持着行业领先水平。无限极多糖论文的发布推动了行业的发展，多糖科普书籍的再版普及了多糖技术在大众健康方面的知识。

（3）主持编写《东北道地药材——五味子》

2012年7月，由无限极支持编写的第一本专业科普书籍《东北道地药材——五味子》正式出版，并在全国各大新华书店发售。

本书集合了两个专家科研团队和无限极研发中心几十年的科研成果和研发经验，由沈阳药科大学中药学院院长殷军、香港科技大学教授及香港传统中药研究中心首席研究员高锦明、无限极（中国）合力打造。书中对五味子的栽培、鉴别、功能和应用等方面进行了专业且深入的剖析，逻辑清晰，既为产品开发人员提供了较完整的参考书，也为利用中药材补益身体的普通消费者提供了一部科普书籍。

3. 开展活动，提高全民健康意识

（1）关注女性记者的健康状况

2012年3月16日，无限极（中国）汕头分公司邀请专家教授在汕头特区报社向汕头女记者协会的女性记者讲述了“女记者职业特点与健康养护”的健康知识，传播健康理念。

（2）无限极（台湾）举办“防癌养生讲座”

2012年9月27日，无限极（台湾）在新竹科学园区举办了“防癌养生讲座”，帮助大家普及养生知识，关注健康。

（3）无限极2012世界行走日（中国）

2010年，无限极作为独家合作伙伴，在国家体育总局、各地政府和体育局的大力支持下首次将世界行走日引入中国，投入数千万元人民币，成功举办了“无限极世界行走日（中国）活动”。

2012年，无限极世界行走日活动规模扩大至20个城市。每一站都有超过6 000的市民参与，行走日活动加入“健康嘉年华”环节，通过健身操、健康养生专家讲座、互动问答、乐趣游戏等节目让参与的群众了解科学健身的方法，正确认识和体验“行走”对健康的益处。活动现场还设有“能量站、互动区、合照区”以及“健康邮局”，参与者除了能够和亲人朋友一起摄影拍照，留住美好瞬间，还可以将行走套装里的明信片，投到沿途设立的多个“健康邮局”，寄给远方的亲朋好友，用行动传递健康、传递爱。

2012年6月，无限极推出行走日活动主题曲《相信自己无限极》。特邀香港知名作曲人庄冬昕作曲，香港知名填词人陈少琪填词，香港著名歌手陈奕迅演唱。选用流行的音乐风格，节奏轻快，非常契合快步行走的节拍，且朗朗上口，适合在大众群体内传唱，用生动且容易打动人的方式将健康行走理念传递给广大民众。

同时，在上海站举办的活动中创下了“最多人同时倒走”的吉尼斯世界纪录。无限极通过“千人倒走”活动，不仅创造了一项具有健康意义的吉尼斯世界纪录，而且透过不同的行走方式增添了行走的乐趣，强化了健康的生活方式，诠释了健康的生活态度，践行了弘扬中华优秀养生文化的使命。

2012年无限极世界行走日活动共历时9个月，参与人数近30万，行走里程累积近150万公里，全国超过300多家平面、电视、网络媒体对活动进行了深入报道，影响人数超过1.5亿。自2010年起连续三年累积举办38场次活动，超过50万市民参与，吸引全国近千家媒体对活动进行了报道和关注。无限极通过活动旨在传递一个行走养生的理念。

4. 以身作则，积极推动健康产业的发展

（1）南方医科大学“思利及人阅览室”揭幕

2011年，无限极怀着感恩和奉献的心，在南方医科大学60周年之际捐款100万元人民币用于学校图书馆阅览室的建设，同时赠送183本《思利及人的力量》。2012年4月，“思利及人阅览室”建成并揭幕，无限极还赠送《养生固本　健康人生》等养生普及书籍。“思利及人阅览室”将中华文化核心价值带入大学校园，为支持高校培养更多健康产业专业人才作出贡献。

（2）香港医务行政学院代表团到访无限极生产基地

2012年4月28日，来自香港医院管理局总办事处、香港圣约翰救护机构、明爱医院等多个医疗机构的香港医务行政学院代表团一行26人到访无限极新会生产基地。

（3）与广东卫视大型健康互动节目深度合作

2012年6月19日，无限极与广东卫视大型健康互动节目《健康来了》深度合作启动仪式在广州无限极中心举行。

无限极与《健康来了》合作了12期节目，通过双方深入合作，帮助更多的观众了解生活中的健康常识，树立健康的生活方式。

（4）无限极（香港）参展“第十一届国际现代化中医药及健康产品展览会暨会议”

2012年8月16日~18日，由香港贸易发展局（香港贸易局）及现代化中医药国际协会合办的“第十一届国际现代化中医药及健康产品展览会暨会议（简称‘ICMCM’）”在香港会议展览中心举行。这是无限极（香港）自2009年后第四次参展，一共展示了23种来自健康食品系列、萃雅护肤品系列、植雅个人护理系列和帮得佳家居用品系列的产品，并在展位上设立了中医保健及美容讲座，由中医师及美容师分享保健和美颜之道。

香港《大公报》特别刊登了李锦记健康产品集团高级副总裁杨国晋先生署名的文章——《把握机遇　发展中医药》。

（5）协办“治未病——养生高峰论坛”

2012年8月16日，无限极与现代化中医药国际协会共同协办的“治未病——养生高峰论坛”在香港举行。国家中医药管理局副局长李大宁、美国哈佛大学医学院戴维·艾森伯格（David Eisenberg）博士、中国工程院院士及天津中医药大学校长张伯礼院士、香港中医药研究中心首席研究员及香港科技大学教授高锦明、广东省中医院副院长杨志敏、卢传坚教授等众多国内外知名医学界专家共同出席了论坛，围绕“治未病”中医养生理念进行成果展示和学术研讨。

（6）五味子学术研讨会成功举行

2012年11月17日，由香港传统中药研究中心主办，香港科技大学生命科学部合办的“五味子的过去、现在和未来”学术研讨会在香港科技大学成功举行。

主办方香港传统中药研究中心是由李锦记健康产品集团与香港科技大学于1996年5月合作成立的，致力推动补益中药的研究，并以科学方法证明中草药的效用及评定产品品质标准。多年来，该研究中心在传统中草药研究领域取得不少成果，尤其在核心工作“五味子研究”方面，已在国际杂志上发表近60篇论文。

无限极协办的此次研讨会为专家共同探讨五味子的发展提供了一个专业平台。

5. 关注健康需求，提供丰富产品

（1）享优乐7芯级净水器闪耀上市

2012年5月，无限极养生用品系列首款产品——享优乐7芯级净水器闪耀上市。该产品以全球先进水科技融汇中华养生智慧，获得4项国家专利，将健康活水带入每一个追寻主动健康的家庭。

（2）全新Polysac™复合多糖产品无限极元泰片上市

2012年7月26日，全新Polysac™复合多糖产品无限极元泰片上市，这是无限极Polysac™复合多糖研究成果全球首发后面世的首款应用该成果的复合多糖产品。

无限极元泰片是科研人员花费近6年时间，在近千种药食同源的原料中筛选了5种多糖原料，并配以黄芪精制而成。它是全球首个申请中美双专利的复合多糖产品；是首个应用GPC－指纹图谱多糖质控技术的复合多糖产品；是联合无限极中草药多糖联合实验室、无限极中草药免疫研究中心和无限极科学顾问委员会三大科研平台共同打造的全新复合多糖产品；是经过大样本人体功效验证的免疫调节类保健品。

健康责任解析

关注社会健康，提升人们生命质量，既有改善社会热点问题的公益内涵，也具有普济天下的慈善意义。

（三）员工责任

优秀的业绩来自于优质的顾客，优质的顾客来自于优秀的员工。作为企业的重要财富，员工搭建起企业与消费者之间的桥梁，是保障企业可持续发展的重要力量。

2012年，无限极将帮助员工实现“健康人生”作为重点工作，推出人性化举措，通过创新的形式开展了丰富多彩的系列活动，给予员工及员工家人无微不至的关爱，促进员工健康、家庭与事业的平衡。

1. 人力资源管理基础数据

多年来，随着公司规模的增长，员工总数稳步增加，并保持着较高的稳定性。截至2012年12月31日，李锦记健康产品集团在中国内地的员工总数为2 708人，比2011年增长8.1%；同期女性员工占员工总数的53.0%；员工离职率（不含工人）10.3%；累计晋升人数271人，占员工总数的10.0%，较上一年增长了19.3%；累计投入培训31 670小时，较上一年增长了79.0%。

公司关注员工的感受，搭建多个双向沟通的平台。公司每年度进行员工满意度调查，通过28项调查维度考核公司各方面的指标变化，搜集员工意见，进行优缺点原因分析，制定改善计划，逐年完善。2012年，为全面了解员工“健康人生”状态情况及对社会责任的理解与支持程度，特在员工满意度调查中增设了相关的调查指标。

公司特别为员工设立了“长期服务奖”，为工作年满5年、10年、15年的员工给予荣誉纪念杯及旅游奖励。2012年，集团在中国大陆新增员工483人，有49位同事获得了“长期服务奖”。

2. 关爱员工，帮助员工实现“健康人生”

2012年，无限极通过“员工健康人生”落实平台开展一系列简单易行、参与性高的活动，关注员工身心健康和家庭融合，帮助他们实现“健康人生”，同时提升员工的责任感。

（1）康乐会

康乐会由员工选举产生，是带动员工实现“健康人生”的加速器。在公司丰富资源与强大平台的支持下，康乐会集统筹、规划、推进与落实为一体，通过开展丰富多彩的康乐活动，鼓励员工努力实现健康、家庭与事业的平衡。

（2）搭建OA员工健康人生平台

在OA办公系统中建立“员工健康人生”分享平台，传播健康、家庭、事业三平衡的知识与心得，促进员工之间的沟通分享，营造氛围。

（3）丰富多彩的康乐活动

康乐会包括无限极中心、研发中心、客服中心、新会生产中心、各地分公司康乐会分会，为员工提供丰富多彩的活动（见表2-16）。

表2-16　无限极公司丰富多彩的康乐活动

活动组别	活动类型	活动内容
日常活动	康乐沙龙	养生分享、读书分享、压力管理、育儿分享
	运动类	篮球
		足球
		羽毛球
		游泳
		乒乓球

续表

活动组别	活动类型	活动内容
日常活动	健身类	瑜伽
		太极
		健美操
	休闲类	远足
		登山
		钓鱼
	益智类	棋牌
	音乐类	乐器班
		卡拉OK大赛
	节日欢庆活动	中秋节、圣诞节、元旦、春节的联欢活动
三平衡活动	健康	午间弹性小息
		办公室健康操
		“远离烟的毒害”主题活动
		推送二十四节气养生小常识
		赠送健康书籍《养生固本　健康人生》
		羽毛球比赛
	家庭	家庭同乐日
		“和紫外线捉迷藏”亲子活动
		亲子工作坊
		三平衡主题讲座
		向员工家属派发企业社会责任报告
公益活动	爱我就抱抱我	探访福利院孤儿
	慈善万人行	参加新会区慈善公益万人行活动
	关怀李文达中学	教师节与李文达中学联谊活动
	城市美容师	花城广场义务宣传垃圾分类知识
	植树节	组织植树活动
	献血	员工与家人自愿参与公司献血活动
	电池回收	设立废旧电池回收箱
	创意节水点子征集	征集员工日常的节水好点子
	地球一小时	持续支持地球一小时活动
	各部门公益活动	各部门自发组织的各种公益活动

（4）派发企业社会责任报告

2011、2012年连续两年向每一位员工及员工家属赠送企业社会责任报告，并附上部门总监签名的《感谢信》。通过与员工及其家属共同阅读、共同分享，让员工及其家属了解公司所做事件背后的意义，催化报告的化学反应，提升责任意识，增强对工作的荣誉感，提高敬业度，也让员工家人更理解、更放心。

（5）“远离烟的毒害”主题活动

中国烟民超过3亿，有7亿人因为烟民的喜好而被动吸烟。吸烟已成为严重危害健康、降低人们生活质量的紧迫问题。无限极作为一家以“弘扬中华优秀养生文化”为使命的企业，2012年5月起，面向员工开展“远离烟的毒害”系列主题活动，旨在宣传和倡导“远离烟的毒害”理念；号召全体员工从不主动递烟、不在人前抽烟、不许他人取烟、不在公共场合吸烟开始，到少抽烟，最后不抽烟；引发员工对烟的毒害的正视和思考，鼓励员工了解并远离烟的毒害。此次活动代表了公司的健康养生态度和基本立场，是公司带动员工一起践行“健康人生”的一个具体实践。

2012年5月1日起公司发布倡导公告，通过论坛对活动进行持续的宣传，包括：在OA系统平台首页开设“远离烟的毒害”提醒栏目，倡导大家维护无烟环境；制作“远离烟的毒害”标识，张贴在公司办公区、楼梯间，引起员工们的关注；在员工健康人生论坛发布“远离烟的毒害”相关文章、最新报道，分享戒烟方法等信息，为员工营造起“远离烟的毒害”的氛围。

2012年6月18日~29日，公司面向员工进行了关于吸烟的网上调研，采用不记名的方式将全体员工分成一天两包或以上、一天一包、一天几支或半包以下、完全不吸烟四类群体进行调研，使调研结果更具针对性，全面了解员工的吸烟习惯及对吸烟的看法。此次调研共收到员工对活动的感受、收获、建议等感言535条。

2012年9月，公司启动“远离烟的毒害”有奖征文活动，鼓励员工亲身分享有关远离烟的毒害的经历、心得和方法，推动员工成为传播健康的使者；为需要戒烟的员工提供身边成功的戒烟经验，为他们带来动力和信心，让健康的观念、生活方式在员工心中产生共鸣，形成氛围，推动员工健康人生的实现。经过组委会对投稿进行初选后，有12篇征文进入投票环节，通过评审委员会和全体员工的投票，分别评出优胜者一、二、三等奖征文，其中一等奖1名、二等奖2名、三等奖3名。活动在员工论坛的互动总点击量3 577次，跟帖讨论389人次，并于12月27日举行了征文大赛的颁奖礼。

（6）推广弹性小息与办公室健康操

关注员工在工作中的精神状态，公司在2012年特别制定人性化举措。员工可在13：00～15：00之间进行15分钟的休息，劳逸结合，以充沛的精神状态进行工作。

同时推出办公室健康操，以解除员工出现颈部、手部等的疲劳，避免职业病劳损。办公室健康操的动作来源于练功十八法，它是庄元明医师师承我国著名中医骨伤科专家王子平先生“却病延年二十势”的经验，通过发掘、整理古代“导引术”、“吐纳功”、“按摩术”等传统的祖国医学体育，针对慢性病的病因、病理特征，糅合的推拿方法而设计的一种简便易行且功效较好的锻炼方法，对防治颈、肩、腰、腿病以及某些慢性疾病具有明显作用。

（7）推送二十四节气养生小常识

利用公司的优势，向全体员工定期发送二十四节气养生小常识，提醒员工不同的气候有不同的养生方式及注意事项，潜移默化地向员工传播健康、养生知识。

（8）员工家庭同乐日

2012年7月14日，以“廿载真情永不变　家庭同乐创新篇”为主题的无限极20周年员工家庭同乐嘉年华在无限极新会生产基地举行。新会生产基地与无限极中心（含研发中心、客服中心）约600个家庭、1 400名员工及其家属参与活动，是历届参与人数最多的一次。

公司一直积极推行“健康、家庭、事业”的三平衡，认为健康是生命的支柱，家庭是生命的归宿，事业是生命的价值，都是健康人生的必要因素，这也是公司多年连续举办此项活动的动力所在。

（9）举办“和紫外线捉迷藏”活动

2012年8月24日，无限极（中国）与巴斯夫（中国）有限公司在无限极中心合作举办“和紫外线捉迷藏”活动，介绍关于紫外线的危害和防晒的重要性，并指导16位员工小孩亲手制作防晒霜，40多位公司员工及家属参加了活动。

看到孩子们享受探寻生活奥秘的快乐，在场的员工或家属都感受到企业的一份关爱，也让合作伙伴感受到无限极关于“三平衡”理念的意义。

（10）举办无限极亲子工作坊

2012 年 9 月 15 日，“和孩子有一个约会——无限极亲子工作坊”活动在无限极中心举行。广州市团校青少年危机干预中心心理督导、著名亲子教育专家与家长们一起轻轻敲开孩子心灵王国的大门，让家长们在情感上和孩子有更深的交流，掌握沟通技巧，悄无声息地消除与孩子之间的隔膜。

对于大多数父母来说，孩子只有一个，而父母是否采用好的方式决定了孩子的一生，也影响了员工自身的健康、家庭、事业的“三平衡”关系。无限极亲子工作坊既为员工与孩子间的沟通搭建了一座桥梁，又为员工当好父母提供了专业的指导，充分体现出公司对员工的关注和用心。

（11）“三平衡杯”第二届无限极羽毛球赛

2012 年 10 月 20 日，“三平衡杯”第二届无限极羽毛球赛在广州体育馆顺利降下帷幕。本届比赛共有 129 名选手参加，经过一天的激烈角逐，决出冠、亚、季军。

一年一届的羽毛球比赛，让员工在切磋球技的同时，又能增进彼此之间的默契与感情，同时让员工、家属在欢乐中践行“三平衡”理念。

（12）赠送员工《养生固本　健康人生》

2012 年 12 月，公司向每一位员工赠送了《养生固本　健康人生》，旨在让员工对养生文化有更深入的了解，透过对养生知识的掌握，潜移默化地在日常生活的点点滴滴中形成养生的习惯，拥有健康的状态。

（13）举行三平衡主题讲座

2012 年 12 月 31 日，公司在无限极中心举行了“平衡让幸福无限极”为主题的三平衡主题讲座活动。本次讲座由企业传讯部总监麦兴桥先生担任主讲，通过平衡生活主题问答、视频资料分享、互动交流三部分内容，与大家一起探讨平衡的艺术。员工们踊跃分享自己对平衡生活的所思所想，一起揭开平衡的面纱，了解平衡的本质，体会平衡的意义，让员工跟随主讲人的引导，收获对健康、家庭、事业三平衡生活的启发。

3. 落实企业文化，产生内心的共鸣

无限极秉承“思利及人”的核心价值观，推行“自动波领导模式”，发挥“永远创业”的精神，致力于通过企业文化的落实为员工营造诚信、乐观、爽活、超越、温暖的工作氛围。

2012年，无限极（中国）以“激励”为年度主题，通过持续落实企业文化知识宣导与学习，持续推动营造高信、激励的团队氛围和开展企业文化书籍阅读分享，保证“永远创业”精神在员工中的全面推广和落实。

组织员工学习与研讨“永远创业”精神正本。借助2012年年会，开展“永远创业”精神正本宣导活动；围绕“永远创业”精神，研讨如何落实“强化再生”的业务策略；借助上半年员工团建，开展“永远创业”精神正本学习。

在2012年中国区员工年会上进行了年度表彰，5大类奖项、9类子奖项，共计72个获奖团队、10位年度人物。通过年会表彰平台，不仅对工作表现优秀的团队和员工给予表彰和认可，更鼓舞了全体员工的工作热情。

此外，在日常工作中还通过“日常表彰激励积分换礼品”活动、企业文化认可卡等多种方式，持续营造激励氛围。“日常表彰激励积分换礼品”活动，制作了5类企业文化礼品，共745人参加了活动。对企业文化认可卡进行了优化，卡片背面增加了激励的名言，激励效果更给力，中国区累计使用了约13 000张认可卡。

借助新员工培训，持续开展“思利及人”与“自动波领导模式”的理论学习。组织全体员工开展以“我和无限极的读书故事”为主题的读书分享活动。

4. 用心培养，与公司共成长

（1）特色培训

公司在安排外训课程的同时，致力于通过内部专业团队开发各种适用课程，分层级、分功能、分区域地组织员工参加各类培训，并不断开发新课程，形成了完整的培训体系。

- **新员工培训**

无限极为新进员工提供为期3天的新员工培训，培训内容涵盖企业文化、内部制度、行业知识、健康理念、产品知识等重要内容，并特别安排拓展活动和参观无限极中心、服务中心、新会生产基地的环节，帮助新员工直观感受企业特色、感受企业文化元素、全面了解专业知识、快速融入公司氛围。2012年，健康产品集团、中国区、供应链人才资源部共为483位新进员工进行了新员工培训。

- **《服务能力提升》课程**

为落实“永远创业”精神与“强化再生”业务策略，无限极（中国）推出《服务能力提升》课程。课程以公司“服务六字方针”、“十要十不要”为基础，从服务意识、服务素养、服务技能三方面全面提升员工的服务能力。

对全国分公司采取“内训师工作坊 + 内训师两两组合授课 + 员工学习后的日常运用与分享”的方式，通过“学、做、教”推动分公司员工的发展。2012 年，公司共举行 2 天工作坊，产生了 10 位内训师，举办了 4 场区域培训和 5 场总部培训，有 400 多位同事参与培训。

- **分职能课件开发项目**

为贴合公司员工的实际，配合培训效果，2012 年无限极（中国）启动了分职能课件开发项目，以搭建五大职能专业课程体系，提升各职能专业水平，完善员工人才发展规划。该项目由人才资源部统筹，各部门分头进行，有 5 个团队 42 位核心成员投入课程的开发；该项目进行了 181 人次调研访谈，抽取 4 间分公司进行了走访，召开了 30 次专题研讨会议。自项目启动起 6 个月内共开发了 26 门核心课程。

- **“悦读会”**

为践行“学、做、教”的企业文化，搭建员工的阅读学习落实平台，无限极（中国）在各部门、分公司设立“悦读会”，为员工成长营造了良好的学习氛围。

- **20 年 20 本好书**

在无限极 20 周年之际，无限极（中国）通过推荐征集选出无限极 20 年发展历程中具有特殊意义的 20 本书，推荐全体员工共同阅读，通过这 20 本书体会无限极 20 年文化积淀与发展的过程，从而提高员工对公司“历史”的感悟。

（2）发布《无限极 20 周年——员工纪念册》

借无限极成立 20 周年之际，回顾无限极过往的经典时刻及珍贵记忆，将 20 年来的美好和感动永远留存，集团人才资源部开展了《无限极 20 周年——员工纪念册》内容征集活动。以“那些年，我们一起走过的日子”为主题，向全体同事征集 20 年来能够见证与无限极共同成长的精彩照片、视频、文章、物品等材料，并将这些美好的共同回忆编辑成册，派发给每一位员工。不仅表达了对员工的付出和贡献的感谢之情，还能够激发员工再接再厉的心理效应。

（3）感动无限极 20 周年人物

回顾无限极 20 年的发展历程，离不开每一位员工的贡献，他们的贡献是无限极前行的力量，是集体的骄傲。为感谢员工的付出，表彰优秀员工代表，公司在 2012 年推出了“感动无限极 20 周年特别人物表彰”评选活动。历时 3 个多月，通过部门推荐、全体员工票选的环节，最终选出了员工心中的20位“感动无限极20周年特别人物”（见表2－17），期间评选小组收到了来自多方的共计2 100张有效选票。

表2－17　感动无限极20周年特别人物

姓　名	部　门	职　级
于云章	业务部	高级主任
王建华	生产中心	工人
王友亮	生产中心	工人
王有兵	生产中心	工人
龙炳光	集团人才资源部	主任
叶凌云	业务部	顾问
匡湘西	外事部	经理
刘东梅	业务部	高级主任
刘飞	生产中心	工人
刘慧珊	集团人才资源部	副经理
李德灵	质量部	高级经理
李书伟	生产中心	工人
麦兴桥	企业传讯部	总监
陈海华	资讯科技部	主任
陈婕	拓展部	主任
陈蔚	业务部	副经理
何建辉	生产中心	工人
赵永达	生产中心	高级主任
原凯雯	营运部	高级职员
黄玉娟	董事长办公室	总监

公司用多种形式肯定员工的表现，认可员工价值，让员工享受成长的爽活。

5. 优化与改进，让工作更加便捷

（1）办公系统新功能上线

2012年1月，IT服务平台开辟了IT任务申请单电子化的平台，员工通过该平台提交IT相关的任务申请，实时了解任务进度以及历史任务清单回顾。

2012年4月、5月，升级后的OA办公系统先后推出了“分公司工作时钟管理系统”与行政服务功能，有效提高了工作效率，让员工的工作流程更便捷。

（2）OA办公系统增值规划会议成功召开

为了进一步提升公司OA办公系统的应用水平，提高企业的管理效率，资讯科技部于2012年11月10日组织召开了“OA办公系统增值规划会议”。会议邀请了行业内顶级专家、教授、电子政务官员和OA办公系统成功案例的公司代表，以及公司内各部门代表一同参与，深入探讨、发掘OA办公系统的应用推广价值，为之后行动计划的制订打下了坚实的基础。

员工责任解析

帮助员工收获“健康人生”，能实现其个人人生价值，满足公司发展需求，更能帮助消费者收获满意的服务。

（四）伙伴责任

无论是行政员工，还是业务伙伴或供应商，都是支撑企业持续发展的力量。

2012年，无限极通过普及与执行业务规则，维护市场的有序发展，保障伙伴的长久利益；通过搭建各种平台，开展各类型培训活动，促进伙伴相互学习，不断成长；通过加强硬件设施建设，让伙伴享受更全面、专业、便捷的服务；通过举办多项激励活动，给予伙伴追逐梦想的力量。业务伙伴满意度调查保持在88分以上。

1. 规范市场，有序经营

规范并维护业务市场的秩序才能保障伙伴的长久利益。2012年，无限极持续加强业务规则方面的教育与执行，先后在全国开展规则培训464场，接受规则教育人数达到35 108人；同时，处理违规事件420起，违规人员2 448人，确保了有序经营，促进了直销行业的可持续发展。

在业务规则的普及上，无限极采取了多平台传播的方式，通过培训活动、规则手册、宣传动画以及网络等平台，让各合作伙伴更方便地了解业务规则，从而共同打造一个健康有序的市场环境。

（1）派发《业务规则（2012版）》

2012年，无限极免费派发《业务规则（2012版）》590 890册。

（2）制定《业务人员须知》

2012年4月，无限极《业务人员须知》隆重出版上市，其中包含服务指南、行为规范两部分内容，体现了无限极对规范经营的态度与主张，表达了无限极严格自律，树立行业典范，推动行业健康和谐发展的决心。

服务指南提供了基础服务的指引、简明扼要的流程、贴心的温馨提示，帮助业务人员更轻松便捷地迈出业务发展的第一步。行为规范包含《规范经营三字经》、《业务人员守则》两部分，对业务人员的规范经营提出了明确要求。

（3）推出最新三部业务规则宣传动画

继2011年10月推出《违规行为之夸大宣传》、《违规行为之降价销售》、《违规行为之经营其他》三部规则教育宣传动画后，2012年7月公司又推出了《违规行为之重复申请》、《违规行为之报单不实》、《违规行为之私设经销点》三部宣传动画。动画选取部分业务市场中常见的多发案例作为题材，对实际推广业务过程中背离规则的行为进行剖析，采用新颖、生动、易于理解的形式，拉近了我们与规则的距离。

（4）开通无限极网站"规则伴你行"栏目

2012年10月，无限极在其官方网站上开设"规则伴你行"专栏。栏目包括方圆镜、三字经、最新动态、《业务规则》及宣传动画5个子栏目，让伙伴能更及时、方便地获取业务规则方面的信息，为建设务实诚信、和谐共赢的市场环境起到非常重要的作用。

2. 多元培训，不断成长

（1）注重领导力的培养

- **卓越领导力培训四度落户清华园**

2012年11月18日～23日，无限极第四次携手清华大学举办卓越领导力培训，中国区行政总监们与来自全国各地的业务总监级及以上伙伴齐聚北京清华园。

"清华大学·无限极（中国）卓越领导力研修班"是公司与清华大学强强联手为业务总监级及以上的伙伴量身打造的培训课堂，旨在提升业务总监级及以上领导人的综合素质，强化领导力。

- **成立无限极大学，定位领导力发展**

2012年1月4日，无限极大学在广东新会正式成立。

无限极“三五计划”的“五大发展”将“业务队伍”放在第一位，明确提出“深化教育培训，实现业务队伍素质与能力的跨越发展”。打造无限极大学这一培养人才的平台，是落实业务队伍发展的重要行动。（无限极大学网站：iu. infinitus. com. cn）

- **两大活动平台，传播健康和美丽**

2012 年，无限极（中国）在全国各地持续开设各类型技能课堂，以帮助业务伙伴提高产品专业知识与销售技能。

（2）养生文化进万家全国巡讲活动

为推动中医药发展，传播中医药养生文化，由中华中医药学会与无限极（中国）强强联合，共同举办的“养生文化进万家专家全国巡讲活动”在 2012 年共举办 522 场，向超过 30 万人传播了中医药养生文化知识。活动聘请权威专家作为主讲专家，让广大群众了解中医药、信任中医药、感受中医药，同时让群众学会简单有效的养生保健方法，提高了群众的健康水平与生活质量。

（3）“美丽有约”全国大型巡回活动

2012 年“美丽有约”全国大型巡回活动在全国各地共举办 594 场，参加人数逾 21 万人次。“美丽有约”为市场带来一堂堂精彩纷呈的视觉听觉盛宴。活动通过观念导入、产品知识讲解、美容手法示范、产品体验等一系列精心准备的环节，让参与者在最短的时间里学习美丽方法、感受美丽的魅力、培养美丽的习惯。教导大家如何让自己变得更加的美丽、提升自身的信心、创造美好的未来!

3. 深化服务，力创双赢

（1）3 亿元打造无限极全球业务支持系统

2012 年，公司投入总额超过人民币 3 亿元打造无限极全球业务支持系统（Global Business Support System，简称 GBSS）。系统将支持新业务模式创新、物流、多工厂协同生产、在线教育及拓展等方面发展的需求。

通过引入全球财富 500 强实践验证过的国际管理软件以及先进管理思想和方法，该系统将提高公司 IT 系统的容量和响应速度，为公司员工及业务队伍拓展市场提供强大的软件支持与保障，为“三五计划”的顺利实施提供支持和保障。

（2）Infinitus 基础开发平台获国家版权局计算机软件著作权证书

2012 年 8 月 6 日，由公司独立开发的 Infinitus 基础开发平台，成功获得国家版权局颁发的《计算机软件著作权登记证书》（软著登字第 0439305 号），表明无限极（中国）有限公司已正式获得 Infinitus 基础开发平台的全部权利。

该系统的全部知识产权归无限极（中国）有限公司所有，受国家法律保护，是企业创新意识和创新能力的又一有力佐证。

（3）无限极 e 帆网成功上线

为满足业务伙伴便捷、高效开拓市场的需要，新交易模式——e 帆网于 2012 年 8 月 2 日正式上线。e 帆网的核心功能是让顾客、业务人员可以直接登录完成购货、推荐、各类信息查询以及自主选择物流服务，实现购货即报单。全新打造的 e 帆网为公司的事业发展注入了强大的推动力。

（4）无限极（中国）教育网正式上线

2012 年 9 月 14 日，无限极（中国）教育网正式面向业务人员开通运行。教育网是无限极大学的重要组成部分，目的在于为业务人员打造一个量身定做的个性化学习网站。它以职级培训课程和产品培训课程为主，辅以活动信息、业务拓展、资料中心等功能，让业务员及时获取信息、提升技能，获取公司系统化的支持。无限极（中国）教育网自 2012 年 9 月开始逐级开通业务伙伴学习。

（5）《无限极手机报》2012 年精彩亮相

为了让广大业务伙伴能够在最短的时间内了解无限极的发展，浓缩了公司、产品、事业信息的《无限极手机报》于 2012 年 1 月起正式推出，每周一期，以图文的形式告知伙伴们相关的资讯，助力事业的发展。

（6）客服中心荣获“2012 年度中国最佳客户联络中心行业新锐奖”

2012 年 9 月 21 日，由行业著名媒体机构——呼叫中心与 BPO 行业资讯网（51Callcenter）主办的“2012 中国最佳客户联络中心与 CRM 高峰论坛暨颁奖典礼”在福建举行。无限极（中国）客服中心荣获“2012 年度中国最佳客户联络中心行业新锐奖”，获得奖项是对公司 20 年来“客企一体”服务理念的肯定。

4. 激励关怀，追逐梦想

（1）高级业务总监 2012 年新春家宴在香港李府举行

2012 年 2 月 1 日，21 位 2011 年新晋升的高级业务总监前往香港，出席李锦记集团李文达主席夫妇盛邀的新春家宴。象征着温馨、尊荣和荣耀的新春家宴已连续举办 5 年，每一次都让“回家”的伙伴们感受到来自李锦记家族的关心和祝福，感受着和谐大家庭的温暖与亲情。伙伴心中的感动、自豪和幸福，也将化作对无限极事业的无比热爱和对使命、梦想的坚定执着，从而共同迈向成功，再创辉煌！

（2）无限极 20 周年庆典暨表彰大会隆重举行

2012 年 12 月 31 日，20 周年系列活动之一的“无限极 20 周年庆典暨表彰大会”在广州隆重举行。公司高层与代表以及来自海内外的业务伙伴代表等10 000 多人欢聚一堂，共同见证此次盛会的召开，共庆无限极 20 华诞。

本次表彰大会的一个重要环节，就是对 20 年来持续进步，在不同方面表现优异、贡献突出的业务伙伴颁发各项荣誉。透过肯定和认可，鼓励业务伙伴与公司一起持续进步，共同成长。

（3）2012 年海外培训计划，精彩纷呈

一年一度的海外培训活动开展 16 年来，已超过 20 000 名业务伙伴走出国门，放眼世界，感受异域的风土人情。

2012 年 4 月，海外培训之旅再度启程，不同的伙伴们踏上五段精彩纷呈的旅程——“希望之旅”、“激扬之旅”、“风光之旅”、“华彩之旅”和“亲情之旅”。

- **激扬之旅**

2012 年 4 月 15 日，为期 9 天的无限极海外培训激扬之旅，近 3 000 人的台湾行，不仅领略了祖国宝岛独特的人文风情，带给伙伴们无数的感动、启发和升华，也创下了激扬之旅出团人数的新高，显示出无限极的事业魅力和勃勃生机。

- **希望之旅**

2012 年 5 月 8 日 ~23 日，超 6 000 名业务伙伴相聚泰国、香港，领略泰国的热带风情和香港的繁荣气息，并以破纪录的出团人数（同比 2011 年增长近 50%），为无限极的 20 华诞书写浓墨重彩的一笔。

- **风光之旅**

2012 年 6 月，2012 年无限极海外培训风光之旅踏上南半球的澳大利亚，超过 300 名业务伙伴欢聚在悉尼，品味这座独一无二的城市，畅享成功的喜悦和事业的激情，并带着梦想出发，追逐更绚丽的华彩，迈向更美好的未来。

- **华彩之旅**

2012 年 9 月 9 日 ~16 日，为期 8 天的 2012 华彩之旅在迪拜隆重举行。100 多位业务伙伴齐聚中东经济和金融中心——“奢华之都”迪拜，享受专属的旅程，绽放事业的华彩，彰显尊贵与荣耀。

- **亲情之旅**

2012年10月26日至11月2日，参加2012年亲情之旅的300多名业务伙伴的家人们，畅享新马泰邮轮，感受惬意的生活。此次培训的分享会，充分展现了年轻的无限极“创二代”对无限极事业的强烈责任心，让我们看到了无限希望。

5. 搭建交流平台，探讨管理创新

2012年11月23日，以“传承谋共赢　创新促发展”为主题的无限极第五届供应伙伴业务促进暨合作联谊大会隆重举行，230多位无限极合作供应商出席。大会旨在搭建一个交流、外部策动供应商发展和经验分享的平台，实现公司与供应商之间，以及供应商与供应商之间的相互了解、学习与促进。

活动中举行了以“质量管理创新”为主题的座谈会，邀请了5位供应商代表分享他们在质量管理方面的创新经验。另外，活动还颁发了“长期合作奖”、“持续进步奖”、“突出贡献奖”和“优秀供应商”等奖项，向部分表现突出的供应商给予肯定与鼓励。

伙伴责任解析

帮助伙伴实现梦想，收获成长，同时建设一个健康有序的市场环境，实现直销行业的可持续发展。

（五）环境责任

自然环境是人类生存、繁衍的物质基础，也是企业实现可持续发展不可忽视的要素。

2012年，公司把环保理念向员工进行积极传播，开展以“环保节能”为主题的系列活动，鼓励员工“从我做起，从日常生活做起”。透过员工的积极参与，让员工感觉到社会责任并不遥远，生活习惯上的细微改变也能对环境保护作出贡献，这也是企业积极履行社会责任的具体表现。

1. 积极倡导，从“我”做起

（1）持续支持地球一小时活动

2012年3月31日，“地球一小时”活动拉开了无限极“环保节能”系列活动的帷幕。这已是公司第三年参与该活动，并以“熄灯1小时，行走6 000步”为主题，把健康与环保有效地相结合，让活动影响力超越1小时。

活动当晚，无限极中心LED广告牌、无限极中心13~19层写字楼灯光、生产中心路灯及宿舍区灯光、研发中心、各地分公司、服务中心灯光一齐熄灭。3个海外市场纷纷响应号召一起参与熄灯。

无限极还通过发送短信息的形式向超过12万的合作伙伴发出活动号召。无限极（中国）官网活动点击量达7 180次。无限极（台湾）通过“上传环保行动图片，赢得健康产品”的活动吸引更多人参与。

通过微博的互动发现，越来越多的人选择了用行走来度过这一小时。网友love333橙在微博中分享到：我们所有的伙伴响应公司号召，熄灯一小时，行走6 000步，彰显环保节能态度，起航幸福健康人生！我们都在北京，准备行走到鸟巢，以实际行动支持2012地球一小时。

（2）创意节水点子征集活动

2012年4月1日，无限极启动了“员工创意节水点子有奖征集”活动。该活动历时2个月，员工们热情投入，极尽创意，共收到52位员工的近千个参赛点子。活动得到了全国各地员工的广泛关注与支持，参与网络投票的员工达4 629人次，论坛帖子点击率千次。经员工内部投票和评选委员会共同投票最终选出13名获奖员工，其中获“最给力点子王”1名、“最创意点子王”2名和“最人气点子王”10名。

5月17日下午，颁奖活动在无限极中心13楼举行，公司领导亲临为获奖代表颁奖。四位获奖代表在颁奖活动中分享他们在日常生活中的节水之道，透过平实的生活语言和具体细致的分享，让出席的员工感受到，责任就在平时生活的细微之处，保护环境人人可为。

（3）发布《节水小册子》电子手册

为了让这千余条来源于生活，生动、具体，一看就会、一用就有感觉的节水点子，得到更广泛的传播，让员工、员工家属、朋友以及无限极的合作伙伴都参与到节水活动中来，活动后公司对千余条节水点子进行了筛选与分类，并配以生动活泼的插图，汇集成“册”，在公司内部网络和官方网站进行了发布。虽然只是一本“微不足道”的电子册，但它把节约水资源的环保理念传播到了千家万户。

（4）实施废旧电池统一回收

乱扔电池对环境会造成严重的危害。一节一号废旧电池烂在地里，能使一平方米的土地失去利用价值。为此，公司在无限极中心13、17、19楼前台以及各地分公司增设废旧电池回收箱，统一集中处理。2012年，公司共回收废旧电池超过千个。

（5）“亲近自然，大好春光种树去！”——无限极2012年植树活动

2012年4月14日，伴随着明媚的阳光，踏着大好春光，102名无限极员工及家属兴高采烈地参加了康乐会在广州华南植物园举办的2012年植树活动。此次活动共种下树苗50棵，派发礼物（各种植物种子）60份。

这已经是公司第五次举办植树活动。员工参与积极性空前高涨，体现了员工不断增强的环保意识，对于公司践行社会责任活动给予越来越多的肯定。本次植树活动不仅提升了员工的环保意识，更带动了员工为美化环境贡献一份小小的力量。同时，此次活动也为员工搭建了促进“三平衡”的平台，让员工与家人更亲近大自然，亲近健康。

（6）城市美容师活动

为了提高大家对垃圾分类新标准的认知和关注，康乐会在9月22日展开了“垃圾分类宣传活动”，员工志愿者在珠江新城花城广场和珠江新城地铁站附近进行了垃圾分类宣传，并对路人进行有关广州市各颜色垃圾箱的分类和垃圾分类知识的问卷调查。志愿者在向市民推广宣传垃圾分类知识的同时，也提高了自身的环保意识。

2. 改善措施，推动环保

（1）节能减排

2012年，在新会生产中心维修过程中，一些日光灯和灯泡烧坏现象较频繁，经过多方咨询，发现LED灯是现在既节能使用寿命又长的一种灯源，在一些维修较不方便的地方使用后得到了很好的效果。因此，工厂一车间口服液配置、洗瓶、灌装、仓库日光灯照明均更换为LED节能照明，从原来的40W/支更换为18W/支，总共更换了1 250个LED节能灯，每天可节约60%的电量。

在日常工作中，工厂空调组人员发现在周末和冬季时全厂空调使用量最少，而一、二车间在周末时都需要开启使用空调，为了节约能耗，工作人员将一、二车间冷冻水管连接，这样在冬季或放假时可相应开启一个车间的空调就可满足两个车间的需求。每年可节省17%的电量。

（2）发货单创新改版，节约环境资源

配合公司新交易模式上线、新物流配送服务标准的推广工作，本着优化、创新、节约环境资源的目的，物流部对《无限极（中国）发货单》的版面、材质开展创新方案探讨活动：

2011 年 11 月，物流部在部门内开展《“发货单创新设计”有奖征集活动》，共征集到 23 个创新点；开展市场调研，收集行业内、外的信息，寻找创新点。

2012 年 6 月，经多方意见征集，多次探讨创新方案及系统实现方案，最终敲定了新版《无限极（中国）出货单》的格式及推广使用计划。

新方案的四大创新点：减少一联、单据纸张缩小一半（A5 大小）、精简打印内容（突出重点及符合新模式需求）、减少单据上的印刷内容（提升单据优化的灵活性）。

2012 年 8 月，全国 18 个 RDC 分 3 批推广使用新版“出货单”。单据纸张缩小为原来的一半（A4 变为 A5 大小），这个变化每年可少用 400 万张 A4 纸，相当于节约了 800 立方米的木材。

（3）整体文印服务解决方案，发挥绿色生产力

2011 年，无限极成功引用整体文印服务解决方案，启用全新的文印管理模式，以 21 台多功能数码一体机取代数量多达 66 台的原公用设备，有效降低能耗、减少二氧化碳及臭氧的排放，既实现了节能减排，又改善了办公环境。

2012 年，公司持续优化与完善日常运作机制：建立用户同步机制，确保员工入职后获得 OA 账号的同时获得文印系统账号；远程实时监控管理，保障设备的可用性；建立设备配置评估体系，根据印量的变化，合理进行设备调配；建立被选设备型号列表，根据具体需求调整设备的使用率；印量数据分析，按部门给出年度预算建议。

解决方案投入使用至今，日常印量已近翻倍，但并未因此增加设备，且还留有 50% 以上承载量，也未发生过服务中断影响员工日常工作的情况。在此成功经验的基础上，该模式在无限极新增的办公场所中均得到推广与使用。

环境责任解析

通过改变生活习惯上的细节，加强环境教育，提升人们的环保意识，让人类行为和环境相互和谐共存。

（六）社区责任

企业生长于社区之中，企业的可持续发展有利于社区的和谐与稳定。

2012年，无限极搭建了一个更广阔的公益平台——思利及人公益基金会，累计捐建社区禁毒图书角达到150个，在全国贫困地区建立的无限极小学达到21所，海内外志愿者活动也持续展开。

1. 搭建公益平台，汇聚慈善力量

2012年12月10日，“思利及人公益基金会成立庆典”在江门隆重举行。思利及人公益基金会是由无限极（中国）捐资2 000万元作为原始基金，透过国务院侨务办公室向国家民政部申请成立，以非公募形式独立运作的公益慈善平台，致力于健康、扶贫助教、助弱赈灾三方面的发展。

基金会的宗旨是传承“思利及人”的核心价值观，关注大众健康，凝聚爱心力量，推动社会和谐与进步。它的成立，标志着无限极跨入履行企业公民责任的新阶段。

2. 助弱赈灾，向弱势群体伸出援手

（1）持续支持“慈善情暖万家”

无限极连续响应2012及2013年度中华慈善总会“慈善情暖万家”活动的号召，在1月初捐款20万元慰问江西井冈山、瑞金等革命老区敬老院、光荣院的优抚对象及困难群众；在11月捐款20万元慰问云南省水富县的“8·06”特大洪涝灾害受灾群众、移民困难群众和五保老人，让他们在新春佳节来临前感受一份节日的温暖和社会的关怀。

（2）无限极（香港）参加2012年公益金新界区百万行活动

2012年2月19日，无限极（香港）有限公司行政员工及业务伙伴49人参加了在香港举行的“2012年公益金新界区百万行”慈善行走活动，行程2小时，共5.5公里。

香港公益金百万行已有40多年历史，每年举行一次，每次均筹得过亿元善款。本年度活动所筹得的善款，将全数捐给“家庭及儿童福利服务”，协助有需要的家庭，鼓励成员间建立互爱互勉的紧密关系。

（3）热心参与新会区慈善公益万人行活动

2012年3月10日，新会区2012年慈善公益万人行活动隆重举行，无限极（中国）的200多名员工和李锦记酱料集团的100多名员工连同1万多名市民同行

约 4 公里，宣传慈善、传递爱心。

李锦记酱料集团主席李惠中先生代表李锦记集团在活动上捐赠 6 911 万元人民币，其中 6 800 万用于修建李文达大桥和无限极大桥，111 万作为李文达中学和七堡镇敬老的费用，李惠中先生还全程参与了行走。

（4）无限极（马来西亚）大力支持恩惠松年慈善晚宴

2012 年 7 月 7 日，无限极（马来西亚）参加恩惠松年慈善晚宴。这是为整修有着 23 年历史的恩惠老人之家而发起的募捐晚宴。恩惠长者之家经过岁月的冲刷已经出现老化的状态，为了让长者们住得更舒适，恩惠将把晚宴筹集的资金用于修葺这个长者之家。无限极（马来西亚）受邀出席该募捐晚宴，并为晚宴提供无限极产品作为抽奖的奖品。

3. 扶贫助教，撑起孩子未来的一片天

（1）广西“新安镇无限极兴宁小学”新教学楼落成

2012 年 4 月 16 日，由无限极（中国）高级业务总监毕寒风先生参与捐资 30 万援建的广西“新安镇无限极兴宁小学”新教学楼落成庆典正式举行。当天，上百位广西无限极业务伙伴自筹善款，为孩子们送去了 300 件 T 恤，以及一批书籍和文体用品。“无限极优质阅读空间”也在这一天同时建立，爱心捐助者们将在未来持续向“空间”提供更多好书。

新落成的教学楼建筑面积 853 平方米，可供超过 500 名学生共同使用，极大地改善了学校的办学条件和办学规模。截至目前，无限极（中国）在全国贫困地区已建立有 21 所无限极小学。

（2）甘肃分公司关怀小组探访礼县无限极侨爱红星小学

2012 年 8 月 22 日，无限极（中国）甘肃分公司“关怀小组”一行 30 余人，对甘肃省礼县无限极侨爱红星小学开展关怀行动。此次探访共募集14 000多元，新购 50 套课桌椅、讲桌等办公教学用品，进一步提升学校的办学条件。

礼县教育局苟剑虹局长说：“俗话说做一件好事易，难得的是坚持做好事。你们的坚持，令我相信这是一家具有社会责任感的企业，这样的企业是令人尊敬的。”

（3）汕头分公司探访济美村曙光小学

2012 年 7 月 14 日，无限极（中国）汕头分公司、汕头经济特区报社和市女新闻工作者协会携手将筹集到的善款捐赠给济美村曙光小学，用于学校硬件设施的更新改造。

（4）广东分公司探访惠东水美无限极海联小学

2012年10月23日是惠东水美无限极海联小学八周年庆典的日子。无限极广东分公司的行政员工与近百名业务伙伴组成的关怀小组当天来到学校进行探访。此次关怀小组为孩子们捐赠了价值13 000多元的书包、书籍、文具、体育用品等，并与孩子们进行老鹰抓小鸡、鸡蛋作画等互动游戏，现场充满欢声笑语。海联小学张校长激动地表示：“无限极连续8年来对学校的持续关怀，改善了学校的办学条件和教学环境，对学生的成长产生了积极的影响。没有无限极，就没有如今美丽健康的校园。”

（5）吉林分公司资助无限极海联小学

2012年12月8日，农安县黄鱼圈乡天启王无限极海联小学的271名贫困学生提前收到了一份新年礼物。此次在长春市延安大街无限极吉林服务中心开展的爱心助学活动中，无限极吉林分公司的员工与经销商们为孩子们捐款5万多元，以拳拳爱心，帮助孩子们完成学业。

4. 支持社区健康发展

（1）国际禁毒日捐建10个“社区禁毒图书角”

6月26日是国际禁毒日，由国家禁毒委、中国禁毒基金会、无限极（中国）联合开展的“送教育、送健康”陕西省社区禁毒图书角揭牌仪式在陕西省宝鸡市举行。无限极（中国）在陕西省捐资设立了10个社区禁毒图书角，并捐赠禁毒宣传图书、健康产品以及养生书籍。

2012年，社区禁毒图书角活动陆续在上海、陕西、湖北、内蒙古和湖南五省市举行，共捐建50个社区禁毒图书角。自此，无限极在全国捐建社区禁毒图书角达到150个。

（2）支持年轻人实现音乐梦想

2012年10月14日，历时3个多月的无限极原创歌曲征集大赛决赛在广州大剧院隆重举行。此次大赛共征集了约600首作品，经千万人次的网民投票和亚洲知名音乐人陈少琪等专业评委的评审，选出10首优秀作品进入决赛。包括冠军参赛者徐涛在内的三甲参赛者获得了由无限极提供的43万元梦想基金，用于追逐音乐梦想。

“相信自己”无限极原创歌曲大赛，旨在为拥有音乐爱好的朋友们提供一个实现梦想的机会，让大家用歌声传递积极、励志的生活态度，同时也带动更多的人相信自己、追求梦想、收获健康人生。

（3）关注家族企业传承

2012 年“两会”期间，李锦记健康产品集团主席兼行政总裁、无限极（中国）有限公司董事长李惠森先生作为全国政协委员，向全国政协提出了“关于鼓励建立家族企业可持续发展分享平台的建议”提案。这是李惠森先生参会 5 年来第五次提出关注家族企业传承的提案。五次提案几乎涵盖了家族企业可持续发展的所有问题。

家族企业是社会经济发展的重要组成力量。李惠森董事长希望通过提交相关的提案，能够引发国家和社会对家族企业传承与发展的关注，帮助更多的家族企业获得可持续发展。

5. 志愿者行动

（1）无限极（中国）

- **传递健康，传递爱**

在无限极 2012 世界行走日广州站活动中，公司邀请了广州社会（儿童）福利院的小朋友们共同参与。43 位福利院小朋友在 48 位志愿者的引领下，手牵着手，又唱又跳，欢乐的情绪感染着现场的每一个人。

无限极已连续 3 年邀请福利院小朋友参与世界行走日活动，超过 200 多名孩子参加了行走活动。我们期望通过志愿者一对一带领的方式，边行走边交流理想，交流价值观。思维模式的碰撞、社会主流活动的参与，会让一天的健康行走影响孩子的一生。

- **“爱我就抱抱我”福利院探访活动持续举行**

2012 年 4 月 21 日，无限极 2012 年度“爱我就抱抱我”福利院探访活动在广州市社会（儿童）福利院再次启动。全年累计举办了 6 次探访，参与员工达到 82 人次，服务总时长 142 小时。其中，在 9 月底的中秋佳节探访活动中，无限极的志愿者们更带来精美的灯笼和美味的月饼，与孩子们玩游戏，共度欢乐中秋。

“爱我就抱抱我”活动是无限极的品牌公益活动之一。此项活动主要通过志愿者与福利院儿童的肢体及言语交流，让孩子们感受到来自社会的关注与关怀，帮助他们形成健全的心智并从小种下爱的种子。同时，活动让志愿者感受到因付出而得到的感动，孕育由爱而生的责任感，并把这种责任感转移到工作与生活中。

- **年度无偿献血活动在无限极中心举行**

2012年11月初，一年一度的无偿献血活动在无限极中心举行，50多名员工及家属参与了此次活动，献血量超过14 100CC，用无私的爱心延续他人的生命。

- **郑州服务中心组织无偿献血活动**

2012年2月，在郑州服务中心开业庆典现场，河南分公司秉承“思利及人”的核心价值观，发出“无偿献血，奉献爱心”的倡议，邀请262位市民、消费者及业务伙伴参加献血，献血总量近10万毫升。

（2）无限极（马来西亚）

- **探访孤儿院**

2012年1月6日，无限极（马来西亚）的志愿者们对当地名为Agathians Shelter的孤儿院进行了探访，并捐赠公司产品和孩子们所需的物资。志愿者们向护理人员了解孩子们的情况，并与孩子们开心地互动。

- **拜访恩惠之家献温暖**

2012年2月8日，无限极（马来西亚）有限公司总经理黄得喜先生率领4位职员及12位经销商代表，分别前往探访了恩惠之家的老人院及儿童之家。志愿者们除了当起“圣诞老人”派发公司的产品及一些日常用品给恩惠之家外，还为老人家和孩子们准备了丰富的午餐。虽然新年已过，但是探访队伍依旧派送红包，并为老人和孩子献上精彩的歌舞表演。

- **探访莲花生学佛会巴生儿童关爱中心**

2012年9月23日，无限极（马来西亚）对莲花生学佛会巴生儿童关爱中心进行了探访。这里有大约35名来自低收入单亲家庭的4个月到18周岁的儿童。志愿者们为他们带来了所需的物资，包括食物、生活用品和文具等。活动当天举行的一个小型歌唱比赛上，志愿者们还为胜出者和参与者提供了奖品，孩子们都尽情享受当天的午餐和游戏。

（3）无限极（香港）

- **端午节老人院探访**

2012年6月23日是一年一度的端午节，无限极（香港）员工连同一众热心公益的业务伙伴探访“兆老中心”，为长者们送上温暖的节日祝福，并且即兴表演歌舞、跟长者们玩游戏、送上无限极（香港）捐赠的植雅洗发露聊表心意，让长者们拥有一个难忘、欢欣的端午节。

- **“中秋心意传送2012”大型探访独居长者公益活动**

2012年9月16日，18名无限极（香港）员工与经销商参加由香港影视明星体育协会每年中秋节举办的“中秋心意传送2012”大型探访独居长者公益活动。

在中秋人月团圆的佳节里，志愿者们亲身探访给石硖尾村及白田村共70多位独居长者们，并派送“心意礼物包”。施比受更有福之喜悦，借此节日向长者们表达心意和祝福，令他们感受到节日的喜悦与社会的关怀。

- **参与慈善共融杯暨同乐嘉年华**

2012年10月14日，无限极（香港）联同热心行善的经销商参与由乐智协会主办的“慈善共融杯暨同乐嘉年华2012”。活动当天无限极义工队于早上10时抵达九龙民生书院，在温暖的阳光下与充满活力的智障人士共融同乐。

6. 社会认可

2012年3月29日，无限极（中国）在广州市社会福利院举办的2011年度义工服务总结暨表彰会上荣获“2011年度义工服务组织奖”，这是公司继2010年后再次获此荣誉。广州市民政局凌妙英副局长、来自广州市社工处、社工协会、义工联等机构的领导以及近百名各界人士参与该表彰会。

社区责任解析

支持社会公益活动，不仅让个人重新思考生命的意义，也让企业重新发现存在的价值，更让企业以公民的责任作指引，以爱心为动力，参与社会的自我治理，取得经济效益与社会效益的双赢。

五、展望2013

2012年是无限极发展史上一个重要的符号。走过发展的20年，无限极收获了满满的信任，也收获了厚厚的期待，拥有了丰硕的成果，也站在了一个新的起点。

展望下一个20年，无限极将拥有更大的空间，迎接更大的挑战，承担更多的责任。无论时代如何变幻，无论未来面对多少困难，无限极都会坚守真情与责任不变，使命与信念不变，继续履行社会责任，认真落实企业社会责任承诺，回报社会，共享成果。

2013年是新起点的第一年，从这一年开始，无限极将步入新的征程。

（一）发挥社会责任管理体系作用，将“责任”植入日常工作之中

1. 普及企业社会责任评估指标体系

从公司管理层开始，自上而下地进行企业社会责任评估指标体系（简称“指标体系”）的学习、培训、运用和推广。让指标体系成为各部门制定年度KRA时的参照，确保充分关注利益相关方需求，并以满足利益相关方需求作为制定工作策略与计划的出发点，将“责任”有序地植入日常工作之中。

2. 发布《无限极企业社会责任ABC》

为了让员工通过通俗易懂的表达方式，更好地认识社会责任理念和基础知识，帮助员工了解无限极责任管理体系，清晰自身岗位工作与社会责任的关系，指导员工发掘本职工作的社会意义与价值，无限极在2012年9月启动了《无限极企业社会责任ABC》手册的编写工作，计划在2013年发放给相关员工。

（二）利用思利及人公益基金会平台，输出更多的慈善力量

2013年是思利及人公益基金会独立运作的第一年。无限极将通过完善机制、建立流程、确定长期坚守的主题公益活动，将思利及人公益基金会建设成为传播“思利及人”思想、凝聚爱心力量、实施公益慈善的平台。计划在5~10年内，通过聚焦健康、扶贫助教、助弱赈灾三类业务范围，逐步建立成熟可持续的运作模式，形成“弱势群体+健康+教育”的公益特色，让基金会成为社会公益慈善力量中一支强大的生力军。

链接：2012年无限极发展大事记

1月

- 1月，无限极响应中华慈善总会“慈善情暖万家”活动的号召，共捐赠20万元人民币。
- 1月，无限极（中国）获得“广东省保健食品行业领军品牌”荣誉称号。
- 1月4日，无限极大学在广东新会正式成立。
- 1月6日，公司隆重发布《养生固本　健康人生》一书。
- 1月17日，李锦记健康产品集团被香港《镜报》月刊授予“杰出企业社会责任奖”。

2月

- 2月，无限极男仕口服液、无限极女仕口服液、无限极儿童口服液、无限极桑唐饮口服液4款产品被广东省科学技术厅认定为“2011年广东省高新技术产品”。

- 2 月 19 日，无限极（香港）行政员工及业务伙伴参与了在香港举行的“2012 年公益金新界区百万行”慈善行走活动。

3 月

- 3 月 5 日，广东省科学技术厅正式在网上公布，无限极（中国）顺利通过 2011 年广东省“国家高新技术企业”复审。
- 3 月 8 日，无限极（中国）技术部产品检测中心正式被中国合格评定国家认可委员会（CNAS）评定为国家认可实验室。
- 3 月 10 日，无限极参与新会区慈善公益万人行活动。
- 3 月 21 日，《无限极 2011 年度企业社会责任报告》正式出炉，并通过无限极（中国）官方网站全文发布。
- 3 月 21 日，无限极郑重发布《无限极企业社会责任承诺》。
- 3 月 29 日，无限极（中国）荣获“2011 年度义工服务组织奖”。

4 月

- 4 ~ 12 月，无限极（中国）正式实施“加速品牌建设、加强品牌传播”项目，具体包括三大内容：央视媒体传播、广东卫视“三网”联动创新传播、网络及新媒体创新传播。
- 4 月，多糖科普书籍《解密多糖　健康人生》（第二版）正式上市。
- 4 月 1 日，无限极（中国）开始在辽宁省、湖南省、上海市、深圳市 4 个直销区域正式开展直销业务。
- 4 月 7 日，无限极 2012 世界行走日（中国）活动在昆明正式启动。活动在全国 20 大城市举行，包括：昆明、青岛、西安、苏州、合肥、杭州、上海、沈阳、呼和浩特、郑州、天津、长春、哈尔滨、长沙、成都、武汉、重庆、厦门、石家庄和广州。活动历时 9 个月，参与人数近 30 万，行走里程累计近 150 万公里。全国超过 300 多家平面、电视、网络媒体对活动进行了深度报道，媒体影响人数超过 1.5 亿。
- 4 月 10 日，南方医科大学“思利及人阅览室”举行揭幕仪式。
- 4 月 16 日，由无限极（中国）高级业务总监毕寒风先生参与捐资援建的广西“新安镇无限极兴宁小学”新教学楼落成。

5 月

- 5 月 4 日，李锦记健康产品集团公布了“思利及人”的企业文化宣导新版本。
- 5 月 6 日，无限极（中国）宁夏分公司正式成立。
- 5 月 7 日，无限极（中国）举行了以“解密复合多糖，引领健康人生”为主题的“无限极 Polysac™ 复合多糖研究成果全球首发会”。

- 5月20日，成功举办无限极中草药种植管理座谈会。
- 5月23日~24日，国家工商总局直销监督管理局在上海召开全国直销企业工作座谈会，会上李锦记健康产品集团代表签署了《直销企业履行企业社会责任承诺书》。
- 5月26日，无限极携手《WTO经济导刊》和腾讯财经共同举办了“责任沟通 创造价值——社会责任报告专题研讨会”。

6月

- 6月5日，无限极（中国）荣获“金蜜蜂2011企业社会责任·中国榜”之“公平运营奖”。
- 6月9日，无限极世界行走日主题曲《相信自己无限极》正式发布，同时也启动了“相信自己”无限极原创歌曲征集大赛。
- 6月10日，“无限极2012世界行走日”上海站创造“最多人同时倒走”的吉尼斯世界纪录。
- 6月26日是国际禁毒日，无限极在陕西省捐资设立10个社区禁毒图书角，并捐赠禁毒宣传图书、健康产品以及养生书籍，截至2012年，无限极已在9个省市捐建150个社区禁毒图书角。
- 6月28日，香港无限极广场楼顶LED屏幕与写字楼外墙LED装饰灯正式点亮。

7月

- 7月，无限极主持编写的《东北道地药材——五味子》正式出版。
- 7月5日，无限极（中国）成功举办了以“创建模式 引领发展”为主题的2012年无限极中草药种植管理论坛。
- 7月25日，无限极（中国）荣获“2011—2012江门十大最具社会责任企业”。
- 7月26日，无限极全新Polysac™复合多糖产品——无限极元泰片正式上市。
- 7月27日，无限极营口生产基地正式奠基。

8月

- 8月，无限极广场租赁率达到100%。
- 8月6日，由无限极独立开发的Infinitus基础开发平台成功获得国家版权局颁发的《计算机软件著作权登记证书》。
- 8月10日，无限极（中国）有限公司荣获“中国侨界贡献奖（创新团队奖）”。
- 8月16日，无限极钙片在马来西亚市场正式上市。
- 8月16日，无限极与现代化中医药国际协会共同协办了“治未病——养生高峰论坛”，该论坛是第十一届“国际现代化中医药及健康产品展览会暨会议”的重要组成部分。

- 8 月 16～18 日，无限极参加了第十一届“国际现代化中医药及健康产品展览会暨会议”。
- 8 月 22 日，无限极（中国）甘肃分公司“关怀小组”一行对甘肃省礼县无限极侨爱红星小学展开关怀行动。

9 月

- 9 月，李锦记健康产品集团主席兼行政总裁李惠森先生所著的《思利及人的力量》（升级版）由中信出版社出版上市。
- 9 月 14 日，无限极（中国）教育网正式面向业务人员开通运行，登录权限逐级开放，将于 2013 年向所有业务员开通。
- 9 月 21 日，无限极（中国）客服中心荣获“2012 年度中国最佳客户联络中心行业新锐奖”。

10 月

- 10 月，质量部产品检测中心顺利通过了英国 FAPAS（英国分析实验能力验证公司）组织的重金属（铅、砷、汞、镉 4 项指标）水平能力测试，4 项指标测试结果全部合格。
- 10 月 14 日，无限极原创歌曲征集大赛决赛隆重举行，历时 3 个多月的征集大赛划上了完满的句号。
- 10 月 20 日，无限极面向员工举办了“三平衡杯”第二届无限极羽毛球赛。
- 10 月 27 日，《思利及人的力量》（升级版）广州签售会隆重举行。

11 月

- 11 月 11 日，无限极品牌主张发布会在云南丽江玉龙雪山脚下隆重举行，正式发布了无限极品牌主张“相信自己无限极”以及无限极品牌的电视广告片和微视频。
- 11 月 17 日，无限极（中国）喜获“中国食品安全百家示范单位”称号。
- 11 月 23 日，以“传承谋共赢　创新促发展”为主题的无限极第五届供应伙伴业务促进暨合作联谊大会隆重举行。
- 11 月 24 日，李惠森先生携新书《自动波领导模式》在北京西单图书大厦与读者见面并签售。4 个小时内，4 000多本新书全部售罄。
- 11 月 28 日，无限极积极响应中华慈善总会“慈善情·暖万家”活动的号召，通过中华慈善总会向云南省水富县的“8·06”特大洪涝灾害受灾群众、移民困难群众和五保老人捐款捐物共计人民币 20 万元，其中包括现金 10 万元及 500 张毛毯，并为他们送去元旦、春节的节日问候。
- 11 月 30 日，无限极（中国）被评选为“中国企业文化影响力十强”，并被授予“2012 中国企业文化管理年会特别荣誉单位”称号，无限极（中国）有限公司董事长李惠森先生被评选为“中国企业文化领军人物”。

12月

- 12月3日，无限极荣获“2012年度中国最佳企业公民·最佳企业文化奖”。
- 12月5日，无限极荣获“金蜜蜂2012优秀企业社会责任报告·外商及港澳台企业”称号。
- 12月10日，“无限极新会生产基地三期工程竣工仪式”和“思利及人公益基金会成立庆典”相继举行。
- 12月18日，李惠森董事长获得“2012品牌中国十大年度人物”。
- 12月28日，经国家商务部批准，无限极（中国）直销区域新增七省市，分别是：河北省、山西省、吉林省、内蒙古自治区、福建省、湖北省和重庆市。
- 12月29日～31日，公司举办无限极20周年系列庆典活动——无限极健康中国嘉年华。
- 12月31日，公司举办无限极20周年系列庆典活动——无限极20周年表彰大会和无限极2013广东卫视跨年歌会。

点评：

《无限极2012年度企业社会责任报告》是公司连续发布的第6份社会责任报告，也是我连续第5年为报告撰写点评。这在企业社会责任报告领域并不多见。6份报告记载了无限极推进企业社会责任的不懈追求，能够见证无限极的追求之路并与之相伴，是我不曾预期的欣喜和感动。

2012年12月，在无限极成立20周年庆典上，我亲眼见证了无限极与利益相关方之间分享20年来真诚互信、共同发展的快乐，这一切是建立在“责任”纽带之上的。这份报告就是以“真情相伴20载，责任成就同发展”为基调，回顾无限极不断深化社会责任建设历程，实现与利益相关方共同发展的见证；也是无限极系统披露过去一年履行社会责任主要进展的载体。通过这份报告，一个从自发、零散地实施社会责任项目到自觉、系统地开展社会责任建设，将社会责任融入公司战略、文化和运营管理，追求可持续发展的公司形象，开始清晰地展现在我们面前。

报告突出了社会责任对公司竞争力的价值。报告专门用“责任竞争力”篇章，系统介绍了无限极的责任态度、社会责任理论体系、核心价值观体系、责任行动准则、社会责任目标、利益相关方及沟通体系，充分体现了无限极对社会责任的深刻理解，表达了强烈的责任意愿，并且贯穿于报告全文的字里行间。对于公司的核心价值观，报告披露了无限极对“思利及人”更深层次的解读——“做事先思考如何有利于我们大家”，“我们大家”实质是指公司和利益相关方；对于无限极承诺，报告披露了公司将责任意识从隐性层面提升至显性层面，明确提出无限极应从满足利益相关方的需求和期望出发，确定社会责任行动目标，做好落实工作。这些内容都很好地诠释了社会责任的本质，显示出社会责任与公司发展之间的密切关系。

报告再现了公司社会责任管理的不断深化。报告新增“无限极社会责任建设”篇章，全景式回顾了无限极推进社会责任管理的进展的关键节点。包括：发布企业社会责任报告、搭建组织架构、确立社会责任目标、确立六大责任、发布《无限极企业社会责任承诺》、建立无限极社会责任管理体系、思利及人公益基金会、签订《直销企业履行社会责任承诺书》、举办社会责任报告专题研讨会，以及编制《无限极企业社会责任 ABC》等。这些成果展现了无限极初步构建起以主动与社会共同发展为内涵的新关系，为公司创造与利益相关方的共享价值开辟新局面，表明社会责任管理已成为无限极实现持续发展的重要路径。

报告增强了信息披露的实质性。在报告开篇的“企业概况”篇章中，新增品牌、文化等内容，使利益相关方对无限极的品牌内涵和企业文化特质有了更加直观、更加深入的了解。在报告的主体部分，报告延续了品质责任、健康责任、员工责任、伙伴责任、环境责任、社区责任六大责任篇章，每个责任篇章都从利益相关方关注的主要议题和实践进行披露。与往年相比，披露的信息更加系统和全面，有助于更好地回应利益相关方的关切和期望。

报告突显了无限极履行社会责任的特色。在报告中，可以看到很多形象生动的社会责任实践活动，通过图文并茂的展现形式，让人感受到了无限极真诚用心的态度、务实认真的行事风格，体现了无限极履行社会责任的特色。例如，“无限极世界行走日”活动城市扩大到了20个，并结合健身操、养生讲座等多种方式，让更多的人重视健康、传递健康、养成健康的生活方式；搭建了更广阔的公益慈善平台，捐资2 000万元成立了思利及人公益基金会，在健康、教育和扶弱助残等公益慈善领域持续投入，为社会传递更多正能量。

从发自内心的责任意愿到拥有实现意愿的手段和方法，从与利益相关方积极沟通到赢得利益相关方的信任和支持，这既是卓越管理的逻辑，也是无限极追求健康产业可持续发展的责任路径。作为直销行业最早发布社会责任报告的企业，无限极的6份社会责任报告既是公司推进社会责任的记录，也是为行业的健康发展所做的贡献。

20年是无限极长青基业的良好开端。我们相信，未来无限极将一如既往地携责任前行，与利益相关方共同将中国的中草药健康事业发扬光大，共同谱写“健康人生”新篇章，共同为“美丽中国”建设做出更大的贡献！

点评人：

北京大学社会责任与可持续发展国际研究中心执行主任、教授

于志宏

实例6：台塑关系企业2012年企业社会责任报告

台塑企业行政中心委员致辞

社会追求持续不断的进步与成长，不论是物质生活水平的提升、生活素质及品德的提升、社会的安定、种族的平等、环境的改善等，都是希望人类在物质和精神层面都能越过越好。企业如同一个小型社会，在社会这个大环境中，除了扮演经济的推手，为员工提供稳定的工作机会之外，也必须在各个层面扮演辅助社会成长的正面力量，与社会共同成长，才能达到企业永续经营的目标。

台塑企业从1954年创办至今，两位创办人深切体会到企业所背负的社会责任就是企业要能生存，必定是社会有所需求，但相对的也要对社会有正面的贡献。因此，企业在追求其竞争力与利润的同时，更必须谨守企业道德，以对社会正面有益的行为作为经营之出发点。在此理念下，领导者除了以身作则，更需要建立良好的组织及健全合理的制度，引导员工以按部就班及实事求是的正确做事态度，持续谋求改善，不断追求合理化的经营模式，来奠定企业竞争力的基础，进而形成良好稳固的企业文化。当企业由上到下都能脚踏实地地随着时代进步与时代不同阶段的需求，推动各方面的改善，企业才能确保在景气循环及社会变迁下需求的不同，具备良好的生存条件，做到最基本的社会责任：让员工拥有稳定的工作与生活，股东对企业有信心且有合理的报酬，而客户也能获取稳定良好的产品供应与服务质量。与此同时，在企业责任与竞争力的共同驱使下，企业必须采取最好的制程技术并不断谋求改善，善加利用有限的社会与自然资源，做到保护环境、关怀社会等，扮演好社会成长的辅助与正面力量角色。

一个企业成功与否，取决于经营者明确与坚定的信念。台塑企业深信企业道德、公司治理与企业竞争力是互补的，并不存在矛盾与冲突。为实现此一经营理念，成立了企业总管理处，并在各公司成立总经理室。其主要功能就是依经营理念与实务作业，建立完善可行的各种制度、作业细则与作业标准等，让公司治理透明化，员工有清楚责任、目标与正轨可遵循。同时，通过人员培训、严格执行、稽核与不断改善等积极作为，确保企业内各公司各单位的管理模式、工作质量与竞争力皆达到企业要求的一定水平。台塑企业耗费庞大的人力、心力、资金与计算机技术，将企业的经营理念融入整套制度的设立与计算机作业，为此打下了良好稳固的管理基础。其中，包括每项作业到最小单元都纳入计算机管理，并设立管制标准与目标，以达到资料透明化、可快速掌握经营绩效及任何作业异常、部门间数据的相互钩稽与各项营运数据做到环环相扣等机制，不但确保完善的公司治理，也同时推动了作业自动化。更值得一提的是，透过理念的坚持，不仅让稽核作业与公司治理落实成为每天工作的一部分，养成全体员工遵守制度的企业文化，同时也让企业每月损益在次月的第一天就可由计算机结账出表，达到作业简化、营运成本降低及企业竞争力强化等多项的优势。

在良好稳固的管理基础下，台塑企业要求所有员工对于各自负责的作业，都必须以追根究底、不断改善以及止于至善的精神，去面对世界的快速变化与加强竞争力的提升。所有作业包括生产制程、技术开发、产品价值的提升、环保、工安、节能减废、工程设计、采购发包、资材仓储、运输、营业、人员培训等，都必须与世界接轨，了解世界变化，不断改善，制定更高但做得到的目标，以做到业界最佳的标杆作自我挑战。以环境保护为例，我们深信保护环境是企业责任，也是时代趋势。特别在这半个世纪以来，人类的商业活动快速增加，对环境的影响也日趋明显，在此情况下唯有确保环境的健康，才能拥有生命永续的基本条件。

台塑企业依此理念，并秉持“工业发展与环境保护并重”的原则，向来对一切生产制程与环境保护设备都以最佳技术作为考虑。以建造发电厂来说，早在十多年前，台塑企业为减少煤灰对环境的影响，坚持使用密闭式堆煤仓，并使用最佳技术使污染降至远低于世界标准。虽然建造费用因此大幅增加，但以增加投资可换取的环境改善和减少资源的浪费，其价值是无法估计的。

近年来，台塑企业为了强化环境安全卫生的执行质量与改善成效，成立了企业“环安卫中心”，制定严格的推动目标，督导、考核及协助各公司彻底落实环安卫工作，并以热忱、负责任的严谨态度，推动企业内厂区朝生态工业园区的目标努力；以麦寮园区为例，在规划初期即选用最佳生产制程及污染防制设备，同时考虑上、中、下游制程充分整合，将上游制程之副产品及废弃物循环再利用作为中、下游制程之原物料、燃料，再由厂与厂间之废气、废热及与低阶能源的充分整合再利用，发挥资源及能源之最佳使用效率，以降低能、资源之浪费，并达到零污染、零排放及零事故的环境质量、职场安全及人员健康的最高目标。

企业的成就，来自于社会的支持，当企业有成，则必须做到取之于社会，用之于社会，台塑企业二位创办人深知此道理，在事业有成后，对于社会的需求，一直是不遗余力地奉献，依照社会发展每个阶段的不同需求，积极投入公益事业，并以经营企业的精神来贡献，以扩大回馈社会的效益，造福更多需要帮助的人。

在20世纪60年代至80年代，台塑企业二位创办人有感于台湾各项产业正蓬勃兴起，但工业及医护人才相对缺乏，同时整体医疗环境及资源均不佳，因此陆续创办明志科技大学、长庚医院、长庚大学及长庚科技大学等不以营利为目的的公益事业机构，培养无数优秀的工业及医护人才，更以“追根究底”、“止于至善”的企业精神经营公益事业。

其后在20世纪90年代，鉴于原住民在社会上相对弱势，要真正解决原住民生活问题，达到族群融合，必须从教育着手。为了帮助原住民青年提升其教育水平，培养其一技之长，使其在社会上拥有自立自强的能力，于是在明志科技大学及长庚科技大学开办原住民“技术培训班”及技职教育，并提供一切学杂费用及工读机会，毕业后协助安排就业，以此协助原住民男女青年能够获得平等的发展机会，受惠原住民已近5 000人。此外，深感处于现代社会中，人与人沟通至为重要，现今医疗科技已相当发达，但听障者长久处于无声的世界，除了痛苦且生活受影响之外，更无法正常发展，如能通过小小的医疗辅具及完善培训教导，将可改善听障者的一生，使其个人与家庭对未来都充满希望。

为此，台塑企业二位创办人捐赠400套人工电子耳，送给家境清寒的听障儿童，并由长庚医院各专科专业人员组成医疗团队，提供咨询及治疗等服务，使听障者回到有声世界，回归正常生活及获得正面发展。

随着时代进步，社会对于环境的关怀更加重视，而台塑企业除了在生产各方面积极投入做好污染防治之外，20世纪80年代台塑企业各工厂早已彻底实施垃圾分类及厨余回收，其后更特别成立“台朔环保科技公司”将厨余回收制成有机肥，同时推广种植有机蔬果，2003年起更将此一观念推广至全台湾。与此同时，台塑企业有感于台湾已步入高龄化社会，必须关注台湾老年人的生活质量，先后创设护理之家及养生文化村来解决并提升老年人的医疗及居家问题。有鉴于肺炎为老人十大死因，并对老人健康有巨大影响，我们也大规模捐赠肺炎链球菌疫苗给卫生署，从2007年起共同推动75岁以上老人全面免费接种肺炎链球菌疫苗计划，保守估计可为政府节省125亿元的医疗费用支出，更可以提升老年人口生活质量、减轻肺炎患者家庭负担。

台塑企业历年来不遗余力地积极投入公益活动，至今投入约468亿元，如921地震及莫拉克风灾灾区校园重建、提升身心障碍机构早期疗育服务质量，以及协助艾滋病人与受刑人拥有更生能力等多项公益活动。为造福更多的弱势族群，台塑企业两位创办人先后成立文教、医疗、社会福利等多个基金会，更将个人财产交付信托，成立公益信托慈善基金，扩大社会公益范围。我们一向认为，人和人之间要“强让弱、富济贫”，方能促进社会和谐，而在社会公益上则着重于如何彻底解决问题，全面提升社会水平，并且帮助弱势人群融入社会，成为社会的一群，才能减少社会问题。未来台塑企业将持续投入各项社会公益事业，善尽企业社会责任，对台湾社会作出更大的贡献。

台塑企业行政中心全体委员　敬上

2013年

一、台塑集团概况

（一）集团概述

成立于1954年的台塑，经过半个多世纪的发展，从世界最小规模的PVC粉生产厂起家，逐步成为世界石化产业占有一席之地的跨国企业。

截至2012年年底，台塑企业在台湾的生产事业单位除台塑、南亚、台化、台塑石化、南亚科技、华亚科技、南亚电路板、台塑胜高科技、福懋兴业、福懋科技10家上市柜公司外，还包括台塑重工、南亚光电、台塑生医等52家未上市柜公司，营运横跨炼油、石化、塑料、纺织、纤维、电子、能源、运输、机械、生物科技等领域。

同时，基于回馈社会的理念，台塑企业长期以来也投入非营利的教育及医疗事业，在教育体系领域，于1963年成立明志工专（现为明志科技大学），培养工业技术中间干部。而后在1987年以及1988年陆续成立长庚医学院（现为长庚大学）以及长庚护专（现为长庚科技大学），培养优秀医护人才。在医疗体系领域，于1976年创设的长庚纪念医院，在医界开创许多先例，包含住院免收保证金、降低洗肾费用、医师拒收红包等。

经过50多年的努力，台塑企业已成为台湾最大的民营企业之一，其产业经营规模与绩效，都达到了世界级水平，甚至有所领先。海内外生产据点，更是涵盖台湾地区、美国、中国大陆、越南、菲律宾以及印度尼西亚等地区。

（二）经营理念

台塑企业的经营理念，以“勤劳朴实、实事求是”的态度追求一切事物的合理化，以“止于至善”作为最终的努力目标。由于外在环境不断在变化，所以“至善”其实是一种理想境界，永远都有待努力追求，所以经由这种永无止境追求“好还要更好”的理念，形成不断提升企业经营体质及绩效的原动力，以达“永续经营”的目标，而在追求企业“永续经营”的过程中，也致力实现“奉献社会”的宗旨，让台塑企业成为一个让员工幸福、投资者安心、社会信赖的优质领导企业。

（三）主要产品与创新

1. 产品介绍

台塑企业在发展的同时，除了以石化产业为核心横向发展之外，也积极通过产业上下游垂直整合，并扩大经济规模来降低生产成本，满足客户原料的需求，来提升市场的竞争力。目前在炼油、石化原料、塑料、纤维、电子等领域，都已完成上、中、下游的布局，并带动台湾相关下游产业蓬勃发展。与此同时，本企业在发展过程中，基于取之社会、用之社会及人本济世的理念，也长期投入医疗、健康照护、教育及慈善等公益事业，善尽企业社会责任。

台塑企业为配合客户需求、市场趋势及环保的重要性，更积极开发高附加价值及新替代能源产品，如LED、锂铁电池正极材料、太阳能EVA封装膜等，逐渐朝向低碳健康的产业发展。在产业的发展上，台塑企业主要生产项目如下：

（1）炼油。炼油为石化业最上游制程，台塑石化公司除生产汽油、柴油、液化石油气等各类消费性油品外，并产出轻油提供烯烃厂及芳香烃厂作为原料，以产制乙烯、丙烯及苯、PX、OX等各项石化基本原料。

（2）乙烯。乙烯是由轻油裂解出的石化基本原料，也是世界各国衡量石化工业规模的重要依据。台塑石化公司生产的乙烯，主要用于台塑公司生产VCM及PE、南亚公司生产EG以及台化公司生产SM等石化中间原料，此等中间原料再用于产制PVC、PS、ABS等泛用塑料及聚酯粒产品，并向下延伸供塑料加工及化学纤维产业使用，以因应多样化的产业需求及发挥垂直整合的效益。

（3）丙烯。丙烯主要供台塑公司及台化公司用于生产PP，同时提供台塑公司生产EAA、NBA、AN及ECH、南亚公司生产2-EH、台化公司生产Phenol等石化中间单体，并延伸至下游再产制高吸水性树脂、亚克力棉、碳素纤维、AE、ABS、DOP及BPA等塑胶及化学纤维原料。

（4）芳香烃。芳香烃系列产品是台塑企业重要的产业之一，台化公司三座芳香烃厂是以台塑石化公司的轻油及芳香烃混合物作为原料，产制出苯、甲苯、OX、MX及PX。芳香烃系列的产品中，苯全数供应台化公司SM厂及Phenol厂作为原料，所生产的SM再供应下游PS及ABS厂作为原料；另外，Phenol则作为南亚公司生产BPA的原料，再供台化公司生产PC。通过此一垂直整合生产体系，除可确保稳定料源、减少中间产品外售外，并可节省运输等费用，提高市场竞争力。

（5）塑料。台塑企业所生产的塑料制品包括PVC、PE、PP、PS、ABS等五大泛用塑料及POM、PC、Nylon等工程塑料。台塑公司的PVC粉主要原料为本身所生产的VCM，PVC粉除外售外，也供应南亚公司加工制造成胶皮、软、硬质胶布、管材等各种产品。PE为台塑公司生产，产品包括HDPE、LDPE、LLDPE及EVA。另外，台化公司生产ABS及PS，提供下游生产汽机车零件、信息或民生相关用品，并生产PC及Nylon供应下游业者制造光盘片、光学镜片、民生用品及纺织、电子零件、运动器材等产品。PP则由台塑与台化公司生产，除提供南亚公司制造成各类胶膜产品外，也提供下游客户制造汽机车及电子零件、家电用品、食品容器等。

（6）纤维。台塑企业所生产的纤维制品包括嫘萦纤维、聚酯纤维、亚克力棉、耐隆纤维、弹性纤维、碳素纤维及玻璃纤维等七大类，其中嫘萦、聚酯、亚克力、耐隆及弹性纤维，分别使用于布料、成衣、毯制品、工业用帘布、渔网、伞、包装袋、窗帘等用途。碳素纤维作为航天器材、运动器材、土木工程补强布等用料。玻璃纤维则用来织成玻纤布，供铜箔基板基材使用。

台塑企业纤维原料大多自行生产，来源较同业相对稳定，从上中游的原料到下游纺纱、织布、染整均连贯整合，以追求最经济化的生产模式。

(7) 电子。台塑企业所涉足的电子产业可归纳为印刷电路板及半导体二大系列。

印刷电路板系列的电子材料，从最上游的玻纤丝、玻纤布、环氧树脂、铜箔，向下发展到铜箔基板、印刷电路板，构成上下游垂直整合的完整体系。

在半导体方面，在上游的硅晶圆部分，由台塑胜高成立 8 吋及 12 吋硅晶圆厂各一座；中游的 DRAM 产业，南亚科技公司多年来积极发展自有技术及强化利基型产品市场；在下游的封装测试产业，则由福懋科技提供封装、测试、模块整合服务，形成完整的产业链。

(8) 绿色产业及其他。台塑企业以“人与环境和谐共存”为前提，长期致力于对环境友善的产品开发，除已投入风力发电、太阳能材料、节能环保纤维、绿色环保材料等领域外，近年来更相继转投资成立多家公司，如长庚生技、台塑锂铁、南亚光电等，进行各项健康产品、锂铁电池及 LED 产业的研究开发。另外，台塑企业为尽到社会公民的义务，成立台朔环保科技公司，推广农民施用有机肥料以避免土壤酸化，并导入生产履历制度，种植有机蔬菜，使消费者了解蔬菜种植生长过程并安心食用，提升体能健康。而台塑网科技公司所研发的远程监控节能平台，可应用于环境监测、能源管理、工业自动化等领域，协助客户大幅降低能源耗用，达到节能减碳的目标。

2. 产品研发与创新

自 1954 年创办以来，台塑企业通过产业垂直整合模式，促使企业员工对原料、产品制造及加工应用积累了丰富的专业能力与开发经验。而每位技术研发人员都能认识到材料高性能化、产品多功能化、制程高阶控制化是科学发展的重要方向，除有助于终端产品寿命延长、材料加工性能改善，确保厂商工业安全、消费者使用安全及环境安全，特别针对通用型且价格低廉的材料，经由不断改良创新，扩大其功能用途，以最先进、环保的生产系统制造，提供百业制作成不同形状与功能的产品。另外，为便于厂商、消费者确认本企业研发产品的质量，对各项研发成果均送交第三公证单位进行产品认证，以期商品符合国际通用规格及品质标准。

台塑企业为积极开发质优、环保、多样性产品，除定期邀集政府、学校等研究机构举办演讲，充实自身专业技能外，在整合跨部门、跨产业研究资源方面，系由总管理处成立“产业发展小组”进行资源统筹，定期研讨产品技术、产业分析及同业比较，以深化垂直整合优势，并使各产品朝横向完整发展。自 2002 年 9 月起已陆续成立 5 个“产业发展小组”运作至今（包括：塑料、纤维纺织、电子、公用运转及电池等），定期研讨产品发展趋势，共同突破研发瓶颈、交换心得，拟定研发项目并分派任务交各部门执行，期间已完成开发多项环保节能产品，以及新产品、新事业的投资评估。

台塑企业为鼓励研发工作，设立各项研发奖励措施针对专利提案、获得认证，以及重点产品或专利衍生重大效益者进行奖励；每年定期邀集企业各部门举办“台塑企业应用技术研讨会”，遴选创新研究作品参与研发竞赛及成果发表，并由专业评审公开表扬研发成果优异的部门。截至 2012 年，本企业有效专利数为 2 278 件，申请中专利数为1 456件，发明专利占 96% 。

（四）社会认同

身为台湾最大的民营家族企业之一，我们深知对环境、对股东、对客户、对供货商、对员工、对社会大众都有一份责任，因此无时无刻谨记“勤劳朴实、止于至善、奉献社会、永续经营”的理念，在企业治理、环保、社会公益领域追求自我改善，实现对社会大众的承诺，在这过程中，除获得来自地方政府的认同，亦得到多项来自民间团体的肯定，这些都是促使我们前进的动力。

（五）经济贡献

台塑企业的经营绩效对台湾经济发展贡献卓著，近年来，集团营业收入占台湾 GDP 的比例，每年均达 11% 以上。此外，本企业谨遵相关法规诚实纳税，2012 年台塑企业缴纳税收总额 344 亿元（不含营业税），单就货物税一项，2012 年纳税 189 亿元，占当年度政府货物税收总额 1 609 亿元的 12% 。随着六轻计划的投资抵减优惠陆续到期，近年所缴纳的营业所得税均达 100 多亿元，对提升台湾建设经费及全民福祉做出了更大的贡献。

二、环境永续发展

（一）环境永续发展的承诺

1. 台塑企业安全卫生环境保护政策

我们深信环境保护与工业发展并重，确保产品安全，确保员工、承包商、厂区与小区安全是企业应承担的社会责任，更是企业竞争力的一部分。

我们认为每一次灾害、事故，不论多大多小都是可以避免防范的；通过企业的价值观，运用组织与制度的力量，让企业内各厂的工作水平达到可接受的标准；要达到此目标，所有主管都必须对制度有适度的参与及了解，提供足够的培训，要求彻底执行制度，并不断改善来确保政策与目标的达成。

所有员工必须随时充实自己的专业，以安全卫生环保为做任何决定的最基本考虑，彻底了解制度精神及贯彻制度的执行，对问题以追根究底的态度面对，并以业界最佳作业模式不断改善进步。

以身作则、从我做起，维护同事、邻居、自我的安全；维护自然环境的清洁；维护公司资产；以永续经营为目标，这是我们每一个人的责任。

2. 环保作业准则

自创建以来，台塑企业二位创办人鉴于台湾缺乏能源与资源，即本着“勤劳朴实、追根究底”的精神，追求以最少的能源与资源生产物美价廉的产品，共同为发展台湾经济、繁荣社会而努力。多年来，公司在追求经济增长之际，我们也一直坚持“环保与经济并重”的理念，积极推动污染防治与环境保护，我们的作业准则包括：

（1）在建厂设计阶段即以最佳可行技术（BAT）及最佳可行控制技术（BACT）的理念，采用最先进及能源效率最佳的制程及污染防制设备；运转以后即严格控制水资源及能源的耗用，并不断检讨改善。

（2）以止于至善、不断改善的理念，积极推动各项环保改善作业，并制定KPI绩效指标及年度目标，定期掌握各项指标执行情况及检讨目标达成进度，对于绩效落后的厂处加强辅导，绩效良好的厂处则予以鼓励，提升员工参与感及成就感。

（3）对于厂址所在地的空气、土壤、地下水、海域、居民健康等环境议题都非常在意且关切，并以零污染为目标。

（4）本着地球村的理念，举办节能减碳暨污染防治推动成果研讨观摩会，与各界分享经验和心得。

（5）对外界关心的环保议题，持续委托公正的专业机构进行调查，并通过社会责任报告书发布等形式，对外进行澄清及说明改善执行情况。

3. 安卫环组织架构

为强化台塑企业安卫环管理及永续经营需要，台塑企业安卫环组织采用从上至下一条线管理，遵循最高单位“行政中心”的指示，并由安卫环中心督导、协助及考核各公司安卫环业务，期使台塑企业在安卫环的管理上，实现安全与卫生健康零灾害、环保零污染的目标。

近年来，台塑企业为响应水资源保护及节能减碳等议题，王文渊总裁指示整合全企业资源，于2006年成立“节能减碳暨污染防治推动组织”，并指派总经理级主管担任总召集人，统筹推动各公司节水节能与污染防治改善工作，并于2008年由王瑞华副总裁指示纳入灯具节能、环境会计、绿色产品、绿色采购、办公室环保、资源回收及绿建筑等项目，以扩大环保的推动范围。

4. 安卫环管理系统

为落实安卫环管理，台塑企业将安卫环管理规定予以制度化，以供员工与承包商遵守，共计制定安环管理办法67套、管理信息系统34套、办公室自动化系统27套等，通过完善制度强化安卫环管理，同时借由不断追求改善，以达零污染的目标，企业内各公司均已顺利通过ISO 14001环保管理系统认证，合计27张证书；顺利通过OHSAS 18001认证，合计33张证书；通过TOSHMS认证，合计25张证书。

（二）环境会计

台塑企业计算机化经营管理早已卓然有成，现在更进一步应用在环保管理上，通过环境会计制度的导入，掌握企业环境支出信息、评估环境支出效益，并将企业环保相关信息向利害关系人揭露。

依据环保署定义，环境会计分为环境成本与环境效益两项，环境成本主要统计企业为减轻、预防或移除因营运活动所造成对环境的冲击，以及改进资源的利用效率，而投入的资本投资与费用支出。环境效益则是衡量企业执行环境保护活动而减少的环境冲击或改善的环境污染。

台塑企业所属的南亚公司于2004年即导入环境成本会计制度，并于2008年10月推广至企业所有上市公司，经统计，台塑企业2012年所投入的环境支出高达341亿元；同时，为进一步掌握环境支出效益，台塑企业所有上市公司于2009年10月开始实施环境效益会计制度，为台湾第一家将直接环境效益信息纳入环境会计制度的企业，充分展现台塑企业环保管理的决心与能力。

（三）节水节能暨温室气体减量

台塑企业不以国际先进技术与完成资源链接而自我满足，并持续推动各项节水、节能等资源减量工作，每月进行节水及节能减碳等绩效检讨，研讨各项节水及节能减碳技术，通过研拟项目、改善议题、举办观摩研讨会及各种辅导计划等活动，扩大改善成果。另外，认识到污染防治也是节能减碳重要的一环，强力推动废水、废气及废弃物等三废的源头减废，不仅可确保生产设备的正常运作与周遭的环境质量之外，更能减少资源与能源的浪费，降低营运成本，达到节能减碳的多重效益。

1. 节水改善绩效

在水资源有限的条件下，为能有效利用水资源，台塑企业借由制程用水减量、节水管理措施、降低蒸发损失及废水回收再利用等措施，降低用水需求。

除此之外，台塑企业为能永续利用水资源，全面加强所辖各厂区的雨水收集作业，除提高雨水收集面积外，还设置雨水储槽以妥善储存及利用，2012 年雨水总收集量约为 118 万吨，每日雨水收集量约为 3 233 吨，相当于每日园区全体员工及外包工作人员所需的生活用水量。

2. 节能改善绩效

早期的改善方式为各厂自行针对制程能源使用减量、能源重复使用、废热回收、设备效率提升及能源管理措施等进行改善，因未有跨厂整合，而无法发挥最大能源使用率。近年来，通过不断强化跨厂及跨公司的资源整合，台塑企业整体的能源利用效率已大幅提高，达到废热充分回收再利用及减碳目的。

3. 温室气体排放量盘查

自 2005 年 2 月 14 日，联合国京都议定书生效起，台塑企业本着地球村公民及善尽社会责任的理念，成立温室气体盘查推动组织，依 ISO14064 的国际规范，推动全企业温室气体排放量盘查及查证相关作业，并委托英国标准协会（BSI）及台湾检验科技公司（SGS）进行温室气体排放量查证，以确保台塑企业温室气体排放量的正确性。

（四）办公室节能减碳

1. 办公室环保与资源回收

台塑企业积极推动办公室用品回收、生活废弃物分类回收与资源化，如使用后的签字笔只更换笔芯，将可减少资源的耗用与垃圾的产生量，虽然看似可节省的空间不大，但因本企业员工数约达7万多人，只要每个人都注意保护环境，减少资源的耗用，就会有相当的助益。

2. 灯具节能

根据相关统计数据，办公室总用电量中约有20%为照明用电，由于目前普遍使用的传统照明灯具，效率较差，随着节能减排的国际趋势兴起，世界各国自2008年起，陆续将淘汰低效率照明灯具列为首要之务。本企业也响应政府政策，推动室内用照明灯具改善，大范围更换节能灯具。

（五）工厂环境保护

台塑企业自创立以来秉持工业发展与环保并重的经营理念，依最佳可行控制技术（BACT）原则，采用最佳制程技术、最佳污染防制设备及配合完善之环保管理系统等三项原则进行建厂，并不断改善，污染防制设备操作费用从2006年的72.59亿新台币增加至2012年的128.77亿新台币。

1. 空气污染防治

（1）先进的空气污染防治设备

在空气污染防治上，皆采用最佳处理设备，包括排烟脱硝设备（SCR）、静电集尘器（EP）、排烟脱硫设备（FGD）、低氮氧化物燃烧器（Low NOx Burner）、高温氧化器、废气燃烧塔、活性炭吸附系统及密闭式煤仓与输送系统等先进空气污染防治设备，配合确实的预防保养、培训与操作，使各项设备皆能发挥最佳处理效能，有效做好污染防治工作。

（2）严密的VOC减量及异味管制推动

台塑企业麦寮园区是台湾地区第一个实施总量管制的工业园区，除了前述各项污染物已符合环评要求外，还持续积极推动各种VOC减量的改善作业。

2. 水污染防治

台塑企业各厂区均依废水发生源的特性，妥善规划废水处理设施，并依权责设置专责的废水处理部门及人员，定期实施教育培训，有效管理废水处理，使排放水质符合台湾地区放流水的标准，同时积极推动各项废水减排作业，如开发无（低）污染的制程物料、废水源分类收集有效处理、废水处理药剂合理化及增设废水回收设备等措施，尽量减少水污染。

3. 废弃物管理

台塑企业2012年废弃物共2 862 190吨，其中资源化数量2 686 731吨，占

93.87%，余175 459吨均送焚化掩埋妥善处理。

台塑企业对于掩埋处理废弃物均积极予以资源化，以达零废弃、零掩埋的目标。

4. 毒化物管理

台塑企业麦寮园区各厂毒性化学物质运作的场所及设施，皆依据毒性化学物质管理法规定，取得主管机关核发相关文件，并建立危害预防及应变计划演练，进而推动毒化物运作自主管理，确保毒性化学物质运作正常，降低危害发生。

为了解毒性化学物质运作的环境流布问题，台塑企业委托专业机构执行“麦寮厂区毒性化学物质运作后果分析计划”，目前已完成厂区运作第一类至第三类，共计33厂56种次的毒性化学物质后果分析报告，并提供各厂及厂区消防队等单位作为修正紧急应变及风险管理计划的参考。

5. 土壤及地下水管理

台塑企业为有效掌握土壤及地下水质量，自建厂之初即每季执行地下水监测；为确保泄漏污染事故能尽速获得控制，经参考相关部门土壤及地下水整治流程，并向美国专家请教后，针对已发现污染及潜在污染两种情况，制订“土壤及地下水污染整治及检测管理计划”予以控管，具体措施如下：

（1）已发现污染的事故地点

- 应就可能的污染区域及厂区周界立即实施断源阻绝改善工程。
- 应就场址污染范围进行调查，提出整治计划书。
- 应确实掌握整治计划期程，进行污染改善进度控管。
- 整治期间应搜集记录各项检测数据，并做成趋势分析检讨。

（2）潜在污染的事故地点

- 针对高潜势污染区域，包括：存放毒化物或油品的地下储槽与地下管线，各厂处使用之原料、触媒所含重金属运作场所，废水处理场之输送管线与储槽、有害事业废弃物贮存场、装卸料场及煤仓，以及废水处理场的排放口底泥等进行背景普查。
- 检讨提升生产运作相关设施防蚀防漏工程基准。
- 针对运作空间受限的旧厂区工厂，相关既有老旧储槽、管线等设施，应定期执行土壤气体监测或储槽密闭测试等，并实施趋势分析管理。

（六）工厂与小区造林活动

台塑企业近年来积极推动各厂区、学校、医院及院区的绿美化，兼顾工业发展及环境保护的两全其美做法，以南亚锦兴厂区绿美化绩效为例，说明如下。

锦兴厂区坐落于桃园县芦竹乡南崁工业区内，占地面积15公顷，是企业内占地面积最小、员工密度最高的厂区之一，绿地面积仅占12 859平方米，在有限的绿地资源下，积极规划绿化、工厂公园化等措施，栽植常见苗木草花种类，如榕树、大王椰子、大叶山榄、台湾栾树、凤仙花、一串红、四季海棠、欧洲矮牵牛花等，并将绿美化区域分为行政区、生产工厂区及宿舍生活区等三大区域，落实环境绿化与美观。

1. 行政区。进入锦兴厂区大门，映入眼帘的是一棵棵宏伟壮硕的榕树群，全是建厂初期保留至今超过30年的老树，枝叶茂密翠绿，常吸引着许多鸟类及小昆虫停留。另一边行政大楼旁有整排的大王椰子树耸立在门口两侧，感觉有如标兵似的站立欢迎贵宾莅临；还有绿油油的草坪以金露花镶边及白色卵石相间，更增添绿意盎然的美观气息。

2. 生产工厂区。生产工厂区的绿化系实行森林化的规划，于主要道路种植大型榕树，次要路段及厂房四周花台，种植肯式南洋杉、细叶榄仁、垂叶榕、福木及圆榕等；另于各工厂门前以季节性花草或具开花性灌木相辅点缀，提升整体景观之美观性。

3. 宿舍生活区。为了营造家的感觉，锦兴厂宿舍生活区的绿化实行较柔性的规划，除种植黑板树、大叶山榄等大型乔木外，也搭配不同季节性开花性灌木，如宫粉仙丹、九重葛、紫罗兰、扶桑等，每到花朵绽放的季节，不仅让厂区同仁在心灵休闲放松之余，同时有视觉上的享受。

三、利害关系人关心的环保议题

台塑企业的麦寮园区建厂于云林离岛工业区，当地居民除期望园区的兴建能带动当地经济发展与繁荣外，更关切是否会影响当地环境，台塑企业为感谢麦寮居民的支持与政府的期许，在追求企业永续发展中，积极落实环境保护管理工作，并将提升当地环境质量列为重要目标及社会责任。

（一）麦寮园区与云嘉南空气质量的影响

经汇总环保部门位于北、中、南空品区包括台北县土城、彰化县线西、云林县台西、高雄市小港4个空气质量监测站，逾340万笔监测数据发现，台湾西部各地的空气质量变化趋势大致相同，云嘉南空品区并没有出现特别异常的情形。以臭氧监测数据来看，显示臭氧浓度上升系全台普遍状况而非云嘉南空品区的特有现象。

由于臭氧是挥发性有机物及氮氧化物经过阳光照射而生成，而挥发性有机物和氮氧化物的来源除了工业排放以外，交通工具所排放的废气更是重要的来源，甚至台湾以外的污染长程传输也会有所影响。台塑企业已于2010年7月在云林县台西乡设置一座光化学监测站，用以监测形成臭氧的挥发性有机物浓度，委托学术机构进一步分析，查清臭氧浓度增加的主因，并将正式结论产生后向社会大众公布，了解我们对此议题的关切程度与具体做法。

此外，过去外界普遍主观认为麦寮厂属石化制程，认为厂区应该会有异味排放情形，所以民众只要闻到味道，就直指麦寮厂排放，造成本企业及环保主管机关有所困扰，为查清此异味来源，本企业自2010年9月17日起成立异味防制小组，由总管理处及四大公司组成异味联检小组，每日针对制程及厂区周边进行异味巡查，且于每日下午4时向驻厂副总及协理报告当日查核结果，要求异味厂处一级主管提出项目改善报告，督促厂处尽速消弭异味，执行至今，厂区内异味源呈现逐年减少趋势，目前已由2010年63件、2011年38件、2012年13件，合计114件中改善完成90件、改善中有24件，显示厂区异味管制已具明显成效。

（二）麦寮园区用水议题的影响

云林麦寮园区之工业用水从2002年营运初期的0.9亿吨/年，随着六轻计划建厂用水量逐年增加，至2007年达用水高峰1.2亿吨/年，经力行节水措施推动改善，用水量逐年减少，至2010年用水量降为1.08亿吨/年。2011年则因产量调整因素，用水量降为0.98亿吨/年。

此外，因云林农田水利会的灌区约有6.4万公顷，早期因水资源不足，无法全面种植水稻，仅有1.4万公顷为双期作田，可种植一期水稻，其他农地则规划为单期作田、三年一作、三年二作田等制度。水利会便依可种植水稻的面积，估算每期计划用水量。在枯水期，轮作田（如单期作田、三年一作、三年二作田）是不能种植水稻，水利会不供给灌溉用水。另农民参加农委会水旱田后续调整计划领取休耕补助，此种现象导致水利会在用水上有多余的空间可进行调配。至于第二期作种植期间为丰水期，因此云林水利会灌区轮作田也可以种水稻，同时亦有节余水可供麦寮园区使用，因此，丰水期用水量甚少。

台湾地区每年 11 月起进入枯水期，而冬季的东北季风，导致浊水溪河口风飞沙问题又起，集集拦河堰是否为阻断浊水溪水流，造成沙尘飞扬的主因，成为媒体及民众关注讨论的议题。水利部门表示，集集拦河堰的主要功能是建立共同引水机制，以定供应南、北岸既有标的的用水，而非拦蓄枯水期水量，枯水期浊水溪沙尘飞扬是自古至今已存在的现象，问题扩大应是大自然变化、不降雨日数增加造成河川川流减少，并非拦河堰兴建营运造成。为协助解决长久以来各河口扬尘问题，水利部门也已于 2009 年、2010 年度编列3 564万元，积极投入配合进行改善。

综观上述，虽然麦寮园区的用水不至于排挤其他产业及发生与农民争水权，但台塑企业为有效利用国家珍贵的水资源，尽企业对社会之责，除努力通过制程的改善、设备效能提升、操作条件最佳化、废水回收再利用等来提升用水效率外，也已同步推动废水回收、雨水回收及农业回归水回收等再利用。

（三）麦寮园区防灾预防及应变计划

鉴于 2011 年与政府主管机关联合举行“云林县离岛式基础工业区毒性化学物质灾害防救暨复合型灾害应变演练”，显著提升企业与政府机关应变整合决策能力，企业自 2012 年第三季度起，每季与云林县政府合作，结合政府机关共同举行联合演练，强化灾害应变能力，让政府机关各救灾单位能了解麦寮园区各制程厂致灾因子及潜在危害的可能原因。

联合演练通过实兵进行，由园区内台塑、南亚、台化、台塑石化及长春、大连等公司轮流举行，模拟园区发生事故时，厂区自卫消防编组及各厂间区域联防启动机制、灾害初期应变演练、外部支持单位（云林县消防局、环保局、环保署中部环境毒灾应变队等）与厂区消防队协同救灾演练等过程。2012 年与云林县政府消防局共同举行过二次演练，包括毒化灾事故、大型储槽火警、管线泄漏火警、海洋污染等项目，演练成果可强化厂内人员初期应变抢救能力，让县消防局更熟稔园区内消防系统，并可提升与园区消防队之协同救灾能力。

（四）成立麦寮园区对环境影响的评估与咨询委员会

1. 空气质量影响评估与咨询委员会

鉴于麦寮园区空气污染排放对云嘉南地区空气质量影响是大众所关心的问题，台塑企业于 2011 年 9 月成立“麦寮园区对空气质量影响的评估与咨询委员会”，拟定3个工作阶段以完整评估麦寮园区对附近地区空气质量的影响：第一阶段就大环境现状先行了解，包括整合观测及模式仿真以确认麦寮园区附近空气质量的演变，以及人体健康有关物质的含量及其随时间演变与区域分布情况；第二阶段为厘清麦寮园区对其周遭大环境空气质量的整体贡献，认清此大环境中麦寮园区的角色，包括排放各种化学物质对环境空气质量演变的影响，包括短期、长期及突发性事件，并认清麦寮园区及附近区域以外的大环境对此区域的影响；第三阶段将寻求最佳减量对策与企业社会和平共存方式，并依据前二阶段成果，研判如何改善麦寮园区在此环境中的角色，探讨各种改善方针对提升环境质量的贡献，预计2015年可完成麦寮园区对附近地区空气质量影响的评估。

2. 海域生态影响评估与咨询委员会

为使工厂的各项运作必须以业界最佳技术与最佳作业模式作为不断改善的目标，企业于2010年规划成立“台塑企业麦寮园区排放水对海域生态影响评估与咨询委员会”，以确保竞争力。2010年12月及2011年10月二次邀请委员会成员、海域水质与海域生态领域的专家学者，以及地方主管机关相关负责人共同参加“麦寮工业园区放流水质确保及友善环境咨询座谈会”。会议中与会专家学者针对外界关心的海水酸化与生物急毒性等问题提供多方面建议。本企业也参考国外专家的专业意见，为尽可能使电厂排放水混合均匀，放置二道消波块于排放渠道中间；经过一段时间的定期调查，已在排放水道出海口采样平台的消波块上发现了固着性藻类、海蟑螂以及生活在高潮线以上的波纹玉黍螺，虽然数量不多，但证实了水质状况已有所改善。本企业除于排放渠道抛置消波块，增加冷却海水与脱硫废水的混流，提升放流水的水质稳定度外，预计投资20多亿元新台币设置曝气系统，以改善放流水中的pH值。另为防患于未然，本企业以事前管理与防治取代被动整治，2013年将以海洋污染防治为主轴，举办环境咨询座谈会，以达更高水平的自我要求。

（五）麦寮园区对当地居民健康的影响

1. 麦寮园区健康风险评估

自2009年起，委托成功大学启动特定有害空气污染物所致健康风险评估3年计划，该研究计划原定将完成30种以上重要空气污染物的健康风险评估，作业内容包括建立麦寮园区特定有害空气污染物排放清单、毒理数据及推测排放量，并依毒理及物化特性选定优先进行模拟及风险评估的物种，通过模式仿真前述排放物质在环境中的流布，据以评估当地居民经由食入、吸入及皮肤接触等途径所造成的健康风险，并提出适当的风险控制与管理做法。

健康风险评估 3 年计划已于 2012 年完成，共计完成 32 种特定空气有害污染物（非）致癌风险评估，最大总致癌风险值介于百万分之一至万分之一，而最大总非致癌风险值低于 1，依据环保署公告的《健康风险评估技术规范》，对人体健康的影响已属可接受的风险。

麦寮园区各制程均已实行最佳可行技术来减少化学物质的大气排放，为进一步确保在地居民健康，减少对周遭环境的冲击，依评估结果制定多项风险管理及改善策略，包括储槽密闭回收处理、排放管道加高及加强自主检查等作业。

2. 麦寮园区对当地居民健康促进

为能公正评估麦寮园区建厂前后对当地居民罹患癌症的影响，经采用目前行政院卫生署公布至 2011 年的全台湾癌症数据显示，全台各县市癌症死亡率均有每年增加的趋势，推测这与医疗质量、癌症筛检技术提升，以及 1995 年全民健保实施后癌症病历记录与统计日渐详实有关。

“永续经营、奉献社会”为本企业重要的经营理念，对台湾地区医疗资源贫瘠的云林沿海地区，除筹设云林长庚医院提供医疗服务外（2009 年 12 月营运），自 2010 年起结合长庚体系医疗教育资源，共同推动附近居民卫生教育与健康促进工作，致力扮演敦亲睦邻角色，并持续关怀邻近居民健康，以深耕回馈当地小区理念，进而达成麦寮地区成为健康促进典范小区的愿景。

（六）麦寮园区对当地渔业的影响

1. 麦寮园区附近海域渔业调查

根据渔业年报显示，自 1993 年麦寮园区开发至 2011 年的 19 年间，云林县年平均总渔获量约 52 106 吨，其中沿近海渔业占 1.2%、海面养殖占 11.7%、内陆养殖占 87.1%，显示云林县渔获量以内陆养殖为主，近年来渔获量未随麦寮园区建厂及营运有减少现象。

2009 年 8 月起，台塑企业委托学术机构进行“麦寮及附近地区渔业经济调查计划”至今，虽未能查清麦寮园区营运是否直接或间接影响渔民收益，但初步调查结果显示文蛤养殖、云林县具养殖登记证与无养殖登记证的文蛤年总产量估算后略高于渔业部门 2011 年公布的产量与产值；经调查估算后的渔业捕捞年产量约为渔业年报的 7 倍，其中以鳗苗的产量最低，单位价格最高，波动最大；牡蛎养殖，调查结果显示并无养殖期延长的问题。除了现况调查外，台塑企业基于协助云林乡民提升养殖产量以及强化环境管理，并委托专业机构进行“提升麦寮邻近区域渔业养殖技术及渔产品附加价值项目计划”，以积极的管理模式协助养殖户建立维护环境使用质量的良好习惯，在辅导养殖户改良养殖环境后，辅导户均反应大有帮助，逐渐认同台塑企业协助提升当地养殖业的决心，并希望能扩大辅导户数，提升养殖生物的存活率及收益。同时协助渔民申请产销履历验证，以及建立无用药管理观念；并推动自有品牌建立，目前已有23户申请通过产销履历验证。

2. 麦寮园区附近海域鱼苗放流执行情形汇总

鉴于台湾地区沿岸渔业资源在长期过度捕捞下日渐枯竭，为展现友善当地环境的精神，台塑企业遂于麦寮工业区附近海域投入鱼苗放流的保育工作，以丰富当地渔业资源，提高渔民的渔获量，2008~2012年，总计放流鱼苗已超过111万尾。

为进一步提升民众海洋生态保护观念，台塑企业积极推动保育倡导活动，特别聘请具海洋生态保育经验及渔业知识背景的专家学者担任讲师，向当地渔村青少年及学校师生授海洋生态保育课程，期能借此复育策略，促进地方渔业永续发展。

（七）麦寮园区对中华白海豚的生态影响

中华白海豚于2008年8月被世界自然保护联盟（International Union for Conservation of Nature）红皮书公告为极危险级（Critically Endangered）保护动物，并据国内研究显示其于台湾活动海域，系以苗栗到台南沿海离岸3公里区域作为栖息范围，为保护白海豚生态区域，本企业委托学术机构调查云林沿海中华白海豚的分布情形，以判定麦寮园区对其生态的影响程度。

为查清麦寮园区是否对中华白海豚造成影响，需先了解中华白海豚空间分布及族群结构变化，自2008年起已委托专业机构执行3年项目计划，总计102趟有效出海调查，结果显示白海豚主要活动于云林沿岸狭长范围内（离岸<3km，水深<15m）南北移动，族群结构以青、少年期为主，母子对比例高，故云林南海域为重要的育幼地，尤以新虎尾溪口、旧虎尾溪口至3条仑沿海为重要的栖息地。因中华白海豚生活在海上难以实际掌握其分布情形，需要借助长期观测才能建置完整的分析数据，因此已持续委托专业机构于2012年起执行新的3年调查计划，除维持原有的海上观测外，新增中华白海豚的食饵鱼类调查及生态模式建立。

根据2012年初步执行结果，出海调查结果发现频率与前3年相当，但其中在放流口附近观测到一群白海豚，距离放流水口仅105公尺，显示放流水口不影响白海豚移动行为，亦可代表麦寮园区运作对白海豚生态作息并无任何影响。

（八）麦寮园区对附近地区交通的影响

麦寮园区为疏解每日上下班时段员工出入及承揽商进出车辆，造成当地高峰时刻交通拥堵问题，积极实施员工及承揽商分段上下班制度、设置员工班车、雇用义警指挥邻近重要路口交通等疏导措施，力求维持良好交通秩序，有效减少车辆集中出入厂之情况。而当地居民也表示目前交通状况已获改善，除可显见麦寮园区对于关怀当地居民生活质量的用心外，更可代表园区运作并不会对当地交通造成影响。

（九）配合云林县政府推动人与环境友善计划

台塑企业在环境保护、污染防治及友善环境等方面的关心重视，向来秉持积极面对问题以寻求原因及因应改善的态度，期在持续发展经济之际，达到善尽社会责任的目标。2010年度配合云林县政府提出“人与环境友善计划”的构想，台塑企业除认同县政府照顾县府之美意，在下列方面也配合县政府的规划，积极协助相关推动作业。

1. 健康风险评估与流行病学调查

为分析麦寮园区对当地居民健康的影响，公正评估麦寮园区建厂前后对当地居民罹患癌症之关联性，台塑企业与云林县政府达成合作办理“人与环境友善计划的健康风险评估及流行病学调查”协议，经双方推派的10位专家学者共同研议具体计划及相关执行作业，为借鉴欧美等先进国家的经验，台塑企业极力邀请美国环保署及得克萨斯州大学专业学者担任委员，召开2次专家学者会议，初步结论包含所有风险因子均需纳入考虑及20~30年的长期性研究；后续将针对先期研究规划报告重新进行修改，并再次协调第三次专家学者会议开会时间，期盼双方未来透过合作模式，寻求经济发展与环境保护的平衡点，让每位居民都能感受计划所带来的福祉与愿景。

2. 农渔业发展安定基金

由于麦寮园区兴建于云林沿海地区，可能使沿岸渔民的渔业活动受限、渔民权益及所得减少等现象，我们为照顾当地民众生计及落实与地方共存荣的决心，2010年与云林县政府共同成立“100亿云林县农渔业发展安定基金”，台塑企业也拨30亿元基金并分4年编列赞助外，其余与县政府向上一级政府争取相关经费。目前本基金的用途已扩大至协助全县农、林、渔、畜业的产业发展，涵盖范围及照顾层面深入且广阔，2010年、2011年及2012年各拨付7.5亿元给云林县政府，县政府也于2010年12月13日公告《云林县农业发展安定基金收支管理及运用办法》，颁布渔业资材及设备、农业经营辅导与微型创新事业、安全农业推广教育与农业专业人才培训、农业生产竞争力提升及提升建构安全农业设施等五大补助作业的申请流程，供县民得以申请补助。

3. 造林减碳对等补助

配合云林县政府推动平地造林减排活动，2011年起进行10年期造林碳减排对等补助。目前云林县内参与平地造林奖励作业的申请面积为1 108公顷，台塑企业为响应此活动，已提供2.96亿元新台币对等补助款项给造林申请户。

4. 辅导就业、建教合作

为提升麦寮当地繁荣，增加当地民众就业率，减少人口外流，本企业与云林县政府共同执行年轻学子辅导就业及建教合作，并于2011年4月18日由县政府召开“云林县麦寮高中2011年度成立化工科招生协调会”，每年提供麦寮园区10名化工基层人员就业名额，对于符合条件的毕业生，均纳入前麦寮园区允诺保留40%新进人员招生名额、台西子弟的人数计算，并拟据此试办3年。

5. 环境道路养护基金

麦寮园区营运期间，造成周遭地区重型车辆大幅增加，为确保并改善厂区周边道路质量，台塑企业与云林县政府合作成立“环境道路养护基金”，每月均协助麦寮乡执行3条园区联外道路扫街，维护周边环境道路清洁。

（十）麦寮园区附近海域水质变化分析

台塑企业麦寮园区依环评要求设厂后，每季于麦寮附近海域进行水质监测，监测点位于近岸区、远岸区、潮间带、灰塘区、专用港及新虎尾溪河口，共设置15个监测点，汇整历年监测资料，除邻近浊水溪及新虎尾溪河口潮间带有部分监测项目如氨氮、生化需氧量及悬浮固体未能符合甲类海域水质标准外，其余监测点均符合甲类海域水质标准，由于潮间带测站位于浊水溪及新虎尾溪河口，其部分测值超标系受到上游排放水质影响成分较高所致。影响麦寮附近海域水质，除麦寮厂区的放流水外，浊水溪、新（旧）虎尾溪等上游水质也是重要来源，由环保署监测网站历年监测结果，可看出整体河段水质营养盐偏高系受到生活污水影响所致。浊水溪及新（旧）虎尾溪口潮间带因承受排入的废（污）水，使得水质状况较差，以致部分测项未能符合水体分类水质标准。

历年监测结果，厂区最终放流水pH值皆符合放流水标准，大部分介于7.0～8.0之间；因本企业严格要求各废水处理场严格控管放流水，若未能符合标准，应将废水再处理直到符合放流水标准后再排到溢流堰，而厂区环保管理部门每日加强查核各公司废水处理场之操作及检测排放水质，致各废水处理场排放水皆符合排放标准。

“行政院环境保护署”于2010年间对麦寮园区营运10年进行总体评鉴，在评鉴报告中对麦寮园区附近海域pH值做出说明，从历年各监测单位之所有测站pH值变化趋势，发现大部分数据符合甲类海域水质标准，海域pH值以麦寮园区放流口2公里范围内为主要受影响区域，以外区域并无明显受到其影响。

（十一）麦寮厂区邻近学校装设气密窗及学童就地掩蔽演习

为防范麦寮园区化学物质不慎泄漏，飘逸厂外影响邻近校区的学童健康，本企业参考美国得克萨斯州厂相关处理做法，于厂区邻近学校教室设置气密窗，若遇厂内异味飘散或气体泄漏，可供学童作为就地掩蔽场所。

以仑丰小学及桥头小学许厝分校等两所学校试办，将学生活动中心门、窗户改为气密窗作为就地掩蔽场所，并提供饮水等民生用品，避免事故发生需疏散时造成学童身心的恐慌。

为使邻近麦寮园区各校能明确了解学童就地掩蔽的演习流程，本企业于气密窗设置完成后，配合校方举行学童就地掩蔽演习，其中仑丰小学对此演习相当重视，特邀云林县政府莅临指导，本企业也派专人出席，将演习过程全程录像，并制作成观摩影片后，分送麦寮园区邻近各校参考；桥头小学许厝分校2013年9月迁校完成后，再规划办理学童就地掩蔽演习。

四、公司治理

（一）股东：做一个让投资者信赖的企业

台塑企业向来认为企业经营最基本的要求，就是要让全体股东获得合理的投资报酬，唯有企业经营获利，才能让投资者信赖，也只有当企业拥有足够的利润，才更有能力照顾员工，并为台湾地区创造更多的税收，进而为利害关系人奉献一己之力，带动社会与企业共同成长，实现企业永续经营的目标。

1. 公司治理概况

(1) 集团上市柜公司概况

台塑集团上市柜公司情况见表2-18。

表2-18 台塑集团旗下的上市柜公司 （单位：百万新台币）

公司	成立日期	上市日期	股票代号	员工人数（人）	总资产	2012年营收净额	市值
台塑	1954.10.30	1964.07.27	1 301	6 003	343 927	173 035	481 103
南亚	1958.08.22	1967.11.05	1 303	12 086	393 848	183 043	439 729
台化	1965.03.05	1984.12.20	1 326	5 448	384 596	288 025	426 785
台塑石化	1992.04.06	2003.12.26	6 505	4 885	463 621	892 633	819 233
福懋兴业	1973.04.19	1985.12.24	1 434	4 797	66 230	34 699	47 171
南亚科技	1995.03.04	2000.08.17	2 408	2 452	100 189	32 478	59 898
华亚科技	2003.01.23	2006.03.17	3 474	3 608	89 804	35 296	20 918
南亚电路板	1997.10.28	2006.04.07	8 046	7 035	35 854	28 804	23 197
台塑胜高	1995.11.21	2007.12.10	3 532	957	23 935	9 510	23 891
福懋科技	1990.09.11	2007.11.29	8 131	2 499	12 428	10 654	7 584

注：员工人数、总资产及市值为截至2012年12月31日的资料。

(2) 治理架构

台塑企业恪遵创办人的经营理念，致力保障所有利害关系人的权益，因我们深信唯有通过一套严谨、有效率的公司治理机制，才能确保企业遵守法令、财务透明及并提升经营效率，进而不负投资者的寄望与托付。

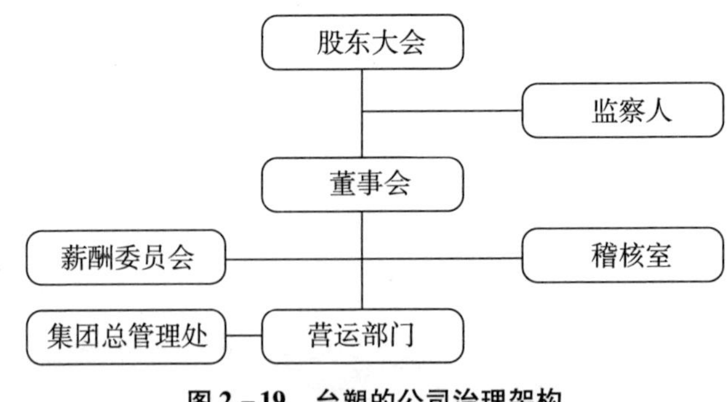

图2-19 台塑的公司治理架构

（3）专业有效的董事会运作

台塑企业董事会受股东所托，为公司最高治理机构，其运作除执行股东会各项决议外，依据公司法、公司章程、董事会议事规范等规定执行，台塑企业制定了《董事、监察人及经理人道德行为准则》，要求相关人员执行职务时，能秉承道德规范，防止有损及公司及股东利益的行为发生。

董事会主要职责在于确保公司信息透明及遵循法令、高层经营主管的任命、盈余分配案的拟定及公司营运的监督与指导等，而董事会的成员皆由股东会选任。

台塑企业董事会的运作首重专业，董事会成员均为学有专精且产业经验丰富的人士，尤其是多位董事在石化、塑料产业长期经营，凭借其丰富的经验与能力，为台塑企业未来的发展，提供最专业的策略指导。此外，台塑企业董事会传承创办人追根究底的企业文化，引领经营团队及全体员工实事求是的工作态度，并通过制度化管理，确保经营团队向董事会呈报经营分析数据能实时正确，以利董事会做出最有效的指导与决策。

（4）与股东利害与共的董事会

为避免董事与公司发生利害冲突，台塑企业董事若欲解除其竞业禁止的限制，均需依据公司法规定，向股东会说明，并取得股东会的许可后方能定案。此外，台塑企业董事会具有以下两点特色，以确保与股东利害与共。

- **董监持股及质押比例**

如何让股东与董事的利益一致，减少代理问题，董监事持股比例及质押比例至为关键。2012年，台塑、南亚、台化及塑化4家公司的董监持股比例介于14%～83%之间（见表2－19），均远高于主管部门对于同规模的公开发行公司董监事最低持股成数2%的要求；同时4家公司的董监持股质押比例均处于极低水平，这些比例反映台塑企业各公司董事会利益与股东呈现高度相关性，是一家值得股东托付与信任的优质企业。

- **董监酬劳**

2008年的全球金融风暴，唤起全球各国思考公司高管坐领巨额报酬的合理性，多国政府甚至制定《肥猫条款》，防止高管领取不合理的过高报酬而损害股东的权益。台塑企业二位创办人对此现象早有灼见，其数十年来未曾领取董事酬劳，早为社会各界所津津乐道，二位创办人主要理念在于董事同属公司的股东，只要公司经营获利，董事即可从股利的配发获益，这种企业文化充分反映台塑企业合理的董监事酬劳，以及为广大投资人利益着想的态度，而投资人及社会各界也均给予充分的肯定与信任。

表 2－19　台塑企业四大上市公司董监事持股及持股质押比例　（单位:%）

公司/项目/年度		2008 年	2009 年	2010 年	2011 年	2012 年
台塑	董监持股比例	21.83	22.09	22.59	23.14	24.01
	董监持股质押比例	1.41	1.30	1.08	1.06	1.02
南亚	董监持股比例	17.44	17.44	17.54	17.54	17.55
	董监持股质押比例	7.19	7.19	7.15	7.15	7.23
台化	董监持股比例	26.51	26.29	26.29	26.29	26.57
	董监持股质押比例	0	0	0	0	0
台塑石化	董监持股比例	82.6	82.75	83	83	83.03
	董监持股质押比例	14.95	14.48	14.44	14.44	14.44

注：董监持股比例为董监持股数占公司流通在外股数的比例、董监持股质押比例为董监质押股数占持有股数的比例。

台塑企业所有上市公司于 2011 年设置薪资报酬委员会，就公司董事、监察人及经理人的薪资报酬政策及制度予以评估，并向董事会提出建议，以供决策参考，避免发生薪酬政策引导董事及经理人逾越从事公司风险的行为。表2－20 2008～2012 年集团四大上市公司董监事报酬占税后净利的比例。

表 2－20　台塑企业四大上市公司董监事报酬占税后净利比例　（单位：百万新台币）

公司	项目	2008 年	2009 年	2010 年	2011 年	2012 年
台塑	董监酬金	34	4	7	18	17
	所占比例（%）	0.17	0.01	0.01	0.05	0.12
南亚	董监酬金	35	37	14	18	18
	所占比例（%）	0.38	0.23	0.03	0.08	0.43
台化	董监酬金	9	9	12	16	15
	所占比例（%）	0.14	0.03	0.03	0.05	0.22
台塑石化	董监酬金	10	11	12	15	20
	所占比例（%）	0.06	0.03	0.03	0.07	0.75

注：所占比例为董监酬金占税后净利的比例。

（5）独立的监察机制

台塑企业通过监察人、独立董事的设置及完善的稽核管理制度，架构独立的专业监察机制。台塑企业监察人的主要职责是秉持诚信独立原则，监督公司业务执行及财务状况，并查核公司财务表册，担负公司法及股东所赋予的责任与义务。

近年来，主管部门大力推动独立董事制度，台塑企业身为台湾标杆企业，积极聘请各界具有专业背景与经验的专家学者担任此一职务，期能借助外部人士超然公正立场所提供的建言，给予企业经营更好的监督与指导，未来更将逐步规划设置审计委员，由独立董事组成，协助董事会执行监督职责及负责公司法、证券交易法及其他相关法令所赋予的任务。

除监察人及独立董事的监督外，台塑企业更有完善的稽核制度，确保公司财务透明及恪遵法令，相关稽核报告亦均需于每次董事会呈报。各公司除设有稽核室执行内部稽核外，其所共同成立的总管理处，更扮演独立稽核的功能，除可提高稽核作业的专业度及效率外，更可发挥其超然独立的地位，确实达到完全监督的成效。

2. 经营绩效

经济景气有好有坏，唯有不断改善以确保全球竞争力，才是企业根本的生存之道。台塑企业2012年在台湾地区的营业额达新台币18 567亿元，税前利润额达13亿元，依福布斯杂志（Forbes）2013年公布的全球2 000大企业排名，集团内有台塑石化、台塑、台化及南亚等4家公司入榜，表明台塑企业经营绩效已跻身国际性企业之列。

3. 稳定的股利政策

早在2001年出台“平衡股利政策”前，台塑企业已认识到过高的股票股利将造成股本过度膨胀、稀释每股盈余，不符合企业永续经营的目标，因此早已将优先配发现金股利作为台塑企业的股利政策，因为唯有通过发放现金股利、与股东实质共享营运利益，才是保障股东权益的最佳方式。

4. 投资人关系

（1）股东服务

台塑企业为提升股东服务，于总管理处财务部下设服务部门，专责服务工作。通过管理计算机化的不断精进，目前负责的全企业公司服务家数涵盖所属10家上市公司及52家未上市公司，服务股东人数总计105万。

台塑企业服务部门作为公司与股东间的桥梁，不断致力于提升其服务水平，包括印鉴比对系统的开发及库房安全防范系统的加强等。此外，本企业上市公司股票已全面无实体化，进一步完善股务作业。

台塑企业及各公司网站均设立“投资人专区”，提供投资人问答集，解答股东常见问题，并即时于公开信息观测站公告应披露的报表及信息。

（2）法人投资机构关系

台塑企业为维系与法人投资机构之间的良好关系，已在各公司设置发言人制度，提供法人投资机构与各公司的对话联系窗口；而所属科技公司，如南亚科技及华亚科技等公司，更定期召开法人说明会，建立与机构法人面对面的沟通渠道。

5. 内控机制

台塑企业内部控制的特色在于将内控机制落实于公司各个层面，并透过完善的内控机制，促进公司营运效率并降低风险，再辅以稽核管理的执行，确保公司经营能保障股东的权益。

（1）管理作业计算机化

台塑企业自 1968 年成立总管理处至今，积极推动全企业管理制度统一，导入目标管理及项目改善工作等，并自 1982 年起推行管理作业计算机化。

台塑企业的管理区分为人事、财务、营业、生产、资材、工程等六大管理职能，现场使用者将基础数据输入计算机，层层转送使用，各职能间数据相互撷取与串联，且数据间的衔接均设有检查点，通过计算机逻辑判定，自动钩稽数据与侦查，一旦发现异常，即提示相关人员了解异常原因及待处理作业，最终形成可供编制各种经营分析报表的计算机数据。因此，台塑企业的内控机制与其他企业最大的不同之处在于，全面管理计算机化，可大幅降低人为的介入与判断的失误。

（2）一日结算展现上轨道的管理

台塑企业另一项证明管理作业计算机化的成就，即是实现“一日结算”的目标。台塑企业于 2001 年 5 月完成一日结算目标，尔后于每月 1 日早上，让管理层可迅速获得上个月的管理损益数据，并据此做出各种管理决策，而其经营信息的快速取得，也正是管理作业计算机化的最佳例证。

台塑企业内部管理作业计算机化，不仅是作为管理工具，更是不断寻求管理再精进的重要参考，凡是现行作业可由计算机替代，就有可改善的空间，其主要在于贯彻创办人不断追求“合理化”的精神，并以止于至善作为最终目标。

（3）专业独立的内部稽核运作

台塑企业各公司设立隶属于董事会的稽核室，聘任专职内部稽核人员，其每年必须参加专业培训机构所举办的稽核业务相关课程，以不断精进专业能力。台塑企业早在1968年设置幕僚性质的总管理处，将各公司相同的管理职能统一集中，充分运用资源，并负责制定全企业的管理制度、规划各项制度的计算机化机能、推动管理及项目改善工作等。此外，对企业各机能业务进行独立稽核与督导工作，确保经营效率。

台塑企业内部稽核不仅是各独立稽核部门的责任，公司各部门也需针对特定稽核项目，于规定周期内进行自主性的业务检查，而独立稽核部门则视其自主检查结果，定期或不定期实施复检，确保各部门落实自主检查的执行。

（4）反贪渎

台塑企业秉持"勤劳朴实"的精神，制定严格的道德规范，期望员工无论在工作中还是日常生活的言行举止上，都能以负责任的态度遵循各项行为规范及伦理准则。本企业向来以严谨的制度，确保员工无泄漏商业机密或谎报事实、品行不端或行为粗暴、偷闲怠工或擅离职守、营私舞弊或挪用公款、造谣生事或煽动怠工，以及违反性别工作平等的行为。

另外，台塑企业也要求员工不得接受厂商邀请的应酬及财物馈赠，更要求采购部门的员工务必遵守利益回避；同时针对所有担任营业、采购、成品仓储、监工及预算等职务者，全面推动定期轮岗作业，以防范各类弊端发生。

我们希望借助业务的执行，让每一位员工在工作与生活中都能遵循道德伦理规范的习惯，塑造"勤劳朴实"的台塑企业文化。针对违反规范的员工，一旦查证属实绝不宽待，并连同其直属督导主管亦视情节予以连带处分，以示警惕且以昭公信。

（二）客户：做一个与客户共同成长的企业

客户是企业主要的服务对象，形成一种与客户共存荣的合作关系是台塑企业向来十分关注的重要议题。对台塑企业而言，营业人员是客户与企业之间的沟通桥梁，客户服务不单是营业部门的职责，更是全体同仁皆需以提高客户满意度作为持续努力的目标，落实平日业务执行及相关管理活动，创造一个与客户共同成长的企业经营环境。台塑企业相当注重客户权益与宝贵意见，当下游客户业务顺利推进，即表示对台塑企业的支持与肯定，期盼借此形成良性循环，与客户共同成长，追求双赢的合作关系。

1. 协同合作的客户关系

台塑企业的发展与客户彼此间存在相互依存在重要关系，因此我们致力成为客户信赖、与客户共同成长的事业伙伴。为加强客户关系，由营业部门定期拜访客户，针对现有或新产品进行意见交流，建立互动及时的沟通渠道，并通过每年定期举办经销商大会或参加产品展览会等，直接与客户面对面进行市场信息交流研讨，将客户反映的事项纳入公司营运及未来改善之中。

近年来，台塑企业与客户伙伴积极发展对环境友善的产品，包括上游石化、塑化原料、中游塑胶、化学及电子原材料等，为能与客户共同朝绿色产业发展，将持续投入绿色环保产品的研究。

台塑石化公司为落实环保政策并善尽社会责任，已于市面上推出10ppm超低硫环保柴油，此项产品不仅优于国家标准（50ppm）且领先同业提早上市外，更成为亚洲（日本以外）最早推出的产品生产者。

超低硫环保柴油的优点是能有效改善空气质量，减少硫酸所造成的引擎腐蚀性磨损及酸雨，能增加触媒转化器的使用寿命，也符合欧V的环保标准。而对消费者来说，因购买10ppm超低硫环保柴油与市售超级柴油价格相同，除了不会造成额外的经济负担外，更能让大家为地球善尽一份心力。

客户关系管理是企业永续经营的重要环节，为能了解客户宝贵意见，台塑企业明确制定客户投诉渠道、退换货及赔偿申请程序，使客户通过《客户意见反映表》表达相关意见，而产品客诉则由营业员填写《客诉处理表》，办理各项退换货、折让或赔偿，并将处理进度纳入计算机管理。在客户意见反映渠道方面，本企业在网站上提供各公司产品销售服务专线及电子邮件信箱，方便客户利用多元管道直接反映意见，相关部门则定期将客户所关心的议题汇总后，进行分类与分析，依其重要性、时效性界定改善优先级，并确保客户需求获得处理，以提升产业竞争力。台塑与利害关系的对话与回馈机制见图2－20。

2. 客户满意度调查

为提升客户满意度，搜集客户对本企业提供各项产品及服务的看法与建议，以供内部营运改善参考，同时为符合ISO 9001对客户质量承诺及重视客户满意度的精神，目前台塑、南亚、台化及台塑石化公司每年至少有一次针对其内、外销客户的客户满意度调查，其中调查问卷内容包含产品特性、产品质量、产品交

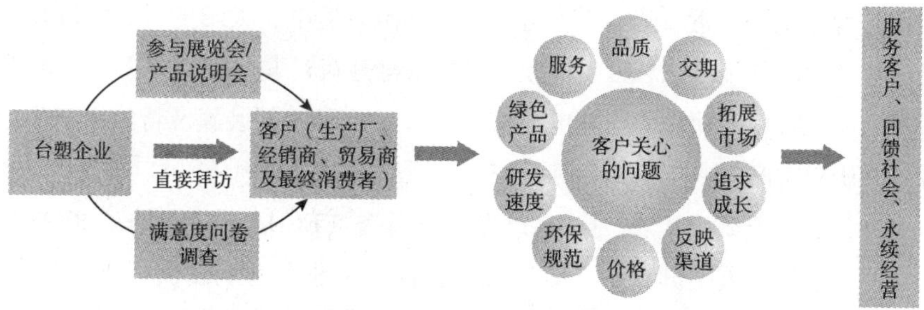

图2-20　台塑与利害关系人的对话与回馈机制

期、产品价格、服务态度、技术服务、品牌形象及整体满意度等八大主题，且问卷题目会随客户所关心的题加以进行修正。

依据2012年台塑企业客户满意度调查结果，台塑、南亚、台化及台塑石化四大公司的综合表现均高于“满意”指标，其中产品价格项目未能符合客户期望，主因系随市场原物料行情攀升导致产品价格多次调涨所致，而针对客户的建议，企业将价格问题纳入营运政策，以符合社会大众对台塑企业的期待。

3. 产品安全卫生责任

台塑企业从原物料采购到产品销售各个阶段，对客户健康与安全相当重视，持续改善生产流程，并配合市场趋势与下游客户之需，朝生产无毒性、对环境友善及绿色能源产品等发展趋势发展。

（1）无毒产品：早在欧盟废电机电子指令（WEEE）及限用有害物质要求（RoHS）规范实施前，台塑企业就已针对产品无毒化趋势积极响应。例如，2001年开发钡锌皂盐安定剂，全面取代有毒重金属镉钡锌皂盐安定剂；另针对可塑剂的苯环结构所造成人体危害的疑虑，研发无苯环非酞酸可塑剂，以确保消费者的使用安全；同时，针对卤素燃烧后会产生戴奥辛的问题，开发无卤环氧树脂用于生产铜箔基板，使新一代的电路板可应用于绿色家电等领域，持续减轻对环境的负担。

（2）环境友善产品：台塑企业善尽社会公民义务，将使用过的宝特瓶回收再制成纤维，可减少碳排放77%，并针对生产部门及下游客户推动使用环保塑料栈版，取代传统木栈板，以避免森林被过度砍伐。另通过绿色产品的开发，取得洗宝环保洗洁精、高频电子式T5日光灯管、耐隆回收环保丝等产品环保标章，以及取得塑钢窗、硅酸钙板、华丽板等产品绿色建筑标章。

(3) 绿色能源：近年来台塑企业积极投入风力发电、太阳能材料、LED及锂铁电池等替代能源领域，风力发电领域已开发增速齿轮箱，且碳纤及环氧树脂应用于风力发电叶片，而在太阳能电池部分则研发出EVA封装膜及背板用PET膜等产品，并研发生产新一代电池储存系统。

另外，欧盟于2008年6月成立欧盟化学总署（ECHA）开始推动REACH法案，目的在于保护人类健康与大自然环境，台塑企业全力配合执行化学品注册、评估与授权等作业，已完成93项产品预注册作业，而其中输往欧盟数量1 000吨以上的产品共36项，并已在规定期限内完成正式注册。

（三）与上下游厂商的协作

1. 供货商及承揽商关系

台塑企业以公开招标方式，通过台塑网电子交易平台采购发包系统，提供在线往来供应商及工程协力厂商的询价、报价、议价、订单、交货、付款进度等多项作业功能，并定期举办厂商说明会，加强双向沟通与倡导。

为减少交货车辆碳排放量，企业自2009年1月起与大荣货运合作，共同推动采购供应商集中交货e化作业，即于台塑网供货商专区提供在线托运服务，达到厂商集中交货减少及交货车辆的效果。为使供货商进一步了解在线托运作业及相关问题，自2009年3月起，在北中南各区陆续举办多场说明会，积极与往来供货商进行双向沟通。经统计，供货商集中交货E化比率已达97%。

另外，为节省开立发票的作业成本、提高发票数据管理效率，以及节省传统发票管理费用等，本企业全面推动电子发票取代开立传统纸本发票，目前往来厂商中开立电子发票比率已达77%，可有效减少双方人工处理时间、成本及邮寄与纸张花费之费用。

台塑网科技自2001年起，即开始为台塑集团建置电子发票加值中心，在电子发票的推广及系统建置方面有丰富的经验。台塑网电子发票加值中心除了提供电子发票的开立、作废、折让以及汇整报税数据等功能外，我们还提供电子发票与采购、财务与营业各项作业机能整合等附加服务，除了节省营业人开立统一发票的作业成本外，还能借此实现电子发票与其他作业的整合，提升各项作业间的关连性，从而提升企业内部的反应速度与经营效率。本系统采用数字签章及加密技术，使用SSL3、PKI架构，以达到发票数据传输的私密性、完整性、来源辨识及不可否认性。并以原文重现方式产生发票各联、销货退回折让证明单，并提供实时打印功能。

台塑企业的采购与发包政策是以当地采购与发包为主，若无法于当地供应时，才向国外进行采购及招标等作业。

2. 厂商管理

（1）厂商评核

欲申请与本企业往来的供货商均需通过书面评鉴，必要时需进行实地评鉴，并于评鉴合格建档后方可纳入往来合作厂商之列。若后续有交货（工程）逾期、质量不良、违反工安规定者，将自动列入厂商评核机制，筛选出适合与本企业长期合作的优质伙伴厂商。

台塑企业于每次采购时，均要求上游供货商需符合相关厂商工安资格、ISO合格、随货标示危害物公告及图式等标准条件，且厂商需妥善回收使用容器或装载辅具，优先采购身心障碍团体生产的物品等，于询价单与订购通知中要求供货商确实遵守规定，并于上述说明本企业秉持永续经营精神的立场，以及遵守公平交易原则，致力于要求往来厂商符合环保、工安及人权的需求，若不符合规定，将予以拒收并列入厂商评核作业等处分。

（2）承揽商分级管理制度

强化良好的安全管理措施，管控承揽商质量，提高承揽商的工安水平，避免其员工遭受职业伤害；对于承揽本企业工程的承揽商，我们制定分级管理制度。针对各类专业工程厂商搜集相关资料、调查评鉴厂房工地、施工机具设备、工地安全管理能力与技术能力及承揽实绩等，依其可承揽能力及实绩，分为A、B、C三级；另将安全卫生管理费列为必要编列的预算工资，且需详列纳入应执行安全卫生设施项目的合约规范。而为避免预算部门漏编安全卫生管理费，在预算编列时，由计算机自动补入；发包询价时也做到安全卫生管理费的金额不得低于预算金额，以免厂商因低价抢标而忽视安全卫生管理工作。

3. 承揽商安全

台塑企业相信所有的工作伤害和职业病均可避免，承揽商是我们的安全工作伙伴，管理者有责任提供安全施工环境，让承揽商在安全环境下，安心、放心地施工，而由于意外事故发生多与人为疏失有关，为养成承揽商安全施工的习性，近几年来持续加强承揽商安全教育培训，推动各项承揽安全管理制度实施，办理观摩研讨会等多项业务，确保合作伙伴的职场工作安全。2012年共计培训承揽商

25 657人次。

(1) 承揽商施工安全管理

为防止发生施工安全事故，台塑企业除持续通过培训，教育承揽商相关安全管理观念外，让承揽商了解本身的自主管理更重要，为督促承揽商落实管理，规定承揽商需遵守劳工安全卫生法及相关法令，设置劳工安全卫生组织及成员，并要求按承揽施工案件的出工人数，指派15位具有合格证照及必要资格的专职劳工安全卫生管理人员，每次在施工地点执行安全卫生管理活动时，得以确保工作安全及环境卫生。

(2) 承揽商运输承揽商及自提商运输安全质量评估系统

台塑企业自成立运输事业单位后，为提升运输安全，推动运输承揽商运输安全质量评估系统，并有感身为良好企业公民，更需将自提商提运运输安全纳入运输安全质量评估系统，未取得合格证的承揽商，不得承揽也不得自提企业的危险物品。

通过运输安全质量评估系统评鉴的合格运输厂商，其运输车辆在入厂作业前，每部车辆皆需加装行车记录器，且需依危险物品特性装设必要的安全防护设备，经检查合格后，方具有出入企业各厂区的资格；另全面建置酒测器及血压量测器，针对每车次提货驾驶员实施酒测及血压量测，酒测值大于0毫克/公升或血压量测大于180mmHg，则禁止该车次进行罐装及出货作业。

(3) 安全督导员的培训与认证作业

台塑企业为确保施工作业安全，在优于法令规定下，于各厂处设置工程专职安全督导员，期望借助专人督导方式，随时提醒厂商注意施工作业安全，告知正确施工安全行为，改变厂商安全观念，并于施工前、中、后协助督导厂商进行自主安全管理，积极维护承揽商及制程安全。

为使安全督导员能有效发挥其机能，确实有效教导厂商，2011年起推动安全督导员专业知识与危害辨识能力提升培训课程，以课堂培训搭配实务体感培训，强化安全督导员专业能力，目前已有2 336人受过专业培训。另外，为验证人员的培训成效，并确保安全督导员素质，2012年起推动安全督导员认证制度，通过认证者方可担任安全督导员，目前已通过认证者共723人。

4. 绿色采购

由于使用具备环保标章的产品，可减少对资源的消耗、降低对环境的污染以及对地球的冲击。自2007年起，环保署大力推行企业团体采购绿色产品政策，由于台塑企业采购金额相当庞大，不仅可响应环保署绿色采购政策、落实“可回收、低污染、省资源”的环保理念，更可带动供货商积极开发绿色产品，以提升我国绿色产品的生产水平。企业为此组成绿色采购项目组织积极推动，主要采购绿色产品包含塑料栈板、墨粉盒、日光灯等26项产品，2012年采购政府认可的绿色产品金额达新台币3.9亿元。

（四）员工：营造一个健康、安全、有自我挑战性的工作环境

如何让每一位员工安心工作并全力发挥其专长，是台塑企业一直努力追求的目标，为吸引优秀人才，台塑企业提供稳定、优惠的薪资，以及完整的培训、晋升发展体系，不断提升员工的专业能力，并配合完善的福利措施及创造安全卫生的工作环境，照顾每位员工的身心灵健康，达到人力资源充分发挥的基本政策。另外，建立多元沟通渠道，广纳员工建议及保障员工权益，使其成为支持企业永续发展的重要基石。

1. 员工基本情况

（1）招募

台塑企业的招募一向秉持公平、公正、公开原则，依当梯次应试人员的表现决定录用人选。此外，随着企业持续发展，在各地创造稳定的就业机会，对于基层新进人员的招募，均优先录取当地居民，以回馈地方。本企业亦积极培养当地居民成为优秀资深干部，近5年聘用当地居民担任资深主管比例均维持在55%以上。

（2）员工结构

2012年台塑企业正式人员的比例为93.5%，非正式人员（如顾问、定期契约人员、外劳、工读生）仅占6.5%，近5年正式人员比例均维持在92%以上，且99.8%以上均为台湾地区员工。另外，台塑企业在台湾地区正式员工组成架构，男女所占比例约为4∶1，员工平均年龄为40.1岁，平均年资14.3年。

（3）人权

台塑企业对于所有员工的晋升、考核、培训、奖惩等制度，均有明确规范，而对于不同性别、年龄、族裔、宗教信仰及政治立场的员工亦一视同仁，让其享有公平待遇，因此本企业于2012年未发生歧视案件。

台塑企业依照台湾劳动基准法的规定，未雇用未满16岁的童工。此外，本企

业亦加强性骚扰防治倡导，并提供员工明确之申诉管道，确保员工权益。

2. 员工权益与福利

（1）员工薪酬

台塑企业相当重视人才培养及保障员工工作权益，为让员工得到合理的待遇，在生活上无后顾之忧，并充分发挥其潜力，提升部门绩效，因此本企业薪资待遇不仅居于业界中上水平，优于石化、塑料、纺纤等同业薪资水平，更远高于营运所在地的最低薪资，可见本企业对于珍惜人才的重视度。新进人员薪酬标准依职务所需人才的学历等条件而定，进入企业后则视其工作表现逐年调薪及晋升，给予相对应的薪酬，并无性别薪酬差异。

（2）良好的工作保障

为顺应经营环境快速变化及科技技术不断进步创新，本企业持续进行管理合理化及企业组织精简，但基于企业优先保障员工工作权益的精神，即使在最艰难的经营环境下，我们仍与员工共度时艰，建立人力整合机制，以调任取代资遣，历年来成功调任千余名员工。同时也以即将缩减的部门人力取代外包业务及外劳雇用人数，而在进行员工部门调动与职务变动前，部门主管均会先口头告知，并依规定程序办理，平均约需10天完成调任程序。

本企业近5年来员工离职率均维持在6.1%以下，其中台塑、南亚、台化、台塑石化及总管理处合计离职率约为3%以下，相较于传统制造、石化产业、电子零组件等同业，本企业的离职率明显较低，充分展示了台塑企业致力于员工照顾及工作保障的成效，以及员工对于本企业经营管理的强烈信任度与认同感。

（3）员工福利照顾

台塑企业为让每一位员工安心工作并全力发挥其专长，持续秉持“视员工为家庭成员”的理念，在每一个厂区兴建初始，必先健全基本的食宿及休闲设施，再以员工长期福祉作为考虑，积极规划各项完善的福利制度。

企业福利制度除兼顾企业文化、国家法令、社会民情、国际趋势与世界潮流外，给予员工食、衣、住、行、育、乐等各方面适当的照顾，并兼顾其眷属，使员工生活无后顾之忧。同时，各厂区均依法成立职工福利委员会，负责办理旅游活动、三节福利品、生日礼物、子女奖学金、团体保险、康乐活动与社团补助等。为能服务及照顾员工各项生活需求，在各厂区均设有管理处（课），负责后勤支持与福利服务等相关业务，并为了解各管理处（课）的服务成效，本企业每年办理管理处绩效评核及服务满意度调查，以提升服务质量。

台塑企业实施各项员工福利及优惠措施已有多项优于法令规定者，包括以下多方面：

- 员工定期健康检查（未满30岁5年/次、30~45岁3年/次、45~65岁2年/次、65岁以上1年/次），其年限较法定年限缩短（未满40岁5年/次、40~65岁3年/次、65岁以上1年/次）。
- 员工定期健康检查项目较法定健检项目增加α胎儿蛋白、癌胚胎抗原检查、口腔癌筛检等3项癌症筛选项目及高密度脂蛋白、胆固醇、腰围量测项目。
- 全年未住院病假及住院病假合计在6个月以内给半薪（法令规定病假30日内给半薪，逾30日不给薪）。
- 本企业除比照劳动法规定员工因执行职务致死亡发给5个月平均工资的丧葬费以及40个月平均工资的死亡补偿外，另针对非因执行职务致死亡者，也发给6个月平均工资的慰问金，服务满5年以上者，每满一年再加发一个月之慰问金。
- 员工无论因公或非因公死亡一律发给65万元抚恤金，如因公死亡再从优加发，最高发给257万元抚恤金。
- 员工因遭遇职业灾害致死亡、残废、伤害或疾病时，均依法给予各项补偿，此外，对于依法可以抵扣的劳保残废给付或死亡给付，公司不予抵扣而发给公伤员工或其遗属。

另除依法令规定办理各项福利外，台塑企业特别的福利给予包括以下多项：

- 员工及眷属到长庚医院就医补助，非健保给付自付额得享优惠折扣；另健康检查亦享优惠折扣。
- 员工旅游补助。
- 提供难燃布料的作业服装，并提供安全皮鞋。
- 员工健身设备或补助健康活动方案（含健检补助）。
- 办理健保、劳保以外的人寿或健康保险方案。
- 提供完整教育培训及进修学习机会。
- 派驻大陆及越南员工医疗补助、探亲补助、携眷赴任补助。
- 派驻大陆及越南员工出国前健检及二年一次体检。
- 员工每日伙食的用餐补助。
- 每年发给购股奖励金。

- 春、秋季郊游及年终聚餐补助。
- 生日礼物、三节福利品、子女奖学金。
- 定期提供员工健康卫教信息。
- 提供单身宿舍及眷属宿舍。
- 设置福利大楼、贩卖部、招待所。
- 设置康乐活动场地及提供各类社团活动补助。
- 资深敬业从业人员每服务满5年即致赠纪念金币一枚。
- 每年选拔优良从业人员颁给奖牌及奖励金。

3. 重视员工意见，创造和谐关系

员工是企业重要资产之一，与企业营运成长息息相关，台塑企业极力追求和谐的劳资关系，重视员工表达意见的权利，提供多元且畅通的沟通渠道及途径，并积极鼓励员工提出创新想法。

员工可通过加入工会（劳资会）、福委会等组织，定期召开会议，向企业提出建议进行协商，而工会定期召开的理监事会及劳资会议，各公司相关部门主管均出席参加，与劳方代表充分沟通意见，并在重大劳资议题上，更优先听取工会意见，由最高阶层主管与工会座谈协商以达成共识，确保劳资关系和谐及企业永续发展。员工可通过福委会提案反映相关福利意见；同时我们也在员工经常出入的地点设置实体意见箱、在企业信息系统设立网络意见箱，以及在各厂区设立“799”专线，供员工反映其工作或生活上所遇到的问题，并再指定专人进行立案及处理回复，畅通与员工意见之沟通渠道。

4. 人才培训

（1）教育培训体系

员工是企业最重要的资产，也是企业永续经营的基础。台塑企业对于人员的培养已发展一套完整的培训体系，透过e化培训管理系统，循序渐进地完成各阶段培训，目前培训体系可分为新进人员职前培训、职务基础培训、职务专业培训、干部储备培训等。我们对于各个员工所需接受的培训课程及完成期限亦均纳入计算机管控，并通过计算机提示各部门应于期限内办理培训，如逾期未完成则由计算机持续跟催至办理完成为止，落实培养全方位员工的培训目标。

另外，为配合各单位作业及安全需要，加强安排及辅导员工取得相关专业证照；并不定期举办各类主题研习课程，提升员工个人及工作上的专业与管理能力，2012年平均每名员工培训时数约35小时，其中一级主管平均培训时数为13.2小时、二级主管为22.1小时、基层主管35.5小时、基层人员39.3小时。

（2）导入e-learning数字学习及知识管理系统

为提供员工多元自主的学习渠道，台塑企业自2000年起开始发展e-learning数字学习系统，至2012年已自行开发534套，并设立员工学习网站，提供各类网络课程、文章、新书、演讲活动等学习资源，方便员工弹性上网学习；另于每月发行学习电子报，通知员工上网学习，实时获得最新学习信息，拓展员工新知。

此外，我们从2000年起着手推动知识库管理系统，将企业内各类制度及各单位具启发性与参考价值的知识、技术经验等文件置于共享平台，方便员工随时分享及查阅，有效传承企业知识管理。

5. 工作环境

台塑企业为提供安全与健康的工作环境，确保员工、包商、厂区与小区的安全，不断通过安全卫生及环境管理系统、设备安全管理、承揽商施工管理等系统、设备的管理改善活动等，了解唯有从“人”做起，才能真正做到“零灾害、零事故”的理想境界，并为将安全意识深植每位员工内心，2012年办理安全卫生相关培训课程，共计培训男性员工204 525人次、女性员工34 557人次。

2012年度台塑企业副总裁亲自规划“安全文化建立的蓝图”，明确指示建立安全文化需推动的各项工作及目标，并对各项执行绩优部门表扬鼓励，期能全面提升员工安全意识并落实安全管理，以降低职业伤害与事故之发生。

（1）职场安全管理

2010年7月至2011年期间，因发生多次工安事故，为使各界理解及信任本企业执行的改善成效，于2011年配合行政院工业局执行“麦寮厂区公正第三方分批停工检查作业”，委托英国劳氏验证协会及德国莱茵公司进行验证，并由工业局麦寮工业园区工安改善监督小组，负责审议及监督本企业的停工检查作业及工作安全改善情形。

经过持续改善努力后，依据独立查核验证及认证结果，达成“检查及验证结果基本可接受”及“已改善及减降风险至可接受的程度，且无立即危害影响运转安全之虞”的结论，可充分展现本企业在安全文化建立的决心及推动加强工作安全的具体作为已深获肯定与认同。

本企业副总裁为建立企业安全文化，在2012年“安全文化建立之蓝图”中提出“加强制程风险管理”是目前企业安全管理最急迫的事项之一，设立短、中、长期的工作目标，并以建立企业制程安全管理（psm）文化与基础作为长期目标，因此于2012年持续推动办理企业PSM推动计划、强化PSM人员组织及权责、制程安全管理制度及作业推动、PSM教育培训办理及经验分享活动等，以确保人员安全。

- **制程安全管理（PSM）**

台塑企业依据美国职业安全卫生部规范，整合推动企业14要项的PSM作业，至目前已设置各层级PSM专人共292人，专职推动与控管各部门的PSM管理作业与确保PSM作业质量，另逐项制定严格的查核内容，办理所有制程厂的PSM 14要项完整性稽核作业，并每3个月定期举办“PSM作业交流及PSM专人座谈会”，实施企业内PSM作业交流及提升各部门PSM作业质量，并举办制程厂（课）长的制程安全管理概念等培训课程。

为使各主管充分了解PSM指标的应用及管理，2012年于麦寮园区举办两场次的制程安全绩效指标培训讲习会，特邀请专业学者莅临讲授指导，共285位主管与会参加；另委托劳氏验证协会举办一场“制程安全分析及变更管理教育培训”，共126位主管与会。

此外，为确保所有PSM专人能有效落实执行制程安全管理作业，2013年起将针对企业PSM专人的培训需求、课程内容、培训成效评估等要项进行全面性规划，并颁布PSM专人培训及认证作业管理规定，期能通过认证来提升人员的专业学识及个人素质。

- **制程危害分析（PHA）**

在麦寮园区严苛的环境考验下，台塑企业为重新了解及掌握工厂营运的风险，积极办理企业高危害制程及高风险区域的PHA重新审视作业，经审视后提案的改善建议事项，立即立案管制及办理专案改善。

为进一步提升制程危害分析的作业厂外运输安全质量，委由美国IHS公司协助培训及认证台塑企业PHA Facilitators，目前全企业经认证合格PHA引导员共16位，全面协助各部门审视PHA作业，推动及辅导各厂处的PHA作业质量之提升，并将于2013年持续委由美国IHS公司再协助培训62位候选人员，而一切的最终目标是期望每一个事业部至少都能配置一位认证合格的PHA引导员，有效提升制程危害分析的作业质量，并抑制其潜在危害发生的可能风险。

另外，为使各部门的工作场所于执行制程安全分析后，相对高风险危害事件能再进行（半）量化分析，将于2013年颁布保护层分析管理办法，要求制程安全分析的风险等级判定属1级（非常高风险）或2级（高度风险）等不可接受的高风险者，需通过此办法进一步评估，并确立所需安全仪表系统的安全完整性等级，确保制程安全。

• **制程变更管理**（MOC）

为确保任何设计、设备、原物料或操作条件改变后不会对制程造成危害，积极落实执行制程危害分析，先于2011年安排麦寮园区各生产厂（副）长及变更管理管制员共873人进行变更管理教育培训，再于2012年安排台湾所有厂区各部门相关人员共16 859人进行变更管理全员培训，MOC推动作业系以辅导交流为主轴，以激励取代惩处，让所有相关主管与同仁共同讨论并找出问题点，确立正确且适宜的具体做法，以提升作业质量。

2013年将持续以辅导交流及项目稽核实施作为MOC的主要方向，利用安卫环中心及各公司MOC项目稽核，确认执行落实程度并确保作业质量。

• **公共管架（线）安全管理**

台塑企业自2011年7月27日推动“台塑六轻工业区新旧管架管线改善计划”，依短期、长期进行管架（线）整改工作，期能有效解决麦寮园区公用管架上密集管线可能造成的危害，至2012年已完成既有25.9公里共享管架（线）整改工作，并增设10.8公里新共享管架及142条管线，总投入经费达108.4亿元，预计2013年8月全案改善完成。

另外，对于留用管线的维护，台塑企业四度邀请专业技师协助进行设备可靠度评估、公共管线锈蚀检查基准及检修工法等作业，并定期委拖专业检测厂商进行相关检测作业。

（2）消防管理作业推动

台塑企业为提升消防专业能力及消防安全管理质量，2012年1月17日于总管理处安卫环中心辖下编制成立消防管理处，选出8位具有消防设备师（士）资格的专业人员，并于各生产厂内设立164位消防管理人员，建立一套涵盖消防管理组织、工作执掌、培训、认证，以及消防设计、装置、监造、验收、测试与维护保养的完整规章制度，作为全面推动消防管理改善的指导方针外，更可通过消防管理人员的直接督导，及时改善现场消防管理缺失，以杜绝消防事故的发生。

其次，为强化厂内人员消防专业能力，于2012年举办消防专业培训，邀请消防署与消防局、竹山培训中心、警察大学消防系、台湾地区消防设备师（士）协会以及长荣大学职业安全卫生系等经验丰富的消防专家担任讲师，共培训1 093人次，并将逐步设置消防管理人员认证制度，通过公开合理的认证流程，针对不适应的消防管理人员加强辅导或转任他职，以全面掌握消防管理业务的执行质量。

（3）厂外运输安全

台塑企业至2012年拥有595辆运输车辆、驾驶员897名，另有71家危险物品运输承揽厂商及自提商，配合运送产品，为落实管理道路运输安全，对于企业自有车辆管理措施，从人员、车辆硬件等方面推动，包括车辆驾驶员分级规定、行车安全（管理作业）项目推动、行车安全（人员、车辆设施）专案推动、运输作业风险评估推动、运输安全管理稽核作业等，而百万公里肇事案件数已由2000年最高的1.12件逐年降至2012年的0.17件。

（4）员工健康关怀

台塑企业自1954年创办至今，秉持“做一个给员工幸福、让投资者信赖的企业”的创办人经营理念，视员工为企业最重要的资产，亦将为员工创造一个健康、安全、有自我挑战性的工作环境列为各公司治理的重要项目，而为有效整合及营造健康职场环境，特由本企业副总裁负责策略拟定绩效监督。在高层主管的全力支持下，以有计划、有组织方式来持续推动健康促进等多项措施，为员工提供健康安全的工作环境、良好的培训计划与制度，让员工有明确目标可清楚遵循，并得以发挥其个人才能与激励主动参与的意愿。

为确保员工职场安全卫生，通过持续的职业卫生教育培训、防护用具使用培训及危害物质倡导等，来加强员工对职业危害因子的辨识与因应能力。另外，为掌握员工工作环境实态及评估危害因子暴露情况，作为工作环境改善的依据，本企业在遵循法令规定外，更参考国际做法，并委托台湾职业卫生学会监督落实麦寮厂区的作业环境测定，已于2012年实施12个厂处/964人次个人暴露测定及监督查核121个工作场所，而其化学物质测定结果均低于国内外所列管作业环境的标准。

在与员工健康息息相关的饮食方面，本企业向来对于餐厅使用的食材来源、验收储存、用水安全卫生、供膳人员与餐厨清洁作业、食品与餐具洗净检验等作业，均透过管理办法遵循办理，而管理单位亦会定期公布食材及伙食成品的检验结果，让员工吃得安心。为推动健康饮食，每月公布长庚医院营养师提供的饮食营养卫教信息，并协请营养师持续于调理方法、调味品使用、食材选购及菜单设计等项进行改善，如每月员工餐厅供应超过4 000道菜色中，将其油炸调理方式的比率均控制在6%以下。

为关怀员工健康，台塑企业每年均编列由长庚医院为员工实施身体健康检查的预算，并于法令规定的健康体检项目外，主动为员工增加高密度脂蛋白胆固醇、甲型胎儿蛋白、癌胚胎抗原及口腔黏膜等代谢症候群及癌症筛检等项目，让员工了解自身健康状况，进而爱护自己的身体健康。此外，厂区内设有医护人员，提供个人健康指导，让员工能就近享有体重管理、戒烟门诊、健康讲座等健康促进、预防保健与伤病诊治等基层医疗照护体系。另外，长庚医院提供医学中心级的医疗与保健服务，进一步推动预防医学与疾病防治，致力为小区居民健康设想，并加强员工与居民健康之意识与心理卫生观念，实践以医院为基础的全人照护制度。

本企业各厂区设有桌球场、保龄球场、网球场、羽球场、篮球场、排球场、健身房及有氧教室等多项运动设施，提供网络教室、图书馆、视听室、棋艺室与电影院等休闲场所，并设置员工餐厅提供营养卫生饮食；而厂区也经常举办各种社团活动、旅游健行、文艺展览、运动比赛及生活心理讲座，丰富厂区员工之身心灵。

在长庚医院、长庚大学、明志科技大学及长庚科技大学等专业医疗教育机构协助下，通过参与“行政院卫生署”与“行政院劳工委员会”共同推动的“健康职场自主认证”，取得学者专家建的建议与指导，并持续加强健康促进信息倡导、健康饮食管理、心理健康关怀、公益活动、体适能促进、设置运动休闲设施等活动。本企业至2012年已有29个职场取得健康职场自主认证标章，其中南亚公司树林厂更因积极推动员工健康减重活动绩效卓著，而荣膺绩优健康职场奖之殊荣。

五、社会公益

（一）公益捐献

台塑企业二位创办人积极投入社会福利工作，先后成立“明德基金会”、“王詹样社会福利慈善基金会”及“勤劳社会福利慈善事业基金会”，从事文教、医疗及社会福利等各项公益事业，更将其个人财产交付信托，成立“公益信托王长庚社会福利慈善基金”及“公益信托王詹样社会福利慈善基金”，扩大社会公益投入规模。

基金会历年来都尽可能节省人事及行政成本，将经费集中投入捐助弱势族群以及社会福利机构，并结合民间专业团体及学者、专家，以“全面性、整体性、系统性”为规划原则持续推动各项公益计划，循序渐进谋求提升整体公益事业机构的作业效率，促使投入资源可以发挥更大的效益，每一项计划不但都是国内的创举，也可以达到全面提升服务质量及永续经营的目的。在持续关注社会弱势族群下，公益信托王詹样社会福利基金于2012年再次荣获“体育推手奖”的殊荣。

台塑企业为落实两位创办人的理念，积极与政府及各民间团体合作，深入了解社会需求，关怀及协助弱势族群，历年来在教育、医疗、社会福利等社会公益事业已投入近468亿元，持续为社会上需要帮助的人伸出援手。

（二）医疗促进

1. 长庚医疗照护体系

台塑企业两位创办人有感于20世纪70年代台湾医疗资源不足，基于企业家回馈社会的使命感，决定创办一所非营利的医学中心级教学医院，因此于1976年12月成立“财团法人长庚纪念医院”，历经30余年的努力，先后成立台北、林口、基隆、高雄、嘉义、桃园、云林长庚医院，并提供从预防医学、急性医疗、慢性医疗、中医、长期照护到养生小区照顾，形成垂直及水平分工的结构，为民众进行整合形态的健康照护。另外，为妥善照顾癌症病患，守护国人健康，于林口长庚设立永庆尖端医学园区，成立亚洲最大台湾第一所质子放射治疗中心，预定2014年提供治疗服务。

长庚医院自创立以来，积极延揽培育优秀医护人才，持续导入各项先进医疗设备，带动各公私立医院投入硬件设施扩充与设备更新，提供病人高品质医疗及安全就医环境作为最优先考虑，并创造许多医界先例，例如取消住院保证金制度、医师拒收红包、降低洗肾费用等，进而提升台湾整体医疗水准，因为在长庚医院的带动下，全台湾每万人平均病床数由1976年的19床提升至69床，其成效已超过了英、美等先进国家。

长庚纪念医院目前已是台湾大型综合医院之一，无论医疗设备及医疗水平与国际一流医院相较均毫不逊色，至2012年开放病床已逾9 000张，参加服务员工逾21 000人，门诊急诊病患服务也已超过845万人次，而住院病患则超过27万人次，显见其成果已深获广大民众之信赖。

2. 国内外医疗关怀协助

长庚医院秉持“不以营利为目的，从事医疗事业，促进社会公益福利”的宗旨，除了治疗来院病人外，更走出院外关心广大的社会民众，不遗余力地对社会提供各项医疗协助与关怀，甚至扩及国际从事公益及人文关怀活动，发挥人类互助互爱精神。

（1）急难救助

长庚医院致力协助政府提升地区在重大灾难时的紧急医疗应变能力，各院区均肩负紧急医疗救护任务、地区灾难应变初阶培训与培育种子教官培训等重要工作。长庚医院还是“卫生署”指定的重度级急救责任医院，长庚医院多年来已参与协助多项紧急灾难事件的救援工作。

（2）医疗协助

长庚医院对于医疗资源缺乏的地区会给予必要的医疗协助，林口长庚医院自2002年起于桃园县复兴乡华陵设置医疗站，提供每日医护人员驻诊及定期巡回医疗服务；高雄长庚医院也自2001年起，每年至高雄县六龟、茂林、内门、三民等乡、屏东县牡丹、三地门、琉球等乡，以及离岛的澎湖望安乡等地方进行义诊，为当地民众提供医疗服务；而嘉义长庚医院自2006年11月起，假日支持阿里山风景区奋起湖医疗站的医疗人力，提供当地民众及假日游客高水平的紧急医疗。

同时，长庚医院各院区均为新生儿后送转诊中心，接受设备不足的妇产科诊所或儿科诊所、医院，将其无法照护的高危险性新生儿转由本院照护，及早进行更精密的检验、检查与医疗处置，以挽救新生儿的宝贵生命。

此外，高雄长庚医院于2010年9月10日起展开为期两周的危地马拉国际敦睦及医疗任务，自2011年起提供奖学金，接受13名各专科及肝脏移植医师到台湾培训，并于2012年10月返回危地马拉建立国家器官移植中心，高雄长庚医院将持续提供医疗协助及教育培训指导。

（3）社福活动及病患就医补助

长庚医院从医务收入净额中按月计提一定比例的款项及接受各界善心人士捐款，成立社会服务基金，以从事社会服务活动及济助病患就医，如捐赠人工电子耳、补助脐带血、深层脑刺激术之医疗费用等，全面照顾来院就医之低收入户、身心障碍患者，提供门、急诊免挂号费用等协助，并针对无力负担医疗费用者就医补助，使许多无力就医之民众，获得机会重生。另外，办理病友活动、小区服务、器官捐赠等相关活动支出，至今总计补助金额已逾53亿元。

（4）健康促进——小区医疗服务

鉴于近年来民众慢性疾病有渐增趋势，为配合台湾地方政府卫生保健政策的推进，长庚医院每年举办多次小区义诊、预防保健筛检及卫教倡导等，对小区民众及健康议题提供医疗关怀协助，让多位民众能及早发现问题并接受治疗。

（三）教育事业

1. 成立三所学校的理念与现况

20世纪60年代，台湾工业与经济正逢起步阶段，对于工业技术人才的需求与日俱增，但实际培育远不敷所求，鉴于此，台塑企业创办人于1963年创设了“明志工专”（现为明志科技大学），积极培养工业中坚干部。随着1976年长庚医院的设立，有感于台湾医护专业人力的不足，为培育优秀医护人才，提升医疗水平，先后在1987年及1988年创办“长庚医学院”（现为长庚大学）及“长庚护专”（现为长庚科技大学）。

明志科技大学、长庚大学、长庚科技大学均以“勤劳朴实”为校训，志在培养学生成为具有勤勉、耐劳、朴素及务实特质的现代青年，同时也实施建教合作及实习工读制度，充分培养学生独立与刻苦耐劳的精神，达到理论与实务兼备的目的，期能培育出具有优秀知识及技能的专业人才。

（1）明志科技大学

明志科技大学自创校以来，坚持“精致办学、实务导向”的教育理念，目前设有工程、环境资源、管理暨设计三个学院，并以“全人教育之旨，培养具备勤劳朴实态度、理论与实务及终身学习能力之人才”作为教育目标。历年来已荣获台湾教育部门补助款、教学卓越计划等，且所有工程类学系皆已通过IEET工程教育认证，更屡次荣获高等教育评鉴中心评鉴为产学合作绩优学校，目前已设立4个校级研究中心，包含生化工程技术研究中心、薄膜科技及应用研究中心、中草药萃取与纯化研究中心、绿色能源电池研究中心等，为一所深具优良传统与办学绩效卓越的技职学府。

（2）长庚大学

长庚大学设有医学、工学、管理3个学院，自创校以来，即以研究带动教学为策略，致力于追求教学与研究的双卓越，并朝具有重点特色的研究型大学的目标发展。在教研的精进之外，更长期推动全人教育，以培育术德兼备、各方面均衡发展的青年世代。在教育部门历年的评鉴中，长庚大学均被评为办学绩优大学，并连续荣获台湾教育部门“迈向顶尖大学计划”重点发展大学，且为台湾地区12所入选大学中唯一的私立学校。除了设立重点研究中心，执行各专业领域尖端研究外，在分子医学研究方面尤具特色，近年来校外专业机构统计显示，其总体研究实力已列名在台湾的大学的前5名。另外，上海交通大学公布的世界大学学术排名，长庚大学已五度进入前500名，2012年更首度进入前400名，排名为第390名，亦为台湾进入全球的大学学术排名前四百名中唯一一所私立大学。

（3）长庚科技大学

长庚科技大学以“培育业界首选务实人才，成为一流健康照护学府”作为发展愿景，配合社会发展需求，设立护理学院（包括护理研究所硕士在职专班、护理系、护理科、老人照顾管理系、呼吸照护系）、民生学院（包括健康照护研究所、幼儿保育系、信息管理系、化妆品应用系、保健营养系）及通识教育中心，致力培育优秀的健康照护人才。近年来更屡获教育部门多项计划经费补助与评鉴绩优，并积极鼓励教师参与政府机构、长庚纪念医院与台塑企业的研究计划或产学合作计划，以强化师生的实务能力。

2. 协助原住民青少年就学就业

为照顾原住民弱势族群，自1995年起，台塑企业不遗余力帮助原住民学生就学，以习得一技之长，先后由长庚科技大学招收原住民少女就读护理专科，培养成为专业护理人员；由明志科技大学开办“原住民技术培训班”及原住民技职专班，帮助不继续升学的原住民青少年培养就业能力，并对于想升学的学生提供就学机会。此外，为使原住民学生全心攻读课业，其在学期间一切学杂费用均由两位创办人捐赠支应，同时提供工读实习机会，以减轻学生家中的经济负担。迄今，受惠学生计已近5 000人，奖助金额亦逾16.6亿元。

3. 老旧及灾后校舍重建

台塑企业在921地震后，除积极协助政府重建16所中小学校舍外，也响应教育部门结合民间力量重建老旧中小学校舍的计划，在能力所及范围内，及兼顾回馈地方的原则下，认养云林、嘉义、台南、高雄、林口等地共23所中小学校的校园重建，以崭新且安全的硬件设施，让学童往后受教质量随之提升。

2009年8月的莫拉克风灾导致许多民众伤亡，房屋、学校、公共设施严重受损，本企业于第一时间即捐赠2亿元，员工亦发起一日所得捐款协助救灾，并为配合政府展开全面性的灾后重建，再捐赠10亿元协助政府重建灾区学校。另外，2010年3月4日高雄甲仙发生6.4级地震，造成严重灾害，台塑企业亦秉持回馈社会的一贯精神协助相关重建工作。

台塑企业对于莫拉克风灾及甲仙震灾的捐助，已认养18所小学重建，并捐赠高雄县及南投县共10所学校四轮传动车，以及高雄县、嘉义县、屏东县、南投县、台东县计25所学校交通车一年的油料费，提供良好的运输设备及不虞匮乏的运输资源，使学生能安心接受教育。因此，教育部门于2009年12月8日特颁“金质奖”，表扬台塑企业对于灾后教育的关怀与热心投入。

（四）社会扶助

1. 捐赠老人肺炎链球菌疫苗

台塑企业向来关注台湾老年人的健康问题，因此企业创办人自2007年起分3年捐赠63.5万剂、市价达5亿元的肺炎链球菌疫苗给“行政院卫生署疾病管制局”，共同推动75岁以上老人肺炎链球菌疫苗接种计划。原计划时间为2007～2009年，但为保障更多的老年人健康，企业持续增加每年老年人口数捐赠疫苗，预计每年再捐赠6万剂疫苗，至2012年已捐赠共81.5万剂疫苗，预计可以为政府节省125亿元的肺炎医疗费用开支外，更可大幅提升老年人的健康生活质量。

2. 提升身心障碍机构早期疗育专业服务成效

鉴于6岁以前为早疗黄金治疗期，而3岁前疗育成效是3岁以后的10倍以上，接受良好的疗育甚至能回归正常教育、融入社会，进而减少家庭负担，并能在最短的时程内，全面提升整体疗育品质。台塑企业不仅通过捐款关怀早期疗育，更是有计划地参与投入，并与“中华民国智障者家长总会”及台湾早疗专家合作，借重各专家学者丰富的早期疗育知识及经验，每年定期修订《早期疗育专业服务成效提升计划补助办法》评核指标及检讨早疗推动方向。

3. 彩虹计划

为协助吸毒、艾滋以及受刑人回归社会，减少对社会的冲击，我们通过

"王詹样社会福利慈善基金会"提供补助，全力支持云林第二监狱推动"彩虹计划"项目，在监所内引进各种专业团队，对吸毒、艾滋收容人实施卫生教育、心理辅导及作业培训等各项课程，让这些原本被遗忘的弱势族群具有谋生能力并改变人生态度，进而融入社会做出贡献。经过持续观察及追踪，接受本项目辅导的受刑人出狱后再犯案率与一般吸毒、艾滋以及受刑人相较有明显降低。

（五）敦亲睦邻

为落实敦亲睦邻工作，本企业在各厂区管理处设有睦邻小组，专责推动各项睦邻工作，每月定期或不定期派员拜访政府机关、环保或地方团体、村里办公室、毗邻住户、地方人士等，2012年睦邻及公关拜访次数共9 967次，在闲话家常时关心其日常生活，对于提出的问题均详细答复说明，并主动向邻里倡导企业推动的政策，使其过得安心、放心。

为确实掌握地方动态，听取地方心声，睦邻小组定期派员参与村（里）民大会，充分了解村（里）民的需求与意见，对于涉及企业相关问题，除立即向其答复解惑外，同时也将问题回报企业内相关主管知悉，并迅速因应处理后，主动向问题反应人报告后续处理进度及结果。

1. "环保义工日"及"二手市集"活动

为拉近与地方乡亲的距离，落实敦亲睦邻政策，本企业持续推动"环保义工日"活动，鼓励员工担任义工，参与邻近小区整理整顿及其他义务性协助工作，2012年进行小区环境维护打扫、净山/滩及环保义工活动等共83次，如组成环保志工队，利用上班前一小时或例（休）假日，清扫厂门周边道路及邻近登山步道，改善周边环境及山区清洁；认养大坑罟及顶寮海滩，并安排主管及同仁于假日进行捡拾垃圾、漂流木等净滩活动，留给大自然一片洁净的海滩。另外，为推动环保减废及资源回收再利用，本企业也推动二手市集（跳蚤市场）活动，邀请员工与厂区附近邻里居民提供二手物品进行义卖，并将义卖所得及相关物品捐赠慈善机构。

2. 参与地方活动、回馈小区邻里

台塑企业的经营向来是建立在能够对社会人群有所贡献的基础上，因此自企业成立以来，便持续投入地方公益活动，举凡厂区邻近机关、学校团体举办的大型活动或公益活动，如县市政府球类锦标赛、身心障碍机构活动与比赛、庙会活动、学校校庆运动会、村里民自强活动或节庆联欢活动、婚丧喜庆等，皆会派员协助活动办理，并与地方保持良好互动关系。

3. 照顾弱势团体及清寒家庭

台塑企业各厂区为进一步关怀小区邻里，回馈当地民众，照顾弱势团体及清寒家庭（学生），定期举办关怀弱势儿童活动慈善义卖园游会，将义卖所得作为儿童营养午餐基金，济助清寒家贫学童，补助地方学校清寒学生奖助学金等。

另外，台塑企业也鼓励员工组成公益社团，利用工作之余自发性关怀慰问老人、儿童、弱势团体以及地方乡亲急难救助；我们希望借由企业及全体员工长期持续关怀弱势之举，将人性关怀、爱心逐渐扩大至社会每个角落，建立一个祥和有爱心的温暖社会。

4. 规划推动“企业志工”

为进一步在企业内创造志工服务文化，型塑员工志愿服务的风气，2012 年推动不同方面的志工活动，鼓励员工利用例（休）假日或下班后时间，至政府立案的优良社福机构，进行环境清洁、课辅活动（或陪读）等劳务性活动，或是协助相关单位办理各项活动，支持其所需人力，如捐赠教养院所需物资、与院生进行包水饺活动、整理环境、爱心捐款活动、志工服务活动、帮助弱势家庭子女课后辅导活动，以及办理与院童同欢之节庆活动。

点评：

近年来，企业如何善尽社会责任越来越受到社会各界的重视，美国《财富》和《福布斯》等商业杂志在企业评比排名时都相应添加了“社会责任标准”。所谓企业社会责任，是指企业在其商业运作中对其利害关系人应负的责任。而利害关系人是指所有可以影响或会被企业决策和行动所影响的个体或群体。企业社会责任要求企业作为社会的重要组成部分，要超越利润最大化的传统理念，加入对社会因素和环境因素的考量，从各个层面扮演辅助社会成长的正面力量，最终实现企业和社会的共同成长。

台塑集团创立于 1954 年，从一家世界最小规模的 PVC 粉生产厂起家，逐步成长为世界石化产业领域最大及最有影响的集团企业之一。几十年来，台塑集团对台湾地区的经济发展有显著贡献，2012年的全集团营收总额约占台湾地区GNP的比例高达14%以上，雇用员工总数约10万人。以今天的眼光看，台塑集团的成功与其秉承“勤劳朴实、止于至善、永续经营、奉献社会”的企业精神紧密相关，并且在这一精神中，“奉献社会”早就被列入其中。台塑集团认为，一个优秀的企业，必须要承担相应的社会责任，其企业精神贯穿企业的全部经营行为，既做出了不平凡的经济贡献，同时也造就了服务社会、奉献社会的企业道德，最终实现企业和社会的共同成长。

台塑集团非常重视企业社会责任，并于2008年12月起编辑发布企业社会责任报告书，迄今已有5年历史。为有效整合并推动全企业的社会责任工作，台塑集团还于2008年专门成立“社会责任工作推动中心”，由最高主管担任主委，负责整个集团的社会责任策略拟定及绩效监督。

上述“社会责任工作推动中心”谨遵其创办人王永庆的一贯信念——人类举办企业的目的在于如何“取之于社会，用之于社会，并为社会进步做出贡献”。台塑集团在其成长的不同阶段，均以不同形式积极投入公益事业，并以“企业方式”经营公益事业，扩大企业回馈社会的效益，以便造福更多需要帮助的人。如在20世纪60年代到70年代，台塑集团陆续创建明志科技大学、长庚医院、长庚大学和长庚科技大学等，为推进台湾的医疗教育事业做出了显著贡献。尤其是长庚医院，尽管在性质上属于非营利性医疗机构，但却坚持走“企业式经营”的道路，拥有床位上万张，近十年来的医疗收入成长率始终保持在10%左右，是东亚地区规模最大、技术最强、品质最佳的大型医学中心之一。

台塑集团秉持“奉献社会”的企业精神，深信企业道德、公司治理与公司竞争力是相辅相成的，并不存在必然的矛盾和冲突。公司治理结构的改善既是公司竞争力提升的根本保证，也是企业勇于承担社会责任的表现。在公司治理层面，台塑集团对不同的利益相关者均制定了不同的责任目标。具体而言，对股东，台塑集团要做一个让投资者信赖的企业；对客户，要做一个让客户满意、与客户共同成长的企业；对供应商，要营造一个诚信互惠、公平往来的环境；对员工，台塑集团要营造一个健康、安全、有自我挑战性的工作环境。

从台塑集团的经济贡献和公司治理状况可以看出，作为一个企业，台塑集团首先尽到了其最基本的社会责任：让员工有稳定的工作和生活，股东对企业有信心且有合理的报酬，而客户也能获取稳定良好的产品供应与服务品质。但与此同时，在企业责任与竞争力的共同驱使下，台塑集团还不断谋求技术改善与创新，充分利用有限的自然资源和社会资源，做好环境保护、社会关怀等。为落实环境保护，台塑集团坚持秉承“追根究底、止于至善”的企业精神，敢于面对问题，务实解决问题，追求环境永续发展。除了对在企业生产过程中可能造成的环境问题进行严格控制以外，台塑集团还积极开展办公室节能减排、节水、社区造林等诸多活动，并都一一取得了良好的社会效果。

点评人：

约翰霍普金斯大学经济学博士

李建慧

实例7：李锦记酱料集团中国区2012年企业社会责任报告

主席致辞

2012年，是李锦记百年创业以来的第124个年头。多年来，李锦记秉承“思利及人”的核心价值观，以“发扬中华优秀饮食文化”为使命，从一个家庭小作坊发展成为跨国的酱料企业，致力于实现“有人的地方就有李锦记”的宏愿。

2012年，是李锦记取得突破性成就、创造新历史的一年。在这一年里，李锦记酱料跟随神舟九号载人宇宙航天飞船进入太空，成为宇航员的佐餐调料，使宇航员在完成航天任务的同时，能享受到中华美食。实现了在无人的外太空，也有“李锦记”!

作为一家食品企业，我们始终坚持“100－1＝0”的品质管理理念。李锦记在食品安全管理方面的卓越表现，获得了社会各界的认可。2012年，我们获颁“金蜜蜂企业社会责任中国榜·责任采购奖”，成为当届唯一获此殊荣的企业。

李锦记在不断提升行业竞争力的同时，时刻关注各利益相关方，加强与利益相关方的对话与沟通。2012年，李锦记继续参与和主导多项调味品国家标准和行业标准的制定，为中国调味品行业的进步作出自己的贡献；继续“发扬中华优秀饮食文化”之路，在2012年携手孔子学院开办中餐烹饪课堂，把中国味道与汉语教学、中华文化传播结合；与国务院新闻办公室、中国驻日本大使馆联合举办“感知中国”日本行活动，推动了中日两国的文化交流。

在企业不断成长的同时，我们不忘“造福社会，共享成果”的企业理念。

2012年，李锦记“希望厨师”项目拓展到四川藏区招生，将资助范围和资助人数进一步扩大；李锦记义工队组织了33场帮扶关爱活动，将李锦记“思利及人”的大爱之心传递到社区；2012年11月，集团主席李文达先生获颁“2012南方·华人慈善盛典‘十大慈善人物’”荣誉称号，充分肯定了李锦记长期热心公益慈善事业、积极回馈社会的热忱和贡献。

2012年的荣誉与成绩是嘉奖，也是鞭策。展望2013年，李锦记将一如既往地以“务实、诚信”的态度，持续进行企业社会责任各方面的实践，真诚地回应各利益相关方的期望，在共同构筑和谐社会社区环境的同时，实现企业的可持续发展。同时，我们也会积极将李锦记在企业责任竞争力方面的理念和经验与更多的企业和更多的利益相关方共享，促进各组织的社会责任发展，从而推进全社会的可持续发展进程！

李锦记酱料集团主席兼行政总裁

2013年1月

一、百年李锦记

124年以来，李锦记秉承“思利及人”的核心价值观，以“发扬中华优秀饮食文化”为企业使命，从一个家庭小作坊发展成为跨国的酱料企业，致力于实现“有人的地方就有李锦记”的宏愿。

（一）李锦记酱料集团介绍

李锦记是国际知名的中式酱料品牌。1888年，李锦裳先生在中国广东省南水镇发明了蚝油，创办了李锦记。经过多年的发展，李锦记已有蚝油、酱油、辣椒酱、方便酱及XO酱等220多款产品，远销世界100多个国家和地区。客户包括酒楼、餐厅、食品制造商及不同种族热爱中式美食的家庭。

李锦记酱料集团总部设于香港。先后在香港、广东广州、美国、广东新会等地投资设立了生产基地，拥有近5 000名员工，是一家具有全球网络的跨国公司。李锦记秉承“思利及人”的信念，发扬中华优秀饮食文化，迈向“有人的地方就有李锦记”的目标。除酱料业务外，李锦记集团还积极拓展中草药产品业务，弘扬中华优秀养生文化。

近年来，秉承“思利及人”的核心价值观，李锦记努力为消费者提供安全放心的优质产品、积极履行企业社会责任，获得了社会各界的肯定和赞扬。以下为近几年李锦记所获得的部分荣誉。

- 2008年，李锦记成为2008北京奥运会餐饮供应企业
- 2008年，李锦记集团主席李文达先生获国家民政部颁发的“中华慈善奖——最具爱心慈善捐款个人”
- 2009年，李锦记成为上海世博会事务局官方推荐的餐饮原辅材料供应企业
- 2010年，李锦记集团主席李文达先生荣获香港特区政府颁授铜紫荆星章勋衔
- 2010年，李锦记成为2010广州亚运会酱料供应商，并获颁“亚运食品安全突出贡献奖”
- 2010年，李锦记荣获“2010中国企业社会责任榜——优秀实践·员工关怀奖”
- 2011年，李锦记希望厨师项目获评“京华公益奖——优秀企业社会责任实践奖”以及《环球慈善》杂志社“2011中国企业十大典范公益项目”
- 2012年1月，李锦记集团主席李文达先生获香港《镜报》月刊颁授“第一届杰出企业家社会责任奖”
- 2012年6月，李锦记获颁2011“金蜜蜂企业社会责任中国榜·责任采购奖”
- 2012年6月，李锦记入选航天食品，成为神舟九号载人宇宙飞船宇航员使用酱料
- 2012年10月，李锦记连续2年蝉联“消费者最喜爱、最放心调味品品牌”荣誉称号
- 2012年11月，李锦记集团主席李文达先生获颁2012南方·华人慈善盛典“十大慈善人物”
- 2012年12月，李锦记希望厨师项目获颁“2012企业社会责任十佳案例奖”
- 2012年12月，李锦记荣获海外华文传媒合作组织颁发首届“十大华人杰出企业”大奖

（二）李锦记中国区介绍

李锦记（中国）销售有限公司是李锦记集团在中国内地的独资企业，注册资本1 000万人民币。公司目前在全国设立18家分公司、40个联络处，现有员工近1 200人。主要经营业务是在全国销售李锦记旗下的调味产品。公司在中国国内市场销售的产品主要有：蚝油系列、酱油系列、酱料系列以及XO酱系列产品。产品以质量优秀、安全美味、使用方便以及顺应健康饮食潮流等优点而赢得了广大消费者的信赖和喜爱，产品销量不断攀升。“李锦记”已成为“质量佳、信誉好”的标志。

李锦记新会生产基地占地规模1 700亩（约113万平方米，158个标准足球场）。是国内同行中最大的生产基地之一，员工近2 000人。拥有国际先进的生产设备，采用高科技生产技术和严谨的质量管理体系，坚持“100－1＝0”的品质管理理念，生产高品质、美味、健康的产品。李锦记新会生产基地采用最先进的质量检测设备，保证所有产品从原料到成品都受到质量检测人员的严格监控。

（三）集团经营概况

1. 集团愿景：有人的地方就有李锦记
2. 李锦记酱料集团使命：发扬中华优秀饮食文化
3. “思利及人”的核心价值观：

務實 誠信 永遠創業精神

思利及人 造福社會 共享成果

李文達題

“思利及人”是李锦记的核心价值观。它来源于中国的传统文化，是做人处事的智慧和原则。李锦记秉承“思利及人”的核心价值观，做事前先思考如何才能“利及人”，并且遵循“造福社会、务实诚信、永远创业”的三大原则，旨在达至双赢的局面。“思利及人”的核心价值观包含3个重要因素：“直升机思维”、

“换位思考”、“关注对方的感受”。“思利及人”的核心价值观一直是李锦记的决策标准，也是李锦记持续发展的根本保障。李锦记倡导，无论遇到什么矛盾和困难，无论是对家人、对朋友、对客户、对合作伙伴，还是对社会，在采取措施、做出决定前，从全局出发都应该用直升机思维来寻找最妥善的解决方案。在处理问题时，要换位思考，设身处地从对方的角度来考虑，关注对方感受，以求得到问题的圆满解决。通过以坦诚和信任赢得客户和合作伙伴对公司的理解和支持，从而赢得社会对企业的最大支持。

4. 稳健的集团发展：2007 ~ 2012 年，李锦记中国区的销售业绩实现了高达 3 倍的增长，期间克服了 2008 年全球金融危机、原材料上涨以及各种天灾的影响。2012 年，李锦记中国区实现了销售及利润双双超标。李锦记在中国各大区域市场赢得了持续的增长，城市地区占有率成倍增加，销售网络遍及一线和二三线城市，在全国各地建立了密集的经销商和二批商网络。

二、员工责任

集团坚持以人为本，构建合法、和谐劳动关系，保障员工权益，为员工提供良好工作环境，促进员工全面发展，激发员工的积极性和创造性，实现员工与企业共同发展。

（一）员工雇用

2012 年，李锦记中国区员工总人数近 3 200 人。其中，女性员工比例为 44%，本科以上学历者比例为 18%。员工队伍整体结构更趋于科学和完善。

（二）员工权益

集团严格遵守《中华人民共和国劳动合同法》等法律法规，依法与员工签订劳动合同，及时支付员工工资，为员工缴纳养老、医疗、失业等法定的社会保险，尊重和维护员工的各项合法权益，保护员工个人信息和隐私。2012 年全年未发生重大劳动争议事件。

集团高度重视员工职业安全健康，完善职业健康安全管理体系，开展职业安全健康培训。定期组织员工进行体检。

（三）员工发展

1. 员工培训

“人才兴业”是集团人力资源的核心理念。集团不断完善员工培训体系，优化整合教育培训资源，大力开展针对性、实效性的分层分类专业培训，全面提升员工综合素质和履职能力。培训形式多样，既有大规模集中式培训，也有针对特定员工人群的技能提升培训。培训主题丰富，包括专业技能、通用技能、领导力培训等多个方面。培训讲师有外聘的资深讲师，也有来自集团内部的专业人员。受训学员从公司中高层管理人员惠及一线岗位所有层级员工。

（1）覆盖全员的技能提升培训

李锦记中国区2012年组织实施各类培训活动286场，覆盖10 810人次，人均培训课时达5小时。

（2）管理培训营

为满足公司逐年高速增长的业务需求，李锦记（中国）销售有限公司管理培训营逐步发展成为公司的常规人才培养机制，固定吸纳具有高发展潜力的经理级人才进行综合领导力、业务及团队领导力以及个人影响力等全面的能力提升。管理培训营通过为期18个月，8～10门重点课程的培训，深度提升营员的综合策略性思维能力，为未来高层管理力量打下坚实的基础。

（3）管理培训生

作为企业未来中坚力量的重要储备，管理培训生项目一直是培训工作的重点之一。自2009年管理培训生实施以来，公司已经吸纳培养了数十名优秀大学生。2012年7月，2012级管理培训生入职。公司展开了一系列精心制定的培训课程，专门给每位管理培训生委派资深经理担任专属工作导师，并在公司内部进行全面的轮岗培训，让每位管培生得到有效的培养和进步。如今，四届管理培训生都在各自的岗位上快乐地学习并成长。

2. 特色团队建设

（1）李锦记龙舟队——在竞赛中打造有凝聚力的团队

集团在2009年成立了龙舟队，并一直致力为员工提供专业的培训，并将此项目渗入到团队建设中。2012年6月在新会龙舟联谊赛和香港赤柱龙舟锦标赛中，李锦记龙舟队凭着李锦记人的信念和坚毅不懈的精神喜获佳绩。员工们在龙舟竞赛中学习和了解了团队力量的重要性，更享受到了拼搏和付出之后的胜利喜悦。

（2）团队建设活动在全国各区开展

2012年度李锦记（中国）销售有限公司进行了35场团队建设活动，参与人数约 1 000 人次。平均爽指数[①]超过 9 分（满分 10 分）。

作为销售区域覆盖全国各地的企业，集团员工分布全国各地。为了建立高绩效的团队，李锦记通过活泼生动、形式多样的团队建设来增强“团队沟通”和“建立关系”，同时还导入独特的企业沟通文化——“爽指数”。团建活动能够在短时间内增进大家的相互认识、加强彼此的沟通效果、强化高效团队的建设。

（四）员工关怀

集团注重加强人文关怀，为员工创造舒适的工作环境。关心员工生活，通过物质和非物质激励等方式，全方位关爱员工。

1. 平等、开放的沟通模式

（1）总裁信箱

李锦记鼓励平等、开放的沟通模式。公司的高层领导率先身体力行，努力倡导企业内的平等文化，仔细倾听员工的声音。李锦记没有森严的等级之分，每位员工都可以平等地进行沟通。特别设立的总裁信箱向每一位员工开放，员工可以直接向总裁提出意见和建议，使下情上达沟通顺畅。

（2）员工沟通会

集团高管重视与员工的沟通。定期与员工面对面进行交流，在向员工分享公司策略及资讯的同时，倾听员工心声，了解员工的建议和意见。2012 年 11 月 13 日，李锦记酱料集团主席兼行政总裁李惠中先生率领总部核心领导层与员工面对面进行沟通，分享集团未来 5 年的发展规划，并与一线员工敞开心扉，亲切交流。

（3）企业内刊

《纵横》创刊于 2007 年，目前已出版 18 期。每季一期的《纵横》汇聚了公司动态与员工心声，是公司与员工沟通的重要桥梁。

2. “健康、事业、家庭”三平衡及康乐会

一直以来，李锦记注重在公司内部推行三平衡的健康生活模式，即“健康、家庭、事业”的平衡。

---

① 爽指数是用来衡量员工对家庭、工作、健康等综合感受的指数。“爽指数”沟通文化的推行，有利于企业把握员工的心态脉搏。李锦记相信：“如果一个员工觉得不爽，他可能会给很多人带来消极影响。”因此李锦记非常注重员工的爽指数，在管理方面，尽最大可能地提升员工的爽指数，尽量让员工“爽”。

(1) 三平衡日

李锦记不仅仅关注工作和业绩，同时也非常关注员工们是否有一个“健康、家庭、事业三者相平衡”的生活。李锦记提倡不要为了工作而忽略生活的本身，在努力工作的同时，也尽情地享受生活，并致力于为员工提供各种方案，促使每一位员工都能找到最好的平衡点。在2012年8月24日三平衡日当天，公司开展了全国性的“我最三平衡”分享活动。

(2)“我爱李锦记”六一儿童摄影绘画大赛

2012年6月，李锦记在员工子女中启动“我爱李锦记”六一儿童摄影绘画大赛。大赛总共收到摄影作品92幅，绘画作品34幅。一、二、三等奖分别获得丰厚的礼品。同时，每位参赛者都获得了印有参赛作品的马克杯或者鼠标垫。大赛让公司员工及子女们度过了一个难忘、快乐的节日。

(3) 李锦记摄影会

2012年7月，“摄影·快乐”李锦记新会摄影会员作品展在新会景堂图书馆隆重举行。自2010年成立以来，李锦记摄影会汇聚了一群对摄影艺术充满热情的会员员工。通过摄影会集体活动，员工们不仅提升了摄影技术，放松了心情、开阔了视野，同时也增进了员工间的友情。

(4) 康乐会

2012年，各地区康乐会共举办了44场活动，参与人次超过1 500人次。

在李锦记，康乐会是推行“三平衡”的员工俱乐部，由各部门、各地区的员工代表组成。康乐会在管理上体现了李锦记的文化：尊重个人，以员工容易接受的方式来进行员工活动，并将员工活动与团队建设融合在一起，在让员工们发展自己的兴趣、拥有健康身心的同时，培养了团队合作精神，加强了团队凝聚力。

3. 人文关怀

集团每年设立“卓越团队奖”和“总裁大奖”，对做出卓越贡献的团队予以奖励。对于工作满10年、15年或甚至更长的同事给予海外旅游等嘉许，以感谢他们为集团所付出的辛勤劳动。每年的创业纪念日是李锦记的大型企业文化活动。

(1) 员工福利覆盖率达100%

李锦记为员工建立了完善的保障及关怀体系，员工福利覆盖率达100%。

• 集团为所有员工购买医疗保险、意外保险、补充医疗保险等（可附带子女）。

• 定期组织员工进行体检和专项体检。

• 实施日常慰问制度，并开展丰富多彩的员工活动。

• 新会生产基地的员工提供高温津贴、膳食津贴、免费工作餐等关怀措施。

• 六一儿童节礼品发放，让员工感受集团对员工子女的关怀。

（2）友爱互助

2012年4月，一位员工家庭发生重大变故。在管理层的支持下，公司人力资源部发出倡议，全公司自发捐助119 464元人民币，帮助该员工渡过困难。此次行动，充分体现了公司思利及人的企业文化已经深入人心，员工间友爱互助，一方有难八方支援。

4. 持续上升的员工满意度

李锦记重视员工的意见和感受，多年来持续开展年度员工满意度调查工作，充分了解员工对公司的经营管理水平、规章制度、薪酬福利、企业文化、沟通等各项工作的意见和建议。近年来员工满意度持续上升。2012年员工敬业度调查结果显示：满意度再创新高。员工参与率99%，员工满意度8.69，较2011年增长0.03分，再创历史新高。

三、品质责任

确保产品的品质与安全，是李锦记集团作为食品企业奉为首责的社会责任。李锦记秉承“思利及人”的核心价值观，通过向消费者提供优质安全的产品，体现企业的责任本质。

（一）“100－1＝0”的品质管理理念

作为一家有着124年生产经验的食品企业，李锦记始终坚持“100－1＝0”的品质管理理念，实施“从田间到餐桌”的全程控制，从源头开始确保产品的安全。从食品原料种植、养殖和采购，到生产、流通、加工和配送，供应链的每一环节都严格控管。此外，对原料运输、原料清洗、原料加工、全程不经人手的生产过程、成品分装、成品运输、上架销售等环节也进行全面安全管理。生产过程中，以30多道生产工序，200多个质量控制点确保全过程在无菌环境中生产。同时，还斥巨资引进全球最先进的SAP系统实施物流即时跟踪，2小时内即可实现客户与原料间的双向追溯，最大限度地保障食品安全。李锦记是美国食品和药物管理局（FDA）在中国全国性审核活动开展以来，首家零缺陷通过审核的公司。

1. 最先进的设备

李锦记选用最先进的生产线和进口设备。厂房按照GMP标准建设，生产线上配置了EBI捡瓶系统、真空监测仪、X光机、金属探测器等先进的食品包装检测仪器，并斥巨资购买了高效液相色谱仪、气质联用仪、等离子发射光谱仪、荧光分析仪、酶标仪、紫外—可见光分光光度计等先进设备，能够准确地分析原料及成品中的食品安全项目，确保产品的优秀品质。

2. 严谨的产品品质管理体系及追溯系统

李锦记建立以品质预防、品质控制、品质保证三大方向为核心内容，以最严格的标准，建立起严谨的产品品质控制体系，对产品品质从农田到餐桌全过程控制。

（1）品质预防

- 选择能提供优良产品质量和具备完善质量安全控制体系的供应商。
- 建立原料数据库及种植调查表。
- 制定完善的原料标准。
- 对供应商进行严格的符合性审核。
- 建立原料HACCP体系，并根据HACCP计划确定原料食品安全监测计划。
- 根据HACCP计划对供应商\原料进行风险分级。
- 对供应商进行培训，共同提高。

（2）品质控制

集团有一整套严格的管理手段对原料、包装材料、半成品、成品以及人员卫生、生产环境、管道设备进行监测把关，以保证产品各项指标合格才能出厂。整个生产过程中，以30多道生产工序，200多个质量控制点确保全过程在无菌环境中生产，卫生安全。

（3）品质保证

李锦记推行严格完善的质量体系并通过实施内部审核和接受外部审核以确保体系的有效运行。如ISO9001质量管理体系、ISO14001环境管理体系、GMP、HACCP管理体系、ISO22000食品安全管理体系等。同时接受第三方审核，实现持续完善管理。

零缺陷通过美国FDA审核。2011年6月，新会生产基地接受并顺利通过美国FDA的审核。FDA审核员一致认为，李锦记公司的产品从生产、计量、检测、到管理均符合FDA相关法规要求，整个审核过程未发现不符合项。李锦记是FDA在中国开展全国性审核活动以来，首家零缺陷通过审核的公司。因此FDA审核小组给予李锦记极高的评价。

顺利通过英国零售业协会（BRC）标准年度评审。新会生产基地委派专人参加新版BRC标准的培训，并按新标准的要求，从公司人员培训、虫害控制、原料验收、生产监控、物品运输储存、产品追溯等方面，进行了更新升级，以满足新标准要求。2012年8月20日，李锦记以A级水平顺利通过了第三方认证机构进行的BRC现场审核。

积极接受系列年度审核及其他考评，得分持续改善。2012年7月，新会生产基地顺利通过百盛餐饮集团（YUM）委托第三方进行的YUM星级评估体系的审核，总分较去年提升5.1分。

2012年12月顺利通过HACCP认证。

2012年12月顺利通过HALAL（清真）认证。

3. 科学的物流管理和功能强大的可追溯数据库——SAP系统

李锦记集团斥巨资启用SAP系统软件，是调味品行业中首家最全面运用SAP系统管理的企业，同时也是最先使用SAP QM（质量管理）模块的企业。通过SAP系统，能够进行规范合理的成品防护和物流即时跟踪，在2小时内可实现从客户到原料或原料到客户的双向追溯。李锦记将原材料、物料的供应、生产、质量管理、采购管理、仓库管理、财务管理、销售管理等各方面全部纳入SAP管理系统，提高了采购、生产、质量管理、库存、销售、售后服务等的协调能力，实现了资源共享、完全信息化，大大提高了质量追溯时的时效率和准确率。

通过SAP产品追溯系统能够进行食品质量安全管理和危机控制，实现从原材料的来货、半成品、成品及产品流向进行快速追溯。能在第一时间掌握所有产品的数量和流向，能够确保食品安全及保护消费者权益。

4. 雄厚的技术力量和后台预警机制

李锦记集合生产技术、食品法规、食品检验等领域的技术骨干，组建成食品安全委员会，建立食品安全风险分析、评估和预警机制。同时外聘食品领域知名专家学者，作为公司食品安全的智囊团，为李锦记酱料集团在食品安全与营养、产品改革与创新以及标准制定和品牌宣传方面提供智慧和力量。

李锦记充分发挥行业标杆企业优势，定期举办专家委员会，汇聚诸多专家，听取他们在食品安全与营养、产品研发和创新以及标准制定参与方面的意见和建议，并与专家们共同研讨食品产业的健康发展，共同促进行业的发展与进步。

2012 年 11 月 21 日至 23 日，以“安全、标准和机遇”为主题的 2012 李锦记食品安全及营养专家委员会在香港成功举行。来自国家卫生部、国家质量监督检验检疫总局、国家食品安全风险评估中心、中国食品科学技术学会、中国调味品协会、国家青少年食品质量监督检验中心、中国农业大学、上海海洋大学等机构的 8 位食品安全及营养专家，以及来自中国烹饪协会、中国调味品协会和中国社会科学院工业经济研究所的三位特邀嘉宾，就宏观经济发展趋势、调味品行业及餐饮业发展动向以及企业参与食品安全标准制定等议题展开了深度分享与交流，为李锦记集团加强食品安全风险管理建言献策。

（二）李锦记入选航天食品

2012 年，李锦记通过层层审核，入选航天食品，成为“神舟九号”载人宇宙飞船航天员佐餐酱料。在将近 13 天的太空飞行时间里，李锦记酱料为 3 位航天员的餐饮增添了可口的味道，以自己的方式给予中国航天事业最有力的支持。

航天食品有着非常严格的挑选标准，食品安全是先决条件。国家航天中心对李锦记生产基地进行了实地考察、产品检测、生产监产等层层严苛的考核，并与李锦记进行了航天酱料需求的深入沟通。最终，李锦记从众多调味品企业中脱颖而出，入选成为“神九”载人宇宙飞船航天员佐餐酱料。

“神舟九号”载人宇宙飞船在太空停留时间是史上最长的。太空环境中人的味觉会有一定的变化，经过反复研究，李锦记对酱料的口味做出了适当的调整。李锦记酱料甜、咸、辣的多样口味，极大丰富了航天员在太空的餐饮选择。甜味能帮助航天员在十几天枯燥的太空环境中保持良好的心情，咸和辣则满足航天员的个人饮食习惯。此次是航天员首次在太空吃到热菜热饭，李锦记酱料让航天员的 13 天菜谱没有重复，口感新鲜。此外，在产品的包装材料方面，李锦记充分发挥了自身的研发优势，对此次供应于“神九”的酱料包装进行了特别的调整，以确保太空包装要经受得住强烈震动和急速加速度带来的冲击，以及其他太空环境的特殊考验。

“神九”顺利返回后，李锦记（中国）销售有限公司总裁周志毅先生受邀做客新华网，向众多网友揭秘了李锦记此次的“神九”特别任务，并分享了李锦记在产品品质管理方面的理念和实践经验。

李锦记酱料成为“神九”载人宇宙飞船航天员佐餐酱料的消息也引发了国内媒体的关注热潮。中央电视台新闻频道、新华网、光明日报、环球时报、中国日报、凤凰网等国内有影响力的媒体纷纷进行了详细的报道。

四、相关利益者责任

李锦记秉承“思利及人”的核心价值观，积极履行企业社会责任，真诚地回应各利益相关者的期望，在构筑和谐社会的同时，全力推动社会的可持续发展进程。

（一）关注和制定行业标准

李锦记积累了124年调味品的生产经验，具备食品安全管理的专业水平以及国际化优势。作为民族企业，李锦记一直以来积极参与调味品国家标准及行业标准的编制工作，力促国家标准/行业标准与国际接轨。李锦记在标准制定的工作中持续发挥出跨国企业的优势，不吝与同行分享在国外的成功经验，并引入国际性食品安全法规，令中国的产品在国际市场上更有竞争力。

2012年，李锦记与中国调味品协会以及政府相关职能部门密切沟通，积极参与了以下国家标准、行业标准、地方标准、法规的制定：

1. 《蚝汁》行业标准。
2. 《辣椒酱》国家标准（第三次征求意见稿）。
3. 《半固态复合调料》广东省食品安全地方标准。
4. 参与《食品生产加工环节监督管理规定》起草。
5. 参与国家质检总局组织的《食品生产加工环节监督管理规定》编制。
6. 参与河北省调味品协会组织的《调味品品评师国家职业技能标准》的编制。

（二）关注客户

李锦记重视与消费者的沟通，积极从各个渠道聆听消费者的声音，了解消费者的意见和建议，并积极改进，不断提升李锦记的品质和服务。

李锦记通过对一线生产员工持续的质量培训，例如GMP、HACCP、SSOP、食品安全、质量事例等方面的全方位培训，持续提升员工品质管理意识，同时对生产设备以及检测设备等进行升级，从硬件方面确保产品品质，从而降低客诉发生率。

李锦记还斥巨资引进全球最先进的SAP系统实施物流即时跟踪，2小时内即可实现客户与原料间的双向追溯，最大限度地保障食品安全。

（三）与经销商共同成长

一直以来，李锦记秉承互惠双赢的策略，在激烈的市场竞争中积极与经销商分享成功的管理经验和市场实践，与经销商共同进步，携手前行。

2012年3月与5月，李锦记中国经销商答谢会和李锦记中国核心经销商答谢会分别召开，来自全国各个销售区域的经销商们参加了会议。李锦记与参会的经销商们分享了过去一年的成绩和吸取的经验。通过与经销商们面对面的沟通，增进了双方的了解、深化了彼此的友谊。

2012年10月，一年一度的李锦记核心经销商会议隆重举行。李锦记（中国）销售有限公司总裁周志毅及其核心管理团队的成员，与来自全国各地的18家餐饮和零售的核心经销商，在轻松的气氛中展开了一场“共话友谊，共商未来”的对话。会议积极听取了经销商们的建议与意见，并展望了2013年的工作目标和方向。经销商大会促进了李锦记与经销商们的沟通与了解，加强了经销商们对李锦记未来方向的理解，增强了彼此间的信心，增进了友好合作伙伴关系。

（四）与供应商共同成长

李锦记不仅严格甄选合格的供应商，还活用自身优势为供应商提供专业的培训，与供应商共同成长，为食品安全大环境以及可持续性供应链的建设不遗余力。

李锦记除了对高风险原料供应商进行供应链系统的培训，向供应商宣传李锦记的食品安全要求，还重点对众多的辣椒原料供应商推广辣椒原料基地种植技术、加工生产技术，帮助供应商解决加工生产过程中出现的实际质量问题，提升供应商来货产品质量，确保李锦记的原料供应与来货原料的品质安全，使广大供应商在接受李锦记技术的同时，实现与李锦记共同成长。

2012年，李锦记技术人员累计对100家原料供应商进行了审核和考察，累计发现和协助解决各类质量与安全问题多达1 384个。全年对11家供应商进行了直接培训，累计130多人次受惠于李锦记培训平台，提升了生产技术水平和管理能力。

1. 对于辣椒农产品原料，促导供应商从原来的散户种植实现基地种植，降低源头不可控因素。李锦记技术人员每年会与供应商一起，多次到辣椒种植地进行实地监测，监测种植地的空气、水源、土壤是否受到污染，实地了解辣椒种植过程中出现的各种虫害、病害、草害，详细记录所使用的农药、使用剂量、用药时间以及农药的毒性等资料，确保采收的辣椒不会受到农药污染，做到质量安全可控。

2. 针对以往辣椒来货杂质较多的情况，通过技术培训，引导供应商改进采摘与装运工具，从源头上解决杂质入侵的途径，提升产品的质量水平。

3. 2012 年对辣椒胚供应商进行了五项知识与技术方面的培训。

五、产业创新责任篇

李锦记作为中国调味品行业的领军企业，本着“永远创业”精神，一直致力于技术和产业的创新。坚持以市场为中心，凭借雄厚的技术实力和研发投入，以及敏锐的市场触觉，持续不断地从生产技术、市场营销等方面进行创新和突破，以带动行业的整体进步。

（一）技术创新

集团非常重视企业内部研究和技术开发，在研发、质量提升和项目管理方面做了大量投入，包括设备投入、人才培养、技术交流、知识产权、创新奖励等。

1. 项目创新

（1）高氨氮有机污水处理和利用综合技术研究与应用。将 ABR 与氧化沟联合处理新工艺应用于酱油生产废水处理中，氧化沟产生的剩余污泥经过浓缩池稳定后进入 ABR 中，部分污泥转化为颗粒污泥，其他污泥得到消化，实现污泥减量化，是食品类生产高氨氮有机废水探索高效低耗的处理技术。

（2）降低污水总磷排放。采用气浮—UASB—氧化沟—化学混凝沉淀工艺除磷，采用添加聚合氯化铝和聚丙烯酰胺来脱磷，污水含磷浓度值可稳定在≤ 1.5mg/L 排放，与本行业的污水排放含磷平均值 8.5mg/L 相比属于行业领先、与国际接轨。

（3）新型环保能源锅炉。在国内调味品行业率先引入生物质环保锅炉，每年为公司节约费用 3 000 万元。实现 CO_2 净排放量近似为零，而且基本上无硫化物的排放。

（4）增加高氨氮酱油的工艺研究与应用。采用酱油浸出法“多效连续逆向循环浸取”工艺改良技术“放高二抽后套清水压淡水三渣”，提升整体酱油氨氮得率，缩短第三次浸得液的发酵时间，提高了产能并节约了的精盐用量，节约了生产成本。

（5）厢式隔膜压滤技术在酱油粗滤的研究与应用。采用厢式隔膜压滤机过滤酱醪，可以将过滤与压榨合二为一，既可提高酱油的得率，又可节省劳动力，属于先进的酱油生产处理技术。

（6）BJ 生物法处理高盐度酱油废水及工程示范。筛选与构建专性的微生物菌群，处理具有高盐度高 COD 的废水，使得微生物处理效率达到最高，又能使得微生物的流失降到最低，节约运行费用。

（7）波纹管加热器在酱油灭菌系统中的开发与应用。研制相比目前罐式酱油加热装置更高热效率的管式加热系统，实现有效的压力、液位控制，防止产品管道内温度过高、防止结垢及各种污染的产生等。

（8）颗粒状酱料入料机的改良与应用。利用新传动原理、新机械结构和新加工工艺的新型机械技术，自制入料嘴系统，解决粗颗粒、纤维状酱料（例如，姜蓉、沙爹酱、沙茶酱、蒜蓉、潮州辣椒油等）入料难题，提高生产效率。

（9）老抽加压煮制焦糖色素技术研究与应用。利用加压法生产高质量焦糖，解决反应釜的安全性、反应最佳温度、合适煮制时间及出锅时的操作控制问题。不采用含铵化物和亚硫酸盐作为催化剂，是国际公认最安全的焦糖生产方式。同时保持产品的一致性和高品质，属行业领先。

2. 成果鉴定与项目验收

（1）《酱油酿造菌种的酶系分析与菌种选育、改造应用》项目通过江门市科技成果鉴定。

（2）《L－酪氨酸的回收与纯化工艺研究》项目通过了省级的项目验收。

3. 文章与专利

（1）《自动化酱料生产控制系统 V4.0》获国家版权局颁发的软件著作权证书。

（2）《一种陈皮酱油的制造方法》获国家专利局颁发的发明证书。

（3）《一种 L－酪氨酸的生产方法》获国家专利局颁发的发明证书。

（4）《光照对酱油发酵影响初步研究》获全国调味品行业科学技术论文大赛三等奖。

（5）《酱油酿造过程物料衡算分析与研究》获全国调味品行业科学技术论文大赛三等奖。

（6）《杂菇酱及其制作方法》获国家专利局颁发的发明证书。

（二）市场创新

作为传统行业的百年老店，李锦记却凭借独特的市场敏感度，广泛使用数字化营销方式，不断通过创新的市场沟通方式，拉近与消费者的距离。

1. 现代化数字营销模式引领调味品行业营销新潮流

作为百年老字号，李锦记致力于在传承中创新，以现代数字化营销手段替代调味品传统的经销商模式来提升品牌的知名度和美誉度，突破了行业及区域局限性，以创新的方式宣传了百年的品牌。汇集李锦记创新营销模式的《李锦记品牌的五年创新营销战役》案例凭借杰出的营销实效和出色的传播效果，荣获《经济观察报》和"香港管理专业协会"共同颁发的"2011～2012年度中国杰出营销奖"。

中国杰出营销奖自2003年至今连续成功举办了十届。奖项引进了"香港管理专业协会"20多年运作此奖项成熟的评选机制。本届组委会在进入终审的30个案例中授予李锦记案例全场最高分，表彰李锦记在推动具有本土特色营销市场进步方面做出的卓越成绩。

2. 独特创新的地铁立体厨房，刷二维码立得菜谱

2012年12月，李锦记首次独特创新，在全国所有具备地铁媒体的城市，巧妙地采用巨型震撼的地铁媒体形式，打造"地铁创意美食厨房实物灯箱"和"二维码菜谱应用"。"李锦记地铁立体厨房"用明星产品吸引消费者刷二维码，享多款美味菜谱解决方案，通过数字化手段，让消费者随时体验"李锦记时刻在您身边，为您提供每天的美食新方案"的理念，轻轻松松地获得美食资讯。

3. APP美食厨房，引领潮流最前线

2012年4月，作为首家做手机APP的调味品公司，李锦记在行业内率先推出APP美食厨房。8月份首次推出便获得数千下载量及良好的用户反馈。APP美食厨房应用软件包含丰富多样的功能与内容。无论是美食推荐、菜谱搜索、心得分享，还是李锦记网店产品购买和线下市场活动信息，都能一一实现。同时，还可运用到新浪微博等社交媒体，用户可在数字化互动交流中轻松实现美食应用，获得极大的方便。

4. 移动厨房

李锦记首创的“移动厨房”（内置专业厨房设备），在2012年搭载着专业厨师走访了全国主要二线城市，在小区、农贸市场、超市等进行实地烹饪教学，倡导健康饮食概念。2012年“李锦记移动厨房”还开展了“味道达人”的募集活动。倡导普通消费者成为“味道达人”，通过亲手制作菜肴表达对身边亲朋好友的情意，诠释自己心中的亲情、友情与爱情。“李锦记移动厨房”从甘肃开始，走遍中国大江南北19个省市自治区40多座城市。所到之处都会由当地市民评选出最令人感动的“幸福菜”以及“味道达人”冠军，让大家寻找并感悟到生活中的爱。

5. 新产品鲜虾鲜、辣虾鲜

2012年8月，李锦记研发并推出鲜虾鲜、辣虾鲜等针对餐饮用户的新产品。新产品采用双重发酵的先进酿造工艺，精选优质黄豆发酵，加入风味独特的鲜虾提取物，口味更自然，不霸道，不抢味，有效地帮助厨师打造上品菜肴和提高烹饪效率。

（三）传播创新

作为调味品行业的领军企业，李锦记突破行业传统的局限，在企业传播方面不断探索、勇于创新，因应信息化时代大众对信息多样性日益增加的需求，始终坚持用精美的图片和简洁的语言文字迅速有效地传递企业信息，发布企业新闻。

1. 荣膺首届美通社“企业多媒体传播最佳图片传播奖”

凭借在企业传播方面较早具备的多媒体运用意识，李锦记开展了一系列有影响力的企业传播活动。通过多媒体传播方式，李锦记不断深化与大众的沟通。从简洁的文字、蕴意深刻的新闻图片，到信息量丰富的视频，李锦记通过多媒体传播实现了企业传播的立体化，拉近了大众与李锦记的距离，加深了大众对李锦记的了解和喜爱。目前，在各种信息化媒体平台和搜索引擎中，大众能够非常方便、全面地了解李锦记的企业信息和各种新闻。

2. 《品味·李锦记》成为沟通桥梁

《品味·李锦记》是李锦记自己采编的刊物，旨在加强李锦记对外沟通，发扬和传播中华优秀饮食文化，促进食品安全和调味品行业发展，履行企业社会责任以及展示李锦记人精神风貌。《品味》围绕文化、食品安全、品质、企业社会责任议题和公司重大事件，全方位、多角度进行报道和讨论，成为李锦记与公众沟通的桥梁和窗口。

3. 李锦记官方微博和李锦记美食厨房微博

李锦记官方微博，致力于创建企业真诚关爱的窗口，搭建联系消费者情感的桥梁。

通过活泼的网络语言、潮流的时事话题，全方位地向网友宣传和推广李锦记优秀的核心价值观和企业使命。李锦记美食厨房微博通过每日的资讯发送，与消费者分享健康饮食的诀窍、厨房里的小知识和烹饪的心得、秘诀，加强与消费者的互动交流。

六、环境责任

李锦记对环境保护极为重视，积极主动地承担环保责任。通过采用环保设备、推行节能降耗、资源循环再用等环保措施，身体力行地倡导环保理念，为保护环境做出不懈的努力。

（一）清洁生产

集团对环境保护极为重视，李锦记新会生产基地坚持选择清洁生产和环境无害化技术和工艺。2012年，在污水治理方面投入巨资，通过购入先进的设备及对现有设备的更新、现有工艺的提升来不断提高污水处理能力及品质，有效减轻了后续污水处理系统的负荷，并通过提高污水处理效率，节约了能源。

1. 投入约100万元人民币，进口全新气浮机。气浮机处理能力60吨/小时，每天处理量接近1 500吨，COD处理率更可达30%。

2. 投入约60万元人民币，新购入带式污泥脱水一体机。将污水中的污泥压滤成较干的污泥块，有效去除污水中的各种污染物，大大减轻了后续污水处理系统的负荷。

3. 投入约420万元人民币，新建生物质燃料储仓。新建生物质燃料储仓容积1 800立方米，具有1 000吨生物质燃料储存能力。为新会生产基地深化“节能减排”清洁能源提供了保障。

4. 投入约80万元人民币，提升污水处理能力。

（1）通过增加污水排放池数量来延长污水停留时间，使污水能够充分有效地混凝沉淀；

（2）不断完善污水处理工艺。在3 800T集水池底安装约900个曝气盘和鼓风机等配套设备，将污泥生化菌添加到集水池中，通过生化反应，除去污水中的部分 COD，使集水池变为污水处理池，从而提升污水处理量和减轻后续污水处理系统的负荷；

（3）将 1 000T 污水站老式的曝气管更换为新式的圆盘式曝气盘，通过改善曝气效果来提升 1 000T 污水站的处理能力。

新会生产基地持续不断地改善，通过各项措施，有效地减轻了对河域带来的环境影响，为保护环境做出贡献。

（二）绿色办公

集团加强绿色办公倡导、宣传与教育。提倡将绿色办公理念“内化于心、外化于行”，积极采取各项措施与方法，倡导员工节约用水、用电和办公耗材。

（三）爱护环境从我做起

李锦记倡导“爱护环境　从我做起”，通过环保知识分享、办公绿色植物推行、植树等活动，号召每一位员工从身边的小事开始关注环保、支持环保。

开设“乐活系列—环保肥皂工作坊”课程，通过课堂演示，与参与员工分享环保知识，让大家了解家居隐藏的环保隐患及废置油污的危害，并通过手工皂的制作过程，与员工分享如何利用回收食油亲自手工制造安全、易分解又环保的肥皂。

为响应广东省江门市政府制定的“森林围墙　树林进城”绿色行动方案，李锦记新会生产基地的员工们带着孩子积极参与植树活动，在行动中受到生态文明的熏陶，加强了绿化、保护环境的意识。

李锦记推行绿色从办公室开始。公司购买了小型绿色植物，号召员工认领。在改善办公环境的同时，员工们通过对绿色植物的精心浇灌、培育，加深了对环保的认识和体会。

七、社会责任

李锦记作为百年传承的民族企业，秉承“思利及人”的核心价值观，多年来积极发扬中华饮食文化，开展社会慈善公益事业。

（一）发扬中华优秀饮食文化

李锦记自 1888 年成立以来，始终将“发扬中华优秀饮食文化”作为企业使命，孜孜不倦地为中华饮食文化的传承和发展做出应有的贡献。

1. 李锦记携手孔子学院总部推广中国烹饪

2012年5月24日，李锦记与孔子学院中国总部在北京签署合作备忘录，携手致力关怀志愿者，在全球范围内推广中国烹饪，发扬中华优秀饮食文化。在当天的合作备忘录签署仪式上，李锦记向全国孔子学院志愿者捐赠了中式方便酱料。2012年，近4 000名孔子学院汉语教学志愿者获得了李锦记为孔子学院“量身定做”的中式方便酱料。

2. 李锦记与孔子学院联合开办中国烹饪课堂

李锦记与孔子学院总部联合开办中国烹饪课堂，对志愿者进行烹饪培训，这对提高志愿者海外生活质量以及中华美食文化的海外传播有重要的意义。未来，李锦记将继续加强与孔子学院的合作，通过传播舌尖上的文化，提升中华文化的影响。

2012年6月，李锦记与孔子学院总部在北京开办面向全球孔子学院汉语教学志愿者的中国烹饪课堂。首批学员为400名赴海外执教的志愿者。这是孔子学院总部首次大规模组织志愿者学习中国烹饪。

3. “感知中国”日本行李锦记烹饪大师赴日弘扬舌尖上的中国

2012年7月，为纪念中日邦交正常化40周年，国务院新闻办公室、中国驻日本大使馆联合举办的“感知中国”日本行活动开幕式在日本东京举行。作为此次活动的合作伙伴，李锦记携4位中国顶级烹饪大师在开幕式为中日嘉宾展示中华烹饪技艺，让日本友人感知中华饮食文化的独特魅力，进一步推动了中日两国的文化交流。

4. 李锦记举办中华美食文化汇

2012年12月27日，以“楚之神韵　酱门传奇”为主题的“2012李锦记中华美食文化汇”在北京隆重举行。新晋“世界厨王”——以中国烹饪大师卢永良为领队的武汉代表队以精湛厨艺为现场嘉宾重现了2012世界厨王争霸赛中的夺冠作品——“楚韵”。

中华饮食文化源远流长，是中华五千年灿烂文明的重要组成。以“楚韵”为主题的系列菜肴，体现了中华优秀饮食文化中独具风格的地域特色。作为全球中式酱料领导品牌，李锦记此次举办中华美食文化汇活动，旨在促进中华优秀烹饪技艺与传统地域文化的有机结合，推动中华饮食文化的繁荣与发展。

5. 李锦记海外腾飞　展示民族振兴

作为较早进入海外市场的中国企业，李锦记在海外市场积攒了丰厚的知名度和美誉度。为了让国际社会更加了解中国企业的发展历程，李锦记积极参与国家形象片《中企在海外》的制作。从国内到海外、从亚洲到美洲，李锦记分享了作为百年民族企业在海外立足并腾飞的历程，展示了中国民族企业的振兴与发展。

6. 分享李锦记百年老牌持续发展的成功秘诀

作为拥有124年历史的百年品牌，李锦记的发展与兴盛是香港企业发展的缩影，他与香港民生的关系，正是香港社会演变的真实写照。在香港电台拍摄的以“我们的品牌”为主题的《香港故事》节目中，李锦记酱料集团主席兼行政总裁李惠中先生向观众介绍了李锦记的创业史、经营史，分享了百年家族企业四代传承的成功秘诀。

7. 李锦记积极推动中华龙舟竞技及饮食文化

作为一家拥有逾百年历史的民族企业，李锦记一直尊敬和推崇传统中华优秀文化。李锦记冠名赞助由香港旅游发展局与香港龙舟协会携手合办的香港龙舟嘉年华，积极推广两项独特中华文化——龙舟竞技和饮食文化。除了冠名赞助首次在香港举行的世界级龙舟赛——李锦记龙舟俱乐部世锦赛外，李锦记于6月19日与尖东好彩海鲜酒家携手合作，举办李锦记传承喝彩龙舟宴，以李锦记酱料制作而成的各款别致的点心美馔在世锦赛期间供应，通过味道感悟中华饮食文化的源远流长。

8. 李锦记彩灯大观园　展现独特传统文化

2012年中秋节期间，李锦记赞助制作的“李锦记彩灯大观园”在香港维多利亚公园亮灯。作为香港旅游局的“香港中秋节”大型活动的焦点项目，“李锦记彩灯大观园”设计灵感源自传统的中式灯笼，彩灯上绘载着中国古老传说中嫦娥与后羿的经典爱情故事。彩灯的制作方面采用了丰富的环保元素，制作物料全部可以循环再用。“李锦记彩灯大观园”强化了香港节庆文化的吸引力，诠释并发扬了中国独特传统文化的经典与优美。

9. 李锦记以传统美食搭建国际交流桥梁

2012年5月，李锦记作为第一届中国（北京）国际服务贸易交易会（简称“京交会”）特别合作伙伴，专门派出手艺高超、国际经验丰富的烹饪大师，在专设的餐饮美食体验馆向嘉宾现场传授“粽子”、“锅贴”等中国传统节庆美食的制作方法，并讲述这些传统美食与中国传统佳节的文化故事。京交会期间，陆续来访的有比利时、奥地利、泰国、秘鲁、土耳其、新西兰等 6 个国家的 9 位驻华大使夫人及嘉宾，在学习和品尝用李锦记酱料制作的传统中式美食的同时，体会中国博大精深的餐饮文化。

10. 李锦记促进鄂港贸易交流

2012 年 4 月，李锦记以创新和时尚的形象参加了由武汉人民政府、香港中华厂商联合会主办的“2012 香港时尚产品博览会”。作为植根香港的代表性品牌，李锦记除了向公众展示各款经典和新创产品外，更让参展观众对李锦记的企业文化和理念有了更深入的了解，促进了鄂港文化的交流和碰撞。

（二）热心捐赠　慈善传承

李锦记集团主席李文达先生在不断发展李锦记这一民族品牌的同时，积极投身于各项慈善事业，热心公益，回馈社会。他在慈善公益活动中强调持续、传承、“造血”和特色，充分表达了他爱国爱乡、乐善好施的精神。历年来李文达先生敬老扶贫、兴医兴教、援乡建桥，累计捐赠逾亿元。

1. 李文达先生获颁杰出企业家社会责任奖

2012 年 1 月，李文达主席获香港《镜报》月刊颁授第一届“杰出企业家社会责任奖”，以表彰他对社会做出的贡献。《镜报》盛赞李文达先生大胆创新、热心公益，多年来致力于发扬中华优秀饮食文化和养生文化。在他的引领下，李锦记集团秉承“思利及人”的核心价值观，积极开展及推动多个慈善活动的举行，尤其专注于教育事业的公益善举。

2. 李文达先生获“2012 南方·华人慈善盛典十大慈善人物奖”

为表彰李文达先生长期热心家乡的公益慈善事业以及对社会作出的重要贡献，2012 年 11 月 13 日，广东省人民政府侨务办公室授予他“2012 南方·华人慈善盛典‘十大慈善人物’奖”。

链接：李文达先生慈善记录（部分）

- 自 20 世纪 90 年代初期开始，在珠海、广东、江门、新会等地分别建成多所小学和中学，在广西、四川和辽宁等地建立了多所“希望小学”，合计投入超过1 600万元。
- 1998 年华东水灾，捐出价值3 000万元人民币的物资作赈灾用途。
- 2003 年非典期间，向四川成都市人民捐赠价值 100 万元产品。

- 2003 年，出资1 000万港币捐建清华大学“李文达医学及生命科学图书馆”。
- 2004 年、2005 年、2006 年连续三年，李锦记共向四川“健康快车无限极绵阳眼科显微手术培训”中心捐款 250 万元，为医务人员提供眼科专业培训课程，以帮助绵阳及四川省提高眼科手术的整体水平。
- 2008 年，累计捐款及捐资 2 300 万元作为“5. 12 汶川地震”赈灾用途。
- 2009 年，捐资 480 万元在四川平武县兴建九年制的“李锦记博爱学校”，并出资 30 万元在辽宁省兴建残疾病人康复中心贫困聋儿语训班。
- 2010 年，捐资 500 万元为四川古蔺县石宝镇修建饮水工程，长远解决当地饮水难问题。
- 2011 年，捐资 7 650 万元在广东江门新会兴建两座大桥及其他公益基础设施。
- 2011 年，设立“李锦记厨师项目”，资助寒门青年学厨圆梦，为中餐业发展培养未来之星。

（三）促进行业发展

1. 助力世界厨王争霸赛首次落地中国大陆

2012 年 5 月，李锦记全力支持国际性中餐烹饪技能大赛——“李锦记杯 2012 世界厨王江阴华西争霸赛”举办，并组织多个大陆城市队伍参加，让更多中餐厨师在国际大赛中得到历练与成长。各国中餐烹饪高手在同台竞技的同时，也进行厨艺切磋和情感交流，合力推动世界中餐烹饪潮流的新发展。此外，李锦记还资助部分海外的中餐厨师和李锦记希望厨师前来华西村观摩比赛和交流，将此次盛会真正搭建成为促进全球中餐厨师交流和沟通的广阔舞台。

2. 支持“湖南省湘菜研发中心”成立，力促地方菜系百花齐放

2012 年 6 月，由李锦记（中国）销售有限公司和湖南省餐饮行业协会、《湘菜》杂志社共同创建的“湖南省湘菜研发中心”位于长沙的研发基地隆重启动。湘菜研发中心的成立为湘菜的创新和发展提供了系统的保障。李锦记希望中华美食能百花齐放，进一步促进中华餐饮行业的全面蓬勃发展。

3. 举办全国餐饮高峰论坛，推动中国餐饮行业突破与创新

2012 年 8 月，顺应餐饮行业在迅猛发展过程中面临着新一轮产业的升级及市场格局的整合的潮流，李锦记在广州、上海、北京、成都等全国 20 个城市巡回举办以“传承中国味，创意好味来”为主题的全国餐饮高峰论坛，为中国味道的传承与创新打造一个各抒已见、集思广益的交流平台，促进餐饮行业整体的创新与

突破。超过千名厨师分别参加了各场论坛，通过与中国餐饮界大师、精英们的同行交流，厨师们提升了对行业新潮流的了解，加深了对餐饮行业发展中“传承”与“创新”的理解和认识。

4. 全力支持中国厨师节

2012年10月，第22届中国厨师节在河南开封举行。李锦记以“爱用味道表达”为主题的展位积极参与活动。邀请名厨展示精湛的厨艺，融合12道根据李锦记经典产品量身定做的精彩菜谱，现场烹饪出美味供观众试食。同时向现场观众介绍烹饪小知识，并宣传和推广健康饮食的理念。

5. 参加调味品博览会

2012年10月，2012年中国（国际）调味品及食品配料博览会在广州开幕。作为调味品行业的标杆企业，李锦记鼎力支持行业盛事，以独家特别赞助商身份参展，并展示了随“神舟九号”飞船一起升上太空，为航天员佐餐的五款李锦记酱料。在向参展观众分享了李锦记在食品安全方面的经验的同时，也积极与其他参展企业沟通交流，共同促进调味品行业的整体提升和发展。

（四）开展社会公益活动

1. 李锦记希望厨师项目介绍

李锦记希望厨师项目是一个由李锦记主办，集聚各方力量，资助寒门青年学厨圆梦、为中餐业发展培养未来之星的公益计划。该项目每年从全国贫困地区公开招募数十名有志中餐烹饪的青年，全额资助（学杂费和生活补助）其入读正规烹饪专业特训班，并鼓励学员学成后投身餐饮行业为中餐业的发展贡献力量。

李锦记希望厨师项目是李锦记核心价值观——“思利及人”和企业使命——“发扬中华优秀饮食文化”的重要实践之一。在贫困地区，青年是一个家庭乃至一个地方的希望。“李锦记希望厨师项目”资助寒门青年学习中式烹饪，培养其学到一技之长，以“授人以渔”的方式让他们带领家庭脱贫致富，并为贫困地区发展送去希望。同时通过该项目培养更多新生代厨师，促进中餐文化的传承和创新。

李锦记希望厨师项目自2011年启动后，由于项目的持续关怀、透明管理和初现成效，吸引了公益媒体等社会各界的广泛关注。2011年年底，李锦记籍该项目获颁“京华公益实践奖”；2012年1月，该项目入选“中国企业十大典范公益项目”；2012年12月，该项目获颁“2012企业社会责任十佳案例奖”。

2. 2011 希望厨师班

2011 李锦记希望厨师班是希望厨师项目开设的第一个班。首批受助的 20 名希望厨师接受李锦记的资助和社会各界的关怀，踏上了全新的成长轨道。他们在接受爱心的同时，从力所能及的小事做起，照顾困难老人、进社区捡垃圾、帮助社区居委会布置黑板报、争做学校图书馆志愿者……从力所能及的小事做起，用各种各样的形式践行自己的承诺，将他们的爱心以朴素而踏实的形式传递出去。

3. 2012 希望厨师招生

2012 年 5 月，2012“李锦记希望厨师”招录工作全面启动。2012 年是李锦记希望厨师项目开展的第二年，全国各地共 150 人报名，项目招生小组首次走进四川阿坝藏区、江西 SOS 儿童村、黑龙江尚志革命老区等贫困山区面试申请人并深入贫困孩子的家庭家访。2012 年李锦记希望厨师项目最终资助了来自四川、黑龙江、贵州、甘肃、广西和江西等地的 60 名学员，是 2011 年资助人数的 3 倍。其中有 4 名彝族学员、2 名羌族学员、2 名藏族学员和 6 名孤儿。

希望厨师项目得到了李锦记集团上至集团主席，下至基层员工的关心和支持。李锦记酱料集团主席李惠中先生专程去学校看望孩子们，了解他们的学习情况，并亲自参加了 2012 年希望厨师的招录工作。2012 年，李锦记还启动了员工认捐希望厨师活动，其中来自贵州威宁的孤儿由 5 名李锦记员工联合全额资助。

4. 2012 希望厨师开班仪式

在 9 月的“2012 李锦记希望厨师班开班仪式”上，2012 希望厨师一起点亮蜡烛、放飞蝴蝶，寓意“点亮未来的希望，放飞厨师的梦想”，宣告他们正式开启在北京劲松职业高中的三年中式烹饪学习。

5. 李锦记探访开封 SOS 儿童村

2012 年 10 月，李锦记和中国烹饪协会联合主办的“中华金厨携手希望　慈善晚宴”在河南省开封温馨举行。5 位“中华金厨”和 5 位李锦记希望厨师联手为开封 SOS 儿童村的孩子们烹饪了爱心晚餐。李锦记酱料集团主席兼行政总裁李惠中亲手赠送爱心书包给孩子们，鼓励他们好好学习，并表示李锦记将走进开封 SOS 儿童村，选拔和资助优秀学生成为希望厨师，为他们自力更生提供机会和帮助。

6. 爱心无止境，助学见真情

2012 年 6 月，李锦记广州和新会生产基地的志愿者带着2 000多件文具和体育用品，冒着大雨前往广东阳春肚湾小学助学。志愿者老师用一公斤盒子分别与不同年级的同学开展了精彩有趣的戏剧课堂、美术课堂、手工课堂及阅读课堂。志愿者还深入山区，走访了部分困难学生家庭，详细了解他们的困难和需求，为他们送去关怀和帮助。

7. 李锦记启动“幸福60秒·思利及人”系列公益活动

12月11日，李锦记官方微博在新浪平台发起了“幸福60秒·思利及人”主题微公益活动。倡导以思利及人的方式面对生活，用60秒为身边的人传递幸福。活动得到了网友的广泛关注，启动不到一周，已有6万人加入“思利及人 传递幸福”的队伍，217 748条微博传播着“思利及人”的理念。李锦记“幸福60秒·思利及人”更是登上新浪热门话题榜！

同时，李锦记积极响应十八大提出的“美丽中国”号召，于12月22日举办“思利及人 美丽中国”的公益活动。活动中，李锦记携手梦想合唱团公益明星谭维维倡导大众以“思利及人”的方式面对生活，在做事前学会运用“直升机思维”（从“我”上升到“我们”的全局思维观），凡事要考虑如何才能“利及人”；换位思考，学会从对方的角度看问题；关注对方感受，学会让对方感觉到被尊重。

活动当天，李锦记中国企业事务总监杨国超先生还向公益组织“天使之家”赠送了爱心酱料。李锦记希望通过这些正面传递和互动，号召大众以“思利及人”的行为为社会注入正能量，让生活变得更幸福，让社会变得更和谐。李锦记希望通过自身和社会的努力，使“思利及人”不再只是一个口号，而成为人人能够把握、成就工作、享受生活的钥匙。并希望通过领悟“思利及人”的力量，大众共同把“思利及人”的践行推向高潮！

8. 李锦记义工队

为了更好地秉承公司“思利及人”的理念，服务社群，在集团管理层的大力支持和帮助下，李锦记各单位相继成立了义工队。目前集团近400名员工加入了义工队。

李锦记义工队面向全国，以有组织的公益行动或各地区当地志愿服务等形式，持续为社会弱势群体提供义务服务，让有需要的人士得到关爱和帮助。2012年，李锦记义工队探访敬老院、孤儿院、举行义卖及捐赠、无偿献血等活动达33场，共计1 287人次参加了活动。

自2002年起，李锦记连续10年获香港社会服务联会颁发“商界展关怀”标志，以表扬李锦记多年来积极参与公益活动及为社会做出的贡献。

（五）宣传食品安全

1. 参加“国际食品安全论坛”，分享李锦记食品安全管理经验

2012 年 4 月，李锦记全力支持以“保障食品安全，迎接全球挑战”为主题的“2012 年国际食品安全论坛”，为促进食品行业国际间的交流提供宝贵的平台。与全世界食品领域专家交流和分享李锦记多年来的食品安全管理理念和经验，为中国食品行业的发展献言献策，为推动中国食品行业长足、健康的发展贡献自己的力量。

2. 参加“企业社会责任国际论坛”分享打造可持续供应链的成功经验

2012 年 6 月，李锦记凭借在食品安全方面的卓越表现和突出成绩在众多参评食品企业中脱颖而出，获颁 2011 “金蜜蜂企业社会责任中国榜 · 责任采购奖”，成为当届唯一获此殊荣的企业。在“第七届中国企业社会责任国际论坛‘发挥传粉效应，建设可持续供应链的有效途径’”的平行论坛上，李锦记积极分享了李锦记在供应链管理方面的成功经验。

（六）支持教育事业

2012 年 5 月，李锦记与中国食品科学技术学会联手，在北京工商大学、哈尔滨商业大学、大连工业大学、福州大学、四川农业大学、长沙理工大学、上海海洋大学、暨南大学和华南理工大学全面启动“2012 李锦记杯大学生创新大赛”。在 2011 年成功举办首次大学生调味品科技创新大赛的基础上，2012 年来自全国 9 所高校的大学生继续以龙腾虎跃的创新精神，为传统中式调味品寻找新的味道。最终，福州大学参赛学生的“海带鲜辣酱”以创新的元素为传统的中式酱料带来了崭新的感受和味道，从入围方案中脱颖而出，荣获大赛一等奖；北京工商大学的竹野清酸酱、大连工业大学的风味糖醋汁、哈尔滨商业大学的香笋牛肉酱等作品分别获得二、三等奖。

李锦记积极培育下一代，一直坚持为多间学校及教学团体提供生产基地和厂房参观。2012 年接待了韩国大学商学院、香港科技大学、香港圣公会圣马利亚堂莫庆尧中学、香港国际学校、美国百森商学院、广东五邑大学等数十家教育团体逾千名学生的参观。通过参观，让老师及学生了解食品行业的运作及食品安全的监察制度；透过互动游戏环节，让学生认识到蚝油制作过程及环保措施；透过试食环节，让学生有机会品尝用李锦记酱料自制的中西美点，加深了他们对品牌的认识。同时让他们了解企业的运作及质量管理对食品安全的重要性。

八、利益相关方及沟通体系

李锦记时刻关注各利益相关方，不断加强与各方的对话与沟通，在分享李锦记企业社会责任践行理念和经验的同时，积极推动全社会可持续发展进程。表2－21为李锦记与利益相关方的沟通体系。

表2－21　李锦记与利益相关方的沟通体系

利益相关方	责任定位	沟通与回应方式
政府	• 遵纪守法、依法纳税 • 积极配合政府监管 • 理性竞争 • 发挥行业领头羊作用，力促行业整体进步	• 合规管理、主动纳税 • 定期拜访、信息报送 • 积极参与政府、行业活动 • 政策、标准建议
员工	• 工资与福利保障 • 员工健康与安全 • 公平晋升与发展 • 员工关爱	• 总裁信箱 • 员工沟通会 • 员工满意度调查 • 企业内刊
客户	• 确保安全、优质的产品 • 服务渠道畅通便捷 • 技术与产业创新、提供更优质产品	• 品牌喜好度调查 • 官网/官方微博 • 积极参与社会监督奖项评选 • 质量追溯系统
合作伙伴	• 信守承诺 • 公开、公平、公正采购 • 与供应商、经销商建立良好关系 • 为供应商、经销商提供培训	• 沟通会议 • 专题培训 • 走访 • 联谊活动
环境	• 节能减排 • 节约资源 • 生态保护	• 创新环保技术 • 创新环保设备 • 绿色办公
社区与公众	• 为当地居民提供就业机会 • 公众、社区交流与沟通 • 扶贫济困 • 社会公益事业的发展	• 开展公益活动 • 开展义工服务 • 健康饮食宣传与倡导

点评：

解析企业百年发展的基因

做百年基业，是很多企业的追求。然而，无数企业却在发展的道路上折戟沉沙。

中外有不少具有百年发展史的企业，在今天，这些企业被称为“可持续发展的典范”。在从事企业社会责任与可持续发展的研究、咨询和传播过程中，我一直非常关注这些百年企业，一直在寻找其基业长青的基因是什么。在和一些企业交流时，我经常被告知，社会责任是企业百年发展的“基因”。

今天，仔细阅读《2012 李锦记酱料集团中国区企业社会责任报告》之后，最深刻的感受就是，在李锦记集团的理念、战略、管理和运营中，社会责任“基因”是如何发挥作用的。正是社会责任的融入，李锦记酱料集团成就了 124 年的发展。

企业成功首先来源于其自身想做好的意愿，即社会责任基因是否能融入企业的核心价值观和发展战略。在《报告》中，我们清晰地看到公司的“思利及人”的核心价值观，是李锦记 120 多年发展中每一项决策的标准，是李锦记集团可持续发展的保障。“思利及人”将中国传统文化的智慧与现代的利益相关方思想有机结合，是对社会责任与企业核心价值观融合的最直接的诠释。这种融合，体现了企业存在的理由和价值，是基业长青企业的根本性基础。

企业的成功离不开其做好发展的能力，即社会责任基因能否融入企业的管理和运营的每一个环节。在《报告》中，李锦记将员工、品质、利益相关方、产业创新、环境、社会参与等六大管理内容转换为六大责任议题。这六大议题突出了李锦记的企业特性和所处的食品行业特征，均为利益相关方所关注和有所期待。在每个议题中，李锦记集团认真界定自身责任范畴，系统提出围绕责任的管理行为方案，较为详尽地介绍公司所采取的扎实行动以及所取得的成效。其中，许多做法和经验值得全行业企业借鉴和学习。

企业的成功离不开利益相关方的广泛支持，即社会责任基因与理念、战略、管理和运营的融入能否被利益相关方充分认可。社会责任报告的最重要价值就是和利益相关方沟通，增强企业透明度，赢得利益相关方的信任和支持。因此，以什么样的态度和方式沟通，沟通什么内容格外重要。在《报告》中，李锦记集团以真诚的态度和利益相关方易于理解和接受的表达方式，阐述公司发展的核心价值观，分析公司主要利益相关方的诉求，采取相应的沟通方式，将公司的管理和运营透明地呈现在利益相关方面前，推动利益相关方对公司的产品与服务的信任和支持。

李锦记集团是一家百年家族企业，家族企业目前在中国的民营企业中占有重要份额，李锦记集团的成功具有更广泛的借鉴意义和现实作用。李锦记的报告让我们感受到家族企业更有利于传统文化中社会责任基因的传承，更有利于快速吸收现代管理的经验，这是家族企业可持续发展的优势，值得发扬光大。

最后，我也期待，未来李锦记集团的经验能为更多的企业所借鉴和发展，在中国涌现出越来越多的以基业长青为目标的优秀家族企业。

点评人：

北京大学社会责任与可持续发展国际研究中心执行主任、教授

于志宏

实例 8：浙江正泰电器股份有限公司 2012 年度企业社会责任报告

2012 年，在全球经济低迷和国内外需求不振、传统产业面临转型升级困境及光伏产业遭遇寒流的宏观环境下，正泰电器依旧稳步前行：坚持主业发展不动摇，积极推进转型升级；坚持品牌价值导向不动摇，努力创新商业模式；坚持科技创新不动摇，打造核心竞争能力；坚持以人为本，价值分享理念不动摇。正是“四个坚持”，使得公司在错综复杂的外部环境中，迈出稳健向上的步伐。

在实现稳健发展的同时，公司不忘肩负的企业社会责任。2012 年，公司在社会责任践行的道路中，诚恳朴实，造福社会！

本报告是浙江正泰电器股份有限公司成功上市后主动披露的第 4 份企业社会责任报告，报告从经营发展、关爱员工、保护环境、回馈社会等方面全面详细阐述了公司的社会责任观，并详细披露了正泰电器在 2012 年度主动承担和履行的各项社会责任。通过本报告，希望能帮助广大投资者更深入地了解正泰电器的社会责任理念与实践。

董事长致辞

2012 年，国际经济持续低位运行。主要经济体需求疲软、投资和消费乏力、金融波动震荡等给全球经济的复苏蒙上了阴影。与此同时，日益加剧的环境污染、气候变化和能源枯竭等问题，也对社会的可持续发展造成威胁。

在复杂多变的经济形势下，如何践行企业社会责任，是一大挑战。我们认为“赚钱第一，不是唯一”。企业只有实现盈利，才能存活下来并谋求发展，也才有可能为社会做出贡献。但赚钱不是唯一，企业不能一味地追求短期利益、唯利是图，而是要把经济责任、社会责任和环境责任有机地结合起来。为此，正泰始终遵循“为顾客创造价值，为员工谋求发展，为社会承担责任”的经营理念，将履行社会责任贯穿于企业经营的各个环节。我们倡导全面社会责任管理，坚持开放透明的运营，自觉接受社会和政府的监督。在创造利润和经济效益的同时，全面关注利益相关方的合理诉求，努力为股东、客户、员工及社会创造更多价值。

正泰以发展为第一要务，坚定不移地走创新之路，奋力推进企业制造向产业链高端攀升，向研发设计和销售服务两端延伸，使自己的产品始终在同行业保持领先地位。同时，紧紧把握全球智能电网建设和清洁能源发展契机，加快资本运作，完善产业布局。2012 年，先后收购了建筑电器、新华集团、仪器仪表、小额贷款公司等优质资产，逐渐向提供一体化解决方案的系统集成商迈进。在宏观经济增速回落、行业发展低迷的情况下，正泰电器依然保持了稳定快速增长，以良好的业绩持续回报股东。

我们积极推行“绿色制造”，以节约使用资源和提高资源利用效率为核心，以节能、节水、资源综合利用和发展循环经济为重点，努力创建资源节约型和环境友好型企业。我们始终坚持价值分享理念，与上下游多方携手、精诚合作，形成资源共享、互利共赢、协同发展的“生态链”。坚持“以人为本，以才兴企”，关心关爱员工，营造良好的工作条件和生活环境，不断提高员工满意度；投身公益事业，真诚关爱弱势群体，创新扶贫模式，支持教育发展，推动社区活动，积极回报社会。

履行社会责任不是一阵子的事，而是一辈子的事。今后，我们仍将怀着至诚之心，继续践行可持续发展理念，与利益相关方更广泛地合作，在产业发展、社会进步和环境保护等方面做出更多贡献，争做优秀的企业公民。

一、关于正泰电器

（一）公司简介

正泰电器（601877. SH）是浙江正泰电器股份有限公司的简称，是中国产销量最大的低压电器生产企业，专业从事配电电器、控制电器、终端电器、电源电器和电力电子等 100 多个系列、10 000 多种规格的低压电器产品的研发、生产和销售。

正泰电器坚持自主创新，研究开发了一系列拥有自主知识产权、达到国际先进水平的低压电器产品。公司在低压电器行业已有近 29 年的经营积淀，历经由小及大的发展，建立了经验丰富的管理、研发、生产及营销团队，“正泰”商标被认定为中国驰名商标。2012 年，正泰电器成为温州市第一家国家一级安全生产标准化企业。

（二）公司治理

正泰电器牢固树立遵章守法、规范运作的理念，致力于建立股东大会、董事会、监事会、管理层权责分明、各司其职、相互制衡、独立运作的现代公司治理架构。

1. 治理结构完善

公司根据《公司法》、《证券法》等法律法规的规定，逐步制定完善了《公司章程》、《股东大会议事规则》、《董事会议事规则》、《监事会议事规则》、《独立董事工作制度》、《董事会战略委员会实施细则》、《董事会审计委员会实施细则》、《董事会提名委员会实施细则》、《董事会薪酬与考核委员会实施细则》、《关联交易决策制度》、《对外担保管理制度》等规章制度，在此基础上形成了符合现行法律、法规的公司治理结构。

2012 年度公司召开股东大会 3 次，股东大会的召集、召开及表决程序符合《公司法》、《公司章程》、《股东大会议事规则》的规定，且经律师现场见证并对其合法性出具了法律意见书。公司与股东沟通渠道畅通，平等对待全体股东，并确保股东能充分行使自己的权利，使其对重大事项享有知情权和决策参与权。

2012 年度公司共召开董事会会议 8 次，会议的召集、召开及表决程序均符合《公司法》《公司章程》《董事会议事规则》的规定。公司董事会下设战略委员会、审计委员会、提名委员会、薪酬与考核委员 4 个专门委员会，报告期内，4 个专门委员会分别在战略、审计、提名和人事薪酬等方面协助董事会履行决策和监控职能，4 个委员会运作良好，充分发挥专业优势，有力保证了董事会集体决策的合法性、科学性、正确性，降低了公司运营风险。

2. 信息披露制度健全

在信息披露方面，公司自上市以来，一直加强信息披露制度建设工作。根据工作实际需要以及中国证监会、上海证券交易所相关要求，公司制定了一系列的信息披露相关制度及管理办法：《浙江正泰电器股份有限公司独立董事年度报告工作制度》、《浙江正泰电器股份有限公司董事会审计委员会年度报告审议工作规程》、《浙江正泰电器股份有限公司年报信息披露重大差错责任追究制度》、《浙江正泰电器股份有限公司内幕信息知情人登记制度》、《浙江正泰电器股份有限公司对外信息报送和使用管理制度》、《浙江正泰电器股份有限公司控股股东重大信息书面问询制度》、《浙江正泰电器股份有限公司投资者关系管理制度》、《浙江正泰电器股份有限公司投资者来访接待制度》等，这些制度分别对独立董事、董事会、内幕知情人、责任追究等进行详细规定，确保各相关责任单位、责任人各尽其责，从制度上保障信息披露渠道的畅通。

（三）管理团队

1. **南存辉**：男，1963年出生，高级经济师。现任正泰集团股份有限公司董事长、正泰电气股份有限公司董事长、浙江正泰太阳能科技有限公司董事长等职务。南存辉先生被推选为十二届全国政协常委、中华全国工商业联合会常委、浙江省工商业联合会主席，同时担任中国工业经济联合会主席团主席、中国机械工业联合会副会长、中国电器工业协会副会长、中国青年企业家协会副会长。

2. **陆燕荪**：男，1933年出生，中共党员，教授级高工。曾先后担任国家机械工业部、国家机械工业委员会、国家机械电子工业部总工程师，国家机械电子部、国家机械工业部副部长，主持国家重大技术装备国产化工作，1994~2003年担任第八届和第九届全国人大财政经济委员会委员、中国机械工业联合会常务副会长，现任本公司独立董事。

3. **翁礼华**：男，1945年出生，本科学历。历任浙江省奉化县、鄞县县长，浙江省政府办公厅副主任、浙江省政府副秘书长、浙江省财政厅厅长兼浙江省地方税务局局长、浙江省国资办主任、中共浙江省委九届、十届省委委员，九届、十届全国人大代表，现任财政部中国财税博物馆顾问、浙江大学财经文史研究中心主任、浙江大学特聘教授、复旦大学兼职教授、北京大学中国公共财政研究中心研究员，本公司独立董事，同时担任雅戈尔集团股份有限公司独立董事。

4. **郭明瑞**：男，1947年出生，博士学历，当代民法学家。历任烟台大学教授、法律系副主任、主任、副校长、校长等职，现为博士生导师，兼任中国法学会民法研究会副会长，本公司独立董事，同时担任烟台东方电子信息产业股份有限公司、烟台新潮实业股份有限公司和烟台杰瑞石油服务集团股份有限公司独立董事。

5. **荆林波**：男，1966年出生，经济学博士，研究员、博士生导师。1998年起在中国社科院财贸经济研究所从事研究工作，现任中国社会科学院财经战略研究院副院长，本公司独立董事，同时担任天通控股股份有限公司董事、浙江中国小商品城集团股份有限公司和中国全聚德（集团）股份有限公司独立董事。

6. **南存飞**：男，1969 年出生，研究生学历，工程师，高级经济师。曾担任正泰集团公司总经理、总裁，正泰集团股份有限公司董事、执行总裁，正泰电气股份有限公司总裁、副董事长等职务，现任正泰集团股份有限公司董事、总裁，正泰电气股份有限公司副董事长，本公司董事。

7. **朱信敏**：男，1965 年出生，大专学历，高级经营师。曾担任正泰集团公司副总经理、副总裁等职务，现任正泰集团股份有限公司董事、副总裁，正泰电气股份有限公司董事，本公司董事，兼任乐清市政协常委等社会职务。

8. **林黎明**：男，1962 年出生，大专学历，高级经营师。曾担任正泰集团公司副总裁，浙江正泰电器股份有限公司总裁、常务副总裁及副董事长等职，现任正泰集团股份有限公司董事、副总裁，本公司董事。

9. **程南征**：男，1948 年出生，研究生学历。2004 年加入正泰，曾任正泰集团股份有限公司副总裁等职，现任本公司董事、总裁。

10. **陈国良**：男，1963 年出生，大专学历，高级经济师。曾担任过正泰集团公司低压电器事业部总经理、小型断路器公司总经理，浙江正泰电器股份有限公司企管部总经理、销售中心总经理、副总裁等职，现任本公司董事、常务副总裁。

11. **刘时祯**：男，1956 年出生，研究生学历，曾任安德鲁公司（中国）无线解决方案副总裁、射频滤波器副总裁、泰科电源系统集团亚太区副总裁、总经理、泰科电源系统全球研究发展部副总裁、阿尔法科技有限公司研发副总裁、Exide 电子集团高级工程经理等职，2009 年加入正泰，现任公司董事、副总裁、上海正泰电源系统有限公司董事、总经理，上海诺雅克电气有限公司董事。

12. **吴炳池**：男，1965 年出生，大专学历，高级经济师。曾先后担任过正泰集团公司董事、副总裁、浙江正泰电器股份有限公司董事、副总裁，现任本公司监事会主席、正泰集团股份有限公司监事会主席、正泰电气股份有限公司监事会主席等职务。

13. **高亦强**：男，1969 年出生，本科学历，高级工程师。加入正泰后曾先后担任技术员、生产公司经理、正泰集团成套设备制造有限公司总经理、总工程师，正泰电气股份有限公司副总裁、常务副总裁等职务，现任正泰集团股份有限公司董事、副总裁，正泰电气股份有限公司董事，本公司监事。

14. **林可夫**：男，1947 年出生，大学学历，教授，硕士生导师，曾任中共温州市委宣传部常务副部长，2004 年加入正泰，现任中共正泰集团股份有限公司党委书记、正泰集团股份有限公司监事、工会主席、本公司监事等职务。

15. **王国荣**：男，1971年出生，研究生学历，国际注册会计师、高级会计师、上海市总会计师工作研究会会员、浙江总会计师协会常务理事，浙江省优秀总会计师，曾任上海华虹－NEC电子有限公司财务部副部长，上海贝岭股份有限公司财务总监，现任公司副总裁、财务总监、董事会秘书，上海诺雅克电气有限公司董事、上海正泰电源系统有限公司董事。

16. **张智寰**：女，1975年出生，研究生学历，高级经营师。1999年进入正泰后曾先后任正泰集团公司财经委财务处副处长、投资发展中心总经理助理、浙江正泰电器股份有限公司国际贸易部总经理等职务，现任本公司副总裁，上海诺雅克电气有限公司董事、总经理。

（四）组织框架

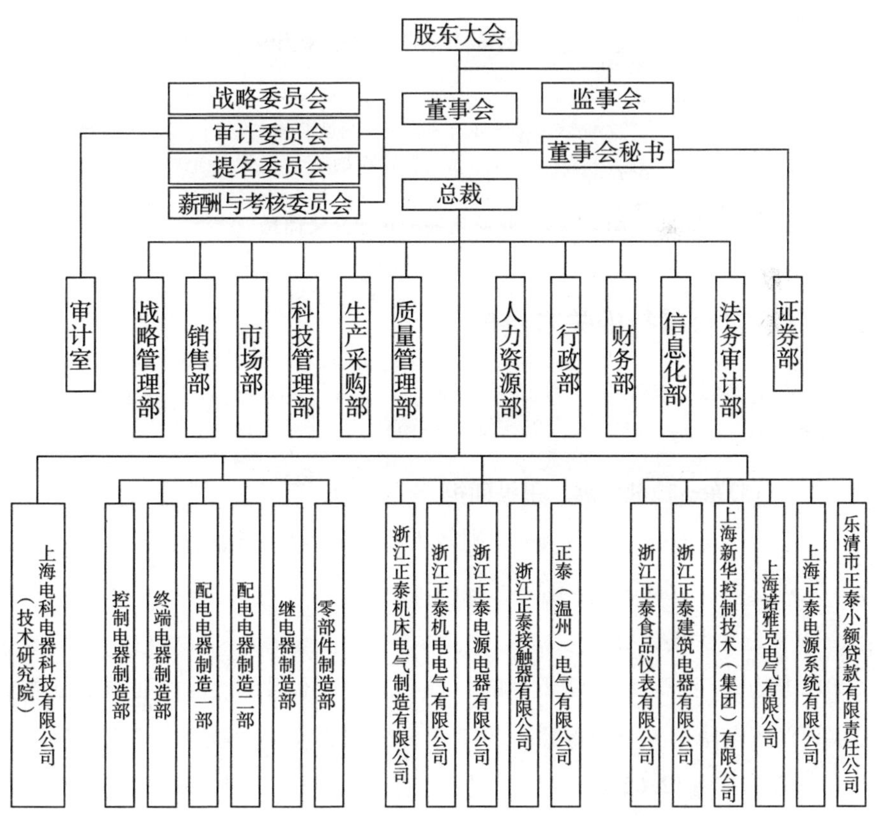

图2－21　浙江正泰电器股份有限公司组织结构图

（五）发展战略

正泰电器坚持“国际化、科技化、产业化”的发展战略，大力开展制度创新、科技创新和管理创新，努力实现四个“扩展”。即：实现产品由中低档向中高档扩展，市场由国内向全球扩展，价值链由提供单体产品向提供系统解决方案扩展，经营由内生型发展为主向包括资本运作在内的现代企业运营扩展，力争成为世界一流的低压电器全面解决方案提供商。

（六）企业文化

企业文化是企业的灵魂和精神支柱。经过20余年的发展，正泰电器形成独具特色的企业文化体系（见图2－22），这是全体正泰人共同遵守的价值观和行为准则。

使　　命：	争创世界名牌　实现产业报国
价 值 观：	诚信守法　注重绩效　不断变革
精　　神：	和谐　谦学　务实　创新
经营理念：	为顾客创造价值　为员工谋求发展　为社会承担责任
愿　　景：	致力于成为世界一流的低压电器全面解决方案提供商

图2－22　正泰电器的企业文化体系

二、以分享之心履行相关方责任

分享不是慷慨，分享是一种明智选择，“分享”的理念从正泰创立之初传承至今。

（一）对股东：稳健发展，积极回报

正泰电器一直遵循“财聚人散，财散人聚”的理念，通过自身不断发展与壮大来实践对投资者与股东的承诺与回报。

1. 保持稳健步伐前行

2012年，在经济环境不断下滑的背景下，正泰电器依然保持业绩稳健增长，充分展现低压电器龙头企业形象。2012年，公司实现营业收入107.03亿元，归属上市公司净利润12.62亿元，分别同比增长10.13%和41.07%，每股收益为1.26元（见图2－23）。

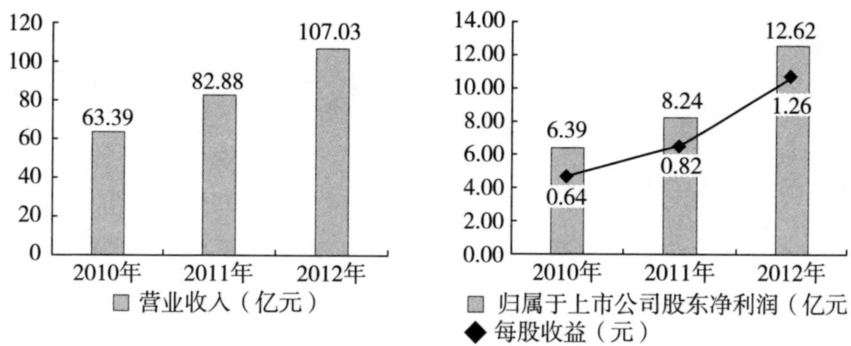

图 2－23　2010～2012 年正泰电器的营业收入与净利润

2. 持续实施高分红

正泰电器注重与股东分享成果，承诺每年根据公司的经营情况和市场环境，实行合理的股利分配政策，以回报股东。值得一提的是，2012 年实施中期分红，向全体股东每十股分配现金股利 2.9 元（含税），共计派发现金 2.91 亿元（含税）。2012 年，公司拟向全体股东每十股分配现金股利 6 元（含税），共计派发现金 6.03 亿元（含税）。正泰电器在上市短短 3 年间已累计分红近 20 亿元。

公司最近 3 年以现金方式累计分配的利润远高于公司承诺的年均可分配利润的 30%，分红水准位于上市公司前列。

上市以来（2010～2012 年）的分红情况如下：

2010 年公司实施现金分红 4.02 亿元，占当期净利润的 63%；

2011 年公司实施现金分红 7.04 亿元，占当期净利润的 85%；

2012 年公司实施现金分红 8.94 亿元，占当期净利润的 71%。

3. 资本运作提升竞争优势

经历两年多的积淀，2012 年公司厚积薄发，先后收购并控股正泰建筑电器、新华集团、正泰仪器仪表等优质资产，提升公司的竞争优势。借力资本运作，公司在自动化控制、智能电网等领域的竞争优势有所提升，为实现由单个元器件制造商向系统集成商的转型迈出了关键一步。

4. 股权收购

2012 年 6 月，公司以 2.22 亿元收购浙江正泰建筑电器有限公司 69.0977%股权。

2012年7月，正泰电器以3.15亿元收购上海新华控制技术（集团）有限公司70%股权。

2012年9月，公司以2.95亿元收购正泰集团持有的仪器仪表公司66.98%的股权，以7 875万元收购小贷公司22.5%的股权。

5. 投资者关系工作

信息披露工作的质量决定着与投资者的沟通程度。公司通过完善的信息披露制度及程序，认真做好信息披露工作，以确保与投资者沟通通畅、信息披露及时准确、投资者关系管理合理高效。公司2012年入选上证上市公司治理指数样本股。

公司重视与投资者的交流与沟通，构建了电话、网络、接待投资者来访调研、业绩说明会、投资者关系微博等多种形式的沟通平台，认真听取广大投资者对公司的生产经营及战略发展的意见和建议。2012年，公司共接待了近50批投资者，350余人次实地考察调研，电话调研50余次，真诚、耐心地回答投资者所关心的问题。

此外，公司聘请常年投资者关系顾问，为公司投资者关系工作提供专业咨询，并协助公司策划、实施投资者关系的相关工作。

（二）对合作伙伴：以共享实现共赢

“构建战略合作，实现互融共赢”是正泰电器深入贯彻多年的理念和承诺。

1. 优扶供应商

2012年，公司紧紧围绕“点面结合、深化帮扶，持续推进供方运营能力提升”的年度方针，按照“项目分工、团队合作、点上提升、面上推进”的工作原则，高效、有序地对供方开展帮扶提升各项活动。

（1）满意度调查

为真正建立与供方长期合作关系，公司对2011年供方满意度调查中反馈的问题，制定改进措施并检查督促相关责任部门进行落实。2012年开展供方满意度调查，发放调查问卷586份，收回有效问卷570份，回收率达97.27%。满意度得分为88.64，比2011年提高了0.04%。

（2）建立信用评价机制

为有效管理、衡量和洞察商业关系中的经营风险，实现降低采购风险和收益最大化的目标，采购部于2012年建立供方信用评价机制，编制并发布了供方《信用管理办法》，并对258家供方实施了信用评估。

（3）防止采购腐败

2012年，公司制定并实施《采购部2012年诚信体系推进方案》，明确诚信目标与要求，识别高风险岗位，并组织80人续签《岗位诚信承诺书》，多维度地开展诚信管理并定期总结体系运行情况，并组织生产采购员全员学习《廉洁从业管理办法》。

2. 与经销商携手共进

正泰20余年发展历程与经销商息息相关，经销商为正泰的快速发展打下了坚实基础，正泰为经销商企业经营和财富积累做出较大贡献。经过多年共同努力，正泰与经销商已经形成了相互支持、密切合作、荣辱与共的和谐关系。

2012年，在整体经济环境较为复杂的情况下，正泰在不断进行内部资源整合，提升自身管理水平的同时，积极关注经销商企业发展，帮助完善二级分销体系；组建专业团队，对61家经销商开展了渠道能力提升工作；推广新一代SI形象店多媒体触控展示方案，提升了44家经销商店面形象；实施、优化电子商务系统，提高了67家经销商下单、出货效率等，多方面对经销商进行帮扶，全面提高了经销商企业管理水平，实现了合作共赢的良好局面。

3. 经销商眼中的正泰

（1）山东正泰电器有限公司

与正泰十几年的合作，让我们从一间小店面，发展到今天年销售额上亿元的企业，得益于正泰给我们创造了良好平台。在正泰的引领下，我们的发展日新月异，硕果累累，近5年复合增长率近20%，并多次荣获正泰国内营销先进单位的表彰和奖励，相信未来正泰和我们的发展会更好，前景会更光明！

（2）马来西亚代理商ALPHA

我们与正泰结缘于2003年，并于2007年开始合作。虽然曾经互相错过，但注定的缘分会到来。我们通过不断的巡回推介会、展会，并邀请行业内的关键人物来公司参观等方式，逐渐让市场了解正泰，接受正泰。2010年销售第一次突破100万美元，2012年销售突破200万美元。

相信未来正泰在马来西亚的发展将越来越好。

（3）芬兰经销商

成立于1926年，在7个国家有12个分公司的知名企业。曾是世界五百强的超级VIP经销商。2005年与正泰开始接触，与正泰携手在芬兰及波罗的海三国的市场上大力开拓，为彼此赢得了一片广阔的天地。年增长率连续超过 80%，在北欧区域，进一步稳固了正泰的知名度和美誉度。

（三）对客户：以品质履行基本职责

客户是企业生命力的源泉，“真诚关爱客户，品质创造价值”是公司长期坚持的客服理念。

公司高度重视质量管理体系建设，于 1994 年在国内同行业中率先通过 ISO9001 质量管理体系第三方认证，各项管理工作紧密结合体系要求推进，为公司健康、快速发展奠定了坚实的基础。在质量管理体系有效运行的基础上，公司不断追求卓越，2004 年荣获“全国质量管理奖”，2009 年、2010 年荣膺首届“温州市市长质量奖”、首届“浙江省政府质量奖”。

1. 客户关系管理体系

公司制定客户分类评定标准，细分经销商客户、行业终端客户、标注客户三大客户群体的客情维护管理层级，结合公司各项资源能力与客户需求，实施差异化客户关怀、客户接触、客户服务、服务跟踪策略。同时，构建网络客情维护协同管理系统、规范服务方式与管理时效，实现以系统为工具、制度为保障、客户关联信息互动共享为协同，落实客户聚类管理、客户价值管理、客户信息完整管理、服务资源分配管理等，进而实现企业资源根据客户价值与重要程度高效化投放，客户关系管理与维护从依赖销售人员个人能力转向依靠企业资源。

2. 制度保证服务质量

公司制定《售后产品重大事故应急预案》、《800 信息管理》、《退换货管理标准》及《营销服务管理》、《质量策划管理》、《纠正与预防措施管理》、《质量信息管理》、《质量成本管理》、《测量管理体系顾客满意度管理》及《营销服务管理》等相关规章制度，明确国内外售后服务规定。

（1）《800 信息管理》标准为顾客投诉信息处理的依据，按事件的影响程度及重要性，把顾客投诉信息分为 A、B、C 三级，A、B 级信息由售后事件处理委员会和小组负责处理，C 级信息由客户服务处理。

（2）《质量与服务承诺》针对海外市场的不断发展扩大，2012 年公司出台了面向海外客户的新版本。

（3）《缺陷产品召回管理》规定了缺陷产品的召回条件、报告、危害评估、鉴定、召回与整改等事项，同时针对国外市场，投保了《产品召回险》。

3. 终端用户测评调查

公司历年坚持开展顾客满意度调查。为了客观和科学地测量顾客的满意程度，公司制定了《客户满意调查与评价》制度，并利用ACSI（美国顾客满意度指数）的测评模型，采用10梯级的“评价标度法”，每年分别对国内终端用户和经销商开展调查。

公司根据上海市顾客满意度评价中心的评估报告，对信息进行采集、分析，并依据《质量策划管理》、《纠正与预防措施管理》、《质量信息管理》、《质量成本管理》、《测量管理体系顾客满意度管理》等一系列管理办法有序进行顾客满意程度的监测，为公司战略目标稳步实现提供支撑。

4. 售后服务体系

公司设置客户服务专职部门，以“创新进取，让顾客满意”为宗旨，为顾客提供投诉服务、业务咨询、技术支持等端到端的“一站式服务”，并建立《售后产品重大事故应急预案》。客户服务中心建立呼叫中心系统和全国免费客服热线（4008177777），在全国设立了近30个驻外技术服务点，100余名专业技术服务工程师，专门为顾客提供技术支持和投诉处理。

公司客服就质量、服务相关内容对顾客郑重承诺：1小时内对顾客初次响应，24小时内与顾客在约定时间内到达现场。

5. 积极应对客户反馈

2012年公司新开通国际客户服务热线，制定针对国际客户的质量与服务承诺。客户服务中心全年受理顾客反馈信息18余万次，同比增长33%，完成率为99.9%，技术支持受理量同比增长35%，在线信息一次性解决率为98.9%，现场服务及时率为98.49%。

6. 新品开发技术创新

报告期内，公司完成新产品开发228项（其中诺雅克51项），获得授权专利119项（其中诺雅克32项），获3C认证321项，国外认证213项，完成技术改进29项，参与7项国家及行业标准的制（修）订；通过了国家高新技术企业复审，获得了“国家级技术创新示范企业”称号；NC7、NVF2等4项新产品分别被省经信委、科技厅列为省级新产品，NA8智能型万能式断路器被评为省优秀新产品，诺雅克Ex9A断路器获得“国家级火炬计划”称号，电源系统公司设计开发了美标逆变器产品。

链接：

品质故事1：

公司客户生产电焊机产品，但因使用环境比较恶劣，伴有摇动、振动和导电尘埃，希望公司能提供满足使用条件的ND1和NP4产品。考虑到客户的特殊要求，公司进行产品技术改进，特别定做产品给他们使用，满足了用户要求。

品质故事2：

浙江用户专用负载，因启动转矩大，用户工艺原因需要满负荷启动甚至超负荷启动，原有的产品特性不能满足此类负载的启动，为了达到客户的要求，经过研究与实践，特意为客户专门改制了一款软件，通过增大突跳启动时间，增加启动起始电压等方法，专供此类负载使用。

三、以体贴之心履行员工责任

公司一直注重员工的各项权益，为员工提供更为良好的工作、生活环境。公司通过构建安全管理团队、完善安全生产体系、加大安全生产培训等措施，为员工营造安全健康的工作环境；通过组织职业培训、完善考核激励机制、加大人才培养和选拔的深度、开展丰富文娱活动，使得员工全面素质得以提升。切实贯彻公司“引得进，留得住”的人才理念。

（一）营造安全生产环境

公司自成立初就坚持“安全第一、预防为主”的方针，不断强化安全管理，为公司健康快速发展，打造基业长青百年老店提供安全和谐的环境。2001年通过职业健康安全管理体系。2012年，公司在安全保障方面取得了更显著的成效，荣获“温州安全生产标准化一级企业”，“温州市安全文化建设示范企业”等称号。

1. 构建安全管理团队

（1）成立以总裁为主任，各单位总经理为成员的安全委员会，全面负责公司安全生产管理工作。

（2）在生产采购部设立EHS（环境、健康与安全）管理部门，具体负责安全生产的日常管理工作。

（3）现配备39名专兼职安全管理员，全部取得生产经营单位安全生产管理人员证书，其中5人取得国家注册安全工程师执业资格。

2. 健全安全管理制度

（1）编制并逐步修订《安全检查与事故管理》、《职业病预防管理》、《化学品管理》、《危险作业安全操作管理》、《劳动保护用品管理》等26个管理标准。

（2）实行安全责任制。每年初编制并下发当年安全目标、指标、管理方案，根据生产场地、生产设备、工艺、职能的不同，编制、签订各单位的安全生产责任书。

3. 及时排除安全隐患

（1）在97处配电房、发电机房、油罐等重要区域安装了电子监控器、烟感、温度感应系统，24小时处于消防监控状态。

（2）为各生产单位制作263张重大危害因素实名标志牌，编制发放各类运行记录表，悬挂在电梯、化学品库、耐压测试等危险区域。

（3）公司针对特种设备共114台，全部办理登记使用证，定期进行年审，并要求使用单位每月对特种设备进行专项检查，EHS部门每季度进行覆盖检查。

（4）各单位认真执行公司月检查、车间周检查、班组日检查的检查制度。2012年全年共发现495项安全隐患，并及时跟踪治理隐患。

4. 安全生产培训

（1）安全月期间，发放《员工安全手册》，做到人手一册。

（2）在公司内开展安全图片巡展，2012年参展率达83%。

（3）2012年组织生产经理、综合经理、班组长及员工代表观看《班组安全管理》、《2012事故案例集锦》等安全宣教片。

（4）人力资源部组织三级安全教育，EHS部每季度进行一次检查，培训率达100%。

5. 改进安全管理体系运行

（1）内部审核：2012年4月，公司分三组对18个职能部门及10个生产单位进行内部审核。此次审核开具不符合报告7个，提出的整改项93项，并对所开具的所有不符合报告及整改建议项的完成情况进行了跟踪验证。

（2）外部审核：2012年8月，华信技术检验有限公司分3组对公司3个职能部门、6个生产单位进行监督审核，共开具2个不符合报告，公司于9月份进行整改验证，以保持体系有效运行。

6. 改善环境以保障员工健康

（1）组织462名接触苯、铅、粉尘作业人员到乐清疾病控制中心进行职业健康体检，发现职业禁忌或不适宜人员，及时换岗，妥善处理。截至目前未发生职业病。

（2）采用新型无铅焊接材料代替有铅焊接材料，避免铅对员工的健康危害。

（3）终端电器制造部投入65万元，将部分车间的手动操作改为自动，减少了职业危害。

（4）机床公司投入45万元对移印自动化及其他生产线进行改造，并配置防护装置。

（5）零部件制造部投入209.5万为一期、三期的注塑车间安装了新风系统及中央小型空调，保证夏季车间温度在28度以下。

7. 开展“安全月”

开展以“安全责任、重在落实”为主题的“安全月”在公司已经形成惯例。活动以宣传安全生产知识、安全生产管理制度、国家有关安全生产法律法规，增强全体干部和员工的安全意识和防范事故的能力为重点，有效地控制各类事故的发生，保证员工、生产安全。同时，紧紧围绕企业生产经营，开展“创新，争优”职工技能大赛，共收到创新项目44项、创优项目44项，共评选出组织奖3个、创新奖13个、创优奖10个，并定期开展合理化建议评选活动。

“安全月”期间，公司首次开展评选安全建设先进班组，并评选出2个先进班组；“安全、环保”知识竞赛评选出6个团体奖、13个个人奖，压力机操作工技能比武评选出12名技术能手，并评选最佳安全管理员、最佳环境管理员、最佳“6S”管理员各1名。

（二）关心关爱员工

1. 签订劳动合同

公司严格遵守《劳动法》、《劳动合同法》等法律法规，坚持平等自愿、协商一致的原则与所有员工签订《劳动合同》，劳动合同的订立、履行、变更、解除或终止都严格按照国家法律、法规规定的程序办理。同时，对员工进行劳动合同法有关知识的培训，提高全员的法律意识。

截至2012年12月31日，正泰电器股份公司员工人数为10 790人，正式劳动合同签订率为百分之百，无临时雇员。员工的教育程度与专业构成如图2－24所示。

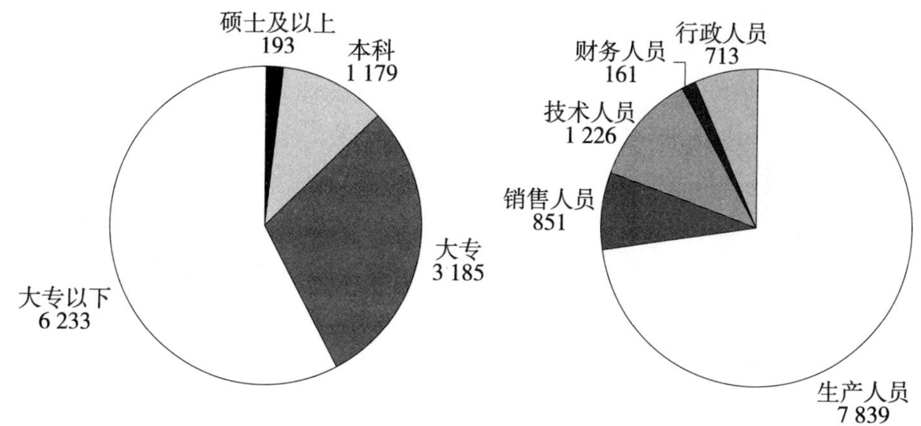

图2－24　2012年正泰公司员工的教育程度与专业构成

2. 薪资福利保障

公司坚持“引得进，留得住”的员工理念，将公司的发展与员工职业生涯发展有机结合，推进以任职资格为基础的薪酬晋升制度，为员工创造良好职业发展环境；为有效推进专业技术人员的长效激励机制，鼓励员工专精所长，公司制定了专业技术职系年功奖励制度，提升企业的凝聚力，实现员工与企业共同成长。

公司员工的薪酬由固定薪酬与浮动薪酬两方面构成，固定薪酬是以岗位价值为主，结合贡献和能力等因素；浮动薪酬是以绩效为导向，结合当期的公司整体业绩、部门及团队绩效、员工所在岗位个人努力取得的工作绩效。

公司除了为员工提供极具市场竞争力的薪酬外，还致力为员工提供完善的福利保障，为全体员工缴纳基本养老保险、失业保险、工伤保险、生育保险、医疗保险和住房公积金，推行带薪年休假制度，使员工充分享受年休假及探亲假；建立带薪培训与学习补贴制度，为员工提供工作服、冷饮津贴、节假日津贴、生日蛋糕券和活动经费等一系列福利项目，让员工充分感受到公司的关怀。

3. 培训推动进步

公司现已在内部搭建完善的一、二、三级培训管理体系，实现自上而下全覆盖的培训构架。培训体系涵盖新员工培训、新晋升培训、职类专业知识培训、领导力培训营、在职学历教育、网络课程、语言培训等多种模式。根据不同层级、不同职类的岗位需求与职业发展规划，设计以专业技能为纵向，以管理技能、知识提升等为横向的矩阵式学习路径，满足公司人才梯队建设的发展需求。

为加强公司内训师队伍建设，在原有已聘任培训师基础上，增加TTT认证（Train the Trainer）来不断扩充内训师队伍累计达200余人。同时为了持续增强内训师的专业素养，公司专门开设旨在提升内训师专业化技能的专业课程。

在现有管理标准的基础上，更加细化和规范培训流程管理、引入了标准的SOP管理制度与双月内审等机制，不断完善培训内部管理，加强流程操作质量的管控，有效推动制度与流程化管理的理念，不断完善与提高培训与发展处的运营能力，为未来企业大学的构建夯实基础。

4. 丰富的文娱活动

工作之余，正泰电器举办丰富多彩的活动，为员工营造和谐丰富的业余生活。2012年，党、团、工、妇继续组织开展了丰富多彩的职工文化娱乐活动，工会指导各单位分工会开展各类活动共60余次，充分发挥了基层分会开展活动的主体作用。

公司为员工定期组织丰富的文体活动，以促进员工间友谊，增强团队精神，彰显职工风采，为员工营造了多彩的文娱生活。

为了保障员工身体健康，公司在车间内全面推广工间操活动，每天早上、下午通过公司广播进行统一做操。此外，为了丰富并提高文化生活的质量，公司还加大对正泰职工之家活动中心的硬、软件投入和制度化管理，开设棋社，并在食堂四楼增加网球拍、羽毛球拍、呼啦圈等10多种活动器具。

正泰图书馆被评为“全国职工书屋”，控制电器制造部团组织被评为“全国五四红旗团支部”。

5. 给员工送关爱

正泰电器坚持“排忧解难，全心全意为员工服务”的工作宗旨，认真求实，细微备至，主动了解职工境况，解决职工实际需求，持续为员工送去关爱。

送温暖，通过调查走访及座谈等多种形式了解困难职工情况，慰问一类困难职工12人、二类困难职工17人、三类困难职工40人，共发放慰问金11万元。

送爱心，2012年通过“员工爱心互助基金会”已为13名因重病、自然灾害等原因造成家庭生活难以为继的职工送去爱心补助款10万余元。

送清凉，在高温暑期为全体一线职工发放冰镇冷饮2次，并为注塑车间、物流部搬运工、食堂工作人员、经警队员送去特殊“清凉”慰问品。

送心理援助，与康宁医院合作开展正泰eap（员工心理援助计划）项目，“阳光心理工作室”一共接待了上百名来访者，正式面询60多例，电话咨询90多例，发放心理健康宣传册5 000份。

送车票，为职工代购到春节返乡火车票1 082多张。

送班车，继续开通晚班车及通终端夜班车，解决职工晚上加班回家难的问题。

持续关爱职工子女，开展职工子女暑期夏令营活动，通过寓教于乐的形式让职工子女享受夏令营的快乐，同时融入“感恩”元素，并将“感恩正泰、感恩南存辉”贯穿夏令营全程。

开展关爱老员工活动，为10年以上职工、15年以上职工发放特殊纪念品，并于重阳节为60岁以上“老员工”发放礼品，让老员工充分感受到公司的温暖。

四、以呵护之心履行环境责任

正泰电器历来重视环境保护工作，于1999年在同行业首家通过ISO14001环境管理体系认证。公司将“节能降耗、绿色生产”的基本理念贯彻于采购、开发、设计、生产、销售和服务等各环节；与此同时，不断要求全体员工提升环境保护意识，为实现企业与环境的均衡发展进行不懈努力。

（一）严控污染排放

公司领导高度重视环境保护工作，不断加大环境保护治理设施投入，使公司的水、气、声、渣等污染因素得到了有效地控制。

公司委托乐清市环境监测站对锅炉废气、厂界噪声、生活污水、工业废气等进行监测，均符合标准。其中，锅炉废气达到GB13271－2001《锅炉大气污染物排放标准》二类区Ⅱ时段排放标准；厂界噪声达到GB12348－2008《工业企业厂界噪声排放标准》昼间标准；生活污水达到GB8978－1996《污水综合排放标准》三级排放标准；工业废气达到GB16297－1996《大气污染物综合排放标准》。

1. 针对生活污水和循环冷却水的处理

虽然其对环境的污染较小，但公司产生的生活污水已经并入市政污水管网。经乐清市市政园林局对工业园污水接管情况进行现场勘查和水样检测后，于2011年5月份取得城市排水许可证。

2. 针对噪音的处理

公司购买先进的噪音处理设备，采用隔声、消声、吸声等声学原理进行综合治理措施，噪音得到有效治理。

3. 针对粉尘的处理

公司严格过滤粉尘，净化排出气体，控制废气污染，经监测颗粒物含量符合国家标准要求，同时收集的锌粉变废为宝，回收利用。

4. 针对固体废弃物的处理

通过进行分类收集、整理，可回收利用的固体废弃物经整理后出售，2012 年收回残余价值1 200余万元，普通生活垃圾委托白象镇政府运送至填埋场处置。

5. 针对害废弃物及有害废液的处理

与湖州工业和医疗废物处置中心有限公司签订有害废弃物转移合同，5 月转移废乳化液、废漆渣等危险废弃物2 860千克。与温州市中金岭南科技环保公司签订化学废液处置协议，11 月转移化学废液1 720千克。

（二）节能降耗

2012 年公司以节能减排的总目标为中心，各制造部（公司）、相关职能部门制定了具体的节能降耗工作计划，公司坚持走节能降耗的新型工业化道路。针对主要的耗能设备，公司不断深入发掘节能降耗潜力，采取有力措施，从而达到节能降耗的效果。

1. 针对装配流水线电机进行节能改造，将原来电机调整器改为变频控制器控制，单台节约电能约 15% 左右。

2. 淘汰老型注塑机，更换节能注塑机 19 台，每台节电约 28% 左右；注塑料机冷却水泵节能型改造，年节省能源 5. 92 万元。

3. 零部件产品后处理工序改造，将煤气灶台产品水煮吸湿法改进为锅炉蒸汽箱，每年可节约成本 7. 92 元。

4. 淘汰落后的高耗能电动机 26 台，报废高耗能空调、红外线热收缩包装机、校验台等设备数百台。

5. 针对 60 家供应商，提供在线需求报告系统的试运行，入库单打印工作已基本取消，大幅减少纸张和墨粉的使用量，基本实现无纸化办公。

五、以感恩之心履行社会公益责任

正泰电器在实现自身稳健发展的同时，依然不忘回馈社会。2012 年，公司心怀对社会的感恩，开展了多项公益活动，切实做到了将公司的发展成果与社会共享，为推进和谐社会的实现贡献一份力量。

（一）合法经营　诚信守序

公司各项运营环节，均制定相关的管理标准，并根据国家要求依法纳税，在合法合规前提下，诚信经营企业。纳税总额从2010年的49 638.80万元增加到2012年的88 087.37万元。

1. 守法合规措施

公司设有专门的法律事务管理部门法务审计部，该部门为公司的一级管理部门；公司重大经济活动，包括各种商务项目、投融资项目，法务审计部需全程参与，以便及时提出减少或避免法律风险的措施和法律意见；公司制度、标准出台前均须相关职能部门共同评审；对公司一些诉讼纠纷事宜，法务审计部及时响应，并为其解决提供法律方案。

2. 强化法律素养

2012年，法务审计部派员参加商标诉讼培训，密切关注商标维护的司法实践状况及国家立法导向；此外，法务审计部对关键岗位人员、管理层人员进行法律知识培训，并对公司中层管理人员宣传保密制度以及相关法律法规，进一步加强公司对保密制度的重视，防范泄密风险。

3. 注重反腐倡廉

在反腐倡廉方面，公司一直给予高度的重视并积极地采取措施，从创新机制、健全制度、坚决查处违法违纪和对采购业务实施事前、事中、事后的全过程监督等几个方面加强管理。公司鼓励全体员工参与到反腐倡廉工作中来，对实事求是举报违章违纪行为的员工给予奖励；查处可能存在的徇私舞弊和以权谋私现象，有报必查，有错必究，充分发挥反腐倡廉工作在企业经营管理中的纠错功能；要求公司的管理人员和主要的供应商、工程承包商签订《廉洁从业承诺书》，从源头上铲除腐败发生的概率；对重大采购事项，邀请监督部门参与采购全过程的各个重点环节，促使采购程序规范，采购过程公开透明，采购结果符合预期。反腐倡廉工作是一项复杂艰巨的任务，需要长期坚持，公司将坚持社会责任至上和公司利益为先的理念，一如既往地开展反腐倡廉工作。

（二）促进行业标准化

2012年，公司积极参与国家、行业标准化组织的活动，完成了GB/Z 25842.2－2012《低压开关设备和控制设备过电流保护电器第二部分：过电流条件下的选择性》等7项国家及行业标准的制（修）订。

（三）举办价值观讨论论坛

2012年5月17日，温州市民营企业“我们的价值观”大讨论正泰论坛在公司如期展开，此次活动由温州市委宣传部、正泰集团党委联合主办。活动当天，温州市委相关领导出席了活动，与共计30余名民营企业家进行价值观大讨论。

（四）志愿者协会服务活动

2012年是正泰志愿者协会成立的第三年，协会秉承最初的建会理念，组织了多项有意义的活动。

志愿者协会在3月5日——“学雷锋”日，在工业园文化走廊举行纪念雷锋同志逝世50周年先进事迹图片展，3 000人次观看学习，制作并发放了雷锋宣传册2 000本。志愿者协会在工业园食堂展开节约粮食、杜绝浪费行为的教育活动，得到广大同事的积极响应。

参加温州市“去疤栽花”活动温州市志愿者理事会组织的“去疤栽花”植树活动，是乐清市唯一一家参与活动的民营企业志愿者。

无偿献血活动在工业园区开展无偿献血活动，公司领导纷纷带头献血，公司职工更是踊跃参加，共有240员工参与献血活动，为血站奉献爱心，为社会奉献力量。

（五）正泰公益基金会

正泰公益基金会成立于2009年12月3日，其中正泰电器作为其主要发起人之一注资7 000万元，是浙江省内目前规模最大且唯一一家以公益命名的非公募基金会。

在不断地探索与实施中，正泰公益基金提升内涵，充分发挥职能，为行业发展、社会发展贡献力量。

1.“电工标准——正泰创新奖”

“电工标准——正泰创新奖”是正泰公益基金会与中国电器工业协会标准化工作委员会在2010年5月联合创立的，致力于推动电工行业发展，鼓励我国电工行业中的标准化创新工作，特别是奖励在创新项目中有突出贡献的科技人员。2012年正泰创新奖共评选出15个获奖项目，一等奖3项，二等奖5项，三等奖7项。

2.“电工行业——正泰科技奖”

“电工行业——正泰科技奖”是中国电工技术学会、正泰公益基金会于2010年共同设立，成立至今已经成功举办了两年。用来表彰奖励在电气工程领域的重大项目中，为我国电气技术的发展、技术水平的提高、电气产品的更新换代做出突出贡献的一线科技人员，以促进我国电气工程领域的科研成果转化，鼓励电气工程领域中的科技工作者努力创新。经“电工行业——正泰科技奖”管理委员会核定，共有 15 人荣获 2011 年度正泰科技奖。

3. “正泰 · 杜斌丞奖学金”

杜斌丞奖学金设立于 2010 年，是正泰公益基金会与杜斌丞教育思想研究会合作，不仅是缅怀和纪念杜斌丞先生，更重要的是鼓励、关爱自强不息的西北青年学生，帮助他们在逆境中提高和完善自我！

4. “爱心小餐桌”

2011 年 10 月，国务院召开常务会议决定从 2011 年秋季学期起，中央财政每年 160 亿元接力免费午餐项目。2012 年 4 月，正泰公益基金会与浙江省爱心事业基金会联合启动“关注西部小学生餐桌”项目。

为乐都县蒲台乡和中坝乡两所中心小学的 800 名贫困学生，提供每人每天一枚鸡蛋一袋牛奶一个苹果，为期一年。

六、硕果累累

2012 年，正泰收获了累累硕果。

- 被评为“国家一级安全生产标准化企业”
- 被评为“国家标准化良好行为企业 AAAA 级”企业
- 公司通过了国家高新技术企业复审，并获得了“国家技术创新示范企业”称号，公司技术研究院被浙江省政府认定为“重点企业研究院”
- 获得“全国机械工业群众性质量管理活动优秀企业”荣誉
- 被授予“中国质量诚信企业”称号
- 荣获京人电器杯——中国低压电器行业首届“艾唯奖”“十大最具影响力品牌”奖
- 荣获京人电器杯——中国低压电器行业首届“艾唯奖”“最佳用户满意品牌”奖
- 获得“2012 年度浙江省企业社会责任优秀报告”荣誉
- 获得浙江出口名牌企业、浙江省标准创新型企业”等多项荣誉称号
- 正泰电源系统公司获得“上海市设计创新示范企业”，诺雅克公司被评为“上海市创新型企业”

七、展望未来

2013 年，市场环境依然充满着变数。然而新的旅程已开始，正泰电器将抓住

机遇，将资本经营与产业经营联动，积极提升品牌形象，促动公司经营迈上新的台阶。同时，公司将持续贯彻社会责任理念，让企业的社会责任观与企业经营共同迈步向前。

经营发展方面。正泰电器将继续推进产业布局，加强技术创新，不断提升企业的核心竞争力；同时加快渠道建设，推进海外市场布局，积极应对市场各方的严峻挑战，不断朝着世界一流企业迈进。

环境保护方面。正泰电器将继续坚持“节能减排，科学发展”的发展观，在企业经营各环节推进降污减排、节能降耗等工作，认真践行环境责任。

关爱员工方面。“引得进，留得住”将是公司长期坚持的人才理念。为员工提供安全健康、舒适和谐的工作、生活环境，同时也为员工提供更为广阔的职业发展平台，让员工能找到安全感、归属感。

回馈社会方面。正泰电器将一直致力于成为优秀公众企业的标杆。公司将坚持开展各项志愿者活动，造福社会；并且伸出援手解弱势群体之需，为推进和谐社会的建设贡献自己的力量。

展望未来，正泰电器将坚持自己的社会责任观，并将企业社会责任观贯彻于公司日常经营生产之中，使之不断升华。公司将继续坚持“四个不动摇”，在实现百年老企的征程中，乘风破浪、奋勇向前，使独具正泰特色的社会责任理念熠熠生辉。

点评：

通过研读浙江正泰电器股份有限公司2012年企业社会责任报告，以及对正泰的了解，发现该公司是一个具有强烈社会责任感的企业。这让我想起了世界家电巨头松下电器，早在1932年，松下就提出服务社会的自来水哲学，使企业发展走上了正轨，成为企业发展的长期使命，后来松下曾有几次危机，但在自来水哲学指引下每次都能化险为夷，可以说超越时空的自来水哲学之社会责任意识成就了松下电器由松下幸之助个人企业向松下企业帝国的蜕变。

就2012年浙江正泰电器股份有限公司的企业社会责任而言，该公司是一个有强烈社会责任感的企业。其社会责任的核心是企业长期坚持的“分享”理念，对股东积极回报，与合作伙伴保持合作共赢，对顾客以品质履行基本规则，以体贴之心履行员工责任，积极履行环境责任，社会公益责任等。可以说作为一家民营家族企业，正泰的社会责任意识已经超越了传统家族意识，已经有了“家天下”的理念，也可能正是这种理念成就了南存辉和正泰的今天，未来可期。

就浙江正泰电器股份有限公司2012年度企业社会责任报告而言，最值得肯定的是，作为一家家族型的上市公司，与国内一些上市公司普遍只赢利不分红，部分民营家族企业弄虚作假，虚报企业盈利、产值等，甚至以实现圈钱目的，甚至通过隧道行为将公司掏空等普遍的大股东侵犯小股东利益行为截然不同的是，浙江正泰电器股份有限公司在过去的3年不仅兑现了年均分配利润30%的承诺，而且每年现金分红比例都超过60%，其中比例最低的2010年有63%，2011年竟然达到85%，2012年继续保持高比率，为当期利润71%。如果中国大陆上市公司都有这种企业责任，也许我国股市就不会如此低迷，房地产泡沫和地下金融就不会愈演愈烈。借此，我也呼吁，上市公司，以及其他企业及其大股东应该为广大投资者考虑，如果说顾客是企业的上帝，那投资者就是企业之母，如果投资者缺乏积极性，必然会影响整个市场，反过来可能也会制约企业微观个体的发展，仅仅局限于个人家族范围的利益诉求往往害人害己。

最后，从浙江正泰电器股份有限公司2012年度社会责任报告看，公司应该加强社会责任的前瞻性、全球化，形成“家天下”的社会责任体系。正如开篇所言，当年松下电器在企业社会责任理念并不广为接受时前瞻性地提出了服务社会的自来水哲学，才有了后来的松下企业帝国。因此，当前形势下，无论是正泰还是国内其他民营家族企业，都需要加强企业社会责任的前瞻性和全球化。比如，正泰作为一家志存高远，逐渐国际化公司，企业社会责任可以与社会责任标准SA8000接轨，获得其认证，因为在全球化背景下，企业的全球竞争力基础之一是符合国际规范，况且SA8000已成为西方标准蓝色壁垒的核心。此外，面对第三次工业革命浪潮，或者马什所说的制造业个性化量产阶段的新工业革命，企业社会责任何处去，也许把握本行业发展脉搏，发展趋势，推动本行业发展升级更是企业社会责任所在，并最终会给企业（家）自身创造广阔天地。

点评人：

河北经贸大学工商管理学院副院长、教授

杨在军

实例 9：新希望六和 2012 年企业社会责任报告

随着经济的发展和社会进步，企业社会责任的履行日益为公众所关注，成为社会全面评价企业的重要标准之一。在企业发展过程中，履行公民责任也已成为有责任企业的发展共识，这不仅是经济发展对企业的要求，而且日益成为企业自身打造核心竞争力，提高竞争优势，获取更大发展空间的重要途径。

公司成立伊始，就树立了超越把利润作为唯一目标的传统理念，在努力创造企业经济效益、对股东承担责任的同时，不断强化对员工、消费者、行业、社区和环境的责任意识。

2012 年，是新希望六和完成重大资产重组后的元年，也是自国际金融危机以来外部环境更加复杂多变和国内经济艰难企稳回升的一年。在原材料价格上涨、养殖景气度下滑和市场需求降低等不利因素影响下，公司的整体经营仍然保持了平稳和健康发展。

2012 年，是畜禽养殖较为艰难的一年。公司在养殖产业持续低迷、成本和市场价格倒挂的情况下，始终坚持发展养殖业务，推进和完善“公司 + 农户”的养殖模式。在产业一体化建设过程中，力求最大程度的帮扶农户开展畜禽养殖，保证养殖农户的收入，较好地维护了行业的平稳发展。

这一年来，我们遭遇了宏观经济环境和行业、市场的重重困局，亦经受了突发事件的冲击。但是，勇于面对是我们生存的脊梁，不惧改变是我们发展的信念。我们一直在路上，一直在努力，充满着信心，对社会、对广大投资者、对员工、对客户真切感恩。未来的路，即使崎岖和布满荆棘，我们也依然无畏而前行。

一、关于新希望六和

新希望六和股份有限公司成立于1998年3月4日，是目前中国农牧产业链最完整、产品覆盖面最广和资产规模最大的农牧类上市公司。

截至2012年年底，公司的业务涉及饲料、养殖、屠宰及肉制品加工、金融投资等，已经覆盖全国各地和东南亚、非洲等10多个国家和地区，其控股的分、子公司达500余家，总资产超过200亿元，年销售收入达700多亿元，员工8万余人。

公司先后被评为“中国最具发展潜力的上市公司50强”、“中国民营企业上市公司100强”、“银企合作诚实守信先进单位”，并荣获“中国上市公司综合实力金牛奖”、“中国上市公司基业常青奖”等。公司旗下的“希望”、“国雄”等16个品牌的系列配合饲料和浓缩饲料荣获国家产品质量免检品牌。

公司秉承“立足现代大农业，创建百年新希望”的创业宗旨。弘扬“为耕者谋利、为食者造福的”经营理念，发挥农业产业化重点龙头企业的辐射与带动效应，在产业链建设和企业经营中，为农业结构调整，为帮助群众增收致富，为社会进步不断做出自己的贡献。

（一）公司治理

根据《公司法》、《证券法》等法律、行政法规、部门规章的要求，公司建立了规范的公司治理结构和议事规则，形成了科学有效的职责分工和制衡机制。股东大会、董事会、监事会分别按其职责行使决策权、执行权和监督权。

股东大会享有法律法规和公司《章程》规定的合法权利，依法对公司经营方针、筹资、投资、利润分配等重大事项行使表决权。

董事会对股东大会负责，负责公司经营和管理法人财产，依法行使经营决策权。公司董事会下设战略发展、提名、薪酬与考核、审计4个专门委员会。公司董事会由11名董事组成，设董事长1名，副董事长2名，现有独立董事3名。各专门委员会中，审计、薪酬与考核、提名委员会中的独立董事均占半数以上并担任召集人，审计委员会的召集人系会计专业人士。各专门委员会均建立了严格、完整、高效的审查和决策机制，涉及重要和专业的事项首先须经专门委员会通过，方才提交董事会审议，较好地发挥了独立董事的专业决策作用，以防范潜在的风险隐患。

监事会对股东大会负责，除以财务监督为核心，对公司财务以及公司高管人员履职的合法、合规性进行监督外，还通过组织对基层下属企业的项目巡检，进行财务专项检查、全员风险教育和完善内控机制。公司监事会由五名监事组成，包括三名股东监事和两名职工代表监事。股东担任的监事由股东大会选举或更换，职工代表监事由公司职工代表大会民主选举产生或更换。

为加强监督力度，公司设立了审计监察部，其接受董事会审计委员会的领导和公司监事会的工作指导。审计委员会每年初均组织、委派审计监察部依法对基层公司项目实施财务专项检查活动，查纠问题，切实维护广大投资者利益。

公司管理层负责组织实施股东大会、董事会决议事项，主持公司日常经营管理工作。

（二）利益相关方沟通

新希望六和与利益相关方的沟通见表2－22。

表2－22　新希望六和与利益相关方的沟通

利益相关方	沟通内容
股东	资产增值保值
	经营风险防范
	与投资者沟通、交流
政府	落实当地政府与监管机构的各项措施
	参与社会公益活动
客户	产品质量与服务品质
	彼此信赖的合作关系
员工	员工权益保护与职业发展
	和谐工作环境与工作减压
环境	注重节能减排，降低运营环境影响
	注重环境保护，注重对周边环境保护
社会	服务社会与社会发展
	提高农牧养殖技术和农村生活水平
合作伙伴	长期发展、信赖的合作关系
	整合资源，实现双赢

报告期内，公司通过加强与利益相关方的协商与沟通，增进了各方参与公司发展的积极性和效率，并将利益相关方的期望融入公司的运营活动中。

（三）公司法人治理机构下的规范运作

新希望六和的法人治理机构如图2－25所示。

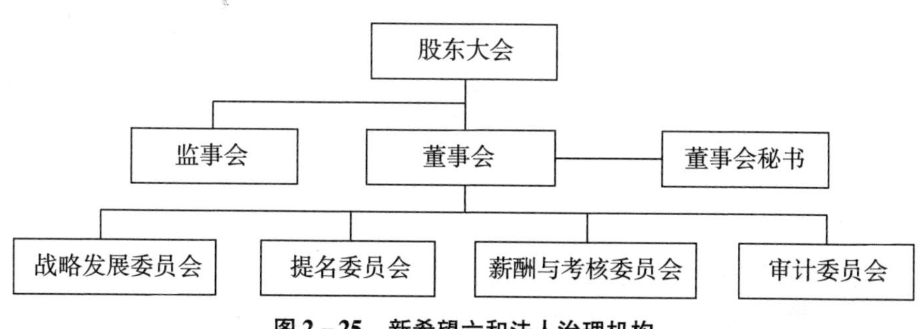

图2－25　新希望六和法人治理机构

建立、健全公司治理结构，是保障公司决策事项完整、决策程序完善的基础，公司各重大事项的决策及执行均符合监管机关和公司《章程》的规定。公司自完成重大资产重组以来，对股东大会、董事会及监事会会议的召开程序、审议事项等均提出了更高要求，力求做到决策程序合法、合规，决策内容符合公司发展，充分保护公司和全体投资者的合法权益。

报告期内，为更好的协助董事会做出决策，充分发挥独立董事的专业作用，公司进一步完善了董事会各专门委员会的业务工作流程，对提交董事会决策的各事项进行具体量化和工作流程化，提高了公司重大决策的科学性，实现了决策高效和风险可控。

公司坚持按照《公司法》、《证券法》、《上市公司治理准则》、《股票上市规则》、《上市公司信息披露管理制度》及其他有关上市公司治理的规范性文件和公司内部制度规范运作，真实、准确、完整、及时地披露信息，确保全体股东平等获取公司信息。

公司一向致力于公开、公平、公正地披露信息，努力提高信息披露质量，保护投资者合法权益。公司通过接听投资者电话、网上投资者交流、接待投资者来访等方式持续、深入开展投资者关系工作。

报告期内，公司积极组织管理人员参加深交所、四川证监局举办的“内幕交易”警示教育展，增强员工严于律己、遵纪守法的意识，自觉抵制内幕交易行为，努力维护公司的形象和市场秩序。

二、与股东共创价值

（一）股东的关注

- 资产增值保值
- 经营风险的防范
- 与投资者沟通的及时、准确和畅通

（二）我们的行动

1. 资产优化，业绩提升

重组完成后，随着山东六和与新希望农牧的资产注入，公司已成为国内最大的“饲料生产—种苗—畜禽养殖—屠宰—肉制品加工”产业一体化的上市公司。2012年，在原材料、劳动力成本持续走高，消费市场持续低迷的形势下，公司主营业务经营稳健，依然实现了稳定健康发展。营业收入从2010年的531.39亿元增加至2012年的732.38亿元；净利润虽比2011年有所下降，但在2010年18.52亿元的基础上增至21.94亿元；每股收益从2010年的0.83元/股增至0.98元/股。

自上市以来，公司业绩呈稳健增长态势。公司最近3年营业收入年均增长18.52%，净利润年均增长23.09%。

2. 资产增值，稳定回报

公司经营业绩提升、资产持续增值和可持续发展是回报股东和实现股东价值最大化的基石。我们以力争进入世界500强、打造世界级农牧企业为目标，始终坚持有效经营、稳健发展、规范运作，公司业绩取得了长足进步。

截至2012年12月31日，公司总资产达246.99亿元，净资产144.87亿元。净资产收益率16.55%，高于同行业平均水平。

2012年7月25日，公司董事会审议通过了《关于修改〈公司章程的议案〉》，并经股东大会审议通过。本次公司《章程》的修订，体现了对股东投资回报的重视，强调保持分红政策的连续性和稳定性，明确可采取现金、股票、现金股票相结合或者法律许可的其他分配方式，并规定了现金分红比例：公司最近3年以现金方式累计分配的利润不少于最近3年实现的年均可分配利润的30%。

3. 保护债权人利益

公司实行积极稳健的财务政策，保持了良好的资产负债结构。在生产经营过程中，公司与商业银行开展银企合作，始终严格按照借款合同履行偿债付息义务，从未出现拖欠支付本息的情况。公司于2009年11月发行8亿元人民币公司债，已连续3年按时、足额支付了当期利息，保障了债权人的合法权益。重大资产重组完成后，在负债率水平保持稳定的前提下，公司的资产规模、收入和利润水平大幅提高，公司同时承诺，若本次重组购买及置入的四家企业利润达不到预期标准，将通过回购注销股份补偿，以保障投资者尤其是中小投资者的合法权益。基此，本次公司债的评级机构鹏元资信评估有限公司将公司的主体信用等级由 AA^- 调升为 AA^+，维持债项级别为 AA^+，评级展望维持为“稳定”。

4. 完善内控评价机制，持续推进风险管理

作为深证100指数股，公司自2008年开始披露《内部控制自我评价报告》。为了维护投资者利益，保护公司财产安全完整，保证财务信息真实、准确、完整，促进公司按照战略目标稳健规范发展，提高公司经营效率和效果，同时也为了符合外部监管要求，根据国家五部委及四川证监局相关文件规定，在董事会的领导下，公司于2012年3月开始启动内部控制实施工作。通过内控建设的准备、实施各阶段的多层次开展工作，截至报告期末，公司已制定了内控缺陷认定标准，并提交公司审计委员会、董事会审议通过；拟定了公司各项内部控制制度，目前仍在持续的修订、完善中。

5. 信赖源于真诚的沟通

为了更好地了解投资者需求，满足投资者的合理需要，公司非常重视投资者关系管理工作，在日常工作中强化与投资者的沟通，使投资者了解公司的发展战略以及生产经营情况，增强投资者的信心。

公司设置了以本公司的股票代码和简单好记的投资者专线电话，并安排专人接听投资者热线电话和通过投资者关系互动平台与投资者展开互动，解答投资者的疑问。另外，公司还适时对定期报告举行业绩说明会，就公司业务的最新发展，结合资本市场关心的热点，进行解答和说明，增进投资者对公司的了解。

报告期内，通过电话、网络、电子邮件、业绩说明会等方式接待了公司的投资者达数百次。

三、与客户共享成功

（一）客户的关注

- 产品质量与服务品质
- 彼此信赖的合作关系

（二）我们的行动

1. 关注产品质量，保护客户利益

产品质量的稳定源于原料质量的稳定，原料质量的稳定来源于供应商的心态和能力，取决于公司对产品质量与安全的重视和公司质量检测体系的健全。

公司高度重视科学技术在生产过程中的重要作用，不断加大对科技研发的投入，不断提高质检中心的检验检测能力，为原料供应商提供专业的、系统的产品化验、检验服务。

公司建立了严格的原料供应商评估体系，与信誉高的供应商建立了长期稳定的合作关系，努力提高产品质量，保障食品安全。

2. 与客户风雨同舟

公司重视与客户的交流互动，与客户风雨同舟。

公司视客户为长期合作伙伴，定期沟通交流，持续提升对客户的服务能力。从以提供饲料为主的专业制造商逐步向以提供服务集成为主的服务商转变，构建系统化服务体系。

公司通过设立养殖咨询服务公司和养殖服务专门机构，出资、整合资源，进一步探索增值、系统的养殖终端服务解决方案，来推动合同直供终端；根据猪病发病率的季节态势，聘请专家和派遣技术员上门为养殖户开展养殖技术培训、跟踪终端客户，找到重点帮扶客户，提供有针对性的服务。公司要求业务人员填制客户信息表、建立客户档案，并及时更新客户信息资料，通过综合分析客户反馈信息，根据其变化调整公司的销售政策和策略。公司为困难养殖户拟定有针对性的防疫、保健和治疗方案，帮助其加强防疫、消毒等防范工作，并与广大养殖户深入交流，进行信息收集，举办技术讲座与生猪养殖技术的宣传、培训、跟踪，得到了广大养殖户的欢迎与信赖。

为了带动养殖户发家致富，公司定期召开经销商和各种养殖户联谊会，对业绩优秀的经销商进行表彰和奖励，对受灾和经营困难的养殖户发放建棚补助，充

分带动了农民的养殖积极性，在行业低谷中坚持不离不弃，努力呵护行业的良性发展。公司还聘请著名教授培训、授课，拓展客户的知识和视野，带动客户与公司共同成长。公司积极推动产业信息化建设，通过推动电子商务平台的建设，实现了公司与客户工作效率的共同提高，帮助客户减少了成本支出。

四、与员工共求发展

员工是公司最宝贵的财富。公司高度重视员工，管理层反复强调：做企业，单靠少数几个人是不可能的，靠一个人更不可能，公司现有7万余名员工，要充分发挥其作用，首先是发挥各级管理干部的作用，形成梯队形的管理体系，而这个梯队管理体系要正常运作，就只能与员工共求发展。

（一）员工的关注

- 权益保护
- 职业生涯发展
- 和谐的工作环境

（二）我们的行动

1. 保障员工合法权益

截至2012年12月31日，公司在职员工总数为76 957人，其中，生产人员59 829人，销售人员7 000人，技术人员1 335人，财务人员1 550人，行政人员7 243人；员工学历构成：本科以上415人，本科4 446人，大专10 052人，高中及以下62 044人；技术职称构成：高级技术职称35人，中级技术职称609人，初级技术职称3 239人。

（1）严格遵守《劳动合同法》

公司严格遵守《劳动合同法》，与员工签订了劳动合同，为其购买了社会保险。

新希望及下属公司签订的劳动合同均使用公司统一印制的《劳动合同书》，员工按规定可享受法定休假日、年休假、婚假、丧假、探亲假、产假、看护假等带薪假期。

（2）提供平等工作权利和机会

公司尊重男女平等的工作权利和机会。公司在应届毕业生、社会精英等招聘过程中，将聘用者资质、条件和岗位需求的符合程度作为录用的标准，绝不会限制某个岗位只针对男性或女性；在待遇方面，公司强调“一份耕耘、一份收获”，在本职岗位上展现出突出业绩和良好的能力则会获得良好的回报；在晋升和发展方面，公司鼓励具备优秀职业素质、持续学习能力、良好团队精神、卓越工作绩效和无穷发展潜质的职员获得提升。同时，公司尊重每个人的劳动权利，在入职时遵循国家法规政策，认可当地医疗机构出具的健康体检报告，对于乙肝携带者等对本职工作不会造成影响的职场人士不会设路软性门槛，确保每名劳动者有平等的工作权。

报告期内，公司未发生因性别、健康状况或与地区相关的歧视事件。

（3）加强企业民主管理

由全体职工民主选举产生的公司工会委员会，是代表职工群众利益并为之服务的机构。公司各级工会依据国家法律法规的规定，代表员工与公司就劳动报酬、工作时间、休息休假、劳动安全卫生、职业培训、保险福利等事宜进行集体协商，维护员工合法权益，做到把职工利益和企业利益相联系，切实保障职工地位，努力增强其参与意识，不断增强以工会委员会为基本形式的职工民主管理。

2. 为员工提供职业发展空间

（1）员工培训

员工是企业最宝贵的财富，公司的成长，离不开员工的辛勤付出。为了让员工能够更好胜任自己的岗位，完成角色转变、满足其自我成长、提升业绩的需求，公司会根据不同员工的需求组织相关培训，促进优秀企业文化的传承，提高员工的综合素质。

公司以树立行业标杆、提升组织绩效、促进员工职业发展为目的，对员工进行培训。2012 年，新希望员工参与各类培训学习达152 928人次。

推进年度策略，实施精益化改善项目、养殖场长培训班、客户服务培训。

发展管理梯队，举办各类人才梯队培训班（管理人员培训班、后备人才培训班）。支持业务发展，有针对性地开发岗位课程对关键岗位进行培训，向行业优秀企业对标学习。

（2）鼓励员工“内部跳槽”

公司鼓励员工在公司内部流动，鼓励竞争上岗，提倡多岗位锻炼，给员工提供了更好地施展才华的机会，同时也是促使人才成长进步和自我加压提升的有益模式。

公司为员工提供三条可相互转换的职业发展通道，即综合管理通道、线路管理通道、专业支撑通道。员工可根据公司岗位发展状况、自身专长和兴趣，在三个通道之间相互转换。打造员工群体的 3 个权威：行政权威、流程权威和专家权威，实现公司各级运营团队决策，信息透明，推动公司发展与员工的发展高度结合，共同提高。

（3）加强职业道德教育

公司重视员工的道德教育建设，提出公司是“家庭”、“学校”和“军队”，让员工感受到家庭的温馨与亲情、学校的和睦与团结、军队的严于律己和富有战斗力。

公司要求员工讲文明礼貌、爱岗敬业、诚实守信、办事公道、勤劳节俭、遵纪守法、团结互助、开拓创新。

组织公司员工参观劳动模范事迹教育展，号召员工学习模范精神，提高职业素养，艰苦创业精神，弘扬艰苦奋斗作风。组织公司管理人员参观证监会主办的内幕交易警示展，通过全面翔实的介绍和各类发人深省的案例，加深了员工对内幕交易的危害性和严重后果的了解，增强了公司管理人员严于律己、遵纪守法的意识，使其做到能自觉抵制内幕交易行为，努力维护公司的形象和市场秩序。

3. 关怀员工，帮扶助困

2012 年，公司一如既往地做好对困难员工的帮扶工作。公司定期慰问困难、特殊员工和家属，对突发受灾受伤员工及家属，公司大力开展“员工关怀温暖工程”，号召员工捐助帮扶，携手共渡难关。2012 年公司及下属公司的积极捐款，帮助了困难员工及家属。

公司每年会为员工生日送上礼品、奖金或通过举办生日小聚会的方式，组织当月生日员工庆祝生日。

通过员工关怀和帮扶助困，增强了公司的凝聚力，加深了员工归属感，推动了公司企业文化建设，形成了良好的企业向心力。

4. 关注员工福利

（1）关注员工身心健康

公司员工均享有入职和年度健康体检，公司办公室均配备应急药物，时刻关注员工的安全健康。加强职业安全与工作环境管理公司对生产岗位新进员工都会进行《安全生产管理》、《避险与急救》等安全培训，开展《安全生产，预防为主》和《关注安全，关爱生命》主题活动，鼓励员工积极参与，树立安全意识。公司为员工购买社会保险与意外保险外出团体活动均会给每位员工购买意外商业保险，让员工工作安心，出行放心。

公司采取多种措施为员工提供良好的工作环境。在安全生产管理方面，公司制定了一系列规章制度，重点要求员工在工作期间必须穿戴好劳动防护用品；在设备管理方面，公司采取多种形式对生产设备进行保护，并及时维修设备，排除安全生产隐患；在防暑降温方面，公司为所有一线员工准备了各种防暑物品。同时，公司定期组织维修人员对一线车间的风扇、空调进行了维修更换，保证一线员工有良好的工作环境。

公司建有图书室，免费供员工借读；在职工宿舍设有乒乓球室；为方便职工购买一些日用品，在职工宿舍楼开设了小卖部；统一为职工宿舍配备的衣柜、盆架、桌子等设施，为保证宿舍干净、整洁的环境，以部门为单位单独设立储物间（存放行李、衣物等）。

重视安全生产工作，定期安排全员进行消防演练，避险与自救，积极为员工创造一个良好工作环境，极大地调动了广大员工的生产积极性。

（2）建立完善的员工福利机制

公司为加强员工归属感，体现人文关怀，从而推动公司的企业文化建设，建立起了较为成熟的员工福利机制。

法定福利：社会保险、法定节假日、婚丧假、产前检查假、产假、产假陪护假、哺乳假等。

额外福利：额外带薪年休假、团队游意外商业保险、先进员工国外培训、节假日礼品、员工生日礼品和奖金等。

5. 丰富多彩的文体活动

企业的和谐发展，离不开企业文化的建设，而企业的文化建设又离不开企业的文体活动。文体活动作为精神文化生活的主要体现，在促进员工对企业的感情、改善人文关系环境、增强企业凝聚力方面起到了积极的作用。

公司高度重视员工的文体活动组织，通过各种有效的文体活动载体，着力增强职工的自觉参与意识和团队凝聚意识。根据员工的不同爱好、年龄和性别，明确活动主题，因地制宜，广泛开展丰富多彩的文体活动。

公司积极组织员工开展读书报告会等活动，鼓励员工读书学习，提高自身综合实力。公司为员工举办摄影展，透过员工镜头捕捉其生活和工作中的精彩瞬间，陶冶了情操。公司还举办丰富多彩的文艺晚会，让员工有充分展示自己的舞台，秀出自我，秀出风采！公司适时地组织员工参加户外拓展活动，引领团队构筑良好的沟通平台，培养员工的团队合作意识和创造性思维。

五、环境与社会

（一）他们的关注

- 注重节能减排，降低运营对环境的影响。
- 注重环境保护，减少对周边环境的影响。
- 服务社会与社会发展。
- 改善农业群体的养殖技术和生活水平。

（二）我们的行为

1. 环境方面

企业的发展与环境的可持续发展密切相关，而环境的可持续发展并不是一个单一的经济发展指数，而是人类社会必然追求的一个充满伦理意义的综合目标。因而，公司的发展就是从这一目标出发，力所能及的担负起维护环境的责任。

根据计算，少使用100张纸，就能减排二氧化碳15千克。在全球都在倡导节约资源的氛围下，作为企业更应努力“降低企业成本，提升企业竞争力”。我们必须创建一个节约型的企业，这就要求我们从自己做起，从一点一滴的小事做起。

（1）全面推进无纸化办公

公司不断加大在信息化办公方面的经费投入，强化无纸化环境中的计算机硬件、应用软件、通信网络3个基本物质要素，进一步推进办公环保化。

（2）打造低碳办公环境

公司通过对文印室用纸的使用和控制管理，制定用纸计划，节约用纸，依据工作需要，合理采购和供给；内部使用则尽量使用再生纸张，上下班按时开启和关闭复印机电源，定期检查碳粉使用情况。

文件传阅提倡采用内部OA办公系统，尽量减少使用纸质文稿，文件复印、打印要最大限度精简次数，提倡纸张双面打印、复印，力求降低纸张消耗。

积极推行低碳环保型办公活动，倡议口号“夏二六冬十八，节能能源靠大家”。离开办公室必须随手关灯，下班或长时间离开办公室时要关闭电脑等办公室设备电源，做到人走电断，尽量减少用电消耗。

积极开展低碳环保型交通行动。严格规范公务车使用程序，公务用车实行统一调度，合理安排用车人员搭配和出行路线，集体公务活动尽量合乘车辆，减少用车频率，减少汽车尾气排放，节省燃油费用。

规范办公用品配备领用。严格按照制度流程，先申请后领取，提倡修旧利废，能修理再利用的统一修理，最大限度节约资源，减少浪费。

（3）推行办公环境绿化美化建设

充分利用市局办公楼、各基层分局所院子内的空地进行多层次绿化、美化建设。在办公室、走廊及电梯口等位置安置摆放绿色植物，美化绿化环境，保持办公环境空气清新。

（4）节能降耗，资源利用

公司在发展中积极落实科学发展观，高度重视节能减排和资源利用。公司通过多种手段宣传节能减排和资源利用的重要性，提高全员意识，引进先进节能技术，积极探索新的节能减排和资源利用办法。公司积极开展锅炉节能试点及推广工作，下属多家饲料厂对锅炉进行改造，安装省煤器。在食品加工厂的制冷机电控系统中安装节电设备，平均电耗下降15%～20%。通过培训不断提高员工在设备操作、维修技术和能力等方面的技能技巧，使得设备故障停机率与能耗大幅降低。报告期内，公司节能效果明显，饲料产品综合能耗显著下降。同时，各厂还对厂区废旧物品进行分类管理和回收利用。

报告期内，公司投入的各项用于环境保护和环境治理方面的投入约为人民币1 160.51万元。

（5）发展生态农业，实现与自然和谐发展

公司在生产和经营管理过程中，严格遵守国家《环境保护法》等有关法律法规，积极履行企业环保义务，落实国家节能减排方针政策，并利用农产业的特性，实现排放物与自然的有机结合，实现农业与大自然的和谐发展。发展生态农业，是广大农民群众的迫切愿望，也是实现人与自然和谐相处的有效途径。

食堂燃烧液化气，属清洁燃料，各污染物均能达标排放。

污水经密闭管道收集后，通过过滤、沉淀后再进行发酵，然后将发酵后的水进行农田灌溉；污染物排放采取安装地埋式生化处理设施进行处理，全部回用于厂区绿化，废水不外排。

生活垃圾集中收集后送垃圾场卫生填埋；将废弃物进行无害化处理，将粪便干湿分离，干粪经堆积自然发酵后用作肥料，污水经蓄粪池沉淀后，进行达标排放。

我们倡导循环经济，实现农业与大自然的和谐发展。通过将排放物进行科学处理，还于大自然，促使土壤、耕林、植物等生态的可持续发展，真正实现变废为宝。

2. 社会方面

近年来，公司均发布了年度社会责任报告。不仅加强了与利益相关方的沟通，也有助于公司的自我教育，更好地推动企业的可持续发展。同时，公司也希望借此报告，来获得社会各界的宝贵意见和建议，提高对自身的认知，进而在今后的发展中更好地服务社会，以坚实的“肩膀”担当起应尽的社会责任。

2012年12月18日，有关媒体发布了我们的子公司山东六和集团下属企业平度冷藏厂收购农村养殖户白羽肉鸡把关不严的相关报道。公司知悉该情况后，第一时间成立由公司为主要领导的调查小组赶赴现场，全面接手平度工厂；检查、复核内控体系；封存所有库存原料及产品，积极配合政府相关部门的全面检查；对平度六和总经理等相关人员进行停职审查，根据调查结果，从重从严地进行了处理，对采购环节把关不严的直接管理人员予以开除处理；同时，山东六和集团第一时间派出五路工作组，指导300多位专项工作人员用了10天时间，对农村合同养殖户　进行全面巡检和整顿。

此外，鉴于此次事件可能会给当地农村养殖户造成一定困难，为了维护他们的利益，降低他们的经济损失，平度工厂对所有养殖户的剩余款项给予先行全额支付。

除了上述举措，六和集团郑重向社会与广大消费者表达深深的歉意的同时，做出如下承诺：严格规范管理、健全针对养殖户和养鸡合作社的服务管理机制，加强培训及动态监控，从源头上杜绝不合格产品的出现；邀请第三方定期进行产品检测，严格控制产品质量，并将检测结果向相关市场公布；投入136亿元人民币专项资金，用于鼓励养殖户全面提升饲养水平，从源头保障产品质量。以上整改措施现已全方位开始实施。

（1）四川、山东农业部门检测结果相继公布

四川省畜牧食品局于2012年12月25日公布《四川排查“速成鸡”的情况通

报》。该局组织3个检查组，分赴成都、德阳、遂宁和眉山等地，对白羽鸡和其他肉鸡养殖场、饲料生产企业开展专项检查，共检查9家肉鸡养殖场、3家饲料生产企业。通过现场检查饲料、兽药使用情况，调取饲料和药物发放记录，清查饲料和药物库房，没有发现金刚烷胺、利巴韦林等违禁药物或违规使用地塞米松等药物情况。同时，现场抽取111批鸡肉，由省畜产品安全检测中心和省兽药监察所检测11种性激素、5种糖皮质激素、9种“瘦肉精”类、22种磺胺类、13种氟喹诺酮类、4种硝基呋喃类、3种四环素类抗生素等药物残留，其中包括地塞米松等药物。检测结果，违禁药物全部未检出，允许使用药物的药残均符合农业部相关标准和规定。

山东省畜牧兽医局于2012年12月28日公布检测结果，所检项目均合格。该局对包括平度屠宰厂在内的多家鸡场和屠宰厂开展了氯霉素类、氨基糖苷类、氟喹诺酮类、四环素类、青霉素类等10大类药物中的地塞米松、氯霉素、氟苯尼考、恩诺沙星、阿莫西林、林可霉素、乙酰甲喹、大（壮）观霉素、泰乐菌素、多西环素、粘菌素、利巴韦林、金刚烷胺等13项指标的检测，检测结果显示，地塞米松等11项指标符合国家规定标准，没有检出利巴韦林、金刚烷胺。

此后，公司作为一头连接广大农民，一头连接广大消费者的农牧企业，仍将按国家有关规定，更加注重食品安全，进一步提升管控水平，继续坚定走现代农业产业化发展道路的决心和信心。

（2）关爱儿童送爱心　关爱老人送温暖

关爱儿童，让孩子们健康快乐成长；关爱老人，让老人的生活幸福安康。敬老爱幼是中华民族的传统美德，更是社会责任的体现。我们拿出一点点爱心，就会收获很多快乐。

（3）关注公益教育　帮扶贫困儿童

2012年10月，荆州六和公司员工自发对长阳龙舟坪镇宝箭山小学贫困儿童一对一的帮扶活动，公司每位参与人员对口帮助一位贫困适龄学童，按贫困儿童家庭情况以及个人经济实力，在一年内对每位孩子月捐赠150～300元，共捐赠11名家境贫困、成绩优异的儿童，为他们健康成长献上了自己微薄之力。

（4）关注大学校园　推动社会培训

大学生群体是一个特殊的群体，他们知识层次高、活动能力强、社会影响大，是千千万万个家庭的寄托和希望，更是国家宝贵的人才资源。能否使大学生较好地实现就业，不仅直接关系到社会和谐稳定，关系到广大学生自身的长远发展和人民群众最关心、最直接、最现实的利益问题，更加关系到国家的未来。

公司作为国内大型的农牧产业龙头，拥有丰富的知识人才与技术专家，能够帮助大学生走出校园，顺利走向社会，是大学生了解企业管理实务，奠定其未来管理基础的良好平台。

（5）关心弱势群体　带动社会就业

公司的发展得益于中国经济的蓬勃发展，得益于改革开放的好政策，更得益于社会各界的关心、支持与帮助。为回报社会，公司自成立以来一直关注社会弱势群体，并尽自己所能帮助他们。

报告期内，公司吸纳就业人数万余人。其中，招聘应届大中专毕业学生就业达3 000余人，减轻了应届毕业生的就业压力。在招工中，公司优先考虑为下岗职工、年龄40～50岁人员创造就业机会，尤其对于适合该类人群的岗位，要优先考虑；对于劳动强度适量，能够使残疾人发挥光和热的岗位，倾向于解决公司所在地残疾人的就业。

公司以饲料加工、养殖、屠宰业务为主，厂房一般建设在郊区县，为农民在当地就业提供了平台，较大程度上满足了农民不离家就业的需求。

公司采用公司＋农户的养殖方式，并成立担保公司为农户解决资金问题，不仅带动了当地农民的就业，也为农民致富提供了帮助。

六、与我们的合作伙伴实现双赢

公司成立以来，多年风雨征程，合作伙伴见证着公司的成长、进步与发展。饮水思源，我们深知，公司所取得的每一点进步和成功，都离不开我们合作伙伴、经销商的关注、信任、支持和参与。

长期以来，公司都将合作伙伴的利益与信誉摆在和公司利益与信誉的同等高度，全力配合合作伙伴进行相关项目的实施，赢得终端客户的认可，实现利益共享、互利共赢，这既是公司一贯坚持的原则，也是我们得以快速稳定发展的基础。

（一）合作伙伴的关注

- 长期发展、信赖的合作关系
- 资源整合、实现双赢

（二）我们的行动

1. 合作共赢，共同发展

报告期内，公司在投资发展建设中，注重与国内外优秀企业合资、合作发展。公司与日本丸红株式会社签订了战略合作意向书，在多个地区开展饲料畜牧业务的合作。公司与诸多地方优秀企业签署合作意向，在饲料、食品加工、

良种繁育和商品养殖、金融担保、原料贸易等多方面展开多层次合作。这些合资、合作不仅为公司带来了国内外先进的技术和生产管理经验，有助于公司经营管理水平和综合竞争能力提高，也带来了资源和市场，为各方实现合作共赢、共同发展奠定良好基础。

公司与国内农牧相关的高等院校、科研院所建立了广泛的技术交流与合作关系。在国外的新希望胡志明公司开展与胡志明农林大学的技术交流，聘请相关专家对公司技术服务队伍进行培训。这些交流与合作能使公司抢先吸收行业的最新研究成果，也有效地推动了高等院校和科研院所的科技创新。

公司持续加强与银行等主要有关金融机构的合作，与其保持了良好的合作关系，为公司的后续发展奠定了强大的资金基础。

公司与部分设备厂家保持长期的合作与交流，邀请售后服务专家到生产现场对公司员工进行培训，并定期选派部分优秀人员到设备厂家车间现场观摩学习。这不仅提高了公司一线员工的生产技能，厂家也能够准确获悉产品的使用反馈情况，有助于厂家提高技术水平，实现了资源共享，共同提高。

2. 市场创新，志在长远

我们认为，创新是企业的生命，一个没有创新能力的企业是根本不可能在激烈的市场竞争中得以生存和持续发展的。报告期内，公司继续加大对市场创新、管理创新和技术创新的投入，并卓有成效。

通过市场创新，结合政策的鼓励与支持，公司拟建立“公司＋家庭农场”的新型生猪养殖模式，继续深化畜禽产业链一体化建设。创新项目的实施将大大提升当地的土地效益，推动当地的经济发展，实现农业产业化与科技创新相结合，以现代畜牧业发展来带动农村经济发展。

通过管理创新，公司的青岛及三北中心完成精益化创新项目1 762个，创造价值2 031万元；其中，可以复制推广的项目330个，创造价值1 354万元。

通过技术创新，公司进一步提高了生产机械化自动化水平。以现有生产技术

条件为基础，通过外部引进先进生产技术，内部挖潜积极推动技术改进，确保公司始终保持行业领先地位。生产工艺改进及机械化自动化改造等措施均促进了生产效率的提高，降低了生产成本，同时也使产品质量有了更大保障。

点评1：

这是新希望六和股份有限公司自2008年以来发布的第5份企业社会责任报告，报告时间范围为2012年1月1日至12月31日。报告反映了本年度该公司在国际金融危机以来外部环境更加复杂多变和国内经济艰难企稳回升的年份中，度过了完成重大资产重组后的元年，克服原材料价格上涨、养殖景气度下滑和市场需求降低等不利因素的影响，公司的整体经营仍然保持了平稳和健康发展。

截至报告期末，公司的业务涉及饲料、养殖、屠宰及肉制品加工、金融投资等，已经覆盖全国各地和东南亚、非洲等10多个国家和地区，其控股的分、子公司达500余家，总资产超过200亿元，年销售收入达700多亿元，员工8万余人，是目前中国农牧产业链最完整、产品覆盖面最广和资产规模最大的农牧类上市公司。公司的金融投资主要集中在银行，系中国民生银行第一大股东（持有其13.33亿股），在积极提高自身盈利水平、优化产业格局的同时，亦分享了民生银行持续向好经营带来的丰厚投资回报。同时，公司持有民生人寿2.03亿股。

目前国际上普遍认同的企业社会责任（CSR）理念是：企业在创造利润、对股东利益负责的同时，还要承担对员工、对社会和环境的社会责任，包括遵守商业道德、生产安全、职业健康、保护劳动者的合法权益、节约资源等。报告显示，该公司本年度在股东和债权人的权益保护，职工权益保护，供应商、客户和消费者权益保护，环境保护与可持续发展，公共关系与社会公共事业等方面有所作为，取得了可喜的进展，基本实现了与客户共享成功，与员工共求发展，与股东创造价值，与社会共同进步的社会责任目标。公司自上市以来，业绩呈稳健增长态势，最近3年营业收入年均增长18.52%，净利润年均增长23.09%。截至2012年12月31日，公司总资产达246.99亿元，净资产144.87亿元。净资产收益率16.55%，高于同行业平均水平。公司董事会2012年7月25日，审议通过的《关于修改〈公司章程的议案〉》，体现了对股东投资回报的重视，强调保持分红政策的连续性和稳定性，明确可采取现金、股票、现金股票相结合或者法律许可的其他分配方式，并规定了现金分红比例：公司最近3年以现金方式累计分配的利润不少于最近3年实现的年均可分配利润的30%。

特别值得关注的是，作为农业产业和食品加工企业，该公司在生产和经营管理过程中，严格遵守国家《环境保护法》等有关法律法规，积极履行企业环保义务，落实国家节能减排方针政策，并利用农产业的特性，实现排放物与自然的有机结合，实现农业与大自然的和谐发展。公司坚持“预防与节约在先，发展与保护同步，创建生态和谐的世界级农牧企业”的新型农业发展理念，全面、持续开展提高质量安全、资源综合利用，以创建节约型社会、践行社会责任为己任。报告期内，公司从重从严处理了山东六和集团下属企业，平度冷藏厂收购农村养殖户白羽肉鸡把关不严一案，投入136亿元人民币专项资金，用于鼓励养殖户全面提升饲养水平，从源头保障产品质量。公司继续加大对市场创新、管理创新和技术创新的投入，并卓有成效。通过管理创新，公司的青岛及三北中心完成精益化创新项目1 762个，创造价值2 031万元；其中，可以复制推广的项目330个，创造价值1 354万元。公司旗下的“希望”、“国雄”等16个品牌的系列配合饲料和浓缩饲料荣获国家产品质量免检品牌，和2012年度获得的一系列荣誉与表彰，是其践行社会责任取得成果的有力佐证。

新希望集团是我国最早加入全球契约的家族企业，董事长刘永好也是“光彩事业”的最初倡议人之一，他认为企业发展壮大了，不能忘记企业公民的义务，合作开发扶贫的形式实现了企业和当地贫困人群的双赢。像新希望这样的家族企业不是少数，它们以自己的方式履行着社会责任，同时，也在利益相关方中建立了信任，树立了品牌，实现了企业和社会共同的可持续发展。

点评人：

全国工商联研究室研究员

黄文夫

点评2：

企业的社会责任可以体现在许多方面，新希望六和股份有限公司提出“与社会共同进步”的理念，可以称得上是对企业社会责任的重要诠释。

从整体报告来看，新希望六和股份有限公司在许多方面做了有益于社会的事情。但是2012年“白羽鸡”事件经媒体报道在社会产生巨大反响，给消费者造成的损害至今记忆犹新。报告没有回避这一事件，而是通过阐述企业处理这一事件的过程，表达了企业履行社会责任的认知、决心与行动。

众所周知，从企业管理角度而言，企业社会责任仅仅从结果检查这个环节来把关是不够的。更重要的是要重视企业的运作管理过程，在过程中体现企业的社会责任。因此，从过程来看，至少说明新希望六和股份有限公司在“白羽鸡”事件之前，没有把过程管控纳入企业的社会责任，或者说“未能达标”。因此，在报告中用“把关不严”一词来解释企业的责任，从学者的角度来评价，措辞过轻，有点含糊其辞，不能很好传达企业的认识深度。

新希望六和股份有限公司作为一个大型农牧企业，一头连接农户，一头连接消费者，在食品安全方面所肩负的社会责任是不可小觑的。作为一个农牧行业的龙头企业，新希望六和股份有限公司的社会责任，也不仅仅表现为让自身的企业“达标”，还包括与关联企业共同“达标”，以促进和保持行业的安全。这才是“与社会共同进步”的真正体现，也是一个大企业承担社会责任应有的风范。

如果说能够主动为社会做善事的企业是值得鼓励的，那么能在既涉及产业链安危又涉及消费者安危的大是大非面前，仍能够不忘“与社会共同进步”的宗旨，敢于直面自身的问题，把企业生产、运作过程中的社会责任视为自己分内之事，这样的企业更应该受到鼓励。

点评人：

北京理工大学管理与经济学院教授

中外家族企业联合研究中心主任

裴　蓉

实例10：福耀玻璃工业集团股份有限公司 2012年度社会责任报告

本报告是福耀玻璃工业集团股份有限公司（以下简称“福耀集团”或“公司”）连续第5年发布的企业社会责任报告。

2012年，福耀集团始终以打造全球客户的忠实伙伴、全球行业的行为典范、全球员工的最佳雇主、全球公众的信赖品牌为目标，通过自身的开拓与发展，以实际行动回报社会，关爱自然，保护环境；积极投身公益事业，积极主动履行社会责任，实现了公司的经济效益与社会效益相统一，公司的发展和社会的发展相和谐。

本报告是根据上海证券交易所《关于做好上市公司2012年年度报告的通知》、《公司社会责任制度》的有关规定，结合福耀集团在履行社会责任方面的具体情况编制而成的。报告是对2012年1月1日至2012年12月31日期间，福耀集团在从事经营管理活动中履行社会责任方面的概括，向社会公众展现福耀集团履行社会责任情况的全貌。

本报告经2013年3月16日召开的公司第七届董事局第十一次会议审议通过。本公司董事局及全体董事保证本报告内容不存在任何虚假记载、误导性陈述或重大遗漏，并对其内容的真实性、准确性和完整性承担个别及连带责任。

一、公司基本情况

福耀集团之前身是福建省耀华玻璃工业有限公司，注册成立于1987年，1991年6月，公司经福建省经济体制改革委员会、福建省对外经济贸易委员会联合印发的闽体改（1991）022 号文件批准改制为中外合资股份有限公司，于 1992 年 6 月在工商行政管理部门办理了变更登记。1993 年 6 月，公司股票在上海证券交易所挂牌上市交易，成为中国同行业首家上市公司，股票简称：福耀玻璃，股票代码：600660。

福耀集团一出生就以“为中国人做一片属于自己的玻璃”愿景出发，以“打造全球最具竞争力的汽车玻璃专业供应商”为奋斗目标，秉承勤劳、朴实、学习、创新的企业核心价值观，坚持走独立自主、应用研发、开放包容的战略路线，从只有几间平房的小厂起步，成长为汽车玻璃行业内中国第一，世界领先的知名民族品牌企业。

福耀集团现有员工超过 17 000 人，旗下企业 40 家，其中国内子公司 27 家、海外子公司 10 家及合营公司 3 家；现代化生产基地辐射北京、上海、重庆、广东、福建、吉林、湖北、河南、内蒙古、海南等十余个省市，形成了一整套贯穿东西，联纵南北的产销网络体系；同时，在美国、日本、韩国、澳大利亚、俄罗斯、德国、中国香港等国家和地区设立了子公司和商务机构；国内销售网络超过 1 000 家，遍布全国 500 多个大中小型城市；海外网络遍布五大洲。

福耀集团自上市以来，始终认真按照中国证券监督管理委员会（以下简称“中国证监会”）、上海证券交易所、中国证券监督管理委员会福建监管局（以下简称“福建证监局”）的要求，坚持规范运作、不断完善治理结构、大力提高公司质量，因此，福耀集团的规模不断发展壮大，经营业绩稳步提升。

截至 2012 年 12 月 31 日，公司总资产为 130. 41 亿元（人民币，币种下同）。报告期内（即 2012 年度），公司实现营业收入 102. 47 亿元，比上年增加 5. 76%；利润总额 18. 63 亿元，比上年增加 5. 09%；实现归属于母公司所有者的净利润 15. 25 亿元，比上年增加 0. 80%。2012 年公司实现基本每股收益 0. 76 元，上缴国家税收 11. 53 亿元，向员工支付工资等薪酬合计 11. 72 亿元，向银行、公司短期融资券及中期票据持有人等债权人给付的借款利息合计 1. 97 亿元，每股社会贡献值为 2. 03 元。

二、股东和债权人的权益保护

（一）建立完善的法人治理结构，规范公司运作

福耀集团根据《公司法》、《证券法》、《上市公司治理准则》、《公司章程》

等有关法律、法规、规范性文件的规定和要求，不断完善公司的治理结构。公司制定了《股东大会议事规则》、《董事局议事规则》、《监事会议事规则》、《总经理工作细则》等规章制度，确保股东大会、董事局、监事会和管理层之间权责分明、各司其职、相互制衡、独立运作。公司董事局下设战略发展委员会、审计委员会、提名委员会、薪酬和考核委员会4个专业委员会，制定了《战略发展委员会工作规则》、《审计委员会工作规则》、《提名委员会工作规则》、《薪酬和考核委员会工作规则》，促进公司治理的规范运行。

（二）建立健全内部控制制度，防范公司经营风险

福耀集团根据《公司法》、《证券法》、《会计法》、《企业内部控制基本规范》、《上海证券交易所上市公司内部控制指引》等有关法律、法规和规范性文件的要求，通过建立、完善并贯彻执行规范有效的内部控制制度，保证了公司各项生产经营管理活动有章可循，规范运作，防范公司经营风险，保证了公司资产安全，确保了财务报告及信息披露的真实、准确、完整。尚未发现公司在内部控制设计和执行方面存在重大缺陷。

（三）认真履行信息披露义务，平等对待所有投资者

信息披露工作不仅关系着投资者的利益，更关系着公司的形象与诚信。福耀集团制定了《公司信息披露事务管理制度》、《公司董事局秘书工作细则》、《公司股东大会网络投票实施细则》、《公司敏感信息排查管理制度》、《公司年报信息披露重大差错责任追究制度》、《公司重大信息内部报告制度》、《公司外部信息报送和使用管理制度》、《公司内幕信息知情人登记管理制度》、《新媒体登记监控制度》等制度，指定董事局秘书及证券事务代表负责信息披露工作，接待股东来访、咨询工作。2012年，公司根据中国证监会《关于进一步落实上市公司现金分红有关事项的通知》（证监发［2012］37号）、上海证券交易所《上市公司现金分红指引（征求意见稿）》的有关要求，对《公司章程》进行了修订，并制定了《未来3年（2012~2014年）股东分红回报规划》，进一步维护了投资者的合法权益。福耀集团还通过机构投资者见面会、接受投资者来现场调研、接听回复投资者来电、来函及电子邮件，开放董事长接待日、提供股东大会网络投票等多种形式，充分和投资者进行沟通。

公司还在网站（http：//www.fuyaogroup.com/）上及时刊登公司近期发生的重要新闻，进一步让投资者和社会公众全面了解公司经营发展情况，在投资者和公众中建立公司良好的诚信形象。

福耀集团在信息披露工作中，始终坚持公开、公平、公正原则，信息披露工作能够做到真实、准确、完整、及时，做到不选择性披露信息，并充分地保证了全体投资者的知情权。2012年，福耀集团共在上海证券交易所网站及指定媒体上发布了定期报告4份、临时公告38份。

（四）在经济效益稳步增长的同时，注重对投资者的分红回报

福耀集团自1993年6月上市至今的19年时间，累计向投资者派发现金红利349 882万元，股票股利140 559万元，占同期累计实现净利润953 681万元的51.43%。而同期福耀集团在资本市场通过两次配股、一次增发，共募集资金69 560万元（含发行费用），真正实现分红大于募集资金。近3年来（2010～2012年），福耀集团累计实现净利润482 513.57万元，累计向投资者派发了现金红利228 340.44万元，占近3年累计净利润的47.32%。

（五）做好债权人的权益保护

福耀集团在经营决策过程中，重视债权人合法权益的保护，在日常经营活动中严格按照与债权人签订的合同履行债务，重合同、守信用，及时通报与其相关的重大信息，与金融机构建立了良好的合作关系，实现股东利益与债权人利益的双赢。

三、供应商、客户和消费者权益保护

（一）完善卓越绩效管理模式，建立与相关方的良性互动

2012年度，福耀集团重点整理了企业集团的质量管理体系和运行模式，按照国家标准建立了卓越绩效管理模式并逐步开始实施。卓越绩效管理模式中重点突出的是社会、企业股东、员工、供应商及合作伙伴、顾客等相关方主体在企业经营中所体现的良性互动以及互惠互利的合作关系。该体系包含四大管理模块：企业战略、运营管理、创新管理以及社会责任（社会责任模块包含需要正式获得国家认证认可机构颁证的管理体系。例如，SA8000社会责任管理体系、OHSAS18001职业健康与安全、ISO14001环境管理体系以及国家关于清洁生产的管理要求）。

顾客是企业能够得以持续并高效发展的基石，这是福耀人的共识。在得到充分信息反馈的数据基础上，福耀集团重点整治了配件产品领域顾客集中反馈的质量问题并在满足国标的基础上实施了产品质量加严控制，从后续市场反馈的信息来看，该措施得到大多数配件客户及终端消费者的认可和支持。我们将以此为动力，继续深挖质量管理环节出现的问题和漏洞，确保每位消费者的利益得到保障。

（二）落实国家相关法律法规，确保产品安全

《缺陷汽车产品召回管理条例》已经于2012年10月10日国务院第219次常务会议通过并公布，自2013年1月1日起施行。福耀集团积极学习并研究相关法律法规中与福耀产品和经营管理相关的内容，确立内部流程与国家法规要求的接口和符合性，从原材料供应商的选择直到成品交付以及后续产品服务直至整个产品生命周期的相关流程都能够满足法规要求。

（三）毫不松懈进行打假活动，保护消费者权益

随着汽车消费在中国的普及，市场的不断扩大，令许多不法商贩或商家盯上了制假、造假这一条利欲熏心之路。为还消费者一片净土、维护品牌良好的声誉，福耀集团多年来坚持打假，倡议打假，让消费者使用真正放心、安全、高品质的产品。2012年，公司在国内配件市场打假方面取得了可喜的成果，共打击15家假冒商标的不法商家，共查获假冒福耀玻璃5 886片，进一步整顿、净化市场，尽量让消费者用上放心的、安全的玻璃。

福耀集团2012年6月份开始在集团网站www. fuyaogroup. com公布全国统一客服信箱fyqm@ fuyaogroup. com，直接受理来自全球的质量投诉和假货信息，截至2012年年底共收到客户的咨询、反馈、投诉合计32起，均得到及时的回复和处理，顾客反映良好。福耀集团将继续推进客户信息收集系统，基于信息化平台的客户关系管理系统（CRM）将于2013年中正式上线。

（四）坚持产品质量和顾客满意并举的方针，在市场竞争中占得先机

2012年，我国汽车销售量较2011年微增4.63%，公司国内销售实现高于市场增幅的增长。依赖规范且高效的管理，福耀集团的高品质产品得到全球客户的一致认可，同时进一步提升了市场占有率。

福耀集团在满足为国内汽车工业需求提供配套的同时，以科技创新、实业兴国为己任，积极开拓国际市场，已经成为各知名汽车制造商的全球供应商合作伙伴。

2012年，福耀集团继续为路虎、宝马、奔驰、通用、大众、克莱斯勒等世界各大汽车厂商提供的全球同步设计开发，大量福耀自由技术被运用到全球知名汽车产品上，产品成功量产并获得客户的高度认可，为公司出口OEM销售带来了增长点。公司已在中国、德国、美国建立了4个设计技术中心，分别承担所在地客户新产品的同步设计工作；福耀在全球各地设立的物流分销中心，为福耀产品行销全球发挥巨大的作用；福耀的产品已得到全球主要客户的认可并持续稳定地供货，从而将成为真正意义上的国际性全球公司。

同时，福耀集团的第一个海外生产制造基地福耀俄罗斯项目建设按计划在推进，项目计划在2013年7月底投产。届时，福耀将实现从产品全球化向制造全球化迈进。

福耀集团以高品质的产品、快速的反应速度和稳定的供货获得了多家客户公司的认可：

2012年，福耀5年内第4次获得通用公司“全球优秀供应商”这一殊荣。此奖项是基于对2012年公司给予通用全球工厂提供的高质量、高品质产品，以及给予客户服务方面的突出表现给予的认可。尤其是GM北美地区由于出现“财务”危机，公司在半年时间内为GM同时开发4个车型的产品并按计划进行供货，有效地解决了GM工厂停产的风险。

福耀集团旗下子公司福建省万达汽车玻璃工业有限公司获得美国克莱斯勒汽车“优秀供应商”称号。

福耀集团长春有限公司获一汽大众有限公司“十佳供应商”、华晨汽车集团控股有限公司“优秀供应商”、一汽轿车股份有限公司“优秀供应商”、一汽集团“2012年度优秀供应商”、一汽轿车股份有限公司“期望值改善活动优秀奖”5项殊荣。

福耀集团北京福通安全玻璃有限公司获天津一汽夏利汽车股份有限公司“优秀供应商”、郑州日产汽车有限公司2012年“优秀供应商”、北京汽车股份有限公司“优秀研发奖”。

广州福耀玻璃有限公司获通用全球“优秀供应商”称号、广州本田汽车有限公司“品质改善奖”荣誉。

福耀玻璃（重庆）有限公司荣获一汽大众有限公司“A级供应商”、东风柳州汽车有限公司“优秀供应商”、重庆长安汽车股份有限公司“优秀供应商”、重庆长安铃木汽车有限公司2012年度“优秀供应商”4项殊荣。

福耀集团（上海）汽车玻璃有限公司获长安福特马自达汽车公司南京分公司

“优秀商务合作供应商奖”，上海大众有限公司“优秀供应商入围奖”、获通用北美“优秀供应商奖”及获得上海通用“开拓创新奖”称号并获得南京福特马自达公司“2012 年上半年质量优秀表现感谢信”。

上海福耀客车玻璃有限公司获恩坦华汽车系统（上海）有限公司“优秀供应商”。

福耀（福建）巴士玻璃有限公司获厦门金龙联合汽车有限公司“2011 年优秀供应商”奖。

福耀玻璃（湖北）有限公司获东风商用车公司“2012 年优秀供应商”奖、获江铃陆风有限公司“优秀供应商”，获东风小康汽车有限公司“四星级配套供应商”等。

四、职工权益保护

福耀集团始终推行“企业发展、以人为本”的管理文化，努力构建和谐、双赢的劳动关系。在生产经营、员工培训、用工保障、薪酬福利、五险一金缴纳等方面切实推行“以人为本”的方针，既有文化的宣导，更有制度的保障，全方位、多角度地关心员工的工作、生活和职业发展。

（一）严格遵守国家劳动法律法规，坚实维护职工的合法权益

公司内部设有员工工作委员会，严格落实国家法律法规，积极保障员工合法权益。结合相关法律、法规，公司与员工及时签订《劳动合同》，有计划地安排员工生产、休息，为员工提供有竞争力的薪资报酬和培训成长空间，建立健全了企业薪酬管理和激励机制，并按时、足额地为员工办理医疗、养老、失业、工伤、生育等社会福利保障。

2012 年，结合最新劳动法规，公司对现有的规章制度、流程的合规性进行了梳理与完善。从人文关怀角度出发，为减轻员工工作强度加强了设备自动化改造，提高了防暑降温、中夜班补助费用，并于当年 10 月份主动完成了一次薪资调整工作。

基于此，公司的努力也获得了包含智联人才机构评选的 2012 年度“最佳雇主”等社会各界的支持与认可。

（二）公司站在“为社会、为行业培养人才”的高度，把企业当作学校来办

福耀集团设立管理、技术、职能、操作四大员工职业发展通道，为员工“量身定制”因人而异的职业发展规划，并形成了多个部门联合对员工的成长进行长期跟踪和教导的培养机制。将员工培训与员工晋升考核相结合，尤其是基层员工的操作技能鉴定、技术人员的专业技术职称评定、管理人员的任职资格评估等，实现“培训—鉴定/考核—薪酬/晋升”一体化，为员工的职业发展提供实实在在的帮助和保障。

福耀集团建有专门的员工培训中心，拥有自己独立、完整和系统化的培训体系，针对内部实际需要，设计和开发系统化课程，为员工提供在职培训，促进员工职业发展；并且逐步扩大企业内部培训师队伍，将培训学习与工作实践紧密结合，学有所得，学以致用，同时每年不断地派遣员工到国外学习、深造。2012年，福耀集团续聘韩国标准协会在公司举办了多期员工培训，为员工成长发展创造了良好的氛围。

在应届大学毕业生培养方面，福耀集团坚持从生产实践中培养人才，为把每一个新入职大学毕业生培养成对企业、社会有用的人而不懈努力。为此，福耀集团专门制定了应届毕业生培养的“雏鹰计划”，设计和开发了针对应届大学毕业生的“雏鹰培训营”系列课程，根据每个大学生的专业、特长和志向，制定不同的培训发展计划，组织人力资源部、工厂和定向发展部门联合“跟踪”，直至其成为技术骨干或走上管理岗位。先后开展了：

1. 结合公司实际，组织新知识、新技术、新工艺、新材料的培训。

2. 针对不同岗位，设计针对性很强的培训教材，实施“个性化”培训。

3. 为了提高员工的动手能力和操作水平，制定了“以师带徒”贴近式培训方式，签订师徒合同，出徒后经考核合格给予师傅一定奖励。

（三）企业立足“企业发展、以人为本”的理念，把员工当成子女来呵护

福耀集团始终把每一个员工都当作自己的子女，为他们提供良好的工作条件、健康的生活环境、广阔的发展空间。通过人性化的管理，家庭般的关心，福耀集团与员工建立了相互信赖、相互支持的工作关系，保证了福耀集团整体利益和职工根本利益相统一，走出了一条福耀集团与福耀人和谐发展的道路。

1. 定期安排员工体检，提供带薪年假、伙食补贴、高温等，2012年就员工高温补贴、中夜班补贴费用进行了提升调整。

2. 为员工提供良好的住宿条件，给员工家的温馨，生活区配备员工食堂，物美价廉，给予员工真正的便利与实惠，2012年还就部分生活区进行了改造，为员工宿舍安装了空调，解决了员工夏季避暑难题。

3. 生活区建有篮球场、网球场、羽毛球场、台球室、乒乓球室、棋牌室、健身房、藏书数十万册的图书馆及电子阅览室，丰富了员工业余活动和对精神食粮的需求。

4. 定期举办节日游园、员工运动会、新春年会等各种联欢活动，充实了员工文化生活。

5. 由公司与当地政府部门沟通，辅助解决员工子女就学问题。

6. 2012 年为搭建公司爱心平台、培育爱心文化、推进爱心行动，发扬爱心互助的团队合作精神，帮助因突发事件导致家庭遭遇特大经济困难的员工渡过难关，公司成立了员工爱心基金，通过公司和个人捐赠，设立互助、互济专项爱心资金，主要用于减轻员工因特殊原因所造成临时的重大困难，提高员工保障水平。

五、环境保护与可持续发展

社会大家庭是公司生存发展的土壤。福耀集团秉承企业效益和环境保护并重的社会理念，以科学发展观为指导，着力建设环保节能长效机制，努力构建资源节约型、环境友好型和谐企业。公司将保护生态环境、实现可持续发展作为实现企业社会责任的重点，置于生产经营的突出位置。

自创办以来，福耀集团便坚持“宣传环保、污染预防、节约能源、资源回收、符合法规、减废增效、持续改善、人人有责”的环境保护方针，将节能减排工作贯穿于生产的始终：从原材料的选择到生产工艺，再到新产品开发，其每一个环节，我们都做到“一个提高”、“两个严格”、“六个主动”。“一个提高”，即不断提高企业对环境保护工作的认识。“两个严格”，即严格遵守各项环保法律法规，尽最大所能地减少生产经营活动给环境造成的负面影响，做守法企业；严格企业内部监督考核，全面落实环境保护工作的各项措施和目标。“六个主动”，即主动加强环保设施运行管理，确保污染物稳定达标排放；主动自我加压，降低污染物排放浓度；主动加大环保投入，加快环境基础设施建设，引进先进的生产工艺，从源头上控制和减少污染物排放；主动加大实行清洁生产审核力度，实施技术改造，推进清洁生产，坚决淘汰污染严重的落后生产工艺、装置和产品；主动创新科技，解决环境问题，不断提高中水回用率，综合开发利用资源，探寻节约资源新途径；主动开展节约能源和循环经济等方面的宣传贯彻和培训，在福耀集团内全面开展节能减排活动。

2012年，福耀集团以“降低能源消耗，提高竞争水平，为国家节约能源，为企业节约成本”为宗旨，进一步明确目标，落实措施。在生产经营过程中，福耀集团持续从新技术、新材料、新工艺等方面挖掘“节能减排”的潜力，在改善工艺、更新设备、设施等环节上加大投入，重点做好了以下几项工作：

1. 福耀集团福清浮法生产线持续对一二线循环水系统进行节能技改，2012年投资90万元，引入上海三派高效节能技术，可节省电耗约20%，计划到2013年2月份完成，年可节约电耗134万千瓦时，折合470吨标煤/年。另投资1 200万元分批制作了18 000套新型FY专用铁架，全面替代木端帽箱A，在集团内部循环使用，预计每年可回收循环使用2～4次，节省木材消耗约6 500立方米。

2. 重庆万盛浮法玻璃有限公司应用BOT方式由第三方投资5 000多万元，利用两条600t/d的优质浮法玻璃生产线的烟气余热，建设1×4.5MW凝汽式汽轮发电机组+两台余热锅炉。出本工程的年节能量约10 960吨标准煤。

3. 夹层玻璃高压釜采用生产管网水冷却，水流过高压釜表冷器却后直接排走，增加了生产管网压力，造成电耗浪费。广州福耀玻璃有限公司采用泵直接抽取贮水池的水给高压釜降温，高压釜排放的热水通过冷却塔风冷后再汇入贮水池，循环利用；同时设计自动控制电路控制水泵启动，自动补水，断流保护等电路。从而节约水资源，降低电耗。每天可节约水120吨左右，年节约水资源3.6万吨。

针对钢化炉冷却风机目前采取两台风机并用，切冷却时，风管风嘴全部开启，存在风量损失现象，广州福耀把冷却风机两台并联减少一台风机，并将冷却段两侧风嘴扎起，减少风量损失。保证风压一定的情况下，减小功率。

目前两冷却风机减少一台冷却风机，一台冷却风机功率160KW，两台炉预计节约81万千瓦时/年，折合282吨标准煤/年。

4. 汽车玻璃印刷线均有一道烘干工序，印刷两片之间烘干机必须空开，等待下一片到来。上海福耀客车玻璃有限公司根据前面印刷频率比烘干频率慢的特点，将两条线的烘干并为一条线，节约了一条线烘干能耗。年可节电116万千瓦时，折合406吨标煤。

六、积极支持社会公益事业

“发展自我，兼善天下”是福耀集团一直以来秉持的理念，该理念已经融会贯穿至公司企业文化当中。福耀集团、福耀人和董事长曹德旺先生一起，把社会公益事业视作公司、个人成长的重要组成部分，同时也将积极投身于社会公益事业这样的行为，作为回报国家、回报社会的一种方式。

目前，福耀集团董事长曹德旺捐赠的现金和有价证券已超过50亿元人民币，捐助范围涉及社会救灾、扶贫、助学、文化等各方面。2012年，他被民政部授予"中华慈善奖——最具爱心捐赠个人"，蝉联第九届中国慈善排行榜年度中国"首善"称号。他与中国扶贫基金会合作，以"捐款问责"的方式捐助2010年西南五省大旱10万户家庭，这一举动被社会称为"史上最苛刻的慈善"，为中国慈善业遭遇信任危机之时，树立了强大的正能量；他以股权捐赠方式成立的河仁慈善基金会，开创了中国基金会资金注入方式、运作模式和管理规则等多个第一，也让该基金会成为目前中国资产规模最大的公益慈善基金会。这两个慈善项目的理念和做法大大推动了中国慈善法制的进程。

同时，在长期的慈善经历中，曹德旺意识到慈善事业的发展仅仅靠资金的投入是远远不够的，慈善事业的发展更需要制度建设和人才培养的支撑。2012年，由曹德旺捐资2 000万元兴建的南京大学河仁社会慈善学院教学基地河仁楼落成，南大河仁社会慈善学院是我国高校首家专门从事公益慈善理论研究、人才培养与理念传播的教学研究机构。目前，学院已经在"南大"社会学院社会学、社会工作专业硕士与博士点下增设公益慈善研究方向，并为本科生开设相关课程。

同时，在曹德旺董事长的领导下，福耀集团看重对教育事业的投入，除了为自己的员工提供丰富的教育培训，还积极支持公司所在地的教育事业，在每年六一儿童节和教师节前都为当地学校捐赠助学金和助教金，在经济较困难的海南文昌市龙楼镇，公司每年向当地新考入中学和大学的村民子女颁发助学金。

作为一名企业家，曹德旺并未一味追逐经济利益，渴望一片绿水青山的环保意识深深地影响着他。2012年他在环保事业上的公益投入达1 550万元，包括参与计划在长江两岸造林200万亩，实现长江两岸绿化"全覆盖"的"绿化长江，重庆行动"，以及促进平潭森林生态花园岛建设的"海西建设林"活动等。

在慈善界，曹德旺不仅是精神领袖，更是一位慈善布道者。一有机会，他就会告诉那些从事慈善事业的后来人：慈善做得再大都是小善，而促进社会进步，让天下和谐那才是大善。在福耀集团董事长曹德旺先生的带领下，福耀集团各子公司积极参加社会活动，2012年，为公益事业捐款5 180万元用于教育、文化、助残、扶贫项目的开展，其中主要项目有：

福耀集团之子公司福耀玻璃（重庆）配件有限公司、重庆万盛浮法玻璃有限公司在“绿化长江，重庆行动”活动中捐款1 350万元；

董事长曹德旺捐款3 500万元用于古迹修复，重建崇恩寺；

1月，为海南文昌周边村民、低保户发放春节慰问金1.08万元；

2月，向福建省通俗文艺研究会捐赠23.6万元；

3月，向福清宏路镇跃进村老人协会捐款2.08万元；

4月，向福州市慈善总会捐款15万元，捐赠50万元资助福清灵石寺修复；

5月，在六一儿童节前向福清市五所小学捐款2.3万元；

6月，为海峡西岸建设林项目捐款200万元；

9月，向海南文昌龙楼镇新入学学生颁发1.8万元助学金，在教师节前夕想福清两所中学捐赠1万元助教金，捐款2.5万元用于福清宏路镇跃进村的道路建设；

11月，向海峡品牌杂志捐款15万元用于文史资料编辑；

12月，向海南省文昌市龙楼镇教育慈善会捐款15万元用于农村教育事业。

七、履行社会责任方面存在的问题及整改计划

通过2012年度福耀集团对社会责任的履行，福耀人更加深刻地认识到，作为一名企业公民，正因为自觉地将经济目标和社会目标相融合，才使福耀集团走上了一条良性的、可持续的发展道路。与此同时，我们也清醒地认识到，虽然福耀集团做出的贡献和成绩受到了社会各界的认同和鼓励，但作为一家有志于打造百年老店的企业，我们对自身的要求，与国家和社会的期望仍有一定的差距。

面向未来，公司将在既定的2013年度经营方针指导下，通过“高效、廉洁”的团队建设，苦练内功，提升企业经营管理能力和抗风险能力。

在此过程中，公司将继续本着保护股东、债权人、员工、客户、供应商等利益相关者的合法权益的态度，贯彻落实“以人为本，诚信经营”的管理理念，以人品、产品、品质、品位的“四品”概念打造公司品牌形象，进一步提升社会责任意识。加快公司的内部控制规范管理体系建设，提高企业经营管理水平和风险防范能力，促进公司可持续发展。同时提倡科技、培养人才，通过对制造设备的技术改造和节能设计降低设备能耗。力求对利益相关者、社会、环境保护、资源利用等方面做出新的贡献。

公司力争带动更多的企业和社会各界朋友加入到履行社会责任的队伍中，为把福耀集团做大做强，打造全球最具竞争力的汽车玻璃专业供应商披荆斩棘、勇往直前。

点评：

企业应善尽社会责任：历史经验及理论观点

经济学家从亚当·斯密开始，认为在自由市场经济中，企业以利润最大化为目标进行生产经营活动就等同于实现了社会责任，促进了社会福利的增加。这一传统在弗里德里克·A·哈耶克和米尔顿·弗里德曼等自由主义大师的继承下得以深化。只是人类社会逐渐认识到，市场并不是一套可完美运行的制度，企业在追求利润最大化的过程中，由于外部性和信息不对称等原因，企业利益和社会利益会出现偏离，导致企业违背道德或法律准则，并最终影响到企业自身的健康与持续成长。

与此同时，企业家和管理学家从发展的角度对企业社会责任进行了重新定义。美国“钢铁大王”卡内基和“石油大王”洛克菲勒等人就认为，企业家不但是企业资产的管理者，同时还是社会资本的管理者，因此富人有责任回馈社会。管理学家鲍恩提出，如果企业在决策过程中认清了更广泛的社会目标，那么其商业行为就会带来更多的社会和经济利益。从这个意义上讲，除追求利润最大化以外，有关企业还应当履行其他社会责任的解释看来的确是必要的、合理的，亦即：企业在制定其自身发展战略时，并不能只关注当下的财务数据，而应当更为关注如何获取长期价值。

福耀玻璃做到了企业利益与社会利益的统一

企业发布社会责任报告不仅是社会发展对企业公民的要求，同时也是企业发展的内在动力推动的结果。这其间隐含的逻辑主线十分明显：企业，尤其是大集团企业，其追求利润是第二位的，短期利润与长期成长之间的有效统一才是第一位的。“卓越绩效管理模式”就是福耀集团实践短期利润与长期成长有效统一的具体措施。在这一体系中，福耀集团与员工、供应商、顾客等利益相关者实现了互惠互利的良性互动，其中最值得肯定的就是福耀玻璃荣获的诸如“优秀供应商”等多项称号。另外，曹德旺先生迄今为止捐赠的现金和有价证券累计已超过50亿元人民币，并带动福耀集团对社会环保和公益事业做出了巨大贡献。“国家因为有你而强大，社会因为有你而进步，人民因为有你而富足”，不仅是曹德旺先生的个人价值观，并且他还把这一价值观深深锲入福耀玻璃的社会责任价值体系当中。

企业从本质上讲是一组契约的连接点。福耀集团对利益相关方的责任感和在社会公益活动中建立的良好形象增强了其社会信任感，进而降低了企业的交易成本，促进了企业的长期成长。福耀集团的社会责任报告显然是社会利益和企业经济利益有效统一的真实写照，其作用主要体现在以下3点：一是督促福耀集团有效平衡各利益相关方的权益，促进社会责任工作的可持续建设；二是提升了福耀集团的企业形象，展示了企业在风险防控、可持续发展上的能力，依托企业文化和管理能力持续吸引投资者、顾客乃至优秀员工的注意；三是良好的社会环境可促进企业的良性发展，降低了企业在决策时应承担的社会风险。

企业家个人魅力与企业社会责任体系建设

在企业发展阶段，企业家的个人价值观在很大程度上，影响甚至决定了企业的社会价值取向。而当这一价值取向成为企业制度和文化的重要组成部分时，企业家的“个人魅力”将渐渐消退，制度和文化力量将成为企业社会责任体系建设的主导。与西方企业相比，当前的中国民营企业家在从个人慈善行为向企业社会责任制度化转变的道路上才刚刚起步。曹德旺先生把个人魅力和制度建设完美融入到企业的社会责任建设中，为中国大型民营企业如何善尽社会责任，或者说在“企业社会责任制度化”方面探寻出了一条新路。

在企业社会公信力建设尚不完善的现实环境中，曹德旺先生认为，企业捐款对社会的贡献是远远不够的，于是他和他的福耀集团一起，把企业社会责任的制度建设和人才培养放在了突出位置，并由此推动企业社会责任体系建设向法制化、制度化的方向良性发展。“捐款问责”是一种态度，是一种对自己、对社会负责的态度。河仁慈善基金会的成立，以及相关运行模式的建立，必将成为未来中国企业善尽社会责任的标杆。在曹德旺先生看来，企业善尽社会责任的能力大小不必用金钱多少来衡量，反倒是所有企业如何能始终站在战略和制度的高度对社会发展尽职尽责可能才更为可贵。

点评人：

清华大学社科学院经济所副教授

黄德海

实例 11：广州立白企业集团企业社会责任行动综述

一、企业简介

广州立白企业集团有限公司是国内日化龙头企业，创建于 1994 年，总部位于广州市。主营人们离不开的日化产品，产品范围涵盖“织物洗护、餐具洗涤、消杀、家居清洁、空气清新、口腔护理、身体清洁、头发护理、肌肤护理及化妆品”等九大类几百个品种，营销网络星罗棋布，遍布全国各省（区）、直辖市。

在国家的改革开放政策和各级党委、政府、社会各界的关心、支持和帮助下，立白近年来均保持较快增长速度，全集团年销售收入 100 多亿元，洗涤用品全国销量第一，年向国家上缴税收超 10 亿元，连年荣登“中国私营企业纳税百强”排行榜。立白的发展得到政府和社会各界的广泛认可，先后荣获了“中国优秀民营企业”、“全国守合同重信用企业”、“中国优秀诚信企业”、“中国最具市场竞争力品牌”等各种国家级荣誉六十余项，立白已成为民族日化工业的一面旗帜。

随着销售的不断增长，立白的生产规模迅速扩大。至今，立白在全国各地已拥有十三大生产基地、30 多家分公司、20 多家委外加工厂，员工 1 万多人。全国各大生产基地生产设备先进，生产管理规范，环境保护严格，能有效控制“三废”排放，实施清洁生产、环保生产、节约生产和循环生产，是干净整洁、绿树成荫、无粉尘、无噪音、水资源循环利用的环境友好型工厂。立白被国家环保部授予“中国环境标志企业优秀奖”，广州番禺生产基地污水处理站经有关部门严格评估成为“广东省环境保护示范工程”。作为勇于担当社会责任的企业公民，立白始终以消费者为中心，通过科技创新，实现节能减排和清洁生产，为消费者提供更安全、健康、低碳、环保、卫生的产品，谋求人和自然环境健康和谐共存，实现地球生态环境的可持续发展，让消费者生活得更好，让中国更美丽。

立白成立以来一直十分重视科技研发工作，过硬的产品品质赢得了消费者的信赖，强大的自主创新能力顶起了民族日化工业的脊梁。至今，立白拥有4个"中国驰名商标"、4个"中国名牌"产品、两个国家级"高新技术企业"、一个"博士后科研工作站"和一个"院士企业工作站"。此外，立白还广泛开展国际合作，与世界500强的德国巴斯夫公司、美国陶氏化学公司、瑞士奇华顿公司、美国IFF（国际香精香料）公司等国际知名日化企业建立战略合作伙伴关系，同时与中国日化研究院、中山大学等科研院校进行校企合作，不断提升立白的科技研发水平和自主创新能力，促进产品结构调整、企业转型升级，实现企业科学发展。

立白时刻牢记使命，感恩共产党，拥护共产党，为构建和谐社会建功立业。2001年立白成立党组织，2011年在建党90周年之际，集团党委被评为"全国非公有制企业双强百佳党组织"；2011年成立广东省非公企业首家党委统战部；2012年集团纪委被中纪委确立为国家级联系点；2012年成立团委，组建了广州市第一支"关爱留守儿童志愿者服务队"；企业的党委、纪委、党委统战部和团委正以形式多样的保障方式助推企业的发展。此外，2002年立白还成立了机制健全的工会，在工会的推动下，集团被评定为广东省"爱国、守法、诚信、知礼现代公民教育活动"十个示范点之一，还被广东省委宣传部树立为"广东省人文关怀典型企业"，为和谐广东、幸福广东建设贡献力量。2007年成立了广州市民营企业第一家武装部，在广州亚运会期间，组织200人成立民营企业唯一的亚运安保队伍，参加亚运会开幕式和闭幕式安保工作，获得上级领导的高度肯定。

发展中的立白积极履行着企业公民的社会责任，关爱民生、匡助教育、周济孤贫，以高度的社会责任感和感恩的心态回馈社会，热心公益慈善事业，关心困难群体，坚持服务社会、承担责任，多年来为国家解决15万人就业，累计为公益慈善事业捐款两亿元。在2010年6月30日广东省首个"扶贫济困日"上，立白一次性捐款3 500万元，受到广东省委省政府的高度肯定。

面向国际化、现代化的立白，在"改革、创新、快速、高效"一个经营管理总要求、"立信、立责、立质、立真、立先"五个"立"核心价值观、"爱国心、感恩心、亲缘心、分享心、利他心、包容心、简朴心、平常心、自省心和自信心”十颗心的“一、五、十”文化的统领下，以“追求全体员工物质与精神两方面幸福，帮助客户进步与发展，美化消费者生活，成为领先的企业，振兴民族大日化，为人类和社会做出更大的贡献”为使命，以“创世界名牌、做百年立白”为愿景，围绕做专做强做大民族大日化总战略目标开展工作，努力为消费者提供更安全、更健康、更环保、更优质、更有附加值、更符合需求的产品，健康幸福每一家，实现产业报国，为国家争光，为民族争气，为构建社会主义和谐社会做出更大的贡献！

二、立白企业社会责任实践行动

（一）再捐千万扶贫济困

在2011年6月30日的“广东扶贫济困日”上，立白集团秉承一直以来的社会责任感和感恩心态，再次捐出1 000万元扶贫济困资金，大力支持广东省扶贫济困事业。这是继2010年6月30日广东省首个“扶贫济困日”捐出3 500万元后的又一次扶贫济困捐助。

立白集团多年来一直热心公益并对广东的慈善事业做出了实质性的贡献，因此得到政府部门的一致肯定。6月28日，在广州市召开的“2011年广东扶贫济困日暨广州慈善日活动动员表彰大会”上，立白集团获得“羊城慈善先进集体突出贡献奖”，是日化行业中唯一一家获此殊荣的企业。而在6月30日的“2011年广东扶贫济困日活动启动仪式”上，立白集团再次获得“2010年度广东贫济困日红棉杯金杯”奖。

（二）成立广州第一支关注留守儿童的志愿者队伍

2011年3月16日，立白集团在其团委成立仪式上正式宣布“关爱留守儿童志愿服务队”成立，并计划每年投入100万元，为留守儿童送去关爱和温暖。立白集团是广州市“全国民企500强”中第一家成立团委的，而“立白关爱留守儿童志愿服务队”则是广州市第一支专门关注留守儿童的志愿者队伍。成立当日，该志愿服务队还来到从化市吕田镇第三小学进行关爱活动，别出心裁的舞蹈课、音乐课、劳动课，让这所以留守儿童为主的小学充满了欢声笑语。

此外，志愿者们还开展了一系列的志愿服务活动。100多名来自立白广州总部的员工志愿者先是进行了校园修葺，通过刷门窗等细节，帮助孩子们改善学习环境。之后志愿者们还分成三组，分别为同学们上了3节生动有趣的第二课堂。

在音乐课上，志愿者挑选了多首容易学习、旋律优美的歌曲，还跟小朋友玩起了音乐游戏，留守儿童在歌声与微笑中感受到幸福与快乐。在舞蹈课上，志愿者跟小朋友们玩起了互动性极强的舞蹈，不少同学都说这是他们上过最好玩的第二课堂。而在体育课上，志愿者和小男孩们“斗”起了篮球，在一场特别的比赛中收获了特殊的友谊……

立白集团团委书记陈泽鑫表示，立白“关爱留守儿童志愿服务队”每年将投入 100 万元，内容以扶贫和志愿服务为主，“我们的志愿服务将定期举行，具体活动内容将依据时间、需求而定，尤其将以寒暑假期、中国传统节假日为契机而开展，希望通过定期的、有意义的活动形式，成为留守儿童志愿服务的一个品牌。”

（三）与广西中小学进行爱心助学活动

2011 年 9 ~ 12 月，广州立白集团与广西电视台携手，在广西 14 个地级市的中小学校进行爱心助学活动。

立白此次爱心行动的首站是为广西南宁虎邱小学建立爱心图书室，并为学生们精心准备了近万本精美实用的书籍。图书馆藏书的数量和质量都比以前有了大大的提高，学生和老师都表示非常高兴和感激。在爱心图书室揭幕当日，立白集团相关高层还为虎邱小学的老师们赠送了立白的产品，为他们提前送上教师节的祝福。

关于此次爱心助学活动的最大特色，立白集团相关负责人表示，“我们此次关爱活动是为孩子们‘真正的需求’而来，根据孩子们切实存在的需求、各个学校的现实需求进行捐资捐物。”后来，该活动还在柳州、桂林、玉林、梧州、北海、崇左、来宾、钦州、防城港等多个城市的贫困中小学进行，捐赠的内容根据每个学校的实际情况而定，包括饮水池、黑板、洗手间、学生床、小厨房、乒乓球台、厕所、球类文体用品等等。

（四）走进山区，“爱心柚子园”帮扶贫困儿童

2011 年 6 月 13 日，团广州市委联合立白集团在梅州大埔县安乐村举行了“爱在希望家园　关爱梅州儿童”的活动。活动中，立白集团出资 20 万元，用于共建“立白红领巾爱心柚子园”、建立关爱留守儿童慈善基金，以及修复蓄水池。仪式过后，广州团市委、立白集团一行还入户慰问贫困儿童，并向他们捐赠了学习用品、日用品，真正为他们解决一些生活实际困难。

“爱在希望家园”活动是广州团市委推进扶贫开发“双到”工作的具体措施

之一，目的是通过整合社会资源，为留守儿童和贫困儿童的健康成长营造良好的社会氛围，通过广州红领巾基金在山区和农村建立希望家园，为留守儿童提供文化体育设施、学习用品等，打造留守儿童学习、玩耍的乐园。同时，也发动社会各界共同关爱留守儿童健康成长，为贫困家庭和孩子们提供“造血式”帮扶。

为了实现产业扶贫，根据安乐村蜜柚种植的优良传统和优良天然条件，立白集团此次梅州大埔行就组建了“立白红领巾爱心柚子园”。据悉，该爱心柚子园目前已种下将近2 000棵柚子苗，而所得收入，则全部用于贫困儿童和留守儿童教育环境及教育条件的改善。立白集团团委书记陈泽鑫表示：“我们希望能参与产业扶贫的工作，为贫困村打造蜜柚产业扶贫项目，提供造血式的帮助，让贫困村早日走上富裕道路。”

（五）西南大旱灾，立白送甘泉

2010年，西南地区遭遇百年一遇的特大旱灾，河道断流、库塘干枯见底、成片庄稼绝收、重灾区牲畜渴死、人饮水困难。

灾区触目惊心的场景，灾区人民的苦难生活，让立白人深深震撼并为此牵挂与担忧，并将对灾区的牵挂与担忧化为关爱行动，通过各种方式，为西南灾区的老乡奉献企业的爱心。

立白首先响应灾区政府与媒体的号召，对由于旱情导致粮食绝收，当地农民没了收入来源，生活困难的情况，通过企业内部的扩产扩岗，新增近千个岗位，提供给灾区的老乡，让灾区老乡到立白就业，获得稳定的收入，让减缓灾害对受灾家庭生活的影响。

其次是立白响应广州政府支援灾区的号召，市委统战部、市工商联在市委礼堂举行广州市民营企业家抗旱救灾“献爱心、送甘泉”仪式，立白总裁陈凯旋代表立白集团，向西南灾区捐赠了一万箱水，价值30万元。另外，立白云南等西南受灾省区的省办事处与省区商会，也组织捐款捐水，并通过分布灾区各县市的经销商就地安排一部分希望就近就业的老乡工作。

最后，立白通过节水产品的大力开发推广，在灾区重点推广节水洗涤产品——立白易漂洗、彩奇易漂洗产品，通过部分免费派发、优惠购买等，让饱受旱灾困扰的老乡，能在清洁洗衣，保持卫生健康的同时，最大程度地节省水资源。

（六）捐资100万元助力梅州扶贫

在“携手铸大爱——社会参与梅州扶贫联合行动启动仪式暨慈善晚宴”上，

陈凯旋总裁代表立白集团捐赠 100 万元用于梅州的扶贫“双到”工作。

据不完全统计，2010 年以来，广州市各级帮扶单位落实帮扶资金超过 4 亿元，在梅州实施集体经济项目 576 个，帮扶贫困户项目 3 万多个，贫困村、贫困户的增收难、住房难、行路难、饮水难、就医难等问题正逐步有序解决，超过五成的帮扶对象初步实现了脱贫目标。

（七）援助汶川地震灾区抗震救灾

2008 年 5 月 12 日下午 14 时 28 分，四川省汶川县发生 8 级地震，给灾区人民群众的生命财产造成了严重损失。

抗震救灾、众志成城，立白集团与灾区人民心连心。陈凯旋总裁在第一时间就代表立白集团向地震灾区捐款 150 万元；立白集团全体员工为灾区捐款超过 30 万元；陈凯旋总裁代表团向来自灾区的员工进行慰问和发放慰问金……

在全国人民共同支援汶川地震灾区抗震救灾斗争的重要时刻，立白集团全体员工上下同心，积极响应党和政府的号召，以强烈的社会责任感，以扎扎实实的行动为抗震救灾斗争贡献一份力量。

1. 向灾区捐款

2008 年 5 月 14 日，在广州市委统战部、市工商联联合举行“向四川震区捐助仪式”上，陈凯旋总裁代表立白集团通过广州市红十字会向地震灾区捐款 100 万元人民币，支持四川灾区人民抗震救灾斗争。同时，陈凯旋总裁代表到会的所有民营企业在捐助仪式上发言。他坚定地说，在国家受灾，人民受难的关键时刻，我们民营企业更应该主动践行“爱国、敬业、诚信、守法、贡献”的优秀建设者精神，弘扬中华民族一方有难、八方支援和互帮互助的传统美德，承担起企业的社会责任，回报社会。

2008 年 5 月 23 日，陈凯旋总裁再次通过广东省政协向广东省慈善总会捐款 50 万元人民币，用于地震灾区小学的重建，支援灾区抗灾救灾斗争。

2. 员工捐款

2008 年 5 月 14 日，在集团总裁办、党支部、工会和武装部的号召下，立白集团总部及分、子公司的近万名员工及部分经销商发起“四川大地震紧急救援行动”捐款活动。无论身处广州和国外的集团高层领导，还是位于全国各地分、子公司、各经销商的普通员工，人人积极响应，踊跃捐献，至 2008 年 5 月 22 日，立白集团员工为地震灾区捐款总数达到 295 043 元人民币。创造了集团有史以来最踊跃积极、最迅速、数额最大的一次员工捐款活动，为灾区的人们奉献了一片真切的爱心。此外，中共广州立白企业集团党支部收到党员为援助灾区抗灾斗争所交纳的“特殊党费”共8 727元人民币。

对此，陈凯旋总裁代表集团董事会专门向全体员工致谢，他表示，短短几天内，大家捐出了超过30万元的善款，行动之迅速，热情之高涨，令人感动。大家的爱心行动充分体现了中华民族血浓于水的人间真情，弘扬了立白集团的关爱互助和责任感文化，正是立白企业成功基石。

3. 慰问来自地震灾区的员工

地震过后的5月16日，陈凯旋总裁通过公开信、短信等方式，代表集团向四川籍员工及家属、驻四川省员工及各经销商致慰问信。他表示，在这场灾难中，立白集团四川籍员工的家属、驻四川省员工及各经销商的生命遭受威胁，财产受到损失，生活出现困难，经营活动出现障碍。我们坚信，在党中央、国务院的亲切关怀下，灾区亲人一定能够克服一切艰难险阻，战胜自然灾害，重建美好家园。我们坚信，只要我们坚定“创世界名牌、做百年立白”的信念，团结奋斗，在灾区的员工及各地经销商就一定能克服艰难险阻，战胜地震灾害，夺取最后的胜利。

同时，立白集团还通过四川省人民政府驻广州办事处向四川灾区人民发送慰问信。表示立白集团将通过各种渠道、采取多种方式，为了支援地震灾区的抗震救灾，提供更多的支持和帮助。

4. 做好灾区员工安抚慰问工作

2008年5月17日，立白集团下发《关于做好来自地震灾区员工安抚工作的通知》，号召集团各单位要坚持以立白集团核心价值观为指导，做好来自地震灾区员工稳定和安抚工作。务必做好来自灾区（包括四川以外的灾区）员工人数、受灾情况的了解和统计工作。要以部门、分、子公司生产厂为单位，安排专人与来自地震灾区员工进行面对面交流访谈，及时倾听他们的心声，了解他们的思想动态和需求，尽可能采取措施，帮助他们解决问题，战胜困难。

截至2008年5月23日，立白集团各单位派专人对本集团161名来自灾区的员工进行了访谈，对家庭受灾31名员工进行了慰问安抚工作。同时，根据员工家庭受灾的情况，向家庭受灾的31名员工发放了慰问金。

（八）向广州医学院第一附属医院捐赠 200 万元

2009 年 12 月 29 日，广州立白企业集团有限公司向广州医学院第一附属医院捐赠 200 万元，此次捐赠款项主要用于广医一院的添置病房设施建设以及医院环境改善。

捐赠仪式过后的座谈会上，立白集团总裁陈凯旋与中国工程院院士、广州呼吸疾病研究所所长钟南山进行了亲切会谈。

钟院士对陈总此次善举表示深深的感谢，并期望与立白集团一起应对 H1N1 流感，携手合作开发一系列预防流感的洗涤产品，造福于大众。

广医一院领导指出，此次捐赠是立白集团对社会的回馈，也是对广大病患者的无私关爱，更是立白集团核心价值观的充分体现。立白集团作为一家民族日化企业，深怀感恩文化的博大胸襟，值得社会各界学习。

（九）向中大附小捐赠电脑

2012 年“六一儿童节”来临之际，广州市中山大学附属小学收到了一份特别的礼物，这就是由广州立白企业集团捐赠的一批全新的高档配置电脑全套设备，将用于创建该校的电脑室。

2012 年 5 月 31 日下午 2：30，“立白集团中山小学附属小学捐赠电脑仪式”在附小的多媒体教室隆重举行。立白集团总裁陈凯旋、副总裁蔡杰鹏、总裁助理许晓东等领导应邀出席了此次仪式；作为受赠方，中山大学副校长陈春生、附属学校管理办公室主任高久群、中大附小校长刘桂荣等领导，以及中大附小部分师生也出席了仪式。

附小校长代表全校师生发表致辞，对立白集团捐赠电脑的善举表示了衷心的感谢和崇高的敬意，谈到对立白的印象以及立白产品的质量更是赞不绝口。集团总裁陈凯旋随后也发表讲话，陈总讲到为社会多做些贡献、承担责任，是立白集团多年来坚持的企业精神，此次能为学校尽一点绵薄之力自己倍感欣慰；陈总还勉励小朋友们学好科学文化知识，长大以后多为社会做贡献，并为大家送出“六一儿童节”的良好祝福。紧接着，陈总与陈校长一起为“中山大学附属小学立白电脑室”正式揭牌，附小“少先队员”还为领导们戴上鲜艳的红领巾，仪式圆满闭幕。

对中大附小的无私捐赠，是立白集团“对社会负责”的又一次真实体现，立白集团将继续坚持这一核心价值观，努力发展，做大做强，为社会做出更大贡献。

（十）履行社会责任实践环保理念

广州立白集团为中国日化龙头企业，自1994年成立以来积极履行企业社会责任。日前，该集团被国家环保部授予“中国环境标志企业优秀奖”。

作为一家民营企业，立白集团十分注重环境保护。其以先进的技术装备、管理规范到位，环境保护严格、生产设备的自动化水平及污水、粉尘、废气、噪音等处理装置在全国同行业中处于领先水平。多年来，立白致力于环保建设和生态环境保护，严格控制三废排放，努力实现人、企业、环境、社会和谐共处，其番禺生产基地严格实施清洁生产、环保生产、节约生产和循环生产，经政府有关部门严格评估后，被定为“广东省环境保护示范工程”。

点评：

长期以来，立白集团以高度的社会责任心，热心公益慈善事业，关心弱势群体，受到社会各界的广泛赞誉。

支持经济发展，树立企业良好形象。作为国内日化龙头企业，立白集团主营民生离不开的日化产品，产品范围广，营销网络遍布全国各地，连年荣登“中国私营企业纳税百强”排行榜，先后荣获“中国优秀民营企业”、“中国优秀诚信企业”、“中国最具市场竞争力品牌”等国家级荣誉，已成为民族日化工业的一面旗帜。

热心公益慈善事业，关心弱势群体。立白集团多年来一直热心公益慈善事业，得到政府部门的一致肯定。在“2011年广东扶贫济困日暨广州慈善日活动动员表彰大会”上，立白集团获得“羊城慈善先进集体突出贡献奖”，是日化行业中唯一一家获此殊荣的企业。在“2011年广东扶贫济困日活动启动仪式”上，立白集团再次获得“2010年度广东贫济困日红棉杯金杯”奖。2009年，立白集团向广州医学院第一附属医院捐赠200万元，用于添置病房设施建设以及医院环境改善。立白集团成立广州第一支关注留守儿童的志愿者队伍，每年投入100万元，为留守儿童送去关爱和温暖，实施“百名留守儿童资助计划”。汶川地震期间，积极响应党和政府的号召，集团向灾区捐款150万元，全体员工捐款30万元，支援灾区抗灾救灾斗争。

匡助教育，回馈社会。在广东省首个“扶贫济困日”上，立白一次性捐款

3 500万元，用于支持省内贫困地区的教育事业。2011年，立白集团与广西电视台携手，在广西14个地级市的中小学校进行爱心助学活动，从孩子实际需求出发，为各学校捐资捐物。

关爱灾区员工，体现真情。汶川地震期间，集团总裁通过公开信、短信等方式，向四川籍员工及家属、驻四川省员工及各经销商致慰问信，积极做好灾区员工安抚慰问工作。集团下发《关于做好来自地震灾区员工安抚工作的通知》，号召集团各单位要坚持以立白集团核心价值观为指导，做好来自地震灾区员工稳定和安抚工作。安排专人与来自地震灾区员工进行面对面交流访谈，及时倾听他们的心声，了解他们的思想动态和需求，根据员工家庭受灾情况，向家庭受灾员工发放慰问金。

实践环保理念。作为一家民营企业，立白集团十分注重环境保护。它以先进的技术装备、管理规范到位，环境保护严格、生产设备的自动化水平及污水、粉尘、废气、噪音等处理装置在全国同行业中处于领先水平。多年来，立白致力于环保建设和生态环境保护，严格控制三废排放，努力实现人、企业、环境、社会和谐共处，番禺生产基地严格实施清洁生产、环保生产、节约生产和循环生产，已成为干净整洁、绿树成荫、无污染、无粉尘、无噪音、水资源循环利用的“花园式工厂”，经政府有关部门严格评估后，被确定为“广东省环境保护示范工程”，被国家环保部授予“中国环境标志企业优秀奖”。

在“改革、创新、快速、高效”的经营管理总要求、“立信、立责、立质、立真、立先”的核心价值观，和“爱国心、感恩心、亲缘心、分享心、利他心、包容心、简朴心、平常心、自省心和自信心”的文化统领下，立白集团以“创世界名牌、做百年立白”为愿景，努力为消费者提供更安全、更健康、更环保、更优质、更有附加值、更符合需求的产品，必将为构建社会主义和谐社会做出更大贡献！

点评人：

全国工商联研究室理论处副处长

廖　骏

实例12：广州黄振龙凉茶有限公司的企业社会责任行动综述

一、公司概况

广州黄振龙凉茶有限公司由黄振龙老先生的传人——黄富强先生创办于1996年，在传承原有百年祖传精妙配伍的“黄振龙凉茶”秘方基础上，礼聘多名中医名家，优选最佳的天然中草药，结合岭南季节变化特征和人体需要，运用现代科技手段研发创新，开创传统凉茶运用现代工艺方式生产的先河。成立以来，公司改变传统经营模式，将家庭式经营旧模式改变为集研发、生产、物流配送、销售以及店铺连锁、零售服务于一体的新型连锁经营模式，并运用现代化的经营管理理念，为凉茶行业带来新的发展方向。

公司董事长黄富强先生在弘扬和推动凉茶文化方面不遗余力，身为广东省食品行业协会的副会长和凉茶分会的会长，黄富强先生首先发起了“保护凉茶，为凉茶正名”的活动，2005年，他四处奔走、极力呼吁同行要团结和自律。在国家、省市有关部门以及行业协会的支持下，广东省食品文化遗产认定委员会于2005年8月29日公布，将凉茶认定为“广东省食品文化遗产”。2006年5月26日，黄振龙凉茶更被列为“国务院非物质文化遗产”凉茶秘方支撑企业之一。同时，黄振龙凉茶被行业和媒体评为“中国凉茶行业最具竞争力品牌”以及“最具投资价值特许品牌”。

黄振龙公司不仅生产好凉茶，还把健康生活的理念推广给普罗大众，支持国家全民健身运动，先后4次赞助中国羽毛球公开赛、6次赞助广州国际龙舟邀请赛等赛事，并成为广东省武术队指定凉茶。公司秉承“取之于民，用之于民”的经营之道，多次参加慈善团体组织的救灾扶贫活动，积极参与社会公益事业及项目，被评为“公益明星企业”，体现一个品牌企业应尽的社会责任。2010 年中国上海世博会黄振龙公司荣幸地成为广东馆的高级支持单位，每一位参观广东馆的游客都可以品尝到岭南最地道的“黄振龙凉茶”。

十多年来，黄振龙公司以严格、科学的质量管理和良好的经营作风，赢得了社会各界的认可：“广东省著名商标”、QS 质量安全认证、ISO9001（质量管理体系）认证及 ISO22000（食品安全管理体系）认证，公司更是少数荣获 GMP（Good Manufacturing Practice 良好生产管理规范）认证及保健食品出口商的凉茶企业，等等。殊多荣誉及证书数不胜数。几多耕耘，几多收获，目前已有超过1 000 家统一店铺形象、统一产品质量、统一服务标准的“黄振龙”凉茶铺在岭南大地为广大市民服务。

2010 年年初，由黄振龙独资成立的500 多亩的黄振龙公司“中草药材种植基地”，在广东省三水芦苞地区落成，该种植基地周围是无工业区、无“三废”、无金属矿区，空气质量、灌溉用水、种植土壤均达到国家一级标准，是适合发展种植业的最佳场地。“中草药材种植基地”的兴建，成为黄振龙公司发展壮大过程中的历史性里程碑，通过与国家农业部、科技部的有关部委以及高等院校合作，培育出无污染、无公害、优质的绿色药材和甘蔗，保证了原材料数量及质量的稳定性和可靠性，同时也为黄振龙公司生产“纯天然健康饮品”提供了根本保障。

站在凉茶行业领头位置，黄振龙公司仍在不断努力，坚持“改变的是工艺，不变的是良茶”的企业宗旨，开拓创新，除了生产和销售散装凉茶饮料，还不断加强定型包装产品的业务，进一步开拓凉茶饮料市场和省外市场的发展。正在兴建的位于广州经济技术开发区永和区的黄振龙新生产基地，占地面积 70 977 平方米，投资总额在 2 亿元人民币以上，预计在两年内建成并投产。

不断发展自我，不断超越自我是“黄振龙凉茶”既传统又充满朝气的品牌之魂，黄振龙凉茶希冀让博大精深的中国传统文化在世界范围内发扬光大！

二、黄富强先生事迹材料

黄富强（外文名：Wong Fu Keung），男，60 岁，国籍中国（香港），祖籍三水。现任广州黄振龙凉茶有限公司董事长兼总经理，广东省政协委员，广东省侨联常委，广东省侨商投资企业协会副监事长，广东省食品行业协会副会长，广州市饮食行业商会常务副会长，广州市天河区侨商会会长。1996 年，黄富强从香港回广州，创立黄振龙凉茶有限公司，经营广东传统特色凉茶。经过十多年的发展，黄振龙凉茶有限公司已经从创办之初的一家家族式企业转型为产供销一条龙服务的现代化大型连锁企业；2005 年年初，“黄振龙凉茶”成为广东省著名商标，被列入为“广东省食品文化遗产”认定企业；2006 年 5 月，黄振龙凉茶更被国家文化部列入为首批国家级的非物质文化遗产；2010 年 11 月，黄富强先生获得广东省文化厅认定为广东省第二批省级非物质文化遗产项目代表性传承人（凉茶项目）的殊荣。黄富强先生长期热心社会公益事业，并致力于天河区与世界各地城区的友好交流与合作，卓有成果。

（一）热心祖国发展，投资兴办传统文化企业

黄富强自小就到香港。1976 年，大学专修室内装潢设计和建筑装饰装修的他刚毕业不久，就创建了香港海都设计（中国）工程有限公司和海都工程有限公司，得到了业内、业外人士的一致好评，业务十分红火。1982 年，中国紧闭的国门一开，在香港已经事业有成的黄富强怀着浓厚的爱国爱乡情愫，率先投身到国内改革开放的大潮中，将自己在香港比较先进的室内装潢设计、建筑装饰装修的理念和最新的施工工艺及卓有成效的现代化管理模式，带到了广州、深圳、珠海、中山等珠江三角洲各地，屡获佳绩。1994 年，他出资帮助广州的弟弟开设了第一家“黄振龙凉茶店”，意在重张父亲黄振龙老先生的旧业，意在不使家传凉茶消失，也让弟弟可以立足谋生。虽然业绩平平，但他由此看到了广大群众对于保健养生的强烈需求和从中蕴藏的巨大商机。深思熟虑后，他终于在 1996 年毅然投资成立广州黄振龙凉茶有限公司，全身心投入发展凉茶事业，并且成功将黄振龙凉茶品牌发扬光大，享誉南粤。在广大消费者的支持与信赖下、在他和全体员工辛劳的工作下，将企业从几十间凉茶店铺发展至至今已超过 1 000 间分店，范围遍布广东省内 20 多个城市，不仅为广东地区提供了逾 6 000 个就业岗位，更是每年的纳税大户。至今，广州黄振龙凉茶有限公司已经拥有 20 000 多平方米的生产厂房，多年相关资金投入约 2 亿多元人民币，成为广东省知名的大型现代化连锁企业。

（二）热心社会公益，大力支持公共慈善事业

黄富强先生在从商的百忙中热心公益事业，历年来参与的慈善活动不计其数，善举涵盖各个领域，从市政文化设施的捐建、传统文化活动到学校医疗事业的捐助以及支持推广体育事业和赈灾捐款等等，捐款额累计超过人民币1 200万元，以实际行动回馈社会。

2008年，中共广州市委统战部授予黄富强先生"广州市民营企业抗灾救灾先进个人称号"以表彰他在抗灾救灾工作中做出的努力；在广东省民政厅、广东省慈善总会、广东电视台、羊城晚报报业集团联合开展2008广东十大慈善人物评选活动中，黄富强先生入选成为20位候选人之一，肯定了他该年度在赈灾、扶老、助残、救孤、济困、助学、助医等慈善领域以及支持文化艺术、环境保护等公益领域的突出贡献；2009年年初，受黄富强先生善举的影响，黄振龙公司被共青团广州市委员会授予"爱心企业"的荣誉称号，这是对公司积极支持和参与志愿服务的表彰；2011年6月，黄富强先生还获得由广州市慈善会授予的"羊城慈善之星"的称号。

为了能从根本上帮到贫困人士，2011年6月，黄富强先生决定在梅州市丰顺县埔寨镇茅园村建立第一期为50亩试验田的金银花种植示范基地，协助广州市侨办在当地开展的扶贫工作，并亲力亲为多次到当地进行实地考察，帮助村集体大力发展药材种植项目，带动村民实现脱贫致富。同年，黄富强先生响应天河区政府关于加强广州市农村扶贫开发工作的呼吁，在天河区人大、天河区侨办和天河区林和街道的引导下，黄振龙公司与增城正果镇麻屲村正式结成帮扶对象，并在广州市领导的见证下举行了签约仪式。在未来的日子里，黄振龙公司将在正果镇麻屲村投资超过5 000万元，建成"正果金银花种植示范基地"，以加快农业产业结构调整达到培植支柱产业、保护生态，增加农民收入，改善农民生产生活条件加快脱贫致富步伐，促进麻屲村经济、生态、社会协调发展。

另一方面，黄富强先生也一直不遗余力地支持和推动广州市的传统文化和体育事业。为振兴和推广岭南粤剧、粤曲文化，2007年黄富强先生成立了"黄振龙粤艺沙龙"曲艺社和"黄振龙粤艺沙龙"大乐队，丰富了粤剧爱好者的业余生活，联同广东省、市曲协先后共同举办了多场"黄振龙岭南粤曲私伙局大赛"，让更多的粤曲爱好者能在舞台上展示才华、交流才艺，还带动了珠三角地区粤剧、粤曲文化的蓬勃发展。由黄振龙公司支持举办的"黄振龙杯"首届广州市青年戏剧演艺大赛，充分调动了青年演员勇攀艺术高峰的积极性，提高青年戏剧工作者思想道德修养和艺术水平，促进广州市戏剧表演队伍之间的相互学习和交流，推动广州市戏剧各门类、各行当表演艺术整体水平的提供，进一步振兴广州市戏剧事业。

为倡导健康生活，为全民拥有健康的明天做贡献，在推动体育事业方面，黄振龙公司先后4次支持中国羽毛球公开赛，从2005年开始连续7年支持广州国际龙舟邀请赛。2011年9月17日，黄富强先生支持了由区侨务和外事办、区体育局和区侨商会主办，纪念辛亥革命100周年弘扬侨商精神举办第一届“天河侨商杯”羽毛球比赛，为区侨商企业和区政府部门之间搭建一个沟通交流的平台，增进相互间的感情，共同营造“政府为侨商服务好，侨商为社会贡献多”的双赢局面。

（三）广结天下善缘，推动拓展天河区的国际友好城区关系

黄富强先生充分利用其广泛的国际友人网络，一直致力于天河区的国际友好交流工作，多次穿梭于世界各地和天河之间，与当地政界、侨界、工商界友人紧密联系。其中，2010年12月，他为天河区牵线搭桥，引见了法国巴黎13区政府副区长陈文雄先生，双方对结好的事宜一拍即合。2011年4月，他促成了徐汉添区长访问该区，并与该区区长杰洛米·古梅先生共同签署了建立友好合作交流关系意向书，进而成功促成了巴黎第13区于2011年8月15日与天河区正式建立友好城区关系。

（四）积极牵针引线，不断促进对外交流与合作

1. 推动天河区与澳大利亚友城坎特伯雷市的友好交流。2010年8月，在黄富强先生的牵线下，澳洲国际联合总商会团组访问天河区，开启了两地民间友好交流的新篇章。同年11月，该商会再次访问天河区，洽谈合作项目和观摩亚运比赛。2011年6月，受黄富强先生的委托，天河区侨商会代表团访问了坎特伯雷市，参加当地的“艺术节”和“美食节”，并参加了在当地举行的第12届国际食品节的相关活动，主办方特意把食品节开幕当天的活动命名为“天河日”，这是国际上第一次以我区名字“天河”命名的活动。期间，天河区侨商会更与澳洲国际联合总商会签订了建立友好合作关系协议书。

2. 经黄富强先生引见，结识了美国新泽西州大西洋郡亚裔委员会主席、中华公所主席冯淦华先生，促成天河区与该地区的一个城区拟在2012年建立友好关系，并大力推广冯先生引进的科技产品，促成两地经济交流与合作。

3. 推动天河区与斐济劳托卡市的友好交流。2010年，黄富强先生不遗余力地推动和帮助在斐济经商的侨领、斐济中国和平统一促进会副会长施杰先生在斐济筹备成立斐济广州商会并促成天河区与斐济劳托卡市建立友好关系。2011年12月1日，黄富强先生等代表天河区侨商会陪同天河区政府代表团，在天河区侨务和外事办公室林奋之主任的带领下，与斐济劳托卡市签订了合作伙伴关系意向书，为在海外宣传天河、推介天河又迈出了一大步。

点评：

改革开放30多年以来，中国不断成长发展的民营企业成果累累。但也应清醒地认识到，近几年与成就并存的是频频发生的产品质量、食品问题、安全事故、环境破坏等问题。这些问题深刻暴露了国内企业社会责任感的普遍缺失。而纵观国内外家族企业成长史，那些财富能延续下去的家族企业的一个共同特征就是对企业社会责任的关注。

家族企业的社会责任就是家族企业为自身和社会的可持续发展所必须承担的责任和义务。家族企业的社会责任包括，对家族的责任、对企业的责任、对社会的责任。因此，经营好企业就是一个企业最基本的社会责任。企业从本质讲，是追求最大利益的，最大利益不是急功近利、杀鸡取卵式的短期利益，是要以企业百年发展为目标的。关爱员工，给员工一个家的感觉，切实帮助员工。用企业的良心做产品，用心服务客户，使客户满意。结合自身优势，在行业内打造一个可信赖的品牌，才能基业长青。黄振龙凉茶对于企业自身的责任做得较好，其对质量的把控和科学的质量管理和良好的经营作风值得肯定，特别是其1 000家店铺能按照统一产品质量、统一服务标准为客户提供高质量的服务，是该企业最基本也是最应当坚持的社会责任。

在此基础上，延伸企业的更多社会责任，例如，保护环境、助学金、扶贫、捐赠、关注社会基层、学术研究、关注社会性疾病、公共交流等。新时代新文化的新思想的引领者、传播者，在做好自己本企业同时，秉承了“取之于民，用之于民”经营之道，应当利用自身的影响力去为新时代的社会各个方面贡献力量。黄振龙凉茶在此方面还是较有建树的，企业着力把健康生活的理念推广给普罗大众，支持国家全民健身运动，多次赞助国内和地方体育赛事。同时在抗灾救灾、赈灾、扶老、助残、救孤、济困、助学、助医等多个慈善领域都有一定贡献。尤其值得肯定的是，企业广结天下善缘，推动拓展天河区的国际友好城区关系，并且牵针引线，促进对外交流与合作。这两点为当地经济及发展做出了较为卓越的贡献。但该企业面临的社会责任发展的问题在于其关注领域较多，力量较分散，不利于企业树立统一一致的社会责任形象。所以建议选取两三个与自身品牌最为相关的领域以及多年经验中相较擅自的领域作为着重发展方向。如企业应抓住树立健康生活理念，大力推动当地运动健身活动，宣扬积极价值观。同时，企业在帮助当地植药扶贫方面有优势，可以坚持发扬。

我在此希望更多企业向黄振龙凉茶企业学习，也希望该企业能秉承对家族负责、对企业负责、对社会负责的理念，做好自身质量和服务为基础，同时更好地发扬社会责任。

点评人：

中国民生银行私人银行事业部副总裁、中国银行业协会私人银行联席会议发起人

李　文

实例 13：东方海外（国际）有限公司
企业社会责任行动综述

一、公司简介

东方海外（国际）有限公司（以下简称“东方海外国际”）是一家营业额逾 60 亿美元的公司，其主要业务为货柜运输及物流业务。东方海外国际在香港联合交易所上市，集团在超过 60 个国家设有 270 多个办事处。

东方海外国际旗下全资附属公司“东方海外货柜航运有限公司”，以“OOCL”的商标经营，乃为世界最具规模的综合国际货柜运输及物流公司之一，亦为香港最具国际知名度的商标之一。在云云国际知名营运商中，“OOCL”率先在中国提供物流及运输服务，覆盖网络遍及全国各地。

“OOCL”乃亚洲首家将航运货柜化的公司，1996 年 11 月，旗下远东至美国西岸定期航班已全面货柜化。首航货量仅为 13 个标准箱，自香港往返加州长堤，历时 49 天，沿途靠泊多个港口。此批乃按公司创办人董浩云先生之远见，将传统货轮改装而成。时至今日，现代化货柜轮运载力已超过 8 000 个标准箱，载货穿梭于世界各地数以百计贸易航线，为环球链提供重要联系。

二、企业责任

集团以作为良好企业公民为荣，并在各方面坚持以最高商业道德标准处事。集团通过一个高级管理层为首位督导委员会及环球保安、安全及环保主任将企业社会责任之核心价值贯通于每一层面。

集团将环保及社区支援放于首位，尽管经济环境欠佳，仍继续关注长远气候变化所带来的威胁。集团通过参与包括“商界环保协会”、“清洁货运工作小组”及“世界自然基金会”等组织以协助解决此世界性课题。集团因其环保表现出众而屡获殊荣，旗下环保员工亦不断通过各种环保途径回馈社会。

1. 环保

集团信守所有业务必须对所在行业的环境承担责任。本公司治理达到现有及未来的环保要求，提倡通过创新环保措施，以达到持续经济发展，并相信主动参与爱护环境，可协助减少碳排放，改善空气质量，使地球成为更适合生活的居所。

集团积极参与环球众多绿色计划及组织，备受赞赏，包括：

“安全、优质及环保管理系统”设计认证：OOCL 成为全球首家获得此认证的货柜航运商。该认证已涵盖国际安全管理规则、ISO 9001 及 ISO 14001 等要求。

“航舶减速”计划。OOCL 每年均完全符合长堤港及洛杉矶港的船舶减速计划要求，在港口 20 ~ 40 海里内减速航行。在长堤港，集团保持百分百符合船舶减速要求的优良记录，并获美国港务局颁发的“绿旗”奖项。此等行动有助减少氧化氮、悬浮粒子及温室气体等空气污染，改善空气质量。据港口官员估计，若所有船舶均能符合计划要求，每年由货柜轮产生的氧化氮排放可减少接近 550 吨。

压仓水更换程序——所有货柜轮均需更换压仓水，而当中可能含有对环境不利的微生物。集团政策是离岸最少 200 海里之外的大海更换压仓水，以期达到不在港口更换的目标。

环保创意奖——OOCL 历年来致力于改革创新，以减少排放及在营运过程中提倡环保意识，成效斐然，其中包括应用更洁净能源与技术、实施衡量环保表现及在各地区办公室推行环保周等。OOCL 作为以香港为基地的航运商，积极协助其他航运商参与“乘风约章”，以鼓励船舶靠泊香港时使用低含硫燃料。2011 年 4 月，集团获香港海事处颁发环保创意奖，以表扬其为环保所作的不懈努力。

恒生可持续发展企业指数——自恒生可持续发展企业指数于 2010 年推出时，东方海外国际即为创始成分股。唯有在包括环保、社会关怀及企业管治等各方面均表现出色，并在前 30 位的公司才能晋身该指数成员。自该指数推出以来，集团因每年的可持续发展表现均获优等评级而引以为荣。

泊位净油活动——OOCL 一直积极参与此项由西雅图港自 2009 年推行的自发环保活动。该活动鼓励货轮及邮轮在靠泊时使用低硫燃料（含硫量低于 0.5%）。

自推行以来，当地二氧化硫含量减少接近500吨。转用低硫燃料估计能减少二氧化硫排放及柴油悬浑粒子达80%以上。

21世纪优质船舶——此认证由美国海岸防卫队授予安全、环保及高效操作的船舶。OOCL旗下9艘自置船舶于2011年已获得该认证。

东方海外国际集团致力减排，提倡爱护环境及节约天然资源。无论海洋、陆地，在集团所有业务场所，从船舶到货柜，码头至办公室均贯彻执行该环保理念。

OOCL船舶——航运业最佳减排方法是节约燃油，OOCL自2001年已实施一个燃油节省计划，包括按天气情况选择最短航线，减速航行（在航线增加船舶以慢速航行）、减少压仓水量以减轻载重及安置货物平衡船身以降低吃水深度，协助减少油耗。通过采取诸多措施，集团自2004年起，二氧化碳排放已减少超过27%，更协助客户在其供应链上减少碳排放。

自2000年起，集团所有船舶均已安装控制氧化氮排放的环保引擎，安装在船上的先进燃油喷注活塞能减少氧化氮排放达30%。

集团严格遵守欧盟就硫氧化物排放管制区的规定，并按欧盟及国际海事组织（IMO）要求使用含硫量1%的燃料，并在欧盟指定港口使用含硫量0.1%的燃料。集团更积极确保在公海时所用燃料的平均含硫量低于IMO所规定的3.5%的含硫量标准，2011年成功控制平均含硫量于2.7%。

在美国，集团遵守加利福尼亚州排放规定，在加州海岸24海里内或靠岸时使用含硫量0.5%的柴油或1.5%电油作燃料。OOCL在建新船均安装替换航海电力系统，在靠泊时利用码头所提供电力，以代替燃油。

除此以外，OOCL更主动参与成为乘风约章成员。约章自2011年1月1日开始实行，为期两年，鼓励所有船舶停靠香港时只使用含硫量0.5%或更低的燃油，并同时促请香港特区政府及珠江三角洲地区当局引进使用低硫燃料标准，统一执行。

集团办公室——集团通过取消传真及减少多余文件，创建无纸化办公环境。作为依赖大量客户文件往来如提单、发票等货运企业，自2006年以来不断成功减少纸张使用量。

集团更于旗下各地办公室推行“节约、重用及循环再造”活动，鼓励员工下班后将计算机、复印机及灯光关闭，并使用节能办公室器材等，并为所有员工就安全、保安及环保课题提供必需培训。OOCL每年7月环球所有办公室推行环保周。

OOCL 码头——OOCL 的长堤货柜码头使用具备储电及供电功能的轮胎式龙门超重机，既减少油耗，又使柴油排放减半。

OOCL 在台湾高雄码头也已将整个货柜堆场进行“绿”化，自 2005 年采用电动轨道式龙门超重机代替叉式搬运机，提高电力及操作能效。现在该码头有 18 部轨道式龙门起重机，以电力驱动，在固定路轨上操作，既无废气排放，又运作安静，令港口工作环境更为安全。该等器材高效节能，使高雄码头的船边操作效率在 2005 ~ 2010 年间上升 14.8%，2011 年再进一步提升 1.6%，协助缩短船只靠泊时间以降低燃油费用，减少碳排放。此外，高雄码头又尽量安排以电动轨道式龙门起重机代替叉式搬运机处理空箱，以改善油耗，2011 年该码头柴油使用量较上一年减少 27%。

OOCL 货柜——OOCL 的冷冻柜均采用不含氯氟碳化合物的冷冻剂，新增冷冻柜均为业内耗能最低，节能发电机的安装更进一步提高能源效率。所有货柜使用的油漆均不含钖，集团正测试以更环保的竹树代替传统硬木作地板之用。

持续采购策略——集团致力提倡持续供应链操作关系，集团的企业持续采购策略已全面实施，涵盖业务每一层面及供应链中的每一环节。

碳排放计算器——OOCL 推出在线及流动碳排放计算器，协助客户计算其供应链的二氧化碳排放量。计算器将涉及船舶、拖车、驳艇、趸船、铁路及超过 70 000个港口资料进行配对。该项目是 OOCL 于 2010 年牵头与香港理工大学物流及航运学系合作发展，并经后者验证。

集团已在多方面超越其所在或所到国家的法例及业界标准。然而，作为负责任与有承担的国际社会成员，东方海外国际绝不自满，并将全力在各业务领域续求突破。

2. 保安

全球货物的安全问题增加了国际贸易的复杂性，集团全力确保其运作安全，以达到保安方面的最高营运守则。从地区办公室、港口、仓库、岸上设施到船舶，集团与有关当局紧密合作，确保各方面商务与操作安全始终保持最高水平，旗下员工亦定期接受培训。

集团的企业保安政策及内部保安守则符合美国海关、商贸反恐联盟及欧盟优质企业计划的有关规定，并符合国际监管法规。积极配合各国政府及环球执法机构，打击危害海事或货运安全的行为。集团奉行内部保安检查政策，经美国海关与边境保护局实地巡察办公室及码头、仓库、堆场、船舶等设施后，确认安全有效。

本公司符合国际船舶和港口设施保安规则（ISPS规则）的要求，确保旗下船舶及码头设施有足够预防措施侦测及评估安全隐患。每艘船舶及每个码头均有专责员工，直接向本公司的保安主任汇报，由后者统筹安防计划、演习及培训。有赖此等有效措施，本集团的船舶一贯保持无安全违章及零扣留的良好记录。

此外，为确保所提供给客户及合作伙伴的资料质量及安全达到卓越水平，集团环球数据处理中心已成功取得BS7799信息保安认证。OOCL获加拿大边境服务局认证为其“保护伙伴计划”的航运商，该计划为自愿性质，为加强边境保安、打击有组织犯罪及恐怖主义、侦测及预防走私禁品，增加对隐患的预警，以确保美国至加拿大边境的人流与货流能正常运作。

OOCL的反海盗船舶指引要求在船只进入及通过高危地区时采取反海盗措施，当中最重要一项为24小时、360度通过雷达及目测监察海盗情况，并于通过高危地区时增派人手于驾驶舱及甲板守望，留意可疑船只靠近。船上亦备有如有刺铁丝网、尖钉栏杆及夜视镜等设备可供应用。其他相应的最佳守则均已付诸实施。船舶与船队管理部门经常保持密切联系，部门24小时热线在紧急情况时亦随时候命。

3. 社区及教育

东方海外国际以作为良好企业公民为已任，并明白员工所属小区对集团成功也大有贡献。故此，东方海外国际极其重视小区关怀，主要通过参与青少年助学、扶贫等慈善项目及协助推动文娱节目等活动。

OOCL环球员工通过筹款或志愿服务等慈善活动回馈社会。OOCL通过自美国运送最新的医疗诊断仪器与物资到中国，协助急需接受治疗的儿童。2011年，集团捐出超过22.3万美元作慈善用途。

除捐款外，集团也参与运输与物流支持，提供大量货柜给灾区协助救援，并经常为慈善团体提供义捐。集团亦资助员工组织自愿小组，参与社会服务，筹募善款及捐输。接受东方海外国际及其员工捐款的受惠机构包括社会服务、孤儿院、老人院、学校、儿童医院以及癌病、多发性硬化症、糖尿病等研究机构。

配合集团回馈社会的传统，董氏OOCL奖学金对青少年教育也提供积极援助。东方海外国际及董氏基金会于2011年合计拨出超过43.3万美元，作为中国学生及环球员工子女奖学金之用。

4. 员工权益

作为良好企业公民，事事处以最高标准的商业操守，东方海外国际深明善待员工之道。作为成功企业，集团之成功、成长及表现，完全有赖于员工同心协力、各展所长方能成事，员工乃其最宝贵资产，自当珍而重之。

作为奉行平等机会的雇主，集团本着互相尊重精神，制定鲜明政策，包括公平对待所有员工，鼓励坦诚沟通文化、投资于员工培训、通过人才发展计划发掘员工创意，并奖励员工的努力及成就。

人才发展是本集团文化的基石，集团通过招募及内部升迁以实现发展员工所长的政策。并一直在人才发展计划投放大量时间及资源，提供包括岗位轮换、派驻本地及海外工作、正规及非正规课程培训等给予员工发展机会，提升表现。

东方海外国际采取创新形式进行员工培训及发展管理人员。集团深明为员工提供适合支持最能有助其响应客户需求。公司通过内联网“InfoNet”，为人力资源带来崭新局面，成功开创一个自学平台，让员工能通过互动途径不断自我增值，并能与更多同事彼此学习。2010 年推出的内联网功能令公司及业务信息能更迅速传达，并提供平台与员工交流讨论，提出意见。集团于 2011 年引入传统电邮沟通以外更多的企业层面交流工具，如 OOCL 维基及 Tibbr 等已成为环球同事群组间互相交流经验与知识的有效工具，通过汇聚资源与构思有助加快学习过程，产生效果。

2011 年 12 月 31 日，东方海外国际在全球共雇用8 008名全职员工，其薪酬及福利均维持于具竞争力水平。

为时刻遵循最高的道德水平，集团已制定行为守则，确保符合所有地区、国家及国际法定标准，防止触犯包括任何地区、国家或国际法规，避免有关泄露机密、资料发布、知识产权、利益冲突、行贿、受贿、政治捐献或其他被视作违规等行为。集团亦制定程序，以识别、管理及控制对业务具有影响的风险。2006 年所设立的常规举报机制，让员工可匿名提出举报，此举有助于检举涉嫌不当行为及进一步深入查处。

东方海外国际倡议平等就业机会，按当地法例指引奉行禁止因种族、肤色、宗教、信仰、年龄、性别、残章、妊娠、生育、婚姻状祝、性取向、退役军人或其他歧视而剥夺员工或申请人入职机会的政策。

点评：

企业在发展过程中，把社会和环境的影响整合到营运当中，并与利益相关各方进行共赢性互动，据此不断强化自身可持续发展的基础，满足企业盈利的职能和任务；也充分发挥作为企业公民的社会责任，为社会进步做出贡献。时至今日，企业行为蕴含道德性的责任要求，已然成为社会的普遍价值、公众的热切期望。

整体来看，东方海外（国际）有限公司相当有系统地落实相关的企业社会责任行为。东方海外是一家庞大的货柜运输及物流跨国集团，在香港交易所上市，在世界60国家设立超过270多个办事处，因而其贯彻的社会责任目标，也以环境保护和社区支援为重点，由关怀地球大环境到个别社区需要，折射出该公司的企业公民责任意识和政策已相当成熟。

随着全球变暖和环境恶化日益威胁人类社会发展，环境保护已然成为全球治理最重要的一环。东方海外提倡通过创新环保措施，以达到可持续发展的目标。例如，东方海外推出碳排放计算器，以协助客户计算其供应链所含二氧化碳排放量。东方海外自2001年起实施燃油简省计划，包括按天气情况选择最短航线、减速航行等措施减少耗油，使得二氧化碳排放量大大减少；东方海外亦从2009年起积极参与泊位净油活动，在货轮靠泊时使用低硫燃料，停泊地的二氧化硫排放量也随之显著降低。作为国际性货柜运输和物流业的跨国企业，东方海外以保护地球环境为己任，无疑是从全球发展战略的高度，来贯彻其企业公民的责任，超越了纯粹的慈善公益活动范围。

在社区支援方面，东方海外通过参与青少年助学、扶贫等慈善项目以及协助推动文娱节目等活动，回馈社会。可见从宏观到微观的责任目标，东方海外都力图兼顾。这些责任目标明显也紧贴时代发展的确切需要，因而资源的投入和运用，也有更大机会产生更积极的“正外部效应”。另外，东方海外积极配合各国政府和环球执法机构，打击危害海事或货运安全的行为，尽力协助优化内外的海事安全环境。这些全球治理的关键性政策，我们看到东方海外都很积极参与其中，设法贡献一份力。

从东方海外履行企业社会责任的实践看，该集团由关注社区到从全球治理的角度，参与保护环境和航运安全，由内而外、由微观到宏观的目标选择，把其企业社会责任内嵌到社会发展的脉搏之中，贯彻始终，不易动摇，这无疑也是值得进一步研究和分析的实践经验。从此综述中，我们不难得出以下几点。

第一，今天的社会，由政府部门、私人商业部门、非政府组织、公益团体到社会个体，组成了一个规模庞大、关系微妙而互动的体系，在当中社会的治理需要各方合作，而各方的义务和权利也形成一个“责任生态”。这个“责任生态”环境若要和谐有序运行、共同体成员进行良性互动，并非“零和游戏”，必须建基于道德性的基础，企业行为也不能例外。随着私人商业部门推动经济成长的作用有增无减，因而公众群体对企业社会责任履行的期望也越高，这个国际性发展趋势如今越发显著。

第二，东方海外在香港交易所上市，公司背靠祖国，放眼世界，因而其国际企业公民的色彩比较浓厚，其责任范围的跨度，无论从目标到地域都相当宽广。因此，该公司通过全球环保，协助废气减排；回馈当地社区和协助维持海运安全，来体现企业社会责任的核心价值，满足海内外社会的期望成为其特色。但也值得注意的一点是，由于责任目标牵涉的范围宽广，履行企业社会责任的资源投入可能分散化，削弱了取得“规模经济”的成效。

第三，在中国经济发展的过程中，基于资本和劳动力积累的投资驱动型增长，过去对环境造成损害，产生了巨大的“负外部效应”，目前显然需要做出补救，设法改善自然环境和劳动力的工作环境。如今中国积极转换经济发展模式，企业转型和升级的发展将得到更多机会；与此同时，企业如何在社会系统里与各利益相关方进行良性互动，以保持良好的“责任生态”环境，无疑也是中国可持续发展的重要组成部分。东方海外履行企业社会责任的理念、目标形成和实践经验，可供内地企业借鉴参考。

点评人：

香港科技大学陈江和家族企业与创业研究中心副主任，金融学助理教授

彭　倩

实例14：玖龙纸业（控股）有限公司企业社会责任行动综述

一、公司简介

玖龙纸业（控股）有限公司（以下简称“玖龙纸业”或“本公司”）（股份编号：2689）成立于1995年，按产能计算，是世界最大的废纸环保造纸的现代化包装纸造纸集团。玖龙纸业及其附属公司（简称“本集团”）主要生产卡纸（包括牛卡纸、环保牛卡纸及白面牛卡纸）、高强瓦楞原纸，以及涂布灰底白板纸。本集团的业务模式有助其成为一站式生产商，生产一系列优质的包装用纸产品。玖龙纸业在中国的造纸机主要位于珠江三角洲的广东省东莞市，长江流域的江苏省太仓市，中西部枢纽的重庆市以及环渤海经济圈的天津市。集团现在在福建省泉州市兴建一个中型的造纸基地。在华北及东北地区市场，本集团已开始于沈阳邻近地区筹建新基地，并收购了河北永新纸业有限公司（“河北永新”）的78.13%控股股权。除包装纸外，本集团也于东莞及太仓生产文化用纸，并透过一家位于内蒙古的合资企业从事本色木浆的生产业务及于四川乐山拓展生产高价特种纸及竹木浆。

2008年5月，玖龙纸业在越南成立合资企业，从事卡纸制造业务。

玖龙纸业一直以来的目标是成为国际级的包装纸生产商。本集团的全体员工均致力朝着这个目标奋发向前。我们不断投入大量资源，引进先进的机械和技术、提升产品质量、培养技术和管理人员。为进一步提升营运和管理系统，我们采用国际先进的管理技术，并推行企业资源规划（ERP）系统，以求完善公司的运作。

另一方面，玖龙纸业视人才为企业成功之本。因此，我们从不吝于加强员工福利的投资。培养人才方面，玖龙纸业提供各类内部和海外培训计划，让各阶层员工均能够获得进修机会，持续提升自身的能力。

玖龙纸业认为集团在推动企业发展的同时，也必须履行其社会责任。为此，我们在建厂初期已开始进行大量有关环保设施的投资，尽量减少业务对环境所造成的影响。此外，我们积极支持各种社区活动、参与扶贫赈灾等善举，望能回馈社会，为国家建设尽力。

二、公司社会责任行动

（一）没有环保，就没有造纸

玖龙纸业一直紧守“没有环保，就没有造纸”的理念，并将环保及循环再造的概念贯穿在生产技术及配套设施等各个层面上，令环保概念深入集团上下员工及产品中。

通过执行集团的环保政策，集团不但成功节省宝贵资源，达至更高的营运效益，大幅降低了集团违反环保法律及法规的营运风险，达成企业与环境双赢的局面。

1. 环保奖项及认证

本集团已取得弃置固体废物及排放污水及废气的许可证。近年政府为了加紧对企业的监控，环保局除了定期巡视造纸企业外，也多次进行突击检查以确保企业符合环保要求。本集团从未曾被指重大违反任何环保法律或法规，或须就此支付任何罚款。

本集团顺利地通过广东省经贸委的节能考核，成功完成节能目标。太仓基地也顺利通过国家环保部的年终核查，更取得江苏省政府环保专项基金奖项的奖励。本集团的生产基地更分别荣获广东省环境保护总局及太仓市环境保护局评为环保诚信企业。本集团的各个基地已取得 ISO14001 环境管理认证。

2. “节能降耗”的生产过程

本集团一直致力降低生产过程中的耗水量及耗电量，并对产生污染物的源头进行控制，因此无论在造纸机的设计选型上，还是在生产车间的灯具选用上，均实践节能降耗的方针与宗旨。此外，现时造纸机运行时所产生的水在经过处理后被全面循环再用。

3. 先进的污水处理设备

本集团引进了目前全球最先进的废水处理技术——厌氧加好氧两级生化处理技术，使集团的排水均优于国家和地方的排放标准。集团的污水处理亦配备自动化程控逻辑控制器（PLC）系统，并设有网上监察设备系统，监察污水排放，有利于进行一体化管理。本集团新建的污水处理设施新增了深度处理，通过添加净水药剂等，使排放水污染物浓度进一步降低。

4. 废气排放处理

本集团设有环保的循环硫化床垃圾焚烧锅炉，可有效焚烧多种不同的低级燃料，包括废浆渣、轻渣及污水处理站淤泥，加上废气排放量低，因此既具效益亦能保护环境。应用低级燃料不但大幅度减少了废物排放量，亦能节省燃煤消耗量，二氧化碳排放量因而降低。

5. 沼气收集处理系统

本集团自2008年起为沼气收集处理系统进行技术改造，增加沼气脱硫装置，经处理后送入热电锅炉系统燃烧发电，启用后可节约每年标煤3万吨，沼气（主要包含甲烷气体）的资源化合理利用，为温室气体减排做出了一定贡献。此外，本集团所有基地的燃煤发电厂均设有高效微粒过滤和脱硫设备，使其发电厂的排放水平远优于中国监管规定的排放水平。

6. 环保圆形煤仓

本集团率先于东莞与重庆基地引入国内同业少有的全自动、封闭式圆形煤仓，其独特的设计充分考虑环保因素，能减轻煤炭在装卸、运输、储存过程中所产生的粉尘，进一步改善员工的工作环境。

7. 固体废物处理

本集团利用自建的环保型焚化炉处理废料以处理所有造纸废物。焚化炉采用先进的废气处理设备、布袋过滤器除尘装置及半干法脱硫设施，并已在过滤器装设排放监控装置，以实时在线监控废气排放量。

此外，本集团为提高固体废物综合利用率，将产生的固体废物全部焚烧，经过一年多的研发，成功将污水处理产生的污泥经箱式隔膜压滤处理干化后焚烧，以提高蒸汽产量，从而减少煤的消耗。

8. 噪音污染控制

本公司采用的造纸设备全部符合欧美严格标准，在噪音控制方面达到国际水平。本集团于产生较大噪音的设备。例如，双圆盘磨浆机及空气压缩机采取安装隔音屏及消音器，并在造纸车间设置了隔噪控制室，避免员工在高噪音环境下长时间工作。

本集团为员工提供个人噪音保护装置，并规定员工进行监察车间巡查期间必须佩戴如耳塞等个人噪音保护装置，以保障员工安全。

（二）人力资源管理

玖龙纸业本着“以人为本”的企业人才发展宗旨，针对不同岗位及工作经验的员工提供合适的事业发展计划。

1. 员工培训及事业发展

集团推行“管理培训生项目”以吸纳及培养有潜质的硕士及本科生。通过不同岗位及不同基地实习及专业知识培训等方式，提升管理培训生的专业技巧及管理水平。

此外，集团为帮助新员工适应公司文化而建立了导师制度，并提供培训课程，内容涵盖了企业文化、岗位专业技能以及安全操作等多个方面。

集团为有潜质的员工制定职业发展规划与提供持续进修的机会。本集团联同知名的中山大学合办高级管理人员 MBA/EMBA 研修班，并选派优秀技术人员至海外接受技术进修培训。

在职持续学习方面，本集团为员工提供管理及技术的培训，为他们的持续职业发展提供有力的支持和帮助。

2. 公平的员工评核机制

集团为员工提供完善的晋升渠道及绩效考核机制，给予员工持续发展的机会和空间。

3. 关怀员工的身心健康

为加强员工对玖龙纸业的满意度及归属感，集团不断优化员工工作及生活的质素，并拓展更多具互动性的沟通渠道。集团不断改善员工生活区并引进各种福利设施，举办多元化的文化娱乐活动，丰富员工的工余时间。集团着重与员工沟通及互动，例如与新员工定期进行讨论及设立员工热线等，为员工提供一个互动的沟通渠道。

此外，公司定期为组织员工进行职业健康体检、保证员工身体健康。

本集团也出版厂报——《玖龙员工》，定期向员发放集团的最新消息，加强员工对集团的归属感。另外，本集团亦通过工会组织定期召开员工沟通会议听取员工意见，给予有效的解决和改善，建立和谐的劳资关系。

4. 薪酬与福利

公司为员工提供具有市场竞争力的薪酬，并将浮动奖金与员工的绩效挂钩。浮动奖金根据企业、团队、员工个人绩效和其本人工作所担负的责任的情况而定。根据薪酬政策，本集团定期对员工薪酬进行审查和修订，以保持玖龙纸业能在招聘人才上的竞争力。

（三）回馈社会，克尽社会责任

玖龙纸业在积极发展业务的同时，也热心支持各种公益活动。集团在青海玉树地震发生后捐款 1 000 万元，以体现集团的公益精神。此外，集团亦参加了广东首个扶贫济困日并捐款1 020万元，同时对一些本地慈善团体进行捐助，热心回馈社会。

为了扶助贫困地区的失学青年，集团每年在全国各地的贫困地区招聘近百名失学高中生，并全费资助他们在国内的高等学校学习，于毕业后聘用这些学生至各相关的工作岗位。此计划不单能帮助贫困儿童，更能长远改善失学青年的家庭环境，并为玖龙纸业培养所需的人才。计划实行至今已超过 7 年，当中逾 400 位参与计划的毕业生加入玖龙纸业。

点评：

一点新印象

提到玖龙纸业（控股）有限公司，人们首先会想到其身上的一系列亮丽光环。它是在香港上市的由张茵家族控股的著名家族企业，是世界最大的废纸环保造纸的现代化包装纸造纸集团，在广东省、江苏省、重庆市等地，以及美国和越南，都建有自己的子公司。公司董事长张茵，2007 年《福布斯》全球亿万富豪排行榜第 390 位，身价 770 亿元，成为中国第一位女首富。

然而，通过阅读该公司的《社会责任行动》得知，玖龙纸业在发展过程中，始终注重主动承担社会责任。他们在建厂初期就进行大量环保设施投资，积极支持各种社区活动、参与扶贫赈灾等善举，回馈社会，为国家建设尽力。因此，在我面前又呈现出了一个更加光亮鲜活的玖龙纸业。

二点启示

其一，注重环保、承担社会责任，是我国家族企业当前发展中的首要问题，玖龙纸业为此树立了一个标杆。企业在生产经营过程中，都可能造成对资源环境的破坏，这就是所谓“外在性”问题，其本质是“企业成本”与“社会成本”的偏差。由于家族企业一般规模小，对环保投入少，因而才有了“乡镇企业总产值就是社会总污染”的说法。玖龙纸业所处的造纸业是污染最严重的行业之一，但他们自始至终遵循着“没有环保，就没有造纸”的理念，把治理污染作为企业发展的首要职责，成为我国民营经济的榜样。

其二，构建和谐而公平的企业文化，是我国民营家族企业健康发展的基石，也是构建和谐社会的基石。企业文化是企业成员共享和共同遵循的基本信念和认知，集中体现了企业经营理念和组织行为。由于我国民营家族企业创立发展的时间不长，如何营造一个和谐的企业环境，是民营企业面临的共同课题。在这方面，玖龙纸业的经验值得借鉴。

三点思考

其一，企业社会责任的履行水平，不是由企业的所有制性质决定的，制度环境才是决定性因素。有些学者认为，民营家族企业的功利主义行为限制了它们履行社会责任。其实不然，从国内外的经验来看，在好的制度下，无论什么性质的企业，都可以很好地履行社会责任。

其二，企业社会责任的履行水平，家族企业创始人的文化道德素养起着重要作用。从玖龙纸业董事长张茵的经历来看，父母都是“南下”军队干部，从小受到良好教育。她从27岁起，先后到香港和美国闯荡，亲身体验了现代市场经济的文明，为公司的日后发展打下了很好的基础。

其三，企业社会责任的履行水平，直接关系着民营家族企业的声誉，以及企业的可持续发展。良好的声誉是企业所拥有的独特资源，它能从各个方面提升企业的竞争力。因此，致力于长期持续发展的家族企业，认真履行社会责任，加强企业声誉的培育，是十分重要的。

点评人：

中国人民大学经济学院原党委书记、教授、博士生导师

徐茂魁

实例15：均瑶集团企业社会责任行动综述

一、有关均瑶

（一）集团简介

均瑶集团是以实业投资为主的现代服务业企业集团。成立于1991年7月，目前以航空运输、商业零售为主营业务，涉及教育、置业、投资等领域。在“衣、食、住、行”等领域，均瑶集团不断为顾客提供各种优质的服务，致力于成为国际化的现代服务业百年老店。

1. 以吉祥航空为主的航空运输

1991年7月28日，王均瑶、王均金和王均豪三兄弟“胆大包天”，以其惊人的胆魄承包开通了长沙至温州的包机航线，首开中国民营包机先河。2002年，均瑶集团以18%的比例入股“东方航空武汉股份有限公司”，成为最早入股航空主业的民营企业。

2006年9月，集团旗下的吉祥航空顺利开航。秉承“如意到家”的服务理念，为中高端公务、商务和商务休闲旅客提供差异化的增值服务，保持了良好的安全记录和开航以来的持续盈利；30架全新空客A320系列飞机构成了国内平均机龄最年轻的机队。依托上海的区位优势，吉祥航空不断完善自身的航线网络，开通了上海往返全国各主要城市及国际（地区）40多条航线。

2. 创新商业模式的商业零售

集团旗下的上市公司——大东方股份（600327），是江苏省百货零售的龙头企业，也是无锡市首家上市的商贸流通企业。目前已形成以“大东方”百货零售主业为主体，汽车经营服务、食品制造经营为两翼的“一体两翼”的战略格局。

均瑶集团旗下的均瑶文化传播创新商业模式，成为国内外顶级文化体育赛事衍生产品的品牌授权特许经营商，是北京2008年奥运会特许经营商和零售商、中国2010年上海世博会首批高级赞助商、2011年西安世界园艺博览会全球合作伙伴。

传统的均瑶乳业在向现代服务业转型的过程中依托产品研发，向食品饮料拓展，继续秉承“现代农业，绿色健康”的发展理念，为消费者提供更多安全健康的产品。

3. 创新公益模式的社会教育

集团旗下的上海市世界外国语小学、中学引进国际文凭组织（IBO）课程，打造了一条从PYP（小学）、MYP（初中）到IBDP（高中及大学预科）的完整的教育产业链，探索开放式的素质教育模式，致力打造“百年名校”，形成了公益事业的新模式。

均瑶集团积极投入社会教育和项目扶贫的公益事业。捐款设立“大学生志愿服务西部计划均瑶基金”及“均瑶育人奖”奖教基金。在三峡库区的系列投资已经成为中国光彩事业的案例；是第一批联合国“全球契约”组织的中国成员企业；携手国内十余家著名企业共同发起“中国企业社会责任同盟”……在企业社会责任的推广和实施方面积极发挥表率作用。

站在“十二五”的起点，均瑶集团秉承“均瑶是我们的，更是社会的”理念，坚持科学发展，深耕现代服务业，加大对信息技术、新材料、节能环保、清洁能源、金融服务等领域的投资，加大对社会教育事业的投入，积极履行企业社会责任。

（二）企业文化

1. 企业使命

为了人们生活得更加健康和舒心，我们致力于创造超出人们想象的价值，成为卓越的国际化的现代服务业百年老店。

2. 核心价值观

客户至上　诚信共赢

敢于创新　超越自我

团队合作　互相尊重

执行有力　专业高效

3. 文化软实力日益凸现

为了传播企业文化，形成员工共同的价值观，以软实力推进企业稳健发展，集团建设和开放了“文化走廊”、“文化阶梯”、“党员活动室”、“均瑶创业展示厅”、评选了集团首届“百年老店优秀建设者”，定期举办高管沙龙、读书会等活动，并且通过社会媒体和集团网站、《均瑶新闻》、《如意时空》的有效传播，树立了良好的民营企业公众形象。集团还承担了中国浦东干部学院（均瑶）现场教学点工作，为国内外各界人士了解中国民营经济发展和社会责任开辟了一个窗口。

集团始终按照《全球契约》承诺和中国光彩事业促进会要求，主动为灾区、贫困地区提供帮助，以各种形式赞助社会公益活动，加大对中部地区的投入，形成新的产业链，在西部地区设立教育基金。党员踊跃参加特殊党费捐赠活动，为灾区人民献出一份爱心。集团精神文明建设扎实推进，先后获得“中华慈善奖”、“全国民营企业思想政治工作先进单位”、“上海市文明单位”、“上海市五一劳动奖状”、“上海市企业文化建设示范点”、“上海市非公企业党建工作示范点”等称号。

二、企业社会责任

（一）让顾客满意

为了人们生活得更加健康和舒心，我们致力于创造超出人们想象的价值，成为卓越的国际化的现代服务业百年老店。这是均瑶集团的企业使命，也是每位均瑶人为之奋斗的目标。

围绕这个企业使命，集团旗下的所有产业都竭尽所能地为顾客提供差异化的服务，满足顾客的需求。

吉祥航空在硬件上独特地做到了全新飞机、最宽间距、可调头靠，为旅客提供更舒适的客舱布局；在软件上力求不断超越，实行全新“会员奖励计划”，让旅客感受更多与众不同的精致服务。

下属的均瑶旅行网在国内最早与中国民航计算机订座系统实现直联，并与国际多个 GDS（全球分销系统）进行合作，提供即时、权威的机票信息，方便客户网上实时查询航班时刻、票价、座位情况。均瑶旅行网根据吉祥航空价格优势，开设了吉祥航班旅行线路；成熟经营东南亚、港澳台各种国际旅游线路，都深受广大年轻消费者喜爱，已逐渐成为消费趋势。

下属无锡商业大厦十多年来已由一家单体经营、单一业态营销的传统商贸企业，发展成为以大东方股份为核心，以百货零售、汽车销售与服务、食品餐饮为架构的“一体二翼”经营战略，涵盖百货零售、汽车经销、家电连锁、超市、进出口贸易、餐饮服务、电子商务等新业态的充满活力的商贸企业集团，为无锡当地市民提供了一条龙的购物服务。

上海世界外国语小学、中学引进国际文凭组织（IBO）课程，探索开放式的素质教育模式。学校课程设置灵活多样，在突出汉语教学特色的前提下，渗透中国传统文化教育，兼顾国际教育课程，深受家长和学生的喜爱。

（二）让员工满意

1. 工作环境

人才是企业最重要的资源，建立良好的工作环境是留住人才的重要因素之一。而这里所讲的环境包括硬件与软件两部分，硬件主要是指办公环境、办公设施等。良好的办公环境一方面可以提高员工的工作效率，同时可以确保员工的身体健康。软件主要是指企业的文化和工作氛围。通过企业文化可以增强企业的向心力、激励员工产生更大的协同力，从而推动企业的发展。

现代化甲级商务楼气派典雅。集团总部办公大楼——上海均瑶国际广场位于上海市肇嘉浜路789号，广场地处淮海、徐汇两大商业中心连接点，是上海市商业中心圈成熟的甲级商务楼。作为上海人文精神聚集地，集中了上海图书馆、教堂、徐光启公园、衡山路酒吧街、徐家汇公园、徐汇中学等地标。5分钟路程内便有数十条公交线路，地铁七、九号线与广场仅一步之遥，地铁一号线衡山路站、徐家汇站及四号线东安路站步行至广场仅需10分钟。开车至高架入口也只有10分钟左右，至虹桥机场约30分钟。

广场为员工提供了一个良好的工作环境和商业平台，员工能够充分享有行业资讯交流的便捷。上海均瑶国际广场率先引进国际上先进的全面资产管理理念，导入能源管理概念，并全面采用在欧美广泛使用的先进高科技网络管理技术。一对一的尊贵专署式服务，让企业员工在工作运转中更加游刃有余。

2. 薪酬与福利

秉承以人为本、服务社会的创业理念，我们不仅为员工提供了具有行业竞争优势的薪资待遇，而且还为员工提供了相对完善的福利保障。与岗位职能相匹配的宽幅薪资体系与形式灵活多样的福利制度一起构成了均瑶集团的薪酬福利体系。它联系着每位员工和均瑶集团的长期互惠利益。

我们除了为员工提供国家规定的各项法定福利外，还提供具有较强激励、保障作用的个性化公司福利，例如，带薪休假、人事服务、健康体检、家事关怀、结合员工需求设计的公司福利。

3. 培训与发展

均瑶在向现代化服务业百年老店跨步迈进的同时，也时刻注重建设公司的企业文化，提高员工队伍的整体水平，通过对员工培训来实现竞争优势与核心能力。均瑶的人才发展与管理战略与资源管理体系正是建立在此基础上，并不断进行更新与完善。

（1）新员工培训

新员工入职，我们将对他们进行新员工培训。培训除了系统介绍集团创业史、企业文化等内容外，还会详细讲解集团各项规章制度、管理规范及相关事务的运作流程，从而帮助新员工快速、顺利地融入均瑶大家庭。

（2）员工发展

基于均瑶集团的企业使命价值观，根据团队培养与发展的需求，我们将结合员工的绩效表现和学习需求为其提供持续的学习发展平台（由公司出资的外派培训和内部培训）。2010～2012年均瑶集团人均培训小时如表2－23所示。

表2－23　2010～2012年均瑶集团人均培训时间

	2010年	2011年	2012年
人均培训小时（高层）	18h	21h	29h
人均培训小时（中层）	33h	65h	38h
人均培训小时（普通员工）	46h	36h	25h

（3）晋升机制

从内部晋升，这是《均瑶集团招聘录用管理标准》的基本原则。即在集团各公司出现职位空缺时，原则上优先考虑从内部选拔调配，从而给员工提供了晋升的机会。

（三）让股东满意

1. 创造价值

随着市场经济的逐步完善，股东价值的重要性也越来越明显。一方面它是考察公司业绩并据以建立激励机制的重要标准；另一方面它也是股东控制权市场的重要依据，甚至从某种程度上讲，它还对社会保障制度的完善有着积极的意义。

由于股权社会化的日益普及，股东价值的实现，其本身在很大程度上就是对整个社会价值的增加。均瑶集团 2008 ~ 2011 年的财务数据如表 2 - 24 所示。

表 2 - 24　2008 ~ 2011 年均瑶集团的销售额与利润

	2008 年	2009 年	2010 年	2011 年
销售额（亿元）	86	96	120	132
利润（亿元）	1.4	5.5	9.6	9.7

2. 风险控制

市场经济条件下，总会有些事情无法控制，风险总是存在，作为均瑶集团的管理者，采取了各种措施和方法消灭或减小风险事件发生的可能性，或者把可能的损失控制在一定的范围内，以避免在风险事件发生时带来难以承担的损失。

多年来，均瑶集团对影响企业竞争力的各要素进行了重新配置，加强企业自我约束和内部监督机制，增设了集团董事会审计委员会，完善了集团内部控制和公司治理结构，促进集团健康可持续发展。

集团审计委对任何一项内部审计都做到事前、事中、事后审计相结合，使之贯穿于经营管理的全过程；集团内部审计逐步从财务审计向流程审计、业务审计延伸，逐步渗透到集团各个企业、各个层面、各个环节。

集团审计委还大力开展专项审计调查，通过专项审计调查，为集团董事会提供各种决策依据，为经营决策提供政策上和经济上的论证；对重大经营业务、项目投资等进行风险评估以防止决策失误，避免经济损失；反映经济活动中带普遍性、倾向性的问题，并提出具体的、有针对性和可操作性的改进意见和建议；对企业各种决策实施后取得的经营成果进行评价，使集团董事会迅速了解改革措施是否得力，决策行为是否完善，企业资源是否充分利用，以便集团董事会能够及时调整决策，促使企业减少浪费，降低成本，提高企业经济效益。

市场经济越来越完善，商业风险在较大程度上越来越体现为法律风险，而同样，一切法律风险最终将体现为商业风险。没有哪一次的法律风险不伴随着企业经济利益的得与失。鉴于此，集团对于法务工作的展开日益重视：建立健全了法务人员的工作队伍，在全集团各级树立以事先防范为主，事中控制为辅，事后救火为补充的法务工作指导思想；建立健全合同会签制度；建立健全合同相关文件的档案管理制度。法务人员充当集团保驾护航的角色，控制管理和经营风险。

加强日常工作的规范化，集团还在各级部门都推出流程管理。流程管理就像人体的血脉流程把相关的信息数据根据一定的条件从一个人（部门）输送到其他人员（部门）得到相应的结果以后再返回到相关的人（或部门）。

集团内不同的部门，不同的人员和不同的供应商都依照相应的流程进行协同运作。

（四）让社会满意

1. 纳税、就业

均瑶集团在创造利润、对股东利益负责的同时，还承担对员工、对社会和环境的社会责任，包括遵守商业道德、生产安全、职业健康、保护劳动者的合法权益和节约资源。

企业社会责任是均瑶集团为改善利益相关者的生活质量而贡献于可持续发展的一种承诺。我们充分理解，我们的经营活动对我们所处的社会将产生很大影响，而社会发展同样也会影响公司追求成功的能力。我们将持续地积极管理由于我们的经营活动所造成的对经济、社会、环境等方面的影响，不仅使其为公司的业务运作和企业声誉带来好处，而且还使其造福于我们所在地区的社会团体，通过与其他群体和组织、地方团体、社会和政府部门进行密切合作，来实现这些利益。公司的社会责任，应当成为所有均瑶人遵守的职业道德。

我们不仅仅是一个提供现代服务的公司，还是一个立足中国发展的企业公民。我们的集团公司和所有下属子公司雇用了全国各地7 752名员工，上缴税收9.4亿元（2011年）。我们是上千个企业和社区的商业伙伴，我们积极帮助区域经济的发展。每天，有近20万的消费者在享用均瑶提供的超值服务。我们相信我们发展越快，就应该承担更多对整个社会的责任，也就更有机会致力于给社会带来真正的改变，使之更加健康和舒心。2008～2011年均瑶集团的纳税与就业情况如表2－25所示。

表 2-25　2008~2011 年均瑶集团的纳税与就业情况

	2008 年	2009 年	2010 年	2011 年
纳税（亿元）	3.6	4.5	9.0	9.4
就业人数	4 518	5 137	5 647	7 752

2. 教育事业

2005 年，均瑶集团积极响应上海市委、市政府提出全面实施教育综合改革，率先基本实现教育现代化的战略决策，出资投入教育事业，参与上海市世界外国语小学和中学两所学校的教育改制。

参与教育事业后，均瑶集团把“百年”理念延伸至教育领域。教育虽然不是均瑶集团的产业，但是作为承担社会责任的延续体现，可持续承担社会责任的教育品牌。在缔造百年老店，做可持续发展企业的同时，也将把世界外国语小学和中学同样要建成可持续发展的“百年名校”。

均瑶集团不仅投入资金改善教学设施和条件，而且逐年提高了教师薪资待遇，激励他们提高教学质量。为探索多元化办学模式，均瑶集团充分调动社会资源，通过引进 IBO 国际文凭组织课程，形成 PYP（Primary Years Programme，小学一年级至五年级）、MYP（Middle Year Program，中学六至十年级）、IBDP（International Baccalaureate Diploma Program，高中及大学预科）一条完整的教育产业链，将国外先进的教育模式与中国国情相结合，探索出一套有自身特色的素质化、开放型的现代教学模式，培养“怀有中国心，能做世界人”的高素质人才。这些举措进一步加强、完善了世外学校国际化的现代教学模式，使社会各界更加关注民办教育、参与民办教育事业，从而推动民办教育事业的发展。

3. 光彩事业

社会责任是任何一个企业都不能回避的话题。中国的民营企业家早在 1994 年就在责任感的驱使下发起了光彩事业活动，更是与 1999 年联合国秘书长安南所倡导的《全球契约》殊途同归。

1994 年 4 月 23 日，10 名民营企业家发出联名倡议书《让我们投身到扶贫的光彩事业中来》，光彩事业由此发起。光彩事业是民营企业家响应《国家八七扶贫攻坚计划》所发起并实施的以项目扶贫为特点的事业。

联合国《全球契约》是 1999 年 1 月由联合国秘书长安南提出，并于 2000 年

7月在联合国总部正式启动。安南称《全球契约》是“企业诚信的全球通行证”。

2002年1月，前任集团董事长王均瑶作为中国企业联合会推荐的唯一一位民营企业代表到英国伦敦参会，并当场递交了包括就业、环保等内容的联合国《全球契约》承诺书。我们认为，中国的光彩事业与《全球契约》具有相同的理念。

2003年，王均瑶被国务院三峡工程建设委员会授予“三峡工程建设先进工作者”荣誉称号。

王均金接任董事长后承诺：社会责任不变，继续承担全球契约及光彩事业。

2006年，王均金被国务院三峡工程建设委员会授予“全国对口支援三峡工程库区移民工作先进个人”荣誉称号。

4. **大学生志愿者西部计划**

2003年6月13日共青团中央、教育部在北京召开“大学生志愿服务西部计划”新闻发布会，并正式启动“大学生志愿服务西部计划”，号召广大高校毕业生到西部去、到祖国和人民最需要的地方去建功立业。

“大学生志愿服务西部计划”是团中央、教育部根据国务院常务会议、《国务院办公厅关于做好2003年普通高等学校毕业生就业工作的通知》和2003年全国高校毕业生就业工作电视电话会议精神的要求而实施的，财政部、人事部给予相关政策、资金支持。这项计划通过引导大学生到西部去、到基层去、到祖国和人民最需要的地方去建功立业，促进西部贫困地区教育、卫生、农技、扶贫等社会事业的发展，拓展大学生就业、创业的渠道，努力培养造就一大批既有现代科学文化知识、又有基层工作经验和强烈社会责任感的优秀青年人才。这项计划从2003年开始，按照公开招募、自愿报名、组织选拔、集中派遣的方式，每年招募一定数量的普通高等学校应届毕业生，到西部贫困县的乡镇从事为期1～2年的教育、卫生、农技、扶贫以及青年中心建设和管理等方面的志愿服务工作。志愿者服务期满后，鼓励其扎根基层，或者自主择业和流动就业。

团中央、教育部、财政部、人事部专门下发通知，对组织实施这项计划提出了具体要求。为鼓励应届毕业生参加这项计划，通知提出，参加大学生志愿服务西部计划的志愿者除享受国家规定的高校毕业生就业优惠政策外，有关部门还给予一系列政策支持，同时鼓励各高校和社会各方面对这部分高校毕业生的工作、生活、学习、就业和创业提供帮助和支持。

据悉，“大学生志愿服务西部计划”实施几年来，数万名大学生志愿者在西部贫困地区从事教育、卫生、农技、扶贫以及青年中心的建设和管理等方面的工作。他们在祖国最需要的地方用汗水和智慧谱写着青春最灿烂的篇章。大学生志愿服务西部计划是一项崇高、伟大、长期而又艰巨的事业，需要一批又一批的热血青年奉献青春和才智。为此，团中央、教育部为此联合成立了领导小组和项目管理办公室，负责总体规划、协调和指导。各省、区、市团委、教育厅（教委）和各高校、志愿服务所在地也将相应成立领导小组和项目管理办公室，负责这项工作的协调和志愿者的日常管理。

此外，团中央、教育部要求各级团组织和教育部门要加强领导，紧密合作，保障计划的顺利实施。要根据西部贫困地区的需求，选拔思想过硬、品学兼优、具有较强奉献精神的毕业生参加这项计划，尤其要鼓励西部高校和农业、林业、水利、医学、师范类专业的毕业生积极参与。要为志愿者安排好服务岗位，提供必要的工作和生活条件，落实相关保障政策，同时积极协调有关部门、有关单位，落实相关政策，努力为志愿者服务期满后升学、就业以及创业等创造有利条件。要通过实施这项计划，在当代大学生中唱响“到西部去”的时代强音，以报效祖国、服务人民的崇高理想感召和动员大学毕业生自觉选择到基层、到艰苦环境中锻炼成才，同人民紧密结合、为祖国奉献青春。各服务地区、服务单位要加强对志愿者培训和日常管理，关心大学生志愿者的生活和安全，确保这项计划规范、有序地实施。

5. 扶危济困

均瑶集团在发展产业的同时，一直积极承担着扶危解困的责任，先后投入过亿元用于各种公益活动和慈善事业。

（1）2008 年“5・12”汶川大地震：均瑶集团旗下吉祥航空携手复星集团、李连杰壹基金、中国企业社会责任同盟、东方早报等企业、媒体和社会公益组织，为灾区义务运送千斤顶、药品、帐篷、食品等急需物资，构筑起了空中的救援线，捐款捐物累计达 650 万元。

（2）2009 年“8・8”台湾风灾：捐款 100 万元。

（3）2010 年“4・14”青海玉树地震：捐助 2 万箱价值 126 万元的牛奶，捐款 100 万元。

（4）吉祥之旅：均瑶集团吉祥航空连续多年发起吉祥之旅公益活动，青岛手牵手慈善活动、沪鄂爱心活动，都江堰手牵手活动、拯救四川受灾儿童“小月亮”活动……

（5）结对帮扶：集团持续多年开展对上海市青浦区练塘镇张联村的结对帮扶工作，并每年定期对徐汇区张家浜、张东居委会数十家困难家庭、孤寡老人送上助学金和慰问金。

6. 均瑶育人奖

“我们留下一个什么样的世界给子孙后代，在很大程度上取决于我们给世界留下什么样的子孙后代。”这句带有思辨色彩的话语，道出了百年大计、教育为本的真谛。

教育的发展很大程度上取决于师资水平，只有让教师先飞翔起来，他们才能带着孩子们飞向更广阔的世界。

为了能为中国的教育事业贡献绵薄之力，均瑶集团先后在上海市徐汇区捐资200 万元、四川省都江堰市捐资 200 万元、新疆喀什捐资1 000万元设立“均瑶育人奖”。这些资金主要用于奖励那些奋斗在一线，并取得卓越成绩的教师们；部分资金用于教师培训。

自“均瑶育人奖”设立以来，上海徐汇区和四川都江堰已有近百位优秀教师获得此殊荣。第一批都江堰市 26 名优秀教师和管理干部已于 2011 年 11 月在上海进行了培训，她们走进上海徐汇区知名学校学习考察，参加相关学术教研活动。

7. 中美杰出青年培训计划

由均瑶集团资助的中美杰出青年培训计划致力于培养和造就未来社会精英和领袖人物。该培训计划由上海华侨基金会和美国国际领袖基金会合作举办，发起于 2011 年，每年一次。首批杰出青年经过中英文两轮面试，最后选拔了 18 位优秀的在校大学生和研究生，并进行了为期 3 天的国内集中培训。

在美国的两周时间里，学员们先后来到了波士顿、华盛顿和纽约这三大文化、政治、经济中心，接受了 10 多场丰富多彩的课堂培训，参观考察了纽约的证券交易所、联合国总部、华盛顿市政府、白宫以及美国商务部、财政部。他们与美国的政府高官、社会名流和企业家进行了零距离的接触和面对面的交流。学员们还来到了中国驻美国大使馆，与外交官们进行亲切的交流。这种高层次的交流，密集性的培训，使每一位学员都受益匪浅，甚至会影响终身。

拥有青年就拥有了未来，中美两国的领导人都提出要大力加强中美青年的互访与交流。

2009 年 11 月16 日，美国总统奥巴马在上海科技馆向中国青年演讲时宣布，美国准备把在中国的留学生大幅度地提高到 10 万人。

2011 年 7 月15 日，中国国家主席胡锦涛在北京中南海接见美国佩顿中学的访华师生时说，青年是国家的未来，世界的希望，青年是中美关系发展的希望之所在。

这是一次提升心气之旅，这是一次求索励志之旅。中美杰出青年培训计划为中美杰出青年搭建了一个平台，敞开了一扇大门。

三、后记：均瑶是我们的，更是社会的

均瑶的前行，勾画出中国经济持续发展、不断超越的轨迹，塑造出企业追求进步、追求梦想、追求超越的文化范式。集团在稳健发展的同时，积极承担起对顾客、员工、股东和社会的责任，包括遵守商业道德、生产安全、职业健康、保护劳动者的合法权益和节约资源，并且先后投入过亿元用于各种公益活动和慈善事业。

2006 年，集团携手 11 家具备良好社会责任感的中外知名企业共同发起中国企业社会责任同盟。集团总裁王均豪在同盟成立大会主题演讲上呼吁，我们不要将企业社会责任单纯理解为捐款和公益事业，更要将企业做成可持续发展的实体，成为和谐社会的贡献者。王均豪表示均瑶集团将会致力于推进中国企业社会责任的成长和发展进程，愿成为这一进程的表率和先锋。

“均瑶是我们的，更是社会的！”致力于成为卓越公司和优秀企业公民，是我们孜孜以求的目标，达成顾客满意、员工满意、股东满意、社会满意，共同履行“服务创造美好生活”。

点评：

均瑶集团内部流传着这样一句深入人心的话：“均瑶是我们的，更是社会的！”董事长王均金一直注重企业和社会的协调发展，有着做“百年老店”、办“百年名校”的梦想。因而，均瑶集团在所涉猎的航空、教育、绿色农业等诸多行业里，一直立足自身行业特性，投入大量资金和精力，将公益模式具象化，如赞助教育基金、运送抗震救灾物资、牵头参与公益组织等多项事业，力图让公众分享均瑶的发展所带来的巨大收益。均瑶的出现，代表着中国企业的另一个重要发展方向——社会型企业，即关注企业和社会的均衡发展，在自身健康发展基础

上，为社会创造有价值的产品和为社会进步履行积极的责任。

依托行业特性、发挥探索精神

中国慈善事业处于发展初期，制度和信任机制都不够完善。在权威公益组织没有树立的情况下，具有强烈社会责任感的企业，难以通过捐款贡献力量，需要从事相当大的公益工作。中国企业并没有类似的经验和借鉴，需要企业的主动摸索和敢为人先。均瑶在这方面堪称标兵：1994 年联合发起关注扶贫的“光彩事业”，至今仍由总经理亲自负责；2002 年递交包括就业、环保等内容的联合国《全球契约》承诺书；在汶川、玉树、雅安等多次地震中，动用旗下吉祥航空，免费运送救援物资，积极捐款捐物等等，这些都体现了均瑶集团积极主动的探索精神。

百年家族梦想、社会企业共生

均瑶的梦想是做百年企业，在三兄弟联合创业、痛失兄长、艰难转型、兼并和退出、多元化发展的二十余年间，终于悟出长久发展的四个平衡理念：即追求“顾客满意、员工满意、股东满意、社会满意”，在企业、利益相关者、社会之间维持平衡和共生发展。企业社会责任的根本是持续提供有价值、高品质、强创意的产品，均瑶多年来致力于修炼企业内功，创新服务模式，以旗下吉祥航空的发展成功转型为现代化的服务型企业；此外，主导上海市世界外国语小学和中学的改制和发展，培养具有全球视野的卓越青少年，十余年间捐款千万余元设立“均瑶育人奖”，培养和奖励卓越的一线教师，体现了均瑶集团关注区域青少年发展、百年树人的教育理念。

企业是经济发展的细胞，不仅需要为大众提供优质产品和提供良好的就业岗位，还需要依托行业特性、贡献力量、回报社会，均瑶集团做得非常优秀。集团两位优秀领军人物王均金、王均豪兄弟担任人大、工商联、慈善事业、行业协会和商会等多个社会公益组织职务，为私营企业主积极参与社会事务、发挥企业积极性树立了良好榜样。我们有理由相信，具有强大的社会责任和使命感的企业和企业家会得到社会尊重，营造良好的商业环境，给整个商业市场带来正面力量，引导其他企业投身公益，发挥出更多更大的经济效益和社会效益。

点评人：

浙江大学管理学院博士研究生

陈士慧

实例16：和佳集团企业社会责任行动综述

董事长致辞

和佳集团是一个发展中的企业，经营范围主要是道路桥梁和园林绿化施工。从1996年创办到2011年，在15年的发展历程中，我深深体会到，企业的前行，离不开党的领导，离不开国家的惠民政策，离不开社会各界的大力支持，更离不开努力建设企业的全体员工。所以企业在发展过程中，不仅要注重经济效益，更要注重社会效益，要积极承担社会责任，努力为国家和社会贡献力量。

作为企业的经营者，怎样才能更好地履行社会责任？我认为首先要结合本企业的特点开展工作。和佳集团遵循公司提出的“用人品打造精品，用精品奉献社会”的和佳精神，努力建设精品工程。历年来，共修建国家二级以上公路800余公里，农村公路600余公里，大中型桥梁70余座，建设绿地1 500多万平方米，全部是优质工程。真正做到了修公路架桥梁，促进国家交通事业的发展；美化环境、绿化祖国，为建设小康社会贡献力量。

其次，我们要在做好本职工作，建设优质工程的同时，主动承担起应尽的社会责任。比如和佳集团领导和员工为地震、洪涝、干旱灾区捐款和运送物资、资助贫困大学生、向敬老院和困难居民赠送物资、为部队和偏僻山区修路等，为落实科学发展观，构建和谐社会贡献一份力量。

还有最重要的一点是，构建优秀的企业文化，坚持以人为本，关爱员工，使员工和企业共同成长，是企业最直接的社会责任。和佳集团不是靠人和制度管理企业，而是靠文化来管理企业。我们在弘扬中华传统文化的基础上，建设具有本企业特点的企业文化，提高了员工的综合素质和幸福指数，凝聚了员工队伍，展现了企业形象，促进了企业持续、稳定、健康发展，使企业更好地承担起应尽的社会责任。

回顾过去，我真诚感恩，深知企业的发展离不开国家和社会的支持；展望未来，任重而道远，坚持企业发展了不忘回报国家和社会。我们要在进一步搞好企业文化的基础上，建设更多的精品工程，承担更大的社会责任，为国家的建设事业和社会的和谐进步做出新的贡献！

和佳集团董事长

李淑芳

一、和佳集团的情况介绍

和佳集团是在成立于1996年的沈阳和佳道桥工程有限公司的基础上发展起来的。集团总部位于辽宁省沈阳市沈河区方凌路，占地面积33 320平方米，办公及生活区建筑面积21 600平方米，固定资产23 900万元，注册资本金16 500万元，在职员工388名。集团现有沈阳和佳道桥工程有限公司、辽宁和佳园林绿化工程有限公司、沈阳思域达文化传播有限公司、沈阳施泓图交通设计院有限公司、沈阳万源建设工程有限公司等子公司。集团认真贯彻落实科学发展观，在激烈的市场竞争中迅速发展壮大，公司已成长为集公路桥梁、市政设施、交通工程、园林绿化、工程咨询、文化传播为一体的集团型企业，其中沈阳和佳道桥工程有限公司与辽宁和佳园林绿化工程有限公司均获国家二级资质，集团实现了又好又快发展。和佳集团的构成情况如表2－26所示。

表2－26　和佳集团的构成情况

序号	公司名称	主要经营范围
1	沈阳和佳道桥工程有限公司	公路、桥梁、市政工程施工与养护
2	辽宁和佳园林绿化工程有限公司	园林绿化、园林建筑、园林养护
3	沈阳思域达文化传播有限公司	孝道课程、媒体广告、传统文化和企管培训
4	沈阳施泓图交通设计院有限公司	道路、桥梁、排水、交通、园林工程设计
5	沈阳万源建设工程有限公司	建设工程管理咨询
6	沈阳和佳工程试验检测有限公司	道桥工程施工质量和材料检测
7	沈阳永丰公路工程有限公司	公路、桥梁、排水工程施工
8	交通工程施工	道路标线，标牌、信号灯、高速护栏施工

（一）沈阳和佳道桥工程有限公司简况

沈阳和佳道桥工程有限公司是和佳集团依托的子公司。自1996年成立以来，在董事长李淑芳同志的带领下，艰苦创业。刚开始经营的时候，只能修建一些住宅小区道路和乡村道路，施工机械也大部分靠租借。但是公司领导认识到，企业要在激烈的市场竞争中求生存，求发展，为社会多做贡献，多承担社会责任，就必须在经营中讲诚信、守诺言，精心培育良好的信誉环境，这是企业生存发展的根本。公司在经营中坚持“注重信誉，恪守诺言”，“诚实、守信、可靠”，做到了信誉第一，质量至上，坚持“用人品打造精品，用精品奉献社会”，靠诚信开拓了市场，企业由小到大，越办越好。

公司的收入增加了以后，首先想到的是招聘和培养技术人才，改善员工的福利待遇，添置施工机械设备，增强施工能力，逐渐由国家三级资质晋升为二级资质。随着企业资质的提高，公司的施工范围也扩展到国家高等级公路和大型桥梁。在各级党委、人大、政府、政协组织及社会各界的支持帮助下，和佳道桥公司已经成长为具有勃勃生机的新型现代化施工企业。

多年来沈阳和佳道桥工程有限公司承接了多项工程，如大二环沈苏快速干道路基路面工程、大二环长青桥引道路基路面工程、沈阳市文艺路改造工程、沈大高速公路改造十里河、南红菱、大淑堡跨线桥建设工程、沈阳桃仙国际机场进场快速路改造工程、沈阳农村公路网改造工程、沈环南线路基路面工程、沈阳西部工业走廊开发大道工程、葫芦岛滨海公路工程、锦州疏港路工程、兴城滨海公路工程、沈阳马宋公路改造工程、佟白公路改造工程等，累计修建二级以上公路800余公里，大中型桥梁70余座，农村公路网600余公里。公司承建的所有工程，施工质量均达到设计质量标准，创造了优良品率达100%的纪录，受到社会各界的好评，多项工程因质量最好、进度最快，被评为沈阳市第一名。

在承担沈阳桃仙国际机场的进场路二标段工程时，其中包括3座桥涵，两侧的排水工程及防护工程，按合同约定8月10日开工，10月20日交付使用，时间很充足。但由于涉外工作的需要，该路指挥又要求工程必须在9月24日完工。这意味着仅70天的工期，就要缩短成26天。在这种急、难、重的任务面前，董事长李淑芳同志沉着应战，通盘指挥，重新整合资源。她带领全体员工“三班倒”，昼夜奋战，歇人不停车，不仅自己的施工队提前一天完成了任务，而且还从大局出发，大力支援邻近标段，使他们也按要求于9月24日零点完工。每每想起那刻骨铭心的9天9夜，员工们不会忘记时任总经理的李淑芳同志与他们奋战在一起的朝朝暮暮。她既是工地的指挥官，也是第一线的筑路工，还是后勤部的炊事员。员工身上有的泥水她都有，可员工换休时，她却依然坚守在岗位上。超负荷的工作量拖瘦了她的身体，几天几夜仅休息几个小时，睡眠严重不足，熬红了她的双眼。为了按时保质保量地完成任务，她硬是以钢铁般的毅力坚持在施工第一线。由于她的诚实守信，市领导将"诚信工程"的大旗交到李淑芳同志的手中。她以开拓进取，求真务实的精神，为辽宁省城乡道路交通建设工作做出了积极的贡献。

沈阳和佳道桥工程有限公司的管理方针是：精心施工，科学管理，质量第一，信誉至上。质量目标是：工程合格率100%，优良品率85%，顾客满意率90%以上，安全事故率为0。公司的实际工作成果远远超过了以上指标，在辽宁省道桥施工企业中，率先顺利通过了国家ISO9001质量管理体系、环境管理体系、职业健康安全管理体系三体系认证。表2－27为沈阳和佳道桥工程有限公司承建的部分工程。

表2－27　沈阳和佳道桥工程有限公司承建的部分工程

序号	工程名称	等级	质量评定
1	沈阳大二环路基路面工程	快速干道一级	优良
2	沈大高速十里河、南红菱、大淑堡跨线桥	高速公路	优良
3	沈阳桃仙国际机场进场快速路改造工程	快速干道一级	优良
4	沈阳西部工业走廊开发大道工程	国家公路二级	优良
5	辽宁锦州疏港路工程	快速干道一级	优良
6	辽宁葫芦岛滨海公路工程	国家公路一级	优良
7	辽宁兴城滨海公路工程	国家公路一级	优良
8	沈阳营祝公路改造工程	国家公路二级	优良
9	沈阳十大线公路新建工程	国家公路二级	省精品
10	沈阳康家山大桥改造工程	大桥	优良
11	沈阳汽博大桥新建工程	大桥	优良
12	沈阳佟白大桥新建工程	大桥	优良

在自身发展的基础上，沈阳和佳道桥工程有限公司还坚持施工企业与材料供应商双赢的战略，间接承担更多的社会责任。例如道桥施工使用的90#重交石油沥青、SBS改性石油沥青、砂石料、钢筋、水泥、商品混凝土、木材等，都是与生产厂家直接建立联系，在保证质量的基础上长期合作，使材料生产企业有了相对稳定的供销渠道，增加了经济效益，促进了稳定发展。

多年来，沈阳和佳道桥工程有限公司用诚信打造了许多精品工程，在道桥施工行业中深受好评，获得了“优质工程”、“重合同、守信誉先进单位”、“辽宁省知名企业”、“沈阳市优秀建筑施工企业”、“沈阳市施工优胜单位”、“沈阳市精神文明建设先进单位”、“全国企业文化建设先进单位”等多项荣誉称号。

（二）辽宁和佳园林绿化工程有限公司简况

辽宁和佳园林绿化工程有限公司成立于2005年3月，是一家集园林绿化、园林建筑、园林养护、园林技术咨询服务为一体的和佳集团子公司。在董事会的领导下，公司注重工程质量，坚持诚信经营，不断拓展施工范围，快速稳健向前发展，于2009年由国家三级资质晋升为二级资质。

辽宁和佳园林绿化工程有限公司的管理方针是：精心设计，精心施工，创建一流园林精品工程，打造精美卓越的艺术品，为城乡人民创建美好的生活空间。质量目标是：工程合格率为100%，优良品率为85%以上，顾客满意率为95%以上，安全事故率为0。公司的实际工作成果远远超过了以上指标，在辽宁省绿化施工企业中，率先顺利通过了国家ISO 9001质量管理体系、环境管理体系、职业健康安全管理体系三体系认证。

辽宁和佳园林绿化工程有限公司的主要业绩有：沈阳桃仙国际机场立体花坛和绿化工程、沈阳北站金融商贸开发区花卉工程、沈阳棋盘山风景区摆花工程、沈阳蒲河大道绿化工程、营口民兴河景观绿化工程等，为美化环境、绿化祖国贡献了力量。

辽宁和佳园林绿化工程有限公司在经营管理中始终坚持和佳集团“和佳人走和佳路，精品工程和佳筑”的理念，不断学习和推广新技术、新材料，加强基础设施建设，不断提高施工和管理水平。无论是在树木栽植、景观绿化、园林水系、花卉摆放、立体花坛、整体造园、园林养护、病虫害防治方面都取得了良好的业绩。特别是在大树移植成活率、立体花坛精品工程建设等方面，积累了一定的经验，在市级会议上做过交流。

（三）和佳集团其他子公司

沈阳思域达文化传播有限公司，主要经营范围是传播中华传统文化、企业内部培训和媒体广告。这家公司是目前唯一的一家将“孝道”课程引进辽宁的文化公司。公司讲解中国古代十三经之首的《孝经》，举办孝道家园活动，教育人们知荣明礼，懂得敬爱他人，从而达到人际关系和谐、家庭和谐、国家和谐，乃至世界和平的目的。这家公司还在传播“孝经”的基础上，开办“终极商业智慧”课程，学员遍及辽宁省以及全国各地，反响非常好。

沈阳施泓图交通设计院有限公司，主要经营范围是道路、桥梁、排水、交通工程、园林工程设计，是一家综合性设计公司，公司有较强的技术力量和成套出图、装订设备。仅 2011 年就完成了全国第十二届全运会沈阳主会场 50 条道路改造设计任务，还完成了新建沈阳四环公路的绿化设计任务，为沈阳市的道路交通建设和迎接全国十二届运动会贡献了力量。

和佳集团的交通工程施工，足迹遍布辽宁各地。他们可以承担各种道路标线、减速带、信号灯、高速公路标志牌、护栏、限高架的工业生产、制作、安装以及收费站建设。在辽宁地区，每年 9 月以后是道路工程交工的时期，交通工程却进入了繁忙的施工季节。为了在东北地区上冻以前完成任务，他们都是几个项目同时施工，不分昼夜连续工作，保证质量地完成各项工程，使多条新建的道路标线崭新，标识齐全，设施完整，便于人车通行，完善了道路的交通功能。

三、和佳集团的企业文化

从前面的介绍可以看出，和佳集团的工作和其他有固定生产车间的传统企业不同，具有点多、线长、面广、野外作业、人员分散、比较艰苦的特点。怎样才能既把员工凝聚起来，又管理好企业？和佳集团在实践中总结的体验是，只有在博大精深的中华传统文化基础上，创建自己的企业文化，才是最好的途径。企业文化建设工作是凝聚职工思想、提高职工素质，展现企业形象、扩大企业社会影响的有效途径和根本保证，对于促进企业持续、快速、健康发展，建设高标准的现代化企业有着重要的现实意义。多年来，和佳集团各级领导高度重视企业文化建设工作，坚持把企业文化建设工作作为一项长期的系统工程来抓。董事长李淑芳亲自负责企业文化建设工作，她认为“企业发展靠管理，管理成功靠文化”，她说企业文化是企业的灵魂和精神支柱。她重视在员工中开展理想信念教育，弘扬中华传统文化，提高了员工素质，展现了企业形象、扩大了企业社会影响力，促进了企业实现又好又快发展。

（一）礼文化

在和佳集团，“您好、您早、再见、谢谢”，这些文明语言都是员工的日常用语。同事之间早晨初次见面或见到陌生人、长辈、师长，都向对方问好、行鞠躬礼，这就是公司的礼文化。弘扬传统文化，知荣明礼是公司倡导的文明礼仪，而且公司董事长李淑芳同志率先垂范。在每天早晨与员工见面时，她带头行鞠躬礼，向员工问好。“身教重于言教”，董事长的行动对员工产生了极大的影响，不仅见面问好、鞠躬也成了全体员工的习惯。员工不但在公司讲文明，而且在家里还是孝敬父母的典范。家在外地的员工，都能经常给家人打电话问候，回到家里，帮父母做家务，给老人洗脚等。为了弘扬传统文化，提升职工的思想道德素质，公司特别将传统文化教育中的内容与爱国、敬业、诚信、友善等基本道德规范结合起来。每年还会出资45万余元，用于培养和鼓励员工的文明行为。礼文化不仅让公司员工之间友爱互助，提升了企业的竞争力，更让每个员工从中受益匪浅。沈阳和佳道桥工程有限公司员工，苏家屯佟白线第三标段的项目经理刘治有在学习了礼文化以后，改正了脾气急躁的缺点，使人际关系变得和谐了。在尊重他人的同时，也得到了别人的尊重，赢得了很多人的支持和帮助，让他从一个技术员在5年内迅速成长为项目经理。

（二）家文化

和佳集团坚持以人为本，在企业中营造出军人作风、学校功能、家庭氛围，在企业内，员工们都互相称为家人。作为民营企业家，董事长李淑芳坚持以人为本，深切关爱每位员工。在企业发展壮大的同时，及时提高员工的待遇，关心员工的利益，实现企业共建、利益共享。她关爱员工的事迹受到了社会各界的广泛赞誉及员工的爱戴。2011年她出席“全国第六届民营企业关爱员工实现双赢经验交流暨表彰大会”，受到了中央政治局委员、全国人大常委会副委员长、中华全国总工会主席王兆国同志的亲切会见。集团公司支持党组织、工会组织建设为关爱员工提供保障。企业于2004年成立了工会，2006年建立了党组织，2008年成立了共青团组织。企业党群组织将关心员工的利益作为工作的重点内容之一，实现企业共建、利益共享。企业党组织被沈阳市沈河区委组织部评为“非公有制企业党建工作示范点”。企业工会自觉履行职责，维护员工权益，协调劳动关系，履行法律责任和应尽义务，积极创造条件让全体员工参与民主管理。仅2011年春季员工内训中，工会便征集了近百条建议，其中绝大部分建议在实践中及时得到整改。为鼓励员工参与民主管理，集团出资对所提合理化建议被采纳的员工，分别给予奖励，使员工与企业共同成长。

和佳集团坚持以人为本，善待企业每位员工。主要做法：一是坚持员工是企业的主人，做到主体明晰化和契约化。集团公司设立人力资源部，专门负责员工工资、保险、福利待遇等项工作。在工作中认真贯彻《劳动法》，依法与员工签订劳动合同，并履行劳动合同，做到劳动权益保障完善，用工规范；二是为员工及时足额缴纳了5种保险，安排了专项经费，为员工发放劳保用品，强化劳动安全保护措施，培训了30多名安全管理人员，做到持证上岗，保证施工第一线的生产安全；三是建立了工资集体协商制度，使工资增长与企业效益提高相适应，确保每位员工都分享到企业发展的成果。集团公司制定了绩效考核管理办法，建立了员工激励机制，除了定期给员工增加工资以外，还实行奖励制度，对表现突出的优秀员工实施奖励，鼓励员工进步。即使在国际金融危机的大背景下，集团照样为员工每年增长了工资。在集团领导和全体员工的共同努力下，和佳集团得到了不断壮大。5年来，企业不断发展，企业的利润增加了，员工的工资得到了相应的增加，员工都很满意。

和佳集团实现了员工“体面劳动”，“有尊严的生活”。由于企业主体为道桥施工、园林绿化施工，为了工作方便，需要集中安排员工食宿。李淑芳董事长要求施工单位，宁可多花钱，也要租到条件好的地方安排员工住宿。多年来公司仅为几百名员工免费提供一日三餐及住宿一项，就使员工每人每年得到几千元的实惠。员工的伙食每周7天花色品种齐全，不断更新换样，色香味俱佳。每逢节日，李淑芳董事长还亲自带着慰问品到员工驻地慰问，亲自到厨房检查食物的品种及卫生情况。2011年又投入20多万元改善员工的宿舍条件，现在集团公司本部的员工宿舍按一般大学里的标准，不仅有崭新的床铺，还为每位员工配备了1立方米大的铁皮柜，存放员工的个人物品。仅2011年，集团用于改善员工工作、生活条件及帮助困难员工等项支出就超过100万元。和佳集团舍得投入资金，为员工的成长创造条件，员工在这里工作，感到幸福和温馨。为弘扬民族精神、培育时代精神，李淑芳同志在企业文化建设方面，积极培养员工践行社会主义核心价值体系。员工李新东同志被评为“全国关爱企业优秀员工”，在人民大会堂开会并受到国家领导人王兆国同志的接见；员工张振忠被评为“沈阳市十佳新市民”；员工厉强、王亚楠、张波被评为优秀劳动者。和佳集团近两年拿出80万元表彰有特殊贡献的先进员工，满足员工对尊重的需求和自我价值实现的需求。另外集团还在每年施工结束后，安排员工出境、出国考察。2008年集团出资20余万元，安排18位有突出贡献的员工，到港、澳、新加坡、马来西亚、泰国考察；2009年和2010年分别出资25万元，组织全体员工到辽宁本溪温泉和辽阳温泉度假；2011年12月出资40余万元，组织100余位员工，乘飞机到华中五城市旅游。公司除了免费安排员工的食宿以外，还免费提供业务培训费、电话费和交通费，每年都为全体员工免费进行体检，每个季度举办一次生日聚会，把3个月内所有过生日的员工集中在一起，买9层的大蛋糕，准备丰盛的水果和宴席，领导和全体员工与他们一起庆祝。工会还派人驱车几百公里，到外地员工家里去采访，带回亲人的祝愿视频，使员工非常感动。和佳集团还在每年的春秋两季分别举办员工运动会，比赛项目有篮球、排球、台球、乒乓球、拔河、踢毽、跳绳等，十分丰富多彩。对于比赛的优胜者，公司也给予丰厚的奖励。集团公司在每年的新年之前都要举行迎新联欢会，载歌载舞，表演节目。每当员工家里遇有红白喜事时，董事长李淑芳都会带领部门负责人和员工亲自到场表示祝贺或慰问……和佳集团用自己独到的企业文化，把分散在不同施工现场的众多员工凝聚在一起。无论是在和佳员工的心里，还是在接触过和佳集团的层面上，大家都由衷地感受到，和佳就是一个温馨的大家庭。

（三）学习文化

和佳集团在发展中认识到，只有努力建设一支高素质的员工队伍，才能为推动企业健康发展打下良好的基础。为此，实施了人才强企战略，全力打造学习型企业。具体做法是：

第一，面对新形势、新任务的挑战，深入开展了“打造学习型企业，全面提高企业核心竞争力”活动。制定《和佳员工行为规范》，将以人为本、任人唯贤、规范管理、勇于开拓、追求卓越、诚信共赢、回报社会的经营理念，爱岗敬业、无私奉献、施展才华、绩效第一、重视学习，资源共享、团结合作、同创佳绩的行为准则写进《和佳员工行为规范》，组织员工学习、消化、理解并指导行动。

第二，创办企业内刊《和佳天地》，让员工有自己的宣传阵地。《和佳天地》

每半月一期，铜版纸彩色印刷。内容是宣传党的方针政策、展示集团风采、报道集团活动、树立先进典型。体裁有新闻、报道、评论、专访、诗歌、摄影等，图文并茂，深受欢迎和好评。每期出版以后，由党群工作部及时发送到集团各分公司、项目部和施工现场，员工们都争相传看。使他们在繁忙的施工第一线，及时了解到国家大事、集团情况以及好人好事，受到很大的激励和鼓舞。集团还印制了《和佳画册》，设立光荣榜和图片墙，表彰先进，记录企业的发展历程，鞭策员工前进。

第三，免费提供业务培训，把培训作为员工的最大福利。集团每年投入 30 余万元资金，用于聘请高层次管理专家，对员工进行脱产文化和专业技术培训，或选送高级管理人员参加 MBA 等专业研究生班的课程学习，如哈普瑞国际商学院等。目前已有 30 多名员工获得国家二级建造师证书，120 多名员工获得国家中级以上技术职称证书，既为国家培养了人才，又为企业奠定了可持续发展的基础。为了表彰这些在业务学习上取得优异成绩的员工，2011 年集团公司拿出 100 万元重奖了获得会计师、二级建造师的学习典型和做出突出贡献的优秀员工，促进人才队伍的快速成长。

第四，购置图书，成立图书室，给员工创造学习条件。集团公司出资 50 多万元，购置图书 2 万多册，成立了图书室，指派一名员工专门管理，登记造册，方便员工借阅。图书的范围有：传统文化、古典文学、现代文学、生活常识、专业技术、保健养生、文字美术等，种类比较齐全。为了陶冶员工的情操，集团还配合美术书法阅读，请辽宁画苑的知名画家到公司进行国画通俗讲座，丰富员工文化生活，提升企业文化品位，深受员工欢迎。

第五，举办读书会，促进员工学习。每周三下午，是和佳集团的读书会时间，雷打不动，只要铃声一响，除极特殊情况，全体员工都要签到参加。读书会上，安排专人介绍所读书目的主要内容、作者以及积极意义，然后大家共同读这本书。有时每人一段，分段朗读，有时集体朗读。读了部分章节以后，大家共同谈体会，分享心得。在分享中，员工畅所欲言，可以联系个人实际情况，也可以结合所见所闻谈体会。不但增长了知识，还懂得了做人的道理，促进了成长和进步。作为一个施工企业，员工们在沸腾的工地上生龙活虎地工作，在读书会上却琅琅读书、热烈讨论。只有和佳集团的企业文化，才能把这两者很好地结合起来。

（四）感恩文化

在和佳集团，“感恩”是一种生活态度，是一种品德。公司领导认识到，如果人与人之间缺乏感恩之心，必然会导致人际关系的冷漠。为了社会更加和谐，每个人都应该学会感恩，为此公司推行了感恩文化。自从公司推行感恩文化以来，员工们的心态平和了，相互之间更加尊重，哪个员工有了困难，大家都会自觉伸出援助之手。2011 年春季，员工关皓伦的女儿病了，需要一大笔治疗费，大家知道后，主动为他捐款近 3 万元。公司还有个“爱心基金”，账户上的 5 万多元，全是员工的捐款，用途是救助有困难的和佳家人。和佳集团的员工不仅感恩本公司的人和事，而且感恩为我们的生活和工作付出的所有人，更加感恩党和国家。每天早晨，和佳集团的员工们都提前半小时上班，利用这半小时时间上早课。早课室里，总有领导和员工对着门口，自觉站成一排向进来的家人鞠躬问好，进门的家人也鞠躬还礼，在互致早晨好的问候声中，愉快地开始了新的一天。大家入座以后，在主持人的带领下，全体起立，向父母、老师行三鞠躬礼。接着朗读“和佳宣言”，然后学习一段经典，最后合唱歌曲“感恩一切”。

和佳宣言

我们是和佳人，和佳是我们和谐共赢的大家庭。这里洋溢着温馨，充满着关爱，我们为共同拥有和佳而自豪。引领财富，成为行业领航者，是我们肩负的使命，团结、互信、共赢是我们的承诺。持之以恒，永不言败是我们恪守的信念，我们心态积极，勇于承担责任，用人品打造精品，用精品奉献社会。我们要用智慧的双手，成就和佳明天的辉煌！

另外，和佳集团还有一种独特的感恩文化，那就是饭前感恩。因为和佳集团是免费集体用餐，所以无论在工地还是在机关，每顿饭前，员工在食堂的餐桌前坐好后，都要进行饭前感恩。提醒大家每一粒粮食都是大众辛勤劳动的果实，来之不易，要懂得珍惜。

多年来，和佳集团以其企业文化特有的魅力、感染力、亲和力，凝聚了员工、培养了员工、奉献了社会。几年来新闻媒体采写的反映集团风采的新闻稿件达 20 余篇，在《沈阳日报》、《辽沈晚报》、《东方画刊》等报纸杂志上发表。

四、和佳集团的社会责任

和佳集团发展壮大以后，时刻不忘回报党、国家、人民和社会。集团公司除了努力提高工程质量、创造更加优秀的业绩，关爱员工、建设优秀的企业文化以外，还努力承担其他的社会责任。

（一）安置就业，回报社会

几年来，和佳集团的各个子公司接收了300多名大中专毕业生，为高等院校提供了1 000多人次实习岗位，聘用了100多名转业军人，为200多名下岗人员提供了工作，累计安排农民工10 000多人次，缓解了社会就业难的问题，为国家和社会分担了责任。现在，集团是辽宁省国防教育基地，是多所省内外高等院校的实习基地和科研基地，与多所高校签订了校企联合办学协议，为这些高等院校提供了毕业生对口就业的保障。

（二）扶贫助困，奉献社会

和佳集团在办好企业的同时，不断增强自身履行社会责任的意识，积极参与各种社会公益活动，扶贫助困，服务人民和社会。多年来，捐款、捐物累计折合人民币近2 000万元。集团共出资800多万元，资助贫困学生200多名。从2011年起每年还固定资助沈阳理工大学贫困生10名，资助沈阳市法库县希望小学。集团还投资400余万元，为周边社区、偏远贫困山区、沈阳祝家医院、新民胡台敬老院等地修建道路。

（三）投入公益，服务社会

集团还积极参与工商联系统组织的公益事业活动。2008年以来，集团和员工为汶川地震、干旱、洪涝灾区捐款20多万元。2011年为“沈阳市千人复明工程”、老党员、老干部和困难居民捐款20万元；2011年还向辽宁省交通高等专科学校捐赠5万元；2011年参与承办了“辽宁省第九届社会科学普及周和佳集团分会场”大型科普活动，投入10万元，辽宁卫视对这次科普活动进行了播放；2011年底，集团为沈阳市多家敬老院捐赠大米1万多斤，豆油150多桶，为慈善机构及困难员工捐款50万元。集团还为沈阳炮兵学院、辽宁武警总队修建道路。集团副董事长陈美霖被辽宁省社会公益事业指导委员会聘为“辽宁省社会公益事业指导委员会副主任委员”，集团荣获了“职工慈善事业优秀奖”、“辽宁省发展公益事业优秀信誉单位”等多项荣誉。

一个企业的发展，必定离不开优秀的带头人。和佳集团就是在董事长李淑芳同志的带领下，扎扎实实地发展，脚踏实地地履行社会责任，党和国家也给了李淑芳同志很大的荣誉。李淑芳同志3次荣获全国企业文化建设优秀工作者称号、获得“全国关爱员工优秀民营企业家”、辽宁省“五一”劳动奖章、沈阳市劳动模范、沈阳市政协优秀委员、辽宁十大儒商领袖、中国公益之星、辽宁优秀企业家、沈阳商界十大魅力女人、沈阳职工慈善奖、沈阳十佳最具爱心捐赠个人、辽宁省非公有制经济领域文化建设先进个人等国家、省、市荣誉称号。李淑芳同志决心不辜负党和国家的期望，带领全体员工共同努力，在各项工作中取得更大的成绩。

五、和佳集团的愿景展望

筑路修桥，造福于民，这是古往今来利国利民的朴实理念。沈阳和佳集团在这个领域里综合发展，走过了难以忘怀的15年。随着祖国建设事业日新月异的发展，对于工程建设的要求也越来越高。和佳人深知，作为建设者，自己肩上担负的社会责任将会更加艰巨和厚重。所以，和佳集团的领导班子和全体员工要不断学习，努力创新，把新技术、新材料应用到各项施工当中去，年产值比上一年提高百分之十，建设更多的优质工程；要坚持以人为本的思想，培养出更多的优秀员工和技术人才；要进一步完善适合本企业发展的优秀企业文化，凝聚员工，打造团队，把和佳集团建设成一流的企业；要更好地投身社会公益事业，搞好精神文明建设，把社会和谐，实现小康，建设现代化的伟大祖国，作为和佳人永远的社会责任。

点评：

虽然企业社会责任这一概念是西方的舶来品，但是其所涉及的理论和实践却与中国本土文化息息相通。以儒家思想为核心的中国传统文化历来倡导“仁者爱人”、“博施于民而能济众”的思想，讲求“达则兼济天下”的道义承担，而处于转型期的中国企业对社会责任的承担，不仅要向西方学习，更应从中国传统文化中汲取养料。这可以从和佳集团的企业社会责任报告中得到见证。

构建优秀企业文化，实现劳资两利

中国传统儒家文化十分重视人与人之间关系的和谐，认为天时、地利不如人和，将家族之爱推广至“出入相友，守望相助，疾病相扶持”的“天下之爱”。和佳集团董事长李淑芳在社会责任报告开篇致辞中就指出，企业文化是企业的灵魂和精神支柱，其实质是企业的价值观，构建优秀的企业文化，坚持以人为本，关爱员工，使员工和企业共同成长，是企业最直接的社会责任。和佳集团通过在员工中开展理想信念教育，弘扬中华传统文化，形成了包括礼文化、家文化、学习文化和感恩文化的独特的和佳集团企业文化，凝聚、培养了员工，同时提升了企业的竞争力。董事长李淑芳关爱员工的事迹也受到了社会各界的广泛赞誉及员工的爱戴，2011年出席“全国第六届民营企业关爱员工实现双赢经验交流暨表彰大会”，受到了中央政治局委员、全国人大常委会副委员长、中华全国总工会主席王兆国的亲切会见。

勇于承担责任，积极回报社会

和佳集团发展壮大以后，时刻不忘回报党、国家、人民和社会，通过安置就业，回报社会；扶贫助困，奉献社会；投入公益，服务社会这3个方面承担责任。几年来，集团聘用了100多名转业军人，为200多名下岗人员提供了工作，累计安排农民工10 000多人次，缓解了社会就业难的问题，为国家和社会分担了责任；还积极参与各种社会公益活动，为汶川地震、干旱、洪涝灾区捐款，扶贫助困，服务人民和社会。多年来，捐款、捐物累计折合人民币近2 000万元。集团也因在社会责任方面的承担荣获了“职工慈善事业优秀奖”、“中国公益之星”等多项荣誉。

企业文化的导向直接影响着企业的精神面貌和价值观，融入企业社会责任的企业文化能为企业带来持续的竞争优势，也能为企业社会责任的承担提供传导机制，在推行企业社会责任的企业里，建设社会责任导向的企业文化是势在必行的战略举措。和佳集团将企业文化建设与企业社会责任承担有机地结合起来，为业界更好地履行企业社会责任提供了有益的借鉴。

点评人：

浙江大学经济学院博士研究生

陈华丽

实例17：贵州百强集团企业社会责任行动综述

贵州百强集团成立于2001年，是二次创业走向成功的企业集团。我们坚持“实业为本、投资发展、创新驱动、品牌引领、融合联动”的五环发展战略，坚持“一业为主、多元化扩张、专业化经营”的指导方针，不断进行扩张与退出、整合与分拆，目前已经形成一个以药业为基础，科技为先导，以金融为支撑，以人才为动力，横跨多个领域的国内知名大型民营企业集团，现拥有下属企业近40家，主要涉足产业有药业、生物科技业、金融投资业、现代城市服务业和公益事业等。

我们的理想是创建一个永续经营、可持续发展的常青企业，构筑历史上最成功的学习型组织、创新型企业，成为行业的先行者和最受尊敬的企业。

我们的使命是为企业创造价值，为社会创造财富。企业的价值不仅仅是效益和利润，还包括企业的健康成长、可持续发展、产品创新、制度创新、理论创新以及企业的影响力和对经济、社会的推动力。

“恪守商业道德，崇尚社会责任”是百强的核心价值观。从长远来看，社会责任应该成为企业成长的生命基因，成为企业战略的重要环节，并把社会责任植根于企业文化之中。

我们认为，履行社会责任是企业应尽的义务，一方面企业的社会责任是企业的内部责任：为员工创造良好的工作环境和福利待遇，使优秀人才脱颖而出；为企业创造利润、效益和财富，实现自我增值和发展；另一方面是企业的外部责任：向社会提供优质可靠的产品和优良的服务，把资源配置最大化，为客户创造共赢价值，为社会解决更多就业，依法纳税，促进经济发展，保护生态文明，在创造更多财富的同时，积极支持社会公益事业，使员工、股东、客户、社会和利益相关者共享发展带来的繁荣和福祉。

一、百强的社会责任宣言

- 恪守商业道德，崇尚社会责任。
- 以赢利为首要目标，而非唯一目标。
- 义利兼顾，以义为先；家国相依，以国为大。
- 诚信、责任、担当、包容、博爱。
- 创造财富、驾驭财富、超越财富、敬畏财富。
- 富在品质、贵在心灵，物质丰富，精神充实。
- 追求财富自由、时间自由、心灵自由。
- 不断放大自己，照亮他人。
- 创造财富的同时，追求财富以外的能力和贡献。
- 财富兼善天下，造福一方。

二、百强的发展责任理念

百强一直把企业发展作为第一要务，因为企业只有健康成长和实现可持续发展，才能长期履行社会责任。

简单梳理百强集团成立以来的成长轨迹，可以看到，百强始终把企业战略、文化方向和社会责任作为企业可持续发展的原动力；始终把社会责任、经济效益和生态文明置于同等重要的位置。

- **2001 年：**创业有志唯久锲、竞争险恶在熟谋

确定“一业为主、多元化扩张、专业化经营”的指导思想，实行“大集团、小公司”的企业战略。

百强成立之初，旗下拥有制药、酒店、百货、食品等行业企业。

- **2002 年：**追求卓越、永不懈怠

提出市场经济的四个阶段：自由经济、垄断经济、虚拟经济、市场化的计划经济，按照经济规律，对百强今后十年的发展进行产业发展战略布局。

这一年，集团收购贵州一家药企，成立贵州柏强制药有限公司。

- **2003 年：** 以人为本、以德兴业

重视家族企业制度建设和传承，提出中国式泛家族企业制度和三权制衡的公司治理模式。这一制度的创设，为未来企业的代际传承和隔代传承打下良好基础。

这一年，贵州神奇百盛龙港店开业；贵州盛世龙方制药股份有限公司通过国家食品药品监督管理局 GMP 验收。

- **2004 年：** 汇一流人才、创卓越企业

实施“富翁计划、摇篮工程、群星灿烂、共享价值”的人才战略，百强汇聚了一群创业者、经理人、企业家、战略家和高端专业人才，为企业的未来发展提供了强劲动力。

这一年，贵州君之堂制药有限公司和贵州柏强制药有限公司通过国家食品药品监督管理局 GMP 验收。

- **2005 年：** 历久弥新、知深行远

确立了集团发展的指导思想：用哲学思想指导企业发展，用制度经济学规范企业行为，用科学发展观引领企业发展方向；提出“恪守商业道德、崇尚责任价值”的核心价值观。

这一年，贵州盛世龙方制药股份有限公司销售突破亿元大关；贵州神奇啤酒厂建成投产；贵阳金泰房地产开发有限公司建设的大型社区“城市山水公园”盛大开盘。

- **2006 年：** 驭世博深、谋宏躬行

在新的经济条件下，百强提出：“两手抓：一手抓创新，一手抓并购；两条腿走路：坚持合作共进不放松，坚持自主发展不动摇”，全面与跨国公司、中央企业、国有企业和民营企业及其他经济体全方位合作。

这一年，集团与中国保利地产成功合作，成立保利贵州房地产开发有限公司；集团完成“贵阳味莼园食品股份有限公司”的国有企业改制，安置职工 900 多人；贵阳神奇星岛酒店都匀店开业。

- **2007 年：** 取势明道、绝妙生存

提前预感金融危机的来临，在众多不确定因素下提出“严格控制外延式扩张，大力提倡内涵式提升”的策略，要求建立学习型组织和创新型企业，以应对风险。

这一年，集团完成国有企业“贵阳金凤凰糖酒副食品（集团）有限公司”的改制，安置国有职工 428 人；贵定县恒伟玻璃制品有限公司建成投产。

- **2008 年**：独善其身、固若金汤

金融危机来袭，我们要求企业“服从国家战略、维护国家荣誉、坚守国家利益、肩负社会责任”，并提出“品牌至上、实力为王、生存为大”的战略，企业进入苦练内功的积累时期。

这一年，贵州神奇百盛金凤凰店开业；集团修建的“贵州君业大厦”竣工；集团参股的贵州省首家村镇银行龙里国丰村镇银行隆重开业。

- **2009 年**：厚德博学、淡远躬行

明确提出企业发展的五环战略“实业立本、投资发展、创新驱动、品牌引领、融合联动”；三驾齐驱“实业公司、投资公司、资产管理公司”；三式并进“内涵式提升、外延式扩张、整合式发展”。全面建立百强新的企业发展框架和企业文化的发展方向。

这一年，集团投资贵阳银行股权；新建药材种植基地；贵州盛世龙方制药股份有限公司承办了 2009 健康骨骼厦门论坛暨第十四届全国骨质疏松会和第十一届钙剂会；贵州柏强制药有限公司生产的小容量注射剂抗肿瘤药通过国家食品药品监督局 GMP 认证。

- **2010 年**：事业无巅峰、学习无止境

进一步确立药业作为集团核心产业的地位，做到主业突出、结构合理、稳中求进；同时，根据发展的需要，又提出了“全面发展、自我超越、再度转型、改变发展方式”的新思路。

这一年，集团启动了三家药业公司的重组，力争主业整体上市；与乌当区政府签订协议，拟建 300 亩药业生产基地；收购药业基地 150 亩；投资仁都农业科技示范园 370 亩；投资建设迈丰生物科技基地；投资深圳市金瑞格投资基金。

- **2011 年**：搏击商海勤学习、百战归来再读书

集团走过了第一个十年的辉煌历程，家族的传承基本完成，开始勾勒下一个十年的蓝图，在培养战略型人才的同时，制定了新的发展规划，努力迈向未来成功之路。

这一年，集团成功取得贵阳 23 万平方米 5A 级写字楼建设用地，用于兴建高

级中央商务区；拟建大型中药提取基地；华润集团对我集团旗下贵州神奇啤酒有限公司进行整体资产收购。

一路走来，我们始终认为，企业的社会责任首先是提升企业竞争力，特别是当经济出现拐点时更能体现这一点。有责任的企业一定会服从国家战略，坚持实业根基，防止虚拟经济蔓延，防止实业空心化，这才是一个负责任的企业应有的态度；企业也只有得到了自身的生存、发展和壮大，才有能力更好地承担社会责任。

三、百强的道德责任理念

1. 企业要建立核心价值体系和核心价值观，企业家要树立正确的世界观、人生观、价值观和正确的财富观。企业的发展，个人的追求，一定要站在国家战略和民族复兴的高度来进行思考。2008 年金融危机时，百强就提出“不与国家争资源，不与国企争利益，不与民众争高低，苦练内功，蓄势待发”。

2. 企业要建立长期可持续性的信誉和信用体系，坚守企业名誉，坚持诚信守法。百强认为，一个具有责任心的企业，一个诚信的企业，一个具有良好声誉的名牌企业，一定是个具有竞争力的百年企业。

3. 企业要时刻抱有敬畏之心，包括对法律的敬畏、对道德的敬畏、对权力的敬畏、对财富的敬畏、对民众的敬畏以及对生命的敬畏。

4. 企业要把生态环境保护放在责任与道德的高度来对待，节能减排、低碳生活、降低成本、科学发展不能仅停留在表面，更应该从生态经济学的角度和站在道德层面的高度来思考和规划发展途径，这样生态环境保护才会更有效果和意义。

5. 企业要坚持高度自律，并坚守终身。自律是百强的准则，心怀天条，坚守底线，才能不断提高心智和境界，产生内心的底气和内在的动力，产生强大而持久的力量，才不会过度投机，不会违法乱纪，才能更好地履行社会责任。

四、百强的理论贡献

在企业发展的过程中，百强在谋求企业自身发展的同时，坚持建立学习型组织、创新型企业，在实践中不断思考和总结，提出了很多“百强理论”。这些与当前企业发展、社会发展和经济发展相关的理论，具有现实意义，而这些理论的创新与实践成功的案例，也是百强履行社会责任的方式之一。

1. 百强提出，“市场经济有 4 个阶段：自由经济、垄断经济、虚拟经济、市场化的计划经济”。这个判断具有划时代的意义，揭示了市场经济的发展过程，这种具有阶段性意义的经济现象，也包容了市场经济发展过程中的缺陷和不足，从而演示了市场经济从初级阶段向高级阶段的进化过程。

2. 百强提出，中国泛家族企业制度的构思和演进，其核心内容是：“产权明晰、股权优化、结构合理、治理规范、机制灵活、以人为本”；并提出了“恰如其分的二权分离、三权制衡、以授权为主体的分权共治”的公司治理原则。

3. 百强提出，要走“富一代——创二代——智三代——新四代”的传承之路，才能完成百年长青的家族传承计划。2006 年，为适应激烈变化的外部环境，百强以超人的胆略和勇气，主动进行战略调整，开始整合家族企业传承的框架，践行家族企业传承的思路，第二代核心领导开始接班；时至今日，在调整中不断发展壮大的百强集团，成功解决了企业交接班的问题，第二代领导者已经趋于成熟，并全面负责起百强的发展大业。

4. 百强提出，“边际经济学”的新概念，是在哲学经济学“时间、空间”基础上的进一步延伸，为现代经济学增加了新的内容，在经济学中具有深远的实用意义。百强认为要辩强弱、知进退、明张弛，守住底线，挑战极限，做到进能取财，退可聚力，进得辉煌，退亦精彩，这才是商道的选择。

5. 百强提出。科学发展观 5 条核心内容：“发展为第一要务、实事求是、协调发展、与时俱进、以人为本”，这是对科学发展观全面的思考和理解，指导着企业发展和前进的方向。

6. 百强提出，培养人才是最大的社会责任，家族企业培养社会人才，也是在履行社会责任；特别要培养具有战略远见、战略思维、战略胆识、战略修养的战略型人才；提出“投资人才，就是投资未来”，“用人之长，避人之短、用人不疑，疑人善用”的新的人才观；认为“企业精英的群体智慧才是企业文化的精髓”；对人才而言，“尊重是前提，爱护是基础，信任是动力，善待是关键”。

上面这些理论的创新与实践成功的案例，是百强在发展中总结的宝贵财富，它具有巨大的影响力和推动力，让企业深刻认识承担社会责任的重要性，使企业在经济发展中更加准确地判断自我、提升自我、超越自我，明确企业前行的方向。

五、百强的创新贡献

百强集团从事健康产业，生命科学，一直遵循“健康至上，生命至尊”的理念，把产品疗效和质量放在第一位，目前集团旗下3家制药企业都已被评定为省级高新技术企业。

在以“金乌骨通胶囊”和“银丹心泰滴丸”为核心的12个独家开发生产的苗族药中，三个品种年销售额均已突破亿元大关，并受到了知识产权保护，为民族医药、民众健康做出了突出贡献；“艾易舒注射液”是中药现代化并产业化的经典品种，它是由中药提取，再经过化学合成的抗肿瘤化学药品，是继“青蒿素”之后又一个中药现代化的产物，是肿瘤患者的福音。“艾易舒”从原料药到制剂都是由百强独立研发、自主创新的，具有国际先进水平，并受到知识产权保护，目前市场年销售额超过5亿元，已进入中国化学药品销售前10位，预计未来单一品种年销售额可达到20亿元以上。

百强集团全面启动新产品的研发与创新，加大研发投资力度，强化对核心产品的进一步研究，已取得重大突破。百强对集团内近20个苗族药进行全面系统的再评价，拟定了未来5～10年新产品开发的方向及目标。

为了确保民族药的质量和疗效，集团还启动了上万亩种植基地项目，同时与贵州大学、贵阳医学院、遵义医学院和贵州生物基地等进行全面合作。通过高校与企业联姻，利用基因工程、组胚技术来解决中药材的基因变异和植物退化问题。这些项目，通过种养殖业惠及三农，通过科技创新推动了农业产业化、中药现代化的发展，这也是百强履行社会责任的体现。

六、百强的慈善事业

百强一直认为“财富兼善天下，造福一方”。企业一定要融入社会这个大家庭之中，离开社会、离开民众、离开党的关怀和政府的支持关心，要想发展壮大，只是一句空话。因此，一个成功的企业家，同时也应该是一个慈善家。

百强董事局主席张之君先生，是中国光彩事业促进会常务理事、贵州光彩事业促进会常务副理事长、贵州同心光彩基金会常务副理事长、秘书长。他一贯关心社会慈善事业，勇于承担社会责任，曾获得“中国扶贫帮困楷模”光荣称号，并被授予“中国光彩事业”勋章。张之君早年在神奇集团就任时，就曾捐赠上亿资金支持社会公益和光彩事业的发展；百强集团成立后，也不断以各种方式回馈社会，这里看到的，是百强集团的部分捐赠活动。

2008 年，百强捐赠 100 万元现金、200 万元物资、药品，帮助贵州抗击凝冻灾害。

2009 年，百强捐赠 200 万元，帮助贵州抗击旱灾。

2010 年，百强为支持光彩事业捐款 200 万元，从保护环境、经济循环的角度出发，成立了生物有机肥料公司，为光彩事业建立了可持续的长效发展机制，使慈善事业具备了不断造血的机能。

2010 年，百强捐赠 125 万元，成立了贵州同心光彩事业基金会。

2010 年，根据中央统战部、全国工商联关于光彩事业发布的文件精神，百强集团投入近 1 000 万元启动了 3 万亩中药材种植惠农项目，致力于扶贫开发。

2011 年，百强与神奇集团共同捐款 700 万元，支持在贵州召开的第十一届全国少数民族运动会。

未来，百强还将以各种方式持续回报社会，尽到一个企业公民的神圣责任。

人类社会的结构永远是典型的金字塔形，只有少数人能创造并掌握巨大的财富，成为塔尖上的明珠，绽放出璀璨夺目的光芒。

对于中国民营家族企业来说，创造财富只是开始，驾驭财富需要智慧和积累，超越财富需要修养和定力；民营企业家的血管中应该永远流淌着道德的血液，在拥有财富的同时，更应该拥有心境的宁静和心态的健康；虽然财富具有独占性、流传性和再生性，但财富也意味着责任，巨大的财富则意味着一生推卸不掉的责任；财富最终会回归到社会，绝大多数财富一定会服务于社会和民众；从创造财富、驾驭财富、超越财富到敬畏财富的过程，也是财富、智慧、思想和物质、精神、境界的演进过程。

企业是经济的主体，也是社会的单元，同时还是肩负着社会责任的主体。履行社会责任，是企业应尽的义务，是对社会的一种承诺，也是对社会的回报，只有这样，我们才能得到社会的认可和肯定，才会有更广阔的发展空间，才能不断壮大和得到社会的尊重，从而实现企业的健康可持续发展。

点评：

企业的社会责任具有复杂的内涵和外延。企业所处的社会环境千差万别，企业的社会责任也在其与环境的交互当中呈现出不同的形式。换句话说，企业的社会责任不能逃脱开其所处的自然、社会和制度环境。在有中国特色的市场经济当中，企业所扮演的社会角色和承担的社会责任，也就具备着更加多样性和包容性的意义。百强集团就是这样一个范本，在它的身上，我们可以看到中国特色情境下民营企业社会责任的独特之处。

家业长青梦想、思利及人关怀

所有人都认可，企业社会责任的基础，是企业自身能够良好的经营，为股东、雇员、业务伙伴及消费者等等利益相关者创造价值。百强集团把家族传承与企业的战略转型相结合，将中国泛家族式的组织形式与所有权管理权分离的现代企业形式相结合。这种把家族财产看成是社会财富的心态转变，尤为难得。特别是对于家族企业而言，把家业长青的梦想与承诺，外化为超越家族的社会关怀，与中国传统文化中“思利及人”的思想核心相呼应。

享受改革红利、承担转型义务

在中国改革开放的进程中，民营企业享受到了政策倾斜和制度变迁所带来的收益。在这样一个转型的阶段，中国民营家族企业的社会责任中，还包含着西方发达国家企业所不具备的内容。例如百强集团在对国有企业进行改制的过程中，对于400多名国有企业职工进行了妥善的安置。这反映出，在中国经济改革的进程当中，民营企业的社会责任还包括对于改革过程中出现的转型困难要有所担当。

继承优良传统、弘扬中华文化

中华传统文化博大精深，如何发掘中华文明悠久历史中的知识与思想积累，也是中国民营企业社会责任的应有之义。百强集团通过将传统中药现代化并产业化，将传统中医药学的精华与先进制药技术相结合。这种创新不光为民族医药、民众健康做出了突出贡献，也为传统中医药现代化探索了一条新路。

笔者认为，企业的社会责任不能脱离其所处的环境。中国特色情境下的民营家族企业社会责任，一定是包含着超越家族关怀、承担转型义务、弘扬中华文化这3个方面。百强集团通过在这三个方面践行企业社会责任，为我们提供了一个非常值得学习和研究的样本。

点评人：

浙江大学经济学院博士研究生

王　昊

实例 18：奥生投资开发有限公司企业社会责任行动综述

在中国百年奥运梦想实现的世纪之初，深受“奥运精神，生生不息”的启迪，“奥生”品牌由此而生。新疆奥生投资开发有限公司位于新疆乌鲁木齐市，现有员工共计 267 人，年营业收入超亿元。公司前期主要从事体育产业，本着“运动引导健康，健康创造财富”的经营理念，以体育用品销售及体育赛事的组织推广为主要的经营内容。2009 年进入文化产业发展领域，以弘扬中华国粹、传承中国优良传统文化为己任，以加强心灵健康，传播正知正行，促进人们身心健康作为企业的使命和责任。随着人们物质基础的进一步提升，社会精神文明建设日益重要，为传承发扬中国传统文化精髓，推动新疆文化产业的发展，展示推广新疆本土文化、风土人情、自然风貌，使社会更充分认识新疆、了解新疆文化，又相继成立了新疆奥生围棋文化传播有限公司、新疆奥生文化传媒有限公司、新疆奥生汉鹏企划有限公司、新疆奥生源文化艺术发展有限公司、新疆军垦美术馆等子公司，创建了奥生文化村。以琴棋书画学习、交流及动漫研发为主体，深入拓展文化产业，为新疆文化产业发展贡献力量。2012 年新疆奥生投资开发有限公司被评为首批自治区文化产业示范基地单位。

2000 年，“奥生”品牌横空出世。企业自创建以来，在创始人江伟先生的带领下，奥生高举“健康、爱心、文化”的大旗，不断强化社会责任意识，认真践行可持续发展理念，支持健康公益活动，发扬爱心善举，弘扬中华传统文化，实现企业与员工、客户、公众的和谐发展，从多方面诠释了公司对企业社会责任的认识和理解，在中国家族企业履行社会责任的道路上，迈出了坚实的步伐。

一、切实保障股东权益

奥生一直重视企业治理结构和运行管理模式的搭建和有效运转，在企业的不断发展中，对整合的资源理顺产权关系，对所投资的公司明晰所有权和受益权，保障股东和其他所有者、受益者的权益。企业创始人果敢先见的打破家族制约，引入现代企业治理结构，切实的构造股东会、董事会、监事会，引入了股权激励机制，让职业化、专业化人才体现自身价值，进而构建了一个合法、严格、科学的公司架构，切实保障了公司股东和股权受益者的权益。

二、支援健康公益事业

奥生一直恪守“运动引导健康，健康创造财富”的理念，“快乐工作、健康生活”也是奥生的企业精神。奥生公司不仅将这一理念落实在企业内部之中，也将这一理念和精神带给了社会各界公众，以期共同关注运动和健康，让企业的精神和理念通过具体的健康活动，传递给社会公众。2002年6月9日，奥生公司与新疆都市报联合为新疆姑娘金曼去世界杯赛场参加国际足联组织人的护旗活动开办欢送会，奥生体育广场为金曼提供了赴韩参加护旗活动的赛琪牌运动服等全套装备。继而，奥生公司又大力支持新疆太极拳协会、新疆青年乌鲁木齐足球协会、新疆冬协会、宋庆龄新疆足球协会等体育组织，勉励这些体育组织能够为全民健身和健康大业，摇旗呐喊，亲力亲为。也是在2002年，奥生公司投资建设“奥生体育广场”，为社会公众建立起了一个运动、健身、自娱自乐的场所，赢得了社会各界的好评。2003年9月10日奥生公司向新疆宋庆龄足球学校赞助足球运动装备，并签订了连续5年的赞助协议。同年，在自治区十运会上，奥生公司为体育事业赞助26万元人民币，并在自治区“十运会”闭幕式上，组织了一场奥生青年足球队与英国斯托克港的对抗赛。2004年5月，奥生公司向乌鲁木齐市青少年足球协会再次提供赞助。

在这一次次的健康公益事业中，奥生用实实在在的行动诠释着“快乐工作、健康生活”的企业精神，传播健康理念，开拓健康温暖，创造健康生活，为构建和谐社会，奉献着自己的一份力量，这一理念和行动，在当今全民关注健康的环境下，尤其显得宝贵，这也为我们中国家族企业回报社会、回报社区开辟了新的路径。

三、弘扬中华传统文化

文化是一个国家的立国之基，是一个民族生存和发展的内在动力，把一个民族结成统一的有机整体，是不断推动民族向前发展的内在力量。在构建和谐社会、实现伟大复兴中国梦的进程中，中华文化的挖掘和弘扬，是至关重要的。奥生公司和企业创始人江伟先生，充分意识到了这一伟大的使命，并开始着力行动，躬身实践。

走进乌鲁木齐市中心地带的奥生文化村，从十楼到十六楼，几乎都是奥生公司免费提供给各个文化机构的。在这里的全国书画名家工作室，书画家们只要拿上笔墨纸砚到这里创作即可，还有很宽敞的展览空间用以展示交流书画作品。江伟为书画家们免费提供了办公等设备，且不用交一分钱的租金。以书画艺术创作、收藏与拍卖为重点，奥生公司已成立“天山书画院”；拟成立中国艺术基金会，最终为慈善事业服务。目前，奥生公司在北京完成了“全国艺术家画天山基地”的建设，而新疆奥生文化村也已经被列为新疆文化产业示范基地。用奥生创始人江伟先生的话说，这些都是把自己爱好变成事业，把事业变成社会需要，进而来担负起一份弘扬民族文化的责任。

四、发扬爱心慈善精神

企业的慈善行为是企业履行社会责任行动的核心。一个良好的“企业公民”除了要为股东创造利润、确保向社会提供优质产品以外，还要积极帮助社会弱势群体，主动提供良好的社区服务，企业只有在社会上树立起自己的良好形象，才能从社会发展中获益，实现企业与社会的双赢。

奥生公司就是这么一如既往地奉献着自己的爱心。2005 年 6 月新疆奥生投资开发有限公司参加新疆师范大学帮困助学活动，捐款10 000元；2006 年 1 月，为石河子市第二中学贫困生慷慨慷解囊捐资助学；2006 年 8 月参加新疆温州人大型慈善助学活动——“爱心托起梦想”，赞助 5 万余元；2007 年 4 月新疆奥生投资开发有限公司成立新疆奥生爱心基金管理委员会；2007 年 8 月为乌鲁木齐市第十一中学贫困生捐款5 400元；2008 年 4 月在天山区慈善总会“爱心托起梦想——奥生体育捐资助学”项目启动仪式上，奥生投资捐款 10 万元。2008 年 5 月因奥生体育用品公司员工卢勤霞的母亲患不治之症，奥生爱心基金会向其母亲捐助5 000

元；2008年5月17日，奥生全体员工向5.12汶川地震灾区献爱心捐款仪式在奥生体育广场举行，共收到募捐款3万余元；2009年4月，在天山区慈善总会“爱心托起梦想——奥生体育捐资助学“项目2009年度助学金发放仪式上，奥生投资捐款10万元。

其中，奥生公司于2007年成立的“奥生爱心基金”引起了社会各界的强烈关注。为了资助因经济、疾病等其他不可抗力因素陷入困境的奥生员工，帮助他们克服困难、摆脱困境，也包括帮助社会上广泛关注的弱势个体。发扬奥生公司乐于奉献的精神，奏响公司“互帮互助、滴水成河”的爱心旋律。奥生公司决定成立“奥生爱心基金”。爱心基金的目标是让每一位陷入困境的奥生员工摆脱困境，把更多的精力投入到工作中去，克服困难，努力工作，以积极的工作态度、优秀的工作业绩回报奥生、回报社会。他们的口号是“以自己的绵薄之力奉献一份爱心，让奥生充满爱”。爱心基金会的资金主要来源于奥生员工的捐款。

奥生公司的这一举措体现了企业的大爱情怀和至高境界。奥生公司将慈善行为制度化、规范化，让爱心慈善的理念扎根在奥生企业之中，植根于奥生的员工心中，让慈善行为融入企业行为，融入员工的日常行为，此举可堪为中国家族企业履行社会责任的行动典范。

点评1：

新疆奥生投资开发有限公司本着“运动引导产业，健康创造财富”的经营理念，从体育产业做起，逐步发展成为以文化产业为主体的集团公司，较好地实现了企业经营由单一向复合的转变。伴随着做大做强的过程，企业始终积极参与公益慈善事业，充分体现了社会主义民营企业家通过发展壮大企业，促进共同富裕的价值追求。

公司经营规模的成长壮大体现了企业家清晰的发展思路。中国的民营企业，都是伴随着改革开放的进程而逐步发展壮大起来的。奥生公司的老板江伟先生能够从小本生意做起，不畏细小、持之以恒，发展成为一个生机勃勃的产业集团，一个鲜明的特点，就是企业始终坚持以人为本的科学理念，立足新疆这片沃土，围绕满足人们日益增长的精神文化需求进行公司布局，拓展企业的发展空间。仔细研究其各个子公司，虽然各自独立，但都是为了“传承发扬中国传统文化精髓，推动新疆文化产业发展，展示推广新疆本土文化、风土人情、自然风貌，使社会更充分认识新疆、了解新疆文化”，这一目标追求使得各公司之间的相关性非常明显，其中蕴含人文特色、民族风格、地域特点的企业发展思路，决定了企业发展的质量和品味，所以，才有了“为新疆文化产业发展做出贡献，2012年新疆奥生投资开发有限公司被评为首批自治区文化产业示范基地单位”的荣誉。有道是“小型企业看老板，中型企业看行业，大型企业看文化”，这句话在奥生公司同样适用。公司负责人江伟，之所以率领企业走到今天，取得年收入超亿元的骄人业绩，从当小老板起，就是一个迎难而上、排难而进的实干家，随后他跟进发展的行业，又是朝阳产业、健康事业、服务民生的文化产业。从公司最初成立至今，短短13年时间不长，但成绩不俗。可以预见，只要公司沿着既定方向发展，一定会走出经济效益和社会效益双丰收的新路子。

积极参与公益事业的善举体现着公司全体员工的家国情怀。公司成立之后，就始终身体力行关注、支持体育文化事业，当体育精神的推动者、支持者和传经布道者，在新疆产生了积极的社会影响。这一过程，本身就是传递正能量，服务产业发展、造福新疆百姓的善举。同时，企业一直积极参与公益慈善事业，据不完全统计，仅捐款现金就达数十万元。从企业为贫困学生捐献大学四年全部学费，如玛丽娅12 000元（每年3 000元），到2009年一次性捐助10万元，虽然每一笔捐助数目不一，有多有少，但从责任报告中看到，每一笔捐助真实感人，点滴之处反映出企业家的崇高社会责任感和全体员工的拳拳爱心。客观讲，民营企业首要的社会责任不是参与慈善事业，而是首先把企业做大做强。欲助人者，必先自助，自助的过程，就是发展企业、壮大自己的过程，这样才能有更大的实力财力来助人、回报社会。细细品味企业的慈善事迹榜，其中帮助捐助的对象，既有企业内部员工，也有身边困难人群，还有贫困学生，既彰显了企业对社会的责任，也体现了企业家的人文情怀。中国有句老话，叫“送人玫瑰手，历久有余香”，奥生公司积极参与慈善事业，乐于回报社会的善举，一定范围内改变了部分企业为富不仁的负面印象，以实际行动彰显了企业家社会主义事业建设者的正面形象，达到了灯亮一盏，光亮一片的社会效果。奥生公司成立了“爱心基金会”，并制定了具体章程，这是公司发展史上又一个值得书写的大事。自此为标志，公司的公益事业实现了规范运作，科学发展，是一种企业工作的自我升华、自我超越，势必成为扩大企业影响、树立企业形象的无字金色招牌。

进军文化产业的主攻方向体现出决策者前瞻性的战略眼光。2001年，成立了乌鲁木齐市奥生体育用品有限公司、新疆奥生体育运动俱乐部公司，随后相继又成立了新疆奥生围棋文化传播有限公司、新疆奥生文化传媒有限公司、新疆奥生汉鹏企划有限公司、新疆奥生源文化艺术发展有限公司、新疆军垦美术馆等子公司，创建了奥生文化村。当前，更多的人深刻认识到，文化是推动社会发展的重要手段，是社会文明进步的重要目标；既是凝聚人心的精神纽带，又直接贡献于经济增长，关系民生幸福，显然，奥生公司的决策者对此有更加深刻的理解和集训。企业发展经历，也显示出企业决策者和经营者丰厚的文化底蕴和文化高度，以此为根基，才带领企业走出一条全员参与的文化自信、文化自觉、文化自强的发展道路。

以2011年10月18日中国共产党第十七届中央委员会第六次全体会通过《关于深化文化体制改革推动社会主义文化大发展大繁荣若干重大问题的决定》为标志，我们国家的文化建设步入了快车道。从两者时间点上相比较，可以看出奥生公司决策者的战略眼光和全局视野，他们以前瞻性的决策部署，使自己的企业发展方向与国家产业的发展方向具有内在一致性，借助劲风好扬帆，借助文化强国的强大东风，完全可以相信，奥生公司将在今后的发展中走得更快、走得更稳。

点评人：

全国工商联研究室调研处副处长

陈聚春

点评2：

新疆奥生投资开发有限公司是一家位于中国西部的年轻的家族企业。企业年轻，企业的创始人也很年轻，但企业的精神和境界却成熟、至高，承载着深深的千秋家国梦，因此也担负着重重的社会责任。当然，这样的一种责任和境界并不是每一个家族企业主都可以领会，特别是对于转型期里的中国家族企业。

因为有无私的梦想，所以，就要有更多的责任。奥生公司以及它的创始人江伟先生对此有着坚定、无畏的态度。因为江伟从一开始就认识到事业是属于社会的，而非个人的，奥生的创业发展之道，就是勇敢的担负责任，践行使命。其实，较之于国内很多规模宏大的家族企业来说，奥生还十分娇小。但是，我们在奥生看到了一种宏大的精神气魄。在2011年，中国发布的第一份《中国家族企业发展报告》里，我们就领略了新疆奥生的创业与家族企业的可持续发展之道，在其中，我们感受着奥生强烈的社会责任感和人文情怀，同时，也和江伟先生那样的发问：家族企业实现和谐可持续发展的根本在哪里？

根本就在将责任转化为行动。为了实现这一份份承诺，奥生孜孜不倦。良好的公司治理结构是提高企业决策水平和优化企业发展环境的重要保证，是企业实现可持续发展的重要节点，特别是对于非上市的家族企业，公司治理结构不仅是摆脱家族不良因素制约的有效方式，也是家族企业有效传承的必然举措。奥生较早认识到了这个问题，他们提出“家族企业传承的保障是公司治理结构”，这无疑是科学和有效的。所以，在此观念的引领下，奥生不断完善着公司治理结构。只有切实地保障员工的权益，让人才体现自我，那么员工也才会为企业奉献，让企业生生不息。

奥生是呵护文化的。她不仅拥有着属于自己的坚实的企业文化理念，更拥有着对这个国家和地区的文化的执着厚爱。奥生的缔造者认为“一个民族的觉醒，首先是文化上的觉醒”，要实现中国的独立富强和民族文化复兴，需要更多人的觉醒、觉悟、自省、自觉，大家形成大合力，修正自己，贡献社会，共同实现中国文化强国梦。于是，奥生就开始了自省、自觉，开始了奉献，一个家族企业能有如此的胸襟和执着，这实在是民族之幸。我们完全有理由相信，我们的家族企业将在未来民族的伟大复兴中，仍会扮演最重要的角色。这是责任，是使命，也是梦想和美好。

这是一个国人都在呼唤爱的时代，企业家的爱往往是最有力的。奥生自成立至今，都在延续着爱的力量，也积累起了属于自己的坚实的“声誉资本”，这也是奥生的核心竞争力。特别是奥生公司的爱心基金，它必将是奥生企业文化的坚实壁垒和这个家族的生机奥秘。“凡事往好里想，凡事往好里说，凡事往好里做”，这不仅是奥生的内部文化，也是奥生的对外之则，我们期待越来越多的家族企业可以将爱心如此具体、规范地植根于自己的企业和家族之中，将爱的力量撒播到每一个成员的心田上，将平安和健康带给周围更多的人，如此，这样的爱不仅将惠及他人，更是泽被自我。

这就是中国西部的奥生，这就是一个“但问耕耘，不问收获”的奥生，这就是将社会责任转化为行动的奥生。我们期待着，在未来，行动必将塑造一个更加美好的奥生！

点评人：

北京大学民营经济研究院研究员

杨宗岳

后记1　中国家族企业社会责任现象的总体写照

改革开放30多年来，中国的民营经济取得长足发展，已成为国民经济的重要支柱之一，作为中国民营经济中坚力量的家族企业，对整个社会肩负着重要的责任和义务。随着社会的发展，传统理念上被认为追求利润最大化目标的商业企业，其社会角色和责任正悄然发生着变化：企业由于日益增强的经济实力和影响力，引发的劳工问题、环境污染、贫富悬殊等负外部性日渐严重，开始被寄予承担更多社会责任的厚望，创业者和企业家从单纯的财富创造者，越来越多地被赋予社会进步推动者和社会使命承担者的新角色。

纵观我国民营经济发展历程，可以看到，改革开放初期，我国的家族企业在没有资源、没有优惠政策的状况下，靠着自身的力量，从社会的最底层起步，其成立、成长和壮大的过程中得到的政策支持相对较少，资金来源主要靠小生意、小作坊等小本经营进行资本积累，或者靠民间借贷。其生发机制的“草根”性，以及相比国有企业的不平等的生存与发展环境，使得中国家族企业因为保护自身利益而采取一些非道德的行为。随着改革开放的推进，在历经多轮洗牌后，有些家族企业因经营不善退出市场，而成功发展起来的家族企业逐步站稳脚跟，有些甚至已经成长为多元化、跨国经营的家族企业集团。随着家族企业经济实力的增强，及社会责任理念的增强，绝大部分家族企业已经具备承担社会责任的能力和意识，也都不同程度地承担起了社会责任，得到了社会的认可和好评。但是，我们也看到，一些家族企业对社会责任还存在不正确的认识，缺乏自觉承担社会责任的意识，其不负责任的行为给百姓生活、生态环境和社会稳定等造成了不良影响和危害，从而让家族企业家群体成为改革开放中备受争议的角色。

令人欣喜的是，越来越多的中国家族企业家意识到，真正的家族企业不会忘记自己的社会角色和社会责任，尤其是那些已经成功完成代际传承和转型升级的家族企业，把履行社会责任作为企业长期发展的重要任务之一。正如国际家族企业协会亚太分会主席、新加坡万邦集团主席曹慰德先生以自己家族为例所说明的，真正的家族企业是希望世世代代延续下去的企业，他们所持的观念必须是持续发展的，而持续发展就离不开责任感，他认为家族企业超越家族本身承担社会的责任是家族企业延续发展的应尽之义。很多家族企业积极参与公益事业、教育、扶贫与发展、医疗卫生、环保，为改善人类生存环境而努力。随着家族二代的崛起，越来越多的中国家族企业更以国际化的视野审视自身的价值，弘扬新儒商精神。家族企业家们的努力，无疑会赢得社会的尊重，加强家族企业的稳定性和延续性。这些勇于承担社会责任的优秀的家族企业家群体正是需要我们社会大力支持和推崇的。

本报告的一个重要发现就是，中国大陆家族企业的社会责任行为与非家族企业相比，具体表现各有千秋，但是总体评价并没有差别，也就是说，虽然大陆家族企业在社会责任履行方面有许多值得改进的地方，但是将“家族企业”这一标签与社会责任欠缺联系起来是不客观的。更加重要的是，中国大陆家族企业社会责任履行与以往相比有较大的进步，正朝着良性方向发展，这一发现与我们有关中国家族企业与国有企业的健康状况比较研究的结论基本一致。

另外，本报告的一大特色是，在认真讨论中国内地家族企业情况的同时，也邀请多位专家，加入了有关中国香港、澳门和台湾地区的家族企业社会责任的履行情况与相关分析。由于这些地区的家族企业成立时间较早，它们的社会责任表现走在大陆企业前面，其发展状况和经验教训值得我们比较和借鉴。香港企业近年来越来越重视社会责任，不仅仅是迫于外界压力的响应式的社会责任行为，而是日渐转向自发式的社会责任实践，并不断努力、创新企业社会责任模式，比如家族基金会、慈善捐赠、创办社会企业，各个领域均得到家族企业日益重视。香港诸多社会组织和政府机构也推进了香港企业的社会责任。香港家族企业的社会责任行为方式有两方面值得内地和其他企业借鉴参考：一是家族治理作为企业社会责任的推动力。香港家族企业充分重视家族治理，通过引入家族委员会、家族宪法等制度规范家族成员行为，或成立家族办公室或家族基金会专业化管理家族财富，使家族成员各展所长、践行责任，甚至形成企业家族。二是创新企业社会责任实践模式。香港家族企业已突破传统的“撒钱慈善”，更强调“以小博大”，提升企业社会责任的效率和效果。如慈善创投的兴起，家族企业积极投资社会企业，使企业社会责任以乘数效应放大，惠及更多人。澳门家族企业对其慈善事业的发展也发挥了重要的作用，很多家族企业从第一代创始人开始就积极投身公益事业，在发生、发展的初期就自发地重视其社会责任，并持续实践其社会责任，为当地扶贫、文化生活、教育、多元化经济发展不断努力。依据台湾《天下杂志》2012年的数据显示，台湾的家族企业与非家族企业相比，在实践企业社会责任上表现较差，而获得“企业社会公民奖”的家族企业数目高于非家族企业数目，也说明台湾家族企业在参与社会事务上的积极与热忱。

近年来，内地关于民营企业污染环境、拖欠工资以及各种食品安全问题的媒体负面报道，不断出现在公众视野中，形成了民营企业只关心自身盈利、缺乏社会责任感的形象。这一系列问题的出现，使民营企业——尤其是默默无闻的中小型家族企业成了众矢之的，媒体的抨击、公众的指责、政府的制裁等纷纷将矛头对准了这些企业。但是，社会各界在批判部分家族企业缺乏社会责任感的同时，并没有专门针对中国家族企业社会责任进行全面深入的调查和研究。在缺乏基于全国范围内的调查数据进行深入分析的情况下，对中国家族企业社会责任的履行状况是难以准确把握的。因此，全国工商联借助两年一度的私营企业抽样调查的时机，开展中国家族企业社会责任的全国性调查，希望借此掌握当下家族企业社会责任履行的全貌，深入系统地揭示家族企业履行社会责任的意识和表现。

由中共中央统战部牵头，浙江大学和中山大学研究团队进行数据分析，全国工商联和国家工商行政管理总局在各自系统内完成了5 073份中国大陆家族企业抽样调查。通过多方通力合作，中国民（私）营经济研究会家族企业委员会编著完成了国内首部《中国家族企业社会责任报告》，这一报告对中国家族企业的整体社会责任履行状况、特点、影响因素和变化趋势做出客观、全面又深入的分析和探索，本报告对于中国家族企业社会责任现象的总体写照是否真实，解释分析是否合理，值得大家进一步探讨评论，但是希望这一报告能够破除学术界、实业界和媒体对中国家族企业履行企业社会责任状况的片面认识，更多地鼓励、呵护和促进中国家族企业的长期健康成长。

浙江大学管理学院副院长、浙江大学家族企业研究所所长

陈　凌

后记 2 “思利及人”是家族企业践行社会责任的源泉和动力

责任是什么？我的看法是：责任就是做分内应该做的事情，它反映了一个人和一个企业的心态、心智、人生观和价值观。具有责任感的人；是值得信赖的人；具有责任感的企业，是让公众放心的企业。对于企业来说，责任是企业可持续发展的保障，责任是我们分内的义务和事情。这个分内的界限不仅有法律和道德的要求，还有我们内心价值观的要求——这就是“思利及人”的要求。

“思利及人”的理念是我们企业的核心价值观，也是我践行企业社会责任的源泉和动力。在对企业社会责任的探索与实践中，我对“思利及人”有了更为深入的解读——“做事先思考如何有利于我们大家”。

“我们大家”指的就是社会经济、文化、道德以及群体关系等诸多方面，其中也包括了家族企业的传承与发展问题。

为什么我要将“思利及人”作为践行企业社会责任的源头和出发点呢？

“思利及人”四个字背后，蕴含着深厚的哲学思想，闪烁着无私相助的光芒。我认为，“思利及人”当中包括了儒家仁爱、人和的思想以及道家平衡与辨证的思想，其中的许多要素更与国家目前的倡导相吻合。所以，“思利及人”不仅在企业管理、家族传承中可广泛推广应用，更应在承担社会责任方面起到规范和准则的作用。

“思利及人”体现的是古人“修身岂为名传世，做事惟思利及人”朴素而辩证的思想。是我父亲、李锦记集团主席李文达先生从一位老者的对联中抽取出来的，从此成为李锦记家族的核心价值观。

“思利及人”是李锦记创业、发展125年来的总结，是传承中华民族五千年优秀道德文化的结晶和瑰宝，它的理念包括3个内涵：直升机思维，换位思考，关注对方感受。其中，直升机思维要求我们考虑问题能像坐直升机一般，超越个人和眼前的局限，站得高才能看得远。

“思利及人”是李锦记的核心价值观，也是承担企业社会责任的源头。在这个核心价值观的引导下，我和我的企业员工共同努力，从2007年到2013年的6年时间里，我们连续发布了6份企业的社会责任报告；完成了企业社会责任认知体系；完成了企业社会责任评估指标体系；发布了企业社会责任承诺，并将企业社会责任全面融入企业运作的过程之中。

伴随企业社会责任承诺的发布，让员工们看到了自己工作的意义，发现了责任的价值，使利益相关方对我们有了更高的期待。这不仅加大了我们的责任，更增添了前进的动力。为了能够持续推动和实践造福社会，共享成果，我们更于2012年在国家民政部注册成立“思利及人公益基金会”，搭建更广泛的公益慈善平台，为社会传递更多的正能量。迄今为止，利用这一平台，我们已在扶贫、助弱、赈灾以及职业技能培训等领域开展多项公益活动。

2012年是李锦记健康产品集团旗下“无限极”成立20周年，也是无限极企业社会责任发展历程中的一个重要阶段。我以企业社会责任的视角对企业发展的过程进行了观察和总结，对无限极承担企业社会责任的出发点和文化内涵进行了明确与升华。

不仅如此，我还从认识上拓宽了社会责任的范围，努力探讨如何促进和营造中国家族企业健康持续发展的良好环境，并将其视为承担企业社会责任的一种创新。

作为第十一届、第十二届全国政协委员，我已连续6年递交了建议国家重视家族企业发展的提案。2008年至2012年的5份提案分别从“为家族企业传承换代持续发展营造良好环境”、“关注经济危机下家族企业的持续发展”、“建议国家关注家族企业传承与发展”、“重视培养家族企业接班人”、“鼓励建立家族企业可持续发展平台”等方面对家族企业的现状和未来阐述了我的观点和建议。

2013年我又提交了一份“关于重视家族企业在经济发展中作用的建议”的提案，主要意图还是建议国家各级部门在规划经济发展计划和制定相关政策时，考虑家族企业这一群体在其中的特殊性和独特作用，重视和关注家族企业的传承问题，获得国家主管部门正面和肯定的反馈。

我们本着“直升机思维”的高度，成立了“家族企业群体事务部”，专门研究家族企业问题并与其他家族企业搭建相互沟通、交流的平台，通过参加相关学术研讨会、国际论坛、组织以家族企业家为主体的家族治理传承研讨活动，分享李锦记经历的正反两方面的教训和经验，希望更多的家族企业能得到“治未病”观念的启迪。我觉得，这就是李锦记家族承担社会责任做了应该做的事情。

与此同时，在中央统战部、全国工商联、中国民（私）营经济研究会的大力支持和指导下，李锦记家族作为发起人和资助机构，与全国工商联研究室、中山大学、浙江大学以及其他家族企业群体一起于2011年编写和发布了首份《中国家族企业发展报告》，获得了广泛的社会反响。

2013年，随着我们新的研究成果——首份《中国家族企业社会责任报告》的发布，将让全社会更为清晰地认识到，企业社会责任报告已成为推动企业可持续发展的工具。这个工具的运用推动着责任认知的提升与责任意识的传承，帮助责任在家族企业中传递。这个工具的运用，能够让家族企业从自发的责任行为进入到自觉的责任管理，在根本上保障家族企业的持续发展，从而有助于推动国家经济社会的稳定发展。

我期望通过《中国家族企业社会责任报告》的发布，不仅让社会各界充分了解家族企业在经济发展中的重要作用，更能够推动更多的家族企业将履行企业社会责任作为企业生存发展的必要环节来看待，共同营造更加和谐美好的社会。

总之，担当和践行企业社会责任是一件崇高的事情，也是一件很不容易的事情——所以我们要坚持信念和坚守准则，坚定不移地传承“思利及人”的优秀理念，以直升机思维的高度，以百年民族企业的责任心，在铸就优秀的消费品牌的同时，全力打造出优秀的企业社会责任品牌！

第十一届、第十二届全国政协委员，李锦记集团董事，
李锦记健康产品集团董事长兼行政总裁
李惠森

后记 3　他们不是旁观者

与发达国家相比，中国企业的社会责任整体水平相对较低，有些企业甚至被称作“旁观者”。但如今，有越来越多的企业正在走出“旁观者”的阶段。其中就包括作为非公有制经济重要组成部分的家族企业。

今天，涵盖整个大中华地区的《中国家族企业社会责任报告》正式推出，这是一份包括中国大陆、香港特区、澳门特区和台湾地区的家族企业社会责任报告。这份报告展示了家族企业在中华大地上承担社会责任的现状与历史，跨地域比较以及趋势展望。

作为人类历史上最广泛的企业组织形式，家族企业具有强大的生命力和影响力。在市场经济发达的西方国家，有85%的企业是家族企业。在进入世界五百强的超级企业中，起源于家族企业的占大多数，而作为中国民营企业主体的家族企业，经过30多年的风雨历程，如今正焕发蓬勃活力，对经济社会发展产生着巨大推动作用。

在市场经济背景下，企业追求利润最大化无可厚非。经济学家米尔顿·弗里德曼曾提出：“企业仅具有一种而且只有一种社会责任——在法律规章制度许可的范围内，利用它的资源从事旨在增加利润的活动。”这位诺贝尔经济学奖获得者还原了企业的经济本质，即通过创造利润增加社会财富，才是企业作为经济组织承担社会责任的本源。

然而，随着社会的发展和进步，企业活动产生了与包括投资者在内的广泛利益相关方愈加深刻的联系。企业的决策和经营活动对员工、消费者、供应商、社区乃至自然环境所产生的影响越来越被社会大众所关注。如今，企业在全球范围内被期待承担起更多的社会责任。这种责任已经不仅仅是弗里德曼所强调的法律和经济责任，而且包含了遵守社会道德，乃至增进社会公共利益等更丰富的内涵。

也就是说，企业不仅要创造经济利益，还需有社会担当，但这种担当往往并非自愿产生。尽管现代企业历史的早期出现了洛克菲勒和卡耐基等慈善家，企业社会责任在上个世纪后半叶作为一种社会运动，更多的是在工会、环保组织、媒体、非营利组织等公民社会力量的不懈推动下形成的。原本作为经济动物的企业，已经不可避免被赋予了更多的社会属性。正如哈佛商学院教授克雷格·史密斯在2003年的一篇论文中指出：企业社会责任已经不是是否应该承担，而是如何承担的问题。

中国的许多上市公司过去只需发布财务年报给股东一个交代，但现在越来越多的企业开始在年报中加入社会公益和环保活动的信息。近些年企业社会责任报告在中国更是出现了井喷式的增长，一些企业在编制社会责任报告时，将与各个利益相关方充分沟通，收集反馈，甚至开始在报告中披露承担社会责任的不足和教训。

尽管中国大陆企业发布的社会责任报告已从2008年的100多份，激增至2011年的1 500多份。但就其内容和质量总体来说，仍然有着报喜不报忧、好看不好用的问题。2012年11月中国社科院发布的《中国企业社会责任报告（2012）》显示，中国企业社会责任发展指数平均仅为23.1分，整体指数较低，多数企业处于旁观阶段。其中，民营企业仅得15.2分，远低于国有企业的40.9分。

然而，在了解了民营企业的具体营商环境后，不难发现这一结论有失偏颇。中共十八大报告明确指出：要“保证各种所有制经济依法平等使用生产要素”，在市场经济环境下，不同所有制企业本应在同一法律、制度和政策环境下公平竞争，共同发展。但在现实中，使用国有资源和全民财富经营的国企和仍处于“保生存、谋发展”中的民企，在融资和经营环境中存在着诸多不平等现象，而它们在履行社会责任时却被要求站在同一起跑线上。

一些依赖垄断资源的国企，旱涝保收地赚取超额利润。它们在盈利时尚无普惠全民，甚至产生巨额亏损时，仍享受着企业社会责任大奖的殊荣。而即便是使用全体国民资源做慈善，也经常是按照上面的要求行事。这种经济责任和社会责任倒挂的现象反映出国有企业作为非充分市场经济主体的尴尬之处；而众多苦于日益增加的成本压力，寻求贷款无门，却坚持在维持生存中坚持做慈善的民营企业，却往往因规模不够大，被挤到了社会责任排行榜的末席。

数据显示，以家族企业为主体的民营企业目前贡献了全国大约60%的GDP，提供了80%的城镇就业岗位，完成了75%以上的技术创新。2012年6月，在民政部中民信息中心发布的《2011年度中国慈善捐助报告》中，民营企业捐款达到281.2亿元，占当年各类企业总捐助485.75亿元中的57.9%。

中国的民营企业为国家创造了巨大社会财富和大量劳动就业，拉动了整体经济增长，为维护社会稳定打下坚实基础。从《中国家族企业社会责任报告》中的定量指标，以及企业履行社会责任的实例可以看出，有相当一批家族企业在责任管理、市场责任、社会责任和环境责任的“四位一体”中有着颇多作为。然而，这个庞大的家族企业群体却难以承载社会对于它和国企等量齐观的期待。许多家族企业的社会责任活动由于影响面小，不易获得社会大众的关注和鼓励。

毋庸讳言，目前中国仍有许多家族企业对于企业社会责任还存在认识上的缺失。特别是：仅关注履责中的自身核心利益，欠缺行动的广泛社会性；忽视长远规划和机制建设，倾向于应急和短期行为；多由企业所有者个人偏好主导；形式以传统慈善（如赈灾，捐赠希望小学）为主；缺乏对具体项目社会效益的评估等。

不少家族企业认为，履行社会责任需额外投入，会增加成本。其实换个角度看，履行社会责任有时并非要求企业去做新的事情，而是以新的理念去做事情。当一个企业提高了利益相关方的福祉，在社会上获得认知和尊敬，它的产品会得到消费者的垂青，它的员工可能会更加投入和忠诚，它的无形资产会增长，它可能会得到社区和政府的支持，从而提升竞争力和经济效益。

还有些家族企业认为，承担社会责任主要是国企的事情。这种认识与中国尚未形成成熟的公民社会，以及整体企业社会责任的发展水平有关，同时也局限于中国家族企业的自身发展水平，说明它们在社会责任方面还有很长的路要走。

现实告诉我们，家族企业在初创期间，经济实力薄弱，它们首先会关注自身发展，创造利润，较少主动承担非强制性的社会责任。进入成长期后，企业开始注重品牌培育和市场信誉，对股东和员工、消费者、社区和环境负起责任，在履行法定义务的同时，还能主动开展更多社会公益和环保活动。达到成熟期，家族企业的经济利益与社会责任开始相互促进。为谋求可持续发展，家族企业会更多地投入非强制性的社会责任，通过不断累积企业自身的道德资本，为消费者和社会树立标杆，提高正面形象和影响力。

研究显示，长寿型的家族企业倾向于承担更多的社会责任。国际机构BSR研究发现，履行社会责任可以帮助企业获得一系列的实际利益，而且有助于企业的长远发展。

在谈到企业社会责任的时候，我们还需要指出，社会责任不仅仅是企业的义务，还需要有完善的制度环境和法制环境。企业的社会责任不可能无限扩张，不能也不应把本属于政府的责任全部转移给企业。政府部门应发挥引导、组织和协调作用，客观公正地采取政企分开的责任原则，树立典型，表彰先进，推广成功的企业社会责任模式，激发家族企业承担社会责任的积极性和主动性。政府可以在社会责任的内容、管理和绩效评价等方面设定标准，同时尊重企业的个体差异，鼓励企业拥有选择承担社会责任形式的自主权，从而符合企业自身经营的特点和发展阶段的要求。这有助于实现企业利益和社会责任的有效统一，促进社会责任在家族企业群体中的推广。

企业社会责任这一概念本是舶来品。然而纵观中国历史可以发现，社会责任所涉及的理论和实践，与中华传统文化中蕴藏的伦理思想息息相关。古代商人的社会责任观对于家族企业社会责任的演进有着深远影响，并成为导致中国现代家族企业在理解和实践社会责任时和西方不尽相同的重要因素。中国家族企业自古就有以财富回报乡土的传统，不乏“富且仁”、真诚回馈社会之士。善行公益、扶危济困一直是中华商道崇尚之风，久经未绝。

我们推出《中国家族企业社会责任报告》的一个目的就在于，帮助中国家族企业梳理、总结和探索一种传承前人精神，并借鉴发达国家经验的创新的社会责任实践。

这次《中国家族企业社会责任报告》的发布，是继2011年中国民（私）营经济研究会家族企业委员会推出首份《中国家族企业发展报告》后的又一份关于家族企业的报告。由于调研和撰写时间紧迫，涉及面广，联系人多，故肯定存在不足之处。尽管这份报告可能还不够详尽和严谨，但却是一份真实客观并相对全面的描述与呈现。

这次报告的顺利完成，是多个地区和机构通力合作的结果。中国大陆部分的最新数据来自两年一次的全国性调研问卷，该调研系统由中央统战部、全国工商联、国家工商总局和中国民（私）营经济研究会组成，它们为报告获得有效的大范围样本数据奠定了基础。

整个报告出自两岸四地对家族企业和社会责任研究学养颇深的学者之手。他们通过有效分工，各展所长，为《中国家族企业社会责任报告》的推出，做出了卓越的贡献。

报告中的中国大陆部分分为上下篇，分别由中山大学中国家族企业研究中心和浙江大学管理学院（城市学院）家族企业研究所完成，它们在数据分析和报告的撰写方面做了大量工作。中山大学管理学院讲师叶敏博士、副教授朱沆博士、韩剑博士研究生、傅文韬硕士研究生、郑泽匡本科生和浙江大学经济学院的陈华丽博士研究生为撰写者。

值得提到的是，2011 年的《中国家族企业发展报告》也是由这两所大学做出的开创性学术贡献。

报告中的香港部分是由香港中文大学和汕头大学完成，香港中文大学管理硕士课程及创业研究中心副主任区玉辉副教授和汕头大学商学院讲师宋丽红博士为撰写者。报告中的澳门部分由澳门大学副校长何顺文教授和澳门大学工商管理学院管理与市场学系助理教授陈晓云撰写。报告中的台湾部分由台湾义守大学和台湾中山大学完成，义守大学企业管理学系副教授和中山大学电子商务研究中心兼任副研究员钟喜梅、中山大学企业管理学系博士班候选人詹淑婷、中山大学人力资源管理研究所教授陈世哲为撰写者。

他们作为活跃在家族企业研究领域的资深学者，对不同地域家族企业社会责任的历史、现状及跨区域提供了独特的内容和视角，丰富了整个大中华地区家族企业研究的内涵。

报告全文最后经浙江大学管理学院副院长陈凌教授审读，为内容的完整和风格的统一提供了宝贵意见，他还为本书撰写了后记“中国家族企业社会责任现象的总体写照”。

在本书中，为各家族企业社会责任报告实例和企业社会责任行动综述撰写点评的有，来自国务院研究室、全国工商联研究室、中国社科院、清华大学、北京大学、中国人民大学、北京理工大学、浙江大学、河北经贸大学、香港科技大学、美国约翰霍普金斯大学、中国民生银行的专家学者。他们分别是国务院研究室社会司原司长张大平，全国工商联研究室副主任林泽炎博士、黄文夫巡视员、理论处廖骏副处长、调研处陈聚春副处长，中国社科院世界经济与政治研究所康荣平研究员，清华大学经济管理学院院长助理钱小军教授、社科学院经济所黄德海副教授，北京大学社会责任与可持续发展国际研究中心执行主任于志宏教授、北京大学民营经济研究院杨宗岳研究员，中国人民大学经济学院原党委书记徐茂魁教授，北京理工大学中外家族企业联合研究中心主任裴蓉教授，浙江大学城市学院家族企业研究所副所长朱建安副教授、经济学院陈华丽博士研究生、管理学院陈士慧博士研究生、管理学院王昊博士研究生，河北经贸大学工商管理学院副院长杨在军教授，香港科技大学亚洲家族企业与创业研究中心副主任彭倩博士，美国约翰霍普金斯大学经济学博士李建慧，中国民生银行私人银行部副总裁李文博士。他们的点睛之笔，为本书增色不少。

作为报告中的主角，各家族企业亦为本书做出了众多贡献。他们是均瑶集团总裁王均豪、新疆奥生投资开发有限公司董事长江伟、福建匹克集团有限公司董事长许景南、贵州百强集团董事局主席张之君、广州立白企业集团有限公司总裁助理陈展生、沈阳和佳道桥工程有限公司董事长李淑芬、李锦记健康产品集团董事长兼行政总裁李惠森、宁波方太厨具有限公司董事长茅理翔、广州黄振龙凉茶有限公司董事长黄富强。

其中，贵州百强的张之君主席亲自撰写了公司的企业社会责任行动综述。李锦记家族的第四代传人李惠森先生不仅为本书的编辑出版提供赞助，还亲自撰写了后记。

其他入选本书的家族企业社会责任报告实例还有：万达集团、新希望六和、玖龙纸业（控股）有限公司、福耀玻璃工业集团股份有限公司、万向钱潮股份有限公司、浙江正泰电器股份有限公司、台塑集团、东方海外（国际）有限公司等。

根据中山大学管理学院提议：《中国家族企业社会责任报告》获得以下单位或基金项目支持，他们是：国家自然科学基金资助项目“控制权结构、家族创业与企业价值”（批准号：71172167）；中山大学“985工程”三期项目“中国家族企业研究创新基地”；中央高校基本科研业务费专项资金资助（项目名“私营企业的社会责任——前因与影响机制研究”，批准号13wkpy17）。

最后，还要感谢全国工商联副主席、中国民（私）营经济研究会会长庄聪生先生一以贯之对于家族企业研究给予的指导和支持，他还为本书撰写了序言。

中国民（私）营经济研究会家族企业委员会秘书长

赵　兹